BRANDENBURG

Schutzumschlag: gauweiler verlags gmbh

ISBN 3-933600-14-6
1. Auflage

Herausgegeben in Zusammenarbeit mit
Staatskanzlei des Landes Brandenburg
Landkreistag Brandenburg
Städte- und Gemeindebund Brandenburg

Gesamtredaktion: H. und W. Gauweiler
Textredakteur und Landschaftstexte: Dr. phil.habil. N. Reglin
Bildredaktion: B. Klamm
Weitere Mitarbeiter: A. Gfrör, J. Lange, H. Luitz, H.-J. Wenner
Druck: W. Kohlhammer Druckerei GmbH + Co. KG, Stuttgart
Satz und Lithographien: Media-Express, Schwetzingen

Den vielen, die mitgeholfen haben und hier nicht
genannt wurden,
die ihr Wissen und Können zur Verfügung stellten,
die uns unterstützten,
danken wir.

INHALTSÜBERSICHT

Brandenburgs Schutzgebiete

Landschaften

Brandenburg: Geschichtlicher Überblick

PD Dr. habil. Frank Göse

Entgegen dem üblichen Sprachgebrauch handelt es sich bei dem »neuen Bundesland« Brandenburg – gemessen an territorialer und terminologischer Kontinuität – durchaus um ein »altes«. Natürlich gehört das 1990 neu konstituierte Land Brandenburg erst seit der deutschen Wiedervereinigung zur Bundesrepublik Deutschland, doch kündet eine nahezu 850 Jahre währende Geschichte von einer wesentlich länger währenden Tradition. Allerdings trat das Land nicht erst in Verbindung mit jenen, im folgenden noch näher zu schildernden Vorgängen der »Gründung« der Mark Brandenburg im 12. Jahrhundert aus dem Dunkel der Geschichte.
Wenn man Geschichte als »menschliches Tun und Leiden in der Vergangenheit« begreift, dann dürften sich nach heutigen Erkenntnissen die ersten geschichtlichen Spuren auf dem Gebiet der späteren Mark Brandenburg schon vor etwa 50 000 Jahren, gezeigt haben. Dauerhaft ist eine menschliche Siedlung jedoch erst seit der mittleren Steinzeit, also vor etwa 7 000 Jahren nachweisbar. Im Zuge der Völkerwanderung des 5. und 6. Jahrhunderts verließen die hier mehrere Jahrhunderte hindurch siedelnden germanischen Stämme der Semnonen und Burgunder bis auf einen kleinen Rest dieses Gebiet. Das weitgehend verlassene Land wurde ab dem ausgehenden 6. Jahrhundert durch slawische Stämme besiedelt. Über die Organisation und das alltägliche Leben der Slawen zwischen Elbe und Oder sind wir vor allem durch deutsche Quellen des 9. und 10. Jahrhunderts unterrichtet.
Nachdem es bereits schon zur Zeit Karls des Großen (reg. 772–814) militärische Unternehmungen gegen die Slawen gegeben hatte, wurde das Gebiet zwischen Elbe und Oder zum ersten Mal im frühen 10. Jahrhundert im Rahmen der deutschen Ostexpansion unterworfen. Die an der Havel liegende Brandenburg als Zentrum des hier siedelnden Slawenstammes der Heveller – sie selbst nannten sich »Stodoranen« – wurde durch den ostfränkisch-deutschen König Heinrich I. im Winterfeldzug 928/29 erobert; in diesem Zusammenhang tauchte der Name »Brandenburg« auch das erste Mal in einer Quelle auf. wegen seiner angeblich fragwürdigen politischen Machenschaften stigmatisierte Markgraf Gero schuf ein für einige Jahrzehnte bestehendes, durch ein Netz von Burgen ausgebautes und für damalige Verhältnisse auch recht effektives Herrschaftssystem. Ein nur auf Gewalt aufgebautes Herrschaftsgebilde funktionierte allerdings schon in jenen frühen Zeiten nur höchst unzureichend; auch eine ideelle Grundlage erwies sich deshalb als unverzichtbar. Diese war mit der Missionierung zum Christentum und dem Aufbau einer Kirchenorganisation gegeben. Eine wichtige Stütze zur Stabilisierung der Macht stellten die wahrscheinlich um 948 – neuere Forschungen favorisieren das Jahr 965 – gegründeten Bistümer Brandenburg und Havelberg dar. Im Gegensatz zu den südlicher gelegenen Kolonisationsgebieten, in denen sich in einem langwierigen Prozess u.a. die Mark Meißen herausbilden sollte, ging das von Gero und seinen Nachfolgern beherrschte Territorium im Zusammenhang des Slawenaufstandes von 983 wieder verloren. Die Ansprüche auf dieses Land blieben indes bestehen, was eine ganze Reihe erhaltener Urkunden bezeugt. So geht etwa auch die Ersterwähnung der späteren Landeshauptstadt Potsdam (»Poztupimi«) im Jahre 993 auf eine Belehnung der Quedlinburger Äbtissin Mathilde durch den damaligen König Otto III. zurück, obwohl das betreffende Gebiet gar nicht mehr seiner Kontrolle unterlag.
In den folgenden Jahrzehnten gab es zwar immer wieder Versuche, das Gebiet von den Slawen zurückzuerobern. Aber erst im Umfeld des sogenannten Wendenkreuzzuges von 1147 waren diese Absichten von Erfolg gekrönt. Im Unterschied zum 10. Jahrhundert ging die Initiative diesmal allerdings nicht vom König, sondern von den Fürsten aus. Die Erfolgsaussichten solcher Unternehmungen stiegen auch durch interne Entwicklungen bei den Slawenstämmen. Diese waren sowohl durch eine allmähliche Christianisierung und eine partielle Zusammenarbeit einiger slawischer Fürsten mit dem deutschen Adel charakterisiert, als auch dadurch, dass der zunehmende Druck ihrer Nachbarn – im Westen wie im Osten – ihre Widerstandskraft reduziert hatte. So gelang es etwa dem polnischen Herzog Boleslaw III. Schiefmund, in den 1120er Jahren das westlich der Oder liegende Bistum Lebus zu gründen, das dann im 13. Jahrhundert in das Herrschaftsgebiet der Mark Brandenburg eingegliedert werden sollte.

Grabbeigabe aus dem so genannten Königsgrab von Seddin (9. Jahrhundert v. Chr.)

In jenen Jahren begann nun die eigentliche, auch von den Quellen her vergleichsweise gut zu rekonstruierende Entstehungsgeschichte der Mark Brandenburg. Bereits 1134 war der aus dem Geschlecht der Askanier stammende Graf von Ballenstedt, Albrecht der Bär, von Kaiser Lothar zum Markgrafen über die »Nordmark« erhoben worden. An den Markgrafentitel waren eine Reihe von Rechten gebunden, die den Inhaber sichtbar von anderen gräflichen Standesgenossen abhoben. Schließlich agierten die Markgrafen in den Grenzregionen des Reiches, was von ihnen ein höheres Maß an Eigenverantwortlichkeit schon allein aus militärischem Kalkül abverlangte. So z.B. bedurften sie im Unterschied zu den Grafen nicht des sogenannten »Königsbanns«, um die Gerichtsbarkeit in ihrem Herrschaftsgebiet auszuüben.
Die räumlichen Herrschaftsgrundlagen der Askanier waren allerdings zu diesem Zeitpunkt noch auf das Harzvorland und die westliche Altmark beschränkt. Zwar rechnete man nach damaligem Verständnis zu dem zur »Nordmark« gehörenden Gebiet – neben der westlich der Elbe liegenden Altmark – schon die Landschaften zwischen mittlerer Elbe und mittlerer Oder bzw. zwischen Fläming und Elde hinzu. Jedoch blieben dies zunächst nur Besitzansprüche, die sich noch aus den Verhältnissen des 10. Jahrhunderts herleiteten. Dies änderte sich erst, als es Albrecht in der Mitte des 12. Jahrhunderts gelang, im Havelland und der Zauche Fuß zu fassen. Militärischer Erfolg, mehr aber noch politisches Geschick gingen dabei Hand in Hand. Der kurz vor seinem Tode zum Christentum übergetretene Fürst des slawischen Stammes der Heveller, Pribislaw-Heinrich, hatte Albrecht den Bären zu seinem Erben eingesetzt. Nach Pribislaws Tod 1150, der sofort die Übernahme der Brandenburg durch Albrechts Gefolge nach sich gezogen hatte, blieb diese Erbregelung erwartungsgemäß nicht unwidersprochen. Deshalb sah sich der Markgraf nunmehr gezwungen, für seine Ansprüche mit militärischen Mitteln zu streiten. Nachdem die slawische Hauptburg, die an der Havel liegende Brandenburg, zwischenzeitlich (wahrscheinlich im März 1157) durch Verrat in die Hand eines Verwandten des verstorbenen Pribislaw-Heinrich, des polnischen Fürsten Jaxa, gelangt war, konnte Albrecht diese nach einer längeren Belagerung am 11. Juni 1157 endgültig in seinen Besitz nehmen. Dieses Datum wird durch die Forschung heute als der »Geburtstag« der Mark Brandenburg angesehen. Auch im Selbstverständnis des neuen Herrn fanden die tiefgreifenden Veränderungen ihren symbolträchtigen Widerhall: In einer im altmärkischen Werben am 3. Oktober 1157 ausgestellten Urkunde nennt sich Albrecht erstmalig »Markgraf in Brandenburg« (»marchio in Brandenborch«).
Es sollte aber noch fast ein Jahrhundert dauern, ehe der Herrschaftsanspruch der Askanier über das sich nun herausbildende Territorium der Mark Brandenburg durchgesetzt werden konnte. Denn zum einen war es im Verlauf des 12. Jahrhunderts neben den Markgrafen einer Reihe von weniger bedeutenden Adelsgeschlechtern gelungen, weitgehend unabhängige Herrschaften in diesem Raum zu errichten. Neben den im Fläming ein kleines Gebiet innehabenden Grafen von Belzig finden wir vor allem im Norden des uns heute geläufigen Gebietes der Mark im 12. und 13. Jahrhundert mit den Gans Edlen zu Putlitz (Prignitz) oder den Edlen Herren von Arnstein (Land Ruppin) solche, in ihren Gebieten recht autonom agierende Dynastengeschlechter. Und zum anderen hatten sich die Markgrafen auch mit benachbarten Fürsten auseinanderzusetzen, die wie sie die sogenannte deutsche Ostexpansion mittrugen und ihrerseits danach trachteten, ihren Herrschaftsbereich zu erweitern. Die Hauptkonkurrenten waren die Erzbischöfe von Magdeburg, die pommerschen Herzöge und die wettinischen Markgrafen von Meißen, denen es zeitweise sogar gelang, bis in den Barnim vorzudringen.
Zu bedenken ist bei der Beurteilung der Territorialpolitik der Nachfolger Albrechts des Bären ferner, dass sich das inzwischen von ihnen beherrschte Gebiet immer noch recht bescheiden ausnahm: Neben der Altmark gehörten zu ihrem Machtbereich lediglich die Zauche und Teile des Havellandes, in östlicher Richtung etwa durch die Nuthe begrenzt. Erst im 13. Jahrhundert wurde der markgräfliche Einfluss in Richtung Osten (Barnim, Teltow) ausgedehnt, bis sich allmählich – nach Erwerb der Uckermark und des südöstlich gelegenen Gebietes (Lebus, Teile des späteren Landes Beeskow-Storkow) – die Konturen der Mark Brandenburg, so wie sie etwa unseren heutigen Vorstellungen entspricht, abzuzeichnen begannen. Auch die jenseits der Oder liegenden Lande gerieten in das Blickfeld der Askanier, die in der zweiten Hälfte des 13. Jahrhunderts weitgehend ohne größeren Widerstand unter dem Namen der Neumark (»Marchia transoderana«) Bestandteil der Markgrafschaft werden sollten.
Im Gefolge der Askanier kamen Adlige, Bauern und Bürger ins Land, die vor allem in den Niederlanden, im Rheinland oder Westfalen gezielt angeworben worden waren. Lokatoren übernahmen deren Ansiedlung in ihrer neuen Heimat. Die Gewährung von Abgabe- und Zollfreiheiten machte diesen Wechsel durchaus attrak-

Boleslaw III. Schiefmund (1085–1138), König von Polen seit 1102

tiv. Das Verhältnis zu der im Lande verbleibenden – und nicht etwa wie früher angenommen ausgerotteten – slawischen Bevölkerung gestaltete sich vergleichsweise friedlich. Jedenfalls lässt die spärliche Quellenüberlieferung keinen anderen Schluss zu. Eine Fülle von slawischen Ortsnamen kündet von diesen Assimilierungsvorgängen.

Von Anbeginn ihrer Herrschaft legten die askanischen Markgrafen großes Gewicht auf die Gründung von Städten. Die erste quellenmäßige Überlieferung stammt aus Stendal, wo noch Albrecht der Bär einen Markt gegründet hatte. Seine Nachfolger initiierten weitere Stadtgründungen wie Rathenow, Nauen oder die Neustadt Brandenburg (Havel) bzw. integrierten bereits vorhandene städtische Ansiedlungen wie Frankfurt (Oder) und Prenzlau in ihr Herrschaftsgebiet. In der Regel wurden die Städte mit Marktrechten und Zollbefreiungen ausgestattet. Schon im ausgehenden 12. Jahrhundert begannen sich die Handwerker in Zünften zu organisieren, während sich die Stadträte vor allem aus der Kaufmannschaft rekrutierten. Besonders die Gewandschneider zählten hier zur wirtschaftlich stärksten und einflussreichsten Gruppe.

Doch auf welche Grundlagen konnten die Markgrafen damals überhaupt ihre Herrschaft stellen? Von einem »Staat« konnte man sicher noch nicht sprechen, wenn auch manche Kartenbilder solche genau abgegrenzte Flächenstaatlichkeit und damit einhergehend eine effektive Regierungspraxis suggerieren mögen. Herrschaft wurde in jener Zeit vor allem über direkte personale Abhängigkeiten umgesetzt. Ein fester Herrschaftsmittelpunkt, also eine ständige Residenz, fehlte. Vielmehr sahen sich die Markgrafen während des gesamten Mittelalters veranlasst, von ständig wechselnden Orten aus ihre Herrschaft auszuüben. Zum einen standen dahinter wirtschaftliche Zwänge wie die Versorgung des Hofes, zum anderen galt es, die landesherrliche Autorität vor allem gegenüber den recht unabhängig agierenden Adelsfamilien vor Ort, gewissermaßen »face to face«, zu behaupten. Nachweislich der erhaltenen Quellen zählten zu diesen, auch mit Burgen ausgestatteten, bevorzugten markgräflichen Aufenthaltsorten Brandenburg (Havel), Salzwedel, Spandau und Tangermünde. Des Weiteren gelang es den askanischen Landesherren, mit Hilfe der Vogteiverfassung ein Mindestmaß an Durchsetzungsvermögen in dem nun schon recht ausgedehnten Territorium zu erreichen. Dabei hatten die mit einem Dienstvertrag ausgestatteten Vögte – sie rekrutierten sich aus dem Kreis des sich herausbildenden Ritterstandes – vor allem gerichtliche Befugnisse im Auftrag des Markgrafen in ihrem Herrschaftsbezirk (Burgward) auszuüben. Die recht imposante Burganlage in Stolpe (»Grützpott«) im Nordosten der Mark, die seit dem ausgehenden 13. Jahrhundert als Sitz eines askanischen Vogtes diente, bietet auch heute noch ein gut sichtbares steinernes Zeugnis der damaligen Herrschaftsverhältnisse.

Doch auch diese Phase der mittelalterlichen Siedlungsprozesse und Herrschaftsbildung ist nicht zu erklären ohne eine hinreichende Berücksichtigung jener Entwicklungen, die jenseits der »weltlichen Dinge« verliefen. Die Durchsetzung des Christentums traf diesmal auf geringeren Widerstand als zwei Jahrhunderte zuvor, wenngleich es natürlich auch jetzt noch zu Zwangsbekehrungen kam. Das Netz von Pfarrkirchen in der Mark Brandenburg wurde zusehends dichter. Die im 10. Jahrhundert gegründeten Bistümer Brandenburg (Havel) und Havelberg übten ebenso die Diözesanrechte über die meisten Pfarrsprengel der Mark aus wie das in den 1280er Jahren unter askanische Hoheit gelangende Bistum Lebus. Einen wichtigen Beitrag, nicht nur bei der Missionierung, sondern auch bei der wirtschaftlichen und kulturellen Erschließung des Landes, leisteten die Orden. Die größte Bedeutung kam dabei dem Zisterzienserorden zu, dessen erstes Kloster 1180 in Lehnin entstanden war, in dem sich auch die Grablege einiger Angehörigen der Askanierdynastie befand. Im 13. Jahrhundert folgten mit Chorin, dessen Klosterkirche eines der bedeutendsten Bauwerke der Backsteingotik in der Mark darstellt, und Himmelpfort zwei weitere Zisterzienserklöster.

Andererseits kündete die Beteiligung der brandenburgischen Markgrafen an den weit über ihr damaliges Herrschaftsgebiet hinausführenden Feldzügen gegen die Pommern von ihren ehrgeizigen politischen Ambitionen. Und in der Tat: Der Kampf um und gegen Pommern sollte eines der durchgehenden Themen der brandenburgischen Politik vom 12. bis in das 16. Jahrhundert hinein bilden. Die brandenburgischen Markgrafen strebten die Lehnsherrschaft über dieses Herzogtum an der Ostseeküste an. Doch seitdem Pommern 1181 zum Reichsterritorium erklärt worden war, konnte dieses Ziel nur mit Zustimmung des Kaisers erreicht werden. Wie überhaupt gilt: Will man über die politischen Erfolge und vertanen Chancen der Askanier urteilen, darf die Stellung der brandenburgischen Markgrafen als Reichsfürsten nicht außer Acht gelassen werden. In den großen politischen Auseinandersetzungen des 12. und 13. Jahrhunderts zwischen Staufern und Welfen agierten sie als stets wichtige und anerkannte politische Größen. Schon frühzeitig zeichnete sich ab, dass die brandenburgischen Landesherren einst in der ersten Liga der Fürsten mitspielen sollten. Mehrfach ist ihre Beteiligung an Königswahlen nachgewiesen; der spätere erlauchte Kreis der »Kurfürsten« begann sich herauszukristallisieren. Schon in den 1180er Jahren befanden sich die Markgrafen im Besitz des aus den alten königlichen Hofämtern hervorgehenden wichtigen »Erzkämmerer«-Titels. Nach dem Ende der Stauferzeit war sogar zeitweise die Kandidatur der brandenburgischen Markgrafen Otto III. (1256) und Otto IV. (1292) für

Rückeroberung der wendischen Feste Brandenburg 1157 durch den Markgrafen Albrecht I., genannt Albrecht der Bär

den Königsthron erwogen worden. Ein vorläufiger Endpunkt dieser hier nicht im Einzelnen zu verfolgenden Entwicklung wurde mit den Bestimmungen der »Goldenen Bulle« von 1356 erreicht. In diesem bis zum Ende des Alten Reiches 1806 gültigen Gesetz, in dem vor allem die Modalitäten der Königswahl geregelt worden war, wurde die Zugehörigkeit der brandenburgischen Markgrafen zum Corpus der – vorerst sieben – Kurfürsten rechtlich sanktioniert.
Doch diese verheißungsvollen Ausblicke konnten nicht darüber hinwegtäuschen, dass die innere Entwicklung in der Mark seit dem ausgehenden 13. Jahrhundert in eine bedenkliche Richtung verlief. Seit 1266 war die Mark geteilt, und die Repräsentanten der jeweiligen Linien der Askanier-Dynastie verfolgten sowohl in der inneren Verwaltung als auch in der Reichspolitik einander widersprechende Ziele. Obendrein wurden die letzten askanischen Markgrafen in ruinöse Kriege sowohl im Süden (gegen die Wettiner) als auch im Norden (gegen eine aus Polen, Schweden, Mecklenburg, Sachsen-Lauenburg u.a. bestehende Koalition) hineingezogen. Zuletzt stand die Dynastie allerdings nur noch auf »zwei Augen«. Mit dem Tode des Markgrafen Waldemar starb die brandenburgische Linie der Askanier 1319 aus. Das Reichsoberhaupt – zu dieser Zeit der aus der wittelsbachischen Dynastie stammende König Ludwig der Bayer (reg. 1314–1347) – betrachtete die Markgrafschaft als erledigtes Lehen und setzte seinen gleichnamigen Sohn als neuen Landesherren ein. Damit begann eine fast ein Jahrhundert währende Epoche brandenburgischer Geschichte, während der die Mark als »Nebenland« fremder Dynastien angesehen wurde. Die Absichten dieser sich zumeist nicht im Lande aufhaltenden Fürsten beschränkten sich in dieser Zeit zumeist darauf, die Mark als Finanzquelle zu nutzen. Diese Interessenlage erklärt zugleich auch eine Entwicklung, die durch eine immer größere Ausmaße erzielende Veräußerung landesherrlichen Eigenbesitzes an eine Gruppe einflussreicher werdender Adelsfamilien, aber

auch an einige Städte charakterisiert war. Vor allem durch Verpfändungen und Verkäufe reduzierte sich der markgräfliche Besitz beträchtlich.

Hinzu kam, dass Brandenburg in den Strudel der reichspolitisch hochbrisanten Konflikte zwischen den Wittelsbachern und ihren dynastischen Konkurrenten, den sich vor allem in Böhmen auf eine starke Hausmacht stützenden Luxemburgern, hineingezogen wurde. Einen Höhepunkt dieses Kampfes bildeten etwa die Vorgänge um den sogenannten »Falschen Waldemar« am Ende der 1340er Jahre. Obwohl die Herkunft des sich als der letzte askanische Markgraf ausgebenden Mannes bis heute nie eindeutig geklärt werden konnte, passte dessen Auftreten hervorragend in das Konzept des seit 1346 regierenden Königs (ab 1355 Kaiser) Karl IV. aus dem Hause Luxemburg. Dieser unterstützte den vermeintlichen Waldemar und seinen sich vermehrenden Anhang im Land, so dass die ohnehin geringe Machtgrundlage des wittelsbachischen Markgrafen immer schmaler wurde. So erinnert etwa noch heute der Name des im Südwesten Brandenburgs liegenden Städtchens *Treuenbrietzen* daran, dass dessen Bürger dem wittelsbachischen Landesherren gegenüber ihre Loyalität bewahrt hatten. Vielleicht erklärt dieses gesunkene Ansehen der brandenburgischen Landesherren dieser Zeit auch die abschätzige Behandlung durch den Kaiser, der es 1356 nicht einmal für nötig erachtet hatte, dem Brandenburger in seiner Eigenschaft als einer der sieben Kurfürsten ein eigenes Exemplar der »Goldenen Bulle« zuzusenden.

Den Höhepunkt der durch Landverkäufe und -verpfändungen charakterisierten Jahrzehnte bildete wohl der Verkauf der Mark Brandenburg selbst. Im Jahre 1373 wurde das Land nach einem militärischen Schlagabtausch durch den letzten aus dem Hause Wittelsbach stammenden Markgrafen Otto an den Kaiser Karl IV. für 500 000 Gulden verkauft. Wer den Schaden hat, braucht für den Spott nicht zu sorgen, und so wurde dieser letzte aus Bayern stammende brandenburgische Landesherr mit dem – allerdings nicht aus der Zeit selbst stammenden – Beinamen »der Faule« bedacht. Doch auch unter den für die nächsten vier Jahrzehnte über die Mark Brandenburg gebietenden Luxemburgern änderte sich nicht allzuviel an den verworrenen inneren Zuständen. Zwar versuchte Karl IV. durch eine systematische Bestandsaufnahme der demographischen und wirtschaftlichen Ressourcen (»Landbuch« von 1375) seines neu erworbenen Landes die Voraussetzung für eine Stabilisierung der landesherrlichen Position zu schaffen, doch blieb es nur bei diesen Anfängen und Vorsätzen, und dies nicht nur, weil der Kaiser schon nach wenigen Jahren 1378 starb. Auch er stand ja wie seine weniger begabten Nachfolger aus dem Hause Luxemburg vor dem Problem, ein Land aus der Ferne regieren zu müssen. Der Erfolg der Durchsetzung von Herrschaft war aber letztendlich auch immer abhängig von den kommunikativen Verbindungen in solch einem ausgedehnten Territorium wie der Mark Brandenburg. Dabei gilt es zum einen zu bedenken, dass Reisen im Spätmittelalter äußerst beschwerlich waren; am bequemsten – und damals auch am schnellsten – erschien dabei noch der Wasserweg. Von daher erklären sich im Übrigen auch die Pläne des Kaisers, Tangermünde als Herrschaftszentrum auszubauen, denn über die Elbe ließ sich eine vergleichsweise günstige Verbindung zwischen seiner Prager Residenz und dem Städtchen in der Altmark herstellen.

Zum anderen erforderte eine erfolgreiche Herrschaft aus der Ferne, aber auch die Etablierung eines personalen Netzwerkes zu den in der Mark angesessenen führenden politischen Kräften unter der Geistlichkeit, dem Adel und den Städtebürgern, womit zugleich das Thema »Stände« in den Blick gerät. Es kam nicht von ungefähr, dass sich gerade im 14. Jahrhundert die Ständeorganisation herauszubilden begann, gewissermaßen als Pendant für die schwächelnde Landesherrschaft. Die 1345 in Berlin tagende Versammlung von Vertretern der Ritterschaft und der Städte sowie der Bischöfe von Brandenburg (Havel) und Havelberg gilt gemeinhin als der erste Landtag im eigentlichen Sinne in der brandenburgischen Geschichte. Das Hauptmotiv für die Einberufung bildeten die chronischen Geldsorgen des damaligen wittelsbachischen Landesherrn. Und das Thema Geld und Steuern sollte sich auch künftig wie ein roter Faden durch die brandenburgische Stände- und Landtagsgeschichte ziehen.

Es waren jedoch nicht nur die geschilderten politischen Wirren, die der brandenburgischen Geschichte des 14. Jahrhunderts ihren Stempel aufgedrückt hatten; ebenso tiefe Spuren sollten auch die mit der Agrarkrise und den großen Pestepidemien verbundenen Entwicklungen hinterlassen. Das deutlich sichtbarste Symptom für diese krisenhaften Trends in der Landwirtschaft waren die ausgedehnten Wüstungsprozesse. In einigen brandenburgischen Landschaften (Uckermark, Altmark) galten in der Mitte des 14. Jahrhunderts über 40% der ehemals bestellten Flächen als wüst. Die Ursachen für diese Entwicklung waren vielschichtig: Zum einen hatte

Otto IV. (1266–1309), Markgraf von Brandenburg, spielt mit seiner Gattin Hedwig von Holstein Schach.

Margrave otte vō brandēbg mit dem pfile. .VI. margrave otto vō brādebrg

der die Bevölkerung stark dezimierende »Schwarze Tod«, wie die verheerenden Pestepidemien der 1350er Jahre damals genannt wurden, die Nachfrage nach Agrarprodukten sinken lassen, was zu einem zeitweiligen dramatischen Preisverfall geführt hatte. Zum anderen dürften die sich auf dem Boden der Mark abgespielten kriegerischen Verwicklungen zwischen Wittelsbachern und Luxemburgern ihren Anteil am Niedergangsprozess beigetragen haben. Des Weiteren war aber auch eine gewisse Erschöpfung der seit dem 12./13. Jahrhundert bestellten Böden eingetreten, wodurch eine weitere Bearbeitung als nicht mehr rentabel erschien.

Dagegen gestalteten sich die politischen und wirtschaftlichen Rahmenbedingungen für die märkischen Städte im 14. Jahrhundert als vergleichsweise günstig. Dank der sich weiter öffnenden Preisschere zwischen Stadt und Land zugunsten gewerblicher Produkte gelang es den Städten nicht nur, den verbliebenen Bauern die Marktpreise für Agrarprodukte zu diktieren. Darüber hinaus vermochte eine ganze Reihe märkischer Kommunen Adelsbesitz an sich zu bringen. Der gewonnene materielle Wohlstand dokumentierte sich in einer regen Bautätigkeit. Vor allem repräsentative Kirchenbauten wie etwa die Marienkirche in Prenzlau oder Rathäuser wie der stattliche Bau in Frankfurt (Oder) zeugen davon. Gewachsener Bürgerstolz spiegelte sich aber auch darin wider, dass einige märkische Kommunen das Recht erwarben bzw. es sich einfach nahmen, adlige Friedensbrecher in ihren Mauern aburteilen zu dürfen. Dieses gestiegene Selbstbewusstsein stieß natürlich nicht nur auf Gegenliebe. Die in dieser Zeit ausgebauten Stadtbefestigungen – gut sichtbar etwa auch heute noch in Templin oder Wittstock (Dosse) – künden von dem Bemühen der Bürgerschaft, den gewonnenen politischen und wirtschaftlichen Freiraum gegen äußere und innere Feinde militärisch abzusichern. Ebenso förderte der Zusammenschluss in Städtebünden die politische Eigenständigkeit der Kommunen sowohl gegenüber dem Landesherrn als auch gegenüber dem Adel. Einige brandenburgische Städte wie Berlin, Stendal und Salzwedel waren gar zeitweilig Mitglieder der Hanse.

Im frühen 15. Jahrhundert schien sich ein Ende der lang anhaltenden Schwächeperiode der Landesherrschaft abzuzeichnen. Der über enge Kontakte zum damaligen König verfügende Nürnberger Burggraf Friedrich VI. von Hohenzollern wurde 1411 zum »Obersten Hauptmann und Verweser« in der Markgrafschaft ernannt. Mit ihm verbanden sich große Hoffnungen, die seit den Tagen Karls IV. noch schlechter gewordenen Zustände in der Mark Brandenburg zum Besseren zu wenden. Die 1415 offiziell mit dem Kurfürstentum Brandenburg belehnten Hohenzollern benötigten allerdings einen vergleichsweise langen Zeitraum, ehe sie als einst Landfremde in diesem Territorium heimisch werden konnten. Zum einen hatten die neuen brandenburgischen Landesherren damit fertigzuwerden, dass ihr Aufstieg von einem süddeutschen Grafengeschlecht in die oberste Liga der Reichsfürsten zunächst kaum auf Akzeptanz unter den Standesgenossen gestoßen war – ein »Makel«, mit dem sich die Hohenzollern im Übrigen bis in die Zeit des Aufstiegs des brandenburgisch-preußischen Gesamtstaates im 17. und frühen 18. Jahrhundert auseinandersetzen mussten. Es sind zeitgenössische Äußerungen anderer Fürsten überliefert, in denen diese sich über die ihres Erachtens geringe »Magnifizenz« der Hohenzollern mokierten, die in ihren Augen lange Zeit als »Parvenus« galten. Ein bayerischer Herzog hatte etwa den ersten hohenzollernschen Kurfürsten Friedrich I. beleidigend angeredet: »Du newlich hochgemachter, lugenhaftiger edelman Burggraf Fridrich von Nürnberg …«.

Zum anderen stieß der erste Hohenzollern-Kurfürst Friedrich I. aber auch in der Mark Brandenburg selbst auf wenig Sympathie. Vor allem seitens der alteingesessenen märkischen Adelsfamilien konnte man der Tatsache, dass der neue Landesherr wichtige Positionen mit fränkischen Amtsträgern besetzen wollte und zudem die Rückgabe ehemaliger landesherrlicher Schlösser verlangte, nur wenig Zuneigung entgegenbringen. Sowohl mit militärischen Mitteln – der Wirkung der in dieser Zeit aufkommenden schweren Geschütze konnten sich natürlich auch die noch so gut befestigten Burgen der adligen Opponenten kaum entziehen – als auch mit der bewährten Taktik des »divide et impera« gelang es den neuen Landesherren, die Widerspenstigen zu zähmen. Aber auch die größeren brandenburgischen Städte, die aus naheliegendem Interesse den Hohenzollern zunächst im Kampf gegen die renitenten Adelsfamilien zur Seite gestanden hatten, mussten bald eine Schwächung ihrer seit dem 14. Jahrhundert recht selbständigen Stellung hinnehmen. Das Aufbegehren der Bürgerschaft der Doppelstadt Berlin-Cölln, in deren Mauern der Kurfürst ein Schloss bauen wollte, bot den Auftakt für eine empfindliche Beschneidung des politischen Spielraumes der brandenburgischen Städte. Denn mit der Unterdrückung des »Berliner Unwillens« im Jahre 1448 wurde ein Präzedenzfall geschaffen. Auch gegen die äußeren Gegner konnten militärische Erfolge errungen und ein Teil des einst verlorengegangenen Territoriums zurückerobert werden. Im Jahre 1455 gelang es, die Neumark vom Deutschen Orden zurückzukaufen. Mit

Kaiser Karl IV. nimmt die Zahlung von Strafgeldern entgegen.

der Rückeroberung von Teilen der Uckermark wurde zudem ein Achtungserfolg gegen den alten Rivalen Pommern erzielt. Als nicht unerheblich für die politische Stellung der Hohenzollern erwies sich das durch Kurfürst Albrecht Achilles (reg. 1470–1486) 1473 erlassene Teilungsverbot des brandenburgischen Territoriums. Durch diese Primogeniturregelung, die in späteren Hausgesetzen noch bekräftigt wurde, konnte eine Zersplitterung des Besitzes verhindert werden, deren ungünstige Folgen etwa in Mecklenburg oder Thüringen in den folgenden Jahrhunderten zu beobachten waren.
Auch in der Kirchenpolitik erreichten die ersten Hohenzollern-Kurfürsten eine Erweiterung ihres Handlungsspielraumes. Sie empfanden es in zunehmender Weise als störend, dass die Kirche, quasi als »Staat im Staate«, in ihrem Territorium schalten und walten konnte. Denn es waren ja nicht nur die sich mittlerweile allerdings in einer größeren politischen Abhängigkeit zu den brandenburgischen Landesherren befindenden Bistümer Brandenburg, Havelberg und Lebus, mit denen man zurechtkommen musste. Schwerer wog, dass sich das Hineinragen von solchen »landfremden« Diözesen wie Kammin, Meißen oder Halberstadt auf das Gebiet des Kurfürstentums an einer Herrschaftspraxis stieß, die auf die Etablierung eines geschlossenen Territoriums ohne Rücksichtnahme auf konkurrierende politische Gewalten ausgerichtet war. Die in der ersten Hälfte des 15. Jahrhunderts erkennbare zeitweilige Schwäche des Papsttums wurde nun von mehreren Reichsfürsten, so auch vom Brandenburger, ausgenutzt, um die Beziehungen zwischen Landesherrschaft und Kirche auf eine veränderte Grundlage zu stellen. In dem 1447 abgeschlossenen Konkordatsvertrag erzielte der Kurfürst eine Einschränkung der geistlichen gegenüber der landesherrlichen Gerichtsbarkeit sowie die Gewährung des Nominationsrechtes für frei werdende Bischofsstühle in den drei Bistümern Lebus, Brandenburg und Havelberg.
Zieht man also ein Fazit der Politik der ersten Hohenzollern, dann kann man ihnen durchaus Geschick bei der Stärkung ihrer Position und damit auch bei der generellen Stabilisierung der politischen Verhältnisse attestieren. Und schließlich war das Land auch von seinem territorialen Umfang her gewachsen – in fürstlichen »Bilanzen« bekanntlich ein nicht unwichtiges Argument zur Bestimmung historischer »Größe«. Die Mark wurde vor allem im Süden und Südosten (Cottbus-Peitz; Teupitzer Land; Zossen; Crossen; Züllichau) infolge nicht eingelöster Pfandschaften oder Käufe erweitert. Aber auch Demütigungen waren hinzunehmen, wenn man etwa die Einfälle der Hussiten in märkisches Territorium in den 1430er Jahren oder den Vorstoß eines ungarischen Heeres in den 1470er Jahren bis in die unmittelbare Nähe Berlins bedenkt. Diese Kriegszüge stellten vor allem die Bevölkerung in den betroffenen Gebieten vor Herausforderungen und bescherte der nach der Agrarkrise einsetzenden zaghaften demographischen und wirtschaftlichen Erholung immer wieder Rückschläge.
Das 16. Jahrhundert galt dagegen als eines der friedfertigsten in der wechselvollen brandenburgischen Geschichte. Nur von fern drang die Kunde von Schlachtenlärm und Kriegsgreuel über die märkische Grenze. Doch natürlich wurde auch der Nordosten des Reiches von jenem grundstürzenden Ereignis tangiert, das auch für die Mark Brandenburg sinnfällig den Übergang vom Mittelalter zur Neuzeit ankündigte: der Reformation! Die Tragweite der mit dem Thesenanschlag von 1517 in Wittenberg – keine 30 Kilometer von der brandenburgischen Grenze entfernt – beginnenden Vorgänge wurde in der brandenburgischen Residenz allerdings zunächst kaum erfasst. Begünstigt durch wandernde Handwerksgesellen und Studenten der Universität Wittenberg, fanden allmählich die Ideen Martin Luthers auch auf brandenburgischem Territorium ihren Widerhall. Der brandenburgische Kurfürst Joachim I. (reg. 1499–1535) indes zählte als treuer Parteigänger des Kaisers zu den vehementesten Gegnern der Reformation, wie auch die 1506 ihren Lehrbetrieb aufnehmende »Viadrina«-Universität in Frankfurt (Oder) noch lange Zeit als Wirkungsstätte der gegen Luther auftretenden Theologen galt. Beim Kurfürsten waren es nicht zuletzt persönliche Verletzungen, die die anti-reformatorische Haltung begründeten: Sein Bruder, der Erzbischof von Mainz und Magdeburg, Albrecht von Hohenzollern, war wegen seiner exponierten Position innerhalb des Ablasshandels von Luther scharf attackiert worden. Und die Flucht der sich der Lehre Luthers zuwendenden brandenburgischen Kurfürstin Elisabeth unter den Schutz des sächsischen Kurfürsten wurde nicht nur durch Joachim I. als Eklat empfunden. Doch die offiziell ablehnende Haltung Kurbrandenburgs zur Reformation überlebte den 1535 verstorbenen Kurfürsten nur wenige Jahre. Inzwischen hatte die »Luthersache« in Brandenburg ja schon ihre Anhänger unter Klerus, Adel und Städtebürgern gefunden. Während der über die Neumark gebietende Markgraf Johann (Hans von Küstrin) bereits 1537 sein Territorium offiziell der Reformation geöffnet hatte, vollzog sein älterer Bruder, Kurfürst Joachim II. (reg. 1535–1571) diesen Schritt mit der Einnahme des Abendmahls in beiderlei Gestalt im November 1539. Ein Jahr

Die förmliche Belehnung Kurfürst Friedrichs I. mit der Mark Brandenburg auf dem Konstanzer Konzil durch König Sigismund am 18.4.1417.

später folgte die erste evangelische Kirchenordnung Brandenburgs. Joachim II. und sein Umfeld wählten allerdings einen recht bedächtigen Weg bei den konfessionspolitischen Veränderungen. Altes und Neues lagen eng beieinander. Eine Eigenart der brandenburgischen Variante der Reformationsbewegung bestand in der Verbindung der Übernahme neuer Lehrinhalte (z.B. das neue Abendmahlsverständnis und die Priesterehe) mit dem Tolerieren liturgischer Elemente der Altkirche. Aufmerksame Zeitgenossen konnten deshalb noch zu Beginn des 18. Jahrhunderts in so mancher märkischen Kirche Überbleibsel der an der altgläubigen Liturgie orientierten Ausstattung finden. Um so nachhaltiger wurde allerdings nunmehr die Herauslösung der brandenburgischen Kirche aus der Struktur der Römischen Kirche und ihre Unterstellung unter den Landesherrn als »Summus episcopus« betrieben. Die drei landsässigen Bistümer Havelberg, Brandenburg und Lebus fielen zunächst an Angehörige der Hohenzollerndynastie, bis sie schließlich ganz als eigenständige politische Körper aufhörten zu bestehen. Auch materielle Vorteile waren nicht zu übersehen: Durch Säkularisierungen der Klöster und die Einziehung der bischöflichen Tafelgüter vergrößerte sich der landesherrliche Eigenbesitz (Domänen) beträchtlich; ebenso galten einige Adelsfamilien als »Reformationsgewinnler«.
Überhaupt gelten jene Jahrzehnte als ein Zeitraum, in denen sich eine staatliche Organisation in der Mark Brandenburg allmählich, aber stetig herausgebildet hatte. Den noch zu Jahrhundertbeginn recht fehdelustigen Adel (Nickel von Minckwitz) gelang es zu disziplinieren. Durch die Bildung des im Berliner Schloss tagenden Kammergerichts wurde eine zunehmend wirkungsvoller arbeitende Institution zur Durchsetzung der Landfriedensordnung geschaffen. Der kurfürstliche Hof und die Landesverwaltung nahmen nun dauerhaft ihren Sitz in Berlin-Cölln; die Zeit der »Reiseherrschaft« ging ihrem Ende entgegen. Die landesherrliche Verwaltung differenzierte sich aus: Kanzlei, Kammer und Rat etablierten sich als die arbeitsteilig wirkenden Spitzenbehörden in der Residenz. Mit den von der kurfürstlichen Verwaltung initiierten Städteordnungen beabsichtigte man, ein Regelwerk für das innerstädtische Leben und zugleich eine rechtliche Handhabe für ein mögliches landesherrliches Eingreifen bei Übertretungen zu schaffen.
Doch bei all diesen nicht zu leugnenden Verbesserungen kann ein vergleichender Blick auf andere deutsche Fürstentümer jener Zeit nicht über den Rückstand Brandenburgs im Staatsbildungsprozess hinwegtäuschen: Dem Kurfürsten stand auch jetzt nur ein geringes Reservoir an Amtsträgern zur Verfügung, die in die Weite des Landes hineinwirken konnten. In einer Landschaft wie der Uckermark, die etwa eine größere räumliche Ausdehnung als ein heutiges Bundesland (Saarland) aufwies, verfügten die Landesherren nur über zwei Landreiter! Man vermag sich zudem auch vorzustellen, welche Mühen es bereitete, in einem dünnbesiedelten Territorium mit Wegen, die mitunter nur einige Monate im Jahr wirklich passierbar waren, die Weisungen der kurfürstlichen Spitzenbehörden umzusetzen. Deshalb waren es vor allem die in die Netzwerke der märkischen Teillandschaften eingebundenen Stände (Adel und Städte), die eine »Verwaltung« der brandenburgischen Teillandschaften erst ermöglichten. Des Weiteren standen sie ihrem finanziell stets klammen Landesherrn auch als wichtige Kreditgeber zur Seite. Die Heranziehung der Stände zur Schuldentilgung musste zwangsläufig im Verlauf des 16. Jahrhunderts auch zu ihrer Stärkung führen. Nicht umsonst bezeichnete man die brandenburgischen Landtagsversammlungen dieser Zeit als »Geldtage«. Die Übernahme der landesherrlichen Schulden wurde dort in fast regelmäßiger Weise mit Zugeständnissen an die Stände erkauft. Vor allem der Adel – und hier ragte besonders eine Gruppe von etwa 15 begüterten und politisch einflussreichen Familien wie die von Alvensleben, von Arnim oder von der Schulenburg heraus – profitierte von dieser Entwicklung. Seine wirtschaftliche Stellung konnte vor allem durch die europaweit wirkende Agrarkonjunktur, die zu einer Steigerung der Getreidepreise führte, gestärkt werden. Die adligen Gutsherren waren deshalb seit dem 16. Jahrhundert dazu übergegangen, ihre Eigenwirtschaften zu vergrößern. Doch mussten diese bearbeitet werden, so dass die sich nun herausbildende »Gutsherrschaft« – im Gegensatz zu der in West- und Süddeutschland verbreiteten »Grundherrschaft« – durch recht scharfe Abhängigkeitsformen zwischen der bäuerlichen Bevölkerung und dem gutsbesitzenden Adel auszeichnete. Der adlige Gutsherr beanspruchte mittels seiner Patrimonialgerichtsbarkeit und der ihm in seinem Gutsbezirk zustehenden Polizeigewalt einen weitgehenden juristischen Zugriff auf seine »Hintersassen«. Somit konnten diese gezwungen werden, mit zum Teil eigenem Gespann und eigenen Arbeitsgeräten auf dem Herrenland »Frondienste« zu leisten.
Unterdessen zeigten sich über Brandenburg nach einer über ein Jahrhundert währenden Friedenszeit dunkle Wolken am politischen Horizont. In nicht wenige der politischen Krisen am Vorabend des Dreißigjährigen Krieges wurden auch die brandenburgischen Hohenzollern hineingezogen. Es waren eher biologische Zufälle,

HB

dass einige der im 16. Jahrhundert erworbenen Anwartschaften ausgerechnet in dieser politischen brisanten Zeit durch eintretende Erbfälle eingelöst werden konnten. So brachte der Tod des Herzogs von Jülich 1609 den Hohenzollern einen Teil dieser am Niederrrhein liegenden Territorien. Ob allerdings die 1613 erfolgte Konversion des brandenburgischen Kurfürsten Johann Sigismund (reg. 1608–1619) zur reformierten Konfession mit der erhofften politischen Unterstützung der ebenfalls calvinistischen Niederlande bei diesen Vorgängen erklärt werden kann, wird in der Forschung seit langem kontrovers diskutiert. Und 1618 eröffnete sich mit dem Tod des im fernen preußischen Königsberg residierenden und aus einer hohenzollernschen Nebenlinie stammenden Herzogs Albrecht Friedrich die Möglichkeit der Übernahme des außerhalb der Reichsgrenzen liegenden Herzogtums Preußen, allerdings vorerst noch unter Anerkennung der polnischen Oberlehnsherrschaft.

Zunächst konnten die brandenburgischen Hohenzollern aber kaum Vorteile aus diesen Gebietserwerbungen ziehen, denn eine der schlimmsten Katastrophen in der brandenburgischen Geschichte, der Dreißigjährige Krieg, sollte nunmehr die Mark heimsuchen. Zwar wurden nur wenige größere Schlachten (z.B. bei Wittstock 1636) im eigenen Land ausgetragen, umso mehr peinigten aber die seit 1626 brandenburgisches Gebiet durchziehenden Truppen der kriegführenden Mächte die Bevölkerung. Die Kriegsfolgen waren auch deshalb in diesem Territorium so fürchterlich, weil die Mark Brandenburg gemeinsam mit Pommern, den thüringischen Landen, Hessen und Württemberg auf jener sogenannten, sich vom Nordosten in den Südwesten des Reiches hinziehenden »Zerstörungsdiagonale« lag, in welcher besonders hohe Bevölkerungsverluste zu verzeichnen waren. Abgesehen von solchen Extrembeispielen wie dem Städtchen Oderberg, wo man im Jahre 1645 nur noch eine (!) bewohnte Feuerstelle registriert hatte, wurde der Bevölkerungsverlust für das Gebiet der Mark Brandenburg auf durchschnittlich 50% geschätzt. An dieser furchtbaren Bilanz änderte es auch zunächst nicht allzu viel, als der brandenburgische Kurfürst im Zusammenhang des Westfälischen Friedensvertrages von 1648 mit Hinterpommern, Minden, dem Fürstentum Halberstadt und (ab 1680) dem Herzogtum Magdeburg einen beträchtlichen territorialen Zuwachs verbuchen konnte.

In den folgenden Jahrzehnten galt es vielmehr, die große Krise in Staat und Gesellschaft zu bewältigen. Neben den Bevölkerungsverlusten waren vor allem auch die großen ökonomischen Verwerfungen wie etwa die lange brach liegenden Felder, fehlendes Inventar, der Verlust an Vieh oder das darnieder liegende städtische Gewerbe zu beklagen. Es zeigt die ganze Dramatik dieser Vorgänge, wenn bedacht wird, dass erst in den 1720er Jahren, also etwa 100 Jahre nach Beginn des Dreißigjährigen Krieges, der Vorkriegsstand wieder erreicht werden konnte! Durch die Landreiterberichte, eine vorzügliche sozialgeschichtliche Quelle jener Zeit, sind wir recht gut unterrichtet über den gewaltigen demographischen und wirtschaftlichen Aderlass in den Teillandschaften der Mark. Diese Bestandsaufnahme bildete aber zugleich den ersten Schritt für den Wiederaufbauprozess. Ein partieller Schuldenerlass, ambitionierte Infrastrukturmaßnahmen (1667 wurde der Oder-Spree-Kanal fertiggestellt), die Neureglung des Steuerwesens – vor allem die Schaffung der Akzise als kombinierter Gewerbe- und Konsumtionssteuer spielte hier eine wichtige Rolle – sowie eine gezielte Einwanderungspolitik stellten wichtige Marksteine dieser Entwicklung dar. Dass das umfassende Peuplierungsprogramm, in dessen Rahmen zunächst etwa 10 000 Kolonisten nach Brandenburg kamen, auch eine für damalige Verhältnisse großzügig gewährte religiöse Toleranz voraussetzte, erscheint plausibel. Das im Oktober 1685 vom Kurfürsten erlassene »Potsdamer Edikt«, das die in ihrer Heimat verfolgten französischen Calvinisten (Hugenotten) nach Brandenburg-Preußen einlud, postulierte diese damals durchaus nicht selbstverständlich erscheinenden Grundsätze. Allerdings darf bei der insgesamt positiven Gesamtbilanz des wirtschafts- und bevölkerungspolitischen Sanierungsprogramms nicht unbeachtet bleiben, dass dessen Wirkungen auf das Land höchst ungleichmäßig verteilt waren. Der auch in der heutigen tagespolitischen Auseinandersetzung zuweilen thematisierte Gegensatz zwischen Zentrum und Peripherie war schon den Zeitgenossen des 17. Jahrhunderts geläufig. So kam insbesondere die Berlin-Potsdamer Residenzlandschaft in den Genuss der landesherrlichen Innovationen, und hier wurden auch die größten Zuwachsraten erzielt. Dagegen stagnierte die Entwicklung in den damals fast menschenleeren Landschaften der Uckermark oder Prignitz.

Dem nach Kriegsende die Geschicke des Landes lenkenden Kurfürsten Friedrich Wilhelm (reg. 1640–1688) war allerdings nicht nur an einer wirtschaftlichen Gesundung seiner Länder gelegen. Vor allem zog er in politischer Hinsicht die Lehren aus der ohnmächtigen Rolle Brandenburgs während des Dreißigjährigen Krieges. Sein Staatswesen solle nicht noch einmal »das theatrum sein, worauf die anderen Mächte ihre Tragödien auf-

DER HOCHWOL GEBORNE HERR
HERR GEORG FREYHERR VON DERFLINGER,
Churfürstl. Brandenburg. Geheimer Kriegs Rath, Statthalter des Herzogthums hinter Pommern, vnd Fürstenthums Camin, General Feld Marschal, vnd Ober Gouverneur der Churfürstl. Festungen, Herr zu Quiteinen vnd darzu gehörigen Güter, auch auff Schildberg, Gusow, Platkow, Wulkow, Klessien, vnd Hermerstorff etc.
Joan Hainzelmann Ser.me El.s Brandenb.ci sculptor delin. et sculp. C. Priuil. 1690.

führen« – so hatte er es selbst einmal formuliert. Dies bedeutete zunächst, eine bewaffnete Macht zu schaffen, die künftig eine entsprechende Drohkulisse darstellen konnte. An erfahrenen Militärs bestand nach dem Ende des Dreißigjährigen Krieges wahrlich kein Mangel. In dem sich formierenden brandenburgischen Heer fanden sich denn auch bald jene alten Haudegen ein, die früher in der kaiserlichen, schwedischen, französischen oder niederländischen Armee gedient hatten. Sicher bot dies so manchen Anlass für Spannungen innerhalb des Offizierskorps, andererseits verfügte die junge Armee damit aber zugleich über einen unvergleichlichen Erfahrungsschatz, der ihren Kampfwert in den nicht wenigen Kriegszügen der zweiten Hälfte des 17. Jahrhunderts hoch veranschlagen ließ. Mehr als einen Achtungserfolg erzielte das brandenburgische Heer im Jahre 1675 in der Schlacht von Fehrbellin (im Havelland) gegen das immer noch als eine der bedeutendsten europäischen Militärmächte geltende Schweden. Ein Ereignis, das dem brandenburgischen Landesherrn zudem den Beinamen des »Großen Kurfürsten« eingebracht hatte.
Doch die Unterhaltung der bis zum Ende der Regierungszeit Friedrich Wilhelms auf 30 000 Mann anwachsenden Armee kostete Geld, sehr viel Geld! Handelte es sich doch um eine Streitmacht, die künftig als »miles perpetuus«, abgesehen von zeitweiligen Schwankungen der Truppenstärke, ständig unter Waffen gehalten werden sollte. Aber die Zahlungsbereitschaft der Stände, die sich die Argumentation ihres Landesherrn zunächst nicht zu eigen machen konnten, war denkbar gering. Es kam nicht von ungefähr, dass sich Kurfürst Friedrich Wilhelm von allen seinen Landesteilen in dieser heiklen Frage zuerst mit den brandenburgischen Ständevertretern ins Benehmen setzte, war doch hier die Loyalität gegenüber dem nunmehr schon über 200 Jahre angestammten Herrscherhaus größer als etwa in den erst vor kurzer Zeit durch die Hohenzollern erworbenen Gebieten. Heraus kam ein Kompromiss in dem berühmten Landtagsrezess von 1653: Gegen die Festschreibung der Gutsuntertänigkeit erklärte sich der Adel als dominante Kraft innerhalb des brandenburgischen Ständetums zur Finanzierung des stehenden Heeres bereit.
Eher unmerklich im Verborgenen als durch spektakuläre Einzelaktionen vollzog sich in den kommenden Jahrzehnten der politische Einflussverlust der Stände. Eine nicht unwesentliche Rolle spielte dabei die Etablierung einer in starkem Maße aus »Ausländern« und Angehörigen der reformierten Konfession bestehenden Staatselite, die naturgemäß nicht über solche engen Bindungen zum lutherisch dominierten Ständetum verfügte wie vordem. Die Namen solcher hohen Amtsträger und Militärs wie Georg Friedrich von Waldeck, Otto von Schwerin, Franz von Meinders oder Georg von Derfflinger stehen für diese Personalpolitik. Auch für eine konsequentere Durchsetzung des landesherrlichen Willens auf der unteren Verwaltungsebene wurde allmählich der Boden bereitet. Die Kreiskommissare, aus denen dann zu Beginn des 18. Jahrhunderts die auch heute noch an der Spitze der Kreise stehenden Landräte hervorgehen sollten, wurden zunehmend in die Pflicht genommen, wenngleich sie bis zum Ende des Alten Preußen auch Interessenvertreter der adligen Mitstände ihres Kreises bleiben sollten.
Diese innere Stabilisierung bildete zugleich die Grundlage für außenpolitischen Prestigegewinn. Die 1701 erfolgte Krönung des brandenburgischen Kurfürsten zum »König in Preußen« stellt eine nicht zu unterschätzende Zäsur in diesem Aufstiegsprozess dar. Lange Zeit wurde diese neue Würde durch die Nachlebenden nur als leerer Titel ohne reale politische Substanz angesehen. Doch ganz so leichtfüßig kann man über dieses Ereignis nicht hinweggehen; vor allem würde man damit nicht dem zeitgenössischen Verständnis gegenüber solchen, Prestige und Ehre in den Vordergrund rückenden politischen Motiven gerecht werden. Wir erinnern uns: Seit ihrem Erscheinen in der Mark Brandenburg hatten die Hohenzollern innerhalb der Hochadelsgesellschaft des Reiches und Europas um Anerkennung zu ringen. Das Barockzeitalter entwickelte zudem ein weitaus sensibleres Gespür für Fragen des Zeremoniells und des Ranges. Sowohl der Große Kurfürst als auch sein Sohn, der Kurfürst Friedrich III. (reg. 1688/1701–1713), hatten in den letzten Jahrzehnten des 17. Jahrhunderts immer wieder leidvoll die Zurücksetzung im diplomatischen Verkehr erfahren müssen, was umso mehr kränkte, da ja Kurbrandenburg wegen seiner gewachsenen militärischen Stärke als Bündnispartner des Kaisers, aber auch anderer europäischer Mächte gern gesehen war. Nach einer langen Vorbereitungsphase zeichnete sich endlich auf Grund der allgemeinen politischen Konstellation am Jahresende 1700 die Erfüllung des Wunsches nach einer Rangerhöhung ab. Für die militärische Unterstützung der habsburgischen Ansprüche auf den vakanten spanischen Thron erhielt der brandenburgische Kurfürst vom Kaiser die Zustimmung zur Erhebung zum »König in Preußen«. Am 18. Januar 1701 fand im ostpreußischen Königsberg der feierliche Krönungsakt statt, aus Kurfürst Friedrich III. wurde nun König Friedrich I. War die neue Krone auch an das – außerhalb der Reichsgrenzen liegende – Herzogtum Preußen gebunden, blieb doch die sich in dieser Zeit nachhaltig ausformende Berlin-Potsdamer Residenzlandschaft der politische Mittelpunkt der Gesamtmonarchie. Die Namen solcher Künstler wie Andreas Schlüter und Eosander von Goethe oder eines Mannes wie Gottfried Wilhelm von Leibniz repräsentierten den kulturellen Aufstieg der brandenburg-preußischen Metropole in den Jahren um 1700. Der Begriff »Preußen« wurde nun zwar nach und nach auf das gesamte Staatsge-

Der Große Kurfürst Friedrich Wilhelm mit seinen Offizieren bei der Eroberung von Wolgast im Winter 1677/78 (Lithografie nach einem Gobelin von Pierre Mercier)

biet ausgeweitet, dennoch dauerte es vergleichsweise lange, ehe sich die Menschen – so auch in der Mark Brandenburg – als »Preußen« fühlten. Hier handelte es sich um einen sehr zählebigen Prozess, der wohl zunächst von den der Dynastie nahestehenden Eliten, über die Armee bis zu den ohnehin nur über eine geringe Mobilität verfügenden Untertanen auf dem »platten Land« verlief.

Eine der markantesten Herrscherpersönlichkeiten in der langen Reihe der nun eine Krone tragenden brandenburgischen Landesherren aus der Hohenzollerndynastie stellte Friedrich Wilhelm I. (reg. 1713–1740) dar. Markant vor allem auch deshalb, weil die Art und Weise, wie er regierte, so gar nicht in jene Zeit zu passen schien, auch wenn sie nicht völlig isoliert dastand. Das bürgerlich-spartanische, fast schon asketische Ambiente seiner Lebensführung – auch heute noch gut nachzuempfinden im restaurierten Schloss Königs Wusterhausen – war nicht jedermanns Sache. Dieser König deutete mit drastischen Maßnahmen gleich in seinen ersten Regierungstagen seinen Veränderungswillen gegenüber der herkömmlichen Herrschaftspraxis an. Und reformbedürftig war gewiss vieles in den Provinzen des preußischen Staates, so auch in Brandenburg. Die aus dem Ruder gelaufene Staatsverschuldung galt es ebenso in den Griff zu bekommen wie die immer noch teilweise mittelalterliche Züge aufweisende Verwaltung. Im 1722/23 neu gebildeten Generaldirektorium wurden nun die entscheidenden Aufgaben konzentriert. Diesem Gremium unterstellt waren die Kurmärkische und Neumärkische Kriegs- und Domänenkammer, also die für Brandenburg entscheidenden Verwaltungsbehörden. Den Reglementierungswillen des neuen Herrschers bekamen besonders die brandenburgischen Städte zu spüren, als er daran ging, die letzten Reste der Selbstverwaltung abzubauen und die Kommunen nun vollends der Kontrolle der königlichen Steuerräte zu unterstellen. Ganz von Schuld frei waren die städtischen Magistrate freilich nicht an dieser Entwicklung, denn Vetternwirtschaft – im altmärkischen Salzwedel sollen nach einer Erhebung gar acht der neun Ratsmitglieder eng miteinander versippt gewesen sein – und finanzielles Missmana-

gement haben immer wieder, auch aus der Bürgerschaft selbst, den Ruf nach der regulierenden Intervention des Staates laut werden lassen.
Doch im heutigen Bewusstsein verbindet sich mit dem als »Soldatenkönig« bekannten Herrscher, wenngleich diese Bezeichnung erst aus dem beginnenden 20. Jahrhundert stammt, wohl vor allem seine besondere Vorliebe für alles Militärische. Die gesamte Innenpolitik dieses Königs war vornehmlich auf die Vermehrung des Heeres ausgerichtet. Eine Vielzahl von brandenburgischen Städten beherbergte eine Garnison in unterschiedlicher Stärke. Die bedeutendsten brandenburgischen Garnisonstädte im 18. Jahrhundert wurden neben Berlin und Potsdam auch Frankfurt (Oder), Brandenburg (Havel), Prenzlau und Neuruppin. Zugleich brachten aber die wachsenden Anforderungen der Armee auch belebende Impulse für die Wirtschaft des Landes. Die Armee sollte vorrangig mit Erzeugnissen aus dem eigenen Land versorgt werden, was insbesondere zu einem deutlichen Aufschwung der Textilbranche (Wollindustrie) geführt hatte. In der Mark Brandenburg entwickelte sich in mehreren Orten eine Zulieferindustrie für das Heer. Doch sollte der Staat durch den Aufbau einer vergleichsweise großen Armee – bis 1740 wuchs diese auf etwa 80 000 Mann an – nicht schnell an die Grenzen seiner Leistungsfähigkeit stoßen, mussten in dem ressourcenarmen und bevölkerungsschwachen Land entsprechende Vorkehrungen getroffen werden. Im Kantonsystem fand man die geeignete Organisationsform, um die Rekrutierungsanforderungen des Heeres mit den wirtschaftlichen Erfordernissen in Einklang zu bringen. Jedem Regiment wurde nun ein fest umrissener Bezirk (»Kanton«) zugewiesen, aus dem die schon einige Jahre zuvor in Enrollierungsrollen erfassten jungen Männer rekrutiert werden konnten. In Friedenszeiten blieben die einheimischen Soldaten in der Regel nur zwei bis drei Monate im Jahr in der Garnison ihres Regiments; in der restlichen Zeit kehrten sie zu ihren Familien zurück und standen als Arbeitskräfte auf dem heimatlichen Bauernhof oder in der Handwerksstube zur Verfügung.
Mit seinem Sohn Friedrich II., dem »Großen« (reg. 1740–1786), betrat der wohl berühmteste Hohenzollern-Regent die Bühne der Geschichte. Doch zuvor hatte die so unterschiedliche Interessenlage zwischen Vater und Sohn – hier die derbe Kraftnatur des vor allem das Soldatenhandwerk und die Jagd liebenden Königs, dort der seinen intellektuellen und musischen Neigungen nachgehende Kronprinz – große Konflikte heraufbeschworen, die schließlich im gescheiterten Fluchtversuch Friedrichs 1730 ihren Zenit fanden. Nach erlittener Strafe und zumindest äußerlich gezeigter Reue konnte sich der Kronprinz zunächst in Neuruppin, dann in Rheinsberg sein eigenes Refugium schaffen, in dem die in der väterlichen Residenz nur ein Schattendasein fristenden Künste eine glanzvolle Heimstatt fanden und wo auch seine von der Aufklärung inspirierten Schriften entstanden. Viele Erwartungen begleiteten deshalb den Regierungsantritt des jungen Königs, und einige der ersten Regierungsmaßnahmen wie etwa die Abschaffung der Folter oder die Wiederbelebung der Künste und Wissenschaften, schienen diese auch zu bestätigen. Nicht wenige finanzielle Mittel wurden investiert, um Maler, Architekten, Bildhauer, Schauspieler und Sänger in die preußischen Residenzen Berlin und Potsdam zu holen. Aus dem preußischen »Sparta« sollte wieder ein »Athen« werden. Das zwischen 1745 und 1747 in Potsdam erbaute Schloss Sanssouci stellte das wohl berühmteste Beispiel der Bemühungen Friedrichs zur baulichen Umgestaltung seiner Residenzen dar. Häufig nahm der König persönlich Einfluss auf die Planung und Ausführung, sehr zum Leidwesen der Architekten. Man denke nur an die Kontroverse mit Knobelsdorff über die Gestaltung des Schlosses Sanssouci, aber auch die geplanten Bürgerbauten in Potsdam mussten seinem kritischen Urteil standhalten. Auf anderen Politikfeldern setzte er die von seinen Vorgängern vorgegebenen Entwicklungen fort. Zu den bleibendsten Leistungen, die zugleich den Naturraum der Mark Brandenburg maßgeblich verändern sollten, gehörte die »innere Kolonisation«. Dahinter stand die vom König mehrfach geäußerte Einsicht, »daß die wahre Kraft eines Staates in seiner hohen Volkszahl liegt«. Tausende von Hektar Ödland wurden durch ausgedehnte Meliorationsmaßnahmen kultiviert und gaben den aus den eigenen Provinzen, aber auch aus anderen deutschen Reichsterritorien hinzuziehenden Siedlern eine neue Existenzgrundlage. Steuerbefreiungen für einige Jahre und die Befreiung vom Militärdienst – zumindest für zwei Generationen – lockten. Die nachhaltigsten Projekte dieser »Staatskolonisation« wurden auf brandenburgischem Gebiet im Oderbruch, im altmärkischen Drömling, im Rhinluch und im Warthe- und Netze-Bruch in der Neumark umgesetzt. Allein bei dem zuletzt genannten Projekt wurden etwa 150 000 Menschen in 152 Dörfern angesiedelt.
Einen Schock löste dagegen bei den, vor allem der Aufklärung nahestehenden, Zeitgenossen der am Ende seines ersten Regierungsjahres gefällte Entschluss des jungen Monarchen aus, das Aussterben der Habsburger in

Angriff der Husaren des Regiments von Zieten auf Katholisch-Hennersdorf (Gemälde von Werner Schuch)

männlicher Linie auszunutzen, um angebliche Ansprüche auf Schlesien mit militärischen Mitteln einzufordern. Die drei Schlesischen Kriege bestätigten zwar den Gewinn dieser neuen Provinz, verlangten aber dem Staat das Äußerste ab. Brandenburgisches Territorium wurde vor allem im dritten Schlesischen Krieg, dem so genannten Siebenjährigen, unmittelbar durch feindliche Truppen in Mitleidenschaft gezogen. Vor allem die östlichen Teile der Mark Brandenburg erlebten als unmittelbares Kriegsgebiet schwere Verwüstungen; im August 1759 tobte an der Oder die verlustreiche Schlacht von Kunersdorf. Und in den Jahren 1757 und 1760 wurde gar die Hauptstadt durch feindliche Truppen kurzzeitig besetzt.
Nach 1763 ging es an den Wiederaufbau des wirtschaftlich und demographisch schwer geschädigten Landes. In der Kur- und Neumark wurde der Verlust auf etwa 115 000 Menschen beziffert. Das »Retablissement«, wie man das staatlich initiierte Aufbauwerk damals nannte, diente nicht nur zur unmittelbaren Beseitigung der Kriegsschäden, sondern verstand sich auch als eine Art Modernisierungsprogramm. Es dürften maßgeblich die insgesamt positiven Erfahrungen der nach Kriegsende mit beträchtlichem Aufwand wieder aufgenommenen »inneren Kolonisation« gewesen sein, die auch ein grundsätzliches Umdenken bei der Gestaltung der Untertanenverhältnisse allmählich Gestalt annehmen ließen. Eingedenk der Erkenntnis, dass die Landwirtschaft – »die erste aller Künste« – die Grundlage des Wohlstandes eines Staatswesens darstellte, war dem König schon aus fiskalischen und militärischen Erwägungen heraus an der Existenz eines wirtschaftlich gesunden Bauernstandes gelegen. Schließlich musste die Landbevölkerung die vom König angeregten Innovationen zur Ertragsteigerung in der Landwirtschaft umsetzen, wie etwa die »Seperationen«, die Einführung der Fruchtwechselwirtschaft und natürlich die Durchsetzung des Kartoffelanbaus. Vorstöße zur Abschaffung der »Erbuntertänigkeit«, wie die Leibeigenschaft in der Mark bezeichnet wurde, waren bislang am Widerstand der vom Adel dominierten Ständevertretungen und Behörden gescheitert. Lediglich auf den Domänen, auf denen der König ja in persona den bäuerlichen Hintersassen in Gestalt von Amtleuten als »Gutsherr« gegenübertrat, konnten merkliche Verbesserungen erzielt werden. Noch wenige Tage vor seinem Tode warf der König die Frage auf, »ob nicht alle Bauern aus der Leibeigenschaft und als Eigentümer auf ihre Güter gesetzt werden können«. Diese Diskussionen zeigen, dass schon im ausgehenden 18. Jahrhundert einige der brennenden Fragen thematisiert worden waren, die dann im frühen 19. Jahrhundert im Rahmen der preußischen Reformen eine größere Wirkung erzielen sollten.
Auf manchen Gütern vollzog sich deshalb schon lange vor Beginn der mit dem berühmten Oktoberedikt von 1807 eingeleiteten Stein-Hardenbergschen Reformen der Übergang zu den neuen Verhältnissen. Wie man sich überhaupt hüten sollte, die Zäsur des Jahres 1806, mit dem das Ende des »Alten Preußen« eingeläutet wurde, allzu scharf zu konturieren, denn von einer verbreiteten Untergangsstimmung konnte man unter der brandenburgischen Bevölkerung zu Beginn des 19. Jahrhunderts wahrlich nicht sprechen. Im Gegenteil: Wohl zu kaum einer Zeit hatte es eine solche Blüte des Berliner Kulturlebens gegeben wie in den Jahren um 1800. Solche Namen wie Ludwig Tieck, Adalbert Chamisso, E.T.A. Hoffmann, Friedrich Schleiermacher und viele andere verliehen den Berliner Salons Esprit. Und selbst auf das umliegende märkische Land fiel ein Abglanz, wenn man etwa an den vom Dichter Friedrich de la Motte Fouqué gepflegten erlauchten Kreis in seinem Nennhausener Herrenhaus denkt. Selbst Mitglieder des Herrscherhauses wie die verehrte – und später auch verklärte – Königin Luise oder der mit künstlerischem Talent ausgestattete Prinz Louis Ferdinand waren Teil dieser einzigartig dastehenden Hochzeit preußischer und Berliner Kulturgeschichte. Man wurde vielmehr schlichtweg überrumpelt von dem im September 1806 ausbrechenden Krieg mit Napoleon, mit dem Preußen ja noch vor Jahresfrist verbündet war und dem kurz darauf fast widerstandslos erfolgenden Einmarsch seiner Truppen in die Mark Brandenburg.
Der Wille des Eroberers drückte der brandenburgischen Bevölkerung nicht nur ungeheure Lasten auf (z.B. 51 Millionen Franken »Kriegsentschädigungen«), sondern veränderte auch die territoriale Struktur der Mark: Die westlich der Elbe liegende Altmark wurde an das neu geschaffene Königreich Westfalen angegliedert, und der Kreis Cottbus ging an Sachsen. Offenen Widerstand gegen die Besatzung gab es zunächst kaum, wenn man vom unterschwelligen Räsonnieren einmal absieht. Der Zug des Husarenregiments des Majors von Schill von Berlin durch märkisches Gebiet bis an die Ostseeküste blieb eine Einzelaktion. Unterdessen vollzogen sich aber in den nächsten Jahren die berühmten preußischen Reformen, die auch das Bild der brandenburgischen Gesellschaft merklich zu verändern begannen. Mit dem Oktoberedikt von 1807 begann die Aufhebung der »Erbuntertänigkeit«, wie man die Leibeigenschaftsverhältnisse in der Mark bezeichnete. Es sollte allerdings

Friedrich Baron de La Motte Fouqué (1777–1843), Deutscher Schriftsteller

Friedrich Baron de la Motte
Fouqué.
A Dieu mon ame,
Ma vie au Roi,
Mon cóeur aux Dames,
L'honneur pour moi.
Die Lÿra klang:
Sigurd zwang,
Undine sang,
Der Ring umschlang.

noch bis weit in die zweite Hälfte des 19. Jahrhunderts dauern, bis der Prozess der Ablösung der Landbevölkerung von feudalen Leistungen abgeschlossen war. In den brandenburgischen Kommunen stellten ab 1808 »Städteordnungen«, die der Bevölkerung das Recht gaben, Stadtverordnetenversammlungen zu wählen, einen wichtigen Schritt zur Wiederherstellung der kommunalen Selbstverwaltung dar, wenngleich sich der Staat solche Bereiche wie die Polizei seiner Kontrolle vorbehielt. Die Aufhebung der Zünfte sollte eine wichtige Voraussetzung für die Etablierung eines wirtschaftlichen Klimas bieten, das zunehmend durch freien Wettbewerb charakterisiert wurde. Natürlich riefen diese Reformprojekte auch Unmut und Widerstand hervor – Reaktionen, die indes nicht nur auf Starrsinn und Uneinsichtigkeit eines konservativen Landadels reduziert werden können, sondern die auch teilweise berechtigte Sorgen, etwa über die sozialen Konsequenzen des Reformwerkes, artikulierten.

Das Jahr 1813 zog die Mark Brandenburg wieder in den Strudel kriegerischer Ereignisse, als die napoleonischen Truppen nach ihrer desaströsen Niederlage im Russland-Feldzug durch die brandenburgisch-preußischen Lande zurückfluteten. Die durch die Jahre der Besatzung gedemütigte märkische Bevölkerung ließ schon vor dem eigentlichen Beginn des Befreiungskrieges in vielen Orten ihre Wut an den einquartierten bzw. durchziehenden Franzosen aus. Die durch Napoleon beabsichtigte Wiedereinnahme der preußischen Hauptstadt scheiterte mit der unweit Berlins geführten Schlacht von Großbeeren am 23. August 1813. Zwei Wochen später, am 6. September, wurde die Armee unter Marschall Ney in der Schlacht von Dennewitz (bei Jüterbog) geschlagen.

Doch die Hoffnungen, die begonnenen Reformen nach dem Sieg über den französischen Imperator mit größerer Konsequenz durchsetzen zu können, blieben größtenteils unerfüllt. Wohl hatte man das territoriale Gefüge der Mark Brandenburg, die jetzt eine der acht preußischen »Provinzen« geworden war, beträchtlichen Veränderungen unterzogen. So kamen die früher zu Sachsen gehörende Niederlausitz sowie die Ämter Jüterbog und Belzig an Brandenburg, während die Altmark der neugebildeten preußischen Provinz Sachsen zugeschlagen wurde. Die Provinz unterteilte man in zwei Regierungspräsidien mit Sitz in Potsdam und Frankfurt (Oder). Der Potsdamer Regierungspräsident übte in Personalunion zugleich das Amt des Oberpräsidenten der Provinz Brandenburg aus. Allerdings geriet der 1807 so verheißungsvoll begonnene Reformprozess bald merklich ins Stocken. Die »Bauernbefreiung« wurde durch einschränkende Zusatzedikte immer weiter aufgeweicht, so dass nur der kleinere Teil der Landbevölkerung sich von den Lasten freikaufen konnte. Die Rittergutsbesitzer stellten im ländlichen Raum durch die Wahrnehmung der Polizeigewalt und des Patronatsrechts immer noch die entscheidenden Autoritäten dar.

Und auch eine konstituierende Versammlung kam entgegen dem Verfassungsversprechen des Königs nicht zustande. Der 1823 gebildete Provinziallandtag spiegelte in seiner Zusammensetzung – der so genannte Erste Stand (Adel inklusive der Vertreter der Domkapitel) stellte 34 der insgesamt 68 Abgeordneten – die politische Einflussverteilung der Stände innerhalb von Staat und Gesellschaft wider. Die politischen Kontinuitäten fanden auch in der Wahl des Versammlungsortes ihren Niederschlag: Der Provinziallandtag beriet sich in jenem Gebäude in der Spandauer Straße in Berlin, in dem schon die kurmärkischen Stände des 18. Jahrhunderts getagt hatten. Eine gesamtständische Versammlung für die gesamte Monarchie blieb allerdings ein Desiderat, bis im Frühjahr 1847 der Vereinigte Landtag, bestehend aus den Abgeordneten aller preußischen Provinziallandtage, gebildet wurde.

Bestimmten also in der Politik in den nächsten Jahrzehnten eher restaurative Tendenzen den Trend, veränderte sich das Bild vieler brandenburgischer Orte durch den beginnenden Industrialisierungsprozess umso nachhaltiger. Vor allem in den niederlausitzischen Städten kamen in den 1820er Jahren zunehmend Spinnmaschinen zum Einsatz. Merkliche Verbesserungen waren im Verkehrswesen zu beobachten: Angesichts des immer noch bestehenden Rückstandes im Straßenwesen galt es als Erfolg, dass der Umfang der Chausseen zwischen 1816 und 1848 von 28 auf 180 Meilen erhöht wurde. Zudem begann im Jahre 1838 mit der Eröffnung der Strecke Berlin–Potsdam in der Mark das Zeitalter der Eisenbahn. Innerhalb weniger Jahre war Berlin bereits mit allen preußischen Provinzen und den größten deutschen Städten verbunden. Für das brandenburgische Hinterland zeitigten diese verbesserten Verkehrsverbindungen einen innovativen Nebeneffekt. So konnte eine bessere Anbindung an den zentralen Berliner Wirtschaftsraum erreicht werden. Denn das unaufhörliche Wachsen der preußischen Metropole, in der Mitte des 19. Jahrhunderts war die Bevölkerungszahl auf über 400 000 angestiegen, strahlte auch weit auf das Umland aus.

Louis Ferdinand (1772–1806), Prinz von Preußen, Neffe Friedrich des Großen; General und Komponist

Doch die Kehrseite des rasanten Industrialisierungsprozesses zeigte sich in zunehmenden sozialen Problemen. Ein immer größer werdender Anteil der Bevölkerung fand eine neue Existenzmöglichkeit im gewerblichen Sektor, vor allem in der Textil- und Baubranche. Berlin wirkte als Magnet für die aus allen Teilen der Mark Brandenburg, aber auch weit darüber hinaus Zuwandernden. Der am Ende des 18. Jahrhunderts noch bei 80% liegende Anteil der in der Landwirtschaft tätigen Bevölkerung ging auf etwa 60% zurück. Das noch vornehmlich durch das Verlagssystem bestimmte Gewerbe konnte der wachsenden Konkurrenz der entstehenden Fabriken kaum standhalten. Für die zunehmende Verelendung der Hausindustrie bot das bedauernswerte Schicksal der Nowaweser Weber vor den Toren der Residenzstadt Potsdam ein deutliches und auch in der damaligen Öffentlichkeit vergleichsweise intensiv wahrgenommenes Exempel. Somit konnte es nicht verwundern, dass die »soziale Frage« im 19. Jahrhundert auch in der Provinz Brandenburg zum beherrschenden Thema avancierte. Eine Zuspitzung der ohnehin angespannten Situation trat 1847 infolge von Missernten und steigenden Lebensmittelpreisen ein. So genannte »Hungertumulte«, die mit Plünderungen einhergingen, waren die Folge. Besonders in Berlin, wo diese Prozesse wie in einem Brennspiegel erkennbar waren, spitzten sich die Konflikte zu. Gerade hier blieb es nicht nur bei der Kritik an den misslichen materiellen Lebensumständen. Vielmehr wurden jetzt immer stärker die Forderungen für eine Verbesserung der sozialen Lage mit politischen Zielen verknüpft. In den zahlreichen Handwerkervereinen fand sich ein geeigentes Podium für die Diskussion.

Die Situation eskalierte in den ersten Märztagen des Jahres 1848, als in Berlin und mehreren anderen brandenburgischen Städten Unruhen ausgebrochen waren. Forderungen nach der Abschaffung des Adels, nach einem demokratischen Wahlrecht und nach Presse- und Versammlungsfreiheit wurden laut. Infolge einer Provokation durch das preußische Militär führte eine Demonstration in Berlin am 18. März zu bewaffneten Barrikadenkämpfen. Der in die Enge getriebene König Friedrich Wilhelm IV. (reg. 1840–1858/61) machte gute Miene zum bösen Spiel, zog symbolisch vor den Märzgefallenen den Hut und seine Regimenter aus Berlin ab. Einige Tage später berief er ein aus Vertretern des liberal gesinnten Bürgertums zusammengesetztes Kabinett unter Ludolf Camphausen. Im Mai wurde die in Berlin tagende Preußische Nationalversammlung gewählt. Die Mehrheit der in dieses Parlament einziehenden Abgeordneten strebte gewiss keine Fortsetzung der während der Märzereignisse mit Mitteln der Gewalt begonnenen Veränderungen an, sondern vertrat eher gemäßigte Positionen des konstitutionellen Lagers. Sie rekrutierten sich vor allem aus Gewerbetreibenden, dem Bildungsbürgertum, aber auch Staatsbeamte fanden sich darunter. Bedenklich musste es König und Regierung allerdings stimmen, als im preußischen Heer als tragender Säule der Monarchie »revolutionäre Umtriebe« erkennbar wurden. Im September 1848 meuterten in Potsdam unmittelbar vor dem Neuen Palais, der bevorzugten Residenz des Königs, sogar Soldaten eines Garderegiments. Jedoch hatte die Revolution zu diesem Zeitpunkt ihren Zenit schon überschritten. Dass der König die Demokraten hatte in Berlin zunächst gewähren lassen, konnte nicht darüber hinwegtäuschen, dass sich in der Mark schon die Gegenrevolution rüstete. Innerhalb der Landbevölkerung war die Sympathie für die politischen Ziele, die in Berlin verfochten wurden, ohnehin gering ausgeprägt. Recht bekannt ist etwa die Episode, als der junge Otto von Bismarck mit bewaffneten Bauern seines Gutes plante, dem durch die Revolution in der Hauptstadt bedrängten König zu Hilfe zu eilen. Mittlerweile waren in der Provinz Brandenburg etwa 30 konservative »Patriotische Vereine« bzw. »Vereine für König und Vaterland« entstanden. Die Erfolge der restaurativen Kräfte in Österreich und Frankreich im Herbst 1848 gaben auch der Gegenrevolution in Preußen das Signal, zum Angriff überzugehen. Am 10. November 1848 marschierte General von Wrangel mit seinen Truppen in Berlin ein und zwang die Nationalversammlung, ihren Sitz nach Brandenburg (Havel) zu verlegen, wo sie in den ihr verbleibenden Monaten nur noch ein Schattendasein führte.

Die konservativen Kräfte hatten wieder Oberwasser gewonnen, und somit fiel es nun auch dem lange Zeit lavierenden König leichter, sich politisch zu positionieren. Brüsk lehnte er die ihm von der in Frankfurt (Main) tagenden Nationalversammlung angebotene deutsche Kaiserkrone ab. Vielmehr schickte er im Frühsommer 1849 preußische Garderegimenter unter dem Oberbefehl des Prinzen Wilhelm nach Süddeutschland, wo mit dem Kampf um die Sicherung der Reichsverfassung der Epilog der Revolution in Deutschland begonnen hatte. Aber auch auf der anderen Seite der Barrikade standen Brandenburger, wie etwa der Potsdamer Maximilian Dortu, die ihren Gesinnungsgenossen in diesem nun allerdings aussichtslos gewordenen Kampf beistehen wollten.

Kampf zwischen Bürgern und Soldaten in der Straße Frankfurter Linden am 18. und 19. März 1848
(Neuruppiner Bilderbogen, Original im Landesarchiv Berlin)

Das merkwürdige Jahr 1848. — Eine neue Bilderzeitung.

Europäische Freiheitskämpfe zweites Bild.

Kampf zwischen Bürger u. Soldaten in der Straße Frankfurter Linden in Berlin, am 18ten und 19ten März 1848.

Original u. Eigenthum № 2031 — Neu Ruppin zu haben bei Gustav Kühn.

Mit der oktroyierten Verfassung von 1850 fand das revolutionäre Intermezzo sein Ende. Zwar wurde der brandenburgischen Bevölkerung nunmehr ein – bis 1918 wirksames – Wahlrecht zuerkannt, doch hatte dies durch die unterschiedliche Gewichtung der Wählerstimmen in drei Klassen ein undemokratisches Gepräge. Dennoch blieb die Zeit auch in der so genannten Restaurationsperiode der 1850er Jahre nicht stehen. Die Industrialisierung machte weitere beträchtliche Fortschritte: So entstanden Zentren der Textilindustrie (Cottbus, Forst, Guben), des Maschinenbaus (neben Berlin vor allem in Brandenburg[Havel]), der optischen Industrie (Rathenow), ebenso wie in der Niederlausitz der Braunkohleabbau einsetzte. Auf dem Lande waren die noch bestehenden Überreste der Patrimonialgerichtsbarkeit der Gutsherren abgeschafft worden, und die durch die »preußischen Reformen« eingeleitete »Ablösung« der Bauern von den Gutsdiensten ging ihrem Ende zu. Im Verborgenen drang zunehmend auch innerhalb der politischen Eliten ein neues Verständnis im Umgang mit der »sozialen Frage« durch, was die nach 1849/50 recht engen Fesseln für die Betätigung von politischen Vereinen löste. Vor allem nach 1858, als der Bruder des regierungsunfähig gewordenen Königs, Wilhelm, die Regentschaft übernommen hatte, konnten sich mit der Politik der »Neuen Ära« diese veränderten Grundsätze zunehmend etablieren. Berlin wurde ein wichtiges Zentrum der neu belebten politischen Betätigung – ein Akzent, der sich durch die 1871 erfolgte Reichsgründung noch verstärken sollte.
Die Sogwirkung der Hauptstadt auf das umliegende märkische Land blieb ungebrochen. 1881 zog man mit der verwaltungsmäßigen Herauslösung Berlins aus der Provinz Brandenburg eine erste Konsequenz aus der Sonderentwicklung der Metropole. Die Stadtgrenze blieb indes bis 1920 unverändert bestehen, so dass eine eigenartige Situation entstanden war: Die Stadtgrenze verlief quer durch das Häusermeer. Doch das Beharren auf Eigenständigkeit dominierte lange die Einsicht gegenüber den überfällig gewordenen Veränderungen. Der 1876 gebildete »Provinzialverband der Provinz Mark Brandenburg«, der vor allem Kompetenzen im Straßen-, Wohnungs und Fürsorgewesen sowie für Wissenschaft und Kunst übernahm, wirkte jedoch diesem Auseinanderdriften Berlins und der Mark entgegen und versuchte, die wachsenden Herausforderungen gerade in den genannten Bereichen grenzübergreifend zu lösen. Noch deutlicher verfolgte der 1911 gegründete »Zweckverband Groß-Berlin« dieses Ziel, der sich aus Berlin, Spandau, Charlottenburg, Wilmersdorf, Schöneberg, Neukölln, Lichtenberg sowie den beiden Landkreisen Niederbarnim und Teltow zusammensetzte. Vor allem ging es um die Koordinierung von Bebauungsplänen und die Vereinheitlichung des Verkehrsnetzes.
Die lange Zeit bei den verantwortlichen Kommunalpolitikern bestehenden Vorbehalte gegenüber einer Erweiterung der Berliner Stadtgrenzen in das Umland resultierten zum Teil aus Befürchtungen gegenüber dem gerade in Berlin spürbaren Anwachsen der Arbeiter- und Gewerkschaftsbewegung. Erstmals gelang es den Sozialdemokraten bei den Reichstagswahlen von 1877, zwei Berliner Wahlkreise zu gewinnen. Bis 1912 stieg der Anteil der Wählerstimmen in der Provinz Brandenburg für die SPD kontinuierlich auf 47% – ein Ergebnis, das natürlich auf die außerordentlich hohe Anhängerschaft in der Hauptstadt zurückgeführt werden muss. Wenn auch in einigen brandenburgischen Städten die Sozialdemokratie ebenso wie die das liberale Bürgertum repräsentierende Deutsche Fortschrittspartei Fuß fassen konnten, blieb deren Einfluss jedoch in den rein ländlich strukturierten Regionen der Mark, in denen die Autorität des Gutsherrn zumeist noch ungefragt hingenommen wurde, gering. Doch auch in den ländlichen Lebenswelten, in denen die sozialrestaurativen Kräfte naturgemäß ihre Rückzugsbastion hatten, waren durchaus Veränderungen zu spüren. Damit wird nicht nur auf solche Reformen abgehoben, die etwa in Gestalt der Kreisordnung die früher bei den Gutsherren liegende Polizeigewalt verlagerte, sondern auch mentalitäre Veränderungen in den landadligen Familien gilt es, in den Blick zu nehmen. Das Verdienst, diese Ambivalenz der sich dem neuen Zeitgeist verschließenden und andererseits jedoch selbst den Wandel mit vollziehenden märkischen Adelswelt meisterhaft beschrieben zu haben, kommt unzweifelhaft Theodor Fontane zu. Der »Stechlin« oder seine »Wanderungen durch die Mark Brandenburg« bieten noch heute für jeden an der Geschichte und Kultur Brandenburgs Interessierten Erkenntnisgewinn und ästhetischen Genuss gleichermaßen.
Der im Sommer 1914 beginnende Erste Weltkrieg beendete auch für die brandenburgische Gesellschaft den mehrere Jahrzehnte anhaltenden, insgesamt konjunkturellen Prozess, der für breite Bevölkerungsschichten durchaus als eine Zeit des Aufschwunges und stabiler politischer Verhältnisse wahrgenommen worden war. Unter den Kriegsbedingungen, vor allem nach den 1916 von der neuen Obersten Heeresleitung beschlossenen rigorosen Maßnahmen, verschlechterte sich die Lebenslage dramatisch. Die Zuspitzung der sozialen Situation, aber auch die wachsende politische Unzufriedenheit führte zu Streiks und Protestdemonstrationen, die am 9.

 Die Pickelhaube – volkstümliche Bezeichnung für den 1842 eingeführten preußischen Infanteriehelm mit Spitze

MIT GOTT

November zur Abdankung des Kaisers Wilhelm II., zugleich ja immer noch preußischer König und brandenburgischer Markgraf, führten. Damit endete die monarchische Epoche auch für die brandenburgische Geschichte. Wie schon in der Revolution von 1848/49 wurde auch in den Tagen der Novemberrevolution von 1918/19 Berlin eines der wichtigsten Zentren der politischen Bewegung. Die umliegende Provinz, in deren größeren Städten es auch zu weitgehend unblutig bleibenden Aktionen kam, diente vor allem als Aufmarschbasis der Truppen, die gegen die sich zunehmend radikalisierende revolutionäre Bewegung in der Hauptstadt eingesetzt werden sollten.

Nach der zeitweiligen Beruhigung der politischen Lage galt es, ein altes Problem der Verwaltung in Angriff zu nehmen: Das »Groß-Berlin-Gesetz« vom 1. Oktober 1920 erfüllte ein nun schon seit mehreren Jahrzehnten verfolgtes Anliegen und vereinigte acht Städte, 59 Landgemeinden und 27 Gutsbezirke zum nunmehr 3,8 Millionen Einwohner umfassenden Groß-Berlin. Mit der damit zugleich vollzogenen Herauslösung Berlins aus der Provinz verlief die Geschichte Berlins und Brandenburgs von nun an – zumindest in administrativer Hinsicht – in unterschiedlichen Bahnen, wenn auch die Berührungspunkte blieben. So behielt der Oberpräsident in Personalunion sowohl für Berlin als auch für die Provinz Brandenburg seine Zuständigkeit, wenngleich damit nur geringe Wirkungen auf die Tagespolitik verbunden waren. Die Provinz Brandenburg, die mit 1,9 Millionen Menschen fast die Hälfte ihrer Bevölkerung verloren hatte, zeigte ein stärker agrarisches Gepräge als vordem. Erstaunlicherweise gab es seitens der Repräsentanten der Provinz kaum Missfallensbekundungen über diese weitreichenden Veränderungen trotz der enormen Steuerausfälle, die mit dem Verlust der einkommensstarken Gemeinden an Berlin verbunden waren.

Auch in der Provinz Brandenburg und Berlin, wo die SPD während der Zeit der Weimarer Republik die stärkste politische Kraft darstellte, war vor allem seit 1930 ein steigender Einfluss der nationalsozialistischen Bewegung zu beobachten, wenngleich hier die Stimmengewinne für die NSDAP zunächst nicht in solcher Höhe ausfielen wie in anderen Teilen des Reiches. Erst in den vor dem Hintergrund politischer Einschüchterung durchgeführten Wahlen vom 5. März 1933 erreichten die Nationalsozialisten in der Provinz Brandenburg 52% des Stimmenanteils; in den größeren Städten wie Potsdam oder Brandenburg (Havel) votierte aber immer noch eine Mehrheit für die demokratischen Parteien; in Berlin belief sich der Wähleranteil für die NSDAP sogar auf nur 38%. Die nun immer rigidere Formen annehmende Gleichschaltung führte nicht nur zur Ablösung und zum Austausch missliebig erscheinender Bürgermeister und anderer Kommunalpolitiker, sondern auch zu einer Umstrukturierung der Landesverwaltung. Die Kommunalvertretungen wurden aufgelöst; andere herkömmliche Ämter und administrative Institutionen ließ man zwar pro forma bestehen, doch standen diese künftig unter der Kontrolle von NS-Gauleitern. In Berlin hatte kein geringerer als der inzwischen zum Reichspropagandaminister aufgestiegene Joseph Goebbels diese Funktion inne. Angesichts der Tatsache, dass vor allem in Berlin und seinem Umland viele führende Repräsentanten jener Parteien und Organisationen der Weimarer Republik wirkten, die aus ihrer Ablehnung gegenüber den braunen Machthabern keinen Hehl gemacht hatten, erschien es nicht verwunderlich, dass sich gerade in dieser Region ein erschreckend dichtes Netz an Folterstätten und Konzentrationslagern etablierte. Die Namen des Gestapo-Hauptquartiers in der Berliner Prinz-Albrecht-Straße, des »Columbia-Hauses«, des Zuchthauses Brandenburg-Görden oder die der Konzentrationslager Sachsenhausen (bei Oranienburg) und Ravensbrück rufen auch heute noch aus der historischen Distanz Schauder und Entsetzen hervor.

Wie überall im Reich fand die auf die Verfolgung der jüdischen Bevölkerung gerichtete Politik des Regimes ihren vorläufigen Höhepunkt in der »Progromnacht« vom 9./10. November 1938. In Potsdam, Frankfurt (Oder) und Brandenburg (Havel) wurden die Synagogen als Zentren des lokalen jüdischen Lebens in Brand gesteckt. In der Folgezeit verschärften sich die Repressalien gegen die noch in der Provinz lebenden Juden. Nicht zuletzt sei daran erinnert, dass die auf die »Endlösung der Judenfrage« hinauslaufenden Entscheidungen während der berüchtigten »Wannsee-Konferenz«, also im Südwesten Berlins, im Januar 1942 gefällt wurden.

Doch auch die andere Seite, der »schöne Schein« des NS-Regimes, hinterließ in der berlin-brandenburgischen Region markante Spuren. Investionen im Verkehrswesen wie etwa der Ausbau des Eisenbahnnetzes im Berliner Ballungsraum oder der nachhaltig betriebene Autobahnbau verhießen in den Augen vieler Aufschwung und Modernisierung, ebenso wie die Anlage von Muster-Werkssiedlungen oder die Angebote der »Kraft durch Freude«-Organisation die Verbundenheit des Regimes mit der arbeitenden Bevölkerung suggerieren

Blick über das zerstörte Potsdamer Stadtschloss auf die Nikolaikirche

sollte. Ein nicht geringer Anteil der Investionen ging in jenen Bereich der Wirtschaft, der der Kriegsvorbereitung diente. In vielen brandenburgischen Städten wurden nach Wiedereinführung der allgemeinen Wehrpflicht und der Bildung der Wehrmacht wieder Garnisonen eingerichtet bzw. noch vorhandene Standorte ausgebaut. Neue Flughäfen (Döberitz, Gatow, Rangsdorf) und Truppenübungsplätze wurden ebenso errichtet wie Fabriken, die der rasanten militärischen Aufrüstung dienten. Genannt seien hier nur die Henschel-Flugzeugwerke in Schönefeld oder die vor allem in Brandenburg (Havel) konzentrierte Lkw-Produktion von Opel.
Die ersten Jahre des Zweiten Weltkrieges zeitigten noch verhältnismäßig geringe direkte Auswirkungen auf die brandenburgische Bevölkerung, doch im Verlauf des Jahres 1944 verstärkten sich die anglo-amerikanischen Luftangriffe in dramatischer Weise. Eines der letzten Bombardements traf das bereits von Tausenden von Flüchtlingen aufgesuchte Potsdam in der Nacht vom 14. zum 15. April und brachte 1 800 Menschen den Tod. Unterdessen war auch die Front auf brandenburgisches Territorium gerückt. Die »Schlacht um Berlin« leitete den letzten Akt des Krieges ein. Die Kämpfe um die Seelower Höhen, unweit der Oder, und die Kesselschlacht bei Halbe erscheinen auch den Nachlebenden als die wohl auf brandenburgischem Gebiet sichtbarsten Synonyme des sinnlosen Sterbens von Soldaten und Zivilisten im letzten Akt eines verbrecherischen Krieges.
Die Zäsur des Jahres 1945 steht synonym für ein Ausmaß an Traumatisierungen, eines demographischen, politischen und wirtschaftlichen Wandels, wie er in der brandenburgischen Geschichte vielleicht nur mit den Erfahrungen und Wirkungen des Dreißigjährigen Krieges verglichen werden könnte. Die Wiederingangsetzung der Wirtschaft wurde in den unter sowjetischer Kontrolle stehenden Gebieten erschwert durch die Reparationsleistungen, die in Gestalt von Demontagen von Fabrikanlagen oder Eisenbahnstrecken (2. Gleis) in großem Umfang geleistet werden mussten. Hinzu kamen eine halbe Million von Umsiedlern aus den ehemaligen deutschen Ostgebieten, die die ohnehin angespannte Ernährungslage im Land verschärften und deren Zahl sich in den folgenden Jahren noch erhöhen sollte. Bis 1958 reglementierten Lebensmittelkarten die Mangelversorgung.
Die politische Gewalt in der Provinz Brandenburg wurde nach Kriegsende vorerst durch die Sowjetische Militäradministration (SMA) mit Sitz in Potsdam ausgeübt, der zunächst die Aufgabe zufiel, wieder eine funktionierende Verwaltung aufzubauen. Während man in den Städten und Gemeinden bei der Wiederbelebung der Kommunalverwaltung auch auf Persönlichkeiten zurückgriff, die ihre vor 1933 erworbenen Erfahrungen einbringen konnten und sich während der NS-Zeit nichts hatten zu Schulden kommen lassen, ging man auf der höheren Verwaltungsebene selektiver vor. Nach und nach wurden die Positionen in der neu gebildeten Provinzialverwaltung durch Personen besetzt, die in den Augen der Besatzungsmacht die Gewähr boten, den eingeschlagenen politischen Kurs mitzutragen. Nicht von ungefähr lancierte man auf die entscheidenden Positionen, mit denen etwa die Verfügungsgewalt über die Polizei verbunden war, KPD-Mitglieder. Denn schon recht frühzeitig bestand zwischen der sowjetischen Führung und dem – größtenteils viele Jahre in der Sowjetunion im Exil verbrachten – KPD-Kader darüber Einvernehmen, dass in der Sowjetisch Besetzten Zone (SBZ) ein politisches System etabliert werden würde, das sich am sowjetischen Vorbild orientieren soll.
Viele den Neuanfang begrüßende Brandenburger vermochten diese ja zunächst nur einem kleinen Führungskreis bekannte Strategie nicht zu erkennen und schenkten dem sich aus der demokratischen Bewegung bedienenden politischen Vokabular der Besatzungsmacht (»antifaschistisch-demokratische Umwälzung«) Glauben. Der in einigen brandenburgischen Orten durchaus vernehmlich artikulierte Widerstand gegen die im April 1946 beschlossene Vereinigung zwischen KPD und SPD zur Sozialistischen Einheitspartei Deutschlands (SED) hielt sich deshalb auch in Grenzen, zumal die neuen Parteigremien zunächst noch paritätisch besetzt wurden. Zudem gilt es zu bedenken, dass einige der unmittelbar nach Kriegsende eingeleiteten Maßnahmen der neuen Macht durchaus auf eine breitere Akzeptanz gestoßen waren wie etwa die »demokratische Schulreform« oder die Bodenreform, die Tausenden von landarmen Bauern und Umsiedlern Land zugeteilt hatte, das zuvor dem adligen Großgrundbesitz sowie tatsächlichen oder vermeintlichen Kriegsverbrechern entzogen worden war. Zudem standen die Mehrheitsverhältnisse in dem im Oktober 1946 gewählten brandenburgischen Landtag der Durchsetzung einer von kommunistischer Seite zu offensichtlich betriebenen Sozialisierungspolitik noch entgegen. Die Liberaldemokratische Partei (LDP) und die Christlich-Demokratische Union (CDU) verfügten über 51 der insgesamt 100 Sitze. Zunehmend setzte sich in der Arbeit des Landtages und in den kommunalen Vertretungen aber der Gedanke des »antifaschistischen Blocks« durch, mit dessen Hilfe es

Wilhelm Pieck (links) und Otto Grotewohl besiegeln per Händedruck die Vereinigung von KPD und SPD zur SED (Vereinigungsparteitag am 21. und 22. April 1946).

der SED und der von ihnen beeinflussten Organisationen gelang, die beiden bürgerlichen Parteien zu majorisieren.
In den folgenden Jahren zeichnete sich somit für einen immer größer werdenden Teil der Bevölkerung ab, in welche politische Richtung die Veränderungen gehen sollten. Ein besonders düsteres Kapitel stellen in diesem Zusammenhang die von der SMA betriebenen Lager – wie etwa in Ketschendorf und Jamlitz, aber auch in ehemaligen Konzentrationslagern wie Sachsenhausen – dar, in denen Tausende von vermeintlichen oder tatsächlichen Nazis, vor allem aber auch zunehmend Gegner des in der SBZ eingeschlagenen politischen Kurses inhaftiert worden waren.
Einen Schwerpunkt in der Wirtschaftspolitik der brandenburgischen Regierung bildete die Förderung des industriellen Sektors in dem in dieser Hinsicht strukturschwachen Land. Die wenigen vorhandenen Großbetriebe wurden enteignet und in Volkseigene Betriebe (VEB) überführt, so etwa entstand der VEB »Hans Beimler« Hennigsdorf aus dem AEG-Vorläuferbetrieb, und aus den Flick-Werken wurde das VEB Stahl- und Walzwerk Brandenburg (Havel). Das ehrgeizigste Projekt im Rahmen der Industrialisierung Brandenburgs stellte der Bau des Eisenhüttenkombinats Ost bei Fürstenberg an der Oder dar. Auf der »grünen Wiese« geplant, verhieß das Werk und die parallel dazu entstehende Stadt für die erste Generation der dort Arbeitenden trotz finanzieller Anreize viele Entbehrungen, da die Infrastruktur unzureichend entwickelt war. Im Mai 1953 erhielt diese »Musterstadt« den Namen Stalinstadt (seit 1961, unter Einbeziehung Fürstenbergs: Eisenhüttenstadt).
Ebenfalls in das Umfeld der immer offener auf den »Aufbau des Sozialismus« gerichteten Politik gehört die im Juli 1952 proklamierte Auflösung der Länder auf dem Gebiet der 1949 gegründeten DDR. Damit sollten günstigere Voraussetzungen für die Etablierung zentralstaatlicher Strukturen, ähnlich wie in der Sowjetunion, geschaffen werden. Aus dem aufgelösten Land Brandenburg gingen nunmehr die drei Bezirke Potsdam, Frankfurt (Oder) und Cottbus hervor. Zu den obersten offiziellen Verwaltungsbehörden avancierten die Räte der Bezirke, während die politischen Grundsatzentscheidungen in der Regel vorab in den Bezirksleitungen der SED getroffen wurden. Ein genuin »brandenburgisches« Landes- und Geschichtsbewusstsein unter diesen Bedingungen zu bewahren, fiel in den kommenden Jahrzehnten im Vergleich etwa zu den südlichen DDR-Bezirken naturgemäß schwerer. Sachsen und Thüringer gelang es erfolgreicher, historisch gewachsene Identitäten in einem breiteren Bewusstsein zu halten. Dies hing nicht zuletzt damit zusammen, dass die brandenburgische Geschichte schon seit langem als Teil der preußischen Historie gesehen wurde. Preußen und das Preußentum aber unterlagen seit Kriegsende einem scharfen ideologischen Verdikt. Die 1959 erfolgte Beseitigung des nur teilweise kriegszerstörten Potsdamer Stadtschlosses und die 1968 angeordnete Sprengung der Garnisonkirche bildeten weit über Brandenburg hinaus bekanntgewordene Beispiele der damaligen Geschichtspolitik.
Auch für den ländlichen Bereich, der naturgemäß in den brandenburgischen Bezirken seine gewichtige Stellung beibehielt, brachte das Jahr 1952 neue Weichenstellungen. Die angestrebten »sozialistischen Produktionsverhältnisse« vertrugen sich nicht mit einer Struktur in der Landwirtschaft, die bislang durch die Dominanz des Privatbesitzes charakterisiert war. Während die vor allem im Zuge der Bodenreform zu kleinerem Besitz gelangten Neubauern zunehmend der Agitation folgten und in die entstehenden Landwirtschaftlichen Produktionsgenossenschaften (LPG) eintraten, stießen die Kollektivierungsmaßnahmen bei den Altbauern auf großen Widerstand. Dem staatlichen Druck, vor allem über die drastische Erhöhung der von den größeren Bauernhöfen geforderten Ablieferungssummen, konnten die Betroffenen jedoch nicht lange standhalten. Entweder suchten sie den Ausweg in der Aufgabe ihres Hofes und der Abwanderung in die Bundesrepublik oder sie resignierten und traten in die LPG ein. In dem mit großem propagandistischen Aufwand inszenierten »sozialistischen Frühling« von 1960 fanden die gravierenden Veränderungen in der Landwirtschaft ihren Abschluss.
Doch zuvor hatte die politische Führung im Verlauf der 1950er Jahre einer Reihe von Krisen zu begegnen, die von der Instabilität der politischen Verhältnisse zeugte. Den Höhepunkt stellten die Vorgänge um den 17. Juni 1953 dar. Als im Frühsommer 1953 die Unzufriedenheit mit der wirtschaftlichen Lage und der politischen Entmündigung immer größer wurde, strahlten die sich vor allem auf Ost-Berlin konzentrierenden Aktionen auch auf das brandenburgische Umland aus.
Zum einen beteiligten sich viele Arbeiter aus den um Berlin liegenden Orten an den Protestaktionen in der Hauptstadt, zum anderen deuteten die sich häufenden Streiks in solchen Betrieben wie dem Ziegelwerk Zehdenick, dem Kunstseidenwerk Premnitz oder dem Schraubenwerk Luckenwalde auf ähnliche Problemlagen in der Provinz. Selbst in der sozialistischen »Musterstadt« Stalinstadt traten etwa 8 000 Arbeiter in den Ausstand. Partei und staatliche Macht kapitulierten weitgehend, so dass die sowjetische Besatzungsmacht auf den Plan trat und den Aufstand niederschlug.

Die Ost-Berliner Volkspolizei schießt scharf am Potsdamer Platz – Menschen flüchten in den sicheren britischen Sektor (17. Juni 1953).

Der Schock für die Machthaber saß indes tief, so dass man danach trachtete, ein »Frühwarnsystem« zu installieren, um bereits im Vorfeld gewappnet zu sein. Das Personal des Staatssicherheitsdienstes wurde bis zum Ende der 1980er Jahre in den drei Bezirken auf etwa 5 500 Mitarbeiter aufgestockt; vor allem wurde das Netz der sogenannten Inoffiziellen Mitarbeiter (IM) immer enger gestrickt. Aber auch andere Lehren hatte man aus dem 17. Juni gezogen. Wenn der Aufstand aus propagandistischen Gründen auch als außengesteuerte »faschistische« Provokation bezeichnet wurde, war der Parteiführung klar geworden, dass man den Bogen bei der Einführung sozialistischer Verhältnisse überspannt und der Bevölkerung zu viel abverlangt hatte. In den folgenden Jahren wurden deshalb mehr Rücksichten auf die Grundbedürfnisse der Bevölkerung gelegt (Steigerung der Versorgungsleistungen, Ausbau eines zum Teil an die Betriebe angelehnten Netzes gesundheitlicher Betreuung, partielle Modifizierung der die Arbeit der Kirchen massiv behindernden Politik), wenngleich natürlich das Hauptziel nicht aus dem Auge verloren wurde.
Dennoch hielt sich auch künftig die Zustimmung weiter Teile der Bevölkerung gegenüber dem herrschenden Regime in Grenzen. Sichtbarstes Zeichen für die anhaltende Unzufriedenheit und zugleich in den Augen der Parteiführung ein Politikum ersten Ranges stellte die jährliche Abwanderung von tausenden Menschen in den Westen dar. Durch die exponierte Lage Westberlins fiel der Anteil der brandenburgischen Bezirke an dieser Entwicklung höher aus als im DDR-Gesamtdurchschnitt. Allein im Jahre 1960 wurden für den Bezirk Potsdam fast 23 000 Abwanderungen registriert. Dabei fiel vor allem ins Gewicht, dass es sich bei den Flüchtigen in überdurchschnittlich großer Zahl um Fachkräfte aus der Intelligenz handelte, deren Weggang sich schmerzhaft sowohl auf die wirtschaftliche Entwicklung als auch für die Gewährleistung der medizinischen Versorgung auswirkte. Hinzu kam, dass vor allem aus den im Berliner Umland liegenden brandenburgischen Orten täglich

mehrere Tausend Menschen nach Westberlin zur Arbeit fuhren. Diese so genannten »Grenzgänger« konnten sich, da sie einen Teil ihres Lohnes in Westmark ausgezahlt bekamen, einen wesentlich höheren Lebensstandard als ihre in heimatlichen Betrieben beschäftigten Mitbürger leisten; außerdem wurde ihnen der immer weiter auseinander klaffende Unterschied der Lebensverhältnisse in den beiden Wirtschaftssystemen alltäglich vor Augen geführt. Somit kam es den Wünschen der SED-Oberen entgegen, als die sowjetische Führung im Zusammenhang einer modifizierten außenpolitischen Doktrin im Frühjahr 1961 grünes Licht für eine härtere Gangart gegenüber der Bundesrepublik und Westberlins gab, was in der Endkonsequenz zur Errichtung der Berliner Mauer führen sollte. Schon mehrere Wochen vor dem 13. August 1961 liefen die Vorbereitungen dafür, dennoch wurde die Bevölkerung von diesen Maßnahmen völlig überrascht. Durch die Schließung sämtlicher Grenzübergänge und die Errichtung von Stacheldrahtzäunen, Gräben und Mauern wurden die Verbindungen zwischen einem Teil der einstigen Metropole und ihrem Umland gekappt. Lediglich für den so genannten »Interzonenverkehr« zwischen Westberlin und der Bundesrepublik blieben wenige Fernreiseverbindungen – ausgehend vom Bahnhof Zoologischer Garten – und die Autobahnanbindung (Kontrollpunkt Dreilinden) erhalten. Die bisherigen »Grenzgänger« wurden verpflichtet, sich um neue Arbeit in einem der DDR-Betriebe zu bemühen.

In den folgenden Jahren entschärfte sich zwar die wirtschaftliche Situation, doch die anfänglich bestehende Hoffnung, dass mit der rigiden Abschottung vom »Klassengegner« nun die Notwendigkeit weiterer politischer Entmündigung fallen würde, sollte sich nicht erfüllen. Viele Menschen gingen davon aus, sich nun mit den etablierten Herrschaftsverhältnissen langfristig abfinden zu müssen. Zudem gab es ja durchaus Alternativen, sich in der »geschlossenen Gesellschaft« der DDR einzurichten. Mit Anglerverein, Freiwilliger Feuerwehr, Kleingartensparten, dem Kulturbund und vielem mehr verfügten die Bürger über ein recht breites Spektrum von Nischen und Rückzugsmöglichkeiten, die, relativ weit entfernt von ideologischer Indoktrination, zugleich ein Betätigungsfeld für individuelle Interessen boten. Zudem ließ die zu Beginn der 1970er Jahre modifizierte Wirtschaftspolitik, die mehr als früher auf die Konsumbedürfnisse der Bevölkerung einging, so manche kritische Stimme in den Hintergrund treten.

Doch ungeachtet des Anstiegs des Lebensniveaus und der damit verbundenen zeitweiligen Stabilisierung der Stellung der politischen Führung zeigten sich in den 1980er Jahren immer deutlichere Erosionserscheinungen. Zum einen wurde sichtbar, dass die DDR-Wirtschaft auf Grund ihrer unzureichenden Leistungsfähigkeit den seit 1971 eingeschlagenen Kurs nicht durchhalten konnte. Engpässe vor allem im Bereich hochwertiger Waren und Reparaturleistungen ließen ebenso die Unzufriedenheit wachsen wie die Tatsache, dass durch die z.B. in »Intershop«-Läden ermöglichte Zahlung von Westmark entgegen der offiziellen Propaganda eine Zwei-Klassen-Gesellschaft im Entstehen begriffen war. Zum anderen formierte sich im Zusammenhang der grenzübergreifenden Friedensbewegung zu Beginn der 1980er Jahre eine stärker werdende Bewegung, die ihren Widerstand gegen die Aufrüstung (vor allem die Stationierung von sowjetischen SS-20-Raketen) mit einer generellen Kritik an der politischen Entmündigung und Forderungen nach den in der Charta von Helsinki verbrieften Menschenrechten (Freizügigkeit, Meinungsfreiheit) verband. Vor allem unter dem Dach der Kirche fand sich ein gleichermaßen organisatorischer wie informeller Rahmen für die regimekritische Opposition.

Die Proteststimmung unter der Bevölkerung der drei brandenburgischen DDR-Bezirke wuchs merklich unter dem Eindruck der gefälschten Ergebnisse der Kommunalwahlen vom 7. Mai 1989. Wie in den anderen Teilen der DDR verließen im Sommer 1989 auch viele Bürger aus diesen Gebieten – vor allem über Ungarn – ihre Heimat, um in der Bundesrepublik eine neues Leben zu beginnen. Unterdessen heizte sich die Situation im Lande immer mehr auf. Wie in Ostberlin fand auch in Potsdam am 7. Oktober am Rande der Feierlichkeiten zum 40. Jahrestag der DDR die erste große Protestdemonstration statt. In Schwante, einem Dorf unweit Oranienburgs, wurde am gleichen Tag die Sozialdemokratische Partei (SDP) in der DDR gegründet. Als am 9. November die Mauer fiel, strömten auch Tausende Menschen aus dem brandenburgischen Umland über die nun nach 28 Jahren wieder geöffneten Grenzübergänge nach Westberlin. Besonders symbolträchtig erschien das nun wieder mögliche Passieren der Potsdam und Berlin verbindenden Glienicker Brücke, die während der Zeit der Teilung als Ort für Agentenaustausche gedient hatte.

Die folgenden Monate waren geprägt von Diskussionen über die Neugestaltung der politischen Ordnung. Dabei setzte sich in den auf zentraler und Bezirksebene stattfindenden »Runden Tischen«, an denen sowohl Vertreter der alten staatstragenden Parteien als auch Repräsentanten der oppositionellen Bürgerbewegung

Auf der Mauer vor dem Brandenburger Tor (10. November 1989)

IS IN THE NAME
ANTRAX

teilnahmen, recht schnell die Auffassung durch, dass die künftige Verwaltungsstruktur mit einer Wiederbelebung der alten Länder einhergehen müsse. Nach einem längeren und zum Teil auch sehr emotional geführten Diskussionsprozess, der auch andere Alternativen – z.B. wurde ein an alten preußischen Vorbildern orientiertes größeres Land Brandenburg unter Einbeziehung Vorpommerns in Erwägung gezogen – einschloß, plädierte man dafür, sich bei der Neugliederung an den bis 1952 existierenden Ländergrenzen zu orientieren. In den folgenden Monaten kam es in den an der Peripherie des angedachten »neuen« Landes Brandenburg liegenden Gebieten zu Bürgerbefragungen. Diese hatten darüber zu entscheiden, ob der jeweilige Kreis zu Brandenburg oder dem benachbarten Land gehören solle. Nachdem elf Tage zuvor die deutsche Wiedervereinigung offiziell vollzogen worden war, fanden am 14. Oktober 1990 die Wahlen zum ersten brandenburgischen Landtag nach 44 Jahren statt. Die erste Regierung wurde unter Ministerpräsident Manfred Stolpe (SPD) gebildet, der sich auf eine Koalition, bestehend aus SPD, FDP und Bündnis 90, stützen konnte. Eine Folge der besonderen Entstehungsbedingungen der oppositionellen Bürgerbewegung hatte dazu geführt, dass eine überdurchschnittlich große Zahl der ersten Generation von Landespolitikern nach der »Wende« aus dem Umfeld der evangelischen Kirche kam. Entweder standen sie, wie Manfred Stolpe (ehemaliger Konsistorialpräsident) oder der SPD-Landesvorsitzende und frühere Pfarrer Steffen Reiche, in kirchlichen Diensten oder aber sie waren in der Kirche als Laie aktiv gewesen wie etwa Regine Hildebrandt, die langjährige, auch über die Landesgrenzen hinaus bekannte Sozialministerin. Ebenso bot die sich in den 1980er Jahren etablierende Umweltbewegung, in der z.B. der heutige Ministerpräsident Matthias Platzeck (SPD) aktiv war, eine auch über ökologische Ziele hinausgehende wichtige Plattform für regimekritische Aktivitäten.
Im Juni 1992 erhielten die Brandenburger die Möglichkeit, über ihre Verfassung, die bewusst Anregungen aus der Zeit der Bürgerbewegungen und »Runden Tische« aufgenommen hatte, abzustimmen. Obwohl die SPD im Gegensatz zu den aus »Vorläufer«-Parteien hervorgehenden CDU, FDP und PDS über keine eingespielte Parteiorganisation und kaum über einheimisches, Verwaltungserfahrungen einbringendes Personal verfügte, gelang es ihr, seit 1990 im Land eine strukturelle Mehrheit zu etablieren und bislang zu halten. Alle bisherigen Landesregierungen wurden durch die SPD geführt. Während die Regierung in der ersten Legislaturperiode (1990–1994) durch eine »Ampel«-Koalition gestellt wurde, konnte die SPD nach Erlangung der absoluten Mehrheit zwischen 1994 und 1999 allein regieren. Seit 1999 wird das Land Brandenburg von einer Großen Koalition (SPD/CDU) geführt. Im Juni 2002 vollzog sich der politisch geräuschlos vonstatten gegangene Generationswechsel an der Spitze der Landespolitik von Manfred Stolpe auf Matthias Platzeck.
Das Land Brandenburg hat nach wie vor – wie die anderen neuen Bundesländer auch – nicht geringe Probleme zu meistern: Die größten Herausforderungen für die Landespolitik liegen in der Reduzierung der Arbeitslosigkeit, die gegenwärtig bei etwa 15% liegt, der Entwicklung und Umsetzung eines auch die strukturschwachen Landesteile einbeziehenden tragfähigen Wirtschaftskonzepts und der Organisation des demographischen Wandels.

Berlin, 20. Juli 1991 – In der Gedenkstätte Plötzensee fand zum Gedenken an den Widerstand gegen die nationalsozialistische Gewaltherrschaft anlässlich des 47. Jahrestages des 20. Juli 1944 eine Feierstunde statt, an der der Ministerpräsident von Brandenburg, Dr. Manfred Stolpe, die Berliner Bürgermeister Christine Bergmann und Tino Schwierzina sowie Vertreter der Stiftung »Hilfswerk 20. Juli 1944«, des Zentralverbandes Demokratischer Widerstandskämpfer- und Verfolgtenorganisationen und der Union Deutscher Widerstandskämpfer und Verfolgtenverbände teilnahmen.

1933-1945

Markgraf Albrecht der Bär (um 1100 – 18.11.1170)

Dr. Lutz Partenheimer

Der Gründer der Mark Brandenburg entstammte dem Haus der mit seinem Urgroßvater Esico 1036 erstmals erwähnten Askanier oder Anhaltiner, die nach Aschersleben bzw. der Burg Anhalt im Harz benannt sind. Der zeitgenössische Beiname sollte ihn wohl als Rivalen Heinrichs des Löwen kennzeichnen. Durch den Tod seines Vaters Otto wurde Adalbert – wie er eigentlich hieß – 1123 Graf von Ballenstedt (am Harz), doch stieg er gleich darauf mit Hilfe Herzog Lothars von Sachsen gegen den Willen des Kaisers zum Markgrafen der (Nieder-)Lausitz auf. Sachsen umfasste damals das heutige Niedersachsen, Westfalen, Schleswig-Holstein, die Altmark, den Harz und Thüringen. Albrechts Mutter war Eilika, eine Tochter des letzten sächsischen Herzogs aus der Familie der Billunger. Wohl in den Jahren 1123–1125 ließ sich der Askanier von Pribislaw-Heinrich, einem zum Christentum übergetretenen Angehörigen des Herrscherhauses der Heveller, die Nachfolge im Fürstentum dieses slawischen Stammes zusichern. Dessen Zentrum war die Brandenburg an der Stelle des heutigen Brandenburger Domes. Die ab 928/29 von den ostfränkisch-deutschen Königen unterworfenen Slawen zwischen Elbe und Oder hatten im Wendenaufstand von 983 ihre Unabhängigkeit zunächst wiedererlangt. Das deutsche Reich beanspruchte dieses Gebiet aber weiterhin. Bereits Graf Otto von Ballenstedt hatte seinen Einfluss vermutlich bis zum Fläming ausgedehnt.

Pribislaw-Heinrich suchte wohl Albrechts Unterstützung, um den Brandenburger Fürstenthron besteigen zu können, was 1127 gelang. Das Hevellergebiet gehörte zur – gleichzeitig mit den Marken Lausitz und Meißen – von Kaiser Otto I. 965 gebildeten Nordmark zwischen Elbe, Elde, Peene, Oder und Fläming. 1128 starb ihr mit Albrechts Schwester vermählter Markgraf ohne männliche Nachkommen. Nun beanspruchte sein Schwager die Nordmark mit Gewalt, wurde aber deshalb vom Sachsenherzog Lothar, der seit 1125 deutscher König war, übergangen und verlor 1131 auch die Lausitz.

1134 ernannte der Herrscher Albrecht doch noch zum Markgrafen der Nordmark. Nach Lothars Tod (1137) wollte der Askanier sogar Herzog von Sachsen werden, was ihm mit Hilfe des nächsten Königs, Konrads III., 1138 auch gelang. Doch mehrere sächsische Fürsten widersetzten sich, zerstörten 1140 Albrechts Burg Anhalt und zwangen ihn zur Flucht. Er musste auf das Herzogtum verzichten, mit dem 1142 Lothars Enkel Heinrich der Löwe belehnt wurde. Der Askanier erhielt seine verwüsteten Stammlande und die Nordmark zurück. Ab etwa 1140 nannte ihn die königliche Kanzlei in einigen Urkunden bereits »Markgraf von Brandenburg«, obwohl dort noch Pribislaw-Heinrich herrschte. Albrecht übernahm nun die Vogtei der neuen Prämonstratenserstifte Leitzkau und Jerichow und führte 1147 das Hauptheer im Wendenkreuzzug. Dabei verschonte er das von ihm als Erbe beanspruchte Hevellergebiet und stieß von Magdeburg über Havelberg, Malchow und Demmin bis in den nordöstlichsten Winkel seiner Nordmark, Stettin, vor.

1150 starb Pribislaw-Heinrich, und der Askanier übernahm nach rund 25-jährigem Warten der alten Abmachung gemäß die Brandenburg. Doch wahrscheinlich im Frühjahr 1157 besetzte ein gewisser Jaxa eines Nachts mit polnischen Scharen die Havelfeste, nachdem er Albrechts Besatzung bestochen hatte. Er war mit Pribislaw-Heinrich verwandt, bekleidete in Polen eine fürstliche Stellung und saß anscheinend auf der Burg Köpenick, der Fürstenresidenz der slawischen Spreewanen. Nun belagerte Albrecht der Bär die Brandenburg bis zu ihrer Kapitulation und zog am 11. Juni 1157 feierlich wieder dort ein. Nach diesem Sieg – erstmals am 3. Oktober 1157 – nannte er sich in seinen Urkunden selbst immer öfter »Markgraf von Brandenburg«, während die Nordmark aus den Quellen verschwand. Deshalb gilt der 11. Juni 1157 als Geburtstag der Mark Brandenburg. Danach holte der Askanier Siedler in die Gebiete um Havelberg und Brandenburg, die vor allem aus seinen Besitzungen in der Altmark, aus den Stammlanden zwischen Harz und Mulde und sogar aus den damals zum deutschen Reich gehörenden Regionen Holland und Flandern kamen. Zudem förderte er die Wirtschaft mit einer Marktgründung in Stendal um 1160. In dem Jahr schenkte er den Johannitern die Kirche von Werben an der Elbe, wo nach 1200 die erste Komturei dieses Ritterordens in der Mark Brandenburg entstand. Am 18. November 1170 starb Albrecht und wurde wahrscheinlich im Kloster Ballenstedt neben seiner Gemahlin Sophia beigesetzt, die vermutlich dem Hause der Grafen von Winzenburg (bei Hildesheim) entstammte und 1160 gestorben war. Otto, der älteste der sieben Söhne, übernahm die Mark Brandenburg. Dort gründete er 1180 mit Lehnin das erste Kloster, und zwar in der ihm einst von seinem Taufpaten Pribislaw-Heinrich geschenkten Zauche. Ottos jüngstem Bruder Bernhard fielen die askanischen Stammbesitzungen zu. Auf ihn gehen die Familienzweige der Herzöge von Sachsen-Wittenberg und Sachsen-Lauenburg sowie der Fürsten – später Herzöge – von Anhalt zurück.

ADALBERTVS·DI·GRA·BRANDENBVRGENSIS MARCHIO

Stephan Bodeker, OPraem, XXXVI. Bischof von Brandenburg (1383 – 1459)

Dr. Annette Wigger

Der Böttcherssohn aus Rathenow studierte in Erfurt, danach an der elitären Universität der Rechte in Prag und schloss sein Studium des Kirchenrechts 1411 in Leipzig mit einer akademischen Disputation ab. Nach der päpstlichen Ernennung wurde er einstimmig von den Domherren zum Bischof gewählt. Am Himmelfahrtstag des Jahres 1422 folgte die Weihe. Es gibt wenige bürgerliche Bischöfe seines Jahrhunderts im römischen Reich nördlich der Alpen, die sich wie er durch sorgsame Verwaltung der Diözese auszeichneten und dazu noch Schriften veröffentlichten, die der vertieften religiösen Bildung der Geistlichkeit und interessierter Laien dienen sollten.

Nachdem das Kirchenkonzil von Basel die Forderung nach dem Hebräischstudium an den wichtigsten Universitäten Europas wiederaufnahm, hat sich Bischof Bodeker als Einziger im nordeuropäischen Raum dieser Aufgabe gewidmet. Eine hebräische Grammatik stand ihm noch nicht zur Verfügung (Prof. K. Pellikan verfasste als erster Christ 1504 ein Lehrbuch), aber er konnte eine Abschrift des hebräisch-biblischenWörterbuchs von Menachem ibn Saruq (10. Jh.) in Auftrag geben und eine kostspielige hebräische Bibel erwerben. Nach eigenen Angaben besaß er in den dreißiger Jahren 19 hebräische Schriften. Die Sprache gelernt hat er bei einem uns unbekannten Juden, aber auch durch eine Sammelhandschrift aus seinem Besitz, die eine über 80 Blatt füllende lateinische Teilübersetzung von 3 Ordnungen des babylonischen Talmud enthält. Sie vermittelte dem Bischof Kenntnisse über die Zahlenmystik sowie über das kabbalistische Frühwerk Bahir und enthielt umfangreiche Kommentare des Talmudgelehrten Rashi. Am Rand des Talmudprologs stehen des Bischofs Ergänzungen in hebräischer Sprache, die jüdische Begriffe wiedergeben. Weil ihm das Alte Testament vertraut war, gehe ich davon aus, dass er den Urtext übersetzend nachvollziehen konnte.

Sein Studium der semitischen Sprache ließ ihn erkennen, dass man unterscheiden müsse zwischen dem Menschen und der »konkurrierenden« Religion. Mit seiner letzten fast vollendeten Schrift über die Juden, die teilweise apologetische Züge trägt, wollte er der Konversion von Juden durch Predigten Nachdruck verleihen. Als aber Kurfürst Friedrich II. am Sabbat, dem 17. Dezember 1446, die Juden töten und vertreiben ließ, fand Stephan Bodeker unmissverständliche Worte über »die Fürsten, die Juden – aus Geldgier – ohne Anhörung und ohne gerechten Grund ihrer Güter berauben und abschlachten oder gefangen setzen und mitunter ohne hinreichende Rechtsgrundlage töten; auch wenn die ihnen so entrissenen Güter durch Wucher erworben worden sind, sind die raubenden Fürsten zur Restitution verpflichtet«. Der Bischof wendet sich auch gegen die Einstellung, dass man Ungläubige und vor allem Juden töten und ihnen ihren Besitz entwenden dürfe, als ob sie unvernünftige Tiere seien: »Diese allgemeine Meinung ist ein Irrtum, denn sowohl Juden als andere Ungläubige sind nach dem Abbild Gottes geschaffen«. Die Gottesebenbildlichkeit und damit das Anrecht auf Achtung spricht Bischof Bodeker jedem Menschen zu. Wer einen von den Juden »eigenmächtig tötet, ist des Totschlags schuldig«.

In seiner Schrift über das Stundengebet wirft der Ordinarius den Domherren vor, dass sie zum Morgenlob die Breviere mit auf die Latrine nehmen und sich so sehr unerbietig gegenüber dem Namen Gottes und dem des Herrn Christus zeigen, deren Namen (hier in ihrer existenziell-personalen Bedeutung verstanden) in diesen Schriften stehen. Christus selbst habe die Thora mit großer Ehrfurcht behandelt. Weil auch die Juden zu Bodekers Zeit diesen Büchern Ehrerbietung zollten (sie küssten das auf den Boden gefallene Buch), stellt er sie den Domkapitularen als lobenswertes Beispiel vor, das dem Verhalten Christi mehr entspräche als ihrer eigenen Stumpfsinnigkeit. Ein größeres Maß an Achtung gegenüber Juden wird man in der einschlägigen mittelalterlichen Literatur kaum finden.

Kurfürst Friedrich II. von Hohenzollern, der seinen landesherrlichen Kirchenschutz zielbewusst verstärkte, schuf sich in Berlin ab 1447 ein eigenes »Domstift«. Er wollte den Ordensstatus des Prämonstratenserdomkapitels von Brandenburg auflösen, um mit der Umwandlung in ein reguläres Stift auch das Recht des Domkapitels auf die Bischofswahl auszuschalten. In einer Ansprache an die Domherren klagte Stephan Bodeker daher, dass er wie der Prophet »unter Skorpionen leben müsse«. Der vom Kurfürsten initiierte und wegen des gemeinsamen Widerstands von Bischof und Domkapitel nicht geglückte Umwandlungsversuch wird die letzten Lebensjahre des Bischofs, den der Kurfürst von seiner Residenz in Ziesar nach Berlin gezogen hatte, überschattet haben. Ein Nachruf, in dem die Wirkung seiner Schrift über das Stundengebet hervorgehoben wurde, der schuldenfreie Nachlass sowie drei Denkmäler im Brandenburger Dom (im 18. Jahrhundert noch vorhanden), erklären die Achtung, die man ihm damals wie heute entgegenbringt.

Paul Gerhardt (12.3.1607 – 27.5.1676)

Prof. Dr. Knut Kiesant

»Geh aus, mein Herz, und suche Freud…« Mit diesem optimistischen Bekenntnis zur Schöpfung beginnt der »Sommergesang«, eines der bekanntesten Lieder des protestantischen Kirchenlieddichters Paul Gerhardt. Allerdings gestaltete sich diese »Suche« in dem nicht zuletzt von religiösen Konflikten geprägten Jahrhundert des (mehr als) »Dreißigjährigen Krieges« sehr widersprüchlich. Und doch ist bis in die Gegenwart Paul Gerhardt neben Martin Luther der Autor, der mit den meisten Liedern in Evangelischen Kirchengesangbüchern vertreten ist (139 deutsche Lieder überliefert) und dessen Texte in Lieder- und Lesebüchern wie auch im alltäglichen Gebrauch präsent geblieben sind.

Nach dem Schulbesuch in Gräfenhainichen und in der Fürstenschule in Grimma studierte Gerhardt ab 1628 an der lutherisch orientierten Universität Wittenberg. Schon hier wurde Gerhardt durch seine Lehrer und das gesellschaftliche Umfeld in die erbittert geführten theologisch und politisch geprägten Debatten zwischen den Lutheranern und den Calvinisten einbezogen. Auch das Kirchenlied wurde zum Medium dieser Kontroverse, zudem aber auch zum Experimentierfeld der mit dem Namen Martin Opitz verbundenen Reform der deutschen Dichtung. Der »Langzeitstudent« Gerhardt war Hauslehrer der Kinder von Amtsträgern und wechselte 1642/43 (ohne akademischen Abschluss) in dieser Eigenschaft für acht Jahre nach Berlin.

Besonders prägend für ihn wurde hier der Kontakt zu Johann Crüger, Kantor an der St. Nicolai-Kirche und Theologe am Berlinischen Gymnasium. Crügers 1640 erstmals gedrucktes Gesangbuch enthielt schon in der zweiten Auflage (»Praxis Pietatis Melica« – 1647) 18 Lieder von Gerhardt. Bis zur fünften Auflage steigert sich die Anzahl auf 82. Crüger hat zudem durch die Komposition der Melodien zu Gerhardts Liedern entscheidend zu deren Verankerung im religiösen Gebrauchszusammenhang beigetragen. Gefördert vom Berliner Rat, erhielt Paul Gerhardt 1651 als Probst von Mittenwalde seine erste Amtsstelle. Mit der Amtseinführung war die eidesstattliche Verpflichtung verbunden, die lutherische Lehre auf der Grundlage der seit der Einführung der Reformation zwischen den staatlichen und kirchlichen Institutionen ausgehandelten Kompromissverträge im Deutschen Reich zu vertreten. In dieser Zeit intensivierte Gerhardt seine Lieddichtung und erreichte die Aufnahme seiner Texte in weitere repräsentativen Kirchenliedsammlungen. Nun endlich konnte er 1655 eine Tochter seines vormaligen Berliner Arbeitgebers, des Kammergerichtsadvokaten Andreas Barthold, heiraten. Von den vier in dieser Ehe geborenen Kindern überlebte nur der Sohn Paul Friedrich die früheste Kindheit. 1657 erfolgte die Rückkehr nach Berlin, weil Gerhardt die Stelle eines Zweiten Diakons auf der dritten Pfarrstelle an St. Nicolai annahm.

Aber die Freude über die Rückkehr nach Berlin währte nicht lange, denn der glaubensstrenge Lutheraner geriet nun in die erbittert geführten Auseinandersetzungen zwischen den Lutheranern und den Reformierten, die der (reformierte) Brandenburgische Kurfürst Friedrich Wilhelm im Interesse seiner Landespolitik in Gang gesetzt hatte. Gerhardt verweigerte als einer der »starrsinnigsten Lutheraner« jegliche kirchlich-theologische Toleranz gegenüber den Calvinisten, da diese nach seiner Überzeugung keine »Christen« waren. Damit opponierte er gegen das beanspruchte Verfügungsrecht eines sich als absolutistisch verstehenden Landesfürsten in Kirchensachen. Als Gerhardt dann die Unterschrift unter einen vom Kurfürsten erlassenen Toleranz-Befehl (vom Sept. 1664) verweigerte, wurde ihm die Amtsenthebung angekündigt (Febr. 1666) und diese auch zeitweilig realisiert. Erst der Widerstand des Berliner Rats und der Stände führten letztlich zu einem »Einlenken« der kurfürstlichen Behörden, das jedoch von Gerhardt nicht akzeptiert wurde, weil er die nach wie vor geforderte Tolerierung der reformierten Religion aus Überzeugung weder beurkunden noch als Prediger praktizieren wollte. Herzog Christian von Sachsen-Merseburg ernannte Gerhardt zum Generalsuperintendenten für die Niederlausitz, einem Amt, das er nach seinem (vom Brandenburgischen Kurfürsten »tolerierten«) Umzug nach Lübben bis zu seinem Tod im Jahre 1676 ausübte. Auf dem Friedhof der Hauptkirche wurde der Archediakon zu Lübben am 7. Juni 1776 beerdigt. Mit den Berliner Liedsammlungen der späten sechziger Jahre und insbesondere mit der aus dem Nachlass zusammengestellten Sammelausgabe (1707, Zerbst) beginnt eigentlich erst die umfassende widerspruchsvolle Wirkungsgeschichte des lyrischen Werks von Paul Gerhardt. Das 19. Jahrhundert wies ihm endlich die bis in die Gegenwart nachwirkende Hochschätzung zu. Zu diesem Einfluss auf die Geschichte der (nicht nur kirchlichen) Lieddichtung hat natürlich auch die Institutionalisierung seiner Texte (oft gekürzt oder umgedichtet) in den Gesangbüchern der protestantischen Kirche beigetragen, die wie bei der Bibelübersetzung Luthers (›die zudem die poetische Sprache Gerhardts entscheidend prägt‹) zu einer Kontinuität der Rezeption führt, die kaum bei anderen literarischen Texten dieses Jahrhunderts nachweisbar ist.

Kurfürst Friedrich Wilhelm (6.2.1620 – 9.5.1688)

PD Dr. habil. Frank Göse

Die Jugend des am 6. Februar 1620 in Berlin geborenen Kurprinzen Friedrich Wilhelm fiel in eine der düstersten Perioden brandenburgischer Geschichte. Seit der Mitte der 1620er Jahre wurde das Gebiet des Kurfürstentums Brandenburg, die Stammlande des inzwischen schon vom Niederrhein bis ins ferne Preußen reichenden Territorialbesitzes der Hohenzollern, von der Furie des Dreißigjährigen Krieges heimgesucht. Zur Sicherheit wurde Friedrich Wilhelm in die an der Oder liegende Festung Küstrin gebracht. Als folgenreich sollte sich indes der Entschluss erweisen, ihn 1634 in die Niederlande zu schicken. Dieser vier Jahre währende Aufenthalt wurde prägend für den politischen und menschlichen Reifeprozess des künftigen Fürsten.

Das Verhältnis zum Vater, des insgesamt glücklos und mit geringem politischen Spielraum agierenden Kurfürsten Georg Wilhelm, galt als angespannt. Nur in eingeschränktem Maße hatte man dem Kurprinzen, der 1638 gegen seinen Willen aus den Niederlanden zurückgeholt wurde, Einblick in die Regierungsgeschäfte gewährt. Als Friedrich Wilhelm am 1. Dezember 1640 nach dem Tode seines Vaters Kurfürst wurde, hatte er zunächst Rücksichten auf die Stände seiner Territorien, mehr aber noch auf die recht selbstherrlich agierenden Obristen in dem nun schon in seinem dritten Jahrzehnt stehenden Krieg zu nehmen. Relativ schnell vollzog er allerdings eine außenpolitische Kurskorrektur. Die in den letzten Regierungsjahren seines Vaters favorisierte prokaiserliche Politik wurde zugunsten einer Annäherung an Schweden aufgegeben. In jene Zeit fiel auch die Wiederaufnahme von früheren Überlegungen, Friedrich Wilhelm mit der – allerdings noch minderjährigen – schwedischen Königin Christine zu verheiraten. Letzten Endes überwogen allerdings auf beiden Seiten die Bedenken gegenüber einer solchen, mit ungeahnten Weiterungen verbundenen dynastischen Verbindung. Vielmehr heiratete Friedrich Wilhelm im Jahre 1646 die Tochter des damaligen niederländischen Generalstatthalters, Luise Henriette von Oranien – eine Ehe, die nicht nur der Staats- und Dynastieräson folgte, sondern die auch menschlich von tiefer Zuneigung geprägt war. Luise Henriette, die auch auf landeskulturellem Gebiet ihre Spuren vor allem in der Mark Brandenburg hinterlassen hatte (Oranienburg), schenkte ihm sechs Kinder, von denen allerdings nur zwei das Erwachsenenalter erreichten. Ihr Tod 1667 traf ihn schwer. Ein Jahr später heiratete er Dorothea von Holstein-Sonderburg-Glücksburg, mit der er noch weitere sieben gemeinsame Kinder haben sollte.

Nach dem 1648 erfolgten Friedensschluss stand vor allem der Wiederaufbau des schwer gezeichneten Landes auf der Agenda des Kurfürsten. Gravierende Veränderungen in der Steuer-, Bevölkerungs- und Wirtschaftspolitik, so z.B. die Einführung der Akzise oder der Bau des Oder und Spree verbindenden Friedrich-Wilhelm-Kanals, sowie die Bemühungen um eine Zentralisierung der Verwaltung verfolgten das Ziel, den Entwicklungsrückstand seiner Territorien aufzuholen. Damit verbunden war ein immer energischer werdendes Auftreten des Landesherrn gegenüber den Ständen, wenngleich offene, auch vor Gewaltausübung nicht zurückschreckende Konflikte wie etwa im Herzogtum Preußen in den 1660er Jahren eher die Ausnahme bildeten. Bei aller Modernität der Maßnahmen des Kurfürsten ist jedoch auch ein gewisser konservativ-beharrender Grundzug seiner Landespolitik nicht zu übersehen. So ist der größer gewordene politische Freiraum um den Preis der Konservierung der ländlichen Sozialordnung (Gutsherrschaft) gewonnen worden. Eher traditionell erschien auch sein Vorhaben, neben dem Kurprinzen Friedrich die Söhne aus zweiter Ehe mit Land zu versorgen; ein menschlich sicher sympathisch erscheinender Zug, der aber im Gegensatz zu dem in vielen Fürstenhäusern seit langem vollzogenen Primogeniturprinzip stand.

Ähnlich ambivalent fällt auch die außenpolitische Bilanz des Kurfürsten aus: Aus der ohnmächtigen Rolle Kurbrandenburgs während des Dreißigjährigen Krieges hatte er Lehren gezogen und ein stehendes Heer aufgebaut. Dieses Instrument konnte er mehrfach erfolgreich einsetzen, so z.B. im schwedisch-polnischen Krieg 1655–1660. Die gegen Schweden 1675 gewonnene Schlacht von Fehrbellin trug ihm überdies den Beinamen des »Großen Kurfürsten« ein. Einige seiner außenpolitischen Ziele wie die Gewinnung der Oberlehnsherrschaft über das Herzogtum Preußen konnte er erreichen, andere Erfolge blieben ihm versagt. Dies verweist zugleich auf das Problematische seiner Außenpolitik: Der häufige Wechsel zwischen den prokaiserlichen und profranzösischen Parteien isolierte ihn zusehends innerhalb des Reiches. Zudem muss bedacht werden, dass die – auch persönlich intensiv ausgelebte – reformierte Konfessionszugehörigkeit des Kurfürsten seine Position unter den protestantischen Reichsständen nicht gerade erleichtert hatte. Erst in seinen letzten Lebensjahren, die durch zunehmende Krankheiten und sich häufende Perioden von Regierungsunfähigkeit charakterisiert waren, schwenkte er wieder in die kaisertreue Phalanx ein.

Georg Wenzeslaus von Knobelsdorff (17.2.1699 – 16.9.1753)

Prof. Dr. Hans-Joachim Giersberg

Neben Andreas Schlüter (um 1660–1714) in der Wende vom 17. zum 18. Jahrhundert zählt Georg Wenzeslaus von Knobelsdorff wohl zu den bedeutendsten Architekten in Brandung/Preußen im 18. Jahrhundert. »Zum Maler und zum großen Architekten geboren«, mit diesen Worten charakterisiert Friedrich der Große seinen ein Jahr zuvor verstorbenen Baumeister in der Berliner Akademie verlesenen Gedächtnisrede am 24. Januar 1754.

Am 17. Februar 1699 geboren, trat er 1714 in das Infanterieregiment von Lottum ein und wurde später Offizier in diesem Regiment. Dreißigjährig quittierte er aufgrund einer Krankheit den Militärdienst, um sich zuerst der Malerei zu widmen. Seine spätere Architektur verleugnete nie den »malerischen Geschmack«. Die Regeln der Baukunst lernte er bei A. V. Wangenheim und Baudirektor Johann Gottfried Kemmeter.

Schon bald nach seinem Abschied muss er mit dem Kronprinzen Friedrich bekannt geworden sein, für den er 1735 sein erstes Bauwerk, den Apollotempel im Almatheagarten in Neuruppin, errichtete. Wann Friedrich mit Knobelsdorff bekannt wurde, lässt sich nicht genau bestimmen. Vermutlich gehörte er bald nach der Ankunft des Kronprinzen in Neuruppin 1732 zu dessen Gefolge, denn im gleichen Jahr reisten sie gemeinsam nach Dresden. Friedrich ermöglichte ihm 1736 eine Studienreise nach Italien, auf der er Rom, Florenz und Venedig besuchte. Im April 1737 zurückgekehrt, übertrug ihm der Kronprinz die Vollendung des Rheinsberger Schlosses zu einer Dreiflügelanlage. Beim weiteren Ausbau des Schlosses arbeitete Knobelsdorff zum ersten Mal mit Künstlern, wie Bildhauern, Malern, Stukkateuren und Ornamentschnitzern zusammen, die in Rheinsberg das ausprobierten, was später als friderizianisches Rokoko in die Kunstgeschichte eingehen sollte. Der Tod Friedrich Wilhelms I. am 31. Mai 1740 beendete das Rheinsberger Leben des Kronprinzen, zu dem auch Knobelsdorff gehörte. Nach der Thronbesteigung Friedrichs 1740 wurde Knobelsdorff zum Oberintendanten der Schlösser und Gärten ernannt und führte bis 1742 auch die Geschäfte eines Intendanten der Schauspiele und der Musik. Im Herbst des gleichen Jahres reiste Knobelsdorff über Dresden nach Paris.

Schon während der Kronprinzenzeit in Rheinsberg war in enger Zusammenarbeit des Königs mit Knobelsdorff der Plan für ein städtebauliches Ensemble in Berlin an der Straße Unter den Linden entstanden. Das 1743 endgültig fertig gestellte Gebäude setzte neue architektonische und städtebauliche Maßstäbe und wurde von den Zeitgenossen begeistert gefeiert.

Schloss Charlottenburg war noch unter Knobelsdorff im Bau, da entschied sich Friedrich der Große für Potsdam als seine Residenzstadt, die bald den Vorrang vor Berlin und Charlottenburg haben sollte. Der Umbau des Stadtschlosses in Potsdam aus dem 17. Jahrhundert begann schon 1744 mit ersten Instandsetzungsarbeiten. Nach 1745 bis 1752 erfolgten weitere Arbeiten nach Entwürfen von Knobelsdorff und mit intensiver Beteiligung des Königs. Das Stadtschloss ist im Bombenangriff auf die Stadt im April 1945 zerstört und die Ruine 1959/60 abgerissen worden.

Mit der Anlage des Schlosses Sanssouci in Potsdam schuf sich Friedrich der Große seine Sommerresidenz, in der er ungestört von Staatsgeschäften seinen persönlichen Neigungen und Interessen nachgehen konnte. Das Schloss wurde von 1745 bis 1747 auf dem sogenannten »Wüsten Berg« errichtet, dessen Südhang durch sechs Terrassen gegliedert wurde. In der zeitgenössischen Literatur wird immer davon berichtet, dass es wegen des Schlosses Sanssouci zu Verstimmungen zwischen dem Bauherrn und seinem Architekten gekommen wäre. Die innere Gliederung des Schlosses ist zweigeteilt. Die Mitte nehmen das Vestibül und der Marmorsaal ein, wobei letzterer in der Gedächtnisrede Friedrichs auf seinen verstorbenen Baumeister ausdrücklich als Werk Knobelsdorffs bezeichnet wird. In den Seitenflügeln sind die Stallungen und die Küche, auf der östlichen Seite Räume für die Dienerschaft untergebracht. Auch die Kolonnade mit der Einfahrt in der Mitte an der Nordseite des Schlosses ist Knobelsdorffs Werk. Von hier aus blickt man auf den Ruinenberg, auf dem sich das Wasserreservoir für die Fontänenanlage befand, umstellt von antikisierenden Ruinenbauten, entworfen von Knobelsdorff und dem Berliner Bühnenmaler Bellavite. Nach Entwürfen von Knobelsdorff entstanden auch nach 1750 die Neptungrotte und die Rehgartenkolonnade im Park von Sanssouci.

In der Stadt Potsdam baute man nach seinen Entwürfen einige Bürgerhäuser, die Französische Kirche, den Obelisken auf dem Alten Markt und das Neustädter Tor. Nach längerer Krankheit starb Knobelsdorff am 16. September 1753 in Berlin.

Hans Joachim von Zieten (14.5.1699 – 27.1.1786)

Dr. Jürgen Luh

Es gibt keine Persönlichkeit der preußischen Geschichte des achtzehnten Jahrhunderts, deren Lebensbeschreibung stärker von Legenden und Anekdoten geprägt ist, als die des Generals der Kavallerie Hans Joachim von Zieten. Berühmt ist der »Zieten aus dem Busch«. Wann dieser ehrenvolle Name zum ersten Mal genannt wurde, lässt sich vor dem Hintergrund der spärlichen Überlieferung nicht mit Bestimmtheit sagen. Es geht das Gerücht, es sei 1744 gewesen, populär gemacht über die Grenzen Brandenburgs hinaus aber hat ihn erst Theodor Fontane durch seine Ballade »Der alte Zieten« aus dem Jahr 1846.

Zieten war jedenfalls schon zu Lebzeiten eine volkstümliche Figur, und zwei seiner Verwandten, sein Sohn, Friedrich Christian Emil von Zieten, der letzte der Wustrauer Linie, sowie seine Nichte, Louise Johanne Leopoldine von Blumenthal, haben alles daran gesetzt, diese Volkstümlichkeit der Nachwelt zu erhalten. Das ganze Leben des Sohnes war, wie Fontane schrieb, »eigentlich nur ein Kultus seines berühmten Vaters«; Frau von Blumenthal sicherte diesem Kult durch ihre 1796 erschienene Biographie die Verbreitung. Die für fast hundert Jahre einzige Lebensbeschreibung des Generals kann aber »auf die Glaubwürdigkeit nur sehr geringen Anspruch machen. [...] Von authentischen Nachrichten hat die Verfasserin nicht einmal diejenigen benutzt, welche schon lange vor Abfassung ihrer Biographie durch den Druck allgemein zugänglich gemacht waren.«

Der Marburger Archivar Georg Winter, von dem diese Wertung stammt, hat deshalb 1886 versucht, »an die Stelle der unerweislichen Tradition«, oder sagen wir es deutlich, der Anekdotensammlung der Frau von Blumenthal, »nur unbedingte glaubwürdige historische Wahrheit zu setzen«. Auf Georg Winters Werk muss man zurückgreifen, möchte man Zuverlässiges über Zieten erfahren. Freilich ist auch Winter einer Faszination erlegen, besonders im Schlusskapitel über die letzten Lebensjahre des Generals, nämlich der des großen Friedrich. Denn für diese Zeit, von der Winter sagt, dass »nur wenige authentische Nachrichten vorliegen«, greift er, um dem König günstig zu sein, auf die rührenden Darstellungen Chodowieckis zurück, die Friedrich besorgt um Zieten zeigen, an der Tafel und bei einer Audienz: »Lasst mir den Alten schlafen! Er hat lange genug für uns gewacht« und »Zieten sitzend vor seinem König den 25.ten Januar 1786«. Beides Darstellungen, die ein inniges Verhältnis des Königs zu Zieten suggerieren sollen – ein Verhältnis, das es so nie gegeben hat.

Wer war Hans Joachim von Zieten? Was wissen wir über ihn? Geboren wurde er am 14. Mai 1699 zu Wustrau, und er starb am 27. Januar 1786 in Berlin. Zieten war, wie die Bildnisse zeigen, kein schöner Mann – im Gegensatz zu seinem Konkurrenten um Ruhm Friedrich Wilhelm von Seydlitz. Zieten war von kleiner Statur und schwacher Stimme. Er hatte einen eigenen Kopf, war direkt und oftmals hitzig.

Mit sechzehn Jahren trat er 1716 in das Infanterieregiment von Schwendy ein. Als er viermal bei der Beförderung zum Leutnant übergangen wurde, wandte er sich, diese Ungerechtigkeit vorstellend, an König Friedrich Wilhelm I. Doch der verabschiedete ihn. Zieten ließ sich aber nicht entmutigen. Nach einigen vergeblichen Versuchen, neuerlich angestellt zu werden, ernannte ihn der König zum Leutnant im Dragonerregiment von Wuthenau. Streitigkeiten mit dem Chef seiner Schwadron, über die nichts Genaues bekannt ist, führten 1729 zu Zietens erstem Arrest. Die zweite Inhaftierung folgte bald darauf nach einem Duell 1730. Und nachdem er angeblich zwei Pferde geschunden hatte, wanderte er wiederum in Haft. Danach jedoch begann sein langsamer Aufstieg im Husarencorps, vom Stabsrittmeister 1730 zum Oberst und Chef des Leibhusarenregiments 1741, bis zum General der Kavallerie 1760. Von Zieten stammen alle wesentlichen Anordnungen über den Dienst der preußischen Husaren.

Mit seinem Regiment nahm er an fast allen großen Auseinandersetzungen der drei Schlesischen Kriege teil. Für das Gefecht bei Rothschloß zeichnete ihn Friedrich II. am 19. Mai 1741 mit dem Orden pour le mérite aus, am 6. Mai 1757, unmittelbar vor der Schlacht bei Prag, wurde Zieten Ritter des Hohen Ordens vom Schwarzen Adler. Am 3. November 1760 bei Torgau sicherte der General dem König den Sieg in der Schlacht gegen die Österreicher. Das war Zietens wichtigster Erfolg.

Aber Friedrich dankte ihm nicht. Er warf ihm vor, zu spät angegriffen zu haben. Wie er ihn überhaupt oft kritisiert und schikaniert hat. So hatte er Zieten bezichtigt, sein Regiment schlecht zu führen. Das war ehrabschneidend, aber des Königs Art, auf Widerspruch zu reagieren. Denn der General hatte sich nichts gefallen lassen. Erst spät, als Friedrich von Zietens Popularität profitieren wollte, zeigte er sich versöhnlich. Prinz Heinrich, Friedrichs größter Kritiker, dagegen ehrte Zieten auf dem Rheinsberger Obelisken: »Er siegte so oft er focht. Was ihn aber noch mehr auszeichnete war seine Rechtschaffenheit [und] seine Uneigennützigkeit.«

Friedrich II., der Große (24.1.1712 – 17.8.1786)

Dr. Jürgen Luh

»Ein Fürst ohne Gleichen, ein Künstler, ein Held/Dess' Ruhm noch erfüllet die staunende Welt/Ist Friedrich der Große! Dein Lorbeer welkt nie,/Du Dichter und Denker von Sanssouci!« Emil Heuers Verse von 1901 fassen sämtliche, in der Regel endlose, Jubelarien des neunzehnten und frühen zwanzigsten Jahrhunderts gut zusammen. Die Reime treffen trotz kritischer Korrekturen wohl noch heute die Vorstellungen, die sich viele von dem König machen: der Monarch als Philosoph und Feldherr. Friedrich selbst hat daran reichlich Anteil. Durch seine historischen Schriften, seine Gedichte und Briefe, von denen die an Voltaire die bekanntesten sind, hat er sein Bild für die Nachwelt geprägt. Eine große Leistung! Sich von Friedrichs Vorgaben zu entfernen, fiel und fällt noch sehr schwer und deswegen war und ist es nicht einfach, aus den Aufzeichnungen des Königs ein unbefangenes Bild zu gewinnen. Was für ein Mensch war der 1712 in Berlin geborene König?

Friedrichs vornehmlicher Charakterzug war, an früh gewonnenen Vorstellungen und einmal gefassten Entschlüssen, komme was wolle, festzuhalten. Diese Eigenheit galt für alle Bereiche, für Persönliches ebenso wie für Öffentliches, für Privates ebenso wie für Politisches. Zeitgenossen führten die Beharrlichkeit des Königs auf die kriegerischen Geschäfte zurück, die den größten Teil seiner Aufmerksamkeit in Anspruch genommen hätten. Seine militärische Einstellung habe zur Folge gehabt, im Laufe der Geschäfte nie Rat von einem Soldaten anzunehmen, und diesen nie die eigene Fehlbarkeit merken zu lassen. Die Züge des großen Feldherren, so diese Zeugen, zeigten sich auch in seinem Regentencharakter.

Wirklich lässt sich solche Beharrlichkeit, ja Unbeirrbarkeit immer wieder an wichtigen Stationen von Friedrichs Leben beobachten. So gegenüber seinem gewalttätigen Vater, dessen Willen sich der Kronprinz nicht unterwarf. Nicht einmal, nach dem dieser den Freund Hans Hermann von Katte zum Tode verurteilt hatte. Das war nach dem missglückten Fluchtversuch 1730 geschehen. Friedrich, der die Vollstreckung des Urteils ansehen musste, war erschüttert dadurch, doch seine Selbstgewissheit blieb davon unberührt. In der Haft in Küstrin täuschte er den Eifer, mit dem er Verwaltungskenntnisse zu erwerben trachtete, nur vor, zwang sich zu dieser ungeliebten Tätigkeit und bekannte aber insgeheim, später als sein eigener Herr nur das tun zu wollen, wonach es ihn gelüste. Auch die erzwungene Heirat mit Elisabeth Christine von Braunschweig nahm er 1734 auf sich, spielte den zufriedenen Ehemann, solange der Vater lebte. Mit dem Tod 1740 Friedrich Wilhelms I. war es damit jedoch vorbei. Friedrich machte wahr, was er gesagt hatte. Die Königin wurde aus dem Leben des neuen Königs verbannt. Friedrich wandte sich nun der Philosophie und dem Krieg zu.

Im Winter 1740 rückten preußische Truppen in der österreichischen Provinz Schlesien ein und eroberten sie in zwei Kriegen, dem 1. Schlesischen (1740–1742) und 2. Schlesischen (1744–1745). Aber erst ein dritter, der Siebenjährige Krieg, entschied, dass Preußen Schlesien behalten konnte. An dem Erfolg hatte Friedrich als Feldherr maßgeblichen Anteil neben seinem Bruder Heinrich und Prinz Ferdinand von Braunschweig. Auch hier hatte sich die Beharrlichkeit des Königs offenbart – nicht immer zu seinem Vorteil. Dass er von seinem Urteil nicht abgehen wollte, die Russen seien minderwertige Soldaten, hat den König 1758 bei Zorndorf sowie bei Kay und Kunersdorf 1759 viele eigene Truppen gekostet. Und weil er seine fehlerhaften Anweisungen für den General Finck nicht zurücknehmen wollte, obgleich ihn Prinz Heinrich und andere Generäle bestürmten, dies zu tun, verlor der König ein ganzes Armeekorps. Am Ende des Krieges hatte er Glück: Sein Durchhaltewille vermied die Niederlage.

Als Philosoph und Literat schätzte Friedrich die Franzosen, vor allem die Schriftsteller, die er in seiner Jugend gelesen hatte, und allen voran Voltaire, dem in des Königs Augen niemand gleichkam und den Friedrich in Potsdam in seinem Schloss Sanssouci und in Berlin beherbergte. Daneben fanden andere französische Autoren, Racine etwa oder Fénelon, des Königs Gnade. Die deutsche Literatur hielt Friedrich dagegen für langweilig und zurückgeblieben. Doch fällte er dieses Urteil, ohne sie zu kennen, denn deutsche Bücher las er nicht. Die Sprache missfiel ihm. Sie hätte, so bemängelte er, keinen Klang. Im Grunde sei nur Französisch bedeutend. Von dieser Ansicht ging der König nie ab, nicht für Lessing und auch nicht für Goethe.

Friedrichs Kunstgeschmack war ebenfalls französisch. Seine Lieblingsmaler bis an sein Lebensende hießen Watteau, Lancret und Pater. Wirklich modern waren deren fête galante-Gemälde jedoch nur im Europa der zwanziger und dreißiger Jahre des achtzehnten Jahrhunderts.

Die beharrlichste Vorliebe des Königs bis an sein Lebensende jedoch war, mit großem Vergnügen viel und gut und scharf zu essen. Diese Gewohnheit war wohl der Grund dafür, dass er, nach schwer verdaulichem Mahl, in der Nacht vom 16. auf den 17. August 1786 morgens um zwanzig nach zwei verschied.

Karl Friedrich Schinkel (13.3.1781 – 9.10.1841)

Andreas Bernhard

Am 13. März 1781 wurde Karl Friedrich Schinkel in Neuruppin geboren, das ihn neben Fontane zu seinen größten Kindern zählt. Er war das mittlere von fünf Kindern eines protestantischen Geistlichen und erlebte mit sechs Jahren den großen Stadtbrand Neuruppins, an dessen Folgen der Vater starb. Als Schinkel dreizehn war, zog die Mutter mit den drei jüngeren Geschwistern in die brandenburgische Hauptstadt Berlin. Der Entwurf einer tempelartigen Anlage durch den jungen genialen Architekten Friedrich Gilly in einer Akademieausstellung übte auf Schinkel eine überwältigende Wirkung aus, so dass er beschloss, die Schule abzubrechen und bei Gilly zum Architekten ausgebildet zu werden. Indes war Gilly für längere Zeit abwesend, und so erhielt Schinkel seine Ausbildung bei dessen Vater. Nach dem frühen Tod seines Sohnes übertrug David Gilly Schinkel die begonnenen Bauprojekte des Verstorbenen. Die diesbezüglichen Honorare und ein kleines Erbe durch seine Mutter ermöglichten Schinkel eine zweijährige Italienreise, auf der er sich die Bauwerke, Kunstschätze und Landschaftsschönheiten verinnerlichte und autodidaktisch die Landschaftsmalerei erlernte.
Nach Berlin zurückgekehrt, machte sich Schinkel einen Namen, indem er für Wilhelm Ernst Gropius (Besitzer einer Maskenfabrik und eines Figurentheaters) große Schaubilder entwarf. Zu über 50 Schaubildern machte Schinkel Entwürfe für ein begeistertes Massenpublikum, dem dadurch untergegangene Weltwunder der Antike, ferne Städte oder auch Zeitereignisse wie die Völkerschlacht bei Leipzig 1813 geboten wurde. Dadurch – nicht durch seine Bauten – wurde er eine stadtbekannte Persönlichkeit und erhielt Kontakt zum Königspaar, für das er 1809/10 erste Raumausstattungen entwerfen konnte. Erhalten hierfür ist Königin Luises Schlafzimmer im Schloss Charlottenburg.
1809 heiratete Schinkel die Kaufmannstocher Susanne Berger aus Stettin. 1810 erhielt er über seinen väterlichen Freund Wilhelm von Humboldt und seinen »Urfreund« Peter Beuth, den großen Reformer des preußischen Gewerbewesens, eine Anstellung an der Oberbaudeputation (OBD) und wurde dadurch Beamter. Zwischen 1815 und 1828 machte Schinkel so nebenher Dekorationsentwürfe zu über 40 Bühnenstücken, von der »Zauberflöte« bis zum »Faust«. Schinkel war auch als Maler tätig. Obgleich er nur Autodidakt war, beherrschte er das Malen so gut, dass er auch Aufträge zu Gemälden erhielt und heute als einer der bedeutendsten Maler der deutschen Romantik gilt.
Durch seine Tätigkeit bei der OBD hat Schinkel bei unzähligen Bauvorhaben mitgewirkt. Entsprechend groß ist das Bestreben in der populärwissenschaftlichen Literatur, Schinkel als dem großen Architekten auch eine unverhältnismäßig große Zahl an »Schinkelbauten« zuzuschreiben. Wenn man jedoch nur die von ihm entworfenen und ausgeführten Bauten zusammenzählt, ergibt sich die immer noch eindrucksvolle Zahl von 200 Bauten und Denkmälern des Meisters, von denen etwa 50 im Laufe der Zeit zerstört worden sind. Als bedeutendste Werke von europäischem Format ragen in Berlin das Museum am Lustgarten, das Schauspielhaus und die Neue Wache heraus. Mit der Friedrichswerderschen Kirche gelang Schinkel die Wiederbelebung der Sichtziegelbauweise, sie ist gewissermaßen die Urmutter aller neugotischen Ziegelkirchen des 19. Jahrhunderts. Herrschaftliche Sommerschlösser schuf Schinkel für die Prinzen in Charlottenhof, Glienicke, Babelsberg und für von Humboldt in Tegel. Die Potsdamer Nikolaikirche wurde mit ihrer (erst nach Schinkels Tod vollendeten) Kuppel zum zentralen Blickpunkt der Potsdamer Kulturlandschaft. Große Stadtkirchen baute Schinkel in Magdeburg, Zittau, Meseritz, Wollstein und Königsberg. In Brandenburg befinden sich noch seine frühen Bauten, so z.B. der wieder aufgebaute Pomonatempel auf dem Potsdamer Pfingstberg. Die Kirche von Neuhardenberg vereint als einziges von Schinkels Bauwerken drei Phasen seines Schaffens, von dem hart wirkenden Turm über das gefällige Kircheninnere bis zum ernsten Gruftfassadenbau an der Ostseite.
Den größten Einfluss aber erlangte Schinkel über das Kunstgewerbe. Er entwarf nahezu alles, von Möbeln über Geschirr und Silberwaren bis zu Textilmustern. Mit Peter Beuth gab er das Lieferungswerk »Vorbilder für Fabrikanten und Handwerker« heraus. Beuth iniziierte die Gewerbeschule und gemeinsam mit Schinkel die »Allgemeine Bauschule« (zuvor und später »Bauakademie«). Beide berühmten Institutionen wurden 1879 zur Technischen Hochschule Charlottenburg (heute TUB) fusioniert.
Nach langem Siechtum ist Schinkel am 9. Oktober 1841 gestorben. Ein Jahr nach seinem Tod ließ der König den künstlerischen Nachlass Schinkels ankaufen. Er war bis zum Zweiten Weltkrieg in einem eigenen »Schinkel-Museum« mit wechselnden Standorten ausgestellt (zeitweilig auch als Schinkel-Beuth- und Schinkel-Rauch-Museum). Heute sind die Schätze auf die einzelnen Sammlungen der Staatlichen Museen verteilt.

Friedrich Eberhard von Rochow (11.10.1734 – 16.05.1805)

PD Dr. Frank Tosch

Friedrich Eberhard von Rochow hat ein einzigartiges, ca. 2 000 Seiten gedrucktes, schriftstellerisches Werk zu volksaufklärerischen, ökonomischen, schulpädagogisch-erzieherischen, sozialpolitischen, poetischen und philosophischen Themen hinterlassen. Dabei war es durchaus ungewöhnlich, dass ein märkischer Adliger und Gutsherr Lesebücher für Bauernkinder schrieb. Sein »Kinderfreund« (1776/1779) erfuhr bis 1870 eine millionenfache Auflage und avancierte in Preußen zum bestimmenden Volksschullesebuch mit europäischer Ausstrahlung.

Rochow wurde am 11. Oktober 1734 in Berlin geboren und starb am 16. Mai 1805 in Reckahn. Er war der Sohn des Königlich Preußischen Staats- und Kriegsministers Friedrich Wilhelm von Rochow und dessen Ehefrau Fridericke Eberhardine. Die Kindheit ist durch eine warmherzige Beziehung zur Mutter und durch eine einjährige Adelserziehung an der Ritterakademie in Brandenburg/Havel gekennzeichnet. Früh reift in ihm die Einsicht, dass beim Lernen nicht die Hinführung zum »toten Buchstaben zuerst« im Mittelpunkt stehen sollte, sondern vielmehr die »freie Natur« das Weltverstehen prägt. Dieser weltoffene Erfahrungshintergrund und die selbstbenannte Lesesucht von Lexika werden bei Rochow zum zentralen Motiv seiner autodidaktischen Weltaneignung.

Nach überstandener lebensbedrohlicher Pockenerkrankung im März 1752 wurde Rochow am 15. Mai 1754 auf Wunsch Friedrich II. in die vornehmste Truppe des preußischen Heers, die Garde du Corps in Potsdam, versetzt. Bereits in der ersten größeren Schlacht des Siebenjährigen Krieges wurde er am 1. Oktober 1756 durch einen Schuss in den linken Arm schwer verwundet. 1757 zum Leutnant ernannt, wird Rochow in Folge eines Duells wiederum schwer verletzt. Friedrich II. misstraut dem langen Genesungsprozess und verfügt am 14. April 1758 seine unehrenhafte Entlassung aus der Armee. In dieser persönlichen Krisensituation lernt Rochow 1757 in Leipzig den durch seine Fabeldichtungen bekannt gewordenen Christian Fürchtegott Gellert kennen. Für den literarisch ambitionierten Rochow wird diese Bekanntschaft nicht nur der Beginn einer lebenslangen persönlichen Freundschaft, sondern die Ausstrahlung von Gellerts »moralischem Charakter« wurde für Rochow geradezu ein »zur Gestalt gewordener Lebensentwurf«. An diesem Vorbild vollzieht Rochow gleichsam eine lebenspraktische Wende, an deren Beginn die Liebesheirat mit Christiane Louise von Bose am 4. Januar 1759 aus dem Freundeskreis Gellerts steht. Am 7. Juli 1760 übernahm Rochow Rittergüter von seinem Vater; dies machte Rochow zu einem der reichen Gutsherrn in Preußen. Das Jahrzehnt endet für Rochow mit neuer öffentlicher Wertschätzung, als ihm Friedrich II. im Jahre 1762 die Würde eines Domherren zu Halberstadt verleiht.

Der Gutsherr Rochow wollte »arm werden seltener machen«, so dass er sich zunächst auf soziale Fürsorge konzentrierte. Sein Mittel gegen Armut und Bettelei bestand in dem Bemühen, die betroffenen Personen zur Eigeninitiative zu bewegen, ihnen Mut und Vertrauen in die eigenen Fähigkeiten zu geben und damit ihr Selbstwertgefühl zu stärken. Rochow hatte schnell erkannt, dass die Durchsetzung sanfter Reformen v.a. an eine elementar gebildete ländliche Bevölkerung gebunden war; also Volksaufklärung theoretisch und praktisch nur über Schulbildung erfolgreich einzulösen und auszugestalten war.

Am Beginn des Rochowschen Reformprojekts stand seit Mitte der 1760er Jahre die Konzeption sowie seit 1773 in der von ihm errichteten Schule mit Lehrer Heinrich Julius Bruns (1748–1794) auch die praktische Durchführung einer bahnbrechenden Landschulreform in seiner Gutsherrschaft. Diese leitete die flächendeckende Alphabetisierung und Elementarbildung in Preußen – dreißig Jahre vor den preußischen Reformen – ein. Die Rochowsche Schule in Reckahn wurde schon kurz nach ihrer Gründung zum »Muster aller Landschulen«. In ihr wurden alle Bauernmädchen und -jungen mit kinderfreundlichen philanthropischen Inhalten und Methoden unterrichtet. Die Folge war, dass sie zum Pilgerort eines frühen reformpädagogisch geprägten Unterrichts wurde, den im letzten Drittel des 18. Jahrhunderts über 1 000 Besucher – auch aus weiten Teilen Europas – hospitierten. Schule und Unterricht waren zugleich wegweisend für eine gute Lehrerausbildung, die Rochow maßgeblich mit seiner Schrift »Vom Nationalcharakter durch Volksschulen« (1779) und praktisch im ersten preußischen Lehrerseminar in Halberstadt (1778) mitinitiierte.

Rochow wurde an einem schönen Frühlingsmorgen des 18. Mai 1805 auf dem von ihm angelegten Reckahner Friedhof bestattet. Als der Sarg in die Gruft gesenkt wurde, »ging gerade die Sonne auf« – das Symbol der Aufklärung. Leben und Werk des Reformers werden im Rochow-Museum und Schulmuseum in Reckahn nahe Brandenburg/Havel gewürdigt.

Wilhelm von Humboldt (22.6.1767 – 8.4.1835)

Wilhelm von Humboldt entstammte als Sohn eines Offiziers dem preußischen Beamtenadel. Er zählt zu den großen und einflussreichen Persönlichkeiten der deutschen Kulturgeschichte. In der Gemeinschaft mit seinem Bruder Alexander betrachtet, wird man kaum ein zweites Geschwisterpaar finden, das mit solchem Forscherdrang und mit solch universeller Gelehrsamkeit die eigene geschichtliche Epoche durchdrungen und bereichert hat wie diese beiden. Für Wilhelm lagen die Schwerpunkte in der Beschäftigung mit kulturwissenschaftlichen Zusammenhängen wie der Bildungsproblematik, der Staatstheorie, der analytischen Betrachtung von Sprache, Literatur und Kunst sowie in aktiver politischer Mitgestaltung im Schul- und Hochschulwesen und als preußischer Diplomat.

Wilhelm von Humboldt wurde von Hauslehrern erzogen, u.a. von Joachim Heinrich Campe und für mehr als 10 Jahre von Gottlob Johann Christian Kunth, studierte in Frankfurt/Oder und Göttingen Rechtswissenschaft; hier in Göttingen löste er sich aus den vorgegebenen Bahnen und folgte fortan eigenen Impulsen, Interessen und Einsichten und widmete sich nun mehr der Philosophie, der Geschichte und den alten Sprachen. 1789 besuchte er, zusammen mit seinem vormaligen Lehrer Campe, Frankreich. Nach Ablegen der juristischen Prüfungen wurde er 1790 Referendar am Berliner Kammergericht, nahm aufgrund großer Unzufriedenheit mit der preußischen Justiz nach einem Jahr wieder seinen Abschied, heiratete Karoline von Dacheröden und zog sich zum Selbststudium auf das Gut seines Schwiegervaters nach Thüringen zurück. 1792 verfasste er die »Ideen zu einem Versuch, die Grenzen der Wirksamkeit des Staates zu bestimmen« (erstmals vollständig veröffentlicht 1851), in denen er sich dafür aussprach, all jene Tätigkeiten dem Zugriff des Staates zu entziehen, die der freien, ungehemmten Wirksamkeit der Bürger entspringen. In diesem, seinem ersten staatsphilosophischen Werk findet sich bereits die Formulierung des Humboldtschen, stets gesellschaftlich verstandenen Humanitätsideals, eines seiner Grundthemen: »Der wahre Zweck des Menschen ist die höchste und proportionirlichste Bildung seiner Kräfte zu einem Ganzen«. Selbst die öffentliche Erziehung wurde von Humboldt abgelehnt, da sie darauf ausgerichtet ist, den Menschen in bürgerliche Formen zu drängen und Entfaltung von Individualität und Eigenart zu behindern. Danach widmet sich Humboldt seinen philosophisch-ästhetischen und sprachwissenschaftlichen Interessen. Er baut enge wissenschaftliche, künstlerische und teils private Bindungen an verschiedene Zeitgenossen auf und hat ausgedehnten Briefwechsel mit dem Reformator der Altphilologie, F.A. Wolf.

Nach seiner Übersiedlung nach Jena im Februar 1794 bekam Humboldt Kontakt zu führenden Vertretern der Weimarer Klassik, wurde Mitarbeiter an Schillers »Horen« und lernte die Brüder Schlegel kennen. Nachdem er 1797 Jena verlassen hatte, unternahm er von Paris aus Reisen nach Spanien. Von 1801 bis 1808 war er als preußischer Gesandter in Rom und wurde 1809 Leiter der Sektion für Kultur und Unterricht im preußischen Innenministerium. In diesem Amt bereitete er die Gründung der Berliner Universität vor und konzipierte das neuhumanistische Gymnasium.

1810 ging er als preußischer Gesandter nach Österreich, nahm 1814/15 am Wiener Kongress teil und wurde 1816/17 nach London geschickt. Im Januar 1819 wurde er Minister für städtische und kommunale Angelegenheiten, doch aufgrund seines Auftretens gegen die Karlsbader Beschlüsse noch im selben Jahr zum Rücktritt gezwungen, was er in der für ihn bezeichnenden Gelassenheit hinnahm.

Seit 1820 lebte Humboldt auf dem väterlichen Schloss Tegel, mit dessen Um- und Ausbau er Karl Friedrich Schinkel betraute, und widmete seine letzten fünfzehn Lebensjahre der Sprachforschung und Sprachphilosophie, deren Erkenntnisse er in zahlreichen Veröffentlichungen vorlegte.

Schon seit 1829 immer stärker an der Parkinsonschen Krankheit leidend gewesen, starb Humboldt am 8. April 1835 und wurde vier Tage später neben seiner 1829 verstorbenen Frau im Familiengrab der Humboldts beigesetzt.

Humboldts philosophische Entwicklung war hauptsächlich von Kant, aber auch von den ästhetischen Anschauungen der Aufklärung und der Geschichtstheorien Herders geprägt. Sein Wirken als Staatsmann mit der Bestrebung zu einer preußisch-liberalen Verfassung konnte aufgrund der konservativen Kräfte in Deutschland nicht zur vollen Geltung kommen. Mit seiner Sprachphilosophie ist Humboldt zum Anreger der vergleichenden Sprachwissenschaft geworden. Besonders seine Gedanken einer von der Sprachanalyse ausgehenden Kulturphilosophie sind von der späteren Sprachforschung wieder aufgenommen und vertieft worden.

Alexander von Humboldt (14.9.1769-6.5.1859)

Nach dem frühen Tod des Vaters Alexander Georg von Humboldt, 1779, erhielten die Brüder Alexander und Wilhelm sorgfältigen Unterricht durch Hauslehrer. Mit Blick auf die vorgesehenen Karrieren im Staatsdienst schickte die Mutter Marie Elisabeth beide Brüder zum Studium nach Frankfurt (Oder) an die Viadrina. Wilhelm sollte dort Jura studieren, Alexander die weniger renommierte Kameralwissenschaft (Staatswirtschaftslehre). Nebenbei hörte er Altertumswissenschaften, Medizin, Physik und Mathematik. Wieder in Berlin, lernte er hauptsächlich bei dem Technologen Joh. Beckmann und dem Botaniker C. L. Willdenow. 1789 studierte er in Göttingen, unternahm botanische Exkursionen und lernte J. G. Forster kennen. Nach weiteren Semestern der Kameralwissenschaften beendete er sein Studium 1792 an der Bergakademie in Freiberg. Systematisch geschult war Humboldt nur in den Bergbau- und Wirtschaftswissenschaften. Das Wissen in den anderen Bereichen, in denen er tätig wurde, eignete er sich autodidaktisch an.
Von 1792 bis 1796 war Humboldt als Bergassessor im preußischen Staatsdienst. Seine Entwicklungen zur Arbeitssicherheit der Bergleute, die Ertragssteigerungen der von ihm betreuten Werke und seine Veröffentlichungen, Experimente und Entdeckungen beförderten ihn 1794 zum Bergrat. Aber selbst großzügige Beurlaubungen und eine weitere Beförderung 1795 konnten ihn nicht im Staatsdienst halten. Nach dem Tod der Mutter 1796 bereitete er sich, mit einem Erbe von 85 000 Talern ausgestattet, auf eine große Reise außerhalb Europas vor. Von 1799 bis 1804 bereiste er die Gebiete der heutigen Staaten Venezuela, Kuba, Kolumbien, Ecuador, Peru und Mexiko und bestieg den Chimborazo. Ansporn bei allen Strapazen war, wie auch bei seinen späteren Reisen, Beobachtungen und Veröffentlichungen, das Bemühen um eine Gesamtdarstellung der Wissenschaften.
Nachdem er 1805 in Berlin als Kammerherr zur Beratung des Königs mit einer Pension ausgestattet worden war, lebte er bis 1827 meistens in Paris und arbeitete an der Auswertung der Reise und der Herausgabe der »Voyage aux régions équinoxiales du Nouveau Continent«, des größten privaten Reisewerks der Geschichte. In ihm begründete Humboldt am Beispiel Mexikos die Pflanzengeographie und die moderne Landeskunde. 1827 begann er mit seinen »Kosmos-Vorlesungen« an der Berliner Universität. Auf Einladung des russischen Zaren bereiste er 1829 über das Baltikum und Moskau den Ural und befuhr das Kaspische Meer. Von 1830 bis 1854 war Humboldt mit diplomatischen Aufträgen, als Begleiter des Königs Friedrich III., ab 1840 noch stärker in Anspruch genommen von dessen Nachfolger, Friedrich Wilhelm IV., oder zu Besuchen der Naturforscher- und Ärztekongresse unterwegs. Neben politischem und sozialem Engagement und Unterhalten von intensivem Kontakt und Korrespondenz mit Künstlern und Wissenschaftlern arbeitete er bis zu seinem Tod am »Kosmos«, einem Werk seiner Jugendträume, dem Versuch einer physischen Weltbeschreibung aufgrund eigener Forschungen auf allen Gebieten und der Zusammenfassung der diesbezüglichen Literatur der Welt. Nachdem er am 21.4.1859 bettlägerig geworden war, starb Humboldt am 6. Mai in seiner Wohnung in Berlin. Vier Tage danach, am 10. Mai, fand im Berliner Dom ein Gottesdienst für den Verstorbenen statt, der seit dem 24. Januar 1856 Ehrenbürger von Berlin gewesen war. Nach der Feier im Dom fand die Überführung des Sarges in den Park von Schloss Tegel statt, wo Alexander von Humboldt am Folgetag im Familiengrab beigesetzt wurde.
Aufgrund seiner vielfältigen Begabungen, seines uneigennützigen Einsatzes, wenn es um wissenschaftliches Erkennen ging, seines Fleißes, seines Schaffens bis unmittelbar zum Lebensende und seines Bestrebens, die gesamte Welt als ein durch innere Kräfte bewegtes und belebtes Naturganzes systematisch darstellen und den Geist des klassischen Idealismus mit dem der aufstrebenden Naturwissenschaft vereinigen zu wollen, hat Humboldts Lebenswerk einen so großen Umfang und unübertroffene Vielschichtigkeit, dass eine Würdigung fragmentarisch bleiben muss.
In Deutschland erlangte er vor allem mit den »Ansichten der Natur« und dem »Kosmos« außerordentliche Popularität. Er war ein deutscher Naturforscher von Weltgeltung. Sein bereits bei Lebzeiten legendäres Ansehen spiegelt sich in Bezeichnungen wie »der zweite Kolumbus«, »wissenschaftlicher Wiederentdecker Amerikas«, »Wissenschaftsfürst« und »der neue Aristoteles«. Er wurde in zahlreiche Akademien aufgenommen. Die entsprechende Würdigung artikulierte der Philologe August Böckh in seiner Akademie-Gedenkrede: »Es ist ein glänzendes Gestirn im Reich des Geistes für diese Welt erloschen«.

Luise Auguste Wilhelmine Amalie Königin von Preußen (10.3.1776 – 19.7.1810)

Rudolf G. Scharmann

Luises Leben verlief in einer Zeit des Umbruchs. Das persönliche Schicksal der berühmtesten preußischen Königin war untrennbar mit den Auswirkungen der Französischen Revolution von 1789 und dem Aufstieg Napoleons, der militärischen Niederlage Preußens 1806, dem Widerstand gegen die französische Besatzung und den beginnenden preußischen Reformen verbunden.

Als dritte Tochter des künftigen Herzogs Karls II. von Mecklenburg-Strelitz und seiner ersten Gemahlin Friederike Caroline Luise von Hessen-Darmstadt kam sie in Hannover zur Welt, wo ihr Vater als Gouverneur in der englisch-hannoverschen Armee diente. Nachdem die Mutter und auch eine Stiefmutter Luises und ihrer Geschwister früh gestorben waren, wurden die Mädchen bei der Großmutter in Darmstadt zwanglos erzogen. Später bestrebt, die Bildungsmängel ihrer Kindheit auszugleichen, sah Luise dennoch stets ihre vorrangigen Aufgaben in den Pflichten der Gattin, Mutter und Landesherrin. Nach unbeschwerten Jugendjahren wurden sie und ihre jüngere Schwester Friederike 1793 vom preußischen König Friedrich Wilhelm II. als Ehekandidatinnen für seine beiden ältesten Söhne auserkoren. Die Vermählung des Kronprinzen Friedrich Wilhelm (III.), der sich bald für Luise, die ernsthaftere der lieblichen Prinzessinnen, entschieden hatte, fand am Weihnachtsabend 1793 im Berliner Schloss statt. Kurz darauf heiratete Friederike den Prinzen Ludwig, nach dessen Tod 1796 sie jedoch wegen skandalösen Lebenswandels 1798 den Hof zu verlassen hatte.

Die Ehe des Kronprinzenpaares war hingegen von großer Zuneigung geprägt. Zwischen 1795 und 1809 brachte Luise sieben überlebende Kinder zur Welt, darunter die Thronfolger Friedrich Wilhelm IV. und Wilhelm I., seit 1871 auch erster Deutscher Kaiser, sowie Prinzessin Charlotte, künftige Gemahlin Zar Nikolaus I. von Russland. Das harmonische Familienleben verlief im Winter regelmäßig im Berliner Königlichen Palais Unter den Linden, im Sommer in den Schlössern von Charlottenburg und Potsdam sowie auf der Pfaueninsel und dem im Havelland gelegenen Landgut Paretz. Hier sollten die Eltern mit den heranwachsenden Kindern die glücklichste Zeit ihres Lebens, die »stillen Jahre«, verbringen.

Nach dem Thronwechsel am 16.11.1797 wurden König Friedrich Wilhelm III. und Luise von dem Dichter Novalis als mustergültiges Herrscherpaar gepriesen. Vor 1805 zeigte die Königin wenig Interesse an der Politik. Danach nimmt sie zusehends entschiedener Partei gegen die napoleonischen Expansionstendenzen und für eine Anlehnung an Russland, dessen Zar Alexander I. während einer Begegnung in Memel 1802 einen tiefen Eindruck bei ihr hinterlassen hatte. Nach der vernichtenden Niederlage der preußischen Armee 1806 bei Jena und Auerstedt floh die Königsfamilie vor den vorrückenden französischen Truppen nach Königsberg und Memel. Am 6.7.1807 kam es in Tilsit zu der legendären, in der borussischen Geschichtsschreibung des 19. Jahrhunderts als »Opfergang« heroisierten Begegnung Luises mit Napoleon, bei der sie vergeblich um mildere Friedensbedingungen für ihr Land bat.

Wie in Tilsit, so blieben auch die folgenden Handlungen der Königin politisch wirkungslos. Den reformerischen Ansätzen von Stein und Hardenberg brachte sie zwar Verständnis entgegen, ohne sich aber letztlich für sie einzusetzen. Ihr »politisches Glaubensbekenntnis«, das immer von einem allgemein tugendhaften Handeln ausging, wird am besten in einem Brief an ihren Vater vom April 1808 deutlich: »...Die göttliche Vorsehung leitet unverkennbar neue Weltzustände ein, und es soll eine andere Ordnung der Dinge werden, da die alte sich überlebt hat und in sich selbst als abgestorben zusammenstürzt. Wir sind eingeschlafen auf den Lorbeeren Friedrichs des Großen, welcher, der Herr seines Jahrhunderts eine neue Zeit schuf. Wir sind mit derselben nicht fortgeschritten, deshalb überflügelt sie uns...«.

Anfang 1808 war Luise mit ihrem Gemahl einer Einladung Alexanders I. nach St. Petersburg gefolgt, dort erfuhr ihre Einschätzung des Zaren eine wesentliche Ernüchterung. Nach fast dreijähriger Abwesenheit hielt das preußische Königspaar Ende 1809 wieder Einzug in das teilweise von französischen Truppen geräumte Berlin. Im Juli des folgenden Jahres erkrankte Luise während eines Besuchs am väterlichen Hof in Mecklenburg an einer Lungenentzündung und starb in Schloss Hohenzieritz im Beisein ihres Ehemanns und der Familie. Ihr Mausoleum wurde nach Entwürfen Friedrich Wilhelms III. unter Mitwirkung Karl Friedrich Schinkels von Heinrich Gentz 1810 im Charlottenburger Schlossgarten errichtet. Das Marmorgrabmonument der Königin schuf Christian Daniel Rauch 1811 bis 1814.

Bereits zu Lebzeiten bei der Bevölkerung beliebt und von namhaften Dichtern und bildenden Künstlern gefeiert, trugen ihr Charme, ihre Schönheit und natürliche Anmut, die ideale Verkörperung weiblicher Tugenden und Vaterlandsliebe sowie ihr früher Tod zu einer Jahrzehnte anhaltenden Luisenverehrung bei.

Heinrich von Kleist (18. 10. 1777 – 21. 11. 1811)

Prof. Dr. Knut Kiesant

Als am 21. November 1811 der vierunddreißigjährige Sohn einer brandenburgisch-preußischen Offiziersfamilie am Kleinen Wannsee in der Nähe Potsdams, wie verabredet und den Vertrauten angekündigt, erst seine Geliebte Henriette Vogel, Gattin eines Berliner Beamten, durch einen Herzschuss und dann sich selbst durch Kopfschuss tötete, erregte er, wie ihm missgünstige Zeitgenossen unterstellten, endlich die Aufmerksamkeit, die ihm als Dichter bis dahin weitgehend versagt worden war. Kleists Aufstieg in den Parnass der weltliterarischen Größen ist ein Ergebnis der Entwicklungen der zweiten Hälfte des 19. Jahrhunderts, getragen insbesondere von den Romantikern. Biographie und Werk dieses brandenburgischen Autors sind bis in die Gegenwart bedeutungsträchtiger und zugleich umstrittener Bestandteil des Diskurses über die deutsche Literatur- und Kulturentwicklung, die mit dem Aufstieg Brandenburg-Preußens in der deutschen Geschichte und mit den konfliktreichen Entwicklungen im 20. Jahrhundert verbunden sind.

Das ist einerseits auf die widerspuchsvolle, konfliktreiche Biographie Kleists zurückzuführen, die schon von den Zeitgenossen überwiegend von ihrem tragischen Ende her gedeutet wurde. Im Zentrum der Erklärungsversuche steht einerseits die »Frühwaise«. Der Vater stirbt, als Kleist elf Jahre alt ist, und als die Mutter fünf Jahre später stirbt, wird die drei Jahre ältere Stiefschwester Ulrike zur Vertrauten des Jungen und zum Familienzentrum. Immer wieder wird sie eingeweiht in die vielfältigen Beziehungs- und Bindungskonflikte ihres Stiefbruders in den folgenden Jahren. Andererseits wird der Offizierssohn (immer in materieller Bedrängnis) durch die Familientradition mit seinem Eintritt in das Potsdamer Garderegiment 1792 und seine Teilnahme am Krieg gegen die französische Republik in das Zentrum der durch die Französische Revolution geprägten weltgeschichtlichen Entwicklungen und auch der preußisch-deutschen Reformkonflikte gestellt.

Sein Abschied vom Militär und die Intensivierung der autodidaktischen Studien in Mathematik, Philosophie und Musik durch die Immatrikulation an der Universität Frankfurt/Oder 1799 mit der Orientierung auf Rechtswissenschaft stehen immer noch unter dem Vorzeichen der Suche nach einer traditionsgeprägten Einordnung in den Verwaltungsapparat des Staates. Im Jahre 1800 mit dem Abbruch des Studiums und der Rückkehr nach Berlin dominiert die schon zuvor nachweisbare Orientierung an Literatur und Kunst sein Leben. Die Größen der Zeit werden für ihn zum konfliktgeladenen Lektüre- und Nachahmungspol, was u.a. die Rousseau-, Schiller- und Kantlektüre sowie erste eigene dramatische Experimente belegen.

Intensive Annäherung an die Geistesgrößen der Zeit in den unterschiedlichsten Parteiungen zwischen Aufklärung, Sturm und Drang, Klassik und Romantik z.T. durch persönlichen Kontakt auf Reisen (u.a. in Dresden, Halberstadt, Göttingen, Mainz, Straßburg, Paris, Frankfurt am Main und in die Schweiz) prägen die Zeit bis zum Herbst 1802, bevor Kleist über Weimar nach Dresden und Berlin zurückkehrt. 1803 wird das Drama »Die Familie Schroffenstein« gedruckt und 1804 in Graz uraufgeführt, und Kleist intensiviert sein literarisches Schaffen (Arbeit an »Robert Guiskard«, »Amphitryon«, »Der zerbrochen Krug«). Wiederkehrende gesundheitliche Krisen und intensive ärztliche Betreuungen prägen die kommenden Lebensjahre. Auch seine Anstellung als preußischer Staatsbeamter in Berlin und Königsberg ab 1804, verbunden mit Einblicken in die widerspruchsvollen Reformbewegungen Preußens, führen zur endgültigen Entscheidung für die Künstlerexistenz. Die erste Fassung des »Michael Kohlhaas« entsteht, »Das Erdbeben in Chili« wird abgeschlossen, weitere Erzählungen und Novellen entstehen (u.a. »Die Marquise von O...«). Nach der kurzzeitigen Inhaftierung wegen Spionageverdachts durch französische Behörden 1807 beginnt die Zusammenarbeit mit Adam Müller und die Herausgabe der Zeitschrift »Phöbus« in Dresden, in der Kleist eigene Texte veröffentlicht und sich an den ästhetischen Debatten der Zeit beteiligt. Aber die mit dem Projekt verbundenen hochfliegenden ökonomischen Hoffnungen erfüllen sich nicht. Sein Engagement für die patriotische Opposition gegen Frankreich zeigt sich in dem Drama »Die Hermannsschlacht« (Veröffentlichung erst 1821), in seinem »Katechismus der Deutschen«, in politischer Lyrik und Korrespondenz. 1810 kehrt er nach Berlin zurück und beteiligt sich in Kontakt mit den Romantikern und Politikern und auch durch die kurzzeitige Herausgabe der »Berliner Abendblätter« am literarischen und reformerischen Diskurs. Für sein vollendetes Drama »Prinz Friedrich von Homburg« findet sich aber kein Verleger (erscheint erst 1821 in den »Hinterlassenen Schriften«).

Kleist steht in Biographie und Werk in extremster Gegensätzlichkeit. Diese extreme Widersprüchlichkeit ist wohl auch der Grund für die anhaltende Herausforderung, die Kleist in seiner Biographie und seinem Werk bis in die Gegenwart darstellt.

Theodor Fontane (30.12.1819 – 1898)

Dr. Hanna Delft von Wolzogen

Theodor Fontane (eigentlich Henri Théodore) wird am 30. Dezember 1819 als Sohn des Apothekers Louis Henri Fontane und seiner Frau Emilie, geb. Labry, in Neuruppin geboren. Die Eltern sind hugenottischer Herkunft. 1827 siedelt die Familie von der preußischen Garnisonsstadt in das weltoffene Swinemünde über. Hier besucht der Knabe zunächst die Stadtschule, erhält dann Privatunterricht. Fern von den Eltern besucht er für kurze Zeit das Neuruppiner Gymnasium, um 1833 in die Glödensche Gewerbeschule in Berlin eingeschult zu werden. Die Eindrücke des Berliner Lebens, die Begegnung mit Emilie Rouanet-Kummer, seiner späteren Frau, und erste literarische Interessen markieren den Weg, den der Apothekerlehrling, der er seit 1836 ist, gehen wird. Die erste Erzählung Geschwisterliebe erscheint 1839 im Berliner Figaro, ein Jahr, bevor der junge Fontane sein Abschlusszeugnis als Apothekergeselle in Händen hält. Der Wunsch, sich literarisch einen Namen zu machen und die Notwendigkeit, mit dem erlernten Beruf den Lebensunterhalt zu verdienen, prägen die folgenden Jahre. In den revolutionären Studentenzirkeln von Leipzig begegnet er Wilhelm Wolfsohn, der sein Förderer und Freund wird. Der Apothergehilfe schreibt nun in der demokratischen »Eisenbahn«, übersetzt Chartistenlyrik und verfasst Balladen und Feldherrenliedern, die ihm eine erste Bekanntheit einbringen. 1844 tritt er seinen Dienst als Einjährig-Freiwilliger in Berlin an und wird durch den Freund Bernhard von Lepel in die Literatenvereinigung Tunnel über der Spree eingeführt. 1845 verlobt er sich mit Emilie Rouanet-Kummer. Während der Märzrevolution von 1848 lässt er sich als Wahlmann für das Frankfurter Parlament aufstellen und schreibt für die revolutionär-demokratische Berliner Zeitungshalle. Mit dem Ende seiner Tätigkeit als Ausbilder am Berliner Bethanien-Krankenhaus wendet sich Fontane endgültig vom Apothekerberuf ab. Nicht zuletzt um heiraten zu können, nimmt er im Sommer 1850 das durch Wilhelm von Merckel vermittelte Angebot an, in das sog. »Literarischen Cabinet« des preußischen Innenministeriums (unter Manteuffel) einzutreten. Er wird in diesem später als »Centralstelle für Preßangelegenheiten« fortgeführten Gremium in unterschiedlichen Funktionen mitarbeiten. Seine Englandaufenthalte von 1852 (Ein Sommer in London, 1854) und dann von 1855 an bis zu seiner Demission 1859 fallen in diese Zeit. Im Sommer zuvor bereist er mit Bernhard von Lepel Schottland (Jenseit des Tweed, 1860). Zurück in Berlin, übernimmt Fontane am 1. Juni 1860 den englischen Artikel der Neuen Preußischen (Kreuz-)Zeitung, beginnt mit dem Wanderungen-Projekt (1. Band: Wanderungen durch die Mark Brandenburg, 1861, später: Die Grafschaft Ruppin), das ihn bis in die neunziger Jahre hinein beschäftigen wird. Fontane beginnt, sich für das Kriegsgeschehen zu interessieren und bereist die dänischen Kriegsschauplätze (Der Schleswig-Holsteinische Krieg im Jahre 1864, 1866). Der preußisch-österreichische Krieg von 1866 liefert den Stoff für ein weiteres Kriegsbuch und die Reisebriefe vom böhmischen Kriegsschauplatz (1866). Als er während des deutsch-französischen Krieges das Geburtshaus der Jeanne d'Arc besucht, gerät Fontane in Kriegsgefangenschaft, worüber er in Kriegsgefangen. Erlebtes 1870 berichtet. Die zweite Frankreichreise 1871 bildet die Grundlage für den Bericht Aus den Tagen der Okkupation (1872) und das dritte seiner Kriegsbücher (1873, 1875/76). Seit 1870 nimmt Fontane als Theaterkritiker der »Vossischen Zeitung« den berühmten Parkettplatz im Königlichen Schauspielhaus am Gendarmenmarkt ein. Er wird dieses Amt, unterbrochen nur durch das kurze Intermezzo seiner Anstellung als Erster Sekretär der Akademie der Künste in Berlin, bis 1889 wahrnehmen. Mit dem Einzug in die Mansardenwohnung im Haus des Johanniterordens in der Potsdamer Str. 134c fokussiert sich seine schriftstellerische Arbeit mehr und mehr auf den Roman, sein Leben organisiert sich zwischen dem geregelten Alltag am Schreibtisch und den mondänen Badereisen, die inzwischen in Mode gekommen waren. Vor dem Sturm erscheint 1878 und als erster Berliner Gesellschaftsroman entsteht Allerleih Glück, der Fragment bleibt, aber die Richtung vorgab für die folgenden Romane. In einem unvergleichlichen Produktivitätsschub entstehen in kurzer Folge historische Erzählungen wie Grete Minde (1880), Ellerklipp (1881) oder die Mordgeschichte Unterm Birnbaum (1885), die Berlin-Romane L'Adultera (1882), Schach von Wuthenow (1883), Cécile (1887), Irrungen, Wirrungen (1888) oder Stine (1890).

Die neunziger Jahre gelten als Fontanes Jahre der Meisterschaft. Er genießt nun Anerkennung und Erfolg, vor allem mit seinem berühmtesten Roman Effi Briest (1895). Der allerdings stürzt den Meister in eine tiefe Krise, die erst durch die Niederschrift des autobiografischen Romans Meine Kinderjahre (1894) überwunden wurde. Die gesundheitlichen Beschwerden mehrten sich nun, und als in seinem letzten Lebensjahr fast gleichzeitig der Band Von Zwanzig bis Dreißig und der letzte Roman Der Stechlin erschienen, bemerkte Fontane: »Zwölfhundert Seiten auf einmal,/Und mit achtundsiebzig! Beinah ein Scandal ...«.

Walter Leistikow – Maler der Mark Brandenburg (25.10.1865 – 24.7.1908)

Gert Streidt

Walter Leistikow gilt als Maler der Mark Brandenburg. Er hat mit andauernder Intensität die Landschaft um Berlin gemalt und sie damit für große Teile des Publikums neu entdeckt. Der Dichter Hans Land verglich Leistikow als malerischen Entdecker und Vermittler der märkischen Landschaft mit Theodor Fontane, dem Historiographen und Poeten Brandenburg-Preußens: »Ein zweiter Theodor Fontane bezog er ein seiner vermeintlichen Hässlichkeit wegen bis dahin arg gemiedenes Revier, die sandige Mark, die verrufene Berliner Umgebung. Und siehe da – er entdeckte die spröden Reize dieser feierlichen Kiefernwälder, die in so beengendem, starrem Schweigen in den blauen Seen der Mark sich spiegeln«.

Sein gesamtes Künstlerleben widmete Leistikow ausschließlich der Landschaftsmalerei. Wald- und Seenlandschaften der Mark Brandenburg wurden seine häufigsten Motive, wobei er die Perspektive so wählt, dass intime, ruhige Bildwirkungen entstehen und der Betrachter die stimmungsvolle Atmosphäre aus Bäumen, Wasser, Erde und sonnendurchfunkelter Luft genießen kann. Es ist nichts Aufregendes an diesen Stimmungslandschaften, erstaunlich ist höchstens, dass der als karge Sandbüchse verleumdeten märkischen Natur solche Bilder entlockt werden können. Besonders in seinen letzten Jahren, als Leistikow stärker stilisierte und vereinfachte, erreichte er Bildwirkungen von großer Ruhe und Ausstrahlung. Es ist weniger ein Landschaftserlebnis im Kunstwerk widergespiegelt, sondern vielmehr ein poetischer Zustand in einer Landschaftskomposition ausgedrückt. Daneben überraschen Bilder mit einem spontanen und frischen Charakter, die von der unmittelbaren Erlebnisfähigkeit zeugen, die Leistikow besaß. In den Jahren um 1900 stand Walter Leistikow im Zenit seines Lebens. Auf den nationalen und internationalen Ausstellungen erntete er Anerkennung, und in den wichtigen Museen von Dresden, Berlin, München und Wien war er mit Werken vertreten. Besonders mit seinen märkischen Landschaftsbildern hatte er großen Erfolg, sie wurden zu Magneten des Publikums und für den Künstler zu einem materiellen Gewinn, so dass, wie sein Malerfreund Lovis Corinth berichtet, Leistikow übermütig schrieb: »Ich wate im Geld.« Viele seiner Bilder wurden als Lithographien reproduziert und konnten so von einem breiten Publikum in Besitz genommen werden. Als 1905 die Zeitschrift »Die Woche« den beliebtesten Maler Berlins ermitteln ließ, wurde Leistikow nach Menzel auf den zweiten Platz gewählt.

Dabei war sein Start in die Künstlerlaufbahn alles andere als verheißungsvoll. 1865 in Bromberg in Westpreußen geboren, wurde seine künstlerische Begabung zwar früh gefördert, indem seine Mutter ihm schon im Kindesalter privaten Zeichenunterricht erteilen ließ. Die Hochschule für die bildenden Künste der Königlichen Akademie in Berlin, wo Leistikow 1883 ein Mal- und Zeichenstudium begann, entließ den Siebzehnjährigen bereits nach einem halben Jahr wieder wegen »Talentlosigkeit«.

Leistikow ließ sich nicht beirren, hielt an seinem Ziel fest und nahm Privatunterricht bei dem Landschafts- und Marinemaler Prof. H. Eschke und dem norwegischen Landschaftsmaler Prof. H. Gude. Bereits 1889 kaufte die Dresdner Galerie ein Gemälde von ihm, die »Ziegeleien in Eckernförde«. Von Anfang an stand Leistikow dem etablierten Kunstbetrieb in der Reichshauptstadt kritisch gegenüber. Die offizielle Kunst widmete sich vor allem der Verherrlichung vaterländischer Geschichte im Historienbild, der Glorifizierung hohenzollernscher Kriegstaten in gewaltigen Repräsentationsbildern, und die jährlichen Akademieausstellungen boten dem Publikum kaum Ungewohntes, sondern zeugten von Stagnation und Konservatismus. Leistikow suchte den Kontakt zu jungen, fortschrittlichen Künstlern, die neue Ansätze gegen die gesellschaftlichen und künstlerischen Konventionen wagten. Aus ihnen ragte besonders Gerhart Hauptmann heraus, mit dem Leistikow bald eine enge Freundschaft verband. Auch mit Max Liebermann war er über viele Jahre verbunden, besonders bei der Schaffung neuer kunstorganisatorischer Strukturen, zu deren wichtigsten die Berliner Secession gehörte. Den aktuellen Anlass für die Gründung der Secession bot 1898 die Ablehnung eines der Hauptwerke Leistikows, des Gemäldes »Grunewaldsee«, durch die Jury der Großen Berliner Kunstausstellung. Sofort setzte der Maler alle Kräfte an die Gründung einer unabhängigen Künstler-Secession. Ein Motiv von Leistikow war sicher auch, dass Kaiser Wilhelm II. nicht nur seine Bilder, sondern auch seine Person ablehnte und dies auch öffentlich verlautbaren ließ. Bereits im Mai 1898 war die Berliner Secession gegründet mit Walter Leistikow als 1. Sekretär, und schon ein Jahr später, am 20. Mai 1899, konnte die erste Ausstellung eröffnet werden. Die Ausstellung wurde ein großer Erfolg und gehörte zu den glanzvollen kunstpolitischen Ereignissen im Berlin jener Jahre. Als 1903 in Weimar der Deutsche Künstlerbund gegründet wurde, war es wieder Leistikow, der sich an führender Stelle engagierte. Mit nur 43 Jahren setzte Walter Leistikow, der an einer unheilbaren Syphiliserkrankung litt, seinem Leben selbst ein Ende.

Verfassung, Regierung, Verwaltung

Rainer Liesegang

Brandenburg ist ein Land mit langer Tradition und in diesem Sinne ein »altes« Bundesland. In seiner konkreten heutigen Gestalt hervorgegangen aus dem Prozess der friedlichen Revolution, die den Übergang der beiden deutschen Teilstaaten in die staatliche Einheit geprägt hat, reicht die Geschichte Brandenburgs weit über 1000 Jahre zurück. Ein besonderer Bezug besteht zu dem ehemaligen Staat Preußen, dessen Kernland und spätere Provinz Brandenburg war.

Bis zum Ende des Zweiten Weltkrieges bestand der formell erst durch Gesetz des Alliierten Kontrollrats vom 25. Februar 1947 aufgelöste Staat Preußen. Gewissermaßen aus der Konkursmasse entstand durch Befehl der sowjetischen Besatzungsmacht vom 9. Juli 1945, zunächst als Provinz bezeichnet, das Land Brandenburg. Das neue Land sollte aber nicht lange Bestand haben. Nicht einmal drei Jahre nach der Gründung der DDR wurde es im Juli 1952 wieder aufgelöst. Aus ihm gingen die Bezirke Potsdam, Frankfurt (Oder) und Cottbus hervor. Erst mit der Wiederherstellung der deutschen Einheit entstand das Land Brandenburg erneut.

Noch bevor sich das neue Land juristisch konstituierte, setzte eine rege Diskussion um eine Landesverfassung ein. Interessant ist, dass die Verfassung Brandenburgs aus dem Jahr 1947 zwar durch die faktische Auflösung des Landes ihre Grundlage verlor, aber zu DDR-Zeiten nie formell aufgehoben wurde. Ihre »Wiederbelebung« bot sich 1990 nicht an, da der alte Text modernen rechtsstaatlichen Anforderungen nicht entsprach. Damit es eine vorläufige verfassungsrechtliche Basis für die Arbeit des Landtages und der Landesregierung geben konnte, bedurfte es zunächst eines Organisationsstatutes. Bereits am 1.11.1990 verabschiedete das brandenburgische Parlament ein »Gesetz über die vorläufige Sicherung der Arbeitsfähigkeit des Landtages und der Regierung des Landes Brandenburg«. Der vom Verfassungsausschuss des Landtages erarbeitete Entwurf löste im politischen Raum vielfältige Reaktionen aus. Verfassungsrechtlich wie -politisch stand die Frage im Mittelpunkt der Debatte, ob die Verfassung die Spielräume, die das Grundgesetz bot, in zulässiger Weise ausschöpfte oder ob sich die Landesverfassung im Widerspruch zu bundesrechtlichen Kompetenzen befand. Von ihren Befürwortern als modernste Verfassung aller deutschen Länder mit Vorbildcharakter für die Grundgesetzdebatte gelobt, kritisierten ihre Gegner sie als ein »Weg in eine andere Republik« und als »grobe Verletzung des Grundgesetzes«.

Der Brandenburger Landtag war das erste Parlament der ostdeutschen Länder, das eine Verfassung verabschiedete. Dass es nicht die erste Verfassung war, die in Kraft treten konnte (sondern die sächsische), lag an der selbst auferlegten Erforderlichkeit einer Volksabstimmung. Allen Haushalten wurde die vom Landtag beschlossene Fassung zugesandt. Noch einmal unternahmen die Parteien letzte Anstrengungen, um für den Entwurf zu werben oder dagegen zu votieren.

Die Brandenburger gaben der neuen Verfassung im Referendum vom 14. Juni 1992 eine eindeutige Legitimation: Die Zustimmungsquote lag bei 94 Prozent. Nach 40 Jahren Unterbrechung war Brandenburg wieder ein Land mit eigener Verfassung. Sie zeichnet sich dadurch aus, dass sie neben den Traditionen demokratischer Verfassungsentwicklungen die bundesweite Debatte aufnahm, wie sie sich auch in anderen neueren Landesverfassungen niedergeschlagen hat. Unverkennbar spiegelt sich auch der Geist des friedlichen, demokratischen Umbruchs in der DDR wider, der im Entwurf des Zentralen Runden Tisches für eine neue DDR-Verfassung vom 4. April 1990 seinen verfassungspolitischen Ausdruck gefunden hatte. Dies zeigt sich insbesondere an den Fortentwicklungen im Grundrechtsbereich, namentlich den zahlreichen Informationsrechten der Bürger und Bürgerverbände, an den sozialen Staatszielbestimmungen, der konsequenten Stärkung der direkten politischen Mitwirkungsrechte der Bürger und der starken Stellung des Landtages.

Die plebizitären Gestaltungsrechte werden ausgefüllt durch das an die schleswig-holsteinische Verfassung von 1990 angelehnte dreistufige Volksinitiativ-, Volksbegehrens- und Volksentscheidsverfahren, das mit relativ niedrigen Quoren für eine Volksinitiative auch kleineren Gruppen die Chance bietet, sich beim Gesetzgeber Gehör zu verschaffen. 22 Volksinitiativen und 6 Volksbegehren bis heute zeigen, in welch hohem Maße die Brandenburger die Möglichkeiten plebizitärer Demokratie angenommen haben. Auch wenn nicht alle diese Initiativen erfolgreich waren, so haben sie dennoch vielfach Veränderungen bewirkt und deutlich gemacht, wie wichtig die engagierte Beteiligung der Bevölkerung an der legislativen Führung des Landes ist.

Breiten Raum nimmt der Schutz der natürlichen Lebensgrundlagen ein und zieht sich wie ein »grüner Faden« durch den gesamten Text. Verschiedene in der Verfassung geregelte Politikbereiche werden mit ökologischen Zielsetzungen gekoppelt. Die Verantwortung für Natur und Umwelt wird bei den Grundsätzen der Erziehung

»Landcharte des Churfürstenthums Brandenburg … ausgefertigt von J.P.Fr. von Gundling …« (Kolorierter Kupferstich von Georg Paul Busch, Berlin, 1724)

und Bildung ausdrücklich hervorgehoben. Die Wissenschaftsfreiheit wird, wenn sie zur Zerstörung der natürlichen Lebensgrundlagen führt, beschränkt. Die marktwirtschaftliche Wirtschaftsordnung ist verpflichtet, die natürliche Umwelt zu schützen.

Ein eigener Verfassungsartikel ist dem Recht der Sorben (Wenden) gewidmet, einem westslawischen Volksstamm, dessen Heimat die Ober- und Niederlausitz in Sachsen und Brandenburg ist. Erhaltung und Pflege seiner nationalen Identität und seines angestammten Siedlungsgebietes sind garantiert. Die sorbische Sprache soll bewahrt und gefördert werden. Die konkrete Umsetzung ist im Wesentlichen durch das Sorben (Wenden)-Gesetz vom 7. Juli 1994 erfolgt. Die von der Verfassung verlangte »wirksame politische Mitgestaltung« erfolgt vor allem durch einen Rat für sorbische Angelegenheiten beim Landtag.

Zu den »essentials« der Verfassung gehört auch das Gebot, die Zusammenarbeit mit anderen Völkern, insbesondere mit den polnischen Nachbarn, anzustreben. Die Erwähnung Polens trägt dem besonderen historischen Verhältnis zum östlichen Nachbarn und der geografischen Lage Brandenburgs Rechnung – es hat mit Polen eine 252 Kilometer lange Grenze. Dieser Verpflichtung ist das Land seitdem mit einer Vielzahl grenzüberschreitender Aktivitäten nachgekommen. Pomerania, Pro Europa Viadrina und Spree-Neiße-Bober heißen die drei Euro-Regionen, an denen Brandenburger und polnische Kommunalgemeinschaften beteiligt sind.

Das brandenburgische Landesverfassungsgericht ist der berufene Hüter der Verfassung und wacht über deren Einhaltung. Das Gericht nahm von Anfang an im Verfassungsleben des Landes und im Bewusstsein seiner Bürgerinnen und Bürger einen festen Platz ein. Es gehört zu den am häufigsten angerufenen Landesverfassungsgerichten in Deutschland. Die neun Verfassungsrichter werden vom Landtag mit Zweidrittelmehrheit – also partei- und fraktionsübergreifend – gewählt. Lediglich drei von ihnen müssen Berufsrichter sein. Drei weitere müssen die Befähigung zum Richteramt oder das juristische Diplom besitzen. Die verbleibenden drei Verfassungsrichter brauchen keine Juristen zu sein. Die Besetzung der Richterbank auch mit Nicht-Juristen hängt mit der besonderen Stellung des Verfassungsgerichtes im Staatsgefüge zusammen. Dem brandenburgischen Verfassungsgeber ging es vor allem darum, mit einer Zusammensetzung des Gerichtes aus den verschiedenen Gruppierungen eine breite gesellschaftliche Repräsentanz zu ermöglichen.

Die Regierung des Landes Brandenburg besteht aus dem Ministerpräsidenten und den Ministern. Derzeit sind es neun. Der mit starken Vollmachten ausgestattete Ministerpräsident wird vom Landtag gewählt und ernennt anschließend die Minister. Er bestimmt die Richtlinien der Regierungspolitik und ist dafür dem Landtag gegenüber verantwortlich. Innerhalb dieser Richtlinien leitet jeder Minister den ihm anvertrauten Geschäftsbereich selbstständig und in eigener Verantwortung. Das bedeutet, dass der Ministerpräsident die Ziele der Politik der Landesregierung festlegt und die Minister diese in ihrer Zuständigkeit umsetzen. Die Amtszeit der Landesregierung ist an die Wahlperiode des Landtages gekoppelt, die fünf Jahre beträgt.

Von 1990 bis 2002 prägte Ministerpräsident Dr. Manfred Stolpe (SPD) die politische Entwicklung Brandenburgs. Er wurde dreimal in dieses Amt gewählt. In der ersten Wahlperiode bildeten SPD, F.D.P. und Bündnis 90 zunächst eine sogenannte Ampelkoalition. Vor dem Hintergrund des langjährigen Streits über die Frage der Zusammenarbeit mit der Staatssicherheit der DDR von Dr. Stolpe zu seiner Zeit als Konsistorialpräsident der Evangelischen Kirche Berlin-Brandenburg (1982–1990) löste sich die Koalitionsregierung im März 1994 durch den Ausstieg von Bündnis 90 vorzeitig auf. Bis zur Landtagswahl im September 1994 amtierte eine sozialliberale Minderheitsregierung, die von der PDS politisch toleriert wurde.

Bei den Wahlen zum 2. Landtag im September 1994 erhielt die SPD die absolute Mehrheit mit 54,1% der Zweitstimmen. PDS und CDU erzielten jeweils 18,7%. F.D.P. und Bündnis '90/Die Grünen erreichten nicht die notwendigen 5%. Der Politikstil der ersten Jahre, bezeichnet auch als »Brandenburger Weg«, wurde unter dieser neuen Konstellation kontroverser. Nach dem Verlust der absoluten Mehrheit in den Landtagswahlen 1999 ging die SPD eine Koalition mit der CDU ein. Die weit über die Landesgrenzen hinaus bekannte und populäre Ministerin für Arbeit, Soziales, Gesundheit und Frauen Dr. Regine Hildebrandt – von vielen als die »Mutter Courage des Ostens« bezeichnet – lehnte deswegen das Ministeramt ab. Seit den Landtagswahlen 1999 gehörten erstmals 5 Abgeordnete der Deutschen Volksunion (DVU) dem Parlament an. Auf Grund der enger werdenden finanziellen Spielräume wurden in der Koalition gemeinsame Prioritäten gesetzt: Arbeitsmarktentlastende Maßnahmen sollten den Mangel an Arbeitsplätzen auf dem ersten Arbeitsmarkt überbrücken helfen, die Wirtschaftsförderung sollte zielgenauer gestaltet werden und stärker zur Verbesserung der regionalen Wirtschaftsstruktur beitragen. Bildung und Wissenschaftsentwicklung, verzahnt mit Technologieentwicklung, sollten als Investitionen in die Zukunft gestaltet werden. Im Sommer 2002 trat Manfred Stolpe als Ministerpräsident zurück. Am 27.06.2002 wählte der Brandenburger Landtag Matthias Platzeck (SPD) zum Ministerpräsidenten. Er gehörte schon der Landesregierung als Minister für Umwelt, Naturschutz und Raumordnung von 1990 bis 1998 an. 1998 hatten ihn die Potsdamerinnen und Potsdamer zum Oberbürgermeister ihrer Stadt gewählt. Nach der Landtagswahl 2004 wurde Matthias Platzeck am 13. Oktober 2004 vom Landtag zum Ministerpräsident wiedergewählt. Obwohl eine Koalition von SPD und PDS auf Grund des Wahlergebnisses möglich war, entschied sich die SPD für die Fortsetzung der Großen Koalition. Die Landesregierung setzte neue Schwerpunkte und leitete ein »Umsteuern« in der Förderung der Wirtschaft ein, indem nach dem Leitmotiv »Stärken stärken« die so genannten Leuchttürme der Wirtschaft gezielter gefördert werden sollten. Die Gestaltung des demografischen Wandels, Bildung und Wissenschaft haben Priorität. Fünf Minister stellt die SPD, vier die CDU. Im Landtag haben die Koalitionsfraktionen eine komfortable Mehrheit: SPD 33 Sitze, CDU 20 Sitze, Die Linke/ PDS 20 Sitze und die DVU sechs Sitze.

Brandenburg entschloss sich, nach der staatlichen Wiedergeburt eine zweistufige Landesverwaltung aufzubauen. Das hatte vor allem zwei Gründe: Erstens sollten die ineffizienten Bezirksverwaltungsbehörden Potsdam, Frankfurt (Oder) und Cottbus ersatzlos aufgelöst werden. Die Bildung von Mittelbehörden wie Regierungspräsidien oder ein Landesverwaltungsamt wurde verworfen, um der besonderen Struktur Brandenburgs mit niedriger Bevölkerungszahl zu entsprechen. Zweitens bestand von Anfang an die Absicht, eine schlanke Landesverwaltung zu etablieren. Der Verwaltungsvollzug sollte möglichst bürgernah durch weitgehende Übertragung von Aufgaben auf die Kommunalverwaltungen erfolgen. Vorbild für dieses zweistufige Modell war Schleswig-Holstein, ein ähnlich dünn besiedeltes Flächenland.

Die erste Verwaltungsstufe bilden die Landesregierung, die Ministerien und der Ministerpräsident als oberste Landesbehörden sowie die Landesoberbehörden (z.B. Landeskriminalamt, Landesamt für Bergbau, Geologie

Verfassung für die Mark Brandenburg vom 6. Februar 1947
(Titelseite einer Broschüre der Märkischen Druck- und Verlags-GmbH, Potsdam 1947)

VERFASSUNG

für die

Mark Brandenburg

und Rohstoffe, Landesumweltamt). Auf der zweiten Stufe befinden sich die unteren Landesbehörden; das sind die 14 Landräte und 4 Oberbürgermeister sowie Finanzämter, Schulämter und Ämter für Forstwirtschaft.
Die Landesverwaltung ist der größte Arbeitgeber bzw. Dienstherr im Lande. Rund 52 800 Beschäftigte sind für sie tätig, noch im Jahre 2001 waren es fast 60 000. Der demografische Wandel, der verstärkte Einsatz moderner Bürokommunikation und die wie in allen Ländern angespannte Haushaltslage führen zu einer rückläufigen Beschäftigtenzahl. 2010 sollen es weniger als 50 000 sein. Der ganz überwiegende Teil der Beschäftigten ist derzeit mit 18 600 in den brandenburgischen Schulen tätig; bei der Polizei sind etwa 9 600, in den Hochschulen 3 600, in der Justiz 5 500 und in der Steuerverwaltung 3 600 Bedienstete eingesetzt.
Die zunächst noch für alle ostdeutschen Länder einheitlich geltende Kommunalverfassung der DDR wurde durch die Brandenburgische Kommunalverfassung 1993 abgelöst. Die Wiedereinführung der kommunalen Selbstverwaltung nach dem Zusammenbruch der DDR war mit der Notwendigkeit verbunden, größere und ökonomisch leistungsfähigere Regionaleinheiten zu bilden, als sie aus dem zentralistischen Verwaltungsaufbau übernommen waren. Die 1993 durchgeführte Kreisgebietsreform reduzierte deshalb die Zahl der Landkreise von 38 auf 14 und die Zahl der kreisfreien Städte von sechs auf vier (Potsdam, Cottbus, Frankfurt (Oder) und Brandenburg an der Havel). Leitidee der Kreisgebietsreform war die Bildung von acht heterogen strukturierten Sektoralkreisen (»Tortenstückmodell«) rund um die Bundeshauptstadt Berlin, die im Westen, Norden und Osten bis an die Landesgrenzen reichen. Um auch die Verwaltung in den 1 600 Gemeinden zu straffen und die kommunale Selbstverwaltung zu stärken, wurden 158 Ämter, die durchschnittlich 11 Gemeinden umfassten, und 56 amtsfreie Gemeinden im Verlaufe des Jahres 1992 gebildet. Die Bildung der Ämter verlief weitgehend freiwillig. Nur in 60 Fällen war die Zuordnung von Gemeinden erforderlich, weil entweder kein Beschluss über den Beitritt zu einem Amt gefasst worden war oder weil die von den jeweiligen Gemeinden angestrebte Variante die Kriterien für die Bildung von Ämtern nicht erfüllte.
Die Kommunal- und Verwaltungsreformen waren wichtige Etappen auf dem Weg zur Stärkung der Selbstverwaltung der Kommunen, verbunden mit der Verlagerung wichtiger Aufgaben auf diese Ebene. Eine weitere kommunale Neugliederung wurde jedoch aus Gründen einer dringenden Verwaltungsvereinfachung und -konzentration notwendig, die im Jahr 2003 ihren Abschluss fand. Die vielen Kleinstgemeinden wurden zu großen schlagkräftigeren Kommunen entweder innerhalb ihrer Ämter oder zu neuen amtsfreien Gemeinden zusammengeschlossen. Heute existieren 421 Gemeinden, davon sind 272 den 54 Ämtern angehörig.
Von besonderer Art sind die Beziehungen zwischen den Ländern Brandenburg und Berlin. Anfang der 90er Jahre begannen beide Länder, die Empfehlungen des Einigungsvertrages über die Schaffung eines einheitlichen Bundeslandes in die Tat umzusetzen. Alle großen Parteien mit Ausnahme der PDS warben für die Länderfusion. Im Mai 1996 fand die Volksabstimmung über einen Staatsvertrag zur Fusion von Brandenburg mit Berlin statt. In Brandenburg wurde jedoch nicht einmal die Mindestzustimmung (»Quorum«) von 25% der Wahlberechtigten erreicht. Damit wäre der Vertrag auch ohne eine einzige Brandenburger Nein-Stimme nicht in Kraft getreten; dass es zusätzlich eine Mehrheit von Nein-Stimmen gab, unterstreicht die fehlende Überzeugungskraft der Idee zum damaligen Zeitpunkt. Hauptargumente gegen die Zustimmung in Brandenburg waren die zahlenmäßige Unterlegenheit der ländlichen (Brandenburger) gegenüber den städtischen (Berlin & »Speckgürtel«) Interessen bei 2,6 Millionen Brandenburgern gegenüber 3,5 Millionen Berlinern sowie die Haushaltslage Berlins. Nach der gescheiterten Klage Berlins vor dem Bundesverfassungsgericht auf zusätzliche Finanzhilfen dürfte eine Länderfusion auf absehbare Zeit nicht realisierbar sein.
Der von der Politik eingeschlagene Weg lautet seitdem: Kooperation statt Fusion. Die Landesregierungen koordinieren die Zusammenarbeit auf den unterschiedlichsten Feldern. In zahlreichen Staatsverträgen und Verwaltungsvereinbarungen sind wichtige Bereiche geregelt, zum Beispiel gegenseitige Schulbesuche, Rettungsdienste oder ein gemeinsamer Verkehrsverbund. Die politische und administrative Zusammenarbeit zwischen den Ländern Berlin und Brandenburg ist deutschlandweit beispiellos. Beide Länder begreifen sich als ein Lebens- und Wirtschaftsraum. Die Region Berlin-Brandenburg ist die erste deutsche, in der sich zwei Bundesländer auf ein gemeinsames Leitbild für ihre zukünftige Entwicklung verständigt haben. Es gibt eine Fülle von gemeinsamen Einrichtungen. Die Fusion des Sender Freies Berlin (SFB) mit dem Ostdeutschen Rundfunk Brandenburg (ORB) zum Rundfunk Berlin-Brandenburg (RBB) ist das prominenteste Beispiel. Weitere sind die Deutsche Rentenversicherungsanstalt Berlin-Brandenburg, das gemeinsame Oberverwaltungsgericht Berlin-Brandenburg mit Sitz in Berlin sowie das gemeinsame Landessozialgericht mit Sitz in Potsdam. Zum 1. Januar 2007 folgten das Finanzgericht mit Sitz in Cottbus und das Landesarbeitsgericht mit Sitz in Berlin.

Ministerpräsident Platzeck auf einer Veranstaltung der Deutschen Kinder- und Jugendstiftung

Deutsche Kinder- und Jugendstiftung
NSCHAFTSAKTION FÜR JUGEND UND ZUKUNFT
.dkjs.de
dein Spiel!
MädchenStärken
Noch Fragen? www.maedchenstaerken.de

Brandenburg – Ein aufstrebender Wirtschaftsstandort

Dr. Detlef Stronk

Neueste Entwicklungen

Die Situation in Europa hat sich rasant verändert. Deutschland ist wieder ein begehrter Standort für Investitionen. Der Osten Deutschlands holt auf. Und das gilt vor allem auch für die deutsche Hauptstadtregion Berlin–Brandenburg. Insbesondere Brandenburg wird von immer mehr Unternehmen als interessanter Investitionsstandort erkannt. Die Prognos AG sieht Brandenburg als Aufsteigerland und setzt das Land bereits an Nummer zwei im Osten Deutschlands. Dr. Philip Steden von der Prognos AG wörtlich: »Brandenburg entwickelt sich zu einem Kraftzentrum Ost-Deutschlands«.

Die besten Kronzeugen hierfür sind die Unternehmen. Untersuchungen des Ifo-Instituts aus Berlin und des Marketinglehrstuhls der Universität Potsdam belegen, dass der weit überwiegende Großteil der Investoren mit dem Standort Brandenburg hoch zufrieden ist und sich sofort wieder hier ansiedeln würde. Zwei Drittel dieser Investoren geben an, dass die Produktivität am neuen Standort in Brandenburg höher ist als am bisherigen Standort. Natürlich liegt das daran, dass am neuen Investitionsstandort auch die neuesten Technologien verwendet werden und die Infrastruktur Brandenburgs weitgehend modernisiert ist und damit Spitzenstandard besitzt. Hinzu kommt jedoch, dass die Unternehmen mit den Arbeitskräften, deren Einstellung zur Arbeit und Flexibilität sowie mit der Kostenstruktur hoch zufrieden sind.

Diese positive Entwicklung in der Hauptstadtregion hat jedoch nicht nur Investoren von außerhalb, sondern auch den Brandenburger Mittelstand selbst erfasst. Inzwischen hat sich in Brandenburg ein leistungsfähiger Mittelstand entwickelt. Es gibt weit über 1 000 junge Technologiefirmen, die rasch wachsen und sich eine Position am Weltmarkt sichern. Die Zulieferstrukturen und Wertschöpfungsketten im Land haben sich verdichtet. Neue Netzwerke sind entstanden, die Synergieeffekte zwischen den Firmen, aber auch mit Forschungsinstituten und Universitäten entwickeln.

Die Region Brandenburg

Die Erfolgsgeschichte Brandenburg wird häufig mit dem sog. »Speckgürtel« um Berlin beschrieben. Diese Verengung ist falsch. Speckgürtel assoziiert, als ob eine Wohlstandsentwicklung an einer bestimmten Grenze um Berlin herum aufhört. Das ist jedoch nicht der Fall. Selbstverständlich ist die große Stadt Berlin mit ihren mehr als 3 Mio. Einwohnern als deutsche Hauptstadt ein Magnet auch für Brandenburg. Viele Firmen und Bewohner siedeln sich gerne in der Nähe der Hauptstadt an, weil sie die Attraktivität dieser faszinierenden Großstadt genießen, gleichzeitig aber auch die Vorteile eines günstigen Umlandes genießen wollen. Dies hatte positive wirtschaftliche Auswirkungen auf Potsdam, das nach den Untersuchungen des Zukunftsatlasses der Prognos AG inzwischen zu den zukunftsträchtigsten Städten Deutschlands gehört. Es hat Auswirkungen auf Landkreise wie Teltow-Fläming, Potsdam-Mittelmark, Dahme-Spreewald, Havelland und Oberhavel, die sich wirtschaftlich überdurchschnittlich schnell entwickeln. Aber auch Landkreise im Osten Berlins, wie der Barnim und Teile Märkisch-Oderlands und Oder-Sprees, holen in jüngster Zeit mächtig auf.

Darüber hinaus gibt es aber auch bemerkenswerte Entwicklungen in weiter entfernten Regionen von Berlin. Beispielsweise vollzieht sich eine erstaunliche Entwicklung entlang der Oder und Neiße. Die Stadt Schwedt in der Uckermark beherbergt nicht nur die führende Raffinerie Deutschlands, sondern entwickelt sich auch zum Zentrum für Biokraftstoffe und verwandte Produkte. Die Stadt Frankfurt (Oder) hat sich in den letzten Monaten zum führenden Standort der Solarindustrie in Deutschland entwickelt. Firmen wie Conergy, First Solar und Odersun haben in neueste Technologien der Fotovoltaik investiert und weit mehr als 1 000 Arbeitsplätze neu geschaffen. Aber auch Firmen wie Yamaichi Electronics und Walter Telemedien schätzen diesen Standort insbesondere auch wegen seiner Nähe zu dem neuen europäischen Nachbarn Polen und der Spitzenuniversität Viadrina. Auch andere Standorte an den deutschen Grenzflüssen wie Eisenhüttenstadt, Guben und Forst machen in jüngster Zeit durch bedeutende Investitionsvorhaben auf sich aufmerksam. Ähnliches ist für

Gegenwärtig das größte Infrastrukturprojekt in Deutschland – der neue Großflughafen Berlin-Brandenburg International in Schönefeld

AIRBUS A380

die Lausitz insgesamt zu bemerken. Standorte wie Cottbus mit seiner profilierten Technischen Universität, Spremberg mit seinem begehrten Industriegebiet Schwarze Pumpe, Schwarzheide mit dem Industrie-Riesen BASF und einer Vielzahl interessanter Ansiedlungen um diese Firma herum, Senftenberg mit seiner Fachhochschule und Finsterwalde-Massen mit seiner Mehrzahl internationaler Ansiedlungen stechen hervor. Eine erstaunliche Entwicklung hat auch der Namensgeber des Landes Brandenburg, die Stadt Brandenburg an der Havel, in jüngster Zeit genommen. Brandenburg an der Havel war zusammen mit Teltow-Fläming im Jahre 2006 der Spitzenreiter bei den Ansiedlungen im Land. Die Stadt hat sich auf ihre Industrietradition besonnen, zugleich das Stadtbild energisch verschönert und die hervorragenden Freizeit- und Erholungsmöglichkeiten herausgestrichen. Schnelle und klare Entscheidungen sowie die systematische Entwicklung eines neuen großen Industriegebietes in Kirchmöser sind Grundlagen für diese Entwicklung. Aber auch im Nordwesten des Landes sind Tatkraft und Entschlussfreude zu spüren. Die Stadt Neuruppin zeichnet sich bereits heute durch einen überdurchschnittlichen Besatz profilierter innovationsfreudiger mittelständischer Unternehmen aus. Und weiter nördlich im Gewerbegebiet Falkenhagen, in der Nähe des Wittstocker Dreiecks und in Meyenburg haben sich nicht nur Firmen an die Spitze ihres jeweiligen Marktes setzen können, sondern wird engagiert an der Vernetzung unternehmerischer Kompetenz in der Region gearbeitet. Dabei gibt es überraschende Entwicklungen wie die, dass sich Firmen in dieser Region erfolgreich wegen der Nähe zu Hochseehäfen wie Hamburg und Rostock eingerichtet haben und diese geografische Nähe mit den Kosten- und Produktivitätsvorteilen Brandenburgs kombinieren.

Standortbedingungen

Die Hauptstadtregion Berlin–Brandenburg ist das Tor zu den wachsenden Märkten Mittel- und Osteuropas und den Wirtschaftsregionen Westeuropas. Hier kreuzen sich die transeuropäischen Verkehrswege. Brandenburg ist das wald- und seenreichste Bundesland Deutschlands. Berlin ist das politische Entscheidungszentrum Deutschlands: Hier haben neben Parlament, Regierung und Landesvertretungen zahlreiche Spitzenverbände der Wirtschaft und Wissenschaft ihren Sitz. Die Hauptstadtregion mit ihrer Nähe zu Bundesministerien, Botschaften und Entscheidungszentralen bietet optimale Bedingungen für Forschung und Entwicklung, Produktion und Vertrieb. Jährlich 400 Messen und Kongresse mit 1,3 Millionen Besuchern machen Berlin zur Konferenzstadt Nummer 1 in Deutschland. Mit 6 Millionen Einwohnern ist der Berlin–Brandenburger Markt so bevölkerungsstark wie die Schweiz. Alle wichtigen europäischen Märkte sind von hier aus in einer Lkw-Tagesfahrt zu erreichen. Die Hauptstadtregion bietet sehr gute Anbindungen in alle Richtungen: Mit einem modern ausgebauten Autobahn-, Schienen- und Wasserstraßennetz sowie internationalen Airports ist Berlin–Brandenburg hervorragend an die überregionalen Verkehrswege angeschlossen. 766 Autobahn- und 3 400 Schienenkilometer sorgen für eine hohe Mobilität. Ein flächendeckendes und voll digitalisiertes ISDN-Netz sichert eine schnelle und bequeme Kommunikation. Die Hauptstadtregion bietet mehr Kommunikationskomfort als die USA, Irland oder Spanien und liegt weit vor Tschechien und Polen.

Im europäischen Vergleich konzentrieren sich in keiner anderen Region Einrichtungen der Wissenschaft und Forschung in einer solch großen Dichte und Vielfalt wie in Berlin und Brandenburg. Sieben Universitäten, 21 Hoch- und Fachhochschulen sowie 250 private und öffentliche Forschungseinrichtungen bieten vielfältige Kooperationsmöglichkeiten. Darunter befinden sich namhafte Institute der Helmholtz-Gesellschaft, der Leibniz-Vereinigung sowie der Fraunhofer- und der Max-Planck-Gesellschaft.

Standortvorteile

Die Arbeitnehmer der Hauptstadtregion sind hervorragend ausgebildet, motiviert, flexibel und international wettbewerbsfähig. In nahezu allen Berufen und Gewerken steht ein großes Potenzial an qualifizierten Arbeitskräften zur Verfügung. Unter den 170 000 Studierenden der Region ist Fach- und Führungskräftenachwuchs leicht zu finden. Die Produktivität der modernen Betriebe in der Region ist überdurchschnittlich hoch.

Berlin–Brandenburg hat für alle Standortwünsche passende Angebote: Ob moderne Büroräume, nutzergerechte Serviceflächen oder großräumige Gewerbegebiete für industrielle Ansiedlungen – die Region hat eine große Auswahl zu günstigen Preisen. Berlin–Brandenburg ist nicht nur ein attraktiver Standort für Unterneh-

Blick in den »Fahrstuhl« vom Schiffshebewerk Niederfinow

men, sondern auch eine ideale Region zum Leben: Vom exklusiven Innenstadtquartier über Wohnen im Grünen bis zur Villa am Wasser – einmalige Lagen und günstige Miet- und Kaufpreise kennzeichnen den Wohnungsmarkt in der Region. Brandenburg bietet als Ziel-1-Gebiet der Europäischen Union die besten Förderbedingungen Europas. Investitionen werden mit bis zu 30 Prozent Förderung für Großunternehmen, bis zu 40 Prozent für mittlere und 50 Prozent für kleinere Unternehmen unterstützt. Zusätzlich sind FuE-Projekte für kleine und mittlere Unternehmen förderfähig. Darüber hinaus profitieren Investoren in der Region von den Fördermaßnahmen der Bundesregierung für die neuen Bundesländer.

Kompetenzfelder

Die wirtschaftlichen Potenziale der Region liegen im Industrie- und Dienstleistungssektor, in ausgewählten Technologiefeldern sowie bei der Kultur- und Kreativwirtschaft.
Die Kompetenzfelder der Region werden systematisch weiter zu international wettbewerbsfähigen Kompetenzzentren ausgebaut. Unternehmen bieten sie hervorragende Entwicklungspotenziale:

- Kommunikation (Medien, Informations- und Kommunikationstechnik, Multimedia, Musikwirtschaft, Werbung, Design)
- Verkehrstechnik (Luft- und Raumfahrt, Kraftfahrzeugtechnik, Bahntechnik, Telematik)
- Dienstleistungen (Logistik, Finanzdienstleistungen, Handel, produktionsnahe Dienstleister, Call Center)
- Life Sciences (Biotechnologie, Medizintechnik)
- Industrie (Chemie, Maschinenbau, Ernährung, Holz, Papier)
- Mikrotechnologie/Enabling Technologies Lasertechnik, Nanotechnologie, Optik)
- Energie- und Umweltwirtschaft.

Chance Großflughafen Berlin–Brandenburg International (BBI)

Der neue Großflughafen Berlin–Brandenburg International in Schönefeld am Stadtrand Berlins ist gegenwärtig das größte Infrastrukturprojekt in Deutschland. Der neue Flughafen soll Ende 2011 startklar sein. Nach neuesten Studien bietet sich die Chance für Ansiedlungen im Umfeld dieses neuen Flughafens in einer Größenordnung von bis zu 40 000 neuen Arbeitsplätzen schon bis zum Jahre 2012. Die Länder Berlin und Brandenburg haben diese große Chance erkannt und eine zentrale Anlaufstelle für Investoren vorgesehen. Die beiden Wirtschaftsfördergesellschaften von Berlin (Berlin Partner GmbH) und Brandenburg (ZukunftsAgentur Brandenburg GmbH) haben ein gemeinsames Ansiedlungsteam hierfür gebildet, das »Take Off Team«. Es erarbeitet gegenwärtig eine systematische Akquisitions- und Marketingstrategie und wird ab 2008 international den Standort bewerben. Günstige Ansiedlungsmöglichkeiten gibt es in Hülle und Fülle. Auf einer Achse von Stahnsdorf–Ludwigsfelde–Dahlewitz–Schönefeld bis Königs Wusterhausen und Erkner einerseits, andererseits vom Hauptbahnhof Berlin über Adlershof bis Schönefeld werden hervorragende Gewerbestandorte und Immobilien entwickelt und in Kürze angeboten. Ähnlich wie im Umfeld anderer moderner Flughafenprojekte in der Welt bietet sich die Chance, im Umfeld von BBI »Centers of Exellence« zu schaffen.

Berlin und Brandenburg

Für Investoren sind die Grenzen zwischen den Bundesländern Berlin und Brandenburg fließend. Und so präsentiert sich der Wirtschaftsstandort Berlin–Brandenburg auch als gemeinsame Region, als »German Capital Region«. Die Wirtschaftsfördergesellschaften von Berlin und Brandenburg, die Berlin Partner GmbH und die ZukunftsAgentur Brandenburg GmbH, führen ihre Ansiedlungs- und Außenwirtschaftsaktivitäten sowie Projekte des Standortmarketings immer stärker gemeinsam durch. Ein gemeinsamer Internetauftritt – www.businesslocationcenter.de – wirbt als zentrales Wirtschaftsportal der Hauptstadtregion für die Standortvorteile. Es gibt eine gemeinsame Wirtschaftsrepräsentanz für Berlin und Brandenburg in Brüssel. Damit haben Unternehmen den Vorteil kurzer Wege ins Zentrum der Europäischen Union in Brüssel, wo bereits heute 80% aller Entscheidungen im sozialen und wirtschaftlichen Bereich getroffen werden.
Von der Zusammenarbeit und gemeinsamen Vermarktung des Wirtschaftsraumes profitieren beide Länder. Brandenburg von der urbanen Attraktivität einer internationalen Metropole und Berlin von einer landschaft-

Im sog. BioTech-Bogen in Hennigsdorf entwickeln und testen junge Unternehmen neue medizinische Diagnostika; in einzelnen Bereichen zählen sie bereits zu den Weltmarktführern.

lich reizvollen Umgebung. Diese Mischung aus pulsierender Wirtschaft und faszinierendem Umland macht die Hauptstadtregion Berlin–Brandenburg zu einer attraktiven Adresse zum Leben und Arbeiten. Jährlich besuchen mehr als 15 Mio. Gäste die über 170 Museen, 150 Bühnen, die vielfältige Musik- und Kunstszene oder die Schlösser und Gärten in der Region, darunter berühmte Stätten des Weltkulturerbes wie die Berliner Museumsinsel und das Schloss Sanssouci in Potsdam. In Berlin leben Menschen aus mehr als 180 Nationen. An zahlreichen internationalen und Europaschulen auch in Brandenburg wird zweisprachig unterrichtet.

Brandenburg inmitten Europas

Noch ist Brandenburg wie ganz Deutschland wirtschaftlich in seiner Außenorientierung überwiegend durch wirtschaftliche Zusammenarbeit mit westlichen Ländern und den USA geprägt. Aber die wirtschaftlichen Kontakte und Möglichkeiten zu den neuen europäischen Nachbarn in Mittel- und Osteuropa nehmen rasant zu. Brandenburg ist der erste Nachbar Polens, des viertgrößten Landes in Europa. Die wirtschaftlichen Kontakte zu diesem Nachbarn nehmen ständig zu. Fast alle Brandenburger Industriebetriebe profitieren von günstigen Vorlieferungen oder Kooperationen mit polnischen Standorten. Dieser Kosten-Mix erhöht die Wettbewerbsfähigkeit der Firmen auch auf den westeuropäischen Märkten und kombiniert osteuropäische Lohnkostenvorteile mit dem unverändert ziehenden Markenimage des »Made in Germany«. Viele Firmen ziehen diese Kombination inzwischen einer Verlagerung eigener Betriebsstätten nach Mittel- und Osteuropa vor, weil sie Investitions- und Rechtssicherheit, Zuverlässigkeit und Qualität der Arbeit und die Modernität der Infrastruktur in Brandenburg besonders schätzen.

Lebensqualität

In jüngster Zeit verlegen immer mehr Fach- und Führungskräfte auch ihren privaten Wohnsitz in die Hauptstadtregion Berlin–Brandenburg. Für so manchen sind die kurzen Wege zur Bundesregierung und zu den führenden Verbänden der Bundesrepublik der ausschlaggebende Grund. So manch anderer aber hat die Hauptstadtregion in ihrer einzigartigen Lebensqualität für Menschen schätzen gelernt, die die pulsierende Großstadt mit ihrem einmaligen Kulturangebot mit dem Freizeitwert Brandenburgs kombinieren. Das Land Brandenburg ist die wald- und seenreichste Region in Deutschland. Wassersportler, Radwanderer, Skater, Reiter und Naturliebhaber finden hier ein östliches Paradies. Und Liebhaber der Modesportart Golf kommen hier auf ihre Kosten. Ganz besonders: der Nick-Faldo-Platz in Bad-Saarow als Nummer 1 und der Südplatz von Trent Jones in Seddin bei Berlin auf Platz 3 zählen zu den absoluten Spitzenplätzen in Deutschland. Aber auch andere Golfanlagen wie in Berlin-Wannsee oder Gatow, Phöben, Semlin, Stolpe oder Wilkendorf bieten ausgezeichnete Plätze. Und exquisite Urlaubs- und Erholungsmöglichkeiten wie das Ressort am Schwielowsee oder der einmalige Freizeitpark Tropical Islands oder das führende Wellness-Hotel in Burg im Spreewald haben sich national durchgesetzt.

Die ZukunftsAgentur Brandenburg GmbH (ZAB)

Profilierter Ansprechpartner für Investoren ist die ZukunftsAgentur Brandenburg GmbH (ZAB). Diese Gesellschaft ist die erste one-stop-agency in Deutschland, die alle wichtigen Wirtschaftsförderfunktionen unter einem Dach vereint und mit RegionalCentern in den wichtigsten Regionen des Landes vertreten ist. Die ZAB bietet Kundenbetreuung für Ansiedlungen, Innovations- und Technologieförderung, Außenwirtschaftsaktivitäten, technologieorientierte Existenzgründungen, Energieberatung und Standortmarketing an. Die Gesellschaft hat seit ihrer Gründung im Jahre 2001 bis 2006 521 Firmen angesiedelt, mit einer Investitionssumme von 1 363 Mrd. Euro, verbunden mit 21 061 Arbeitsplätzen. 71 internationale Investoren wurden in das Land geholt. Damit ist die ZAB einer der Spitzenreiter für Wirtschaftsförderung in Deutschland. Die ZAB ist überwiegend Landesgesellschaft, aber auch die Kammern des Landes und die Unternehmensverbände von Berlin und Brandenburg sind Gesellschafter. Die InvestitionsBank des Landes Brandenburg (ILB) und die Brandenburg Capital (BC) für Seed Capital und Kapitalbeteiligungen sind Partner für die Zukunft. Gemeinsam stehen sie für engagierte Kundenbetreuung, kurze Wege und schnelle Entscheidungen. All dieses ist mit ein Grund dafür, dass Brandenburg als Wirtschaftsstandort so im Kommen ist.

Internationale Vermarktung der Hauptstadtregion, gemeinsam mit Berlin, auf Messen wie hier auf der CEBIT 2007

Berlin
LAND
BRANDENBURG
Forschung
Wettbewerb

Bildungslandschaft Brandenburg – Geist wächst auch auf kargen Böden

Karsten Friedel

Reckahn, ein kleines Dorf südlich von Brandenburg a.d. Havel: Im Schlosspark ein Denkmal, wie es selten zu finden ist: »H.J. Bruns. Er war ein Lehrer«. Bruns starb 1794 in Reckahn. Sein Denkmal ließ der Schlossherr von Reckahn errichten, Friedrich Eberhard von Rochow (1734–1805). Dieser Rochow war einer der bedeutendsten Schulreformer im Preußen des 18. Jahrhunderts, ein Philanthrop, der 1773 zur Hebung der sozialen Lage der Landbevölkerung eine Dorfschule errichtete. Seine Dorfschule wurde zur Musterschule des Landschulwesens und zur »Grund-Schule« der preußischen Volksschulentwicklung. Zwei Umstände trugen dazu bei: In seinem Buche »Versuch eines Schulbuchs für Kinder der Landleute« hatte Rochow 1772 eine bessere Unterrichtsmethode angeregt; indem er Heinrich Julius Bruns 1773 als Lehrer für seine Schule gewann, gelang auch die praktische Umsetzung seiner Ideen. Über Jahre pilgerten pädagogisch Interessierte und Geistesgrößen nach Reckahn, um den kinderfreundlichen Unterricht des Lehrers Bruns selbst zu erleben. Rochows Lesebuch »Der Kinderfreund« war bis weit ins 19. Jahrhundert hinein in preußischen Schulen weit verbreitet.

Die weitere Geschichte brandenburgischer Schulentwicklung war preußisch-widersprüchlich. Die Stein-Hardenbergschen Reformen brachten durch Wilhelm von Humboldt die Festigung des Volkschul-, Gymnasial- und Universitätswesens. Leistung und Bildung sollten im Staatsdienst Vorrang gewinnen gegenüber Herkunft und Stand. Die Allgemeinbildung rückte ins Zentrum des schulischen Bemühens. Lehrer konnte nur noch werden, wer sich zuvor für den Beruf ausgebildet hatte.

Zugleich waren die Schulen auch Instrument staatlicher Politik. Um z.B. die Germanisierung der Wenden in der 1815 zu Brandenburg gekommenen Niederlausitz zu forcieren, wurden nicht nur die evangelischen Gemeinden genutzt, es wurde auch an den Schulen 1875 der Gebrauch der sorbischen (wendischen) Sprache verboten.

Zur Zeit der Weimarer Republik war preußische Bildungspolitik unter dem sozialdemokratischen Ministerpräsidenten Otto Braun geprägt von Bildungspolitikern wie Carl Heinrich Becker oder Adolf Grimme, die Bildungspolitik als Reformpolitik verstanden und bis zum Ende der politischen Eigenständigkeit Preußens im Jahre 1932 auch betrieben.

Tiefensee bei Werneuchen im Barnim, 1933–1939: Während nach der Machtergreifung der Nationalsozialisten die Schulen im Deutschen Reich gleichgeschaltet und die Lehrer zum Beitritt zum NS-Lehrerbund gedrängt werden, betreibt an der kleinen Volksschule des Dorfes der Volksschullehrer Adolf Reichwein viel beachtete Unterrichtsversuche mit arbeitspädagogischen Ansätzen und Projektarbeit. Reichwein war als Schulreformer zuvor ein enger Berater des preußischen Bildungsministers Carl Heinrich Becker und seit 1930 Professor an der Pädagogischen Akademie in Halle/Saale. Von den nationalsozialistischen Machthabern seines Amtes enthoben, zog er sich nach Brandenburg zurück. Ab 1939 in Berlin tätig, wird er Teil des aktiven Widerstands gegen Hitler und Mitglied des Kreisauer Kreises um Helmuth James Graf von Moltke. Noch vor dem Attentat Stauffenbergs vom 20. Juli 1944 wird er verhaftet und im Oktober 1944 zum Tode verurteilt und hingerichtet. Seine museumspädagogischen und medienpädagogischen Arbeiten gelten noch heute als wegweisend.

Ahrensdorf bei Trebbin, 1936–1941: Das schlossartige Jagdhaus wird 1936 von der Reichsvertretung der Juden in Deutschland gepachtet und dem Jugendverband Makkabi Haza'ir übergeben, um eine Ausbildungsstätte zur Vorbereitung (hebr. hachscharah) auf die Auswanderung nach Palästina zu betreiben. Jüdische Jugendliche von 14–17 Jahren bereiteten sich hier in Unterricht und landwirtschaftlichen Kursen auf ein neues Leben in Palästina vor. 1941 wird die Hachschara-Stätte Ahrensdorf geschlossen, ihre letzten Schüler deportiert und viele von ihnen in Vernichtungslagern ermordet.

Das Ende des Krieges und des Nationalsozialismus brachte auch im deutschen Schulwesen einen Neuanfang. Während in den westlichen Besatzungszonen im Wesentlichen das gegliederte Schulsystem der Zeit vor 1933 wieder auflebte, wurden in der Sowjetischen Besatzungszone (SBZ) schon 1945 die Weichen zur Einführung einer Einheitsschule gestellt. Dabei wurden sozialdemokratische und kommunistische Vorstellungen zur Bil-

Carl Heinrich Becker (1876–1933), ein Politiker, der die preußische Bildungspolitik zur Zeit der Weimarer Republik prägte.

dungsreform aus der Weimarer Republik aufgenommen, die das frühere dreigliedrige Bildungssystem aus sozialen Gründen ablehnten. 1946 bereits waren in den Ländern der SBZ die Grundstrukturen des späteren DDR-Schulsystems angelegt: Gemeinsamer Unterricht aller Schülerinnen und Schüler bis zum achten Schuljahr, darauf aufbauend eine vierjährige Oberschule.
Spätestens mit der Gründung der DDR 1949 gerieten die reformpädagogischen Ansätze als »reaktionäre Auffassungen« vollständig in den Hintergrund gegenüber der ideologischen Inanspruchnahme der Schulen durch die Sozialistische Einheitspartei (SED). Die Lehrerschaft wurde insgesamt auf die Erziehungsziele der SED verpflichtet, die pädagogische Freiheit trat mehr und mehr in den Hintergrund. Deutlich wurde dies in den fünfziger Jahren insbesondere in der Auseinandersetzung mit den Kirchen um die Jugendweihe und in den Maßnahmen gegen die »Junge Gemeinde« in den Oberschulen.
Seit 1950 erfolgte der Ausbau des Schulwesens hin zu einer Zehnklassenschule, an der die Mittlere Reife erworben werden konnte. 1959 war der Ausbau des Schulsystems in der DDR insofern zu einem Abschluss gekommen, als dass jetzt die allgemeinbildende zehnklassige Polytechnische Oberschule (POS) und daneben die Erweiterte Oberschule (EOS) auch begrifflich eingeführt waren. Es gab ein System von Lehrplänen, das die Inhalte des Schulunterrichts weitgehend reglementierte. Das »Gesetz zur sozialistischen Entwicklung des Schulwesens in der Deutschen Demokratischen Republik« verpflichtete die Lehrkräfte auf die sozialistische Bildung und Erziehung im Sinne der staatstragenden Ideologie. Zum umfassenden Erziehungsauftrag der Schulen gehörte die außerunterrichtliche Bildung und Erziehung, wodurch auch ein großer Teil der Freizeitgestaltung von Kindern und Jugendlichen erfasst wurde. Kindergarten und Schulhort waren Teil des Bildungssystems und hatten eigene Bildungsaufträge. Ergänzt wurde die schulische Bildung und Erziehung durch die Arbeit der Pionierorganisation und der FDJ, der Gesellschaft für Sport und Technik (vormilitärische Erziehung) und andere gesellschaftliche Organisationen, die jeweils eigene Angebote im außerunterrichtlichen Bereich machten, dabei aber häufig schulische Zugänge und die schulische Infrastruktur nutzten.
Die Einführung des Wehrunterrichts in den siebziger Jahren oder der Kampf in den Oberschulen gegen die Bewegung »Schwerter zu Pflugscharen« in den Achtzigern zeigen schlaglichtartig, dass die Schulen in der DDR für die SED bis zuletzt Mittel der Disziplinierung der Jugend in der DDR waren. Dagegen spricht nicht, dass es auch in den Schulen in der DDR immer Pädagoginnen und Pädagogen gab, die für ihren Beruf gebrannt haben, die von ihren Schülerinnen und Schülern geliebt wurden und die sich nicht in das System ideologischer Repression einbinden ließen.
Unbestritten ist das Schulsystem der DDR Mittel der ideologischen Erziehung der Jugend gewesen. Schulische Bildung zielte nicht auf freie Persönlichkeitsentfaltung, sondern war wirtschaftlichen und politischen Zielen untergeordnet. Rückblickend werden jedoch auch Dinge gegenüber dem gegliederten Schulsystem als positiv empfunden – häufig genannt wird hier vor allem die lange Phase gemeinsamen Lernens aller Schülerinnen und Schüler, die sozialer Selektion beim Bildungserfolg vorbeugen half.
Nach der politischen Wende in der DDR und der Vereinigung der beiden deutschen Staaten 1990 wurden in den Bundesländern auf dem Gebiet der ehemaligen DDR unterschiedliche Wege der Bildungspolitik eingeschlagen, auch wenn weitgehend das Bildungssystem der Bundesrepublik Deutschland übernommen wurde. Einige Entscheidungen wurden prägend für das brandenburgische Schulsystem.
Brandenburg ist das einzige Bundesland neben Berlin mit einer sechsjährigen Grundschule. Es hatte sich in Brandenburg die Ansicht durchgesetzt, dass Kinder im frühen Schulalter Zeit und Raum brauchen, sich zu entwickeln und möglichst lange gemeinsam zu lernen. Die in dieser Hinsicht positiven Erfahrungen anderer europäischer Länder haben dann auch in den vergangenen Jahren einen erheblichen Einfluss auf die bildungspolitischen Debatten in Deutschland gehabt.
Ebenso ist schon 1990 entschieden worden, auf die eigenständige Schulform Hauptschule zu verzichten. Eingeführt wurde in der Sekundarstufe gleichwohl ein gegliedertes Schulsystem, das neben einer Mehrheit von Gesamtschulen (teilweise mit, teilweise ohne gymnasiale Oberstufe) Gymnasien und Realschulen vorhielt. Die alte Schulstruktur im Land Brandenburg bestand bis 1991 aus 831 Polytechnischen Oberschulen und 80 Teiloberschulen, 44 Erweiterten Oberschulen, 4 Kinder- und Jugendsportschulen, 6 Spezialschulen, 57 Hilfsschulen und 23 sonstigen Sonderschulen – nach der Vereinigung der beiden deutschen Staaten gab es im Schuljahr 1991/92 im Land Brandenburg 655 Grundschulstandorte, 300 Gesamtschulen, 68 Realschulen, 79 Gymnasien, 57 Förderschulen für Lernbehinderte, 45 Förderschulen für Geistigbehinderte und 23 sonstige Förderschulen. Die Schulformen der beruflichen Bildung und eine gymnasiale Oberstufe wurden in Brandenburg in den Oberstufenzentren zusammengefasst. Zu diesem Zeitpunkt war Brandenburg das einzige Bundesland mit dieser Organisationsform.
Insgesamt unterrichteten 1991 an 1 264 Schulen 32 000 Lehrkräfte. Es gab insgesamt 420 000 Schüler. Sehr schnell stellte sich dabei heraus, dass der drastische Rückgang der Geburtenzahlen seit dem Jahr 1990 zu er-

Kurfürst Joachim Friedrich gründet 1607 das Joachimsthalsche Gymnasium.

heblichen Schwierigkeiten im Schulwesen führen würde. Darauf wird später noch einzugehen sein. Nur soviel: Da sich die Stärke der Geburtsjahrgänge von 1989 auf 1991 etwa halbierte, war absehbar, dass das Land Brandenburg in einem Zeitraum von etwa fünfzehn Jahren einen erheblichen Teil von Lehrkräften im Landesdienst haben würde, die nicht benötigt würden. Es ist darauf verzichtet worden, diesen Überhang über betriebsbedingte Kündigungen abzubauen. Statt dessen wurden gemeinsam mit den Gewerkschaften Wege gefunden, wie über tariflich vereinbarte flexible Teilzeitbeschäftigung für alle Lehrkräfte die Zahl der Lehrerstellen an die Zahl der unterrichteten Schüler angepasst werden kann, ohne dass Lehrkräfte entlassen werden müssten. Dies war nicht nur ein entscheidender Beitrag zum sozialen Frieden in einem Bundesland, das in weiten Teilen in den neunziger Jahren von Massenarbeitslosigkeit und Perspektivarmut geprägt war, sondern auch beispielgebend für andere Branchen, z.B. in der Industrie.

Der Versuch, nicht einfach hergebrachte westdeutsche Lösungen zu kopieren, sondern eigene Ansätze zu entwickeln, die die Entwicklungen der Region in den Jahren der deutschen Teilung berücksichtigten, schlug sich nicht nur in bestimmten strukturellen Entscheidungen nieder. Es prägte in den neunziger Jahren auch inhaltlich stark die Auseinandersetzungen in einem Teilbereich, dem Fach Lebensgestaltung – Ethik – Religion (LER). Die Diskussionen über die Einführung dieses Pflichtfachs wurden bundesweit wahrgenommen – der Rechtsstreit darüber erreichte letztlich das Bundesverfassungsgericht in Karlsruhe. Heute ist LER ein weitgehend akzeptiertes Schulfach, das zum Teil auch in anderen Bundesländern Überlegungen angestoßen hat, auf vergleichbare Weise eine Gelegenheit im Schulalltag zu schaffen, wo sich Schülerinnen und Schüler über Wertorientierungen verständigen können, unabhängig davon, ob sie einen atheistischen, katholischen, evangelischen oder muslimischen Hintergrund haben.

Eine weitere Besonderheit des brandenburgischen Schulwesens, die das Land mit dem Freistaat Sachsen teilt, sind die Rechte der Sorben/Wenden auf Vermittlung, Bewahrung und Förderung ihrer Sprache und Kultur auch in den Schulen des Landes, wie sie in Art. 25 der Verfassung des Landes Brandenburg garantiert sind. Eine solche Garantie von Schutzrechten ist für die Sorben – die einzige slawische Minderheit mit angestammtem Siedlungsgebiet auf dem Boden der heutigen Bundesrepublik Deutschland – in der Geschichte Brandenburgs nicht selbstverständlich. Heute sind der Sorbischunterricht in den Schulen des Siedlungsgebiets und das Niedersorbische Gymnasium in Cottbus wesentliche Grundlagen für den Erhalt der sorbischen Sprache und Kultur in der Niederlausitz.

Die gegenwärtigen Entwicklungen im Schulwesen des Landes Brandenburg sind durch zwei – in ihrer Natur vollkommen unterschiedliche – Prozesse geprägt: Zum einen ist dies die Notwendigkeit zur qualitativen Verbesserung des deutschen Schulwesens, die die Ergebnisse internationaler Studien zu nationalen Schulleistungen dringend nahe legen, und zum anderen ist es die Bevölkerungsentwicklung auf Grund der bereits angesprochenen Geburtenentwicklung seit der politischen Wende in der DDR.

Die Halbierung der Geburtenzahlen gegenüber den Jahrgängen der achtziger Jahre in der DDR traf alle neuen Bundesländer und den Ostteil Berlins gleichermaßen. Auch wenn es in der Zwischenzeit bei den Geburtenzahlen einen Trend gibt, bei dem sich das Land Brandenburg langsam dem westdeutschen Durchschnitt nähert, ist doch keine Entwicklung zu erkennen, die zu den Jahrgangsstärken der achtziger Jahre zurückführen würde. In Brandenburg erreichten die Auswirkungen dieser Entwicklung ab 1994 die Kindergärten, ab 1997 die Grundschulen, ab 2003 die Schulen der Sekundarstufe I und treffen aktuell die Gymnasiale Oberstufe und die Beruflichen Schulen. So weit ähnelt die Entwicklung dem, was auch in den anderen Neuen Bundesländern zu beobachten ist.

Kompliziert wird die Entwicklung in Brandenburg dadurch, dass das Land strukturell in zwei Räume zerfällt, die von völlig gegensätzlichen Entwicklungen geprägt sind. Die Landesplanung spricht vom »engeren Verflechtungsraum um die Metropole Berlin« und dem »äußeren Entwicklungsraum« – der Volksmund spricht von »Speckgürtel« und »Peripherie«. Die Gebiete rund um die Bundeshauptstadt Berlin sind dabei von einem unverminderten Zuzug geprägt, der so groß ist, dass die Bevölkerungsentwicklung des Landes Brandenburg entgegen allen allgemeinen Trends in den gesamten neunziger Jahren positiv war. Es handelt sich dabei einerseits um Menschen, die der Großstadt Berlin den Rücken gekehrt haben, um auf dem Land zu wohnen, und andererseits um Bundesbedienstete, die im Zuge des Regierungsumzugs aus Nordrhein-Westfalen zugezogen sind. Hinzu kommen viele andere, die die Verlagerung der Hauptstadtfunktion nach Berlin gezogen hat. In den meisten Fällen aber handelt es sich um junge Familien mit Kindern, so dass Brandenburg das einzige Land im Osten Deutschlands ist, in dem in einem eng umgrenzten Bereich Grundschulen und Kindertagesstätten neu errichtet werden müssen, um der Nachfrage gerecht zu werden. Gleichzeitig müssen auch hier weiterführende Schulen geschlossen werden, denn selbst der Zuzug reicht in der Regel nicht aus, den Geburtenrückgang zu kompensieren.

Ein ganz anderes Bild bieten dagegen die ländlichen Gebiete außerhalb der Metropolenregion. Waldreiche Landschaften von ursprünglicher Schönheit, zahllose Seen und Flüsse, Felder und Weiden fallen dem Betrachter auf, aber kaum Städte nennenswerter Größe, kleine Dörfer, über weite Strecken trifft der Reisende nur sehr dünne Besiedelung. Die Prignitz oder die Uckermark sind durch ihre dünne Besiedelung und die landschaftliche Schönheit über die Grenzen des Landes hinaus bekannt geworden, aber vergleichbare Verhältnisse finden sich auch im Westen oder im Südosten des Landes Brandenburg.

Ein Beispiel soll die Folgen für das Schulwesen illustrieren: Im Südosten Brandenburgs, im Landkreis Dahme-Spreewald, liegen das Amt Lieberose-Oberspreewald und die (Groß-) Gemeinde Märkische Heide. Ihre Fläche umfasst zusammen 621 qkm, ihre Ausdehnung bis zu 30 km – zum Vergleich: die Stadt München hat genau halb soviel Fläche. Dafür wohnen in München mehr als 1,3 Millionen Menschen, während in den beiden Gebietskörperschaften nicht einmal 13 000 Menschen leben – ein Hundertstel. In diesem ganzen Gebiet gibt es eine einzige weiterführende Oberschule und kein Gymnasium. In jedem Jahr reicht die Zahl der Siebtklässler gerade so aus, um zwei siebente Klassen einrichten zu können, damit die Oberschule erhalten bleibt.

Auf eine solche Entwicklung musste das Land durch Eingriffe in das System der vorhandenen Schulen eingreifen. In den neunziger Jahren bestand die Herausforderung vor allem darin, dass für die Kinder, die die Grundschulen im ländlichen Raum besuchen, die Wege nicht zu lang werden durften. Kurze Wege für kurze

Britische Karte des Großdeutschen Reiches im November 1943 mit Standorten der Ordensburgen, Adolf-Hitler-Schulen, Napola-Schulen, Universitäten und Hochschulen

GERMAN UNIVERSITIES, COLLEGES WITH UNIVERSITY RANK AND SPECIAL NAZI SCHOOLS IN "GREATER GERMANY"
(NOVEMBER 1943)

Beine – von diesem Grundsatz sollte möglichst nicht abgewichen werden. Um dem Problem zu begegnen, wurde das Modell »Kleine Grundschule« entwickelt, das – ohne die Dorfschule vergangener Zeiten wieder aufleben zu lassen – u.a. mit jahrgangsübergreifendem Unterricht, Projektunterricht und Freiarbeit eine zeitgemäße Form für eine Grundschule entwickelt, die man buchstäblich »im Dorf lassen kann«.
Die Verhältnisse sind im Vergleich dazu in den weiterführenden Schulen wesentlich komplexer. Um den Unterricht durch Fachlehrkräfte in den notwendigen Fächern sicherzustellen, müssen Schulen der Sekundarstufe I über mindestens zwei Parallelklassen verfügen, sie müssen also zweizügig sein. Bei der Beibehaltung des Systems von Gesamtschulen, Gesamtschulen mit gymnasialer Oberschule, Realschulen und Gymnasien wäre ein flächendeckendes Netz aller Schulformen, die für alle Schülerinnen und Schüler erreichbar sind, nicht mehr aufrecht zu erhalten gewesen. Daher sind im Land Brandenburg Gesamtschulen und Realschulen zu einer neuen Schulform, der Oberschule, zusammengeführt worden. Heute gibt es neben den Oberschulen und Gymnasien nur noch einige wenige Gesamtschulen mit Gymnasialer Oberstufe. Die Umstellung hat dazu beigetragen, ein tragendes Netz von weiterführenden Schulen in Wohnortnähe zu erhalten. Dabei bleibt jedem Schüler und jeder Schülerin der Oberschule der Weg zur Hochschulreife weiterhin offen, nämlich über das Berufliche Gymnasium an den Oberstufenzentren. Wenn die Auswirkungen des Geburteneinbruchs auf die brandenburgische Schullandschaft zu einem Ende gekommen sind, wird es langfristig im Land Brandenburg etwa 450 Grundschulen, 135 Oberschulen, 10 Gesamtschulen mit Gymnasialer Oberstufe und etwa 75 Gymnasien geben.
Die Debatte über die Qualität deutscher Schulen sowie die Fähigkeiten und Kompetenzen der Schulabgänger, die durch internationale Vergleichsstudien wie PISA ausgelöst wurde, hat auch im Land Brandenburg Folgen gehabt. Dabei konnte allerdings darauf zurückgegriffen werden, dass es schon in den neunziger Jahren deutliche Bemühungen gab, innerhalb der Schulaufsicht die qualitative Seite der Schulbildung stärker in den Mittelpunkt zu rücken, zu einer Evaluation schulischer Ergebnisse zu kommen und einen neuen Bildungsansatz zu etablieren. Ein gutes Beispiel hierfür ist der Ausbau von Ganztagsangeboten, der auch eine Reaktion auf die demografische Entwicklung und die länger werdenden Schulwege ist. Solche Angebote gibt es im Land Brandenburg bereits seit 1994. Mit dem Ende des Ausbaus im Jahr 2008 wird es für ein Viertel aller Grundschüler und ein Drittel aller Schülerinnen und Schüler der weiterführenden Schulen ein ganztägiges Angebot an ihrer Schule geben. Dabei steht die Verstärkung sozialen Lernens und die Integration unterschiedlicher Lernformen im Zentrum des Bemühens. Aus diesem Grund wird großer Wert darauf gelegt, dass die Ganztagsangebote in Kooperation mit außerschulischen Partnern aus der Jugendhilfe, der Kultur oder dem Sport entwickelt und gestaltet werden.
In den letzten Jahren ist eine Vielzahl von Reformschritten von der Landespolitik beschlossen und in die Praxis umgesetzt worden. Das beginnt bei der Einführung eines Orientierungsrahmens Schulqualität und der Schulvisitationen, führt über eine Schulzeitverkürzung in den Gymnasien auf zwölf Jahre, die Einführung von Vergleichsarbeiten in verschiedenen Klassenstufen bis zu Abschlussprüfungen für die zehnte Klasse und das Zentralabitur. Es setzt sich auch in der Praxis zunehmend die Erkenntnis durch, dass für den Bildungserfolg nicht die Schule isoliert zuständig sein kann. Bemühungen um einen erfolgreichen Bildungsverlauf müssen das Elternhaus ebenso in den Blick nehmen wie sie Kindertagesstätte und Grundschule vernetzen müssen. Es werden verstärkt Angebote für Kinder mit Entwicklungsdefiziten gemacht – eine verstärkte und gesetzlich geregelte Sprachförderung – ebenso wie für die gezielte Förderung von Hochbegabten, für die im Land Brandenburg an ausgewählten Gymnasien Leistungs- und Begabungsklassen eingerichtet werden. Die Reform der Lehrerausbildung führt zu einer stärkeren Verbindung zwischen der Hochschulausbildung und der schulischen Praxis.
Das Land Brandenburg ist mit der Europäischen Gemeinschaft auf dem Weg zu einem wissensbasierten Wirtschaftsraum. Bildung gewinnt in einem Maß an wirtschaftlicher Bedeutung, wie dies in vergangenen Jahrhunderten kaum vorstellbar war. Diese Entwicklung – Wissen wird zur Basis wirtschaftlicher Entwicklung – vermag auch Standortnachteile rohstoffarmer und landwirtschaftlich karger Landschaften wie dem Land Brandenburg zu kompensieren. Indem das Land Brandenburg und seine Regionen sich zunehmend als Bildungslandschaften verstehen, finden sie ihren Weg in die Zukunft.

Laserexperiment in einem Labor

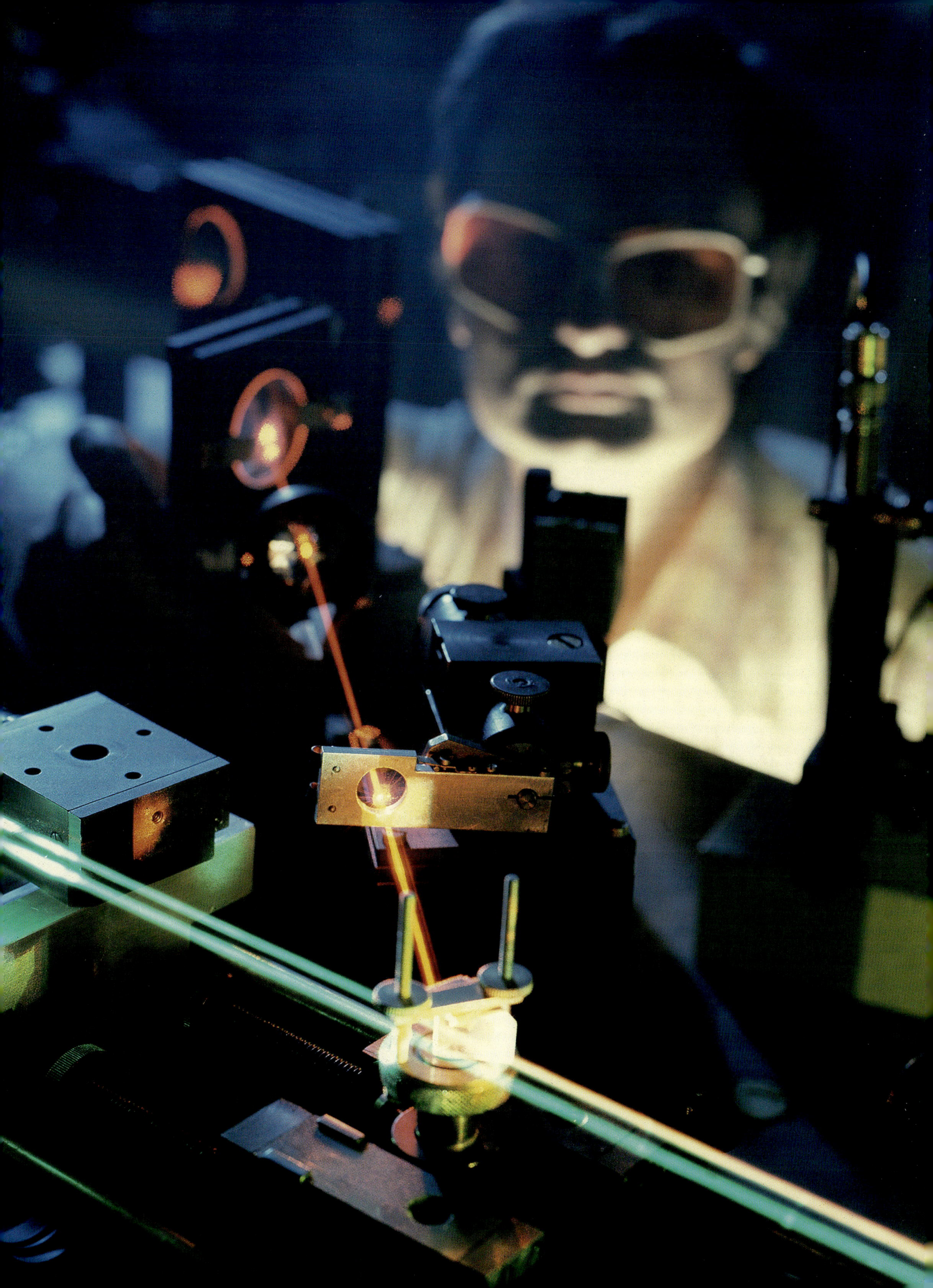

Kultur in Brandenburg

Brigitte Faber-Schmidt und Florian Trott

»Kunst ist das Höchste und Edelste im Leben, denn es ist Schaffen zum Nutzen der Menschheit. Nach ganzen Kräften habe ich dies mein langes Leben hindurch im Reich der Natur geübt«. Mit diesen Worten enden die Tagebuchaufzeichnungen von Hermann Ludwig Heinrich Fürst von Pückler, er starb am 4. Februar 1781. Zu seinen Hinterlassenschaften gehören auch Schloss und Park Branitz bei Cottbus in der Niederlausitz. Mit der Umgestaltung eines vormals völlig ebenen, sandigen Geländes in eine einzigartige Parkidylle hat sich Fürst Pückler den Ruf erarbeitet, einer der bemerkenswertesten deutschen Gartengestalter des 19. Jahrhunderts gewesen zu sein. In einer idyllischen Naturoase, auf verschlungenen Wegen, zwischen Baumgruppen und Pyramiden hindurch, vorbei an Kleinarchitekturen und plastischen Schmuckelementen, kann der Besucher die Genialität des Schöpfers bewundern und sich von ihrer schlichten Natürlichkeit inspirieren lassen.
Der Park Branitz steht heute auf der Denkmalliste des Landes Brandenburg. Alle Anstrengungen zielen darauf hin, die Einzigartigkeit des Landschaftsgartens zu bewahren und nachkommenden Generationen zu erhalten. Der Stellenwert der von Graf Pückler geschaffenen Ensembles lässt sich an der Parkanlage im sächsischen Bad Muskau ablesen, die als UNESCO-Weltkulturerbe anerkannt wurde. Für Branitz dagegen steht dieser Schritt noch aus. So ist es wenig verwunderlich, dass – trotz der internationalen Bedeutung, zu dem das Gartenkunstwerk gelangt ist – Schloss und Park Branitz nach wie vor zu den Geheimtipps der brandenburgischen Kulturlandschaft gehören.
Ganz anders verhält es sich dagegen mit den Schlössern und Parkanlagen in Potsdam, die von der Stiftung Preußische Schlösser und Gärten Berlin-Brandenburg gepflegt und bewahrt werden. Wer kennt nicht Schloss Sanssouci, das kleine, im Rokokostil errichtete Sommerschloss im gleichnamigen Schlosspark in Potsdam? Seit 1990 steht Sanssouci mit seinen Schlössern und dem weitläufigen Schlosspark als Weltkulturerbe unter dem Schutz der UNESCO. Die Organisation begründet dies so: »Schloss und Park von Sanssouci, oft als ‚preußisches Versailles' bezeichnet, sind eine Synthese der Kunstrichtungen des 18. Jahrhunderts in den Städten und Höfen Europas. Das Ensemble ist ein herausragendes Beispiel von Architekturschöpfungen und Landschaftsgestaltungen vor dem geistigen Hintergrund der monarchistischen Staatsidee«.
Allein die »Liste« der Sehenswürdigkeiten im Park Sanssouci scheint endlos zu sein: Angefangen beim Schloss Sanssouci, über das Chinesische Teehaus, Schloss Charlottenhof bis hin zum Neuen Palais. Nicht vergessen werden sollten bei einem Besuch in Potsdam Schloss und Park Babelsberg, die Belvedere auf dem Klausberg und auf dem Pfingstberg oder der Neue Garten mit Marmorpalais und Schloss Cecilienhof.
Die Stiftung Preußische Schlösser und Gärten Berlin-Brandenburg betreut insgesamt über 150 historische Gebäude und mehr als 700 Hektar Park- und Gartenanlagen. Den Kern bilden die Schlösser und Gärten in Potsdam und Berlin. Zur Stiftung gehören aber ebenso kleinere, zum Teil auch weniger bekannte Schlösser und Gärten in Rheinsberg, Caputh, Königs Wusterhausen, Oranienburg und Paretz. Die Museumsschlösser und Schlossmuseen der Stiftung präsentieren die kurfürstlichen und königlichen Sammlungen, höfische Kultur vom 16. bis zum frühen 20. Jahrhundert sowie die Geschichte der Schloss- und Gartenanlagen.
Es ist unumstritten, dass das Land Brandenburg durch das kulturelle Erbe Preußens mit seinen zahlreichen Schlössern, Parks und Gärten geprägt wird. Im Jahr 1992 gründeten das Land Brandenburg und die Deutsche Stiftung Denkmalschutz die Brandenburgische Schlösser GmbH. Aufgabe dieser Einrichtung ist es, bedeutende Schlösser, Herrenhäuser und Parkanlagen des Landes in ihre Obhut zu nehmen und für deren Sicherung und denkmalgerechte Sanierung, Erhaltung und Pflege zu sorgen. In den vergangenen Jahren konnten zahlreiche bedeutende Anlagen wie Blankensee, Fürstlich Drehna, Groß Rietz oder Steinhöfel saniert und zum Teil neuen Nutzungen zugeführt werden.
Darüber hinaus gibt es im Kulturland Brandenburg aber noch zahlreiche andere kulturelle Leuchttürme und verborgene Schätze im märkischen Sand zu entdecken: Rund 350 Museen, Gedenkstätten, etwa 150 öffentliche Bibliotheken, Orchester und Chöre, etwa 26 000 Bodendenkmale und mehr als 11 000 Baudenkmale, ganz zu schweigen von den Kunsthäusern, Kulturzentren, den Stadttheatern und Galerien, den Projekten kultureller Bildung sowie den zahlreichen anderen kulturellen Initiativen.

Der zerbrochene Krug (Neue Bühnen Senftenberg)

Brandenburg verfügt über ein dichtes Netz von Museen – von Regional-, Stadt- und Heimatmuseen über Freilicht-, Mühlen- und Agrarmuseen, Kloster- und Dommuseen, Industrie-, Verkehrs- und Technikmuseen bis hin zu naturgeschichtlichen sowie ur- und frühgeschichtlichen Museen und Sammlungen sowie zahlreichen Spezialmuseen. Der besondere Reiz vieler Museen besteht darin, dass die Besucher den authentischen Ort erleben können. Beispiele dafür sind die Industriemuseen wie das Stahlmuseum in Brandenburg an der Havel, der Ziegeleipark Mildenberg oder der Museumspark Rüdersdorf.

Von den mehr als 350 Museumsstandorten besitzen die Einrichtungen der Städte Potsdam, Frankfurt (Oder), Cottbus und Brandenburg an der Havel eine besondere Vielfalt und Ausstrahlung. In Potsdam ist seit Dezember 2003 im Kutschstall am Neuen Markt das Haus der Brandenburgisch-Preußischen Geschichte dauerhaft geöffnet. Das Haus versteht sich als ein lebendiges Forum für die aktive Beschäftigung mit der Landesgeschichte Brandenburgs. Ziel ist es, die Geschichte Brandenburg-Preußens durch Ausstellungen und Veranstaltungen einem breiten Publikum interessant und anschaulich zu vermitteln. Im Zentrum steht dabei die ständige Ausstellung »Land und Leute. Geschichten aus Brandenburg-Preußen«. Ausgehend davon greifen wechselnde Sonderausstellungen einzelne Facetten, Personen oder weiterführende Themen auf. Damit wirkt das Haus der Brandenburgisch-Preußischen Geschichte vor allem für die Museen und Sammlungen Brandenburgs als »Schaufenster« ins Land und für das Land.

Der Name Babelsberg wurde im 20. Jahrhundert zum Markenzeichen für Filmproduktionen. Die Geschichte dieser jungen Kunst zeigt das Filmmuseum Potsdam, das seit 1981 im Reitpferdestall der Preußenkönige residiert. Bis zur Wende »Filmmuseum der DDR«, steht das Haus seitdem unter der Obhut des Landes Brandenburg. Die Dauerausstellung und wechselnde Ausstellungen entführen Besucher des Marstalls in die Welt des Films, täglich laufen im Kino mehrere Vorstellungen. Die wachsenden Sammlungen zur Babelsberger Filmgeschichte sind eine Fundgrube für Wissenschaftler und Ausstellungsmacher, ein besonderer Schatz: das Erbe der DEFA.

Das Archäologische Landesmuseum präsentiert seit Ende 2007 im ehemaligen Dominikanerkloster Sankt Pauli in der Stadt Brandenburg an der Havel Wissenswertes und Interessantes zur Landesarchäologie und der seit über 50 000 Jahren andauernden Kulturgeschichte Brandenburgs. Dabei wird ein Bogen gespannt von den ersten steinzeitlichen Jägergruppen nach der Eiszeit über die Entwicklung differenzierter sozialer Schichten und Eliten in der Bronzezeit bis hin zur Entstehung der ersten Städte im Mittelalter.

Ein weiterer Leuchtturm ist das Museum für brandenburgische Kirchen- und Kulturgeschichte des Mittelalters in der Bischofsresidenz Burg Ziesar mit seiner Dauerausstellung »Wege in die Himmelsstadt. Bischof-Glaube-Herrschaft 800–1550«. Das Besondere der Ausstellung ist die Burg als zentrales, authentisches Ausstellungsexponat. Mit der Eröffnung dieses Museums im Jahr 2005 wurde eine weithin unbekannte Burganlage erstmals für die Öffentlichkeit zugänglich gemacht. Zu sehen sind viele spektakuläre Funde wie mittelalterliche Fußbodenheizungen oder großflächige Wandmalereien. Sie machen zusammen mit der Burgkapelle, deren Ausmalungen aus der Zeit von 1470 und 1500 erhalten geblieben sind, die Burganlage zu einem einzigartigen Denkmal mittelalterlicher Kirchen- und Kulturgeschichte.

Das 1993 gegründete Dokumentationszentrum Alltagskultur der DDR in Eisenhüttenstadt bewahrt und sichert Objekte des Alltags aus privaten Haushalten, Betrieben und öffentlichen Einrichtungen, die mit dem Ende der DDR fast vollständig verschwunden sind.

Brandenburg zählt zu den Regionen in Deutschland, in denen die Repressions- und Kriegsgeschichte besonders viele Spuren hinterlassen hat. Vor allem gehören hierzu die Anlagen der ehemaligen Konzentrationslager Sachsenhausen und Ravensbrück, die Euthanasie-Tötungsanstalt in Brandenburg an der Havel, die Weltkriegsgedenkstätte Seelower Höhen sowie Überreste zahlreicher Lager und Gefängnisse aus der Zeit der Sowjetischen Besatzungszone und der DDR. 1993 wurde die Stiftung Brandenburgische Gedenkstätten gegründet, die die noch vorhandene bauliche Substanz sowie historische Relikte der ehemaligen Konzentrationslager erhält. Zudem regt die Stiftung durch Ausstellungen, Veranstaltungen, wissenschaftliche Forschungen, Publikationen und museumspädagogische Arbeit zur Auseinandersetzung mit der nationalsozialistischen Geschichte an. Die Einrichtungen mit den authentischen Orten ermöglichen einen spezifischen Zugang zur Geschichte und verstehen sich als offene Lernorte, von denen wichtige Impulse für eine demokratische und tolerante Gesellschaft ausgehen.

90 Kilometer nördlich von Berlin, nicht weit von der Mecklenburgischen Seenplatte entfernt, liegt Rheinsberg. Von Wasser und Wald umgeben, zieht die kleine Stadt im Ruppiner Land viele Touristen, Wassersportler und Kulturinteressierte an. Kronprinz Friedrich, der spätere Friedrich der Große, schuf sich mit Schloss Rheinsberg einen Musenhof. Als er den preußischen Thron bestieg, schenkte er die Rheinsberger Schlossanlage seinem Bruder Heinrich. Der Prinz wohnte über 50 Jahre dort, gab dem Garten einen vollkommen neuen Charakter und ließ am Kavalierhaus ein Schlosstheater errichten. Seit 1991 erfüllt die Kammeroper Schloss Rheinsberg den alten Musenhof mit neuem Leben, indem alljährlich an diesem historischen Ort das Interna-

Park Branitz – Grabtumulus für Hermann Fürst von Pückler

tionale Opernfestival junger Sänger durchgeführt wird. Rheinsberg ist damit zur Festivalstadt geworden und seitdem Gastgeber für die Weltelite des Sängernachwuchses. Ebenfalls seit 1991 ist eine zweite wichtige Kulturinstitution dort beheimatet, die Musikakademie Rheinsberg, die ihren Sitz im Kavalierhaus hat. Die Musikakademie Rheinsberg ist eine Arbeits-, Fortbildungs- und Begegnungsstätte für professionelle und Laienmusiker. Sie musizieren das ganze Jahr hindurch in Proberäumen, geben Konzerte im Spiegelsaal des Schlosses sowie im Schlosstheater und erfüllen das historische Kavalierhaus mit ihrer Musik.
Musik und Tanz, Schauspiel und Oper haben eine lange Tradition in den Residenzen der Hohenzollern. Musik an historischen Orten, das ist das Markenzeichen der Musikfestspiele Potsdam Sanssouci. Herausragende Künstler aus aller Welt sind jedes Jahr zu Gast in Potsdam und Sanssouci, um die musischen Traditionen fortzusetzen und die Räume der Park- und Schlossanlagen in Potsdam mit dem Klang der Instrumente, des gesprochenen und gesungenen Wortes zu erfüllen. Neben den Musikfestspielen Potsdam Sanssouci finden im ganzen Land Brandenburg alljährlich Musikfeste statt, die Kultur- und Naturgenuss auf einmalige Weise miteinander verbinden. Eines der bekanntesten Beispiele ist sicherlich der Choriner Musiksommer. Insgesamt gibt es über 60 verschiedene Festivals und Veranstaltungsreihen, die sich unter dem Namen »Kulturfeste im Land Brandenburg« zusammengeschlossen haben.
Eine wesentliche Stütze für die Bereiche Musik und Theater des kulturellen Lebens in Brandenburg stellt der Theater- und Orchesterverbund dar, über den es gelingt, in den drei kreisfreien Städten Brandenburg an der Havel, Frankfurt (Oder) und Potsdam ein überzeugendes Theater- und Konzertangebot für die Region zu realisieren. Zu dem Verbund gehören die Ensembles des Hans-Otto-Theaters in Potsdam und des Brandenburger Theaters sowie die Brandenburger Symphoniker und das Staatsorchester Frankfurt (Oder).
In der Landeshauptstadt Potsdam wird für Konzerte schwerpunktmäßig der Nikolaisaal, ein modernes Konzert- und Veranstaltungshaus, genutzt. Als Hausorchester steht dem Nikolaisaal zudem die Kammerakademie

Potsdam, ein Zusammenschluss des jungen Persius Ensembles mit dem Ensemble Oriol, zur Verfügung. In Frankfurt (Oder) finden Konzerte und Theateraufführungen im Kleist Forum Frankfurt statt.
Einen hohen Stellenwert in der Orchesterlandschaft nimmt zudem das Filmorchester Babelsberg ein, das sich mit der bundesweit einmaligen Pflege der Filmmusik, speziell in Live-Aufführungen, internationale Anerkennung erworben hat.
Das Staatstheater Cottbus, beheimatet in einem Jugendstilbauwerk, ist aufgrund seines hohen künstlerischen Anspruchs ein überregional beachtetes und anerkanntes Schauspielhaus. In der Landeshauptstadt Potsdam konnte im Jahr 2006 ein neues Theaterhaus nach den Plänen des Architekten Prof. Gottfried Böhm am Kulturstandort Schiffbauergasse am Tiefen See eröffnet werden. Damit hat das Hans-Otto-Theater Potsdam nach vielen Jahren der Zwischenlösungen und Provisorien eine neue Heimat gefunden. Vom Brandenburger Theater in der Stadt Brandenburg wird die Musiktheatersparte gepflegt. Festes Hausorchester sind die Brandenburger Symphoniker. Die Uckermärkischen Bühnen Schwedt unterhalten seit vielen Jahren einen intensiven Austausch mit polnischen Partnern und sind überaus erfolgreich mit einem Programm für ein breites Publikum. Die Neue Bühne Senftenberg arbeitet seit 1993 als Schauspieltheater vornehmlich für Kinder und Jugendliche. Das Theater ist ein Kulturzentrum für ein Generationen übergreifendes Publikum in der Region Lausitz. Die Landeshauptstadt Potsdam verfügt mit der fabrik Potsdam zudem über ein internationales Zentrum für Tanz und Bewegungskunst. fabrik Potsdam ist ein Haus für professionelle Tänzer und Tanzkompanien und gleichzeitig ein Haus für alle, die Tanz sehen, verstehen und ausprobieren wollen. Mit den Potsdamer Tanztagen realisiert die fabrik Potsdam alljährlich ein internationales Tanzfestival, das weit über die Grenzen des Landes Brandenburg hinaus strahlt. Das Angebot der Darstellenden Kunst in der Region wird durch die verschiedenen Freien Theater mit unterschiedlichem Profil bereichert. So zum Beispiel durch das international gastierende und anerkannte Wandertheater »Ton und Kirschen«, das seine Wurzeln in der Comedia dell'Arte hat. Zu den kontinuierlich arbeitenden Freien Theatern gehören auch das Theater des Lachens in Frankfurt (Oder), das event-theater in Brandenburg an der Havel, das piccolo-Theater in Cottbus, das Theater 89 mit seiner brandenburgischen Spielstätte »Das Haus« sowie die an der Schiffbauergasse in Potsdam ansässigen Theater »Havarie« und »deGater'87«.
Zahlreiche literarische Gedenkstätten belegen eindrucksvoll die »märkische Dichterlandschaft« mit ihren bedeutenden Literaten. Erwähnt seien hier das Kleist-Museum in Frankfurt (Oder) und das Theodor-Fontane-Archiv in Potsdam – beide Gedenkstätten wurden in das Blaubuch der Bundesregierung aufgenommen. Das Kleist-Museum, das über die derzeit umfangreichste Kleist-Sammlung verfügt, bewahrt, sammelt, erschließt und erforscht Leben, Werk und Wirkung von Heinrich von Kleist. Dem Werk Theodor Fontanes widmet sich das gleichnamige Archiv, das seinen Sitz in Potsdam hat. Hier werden Handschriften, Dokumente, Realien und andere Zeugnisse seiner Zeit gesammelt, bewahrt und erschlossen. Die Bestände des Fontane-Archivs umfassen derzeit rund 18 000 Originalhandschriften Fontanes und seines Umkreises. Weitere bedeutende Einrichtungen im Bereich der Literatur sind das Brecht-Weigel-Haus in Buckow, das Gerhard-Hauptmann-Museum in Erkner, das Kurt-Tucholsky-Museum in Rheinsberg sowie das Brandenburgische Literaturbüro. Eine besondere Stellung nimmt das etwa 80 Kilometer südlich von Berlin gelegene Schloss Wiepersdorf ein. Als ehemaliger Wohnsitz von Ludwig Achim und Bettina von Arnim, dem bedeutenden Dichterpaar der Romantik, hat es eine lange Tradition als Ort des geistigen Austauschs. Bei der Arbeit des Künstlerhauses Schloss Wiepersdorf stehen drei Aspekte im Mittelpunkt: bewahren, fördern und vermitteln. Das Von-Arnim-Museum erinnert an das Dichterpaar Achim und Bettina von Arnim und dokumentiert zugleich die Geschichte des Hauses. In dem traditionsreichen Künstlerhaus werden Arbeitsaufenthalte für Künstlerinnen und Künstler aller Disziplinen aus dem In- und Ausland mit Stipendien gefördert.
Archive sind das Gedächtnis unserer Gesellschaft. Sie bewahren umfangreiche Zeugnisse der brandenburgischen Geschichte und sind damit zugleich Quellen für das Verständnis der Gegenwart. Etwa 80 hauptamtliche Kreis-, Stadt- und Gemeindearchive bewahren, sammeln und erschließen die Überlieferungen der Region. Das Brandenburgische Landeshauptarchiv ist das zentrale Archiv des Landes und wirkt durch zahlreiche Ausstellungen, Tagungen und Veröffentlichungen zu landesgeschichtlichen Themen als bedeutsame wissenschaftliche Stätte landesgeschichtlicher Forschung.
In Brandenburg versorgen rund 150 öffentliche Bibliotheken die Bevölkerung mit Wissen, Bildung und Information. Im ländlichen Raum sind Fahrbibliotheken im Einsatz, die den dortigen Bewohnern kostenlosen und leichten Zugang zu Büchern und anderen Medien ermöglichen. In Potsdam nimmt die Stadt- und Landesbi-

Gräfin Wilhelmine von Lichtenau (Wilhelmine Enke),
Geliebte König Friedrich Wilhelms II. von Preußen (Gemälde von Anna Dorothea Therbusch)

bliothek die landesbibliothekarischen Aufgaben für das Land Brandenburg wahr. Dazu gehört neben der Sammlung und Erschließung der Literatur aus dem und über das Land auch die Herausgabe der brandenburgischen Bibliografie. Der Bestand der Stadt- und Landesbibliothek umfasst das älteste gedruckte Buch in Brandenburg, zahlreiche wertvolle und seltene Ausgaben ab dem 16. Jahrhundert sowie bedeutende Nachlässe und Sammlungen wie die Gottfried-Benn-Sammlung.

In Brandenburg ist eine innovative und lebendige Kunstszene beheimatet. Bildende Künstler aus den Sparten Malerei, Fotografie, Installation, Konzept- und Medienkunst arbeiten hier – zum Großteil auch in Wechselwirkung mit Berlin. Der jährlich stattfindende »Tag des offenen Ateliers« oder die Produzentenmesse »Art Brandenburg« sind wichtige Foren für Kunst, Künstler und Kunstfreunde. Eine wichtige Rolle in der brandenburgischen Kunstszene spielen die verschiedenen Künstlerverbände wie der Brandenburgische Verband Bildender Künstler e.V. oder der Brandenburgische Kunstverein Potsdam e.V. Viele Künstler arbeiten und wirken in den ländlichen Regionen, wichtige Initiativen sind in diesem Zusammenhang LandKunstLeben in Steinhöfel, Kunstpflug in Baitz sowie das Kunsthaus Strodehne. Zu den herausragenden Institutionen für Bildende Kunst zählen das Kunstmuseum Dieselkraftwerk Cottbus, das Kunstarchiv Beeskow sowie das Museum Junge Kunst in Frankfurt (Oder).

Das Kunstmuseum Dieselkraftwerk geht auf eine Institutsgründung der DDR aus dem Jahr 1977 zurück, damals unter dem Namen »Galerie Kunstsammlung Cottbus«. Die Einrichtung kann auf eine wechselvolle Geschichte mit unterschiedlichen Namensgebungen zurückblicken. Seit dem Jahr 2006 führt die Institution nun im Hinblick auf die neue Wirkungsstätte, die das Haus im Jahr 2008 beziehen wird, den Namen Kunstmuseum Dieselkraftwerk Cottbus. Das Haus beherbergt – angefangen beim Dresdner Expressionismus bis zur jüngsten Vergangenheit – Werke aus den Gattungen Malerei, Skulptur, Grafik, Fotografie und Plakat. Das Museum Junge Kunst Frankfurt (Oder) besitzt eine große Sammlung von Kunst aus dem Osten Deutschlands. Insgesamt umfasst die Sammlung 11 000 Exponate der Malerei, Plastik, Objekten, Aquarellen, Handzeichnungen und Druckgrafiken.

Das Kunstarchiv Beeskow ist keine museal aufbereitete Sammlung zur DDR-Kunst. Vielmehr bewahren die Länder Berlin, Mecklenburg-Vorpommern und Brandenburg dort die in ihrem Besitz befindlichen Auftragskunstwerke und Sammlungen der Parteien, Massenorganisationen und Staatsorgane der DDR in einem Depot auf. Das Kunstarchiv Beeskow fasst rund 23 000 Werke. Sie werden wissenschaftlich erschlossen und der Öffentlichkeit zur Information und Erforschung bereitgestellt.

Kulturelle Bildung orientiert sich an Kunst. Sie versteht Kunst als eine spezifische Wahrnehmung, Aneignung und Gestaltung gesellschaftlicher Wirklichkeit. Kinder und Jugendliche werden durch kulturpädagogische Angebote bei ihren Fragen, Vorstellungen und Ausdrucksbedürfnissen begleitet.

Kreativität, Eigenverantwortlichkeit und Selbstorganisation bilden die Grundlage, um Kultur an Kinder, Jugendliche und junge Erwachsene, zunehmend auch an Erwachsene, zu vermitteln. Getragen wird dies von einem Basis orientierten und weit verzweigten Netz soziokultureller und kulturpädagogischer Einrichtungen, die überwiegend von freien Trägern geprägt ist. Wichtige Netzwerke sind hier die Landesarbeitsgemeinschaft Sozio-Kultur und die Landesarbeitsgemeinschaft der Jugendkunstschulen und kulturpädagogischer Einrichtungen in Brandenburg.

Brandenburg verfügt über ein reiches kulturelles Erbe und eine große kulturelle Vielfalt. Vielen Bewohnern und Besuchern der Region ist dieser Reichtum jedoch nicht bewusst. Deshalb entstand Ende der 1990er Jahre die Idee, Ereignisse der Landesgeschichte oder aktuelle Themenfelder zum Ausgangspunkt für gemeinsam ausgerichtete kulturelle Veranstaltungen im ganzen Land zu nehmen. Das Ministerium für Wissenschaft, Forschung und Kultur entwickelte als Initiator dieser Themenjahre die Wortmarke »Kulturland Brandenburg«, unter der die verschiedenen Aktivitäten koordiniert und gemeinsam beworben werden. Seit dem Jahr 2002 obliegt die Konzeption und Organisation der Themenjahre dem gleichnamigen Verein Kulturland Brandenburg e.V.

Die Bandbreite der bisherigen Themen reicht von »Fontane« im Jahr 1998 über die »Stationen der Industriekultur« im Jahr 2000 und »300 Jahre Preußen« 2001 bis hin zu den Themen »Landschaft und Gärten« (2004), »Der Himmel auf Erden. 1000 Jahre Christentum in Brandenburg« (2005), »Baukultur« (2006) und »Fokus Wasser« (2007). Kulturland Brandenburg verfolgt den Ansatz, jedes Jahr nicht nur Leuchttürme erstrahlen zu lassen, sondern auch verborgene Schätz im märkischen Sand zu heben und lädt somit die Bewohner und Besucher der Region dazu ein, das Land aus den unterschiedlichsten Blickwinkeln immer wieder neu zu entdecken und zu erleben.

Auftaktveranstaltung von Kulturland Brandenburg 2004 im Tagebau Meuro, Großräschen, mit den Stelzern

Bauwerke und Kunstdenkmäler des Landes Brandenburg

Elvira Kühn und Michael Scherf

Kunst und Kultur im Land Brandenburg sind untrennbar mit der Geschichte Preußens und dem Haus Hohenzollern verbunden. Der Reichtum an Schlössern, Parks und Gartenanlagen, den die brandenburgischen Kurfürsten, die preußischen Könige und zuletzt die deutschen Kaiser seit dem 17. Jahrhundert bis zum Ende der Monarchie 1918 hinterlassen haben, stellt kunstgeschichtlich ein einmaliges Ensemble und einen Höhepunkt in der höfischen Bau- und Ausstattungskunst Europas vom Barock bis in die Anfänge des 20. Jahrhunderts dar. Unter diesen künstlerischen Hinterlassenschaften sind es vor allem die Königsschlösser Friedrichs des Großen oder des Italienliebhabers Friedrich Wilhelm IV., die das kulturelle und künstlerische Bild Brandenburgs in der Öffentlichkeit prägen. Aber die Rolle Brandenburgs als eigenständige Kulturlandschaft beginnt bereits viel früher und reicht bis in die Zeit des mittelalterlichen Herrschergeschlechts der Askanier zurück. Besondere Bedeutung kommt dabei Albrecht dem Bären zu, der sich von 1157 an »Markgraf von Brandenburg« nannte. Seine Nachfolger vergrößerten Brandenburg durch die Uckermark, den Barnim und Teltow, Stargard, Lebus, einen Teil der späteren Neumark und die Oberlausitz. 1231 übertrug ihnen Staufer-Kaiser Friedrich II. die Lehnshoheit über Pommern. Die Kolonisationstätigkeit erreichte ihren Höhepunkt; die Zisterzienser gründeten die Klöster Zinna (1170), Lehnin (1180) und Chorin (1272), es entstanden die Städte Stendal (1160), Brandenburg (um 1170), Spandau (1232), Cölln (zuerst genannt 1237), Berlin und Frankfurt an der Oder (1253).
Das 12. Jahrhundert stellt dabei eine erste Blüte der brandenburgischen sakralen Baukunst dar. Die wichtigsen Bauwerke, die in dieser Zeit entstanden, sind die Dome zu Brandenburg und Havelberg.
1165 wurde in Brandenburg auf der von der Havel gebildeten Dominsel der Grundstein für den Dom St. Peter und Paul gelegt, nachdem das bisher in der Siedlung existierende Prämonstratenserkonvent zum Domkapitel erhoben worden war. Von der ursprünglichen kreuzförmigen Saalkirche haben sich die Grundmauern des Chores und einige Teile des nördlichen Querschiffes erhalten. Der zu einer romanischen Basilika erweiterte Bau erhielt ab dem 15. Jahrhundert eine gotische Überformung. Das Mittelschiff wurde erhöht und gewölbt, ebenso die Seitenschiffe, die neue Außenmauern und gotische Maßwerk-Fenster erhielten. Zu der reichen mittelalterlichen Ausstattung zählt der etwa um 1375 entstandene »Böhmische Altar« und ein Kruzifix aus der Mitte des 13. Jahrhunderts.
In Havelberg, damals noch zur Mark gehörend, wurde 1170 der neu errichtete romanische Dombau St. Marien in Form einer flach gedeckten, aus Bruchsteinen erbauten dreischiffigen Basilika mit mächtigem, im 13. Jahrhundert erweiterten Westwerk geweiht. Ein Brand im Jahre 1279 zerstörte wesentliche Teile des Domes. Unter Ausnutzung der vorhandenen romanischen Bauteile wurde die Basilika wieder aufgebaut, wobei als »modernes« Baumaterial Backstein zur Verwendung kam. Hierbei vergrößerte man die Fenster im nördlichen und südlichen Seitenschiff. Das Mittelschiff wurde erhöht, um große gotische Obergadenfenster einsetzen zu können und anschließend mit Kreuzrippen gewölbt. Berühmt ist der Dom für seinen plastisch geschmückten Lettner. Die Triumphkreuzgruppe aus dem 13. Jahrhundert gehört zu den künstlerisch bedeutendsten Leistungen in der Mark Brandenburg.
Vor allem der 1098 in Frankreich gegründete Orden der Zisterzienser hat Brandenburg im Laufe des Mittelalters kulturell geprägt. Im Jahre 1171 gründete der Magdeburger Erzbischof Wichmann das Zisterzienserkloster Zinna bei Jüterbog, dessen frühgotische Pfeilerbasilika auf kreuzförmigem Grundriss um 1220 entstand. Das Baumaterial bestand hier nicht aus Backstein, sondern aus Granitquadern. Im 15. Jahrhundert erhielt das Langhaus eine gewölbte Decke. Erhalten haben sich neben der Kirche unter anderem die Alte und die Neue Abtei, das Siechenhaus und gotische Wandmalereien in der Abtskapelle. Zinna, damals noch nicht zur Mark Brandenburg gehörend, war eine Art »Initialzündung«, dem die Abteien von Lehnin, Chorin und Neuzelle folgen sollten.

Lehnin war die erste Zisterze in der Mark Brandenburg. Gestiftet wurde es als Hauskloster und Grablege der Askanier im Jahre 1180 von Markgraf Otto I. Die frühgotische, kreuzförmige Pfeilerbasilika mit Apsis, rechteckigen Seitenkapellen und einer repräsentativen Westfassade entstand bis 1270 und stellt eines der ältesten Denkmale Brandenburger Backsteinkunst dar. Das 1542 säkularisierte Kloster beherbergt heute das Luise-Henrietten-Stift der Evangelischen Landeskirche Berlin–Brandenburg.
Der Höhepunkt monastischer Baukunst in Brandenburg ist jedoch Chorin. Lehnin lieferte das Vorbild für den Grundriss, der hier in gotische Formensprache übersetzt wurde.
Der ursprüngliche Standort des Klosters war eine Insel im Parsteiner See. Die Markgrafen Johann I. und Otto III. gründeten es 1258 dort unter dem Namen Mariensee. Aus unbekannten Gründen wurden die Bauarbeiten an Kirche und Klostergebäuden eingestellt und das Kloster zwischen 1270 und 1273 nach Chorin verlegt. Hier entstand nun die Klosterkirche als dreischiffige Pfeilerbasilika mit Querschiff, polygonal geschlossenem Chor und zwei rechteckigen Kapellen an beiden Seiten des Querschiffes. Im Zuge der Säkularisierung gelangte das Kloster 1542 in den Besitz des Kurfürsten Joachim II. Während des Dreißigjährigen Krieges beschädigt, war es ab dem 17. Jahrhundert dem Verfall preisgegeben. Im frühen 19. Jahrhundert führte die Wiederentdeckung der Ruine als künstlerisch überragendes Zeugnis einer frühen gotischen Backsteinarchitektur im norddeutschen Raum zu ihrer Sicherung und ihrem teilweisen Wiederaufbau. Eine besondere Bedeutung kommt der Choriner Westfassade zu. Sie diente als Vorbild für die in der Folgezeit auch in der Profanarchitektur Brandenburgs entstandenen charakteristischen Schmuck- und Schaugiebel an zahlreichen Rathäusern und Stadttoren.
Eine Besonderheit stellt das ehemalige Zisterzienserkloster Neuzelle dar. Der als Backsteingotik ausgeführte Klosterkomplex entstand in den Jahren 1300 bis 1330 mit einer dreischiffigen Hallenkirche, dem bedeutendsten Kirchenbau der Niederlausitz. Das Kloster, bis 1815 zu Sachsen gehörend, blieb auch nach der Reformation katholisch und wurde erst 1817 vom preußischen König Friedrich Wilhelm III. aufgehoben. Im Dreißigjährigen Krieg stark beschädigt, erfuhr die Kirche im 17. und 18. Jahrhundert eine Umgestaltung im Stil des sächsisch-böhmischen Barocks.
Das im Laufe der zweiten Hälfte des 13. Jahrhunderts stetig steigende Selbstbewusstsein der Städte gegenüber der bischöflichen Macht manifestierte sich in immer prächtigerer Architektur und Ausgestaltung der Pfarrkirchen. Wie in anderen Regionen auch, vollzog sich vor allem beim Bau der Gotteshäuser die Abkehr von der mehrschiffigen Basilika mit überhöhtem Mittelschiff hin zum Hallenbau, bei dem alle Kirchenschiffe die gleiche Höhe aufweisen. Dabei entstanden Bauten ohne, später auch mit Umgangschor, wobei sich wieder eine deutliche Anlehnung an die Kathedralbaukunst erkennen lässt. Ein solcher Hallenbau war die später veränderte Marienkirche in Prenzlau, deren Zweiturmfassade noch aus der Erbauungszeit des 13. Jahrhunderts stammt und deren Neubau im 14. Jahrhundert die Kirche um ihren berühmten, aufwendig mit Maßwerk verzierten Ostgiebel bereicherte.
Zu den herausragenden Beispielen für Hallenkirchen mit Umgangschor gehört die Marienkirche in Frankfurt an der Oder, deren Umgangschor bis 1367 entstand. Die Kirche, deren Doppelturmfront um 1450 um vier Geschosse erhöht wurde, gehört zu den größten der norddeutschen Backsteingotik. Einzigartig sind die drei großen Bleiglasfenster, deren Entstehung auf die Zeit zwischen 1360 und 1370 datiert wird. Sie gelten als einmaliges Zeugnis gotischer Glasmalerei und berichten als Bilderbibel von der Schöpfungsgeschichte, vom Leben Adams und Evas, dem Bau der Arche Noah, dem Leben Christi und der Antichristlegende. Die Fenster wurden nach dem Zweiten Weltkrieg als Beutekunst in die Sowjetunion gebracht und sind nach ihrer Rückgabe und Restaurierung nun wieder an ihren ursprünglichen Platz zurückgekehrt.
Zu den bedeutenden Werken der Backsteingotik, die sich wieder verfeinerten Dekorationsformen zuwendet, gehört die Katharinenkirche in Brandenburg an der Havel. Die in den Jahren 1395 bis 1401 erbaute dreischiffige Hallenkirche mit Chorumgang und Kapellenkranz gilt als das Hauptwerk des Stettiner Baumeisters Heinrich Brunsberg. Sie verfügt mit dem Flügelaltar von 1474, dem Hedwigsaltar aus dem Jahr 1457, einem Taufbecken von 1440 und anderem über eine reiche Innenausstattung.
Das Erstarken der Städte im Spätmittelalter führte gleichermaßen zur Blüte der Profanarchitektur. Rathäuser, Kaufhäuser und Tortürme traten seit dem 14. Jahrhundert immer stärker als herausragende und weithin sichtbare Manifestationen bürgerlichen Machtbewusstseins in Erscheinung. Von besonderer Pracht ist das Rathaus in Frankfurt an der Oder, das im Kern noch aus dem 13. Jahrhundert stammt und mit seinen Schmuckgiebeln eindringlich städtisches Selbstbewusstsein demonstriert. Dass die Formensprache des Rat-

Marienkirche in Frankfurt an der Oder, ein herausragendes Beispiel für Hallenkirchen mit Umgangschor; sie zählt zu den größten der norddeutschen Backsteingotik.

KKH

hauses auch noch in späterer Zeit zu überzeugen wusste, zeigt die behutsame Ergänzung der gotischen Giebelelemente, die der italienische Baumeister Thaddäus Piglion zu Anfang des 17. Jahrhunderts unter respektvoller Bewahrung der überkommenen Bauteile vornahm. Als weitere Beispiele seien noch das spätmittelalterliche Rathaus von Jüterbog genannt und das altstädtische Rathaus in Brandenburg an der Havel.

Mit den Hohenzollern, die seit 1415 als Kurfürsten und Könige in Brandenburg herrschten, trat eine Dynastie ins Rampenlicht der Geschichte, die das Erscheinungsbild des Landes bis ins 20. Jahrhundert hinein prägen sollte. Ihre Schlösser in Berlin, Potsdam und der Mark Brandenburg dokumentieren eine fast vierhundertjährige Tradition höfischer Kultur. In diesem Zeitraum ließen sich zahlreiche brandenburgisch-preußische Herrscher ihre Residenzen von den besten Architekten und Künstlern ihrer Zeit mit repräsentativen Schloss- und Gartenanlagen schmücken. Am Anfang stand die Grundsteinlegung für das Jagdschloss Grunewald 1542, die Fertigstellung des Schlosses Cecilienhof im Potsdam im Jahre 1917 markiert das Ende der Bautätigkeiten. Die Reihe der fürstlichen Bauherren reicht von Joachim II. und den Großen Kurfürsten über Friedrich den Großen und Friedrich Wilhelm IV. bis zu Wilhelm II., dem letzten deutschen Kaiser. Die jeweiligen Herrscher ließen sich Schlösser im Stil der Zeit oder nach eigenem Geschmack errichten oder gestalteten vorhandene Bauten nach ihren Bedürfnissen um. Unter den Architekten fanden sich herausragende Köpfe wie Johann Arnold Nering, Georg Wenzeslaus von Knobelsdorff, Johann Gottfried Büring, Carl von Gontard, Carl Gotthard Langhans, Karl Friedrich Schinkel und Ludwig Persius. Männer wie Siméon Godeau, Johann August Eyserbeck und Peter Joseph Lenné wirkten als Gartengestalter. Der Schwerpunkt der Bautätigkeiten lag zunächst in der Mark Brandenburg, später in Berlin und schließlich in Potsdam, das sich Friedrich der Große als Residenz wählte und wo im 19. Jahrhundert durch das Wirken Friedrich Wilhelms IV. und Peter Joseph Lennés jene Kulturlandschaft entstand, die 1990 in die Welterbeliste aufgenommen wurde.

Der Ausbau Berlins zur Residenz erfuhr seinen ersten Höhepunkt mit dem Bau des Berliner Schlosses in den Jahren zwischen 1443 und 1458 unter Kurfürst Friedrich II. Es wurde im Weiteren ständig erweitert und von Andreas Schlüter schließlich zum repräsentativen Barockbau umgestaltet. Nach den Zerstörungen im Zweiten Weltkrieg ließ es die DDR-Führung 1951 abtragen. So zeugen heute in Berlin vor allem das Jagdschloss Grunewald, das trotz barocker Überformungen ein seltenes Zeugnis der Berliner Frührenaissance geblieben ist, und das Schloss Charlottenburg vom Kunstsinn der Hohenzollern.

Der weitaus größere Teil des von ihnen hinterlassenen Kulturerbes findet sich heute im Land Brandenburg. Schloss Oranienburg etwa ist das älteste Barockschloss der Mark. Der Große Kurfürst Friedrich Wilhelm hatte 1650 seiner ersten Gemahlin Louise Henriette von Nassau-Oranien das Amt Bötzow übereignet. Sie ließ sich hier bis 1655 vom Baumeister Johann Gregor Memhardt ein Schloss nach dem Vorbild des niederländischen Klassizismus erbauen. Noch vor Fertigstellung des Hauses gab der Kurfürst dem Schloss den Namen Oranienburg. Wenig später übernahm auch die Stadt diesen Namen. Louise Henriettes Sohn, der Kurfürst Friedrich III. und spätere König Friedrich I., ließ das Schloss durch seine Baumeister Johann Arnold Nering und Johann Friedrich Eosander von 1689 bis 1711 umgestalten und durch zusätzliche Flügel und Pavillons beträchtlich vergrößern. Er schuf eine grandiose, vom italienischen und französischen Barock beeinflusste Anlage. Mit seinem Tod 1713 begann der Verfall des Schlosses.

1802 wurde das Schloss durch das königliche Hofmarschallamt veräußert und im 19. und 20. Jahrhundert mehrfach umgenutzt. Es beherbergte eine Baumwollmanufaktur und eine chemische Fabrik, diente als Lehrerseminar, Polizeischule und als Kaserne. Im Zweiten Weltkrieg erlitt das Schloss starke Schäden. Die 1948 begonnenen Aufbauarbeiten beschränkten sich auf die Wiederherstellung des Außenbaues. In den Jahren 1997 bis 1999 wurde das Gebäude grundlegend saniert und restauriert. Die Stadtverwaltung von Oranienburg und ein Kreismuseum nutzen heute den größten Teil des Schlosses. Im Nordwestflügel und im Mittelbau ist seit 2001 ein Schlossmuseum eingerichtet.

Nur wenig später entstand im Auftrag des Großen Kurfürsten mit Schloss Caputh ein weiterer, wenn auch wesentlich kleinerer Schlossbau, unweit Potsdams gelegen, das im Laufe des 17. Jahrhunderts zur zweiten kurfürstlichen Residenz neben Berlin avancierte. Wie in den rheinischen Ländereien Brandenburgs um Kleve sollte die Potsdamer Umgebung nach dem Willen Friedrich Wilhelms zu einer durch Sichtachsen und Alleen verbundenen Kulturlandschaft umgestaltet werden. An den Enden dieser Achsen entstanden von Gärten umgebene Lustschlösser, von denen Caputh als einziges aus dieser Zeit erhalten geblieben ist. 1671 schenkte der Kurfürst das vorhandene Landhaus seiner zweiten Gemahlin Dorothea, die es zu einer fürstlichen Sommerresidenz erweiterte. Kurfürst Friedrich III., Sohn und Nachfolger des Großen Kurfürsten, machte Caputh seiner zweiten Gemahlin Sophie Charlotte zum Geschenk, die sich jedoch mit dem Schloss Lietzenburg, dem heutigen Schloss Charlottenburg, ein neues Domizil nahe Berlin schuf. Caputh wurde nun zu einem favorisierten Aufenthaltsort des Kurfürsten, der es 1709, mittlerweile zum König avanciert, zum Schauplatz des berühmten Dreikönigstreffens machte, an dem neben ihm der polnische König und sächsische Kurfürst August der

Außenansicht des Jagdschlosses Grunewald (Grundsteinlegung 1542)

Starke sowie der dänische König Friedrich IV. teilnahmen. Diese glanzvolle Ära endete 1713 mit dem Tod Friedrichs. Sein Sohn, der »Soldatenkönig« Friedrich Wilhelm I., nutzte Caputh für gelegentliche Jagdaufenthalte und bereicherte das Schloss um 1720 durch den mit blau-weißen holländischen Fayencefliesen verkleideten Fliesensaal. 1820 wurde das Schloss an die Familie von Thümen verkauft, die das barocke Gartenparterre von Peter Joseph Lenné zu einem Landschaftsgarten umgestalten ließen.

Nach dem Tod Friedrichs I. kam sein Sohn Friedrich Wilhelm I. in den Besitz der Königswürde. Zu den Lieblingsresidenzen des »Soldatenkönigs« zählte das Schloss Königs Wusterhausen, das ihm sein Vater bereits 1698 geschenkt hatte. Nach seiner Thronbesteigung 1713 ließ der König das in seinen Ursprüngen aus dem 16. Jahrhundert stammende Schloss um zwei Kavalierhäuser erweitern. Friedrich Wilhelm verbrachte alljährlich die Sommermonate mit seiner Gemahlin Sophia Dorothea und seinen zehn Kindern in Königs Wusterhausen. Der König, der höfischem Prunk abgeneigt war, hielt hier sparsam Hof, pflegte einen beinahe bürgerlichen Lebensstil, der in dem täglich abgehaltenen Ritual des legendären Tabakskollegiums gipfelte.

Das kleine Jagdschloss Stern, in den Jahren 1730 bis 1732 vor den Toren Potsdams im Stil eines schlichten holländischen Ziegelhauses entstanden, ist das einzige Schloss, das sich Friedrich Wilhelm I. für sich selbst errichten ließ. Der König war ein Liebhaber der an europäischen Fürstenhöfen verbreiteten Parforcejagd, bei der das Wild von Reitern und Hunden bis zur Erschöpfung gehetzt und anschließend erlegt wurde. Zu diesem Zweck ließ sich der Regent schon 1725 bis 1729 südöstlich von Potsdam die Parforceheide als Revier erschließen. Vom Zentrum eines Wegesterns aus verliefen sechzehn strahlenförmig angeordnete Schneisen durch das wald- und wildreiche Terrain. Das nach seiner Lage benannte Jagdschloss wurde entgegen damaliger Konvention nicht im Mittelpunkt des Sterns, sondern leicht versetzt erbaut. Hinter der Backsteinfassade mit einem

Schweifgiebel und drei Fensterachsen liegt der Saal, der als einziger repräsentativer Raum mit gelb gestrichenen Wandvertäfelungen und geschnitzten Ornamenten, Gemälden und Trophäen ausgestattet wurde.
Standesgemäßer war der alte Adelssitz, den der »Soldatenkönig« 1734 für seinen Sohn erwarb. Das pittoresk am Ufer des Grienericksees gelegene und vom kurmärkischen Baudirektor Johann Gottfried Kemmeter umgestaltete Renaissanceschloss Rheinsberg wurde zur Kronprinzenresidenz Friedrichs des Großen. Nach der Vermählung Friedrichs mit Elisabeth Christine von Braunschweig-Bevern im Jahr 1736 siedelte das Kronprinzenpaar nach Rheinsberg über. Der Baumeister Georg Wenzeslaus von Knobelsdorff verwirklichte ab 1737 mit der Errichtung des Nordflügels und des Nordturmes sowie einer verbindenden Kolonnade den Gesamtplan einer Dreiflügelanlage. Friedrich hatte bereits in seiner Neuruppiner Garnisonszeit mit Knobelsdorff zusammengewirkt. Dort schuf der Baumeister als Erstlingswerk im gemeinsam geplanten Almathea-Garten einen Monopteros, einen offenen Rundtempel.
Rheinsberg wurde Friedrichs Musenhof, hier widmete er sich seinen philosophischen, literarischen und musikalischen Interessen, hier verfasste er seinen berühmten »Antimachiavelli«, in dem er den Monarchen zum Diener seines Staates erklärte. In Rheinsberg begann er, mit dem französischen Philosophen Voltaire zu korrespondieren.
Friedrich trat im Jahr 1740 die Nachfolge seines Vaters an und übereignete Schloss Rheinsberg 1744 seinem Bruder Heinrich, der es 1753 bezog und es fast fünfzig Jahre bis zu seinem Tod bewohnte. Prinz Heinrich ließ den Außenbau zunächst unangetastet, nahm aber weitreichende Umgestaltungen der Innenräume vor. Die ab 1766 nach Entwürfen des Architekten Carl Gotthart Langhans neu gestalteten Räume wie die Wohnung der Prinzessin Wilhelmine oder der Muschelsaal stehen mit ihren Dekorationen im Zopfstil am Übergang vom Rokoko zum Frühklassizismus. Letzte Veränderungen erlebte das Schloss ab dem Jahr 1785. Es erfuhr mit der Errichtung der beiden stadtseitig gelegenen Eckbauten durch den Baumeister Georg Friedrich Boumann d. J. eine beträchtliche Erweiterung. Die Lange Kammer, die Paradeschlafkammer und die Bibliothek ließ sich Heinrich als frühklassizistische Raumkunstwerke erschaffen.
Wie sein königlicher Bruder, mit dem er viele Fähigkeiten und Vorlieben teilte, war Heinrich ein Bewunderer der französischen Kunst und Kultur. Er führte die Tradition des Musenhofes fort und ließ 1774 ein neues Schlosstheater als westlichen Seitenflügel des unter Knobelsdorff errichteten Domestikenhauses erbauen.
So wie die Schlossräume den Übergang vom frühen friderizianischen Rokoko zum Frühklassizismus dokumentieren, zeugt auch der Garten von einem sich wandelnden Zeitgeschmack. Die Umgestaltung des Knobelsdorffschen Rokokogartens durch Heinrich gipfelte am Ende des Jahrhunderts in der Schaffung eines frühen Landschaftsgartens. Der Prinz bereicherte den Park mit einer Vielzahl von Bauten, von denen einige erhalten sind, darunter eine Feldsteingrotte und ein Obelisk auf der Anhöhe der Erdterrassen. Als seine letzte Ruhestätte ließ sich Heinrich eine Grabpyramide errichten.
Mit dem Tod Prinz Heinrichs im Jahr 1802 endete die glanzvolle Epoche von Rheinsberg. Bis zum Jahr 1945 blieb das Schloss, das bis dahin fast ein Jahrhundert lang für Besucher geöffnet war, im Besitz der Hohenzollern. Ab 1950 wurde es mitsamt der Nebengebäude als Sanatorium genutzt. Seit dem Jahr 1991 ist das Schloss Rheinsberg, dessen Restaurierung in einem kontinuierlichen Prozess verläuft, der Öffentlichkeit wieder zugänglich.
König Friedrich II. (»der Große«) läutete die wohl glanzvollste Ära preußischer Bau- und Ausstattungskunst ein. Mit seinem Namen ist der Begriff des »friderizianischen Rokoko« verbunden, der eine spezielle Ausprägung des Spätbarocks mit besonderen Qualitäten umschreibt. Hauptwerk dieses Stils ist Schloss Sanssouci, vor den Toren Potsdams. Mit der Errichtung dieses Schlosses entschied sich Friedrich für Potsdam als Residenz und kehrte damit der Residenzstadt Berlin den Rücken.
In nur zweijähriger Bauzeit wurde Friedrichs Sommerresidenz von 1745 bis 1747 nach Plänen von Georg Wenzeslaus von Knobelsdorff und nach Vorgaben des Bauherrn errichtet. Der eingeschossige und leuchtend gelb gestrichene Schlossbau folgt in freier Gestaltung dem Typus des französischen Lustschlosses und beherbergt zwölf kostbar ausgestattete Räume zu ebener Erde, die durch Flügeltüren direkt von der Terrasse betreten werden konnten. An der Nordseite des Schlosses bilden zwei viertelkreisförmige Säulenkolonnaden einen Ehrenhof.
Mit der Lage auf dem Weinberg war das Motiv für die dekorative Ausschmückung des Schlosses vorgegeben. Der Bildhauer Friedrich Christian Glume schuf an der Südfassade 36 paarweise angeordnete Karyatiden als

Statue im Schlosspark Rheinsberg

fröhliche Bacchanten und Bacchantinnen. Auch in den Innenräumen des Schlosses setzt sich das Weinthema und die damit verbundene Vorstellung vom Lebensgenuss in arkadischer Umgebung in üppigen Stuckarbeiten, Reliefs, Skulpturen und Gemälden fort.
Das repräsentative Zentrum des Schlosses bildet der dem Pantheon in Rom frei nachgebildete Marmorsaal. Hier fanden die berühmten Tafelrunden Friedrichs II. statt, deren prominentester Gast Voltaire war. Dem Marmorsaal liegt das Vestibül, in dem das Säulenthema des Hofes fortgeführt wird, als Empfangszimmer gegenüber. Östlich befinden sich die fünf Zimmer Friedrichs, zu deren kostbarsten das Konzertzimmer gehört. In diesem festlichen Raum, nach Art eines Spiegelsaales gestaltet und vom Hofmaler Antoine Pesne mit fünf großen Wandgemälden ausgestattet, wirkte Friedrich, ein talentierter Querflötenspieler, bei den Aufführungen seines Hoforchesters als Solist. Die Räume des Schlosses liegen in einer Enfilade, einer Zimmerflucht mit axial angeordneten Verbindungstüren. Eine Ausnahme hiervon bildet die mit Zedernholz getäfelte Bibliothek im östlichen Rundbau, die Friedrichs privates, den Blicken und dem Zutritt Anderer entzogenes Refugium war. Sie war nur vom Schlaf- und Arbeitszimmer des Königs aus zu erreichen. Den Westflügel des Schlosses nehmen die fünf Gästezimmer ein. Der von Friedrich dem Großen gewählte Name, »sans souci« – ohne Sorge, war programmatisch gemeint. Anknüpfend an die unbeschwerten Kronprinzenjahre in Rheinsberg wollte Friedrich hier, weitab vom Hofstaat, so privat wie möglich leben und sich als »Philosoph unter Philosophen« ungestört seiner schriftstellerischen Tätigkeit widmen.
Friedrich der Große bewohnte sein Schloss Sanssouci fast vier Jahrzehnte. Er verstarb im Jahr 1786 in seinem Schlaf- und Arbeitszimmer. Sein Wunsch, in einer schlichten, schon 1744 angelegten Gruft auf dem Weinbergplateau neben seinen Windspielen beigesetzt zu werden, wurde erst an seinem 205. Todestag im Jahr 1991 erfüllt. Das verwohnte Sterbezimmer Friedrichs ließ der Neffe und Thronfolger, Friedrich Wilhelm II., durch den Architekten Friedrich Wilhelm von Erdmannsdorff aus Wörlitz frühklassizistisch umdekorieren.
Friedrich Wilhelm IV., Urgroßneffe und dritter Nachfolger Friedrichs II., wählte im Jahr seiner Thronbesteigung 1840 Sanssouci zu seiner Sommerresidenz. Aus Respekt vor dem großen Vorgänger ließ er die Räume Friedrichs nahezu unangetastet und bewohnte mit seiner Gemahlin Elisabeth von Bayern den Gästebereich des Schlosses. Um zusätzliche Räumlichkeiten für die Hofhaltung zu gewinnen, ließ er die friderizianischen Wirtschaftsflügel durch seinen Architekten Ludwig Persius erweitern. Sie wurden verlängert, erhielten ein Obergeschoss und wurden so der Höhe des Schlosses angeglichen. Im östlichen Flügel wurde eine große Schlossküche untergebracht, der Westflügel beherbergte im Erdgeschoss drei Wohnungen für Hofdamen.
Wie beim Bau seines Lustschlosses griff Friedrich der Große auch bei der Gestaltung des Gartens, die sich über drei Jahrzehnte erstreckte, immer wieder persönlich ein. Den Mittelpunkt der von Knobelsdorff geplanten symmetrischen Anlage bildete das von zwölf Marmorskulpturen umgebene, in einem barocken Broderieparterre gelegene Fontänenrondell am Fuß des Weinberges. Westlich davon, an beiden Seiten der schnurgerade vom Obelisken bis weit in den Rehgarten verlaufenden Hauptallee wurde das Boskett gestaltet, ein Lustwäldchen mit beschnittenen Büschen und Bäumen, gegliedert durch Rondelle und symmetrisch angeordnete Wege. Nach dem Bau des Neuen Palais, das die Hauptallee nach Westen abschließt, wurde der als früher Landschaftsgarten gestaltete Rehgarten zum Bindeglied von neuem Schloss und Lustgarten. Die Nachfolger Friedrichs des Großen ließen weite Bereiche des Parks von Gartenkünstlern wie Johann August Eyserbeck und Peter Joseph Lenné landschaftsgärtnerisch umgestalten, wobei die barocke Hauptallee erhalten blieb.
Der Wunsch Friedrichs II. nach einem eigenen Gebäude zur Präsentation von Gemälden und Skulpturen und einer damit verbundenen Aufwertung der Residenz Sanssouci führte 1755 zum Bau einer Bildergalerie. Die Wahl des Standortes fiel auf die östliche Seite des Weinberges, ein Stück unterhalb des Schlosses Sanssouci. Der vom Baumeister Johann Gottfried Büring ausgeführte Bau sollte das Pendant zur westlich gelegenen Orangerie bilden, den späteren Neuen Kammern. Es entstand ein langgestrecktes, eingeschossiges und nach Süden ausgerichtetes Gebäude, dessen vorspringende Mitte mit einer Kuppel versehen wurde. Zwischen den Fenstern fanden 18 Marmorskulpturen Platz, die Künste und Wissenschaften symbolisieren. Einen Kontrast zu der relativ schlichten Fassadengestaltung bildet das prunkvoll mit weißem und gelbem italienischen Marmor, üppigen Vergoldungen und Skulpturen ausgestattete Innere des Gebäudes mit zwei Galeriesälen und dem überkuppelten Mittelsaal. Die Bilder, die in dichter Hängung die Nordwand bedecken, wurden eigens für das neu errichtete Gebäude erworben. Hatte der König in jüngeren Jahren Watteau und die französische Schule bevorzugt, so ließ er nun Werke der italienischen Renaissance und des niederländischen Barock ankaufen. Im Jahr 1770 beherbergte die Galerie 168 Gemälde. Zu den bedeutendsten Stücken zählen heute Caravaggios »Der ungläubige Thomas«, »Der Tod der Kleopatra« von Guido Reni und Peter Paul Rubens'»Amazonenschlacht«. Die Bildergalerie ist der älteste noch genutzte fürstliche Museumsbau in Deutschland.
Um seine Gäste trotz der begrenzten Zahl von Quartieren im Weinbergschloss in seiner unmittelbarer Nähe unterzubringen, ließ Friedrich der Große das westlich unterhalb des Schlosses Sanssouci gelegene Orangerie-

Schloss Sanssouci – Konzertzimmer Friedrichs II.; hier wirkte er, ein talentierter Querflötenspieler, bei den Aufführungen seines Hoforchesters als Solist.

gebäude zu einem Gästeschloss umbauen. Das Pflanzenhaus war 1747 nach Plänen Knobelsdorffs für die wertvollen südländischen Kübelpflanzen errichtet worden. Den Umbau leitete von 1771 bis 1775 Georg Christian Unger. Das Äußere, das sonst kaum verändert wurde, erhielt in Anlehnung an die Bildergalerie eine Kuppel. Die Innenräume wurden von Johann Christian Hoppenhaupt im spätfriderizianischen Rokoko gestaltet. Im Ostflügel entstand eine Folge von vier Sälen, deren Dekor sich von der Blauen Galerie bis hin zum unter der Kuppel gelegenen Hauptsaal steigert. Die Ovidgalerie wurde von den aus Bayreuth stammenden Gebrüdern Räntz mit zahlreichen vergoldeten Reliefs geschmückt, die Motive aus den Metamorphosen des römischen Dichters Ovid zeigen. Daran anschließend liegt im Zentrum des Schlosses der als Festsaal fungierende Jaspissaal, benannt nach dem Halbedelstein, mit dem Boden und Wandfelder verkleidet sind.
Unmittelbar nach dem Ende des Siebenjährigen Krieges, der das Land beinahe an den Rand des Unterganges gebracht hatte, nahm Friedrich der Große den Bau des imposanten Neuen Palais in Angriff. Das Schloss, das der Regent als seine »Fanfaronnade«, seine Prahlerei, bezeichnete, sollte ein Zeichen der Macht des siegreich und erstarkt aus dem Krieg hervorgegangenen Preußen sein. Die Planungen, in die Friedrich II. wie bei all seinen Bauvorhaben gestaltend eingriff, stammten aus der Feder Johann Gottfried Bürings, der 1765 von dem aus Bayreuth berufenen Baumeister Carl von Gontard abgelöst wurde. Als Hauptwerk der späten friderizianischen Architektur entstand von 1763 bis 1769 eine Dreiflügelanlage mit über 300 Zimmern. Die langgestreckte und wuchtige Fassade wird durch den hervortretenden, mit einer mächtigen Scheinkuppel bekrönten Mittelbau des Corps de Logis gegliedert. Korrespondierend mit dem Hauptbau wurden auch die kleinen eingeschossigen Eckpavillons, die sich nördlich und südlich anschließen, mit Kuppeln versehen. Über 400 Skulpturen, Figuren aus der antiken Sagen- und Götterwelt, schmücken die Fassade und die Dachbalustrade. Den

westlichen Abschluss der Anlage bilden die Communs, zwei palastartige, ebenfalls überkuppelte Wirtschaftsgebäude. Entsprechend seiner Funktion als Gästeschloss wurden im Neuen Palais prunkvoll ausgestattete Appartements eingerichtet. Herausragend sind die von Gontard ausgestatteten prachtvollen Festsäle und Galerien im Hauptbau, der Grottensaal und die Marmorgalerie im Erdgeschoss sowie der Marmorsaal und die Obere Galerie im Obergeschoss. Besonders exquisit ist die Königswohnung mit ihrem Musikzimmer, der Bibliothek und den Arbeitskabinetten gestaltet, die sich der eigensinnige König nicht im Corps de logis, sondern im kleinen Südflügel einrichtete. Die beiden Obergeschosse des großen Südflügels beherbergen das Schlosstheater.

Gartenseitig wurde das neue Schloss durch ein Rasenhalbrund und Skulpturen mit dem Rehgarten verbunden. Vermittelnd zwischen Rehgarten und Rasenrondell, ausgerichtet auf die Eckpavillons des Neuen Palais, entstanden 1768–1770 nach einer Idee Friedrichs und nach Plänen Gontards zwei antikisierende Rundtempel. Der südlich der Hauptallee gelegene offene Freundschaftstempel ist dem Andenken an Friedrichs 1758 verstorbener Lieblingsschwester Wilhelmine von Bayreuth gewidmet. Das nördliche Pendant bildet der Antikentempel als kleiner abgeschlossener Museumsbau, in dem Friedrich Stücke seiner Antikensammlung verwahrte. Seit 1921 ist der Antikentempel das Mausoleum der im holländischen Exil verstorbenen Kaiserin Auguste Viktoria. Nach dem Tod Friedrichs des Großen im Jahr 1786 wurde es still im Neuen Palais. Erst ab 1859 erlebte das Schloss eine Wiederentdeckung und wurde zum Sommersitz des Kronprinzen Friedrich Wilhelm, dem späteren Kaiser Friedrich III., und seiner Gemahlin Viktoria. Der Kaiser benannte das Schloss zu Beginn seiner nur 99 Tage währenden Regentschaft in Schloss Friedrichskron um. Er verstarb dort im Jahr 1888. Unter altem Namen war das Neue Palais von 1889 bis 1918 die bevorzugte Residenz von Kaiser Wilhelm II. und seiner Gemahlin Auguste Viktoria, die das Schloss von Frühlingsbeginn bis Neujahr bewohnten. Der Kaiser setzte die von seinem Vater begonnenen Modernisierungen fort, so dass das Schloss schließlich über Bäder mit Wasserklosetts, eine Zentralheizung, Elektrizität und einen Fahrstuhl im Nordtreppenhaus verfügte. Friedrich hatte Zeit seines Lebens an »seinem« Rokoko festgehalten, auch als dieser Stil andernorts schon vom frühen Klassizismus abgelöst wurde. Sein Neffe und Nachfolger setzte eigene architektonische Akzente. Ein Jahr nach seinem Regierungsantritt gab Friedrich Wilhelm II. den Bau eines Sommerschlosses im Neuen Garten am Ufer des Heiligen Sees in Auftrag. Nach Plänen des Baumeisters Carl von Gontard wurde in den Jahren 1787 bis 1791 ein zweigeschossiger, mit einem Belvedere auf dem Dach versehener Kubus errichtet, der wegen der Verwendung von Marmor für die Fassadengestaltung den Namen Marmorpalais erhielt. Gontard hatte schon unter Friedrich dem Großen gearbeitet und meisterte die Aufgabe, nun klassizistisch zu bauen, bravourös. Die frühklassizistischen Raumkunstwerke schuf Carl Gotthard Langhans. Die Säle, Kabinette und Kammern gruppieren sich symmetrisch um die zentral gelegene Treppe. Zu den Gesellschaftsräumen gehörte der ebenerdig und seeseitig gelegene Grottensaal, der als Speisezimmer genutzt wurde und der Konzertsaal sowie das Orientalische Kabinett im Obergeschoss. Die privaten Wohnräume des Königs befanden sich im Erdgeschoss. In einiger Entfernung entstand am Südufer des Heiligen Sees nach Plänen von Langhans die Gotische Bibliothek, die im nicht erhaltenen Maurischen Tempel am Nordufer ein architektonisches Gegenüber besaß. Auch die Küche befand sich außerhalb. Sie verbarg sich hinter der Fassade einer römischen Tempelruine neben dem Marmorpalais, mit dem sie durch einen unterirdischen Gang verbunden war. Die Räumlichkeiten des Palais erwiesen sich bald als für die Hofhaltung nicht mehr ausreichend, und so wurden zwei eingeschossige Flügel angefügt, deren Rohbau noch nicht abgeschlossen war, als der Regent im Jahr 1797 starb. Erst Friedrich Wilhelm IV. ließ den Innenausbau nach den Plänen seines Großvaters ausführen. Das Marmorpalais diente in der Folge fürstlichen Familienmitgliedern als zeitweilige Residenz. Kronprinz Wilhelm und seine Gemahlin Cecilie waren bis zur Fertigstellung des unweit gelegenen Cecilienhofes die letzten Bewohner des Palais. Das seit 1932 als Museumsschloss der Öffentlichkeit zugängliche Marmorpalais erlitt im Zweiten Weltkrieg große Schäden. Es wurde im Anschluss als Offizierskasino der Roten Armee und dann als Armeemuseum der DDR zweckentfremdet. Umfangreiche Restaurierungs- und Rekonstruktionsarbeiten wurden im Jahr 2004 abgeschlossen. Wiederhergestellt wurden auch die Uferbereiche des Gartens, die durch die Errichtung der innerdeutschen Grenzanlage zerstört worden waren.

Die Bezeichnung des Neuen Gartens signalisierte die Abkehr von der barocken Gartenkunst im »alten« Park Sanssouci. Unter der Leitung des Wörlitzer Gärtners Johann August Eyserbeck ließ Friedrich Wilhelm II. einen sentimentalen Landschaftsgarten mit einer Vielzahl von Gebäuden und Parkarchitekturen anlegen.

Blick vom Heiligen See auf das Marmorpalais

Geschwungene Wege erschlossen die asymmetrische Parkanlage, die durch unregelmäßige Anpflanzungen naturbelassen und ursprünglich wirkte. Zu den entstandenen Bauten gehörten neben einer Pyramide, die den Zugang zu einem Eiskeller bildete, die gleichfalls mit ägyptischen Motiven geschmückte Orangerie mit einem kostbar ausgestatteten Palmensaal, der im Sommer für Konzerte genutzt wurde, eine Meierei für die im Garten betriebene Milchwirtschaft und eine am See gelegene Muschelgrotte. Im Holländischen Etablissement am Eingang des Gartens waren Dienerschaft und Kavaliere untergebracht. Peter Joseph Lenné löste ab 1816 die Kleinteiligkeit des Gartens in weiten Bereichen zugunsten der Weiträumigkeit des englischen Landschaftsgartens auf und ließ ihn durch die Schaffung von Sichtbeziehungen in die umgebenden Landschaftsräume und Gärten wie die Pfaueninsel, Sacrow, Glienicke und Babelsberg zu einem zentralen Bestandteil der Potsdamer Parklandschaft werden.

Der Errichtung des Marmorpalais folgte ein anderer, bei weitem kleinerer Schlossbau. Im Jahre 1794 ließ sich Friedrich Wilhelm II. auf der Pfaueninsel, die er kurz zuvor als Erweiterung des Neuen Gartens und als romantisch-paradiesisches Refugium erworben hatte, ein kleines Lustschloss als malerische künstliche Ruine errichten. Die Planung und Ausführung lagen beim Hofzimmermeister Johann Gottlieb Brendel, der das Gebäude mit zwei Türmen und einer verbindenden Brücke weitgehend aus Holz erbaute und die Schaufassade zum Neuen Garten ausrichtete.

Als größter Raum des Schlosses entstand der kostbar ausgestattete Festsaal im Obergeschoss, der dem König als Konzertzimmer diente. Das sentimentale Fernweh des Bauherrn fand einen Ausdruck im »Otaheitischen Kabinett«, in dem die sehnsuchtsvoll verklärte tahitianische Inselwelt mit dem eigenen, naturbelassenen und wildnishaften Eiland verschmilzt. Zur gleichen Zeit wurde am entgegengesetzten Ende der Insel als Pendant zum Schloss die Meierei im gotischen Stil erbaut, ebenfalls als künstliche Ruine, in der Kühe gehalten wurden und eine kleine Milchwirtschaft betrieben wurde. Dem Wunsch nach einem einfachen, ursprünglichen Leben in unberührter Natur entsprechend, beließ man die Insel mit ihrem Bestand an 400 alten Eichen nahezu unverändert. Nur die unmittelbare Umgebung von Schloss und Meierei wurde durch den aus Wörlitz stammenden Gärtner Johann August Eyserbeck d. J., der zuvor schon im Neuen Garten tätig gewesen war, als früher sentimentaler Garten gestaltet. Ihr heutiges Aussehen erhielt die Insel durch den Sohn und Nachfolger Friedrich Wilhelm III., der sie als ländlich abgelegenen Sommersitz nutzte und eine geschmückte Landwirtschaft unterhielt. Er ließ die Pfaueninsel von Anton Ferdinand Fintelmann und Peter Joseph Lenné, der hier den ersten preußischen Rosengarten anlegte, zu einem Landschaftspark umgestalten.

Der Sohn Friedrich Wilhelms II. bevorzugte einen beinahe bürgerlichen Lebensstil und verzichtete auf den Bau eigener, repräsentativer Schlösser. Friedrich Wilhelm III. ließ für sich und seine Gemahlin Luise von Mecklenburg-Strelitz im Jahr 1797 vom Landbaumeister David Gilly im abgelegenen Paretz ein ländliches Refugium auf den Grundmauern eines alten Gutshauses errichtet. Die Räume des klar proportionierten Baues wurden im Stil des bürgerlichen Berliner Frühklassizismus ausgestattet. Das Vestibül und der Gartensaal nahmen als Repräsentationsräume den Mittelrisalit des Gebäudes ein, daran schlossen sich östlich die Zimmerfluchten mit den Wohnräumen Friedrich Wilhelms und Luises an. Die Wände der Innenräume wurden mit kostbaren Papiertapeten geschmückt. In die Gestaltung der Residenz bezog man das gesamte Dorf ein, das neu aufgebaut wurde. Schloss und Dorf bildeten als Musterbeispiel preußischer Landbaukunst die Kulisse für die regelmäßigen Sommeraufenthalte der königlichen Familie, bis sie 1806 vor Napoleon nach Ostpreußen fliehen musste. Nach dem Tod Friedrich Wilhelms 1840 wurde das Schloss nicht mehr bewohnt, sondern als Erinnerungsstätte an das Königspaar bis zum Jahr 1945 in seiner originalen Ausstattung aus der Zeit um 1800 erhalten.

Das Ende des Zweiten Weltkrieges brachte den Verlust fast des gesamten Inventars mit sich, lediglich die wertvollen Tapeten wurden 1947 geborgen. In den folgenden Jahren erlitt das Schloss, das nun zur Unterbringung eines Landwirtschaftsinstituts umgebaut wurde, mit der Entstellung der Fassade und durch die Entfernung von Innenwänden schwerwiegende Veränderungen.

Ab dem Jahr 1998 wurde das Schloss wieder in seine ursprüngliche Gestalt zurückversetzt. Nach der Wiederherstellung der Innenräume konnten die restaurierten Tapeten an ihren angestammten Platz zurückkehren. Seit 2001 ist Schloss Paretz Museumsschloss.

Was für Friedrich Wilhelm III. und Luise Paretz war, sollte für Friedrich Wilhelm IV. und seine Gemahlin Elisabeth von Bayern Schloss Charlottenhof in Potsdam werden. Es wurde von 1826 bis 1829 als sommerliche Kronprinzenresidenz unter Verwendung eines Vorgängerbaus aus dem 18. Jahrhunderts errichtet. Der Architekt Karl Friedrich Schinkel formte aus einem nach einer früheren Besitzerin benannten barocken Gutshaus eine kleine, von antiken italienischen Vorbildern inspirierte klassizistische Villa. Schinkel übernahm nicht nur die bauliche Gestaltung des Schlosses, sondern prägte mit dem Entwurf von Möbeln, Wanddekorationen und

Blick in das Porzellankabinett von Schloss Charlottenburg

anderen Ausstattungsdetails auch maßgeblich das Interieur. Das Schloss beherbergt auf kleinem Grundriss neben dem Vestibül, das beide Etagen einnimmt, zehn Wohnräume im Obergeschoss. Vom Speisesaal im Zentrum des Schlosses führen drei Flügeltüren durch den Portikus auf die durch Erdaufschüttung entstandene Terrasse, die von einer Exedra, einer Rundbank nach antikem Vorbild, abgeschlossen wird.

Wie schon bei der Gestaltung der Schlossanlage von Glienicke stand dem Architekten der kongeniale Gartenkünstler Peter Joseph Lenné zur Seite. Auch bei der Anlage des Gartens orientierte man sich am Vorbild Italiens. Die axiale Ausrichtung des Gartens nimmt vom Hippodrom über die Ildefonso-Skulpturengruppe, den Dichterhain mit Büstenhermen italienischer und deutscher Dichter, die Terrasse und den symmetrisch angelegten Rosengarten bis hin zum Maschinenteich einen direkten Bezug zur Hauptachse des Schlosses und bindet es harmonisch in die Gartenanlage ein.

Die Schaffensperiode des vielseitig begabten Architekten Karl Friedrich Schinkel, der 1830 zum Oberlandesbaudirektor ernannt wurde, fällt in die Regierungszeit von Friedrich Wilhelm III. In dessen Auftrag entwarf er eine Reihe von Bauten in Berlin, darunter Meisterwerke wie die Neue Wache, das Schauspielhaus am Gendarmenmarkt, das Alte Museum und die Friedrichwerdersche Kirche. Auch in Brandenburg finden sich zahlreiche Gebäude und Denkmäler, für die Schinkel die Entwürfe lieferte, wie etwa der 1800 erbaute Pomonatempel auf dem Potsdamer Pfingstberg, der als sein Erstlingswerk gilt, und die Nikolaikirche, deren Fertigstellung er nicht mehr erlebte. In Großbeeren schuf er die Dorfkirche und eine gusseiserne, neogotische Fiale zum Gedenken an die Befreiungskriege gegen Napoleon. Schinkel entwarf die beeindruckende Dorfkirche in Straupitz ebenso wie die Kirche in Petzow und das Luisen-Denkmal in Gransee. Zum Frühwerk des Architekten gehört der Umbau der Kirche und des Schlosses Neuhardenberg in klassizistischen Formen. Heute firmiert

dort mit der Stiftung Schloss Neuhardenberg eine bedeutende Kultureinrichtung. Der architekturbegeisterte Friedrich Wilhelm IV. verlor mit Schinkels Tod im Jahr 1841 einen Verbündeten im Geiste. Zu den Bauvorhaben des Königs, die von Architekten wie Ludwig Persius und Friedrich August Stüler verwirklicht wurden, zählen die Römischen Bäder, das Orangerieschloss, das Belvedere auf dem Pfingstberg und die Friedenskirche.
Als ideelle und ästhetische Ergänzung der südländischen Lebenswelt des Charlottenhofs entstand in direkter Nähe von 1829 bis 1840 der Gebäudekomplex der Römischen Bäder. Mit der Umsetzung der häufig geänderten Pläne von Karl Friedrich Schinkel und dem Kronprinzen Friedrich Wilhelm wurde der Architekt Ludwig Persius betraut. Der ländliche Gegenentwurf zu der fürstlichen Wohnanlage vereint als asymmetrisch gegliedertes Gebäudeensemble eine Reihe verschiedenartiger Baukörper, die durch Pergolen, Arkaden, Gärten und Lauben zu einer mediterranen Komposition vereint werden. Neben dem Gärtnerhaus im Stil eines toskanischen Landhauses des 15. Jahrhunderts, das die Wohnung des Gärtners und Gästezimmer des Kronprinzen beherbergte, entstand ein quadratischer Turm als Höhenakzent, ein südländisch geprägtes Gehilfenhaus und ein Teepavillon am Maschinenteich in Gestalt eines griechischen Tempels. Der künstlich angelegte kleine See wurde nach einem ehemals am Rosengarten gelegenen Dampfmaschinenhaus benannt, mit dessen Hilfe die Fontänen betrieben wurden. Hinter einer offenen Arkadenhalle, die den Innenhof nördlich begrenzt, birgt die Nachbildung eines pompejanischen Wohnhauses eine Therme, die dem Ensemble zu seinem Namen verhalf.
Mit der Errichtung der Orangerie auf dem Höhenzug am Nordrand des Parks kam die Tradition fürstlichen Bauens in den Anlagen von Sanssouci zu einem eindrucksvollen Abschluss. In den Jahren 1851 bis 1864 wurden die Pläne zum Bau des Orangerieschlosses verwirklicht. Die Architekten Ludwig Persius, Friedrich August Stüler und Ludwig Ferdinand Hesse mussten sich eng an die Vorgaben Friedrich Wilhelms IV. halten. Aus dem dominierenden zweigeschossigen Mittelbau, dem ein Säulenhof vorgelagert ist, ragen zwei durch eine Säulenkolonnade verbundene Belvedere-Türme in die Höhe. Die weitläufigen, seitlich anschließenden und nach Süden ausgerichteten Hallen nahmen exotische Kübelpflanzen zur Überwinterung auf. Seitlich wird die Anlage durch weit hervortretende Eckpavillons mit großzügigen Durchfahrten abgeschlossen. Der in der Mitte des Hauptbaus gelegene und nach dem Vorbild der Sala Regia im Vatikan geschaffene prächtige Raffaelsaal vereint die in langer Sammeltätigkeit zusammengetragenen Kopien nach Werken des italienischen Renaissancekünstlers.
Zu den nördlich gelegenen Wohnräumen, die im Stil des Zweiten Rokoko ausgestattet wurden, gehört neben dem Schlaf- und dem Arbeitszimmer des Königs ein Gästeappartement mit dem Malachitzimmer, in dem die Zarin Alexandra Feodorowna, die Schwester Friedrich Wilhelms, logierte. Das Orangerieschloss ist das einzige Gebäude, das im Zusammenhang mit der von Friedrich Wilhelm IV. geplanten Triumphstraße ausgeführt wurde. Die von einer Reihe projektierter Bauten gesäumte Höhenstraße sollte vom Belvedere auf dem Klausberg durch die Torbögen der Eckpavillons bis zum realisierten Triumphtor zu Füßen des Winzerberges östlich der Bildergalerie führen.
Die weithin sichtbaren Türme des Belvederes, westlich des Neuen Gartens auf der Höhe des Pfingstberges gelegen, prägen als Aussichtspunkt die höchste Erhebung Potsdams und bilden selbst einen beeindruckenden Blickpunkt. Der Entwurf geht auf den Bauherrn Friedrich Wilhelm IV. zurück. Vorlagen fand der König auch hier in den Bauten der italienischen Hochrenaissance, wie in dem nördlich von Rom gelegenen Casino Caprarola.
Das Belvedere, das einst als großzügiges Aussichtsschloss geplant war, ist Fragment geblieben. Die Architekten Ludwig Persius, Ludwig Ferdinand Hesse und August Stüler realisierten in den Jahren 1847 bis 1852 die monumentale Doppelturmfront und die als Arkaden gestalteten seitlichen Umfassungsmauern, die mit Kolonnaden bekrönt wurden. Die Gebäudeteile verbargen ein im Innenhof gelegenes Wasserreservoir für die geplanten Kaskaden und Fontänen der Pfingstberganlage. Die Schauarchitektur beherbergte mit dem Römischen und dem Maurischen Kabinett lediglich zwei als Teezimmer genutzte Innenräume. Die Krankheit Friedrich Wilhelms IV. und sein Tod im Jahr 1861 verhinderten die Vollendung des Belvederes.
Die Gestaltung des umgebenden Areals lag bei Peter Joseph Lenné, der ab 1862 einen klassischen Landschaftsgarten schuf, in den die bereits vorhandenen Gebäude integriert wurden. Zu diesen gehörte der in den Jahren 1800–1801 erbaute Pomonatempel, Schinkels Debüt als Architekt. Belvedere und Pomonatempel waren nach 1945 wegen der Nähe zu den innerdeutschen Grenzanlagen gesperrt und dem Verfall preisgegeben. Die Wiederherstellung des Pomonatempels wurde im Jahr 1993, die des Belvederes 2005 abgeschlossen.

Maschinenraum im Dampfmaschinenhaus des Schlosses Sanssouci (Blick schräg zur Decke)

Den südöstlichen Abschluss des Parks Sanssouci bildet das malerisch-romantische Gebäudeensemble der Friedenskirche, das in den Jahren 1845 bis 1854 von den Architekten Ludwig Persius und August Stüler nach Entwürfen Friedrich Wilhelms IV. in Anlehnung an italienische Vorbilder verschiedener Epochen erbaut wurde. Das spirituelle Zentrum der Anlage bildet die dreischiffige Säulenbasilika, die dem Vorbild der frühchristlichen Kirche San Clemente in Rom nachgestaltet wurde und weit in den künstlich angelegten Friedensteich hineinragt.
Der freistehende Glockenturm folgt dem Campanile der Kirche Santa Maria in Cosmedin. Die Baugruppe vereint neben der Kirche mehrere klosterähnliche Nebengebäude wie ein Pfarr- und Schulhaus, ein Pförtnergebäude und einen Kavalierflügel. Inspiriert von romanischen Sakralbauten, erhielt die Anlage mit dem Atrium und dem Kreuzgang zwei säulenumstandene Höfe. Die Apsis des reich ausgestatteten Kircheninnern wurde mit einem einzigartigen byzantinischen Mosaik aus der ersten Hälfte des 13. Jahrhunderts ausgeschmückt, das der Kirche San Cipriano auf Murano bei Venedig entstammt. Friedrich Wilhelm hatte es 1834 vor dem Abriss der Kirche gekauft. In einer Gruft unter dem Chorraum fanden der Bauherr und seine Frau, Elisabeth von Bayern, ihre letzte Ruhestätte. In den Jahren 1888 bis 1890 errichtete Julius Raschdorff an der Nordseite des Atriums das Mausoleum Kaiser Friedrichs III. als Kuppelrotunde. Der Friedens- und der Marlygarten bilden den stimmungsvollen landschaftlichen Rahmen der klösterlichen Anlage. Mit der Umgestaltung des sich nördlich anschließenden Marlygartens schuf Peter Joseph Lenné auf kleinstem Raum eines seiner Meisterwerke, das seine Wirkung durch das feinsinnige Arrangement von Bodenmodellierungen und Wegesystem, freien Rasenflächen und Gehölzpflanzungen, Sichtachsen, architektonisch gestalteten Ruheplätzen und Skulpturen erzielt.
Das malerisch am Abhang oberhalb der Havel gelegene Schloss Babelsberg war über fünfzig Jahre lang die Sommerresidenz des Prinzen und späteren preußischen Königs und deutschen Kaisers Wilhelm I. Das Schloss wurde in den Jahren 1834 bis 1849 in zwei Abschnitten errichtet. Die Pläne, die vom Geschmack des Bauherrn und seiner Gemahlin Augusta von Sachsen-Weimar geprägt waren, stammten aus der Feder Karl Friedrich Schinkels. Zunächst wurde mit dem östlichen Trakt nur ein Teil des Gesamtplanes verwirklicht, und es entstand unter der Leitung von Ludwig Persius in den Jahren 1834 bis 1835 ein neogotisches Cottage von bescheidener Größe und ausgewogenen Proportionen. Als Wilhelm 1840 Nachfolger seines kinderlos gestorbenen Bruders Friedrich Wilhelm IV. wurde, musste das Schloss einem gewachsenen Repräsentationsbedürfnis gerecht werden.
Der nach Persius' Tod 1845 hinzugezogene Architekt Johann Heinrich Strack vollendete den Erweiterungsbau des Westflügels, der den älteren Schinkelbau deutlich dominiert und überragt. Das so entstandene Prachtschloss im romantischen Burgenstil mit Turmgruppe und einer bewegten Fassade, gegliedert durch Strebepfeiler, Altane, Erker und gotische Ornamentik, steht in einem wirkungsvollen Kontrast zu der vis-à-vis auf Glienicker Seite gelegenen und südländisch geprägten Schlossanlage des Prinzen Carl. Auch die Schlossräume wurden von Strack im Stil der Neogotik ausgestaltet. Das Zentrum der Schlossanlage bildet das mächtige Oktogon des Tanzsaals mit umlaufender Empore, sternförmigem Rippengewölbe und mittelalterlich inspirierter Ausmalung.
Mit der Anlage des Parks im Stil des englischen Landschaftsgartens war ab 1833 Peter Joseph Lenné beauftragt. Er legte ein Wegenetz an, das die landschaftlichen Reize des hügeligen Geländes erschloss und die Anhöhen des Parks miteinander verband. Den Anpflanzungen war wegen der Trockenheit kaum Erfolg beschieden. Lenné wurde 1842 auf Betreiben Augustas von Fürst Hermann von Pückler-Muskau abgelöst. Er hatte größere gestalterische Freiheiten und stellte zunächst die Wasserversorgung des Parks sicher. Das Dampfmaschinenhaus an der Glienicker Lake ermöglichte die Bewässerung des Parks und speiste Bassins, künstliche Seen, Wasserfälle und Fontänen. Pückler überformte und erweiterte Lennés Komposition um raffiniert geführte Spazierwege, die eine Fülle von Aussichten auf die Havellandschaft und die Potsdamer Stadtsilhouette gewährten. An markanten Punkten wurde die Parklandschaft durch eine Reihe mittelalterlich wirkender Gebäude bereichert. Das Kleine Schloss am Havelufer, ein 1841 bis 1842 im Stil der Tudorgotik umgebautes Gartenhaus, diente als Wohnung für den Kronprinzen Friedrich Wilhelm, den späteren Kaiser Friedrich III. Der nach dem Vorbild des Eschenheimer Torturmes in Frankfurt am Main 1853 bis 1856 von Strack erbaute Flatowturm war als Wohnturm und Belvedere Refugium Wilhelms. Aus Teilen eines kurz zuvor in Berlin abgebrochenen Gebäudes aus dem 13. Jahrhundert gestaltete Strack 1871 bis 1872 die Gerichtslaube auf der Lennéhöhe.
Nach dem Tod Kaiser Wilhelms I. im Jahr 1888 verwaiste das Schloss. Ab 1927 unter staatlicher Verwaltung, wurde es nach dem Zweiten Weltkrieg von verschiedenen Institutionen als Domizil genutzt, wobei die Räume ihrem jeweiligen Zweck entsprechend verändert wurden. Seit 1990 werden die Schlossräume für eine museale Nutzung restauriert.

Konferenzsaal im Vestibül des Schlosses Cecilienhof

Das Schloss Cecilienhof, im nördlichen Teil des Neuen Gartens in Sichtweite des Marmorpalais gelegen, ist der letzte Schlossbau der Hohenzollern. In den Jahren 1914 bis 1917 nach Plänen des Architekten Paul Schulze-Naumburg von den Saalecker Werkstätten erbaut, sollte es die ständige Residenz des Kronprinzen Wilhelm, dem ältesten Sohn Kaiser Wilhelms II., und seiner Gemahlin Cecilie von Mecklenburg-Schwerin bilden, nach der das neue Schloss benannt wurde. Der weitläufige, zweigeschossige Backstein- und Fachwerkbau, dessen Gebäudeteile sich um mehrere Höfe gruppieren, folgt dem Stil des englischen Landhauses und fügt sich harmonisch in die Parklandschaft ein. Das Erdgeschoss des Mittelbaus, dem ein Ehrenhof vorgelagert ist, nahm die repräsentativen Wohnräume auf, deren dezent historisierende Innenarchitektur Eleganz mit modernem Komfort verband und den englischen Landhausstil im Inneren auf hohem kunsthandwerklichen Niveau fortsetzte. Den Mittelpunkt der Räumlichkeiten bildete die große holzgetäfelte Wohnhalle, die sich über beide Geschosse erstreckt und die über eine Treppe eine Verbindung zum Obergeschoss herstellt, wo sich die Privatgemächer des Prinzenpaares befanden. Nach der Abdankung Kaiser Wilhelms II. wurde das Schloss verstaatlicht. Die kronprinzliche Familie erhielt jedoch ein lebenslanges Wohnrecht, das sie bis zum Ende des Zweiten Weltkrieges nutzte.
Zu welthistorischer Bedeutung gelangte der Cecilienhof als Stätte der Potsdamer Konferenz. Vom 17. Juli bis zum 2. August 1945 verhandelten die Siegermächte des Zweiten Weltkrieges hier über das weitere Schicksal Deutschlands. Die Konferenz, die von sowjetischer Seite ausgerichtet und deren Ergebnis im sogenannten Potsdamer Abkommen niedergelegt wurde, fand in der Großen Halle statt, in der ein für diesen Zweck in Russland gefertigter Konferenztisch aufgestellt wurde. Die Konferenzräume des Erdgeschosses sind seit 1952 als historische Stätte dem Gedenken an die Potsdamer Konferenz gewidmet.

Das Reiseland Brandenburg

Birgit Freitag

Wer die Brandenburger einmal richtig ärgern möchte, beschreibt deren Heimat als »Märkische Streusandbüchse«. So spottete man schon im Mittelalter über die angeblich nur mit brauner Erde bedeckte Mark. Selbst in ihrer Hymne singen die Menschen zwischen Oder und Elbe aus voller Kehle »Märkische Heide, märkischer Sand...«.

Da brauchen sich die Brandenburger nicht über die Klischees zu wundern, die sich vielerorts in Deutschland festgesetzt haben. Dabei sieht die Wirklichkeit ganz anders aus: Brandenburg ist das wasserreichste Bundesland mit allen Möglichkeiten für Segler, Hausbootkapitäne, Paddler, Schwimmer und Taucher. Außerdem steckt die angebliche Streusandbüchse voller Kultur, Schlösser und Gärten, einzigartiger Naturschätze, herrlicher Landschaften und Stoff für schöne Entdeckungen. Die insgesamt 13 Reiseregionen von der Uckermark und der Prignitz im Norden bis zur Niederlausitz im Süden lassen für jeden Touristen, egal ob er allein, mit der Familie oder mit der Gruppe nach Brandenburg kommt, kaum einen Wunsch offen.

Wasserland Brandenburg

Die Zahlen sprechen für sich. Das Bundesland rund um Berlin durchziehen 33 000 Kilometer lange Wasserläufe, von denen über 8 000 Kilometer als schiffbar gelten. Die mehr als 3 000 Seen halten sogar einem Vergleich mit Finnland stand. Zusammen mit Mecklenburg-Vorpommern und Berlin bildet Brandenburg Europas größtes Wassersportrevier.

Der Wasseranteil steigt in den nächsten Jahren noch weiter an. In der Lausitz werden die riesigen Gruben der ehemaligen Braunkohletagebaue geflutet und bilden künftig das Lausitzer Seenland. In den nächsten Jahrzehnten können sich hier Yachten, Segelboote oder Motorbootfahrer tummeln. Schon jetzt genießen Surfer und Taucher die neuen Möglichkeiten. Jüngste Attraktion sind schwimmende Häuser für Urlauber und Dauerbewohner.

Viele Landesteile Brandenburgs lassen sich am besten vom Wasser aus erkunden. Schon längst ist das faszinierende Wasserlabyrinth im Spreewald nicht nur den Fans der berühmten Kahnfahrten ein Begriff. Hier verliert sich die Spree in Hunderten kleinerer Wasserläufe, den so genannten Fließen. Eine in Mitteleuropa einzigartige Wasserlandschaft fasziniert mit Fauna und Flora. Unter Kanu-Fahrern gelten die Touren durch das UNESCO-Biosphärenreservat Spreewald zu den Highlights in Deutschland.Wen wundert es da, dass die Fortbewegung auf dem Wasser im Spreewald auch im Lebensalltag nicht unüblich ist.Wo anderorts das Auto zum Einkauf genutzt wird, kommt hier auch manchmal der Kahn zum Einsatz. Und der einzige Postkahn Deutschlands im Spreewalddorf Lehde ist längst legendär.

Segler fühlen sich beispielsweise auf dem Scharmützelsee am traditionsreichen Kurort Bad Saarow zu Hause. Er ist Brandenburgs größter See und trägt zu Recht den Beinamen »Märkisches Meer«. Auch die großen Reviere rund um Brandenburg an der Havel sind unter Segelfans ein Begriff. Sogar ein Segeltörn in einem Holzboot aus den Zwanzigerjahren stellt hier kein Problem dar. In der Stadt Brandenburg an der Havel hat sich eine kleine Firma auf diese Oldtimer spezialisiert.

Hausbootfahrer können auf rund 500 Kilometern in den Wasserrevieren des Landes ohne Führerschein unterwegs sein. Natürlich brauchen die Wassertouristen auch nicht auf Luxus zu verzichten. 61 Marinas sowie Hafendörfer und Hotels am Wasser finden jederzeit ihre Gäste. Charterstationen großer, deutschlandweit ansässiger Charterunternehmen sowie zahlreiche kleinere Vercharterer bieten ihre Flotten an. Besonders beliebt sind die Reviere im Norden Brandenburgs. Die Ruppiner und Rheinsberger Gewässer gehen in die Mecklenburgische Seenplatte über und gehören zu den saubersten Deutschlands. Der klarste See dieser Region ist auch gleichzeitig der berühmteste: Der Stechlinsee, der Fontane zu seinem Spätwerk »Der Stechlin« inspirierte. Die Sichttiefe beträgt hier stellenweise zehn Meter. Taucher kommen in dem bis zu 68 Metern tie-

Feuerwerk über dem Lehnitzsee zum Abschluss des Drachenbootrennens (Stadt Oranienburg)

fen Klarwassersee auf ihre Kosten. Angler können hier zum Beispiel den Klarwasserfisch Maräne fangen, der in den örtlichen Gasthäusern selbstverständlich auch auf der Speisekarte zu finden ist.
Besonders reizvoll bei einem Urlaub auf Brandenburgs Gewässern ist auch die Kombination mit interessanten Landgängen. So lässt sich die UNESCO-Welterbestadt Potsdam erkunden, deren historische Innenstadt und touristische Highlights nur wenige Minuten von Anlegern und Yachthäfen entfernt sind. In Rheinsberg können Wassersportler mit ihrem Boot bis an das Schloss der Preußenkönige heranfahren, das Kurt Tucholsky mit seiner romantischen Erzählung »Rheinsberg – ein Bilderbuch Verliebte« literarisch verewigte. Auch die Schinkel- und Fontanestadt Neuruppin ist für Wassersportler ideal angebunden.
Der Wasserreichtum Brandenburgs hat sich über viele Jahrhunderte hinweg natürlich auch auf die wirtschaftliche Entwicklung des Landes ausgewirkt. Ein besonderes Zeugnis ist in Niederfinow, im Osten Brandenburgs zu finden. Vier Generationen von Wasserbauwerken gibt es hier auf engem Raum im Barnimer Land: die älteste künstliche Wasserstraße Deutschlands, der Finowkanal, und der parallel erbaute und 1906 eingeweihte Oder-Havel-Kanal waren beziehungsweise sind wichtige Verbindungsachsen zur Ostsee. Beeindruckend ist der 1934 erbaute »Koloss« des Schiffshebwerkes Niederfinow. In fünf Minuten überwindet der große Wassertrog einen Höhenunterschied von 36 Metern. Schiffe von bis zu 84 Metern finden hier Platz. Um den modernen Gegebenheiten Rechnung zu tragen, entsteht daneben ein modernes Hebewerk, das Schiffe bis zu 110 Metern transportieren kann.

Das Land rund um Berlin per Rad entdecken

Hervorragend lassen sich Touren auf dem Wasser mit Ausflügen auf dem Fahrrad kombinieren. Bei einer Länge von rund 4 000 Kilometern Fern- und regionalen Radwegen bleibt von den ausgeschilderten Wegen kein Landesteil ausgespart. Auf den 13 Radfernwegen sowie zahlreichen regionalen und thematischen Radrouten kann man die meist flache oder auch sanft hügelige Landschaft aktiv erkunden. Selbst ungeübte Sportler finden hier ihren Spaß, fehlt es in Brandenburg doch an steilen Bergen und rasanten Abfahrten. Da macht die Streusandbüchse wirklich einmal ihrem Namen alle Ehre.
Oft passieren die Wege auch die zahlreichen Alleen des Landes. Im Sommer blitzen gelbe Rapsfelder oder durch Klatschmohn rot gefärbte Wiesenränder zwischen den Bäumen hervor. Etwa die Hälfte aller Alleen in Deutschland gibt es in Brandenburg. Schon Fontane beschrieb auf seinen »Wanderungen durch die Mark Brandenburg« diesen besonderen Schatz: »Durch das Ebenmaß der baumgesäumten Wege sehe ich das Land wie durch das Fenster und fühle mich darin geborgen«, heißt es hier.
Gleich mehrere Radtouren in Brandenburg gehören zu den beliebtesten Fernradwegen Deutschlands, so etwa entlang von Oder und Neiße, von Berlin nach Kopenhagen oder auf dem Elbdeich. Im Jahr 2006 wurde der Fürst-Pückler-Radweg als erster Radfernweg Deutschlands als Qualitätsroute mit vier Sternen zertifiziert. Als neuestes Produkt wurde im Sommer 2007 die »Tour Brandenburg« eingeweiht. Mit 1 111 Kilometern ist er der längste Radweg Deutschlands und führt auf einem Rundkurs einmal durch das ganze Bundesland. Gute Wegezustände und Ausschilderungen sowie zahlreiche Bed & Bike Hotels und Pensionen sind eine sehr gute Ausgangsposition für einen erlebnisreichen Radurlaub.
Längst kein Insidertipp mehr ist unter Fahrradfahrern, aber auch Inlineskatern und Rollstuhlfahrern, der Flaeming-Skate. Rund 200 Kilometer lang ist die Trasse, auf der es sich wegen des besonders feinen Asphaltbelags fast wie von selber rollt. Abseits des Straßenverkehrs geht es auf der Route im Südwesten Berlins durch kleine Dörfer, Wiesen und Wälder, vorbei an Feldsteinkirchen, Mühlen sowie zahlreichen Sehenswürdigkeiten. Herzstück des Flaeming-Skate ist der 100 Kilometer lange Rundkurs RK 1. Doch auch kürzere Etappen sind als Rundkurse ideal befahrbar.

Kulturland Brandenburg

Doch was wäre die Region rund um die Metropole Berlin ohne ihre Zeugnisse der Geschichte, die heute weitgehend das vielfältige Kulturangebot prägen. Die Landeshauptstadt Potsdam ist bei Städte- und Kulturtouristen besonders beliebt. Könige, Kronprinzen, Kaiser, Prinzessinnen, Schlösser, Paläste und Gärten – in Potsdam kann der Überblick schon manchmal verloren gehen. Drei historische Parkanlagen mit 25 Schlössern und schlossähnlichen Bauwerken prägen das Bild der Stadt. Schloss und Park Sanssouci sind zweifelsohne die

Das Brecht-Weigel-Haus in Buckow

30
HERR PUNTILA UND SEIN KNECHT MATTI
DER HOFMEISTER
KATZGRABEN

bekanntesten Sehenswürdigkeiten. Dazu kommen Stadtviertel mit holländischen, russischen, französischen, schweizerischen, englischen, norwegischen oder böhmischen Einflüssen.
Die UNESCO hat große Bereiche der Potsdamer Kulturlandschaft im Jahr 1990 zum Welterbe erklärt. Gekürt wurde damit ein einzigartiges Ensemble von Schlössern und Gärten, das innerhalb von drei Jahrhunderten durch die Kunst großer Baumeister, Künstler und Landschaftsgestalter, wie zum Beispiel Peter Joseph Lenné, entstanden ist.
Der Neue Markt mit dem im einstigen königlichen Kutschstall untergebrachten Haus der Brandenburgisch-Preußischen Geschichte und anderen Häusern voller Historie zeigt sich wieder in alter Schönheit. Das Belvedere auf dem Pfingstberg ist nach langem »Schlaf« während der Zeit der DDR und großem Verfall in dieser Zeit nun wieder vollständig restauriert. Viel privates Engagement hat dazu beigetragen, dieses einzigartige Aussichtsschloss mit seinen weithin sichtbaren Türmen wieder zu einem Besuchermagneten zu machen.
Unweit der berühmten Glienicker Brücke erhielt die Stadt mit dem Kulturstandort »Schiffbauergasse« ein ganz neues Touristenziel. Das Hans-Otto-Theater bezog ein Haus, das mit seinem futuristisch anmutenden Dach an die Oper in Sydney erinnert. In den historischen Gebäuden sind Bühnen für ganz unterschiedliche Genres entstanden. Attraktive Restaurants runden das Angebot ab.
Doch nicht nur die Landeshauptstadt Potsdam ist reich an Kulturgütern. Brandenburgs Geschichte ist eng mit der Dynastie der Hohenzollern sowie der Geschichte Preußens verbunden. Noch heute ist dies bei einer Reise durch das Land erlebbar. Über 500 Schlösser und Herrenhäuser, beeindruckende Gärten und Parkanlagen sowie historische Stadtkerne prägen Brandenburg und sind faszinierende Ziele für Entdeckungstouren. So sind auch Schloss und Park Rheinsberg, die inmitten einer idyllischen Seen- und Waldlandschaft, rund eine Stunde nördlich von Berlin, zu finden sind, auf jeden Fall eine Reise wert. Friedrich der Große schenkte das Schloss nach seinem Regierungsantritt seinem Bruder Heinrich, der hier über 50 Jahre lebte. Im Süden Brandenburgs, in Cottbus, können die Freunde von Schlössern und Gärten durch den international bedeutsamen Landschaftspark des Gartenkünstlers Hermann Fürst von Pückler-Muskau wandern, der nach englischem Vorbild angelegt wurde. Seine Wahrzeichen sind zwei eindrucksvolle Landschaftspyramiden, eine davon ist die Grabstätte Pücklers.
Doch es sind nicht nur die großen und international bekannten Anlagen, die in Brandenburg beeindrucken. Bei einer Reise durch die weite, von Seen und Wäldern geprägte Landschaft stößt man immer wieder auf zauberhafte Schlösser sowie Herren- und Gutshäuser, die mit viel Engagement liebevoll restauriert wurden. Eine Vielzahl dieser Anwesen sind heute Hotels, die mit ihrem besonderen Flair locken. So kann man im von Karl Friedrich Schinkel erbauten Schloss Neuhardenberg residieren, im neogotischen Schloss Reichenow relaxen, im Schloss Ziethen ein romantisches Dinner im Tonnengewölbe aus dem 14. Jahrhundert einnehmen oder im Schloss Hubertushöhe eine Zeitreise unternehmen.
Seit einigen Jahren gehören auch Kulturevents in der freien Natur oder vor historischen Kulissen zum Markenzeichen Brandenburgs. International bekannt ist die Potsdamer Schlössernacht. Sie zieht jährlich im August über 30 000 begeisterte Gäste in den festlich illuminierten Park Sanssouci.
Tradition verpflichtet: Das gilt besonders für Rheinsberg. Seit über 250 Jahren sind Park und Schloss am malerischen Grienericksee die Kulisse für Theater, Tanz und Gesang. Der Ruf Rheinsbergs als Musenhof wurde durch Friedrich II. begründet. Die Konzerte und Opernaufführungen der Kammeroper Rheinsberg verbinden den Musikgenuss mit dem besonderen Ambiente dieses Ortes. Das Publikum kann die Aufführungen im Heckentheater im Park oder auch im Ehrenhof des Schlosses genießen.
Die Veranstaltungsreihe der Brandenburgischen Sommerkonzerte lädt die Gäste in Kirchen und Klöster ein. Einen überregional guten Ruf besitzen auch die Musikfestspiele Sanssouci, die stets im Juni stattfinden. Schlösser und Parks werden zu beeindruckenden »Konzertsälen« für hochkarätige, internationale Ensembles. »Klassiker auf Landpartie« ist der Slogan der Brandenburgischen Sommerkonzerte. Die Gäste werden hier auch in kleine und ländliche Orte mit besonderem Flair eingeladen, um bei einem außergewöhnlichen Konzertereignis dabei zu sein.
Beim Theatersommer Netzeband ist manchmal das ganze Dorf samt seiner Einwohner Teil der Inszenierung, und die Elblandfestspiele Wittenberge bieten den Freunden der Operette ein hochkarätiges Programm. Das bekannteste Industriedenkmal des Landes, die auch »liegender Eiffelturm« genannte Bergbauförderbrücke F 60 in der Lausitz, ist alljährlich Ort für Open-Air Konzerte der unterschiedlichsten Genres.

Verträumte Seenlandschaft bei Liebenwalde

Im wasserreichsten Bundesland sind natürlich auch Flüsse und Seen stimmungsvolle Hintergründe für Events. Beim Spreewaldkultursommer gleitet das Publikum auf Kähnen zu den Konzerten und lauscht vom Wasser aus Sängern, Bläsern und Streichern. Künstler aus ganz Europa gestalten an den Fließen in jedem Sommer die »aquamediale«. Schwimmende Kunstobjekte und Installationen an den Ufern können so vom Spreewaldkahn aus bewundert werden.

Auch die Theaterlandschaft Brandenburgs ist vielfältig. So bestechen nicht nur die Aufführungen des Hans-Otto-Theaters in der Landeshauptstadt Potsdam durch Kreativität und Qualität. Auch Bühnen in kleineren Orten wie die Uckermärkischen Bühnen Schwedt oder die Neuen Bühnen Senftenberg sind »Theaterleuchttürme« des Landes.

Eine wichtige Rolle im kulturellen Leben Brandenburgs spielen die vielen Städte mit historischen Stadtkernen. Ob mittelalterliches Treiben, Burgfeste, Freilufttheater oder historisches Spektakel: Die Städte präsentieren sich jedes Jahr aufs Neue mit vielfältigen Kulturprogrammen. Historische Marktplätze, verwinkelte Gassen, prächtige Kirchen oder imposante Burgen und Stadtmauern sorgen für das passende historische Ambiente zum Beispiel für das Tulpenfest in Potsdams Holländischem Viertel (April), dem Fläming Musik Sommer in der 1000 Jahre alten Stadt Jüterbog (Juni), dem Rolandfest in Brandenburg an der Havel (Juni), dem Martinimarkt in Neuruppin (November) oder dem Gänsemarkt in Angermünde (Dezember).

Von der Großstadt in die Wildnis

In kaum einer Metropolenregion sind die Gegensätze so stark ausgeprägt wie in Berlin und Brandenburg. Nur eine bis eineinhalb Stunden Fahrtzeit von Berlins pulsierender Mitte entfernt finden sich Naturlandschaften, die durch Stille und eine schützenswerte Fauna und Flora beeindrucken. Elf Naturparks, drei Biosphärenreservate sowie der Nationalpark Unteres Odertal nehmen ein Drittel der Gesamtfläche des Bundeslandes Brandenburg ein und sind auch zum Markenzeichen des Landes geworden. Drei großen Gebieten in Brandenburg hat außerdem die Heinz Sielmann Stiftung mit den »Sielmanns Naturlandschaften« ihr Engagement für Natur und Artenschutz gewidmet.

Brandenburg gehört zu den vogelartenreichsten Bundesländern. Eisvogel und Fischadler und Störche und Kraniche sind nur einige der über 350 Arten, die in Brandenburg nachgewiesen sind. 200 Arten brüten hier regelmäßig. Ein besonderes Schauspiel ist der Vogelzug: Hunderttausende Zugvögel rasten oder überwintern in der Region.

Und auch hier liegen die Stärken des Reiselandes Brandenburg: in der Ruhe und dem fantastischen Naturerlebnis. Der Wunsch nach »Entschleunigung« ist ein Trend, der zunehmend beobachtet werden kann. Die Regionen rund um Berlin bieten mit ihrem naturräumlichen Potenzial hervorragende Möglichkeiten dazu.

Brandenburger Wasserfest in Fürstenberg/Havel

Gesamtschul-Drachen

Brandenburgs Schutzgebiete – Markenzeichen des Landes

Die schönsten und wertvollsten Landschaften Brandenburgs sind heute zu einem bundesweit einzigartigen Großschutzgebietssystem zusammengefasst. Sieben der insgesamt 15 brandenburgischen Großschutzgebiete gehörten bereits 1990 zum Nationalparkprogramm der letzten DDR-Regierung, das im deutsch-deutschen Einigungsvertrag als das »Tafelsilber der deutschen Einheit« gepriesen wurde. Heute nehmen die elf Naturparks, drei Biosphärenreservate und der Nationalpark Unteres Odertal ein Drittel der Fläche Brandenburgs ein.

Nationalpark Unteres Odertal – Land am Strom

Von Anfang an als Teil eines deutsch-polnischen Naturschutzprojekts angelegt, wurde der Nationalpark Unteres Odertal 1995 gegründet. Er ist Deutschlands einziger Auennationalpark und zugleich das erste grenzüberschreitende Großschutzgebiet mit Polen; es schließt das gesamte Untere Odertal von Hohensaaten bis vor die Tore von Stettin über eine Länge von 60 Kilometern ein.

Der Nationalpark schützt eine Flussaue, die letzte noch in großen Teilen intakte Flussmündung Mitteleuropas mit ihren angrenzenden Hängen, Laubmischwäldern und blütenreichen Trockenrasen. Die regelmäßig überfluteten Wiesenflächen der Nasspolder bilden – zusammen mit den polnischen Auen – ein riesiges Rückhaltebecken, in dem sich das Hochwasser verlaufen kann. Mit seinen Flussaltarmen, Seggenrieden, Schilfröhrichten und Feuchtwiesen ist das Untere Odertal ein Paradies für Wasservögel als Brut-, Rast- und Überwinterungsplatz. Der weltweit vom Aussterben bedrohte Wachtelkönig hat im Unteren Odertal sein größtes Vorkommen.

Zu allen Jahreszeiten bietet der Nationalpark mit seinem ausgedehnten Wegenetz vielfältige Anreize für einen Besuch. Ausgedehnte Fahrradtouren und Wanderungen werden z.B. auf 120 Kilometern Deichwege ermöglicht, der Oder-Neiße-Fernradwanderweg bietet Ausflugsziele und Aktivitäten auf 54 Kilometer Länge.

Das Nationalparkzentrum befindet sich in Criewen, inzwischen – seit der Eröffnung 2000 – zu einem beliebten Ausflugsziel geworden. Ebenfalls ein Erlebnis ist hier das Schloss Criewen mit seinem wunderschönen Lennéschen Schlosspark, der Kirche aus dem 13. Jahrhundert und dem Deutsch-Polnischen Umweltbildungs- und Begegnungszentrum Brandenburgische Akademie »Schloss Criewen«.

Das Untere Odertal ist vor allem Brut-, Rast- und Überwinterungsquartier seltener und gefährdeter Vogelarten. Das subkontinentale Klima begünstigt die Ansiedlung von Wärme liebenden Pflanzen- und Tierarten. Im Sommer beeindrucken die Sumpf- und Wasserpflanzen der Altarme mit ihrer Blütenpracht, im Herbst die Niederungen im dichten Nebel und im Winter die unvergleichliche Stimmung, hervorgerufen durch die mit Reif bedeckten Weiden, den Eisgang auf der Oder und die herrlichen Lichtverhältnisse.

Naturpark Uckermärkische Seen – Zwischen Havel und Strom

Der Naturpark Uckermärkische Seen, 900 Quadratkilometer groß, liegt inmitten der wasserreichen, sanft gewellten Uckermark. Neben dem Nationalpark Unteres Odertal und dem Biosphärenreservat Schorfheide-Chorin präsentiert der Naturpark eine der reizvollsten Landschaften im Nordosten Brandenburgs und findet seine Fortsetzung in den unmittelbar angrenzenden Naturparks Stechlin-Ruppiner Land und Feldberger Seenlandschaft in Mecklenburg-Vorpommern. Sein lebhaftes Relief entstand während der Weichseleiszeit vor über 15 000 Jahren.

Zwischen den Flüssen Havel und Strom liegt die Landschaft Uckermark, bestehend aus sanft geschwungenen Hügeln, bedeckt mit Wiesen und Feldern, unterbrochen von Söllen und Mooren, mit naturnahen Buchenwäldern, ausgedehnten Heideflächen, alten Alleen, romantischen Ortschaften, über dreihundert Seen, Flüssen und Bächen. Die Natur ist hier reich gesegnet mit Fisch-, See- und Schreiadler, nicht zu vergessen der Biber. Das Wappentier des Naturparks Uckermärkische Seen ist der Fischadler, der mit über 30 Brutpaaren hier in ungewöhnlicher Dichte lebt. Herrliche Wälder, wunderschöne Seen mit glasklarem Wasser bieten eine breite Vielfalt von Möglichkeiten für Wanderungen, Rad- und Pferdetouren, Unternehmungen im Kanu oder auf Flößen; 150 km Wasserwanderwege sind für Paddler längst kein Geheimtipp mehr. Überall im Naturpark

Nationalpark Unteres Odertal – Das Nationalparkbesucherzentrum im Ortsteil Criewen von Schwedt an der Oder bietet neben einem interessanten Aquarium, Tondiaschauen und Landschaftsmodellen auch ein Diorama der Oderaue. Ein typisches Präparat ist der Kranich.

trifft der Besucher auf eindrucksvolle Zeugnisse der uckermärkischen Besiedlungsgeschichte, die im 12. Jahrhundert einsetzte. Viele Dörfer verfügen über Feldsteinkirchen aus der damaligen Zeit. Die Stadtmauern Fürstenbergs und Templins aus dem 13. Jahrhundert sind fast vollständig erhalten. Sehenswert sind vor allem die malerisch gelegenen Ruinen der Zisterzienserklöster von Himmelpfort, Zehdenick und Boitzenburg. In der nordöstlichen Region des Naturparks Uckermärkische Seen trifft man überall auf die Spuren, die der große Gartenarchitekt und Landschaftsgestalter des 19. Jahrhunderts, Peter Joseph Lenné, hinterlassen hat, so z.B. in Boitzenburg, Kröchlendorff, Arendsee, Warbende oder in Wolfshagen und Krumbeck.

Biosphärenreservat Schorfheide-Chorin – Weite Wege durch stilles Land

Das Biosphärenreservat Schorfheide-Chorin, nordöstlich von Berlin gelegen, umfasst eine eindrucksvolle Kulturlandschaft mit rund 240 Seen, tausenden Mooren sowie ausgedehnten Wiesen und Äckern. Das 1990 gegründete Biosphärenreservat ist mit rund 129 160 Hektar eines der größten Schutzgebiete Deutschlands.
Eine Region, die sich für einzigartige Naturerlebnisse hervorragend eignet, ein Paradies für Wanderer. Große miteinander verbundene Rundwanderwege führen durch Wälder an Seen und Mooren vorbei, viele Seen laden zum Baden im glasklaren Wasser ein. Eine solche Landschaft – beginnend nordöstlich von Berlin und bis vor die Tore Prenzlaus und Templins reichend – ist in Europa selten geworden. Sie hat ihre Schönheit und ihren Naturreichtum bewahrt, obwohl sie eine jahrhundertealte Lebens-, Leidens- und Siedlungsgeschichte der Menschen dieser Region in Europas Mitte erzählen könnte.
Wie zu Fontanes Zeiten ist auch heute der Werbellinsee der bekannteste in dem mit natürlichen Gewässern reich ausgestatteten Gebiet. Die Gletscher der letzten Vereisung – der Weichseleiszeit – hinterließen nach ihrem Abschmelzen vor ca. 15 000 Jahren diese reich gegliederte Landschaft mit ihrem Wasserreichtum. Das stille, dünn besiedelte Land, der Wechsel zwischen ausgedehnten Wäldern und offener Weite sowie die unterschiedlichsten Strukturen auf engstem Raum bilden die Grundlage für eine Fülle von Tier- und Pflanzenarten. Diese Landschaft ist aber auch das Ergebnis jahrhundertelanger Nutzung und Bewirtschaftung durch den Menschen.
Seine historischen Siedlungen und Bauwerke kann der heutige Besucher des Biosphärenreservates Schorfheide-Chorin auf seinen Wanderungen bewundern. So eines der bekanntesten, das Kloster Chorin, ein Besuchermagnet, der mit seinem inzwischen schon Tradition gewordenen Choriner Musiksommer in der restaurierten Klosterruine jährlich Hunderttausende Musikfreunde anlockt. Sehenswert die hübsche Altstadt von Angermünde mit der großen Feldsteinkirche, der Marienkirche, die durch ihre berühmte Wagnerorgel bekannt ist. Ebenso das Jagdschloss Hubertusstock, das den deutschen Kaisern, Hindenburg und Honecker als Jagd- und Gästehaus diente.
Das stille, dünn besiedelte Land ist aber auch Lebensraum vieler vom Aussterben bedrohter Tier- und Pflanzenarten. In den naturnahen Wäldern brüten See-, Fisch- und Schreiadler, Kranich und Schwarzstorch. Biber und Fischotter sind über das ganze Schutzgebiet verbreitet.

Naturpark Barnim – Schnelle Havel, Langer Trödel

Der rund 750 qkm große Naturpark Barnim ist ein gemeinsames Großschutzgebiet der Länder Brandenburg und Berlin. Rund 5,4% der Fläche befinden sich in den nördlichen Berliner Stadtbezirken Pankow und Reinickendorf. Die Heimat des Brandenburger Adlers liegt im Städtedreieck Bernau, Eberswalde und Oranienburg. Der Naturpark hat durch diese Lage ein unbestrittenes Plus: Er ist von Berlin aus unkompliziert und schnell mit öffentlichen Verkehrsmitteln zu erreichen. Die Heidekrautbahn, die am Wochenende sogar bis zum Oberhavel Bauernmarkt fährt, bringt die Besucher direkt ins Zentrum des Naturparks.
Die Eiszeiten hinterließen im Naturparkgebiet vielgestaltige Landschaftsformen. Das Eberswalder Urstromtal mit seinen bewaldeten Terrassen und feuchten Niederungslandschaften bestimmt den Norden, die landwirtschaftlich genutzte und von Alleen und Seen bestimmte Barnimplatte mit ihren fruchtbaren Böden die Mitte und die Havelniederung mit weiten Grünflächen den Nordwesten des Naturparks, der reich an Seen und Kleingewässern ist. Hier sind seltene Tiere und Pflanzen heimisch, die man andernorts nicht mehr vorfindet: die Rotbauchunke, das Wappentier des Naturparks, der Kammmolch und die Knoblauchkröte, Orchideen und

Biosphärenreservat Schorfheide-Chorin – Die Schorfheide in der Nähe des Ökodorfes Brodowin am Choriner Endmoränenbogen

der Fleisch fressende Sonnentau. In dieser abwechslungsreichen Landschaft liegen Orte, in denen Reste slawischer und deutscher Burgen von der Geschichte des Barnims, beeindruckende Feld- und Ziegelsteinbauten von alter Handwerkskunst, historische Wasserstraßen – wie der Finowkanal – vom wirtschaftlichen Auf und Ab der Gegend zeugen.
Um den bei Badegästen beliebten Liepnitzsee mit seinem fast vollständig von Buchenwald umgebenen Ufer verläuft ein Rundwanderweg, der zu der Vielfalt an Rad- und Wanderrouten im Naturpark gehört: große, etappenweise zu erkundende Wanderwege wie der Barnimer Dörferweg, der Naturpark-Meridian und der 66-Seen-Wanderweg. Der historische Treidelweg am Ufer des fast 400 Jahre alten Finowkanals im Norden des Naturparks ist wunderbar als (Rad-)Wanderweg geeignet. Der Finowkanal, der zu den ältesten noch befahrbaren künstlichen Wasserstraßen Deutschlands gehört, verläuft parallel zum Oder-Havel-Kanal, bis er bei Zerpenschleuse in diesen einmündet. Da er nicht von Frachtschiffen befahren wird, ist er für die Sport- und Freizeitschifffahrt eine attraktive Verbindung zwischen dem Ort Zerpenschleuse und der Oder. Der Lange Trödel, der Teil des Finowkanals war und nach dem Bau des Oder-Havel-Kanals zur 10 km langen Sackgasse wurde, bietet dem Wasserwanderer den Reiz historischer Schleusenanlagen.

Naturpark Märkische Schweiz – Über Anhöhen und Abgründe

Brandenburgs kleinster und ältester Naturpark liegt 60 Kilometer östlich von Berlin. Der 205 Quadratkilometer große Naturpark wurde bereits 1990 mit dem Nationalparkprogramm der DDR als Großschutzgebiet festgesetzt. Seen und Bäche, Laubwälder, Schluchten und Täler, Sölle und Quellen, Moore und Fischteiche, Felder, Wiesen und Hecken – in der Märkischen Schweiz sind fast alle Landschaftsformen der Mark Brandenburg aufzuspüren. Sie finden sich auf engstem Raum als Hinterlassenschaft der jüngsten Eiszeit vor etwa 12 000 Jahren. Die Kehlen, eine hiesige Besonderheit, sind von Schmelzwässern tief eingeschnittene Schluchten. Viele Gewässerformen entstanden durch abgeschmolzene Toteisblöcke.
Allein in Deutschland fügten vor über 160 Jahren mehr als 60 Landschaften ihrer regionalen Bezeichnung den Beinamen »Schweiz« an. Damit war das Schweizer Mittelland, das damals den Vorstellungen einer idealen Kultur- und Naturlandschaft am ehesten entsprach, gemeint und nicht das Hochgebirge.
Fast die gesamte Fläche des Naturparks Märkische Schweiz ist Europäisches Vogelschutzgebiet. Ein besonderes Naturerlebnis sind im Herbst bis zu 40 000 Saat- und Blässgänse. Ihr Zug am Himmel und ihre Landeanflüge auf den Teichen kann man am besten von den Beobachtungskanzeln im Altfriedländer Teichgebiet aus beobachten. Dafür sind bestens geeignet die Silberkehle, die Wolfsschlucht, die Buchenkehle, die Münchehofener Sanddüne, das Stobbertal, das Sophienfließ und das Rote Luch. Das Naturpark-Besucherzentrum Schweizer Haus im Kneipp-Kurort Buckow bietet dem entdeckungswilligen Besucher eine erlebnisreiche Ausstellung und zahlreiche Veranstaltungen, bei denen man Wissenswertes über Tiere und Pflanzen, Kultur und Landschaft des Naturparks erfahren kann.
Auf dem 150 Kilometer umfassenden Wanderwegenetz können sich Wanderer davon überzeugen, dass die Märkische Schweiz ihren Namen verdient. Idyllische kleine Dörfer, Streuobstwiesen, Bauerngärten und Hecken prägen das Ländliche in diesem Naturpark. Die vielen Seen laden zum Erholen am, im und auf dem Wasser ein. Strandbäder gibt es in Buckow (mit Ruderbootsverleih), Waldsieversdorf und Klostersee, am Großen Klobichsee eine Badestelle.
Zum traditionellen Kern der Fremdenverkehrsregion Märkische Schweiz gehören die Rosenzüchterstadt Buckow, das Gutsdorf Bollersdorf und der Erholungsort Waldsieversdorf. Zum Bild von Buckow gehören die alten Ackerbürgerhäuser und Sommervillen, u.a. als besonderer Anziehungspunkt das Brecht-Weigel-Haus. Von dem auf der Barnimhochfläche gelegenen Bollersdorf aus hat der Wanderer eine herrliche Aussicht auf den Schermützelsee – 146 ha Fläche, bis zu 40 m Tiefe – und auf die waldreiche Hügellandschaft der Märkischen Schweiz. Mit dem Namen Waldsieversdorf verbindet der Besucher das traditionelle Jägerfest, den Vier-Seen-Triathlon und den denkmalgeschützten Wasserturm als Wahrzeichen des Ortes.

Naturpark Märkische Schweiz – Auf halbem Wege zwischen Berlin und der Oder liegt der Naturpark Märkische Schweiz. Nahe dem Brecht-Weigel-Haus befindet sich, umgeben von bis zu 116 m hohen Anhöhen, der Schermützelsee.

Naturpark Dahme-Heideseen – Streusandbüchse voller Edelsteine

Die über 100 Seen im Naturpark Dahme-Heideseen präsentieren sich aus der Vogelperspektive wie bläulich glänzende Edelsteine. Der 590 qkm große Naturpark wurde 1998 eröffnet. Nur 30 km südöstlich vor den Toren Berlins gelegen, ist er im wahrsten Sinne des Wortes ein Nah-Erholungsgebiet. Still besinnlich oder sportlich aktiv kann man den Naturpark zu allen Jahreszeiten erleben, beim Wandern, Radfahren, auf dem Pferd oder auf dem Wasser. Die Dahmeseen gehören zu den schönsten Wassersportrevieren südöstlich Berlins, auch Badegäste kommen hier voll auf ihre Kosten.

Das prägende Element des Naturparks sind seine mehr als 100 Seen, eingebettet in Laub- und Nadelwälder. Als Lebensader schlängelt sich die Dahme durch das Gebiet. Ein Anziehungspunkt für Naturliebhaber ist u.a. die Groß Schauener Seenkette mit seltenen Wasservögeln wie Rohrdommel, Fisch- und Seeadler und einer Vielzahl wilder Gänse. Auch für den Fischotter ist das Gewässernetz ein idealer Lebensraum. Im Kontrast zum Wasserreichtum stehen die mosaikartig vorhandenen Trockenbiotope wie Sandtrockenrasen, Heiden und Dünen. Der für Sand und Kiefernwälder häufig gebrauchte Flurname »Heide« bescherte dem Naturpark seinen Namen, zusammen mit der Dahme und den vielen Seen. Eine geologische Besonderheit sind die Salzwiesen mit typischen salzliebenden Pflanzenarten zwischen Kolberg und Storkow – ein Hauch von Nordsee inmitten der märkischen Streusandbüchse. Hier steigt durch Spalten im Untergrund salzhaltiges Wasser bis an die Erdoberfläche auf.

Idyllische Dorfanger, schöne Kirchen und historische Guts- und Herrenhäuser warten darauf, dass der Besucher hier nicht nur die Schönheit der Landschaft entdeckt. Ausgrabungen bei Klein Klöris legen Zeugnis davon ab, dass die Gegend bis ins 6. Jahrhundert von Germanen bewohnt war. Die Spuren preußischer Geschichte sind ebenfalls gegenwärtig, so z.B. das umfassend sanierte Schloss in Königs Wusterhausen, vom Soldatenkönig Friedrich Wilhelm I. aus einer alten Burg zum Jagdschloss umgebaut.

Naturpark Schlaubetal – Kleinod in Ostbrandenburg

Der Naturpark Schlaubetal ist ein kleines Wanderparadies südöstlich von Berlin. Im Norden prägen ihn die Wälder und die darin eingeschnittenen Täler der Flüsse Schlaube, deren Lauf sich auf 20 Kilometern durch das Tal schlängelt, dazu Dorche, Oelse und Demnitz. Besonders das Tal der Schlaube, oft als schönstes Bachtal Ostbrandenburgs gelobt, ist seit vielen Jahrzehnten ein zu jeder Jahreszeit beliebtes Wandergebiet mit einem gut ausgebauten Wegenetz.

Die Schlaube durchfließt ein tief in die Hochfläche eingeschnittenes wildromantisches Kerbtal. Ehemalige alte Mühlenstandorte erinnern daran, dass die Wasserkraft eine der wichtigsten Energiequellen des Mittelalters war. Einige der Mühlen existieren nicht mehr, andere sind heute beliebte Ausflugsgaststätten, zum Teil mit Informations- und Naturschutzzentren. An den Hängen der Kerbtäler wachsen Laubwälder, überwiegend aus Traubeneiche, Hainbuche und Rotbuche. Durch das dichte Nebeneinander von nährstoffarmen Sandböden, kalkhaltigem Mergel und nassen Moorböden ist ein Gebiet entstanden, das einen großen Reichtum an Pflanzen- und Tierarten aufweist. Über 1 000 Pflanzenarten sind bis heute im Naturpark nachgewiesen, darunter 13 Orchideenarten. Fast 200 Vogelarten leben hier, nicht zu vergessen die fast 700 Arten von farbenprächtigen Schmetterlingen.

Zu den Wäldern und Schluchten, Seen, Teichen, Mooren, Wiesen und Binnendünen kommt die Reicherskreuzer Heide. Mit dem Schlaubetal bildet sie das Herz des Naturparks, ergänzt durch das Dorchetal im Osten mit seinen Übergängen zur Auenlandschaft von Oder und Neiße und das Gubener Naherholungsgebiet im Süden mit seinen vielen Badeseen, die die dünn besiedelte, fast völlig ebene Waldlandschaft aus Kiefern und Eichen auflockern. Eiszeitliche Rinnenseen wie der Großsee und der Pinnower See sind traditionelle Naherholungsgebiete.

Die Geschichte ist hier eng mit dem 1268 gegründeten Kloster Neuzelle des Zisterzienserordens verbunden. Heute ist das Kloster ein Kulturdenkmal von nationaler Bedeutung und zählt zu den größten Barockdenkmalen Nord- und Ostdeutschlands. Die Klosteranlage mit der im 16. Jahrhundert entstandenen Klosterbrauerei gehört zu den meistbesuchten und interessantesten Kulturstätten Brandenburgs.

Naturpark Schlaubetal – Unweit hinter dem Wirchensee verengt sich hinter der Schlaubemühle das Flüsschen Schlaube zu einem urwüchsigen Tal.

Das UNESCO-Biosphärenreservat Spreewald – Labyrinth der Fließe

Knapp einhundert Kilometer südöstlich von Berlin befindet sich das berühmteste Reiseziel Brandenburgs, der Spreewald, der jährlich von nahezu vier Millionen Touristen besucht wird. Hier können Erholungsuchende trotz des Andrangs noch immer Ruhe und Abgeschiedenheit finden und ungestört die Natur entdecken, denn der Spreewald ist mehr als Kahnfahrten, Gurken und Gastronomie. Nach der letzten Eiszeit teilte sich hier die Spree in ein fein gegliedertes Netz von Fließen, die sich, wie der Name Spreewald besagt, damals durch dichten Urwald schlängelten. Der besondere Reiz des Spreewaldes liegt in seiner parkartigen, von zahlreichen Fließen durchzogenen Landschaft, die sich wie ein Mosaik aus kleinen Wiesen, Äckern und Wald sowie einem Geflecht kleiner Gewässer darstellt. Diese Landschaft ist das Ergebnis der jüngsten Eiszeit und jahrhundertelanger Bemühungen, diesen Landstrich durch Entwässerung urbar zu machen.
Heute ist der Spreewald eine vom Menschen geprägte und dennoch weitgehend naturnahe Auenlandschaft, die Lebensraum einer reichen Tier- und Pflanzenwelt ist. Hier sind noch Arten heimisch, die andernorts bedroht oder bereits ausgestorben sind. Der aufmerksame Beobachter und Reisende findet zu jeder Jahreszeit lohnende Ziele und Erlebnisse vor. Im Frühling blühen leuchtend gelb die Sumpfdotterblumen auf den Wiesen; im Sommer sieht man – so zahlreich wie nirgendwo – Weißstörche, Mäusebussard und Rotmilan sowie Libellen; der Herbst ist geprägt von der Farbenpracht der Wälder, den überwinternden Wasservögeln und Durchzüglern; der Winter beeindruckt durch die Schönheit der zugefrorenen Fließe und der mit Schnee bepuderten Bäume. Um diese Landschaft zu schützen und zu bewahren, wurde der Spreewald 1990 zum Biosphärenreservat erklärt, 1991 erhielt es den UNESCO-Status.
Aber der Reisende findet hier nicht nur Wasser und Wehre, Stege und Anleger, hölzerne Brücken und alte Kähne vor, sondern auch zahlreiche Baudenkmale, zu denen Häuser in spreewaldtypischer Blockbauweise ebenso gehören wie stolze Schlösser und schöne Kirchenbauten. Dies sind u.a. das Schloss mit der neu gestalteten Schlossinsel in Lübben, die Altstadt und der Schlossbezirk in Lübbenau, das Freilichtmuseum in dem unter Denkmalschutz stehenden Lehde sowie das sich hier befindliche, in Deutschland einzige Gurkenmuseum, die im bäuerlichen Barockstil errichtete Kirche im mehr als 1000 Jahre alten Dorf Schlepzig sowie die Schinkel-Kirche in Straupitz und und und.

Naturpark Niederlausitzer Landrücken – Spannender Wandel in der Naturregion

Der im Nordwesten der Niederlausitz gelegene, 587 Quadratkilometer große Naturpark ist ein Land der Gegensätze. Sumpfige Niederungen sind den bewaldeten Höhen des Landrückens vorgelagert. Dazwischen liegen zahlreiche, meist kleine Dörfer, umgeben von Äckern und Wiesen. Der Naturpark besitzt eines der größten kaum zerschnittenen Waldgebiete im südlichen Brandenburg.
Im Kontrast dazu stehen die Bergbaufolgelandschaften. Die imposanten Hinterlassenschaften des 1991 eingestellten Kohleabbaus sind längst keine Einöde und Mondlandschaft mehr. Sechs größere Seen sind durch Flutung der Restlöcher und durch den Wiederanstieg des Grundwassers entstanden oder werden in den nächsten Jahren ihren endgültigen Wasserstand erreicht haben. Zusätzlich bilden sich etwa 30 kleinere Seen. Dieser Wandel ist das Spannende in der Niederlausitz. Es gibt Tiere und Pflanzenarten, die gerade auf die Lebensräume der Tagebau-Folgelandschaft angewiesen sind. Hier kann man noch Flussregenpfeifer, Wiedehopf, Schwarzkehlchen und Raubwürger erleben; anderswo sind sie schon verschwunden. Wertvoll für Tiere und Pflanzen sind auch die Dünen, Trockenrasen und Sandheiden auf ehemaligen Kippen.
Eine reichliche Stunde mit Bahn oder Auto von Berlin, Potsdam oder Dresden entfernt findet der Besucher eine bemerkenswerte Dichte an Boden- und Baudenkmale vor. Bei dieser Naturregion handelt es sich um eine alte Kulturlandschaft mit reicher Geschichte. Die Ackerlandschaft um Luckau ist seit Menschengedenken ein wichtiges Rastgebiet von Kranichen. Ein Netz von über 60 Kilometer Radwegen durchzieht die Bergbaufolgelandschaft. Am Hindenberger, Stoßdorfer und Schönfelder See entstehen Naherholungsgebiete, über die Hälfte der Bergbaufolgelandschaft wird im Sinne der Natur saniert. Die Heinz Sielmann Stiftung hat 30 Quadratkilometer für eine Entwicklung im Einklang mit der Natur erworben. Wandern, Radfahren, Tierbeobachtungen, Angeln, Baden und sich an den Ufern der neu entstehenden Seen erholen sind gute Möglichkeiten, die Schönheit und Eigenart des Naturparks Niederlausitzer Landrücken zu genießen.

Naturpark Niederlausitzer Landrücken – Das Wasserschloss und Adelssitz Fürstlich Drehna mit seinem weitläufigen Park ist ein Kleinod des Naturparks und war im Mittelalter eine der elf Standesherrschaften der Niederlausitz.

Naturpark Niederlausitzer Heidelandschaft – Landschaft im Wandel

Der Naturpark Niederlausitzer Heidelandschaft erstreckt sich über ein Gebiet von 484 Quadratkilometer im Süden Brandenburgs. Im Süden und Westen wird er in weitem Bogen von der »Schwarzen Elster« umfasst. Zwei Kräfte haben die Landschaft des Naturparks entscheidend geformt: die Saaleeiszeit, die vor rd. 180 000 Jahren zu Ende gegangen ist, und der Mensch, energiehungrig den Braunkohleabbau betreibend. Die Spuren des Tagebaus sind noch überall zu finden. Der Braunkohleabbau hat die Region in den letzten 100 Jahren völlig verändert. Ganze Ortschaften mussten ihm weichen. Landschaften von zum Teil bizarrem Aussehen sind entstanden und in ständiger Veränderung begriffen. Hochspezialisierte Tier- und Pflanzenarten ziehen in diese Lebensräume aus zweiter Hand ein. Einige Tagebaurestlöcher sind inzwischen geflutet und haben sich zu attraktiven Badeseen gemausert.
Im Süden und Westen des Naturparks durchfließt die Schwarze Elster das Niederlausitzer Urstromtal. Wo Kleine und Schwarze Elster im Westen des Naturparks zusammenfließen, öffnet sich der »Kleine Spreewald«. Kernstück des Naturparks ist das Naturschutzgebiet »Forsthaus Prösa«. Mit seinen naturnahen Traubeneichenmischwäldern, den Offenflächen mit Besenheide und Silbergrasfluren ist das Gebiet ein wertvoller Lebensraum und gleichzeitig attraktives Ausflugsziel. Östlich schließt sich ein Niedermoorgebiet an. Früher wurde hier Ton für das heimische Töpfergewerbe abgebaut, später Torf für den Kurbetrieb der Rheumaklinik in Bad Liebenwerda. An den kleineren und größeren Flussläufen hinterlässt heute der Biber wieder seine Spuren. Der »Pomologische Schau- und Lehrgarten« in Döllingen ist Zentrum der Streuobstregion. Auf drei Hektar Fläche wachsen ca. 300 alte und neuere Obstsorten, über deren Entwicklung man hier vor Ort informiert wird. Im Gegensatz zu früher, als die Menschen im Naturpark vorwiegend von Fischerei, Landwirtschaft und Bergbau lebten, setzt man heute zunehmend auf den umweltfreundlichen Fremdenverkehr. Durch den Naturpark verlaufen 280 km ausgeschilderte Wanderwege, darunter mehrere Naturlehrpfade und der 35 km lange Elsterradwanderweg. Sehenswert sind auch die Orte, Museen und Veranstaltungen, die die Traditionen der Gegend pflegen, so z.B. das Weißgerbermuseum in Doberlug-Kirchhain, das einzige in Europa, technische Denkmäler wie die älteste, noch komplett erhaltene Brikettfabrik »Louise« in Domsdorf oder die Elstermühle Plessa, eine ehemalige Wassermühle (Ersterwähnung im 13. Jahrhundert).

Naturpark Nuthe-Nieplitz – Zweistromland vor den Toren der Großstadthektik

Vor den Toren Potsdams und Berlins eröffnet sich eine Landschaft wie aus einer anderen Welt: der Naturpark Nuthe-Nieplitz. Die Flüsse Nuthe und Nieplitz geben ihm seinen Namen. Einst wild und ungezähmt, wurden sie über die Jahrhunderte hinweg immer wieder reguliert und begradigt. Das Landschaftsbild des Naturparks wird sowohl durch die von Pappeln gesäumten Ufer wie auch durch die Seenkette der Niederung, die feuchten Wiesen, trockenen Wälder und die aus der Saale- und Weichseleiszeit stammenden Höhenzüge geprägt. Dazu kommen Moore, naturnahe Bruchwälder und großflächig überflutete Wiesen. El Dorado für viele seltene Tiere und Pflanzen: Fisch- und Seeadler, Fischotter, nordische Wildgans und Kranich (das Wappentier des Naturparks), Rotbauchunke und verschiedene Orchideenarten. Wegen der für die Bundesrepublik repräsentativen Naturschätze wurde 1992 in der Nuthe-Nieplitz-Niederung Brandenburgs erstes Naturschutzgroßobjekt eingerichtet.
Im Vergleich zu den traditionellen Ausflugszielen in Brandenburg ist der Naturpark Nuthe-Nieplitz für den Naturtourismus noch »Neuland« und in vieler Hinsicht ein Geheimtipp. Unterwegs in der Natur kann man vor Besucherströmen sicher sein und Ruhe und Entspannung finden. Man kann die abwechslungsreiche Landschaft erwandern, erradeln und erreiten. Besonders attraktiv sind der Fläming Walk, ein 150 Kilometer umfassendes Nordic-Walking-Routennetz und die letzte aktive Flugsanddüne auf dem Gebiet des ehemaligen Truppenübungsplatzes Jüterbog West.
Der größte See ist der Blankensee, ein Vogelparadies mit breitem Schilfgürtel; Vogelliebhaber halten sich auch gerne an den Stangenhagener Flachseen auf. Eine Besucherattraktion ist das Wildgehege Glauer Tal. Die Gegend ist bekannt für den Spargelanbau, vor allem rund um die Spargelstadt Beelitz. Was der »Marktplatz Naturpark« alles zu bieten hat, wird auf dem jährlich stattfindenden Naturparkfest und auf den bunten Regionalmärkten angeboten.

Naturpark Nuthe-Nieplitz – Wenige Kilometer neben dem vielbefahrenen Berliner Ring hat in der Nähe des Grössinsees diese Schwanenfamilie ihr Zuhause.

Ein Kleinod mitten im Herzen des Naturparks ist das Dorf Blankensee mit seinem Bauernmuseum, das in einem märkischen Mittelflurhaus aus dem Jahre 1649 untergebracht ist. Der Park, der das Schloss umgibt, bietet eine zauberhafte Atmosphäre; durchflossen von der Nieplitz mit mehreren Seitenarmen, versehen mit einem wunderschönen Baumbestand, Statuen, Tempelchen, einem italienischen Garten und geschwungenen Brücken. Ein Besuchermagnet ist auch das Kloster Zinna (gegründet 1170 von den Zisterziensern) mit der Klosteranlage, dem Museum und der Schaubrennerei. Wissenswertes zum Eiszeitalter und seinen steinernen Zeugen vermittelt der Findlingsgarten in Kähnsdorf.

Naturpark Hoher Fläming – Das Kleinste Mittelgebirge Deutschlands

Der Naturpark Hoher Fläming ist noch jung, seine Landschaft aber zählt zu den ältesten in Brandenburg. Vor mehr als 150 000 Jahren schoben Gletscher riesige Erd- und Gesteinsmassen heran und hinterließen einen alles überragenden Landstrich: den Hohen Fläming. Er ist Teil einer 700 km langen Endmoränenkette, die von Schleswig-Holstein bis nach Polen reicht. Mit dem Hagelberg, einem Zweihunderter, befindet sich hier eine der höchsten Erhebungen des norddeutschen Tieflandes. Benannt ist der Fläming nach den Siedlern, die sich im 12. Jahrhundert hier niederließen. Im Nordosten des Naturparks fällt das Gelände bis 60 m zu den Belziger Landschaftswiesen ab. Noch vor wenigen Jahrzehnten befand sich in diesem Niederungsgebiet dichter Bruchwald. Heute empfängt eine von Hecken gesäumte Wiesenlandschaft den Besucher. Sie bietet Lebensraum für zahlreiche Wiesenbrüter, ist Rastplatz für Watvögel und Rückzugsgebiet des größten flugfähigen Vogels in Europa, der Großtrappe. Koboldstein, Engelsstein, Riesenstein und Rabenstein: Der Fläming ist eine steinreiche, sagenhafte Gegend. Der Sage nach wurden die mittelalterlichen Burgen von Riesen erbaut. Typisch für den Fläming sind auch die spätromanischen Feldsteinkirchen in den Dörfern, ganz unverfälscht wie früher mit Anger und Kneipe. Hier gibt es Wälder, die sind so tief, dass man hinter der nächsten Flämingbuche das Hexenhäuschen vermutet. Es gibt ein gutes Radtouren- und Wanderwegenetz sowie 200 km Reitwege. Einige Wanderwege sind barrierefrei und können im Naturparkzentrum in Raben erfragt werden. Das ist übrigens der Ort, an dem als touristischer Höhepunkt jährlich das Naturparkfest stattfindet. Die Naturpark-Reitroute verbindet auf huffreundlichen Wegen Natur, Kultur und Gaumenfreuden. Durch den Naturpark verläuft der europäische Fernwanderweg E 11 und der internationale Radweg R 1. Die Bahnhöfe Wiesenburg und Belzig sind günstige Startpunkte für (Rad-)Wanderungen. Die touristische Entwicklung läuft hier in ruhigeren Bahnen. Naturnaher Tourismus, das heißt auch umweltschonende Transportmittel wie Bahn und Fahrrad sowie Einbeziehung der hiesigen Gastronomie-, Handwerks- und Landwirtschaftsbetriebe.

Naturpark Westhavelland – Wasser, Hügel und Flieger

Das umfangreichste Großschutzgebiet Brandenburgs, der Naturpark Westhavelland, erstreckt sich mit seinen 1 315 Quadratkilometern ca. 70 Kilometer von Berlin entfernt, eingebettet in die Niederung der Unteren Havel an der Grenze zu Sachsen-Anhalt. Der Naturpark wird durch die kleinen Städtchen Neustadt/Dosse im Norden, Pritzerbe im Süden und Friesack im Osten begrenzt und schließt an das länderübergreifende Biosphärenreservat »Flusslandschaft Elbe« an. Die Landschaft wird geprägt durch Wasser, weite Niederungen, waldreiche Erhebungen und kleine märkische Ortschaften mit Fachwerkhäusern und Ziegelbauten.
Die Havel ist die Lebensader des Naturparks. Sie mündet nach rd. 340 Kilometer Flusslauf nördlich von Havelberg in die Elbe. Der Rückstau der Elbe hat in den flachen Rinnen des Eberswalder, Berliner und Baruther Urstromtales eine Niederungslandschaft entstehen lassen, die gemeinsam mit dem Havelländischen Luch und dem von der Havel beeinflussten Teil des Rhin- und Dosseluches den größten Bereich des Naturparks einnimmt. Eine Besonderheit sind die Grundmoränenplatten und Endmoränen-Inseln, die »Ländchen«, die sich wie Inseln aus den Niederungen erheben.
Berühmt ist die Region wegen ihrer Flieger: Der Flugpionier Otto Lilienthal startete hier Flugversuche. Die anderen Flieger kommen zu Tausenden zu diesem Rastplatz für nordische Zugvögel. Im Frühjahr und im Herbst bevölkern Gänse und Schwäne, Kraniche, Enten und Schnepfenvögel dieses Feuchtgebiet. Gleichzeitig sind hier beheimatet die äußerst selten gewordene Großtrappe, außerdem Uferschnepfe, Großer Brachvogel, Bekassine und Wachtelkönig, Fischotter und Biber und das Wappentier des Naturparks, der Kampfläufer.

Auffliegende Gänseschwärme im Havelland. Hier machen tausende Kraniche und andere Zugvögel im Frühjahr und Herbst Rast, was immer ein bewegendes Schauspiel darstellt.

Mit seinem Gewässerreichtum bietet sich der Naturpark Westhavelland vor allem für Wasserwandern auf der Havel, Badefreuden und Wassersport, zum Beispiel am Beetzsee und Hohennauener See, an. Gleichzeitig ist er auch Reiterland mit seinen vielen Reiterhöfen, privaten Gestüten, zahlreichen beschilderten Reitwegen und der brandenburgischen Hochburg der Pferdezucht, Neustadt an der Dosse. Historische Bauten und technische Denkmäler bieten auch dem kulturgeschichtlich Interessierten lohnende Reise- und Ausflugsziele.

Naturpark Stechlin-Ruppiner Land – Eine Bilderbuch-Landschaft

Der Große Stechlinsee und Rheinsberg stehen für die überwältigende Schönheit einer ganzen Region: für die faszinierende Wald- und Seenlandschaft im Naturpark Stechlin-Ruppiner Land, der im Norden Brandenburgs, an der Grenze zu Mecklenburg-Vorpommern liegt. Wer die Seele baumeln lassen will, findet dafür kaum eine bessere Umgebung. Zwei bedeutende deutsche Literaten – Theodor Fontane und Kurt Tucholsky – wählten sie als Schauplätze ihrer Werke. Dieser Flecken Erde hat sich sein Gesicht bis heute bewahrt.
Die Landschaft im Naturpark wird von den klaren Seen und alten Wäldern geprägt. Besondern schön und ökologisch wertvoll sind die großen Buchenwälder. Der Große Stechlin (bis zu 69 Meter tief und 425 Hektar groß) ist der bedeutendste und größte Klarwassersee in der norddeutschen Tiefebene. Über 100 weitere Seen liegen im Naturpark, davon die Hälfte aller Klarwasserseen Brandenburgs. Das Wappentier des Naturparks ist die Schellente. Überall kommt auch der Fischotter vor; der Biber und die Europäische Sumpfschildkröte, Fischadler und Kranich, der Eisvogel und die Hohltaube leben ebenfalls hier.
Die südlichen und westlichen Gebiete des Naturparks gehören zum Nordbrandenburgischen Platten- und Hügelland. Teilgebiete der Kyritz-Ruppiner Heide im Westen, der Ruppiner Heide im Osten und der Granseer Platten im Südosten sind Bestandteile des Naturparks. Die angrenzenden Gebiete der Granseer Platte und die Kyritz-Ruppiner Heide sind landschaftlich besonders reizvoll und zeichnen sich durch eine hohe Biotop- und Artenvielfalt aus. Wegen ihrer regionalen und touristischen Bedeutung sind sie potenzielle Erweiterungsgebiete des Naturparks. Angeln und Baden sind übrigens in fast jedem See des Naturparks möglich. Zum Paddeln eignen sich besonders die Havel- und die Rhingewässer. Das berühmteste Ausflugsziel ist das Rheinsberger Schloss mit seinem wunderschönen Park, in dem sich die Grabstätte Prinz Heinrichs von Preußen befindet, der das Dorf 1744 von seinem Bruder Friedrich (dem Großen) zum Geschenk erhielt. Im Schloss selbst ist eine Tucholsky-Gedenkstätte untergebracht. Mit seinen Theater- und Musikinszenierungen gehört Rheinsberg inzwischen zu den kulturellen Zentren Brandenburgs.

Biosphärenreservat Flusslandschaft Elbe-Brandenburg – Zeiten am Fluss

Die Elbtalaue – gelegen auf halbem Wege zwischen den beiden Metropolen Hamburg und Berlin – ist eine der letzten intakten Flusslandschaften in Mitteleuropa. Jede Jahreszeit steht ihr gut. Die besten allerdings sind Herbst und Frühjahr, während des großen Vogelzugs. Wenn die Elbe dann zu einem großen Meer anschwillt, lässt sich mitten in Deutschland erfahren, was ein lebendiger Fluss ist. Pflanzen und Tieren mit völlig verschiedenen Ansprüchen wird hier Lebensraum geboten: Neben Arten, die extreme Nässe benötigen, leben welche, die auf ausgesprochene Trockenheit angewiesen sind. Die brandenburgische Teilregion des sich über fünf Bundesländer erstreckenden Biosphärenreservates Flusslandschaft Elbe (insgesamt 343 000 ha, 400 Flusskilometer) reicht über 70 Elbkilometer, von der Grenze Sachsen-Anhalts bis kurz vor die Tore von Dömitz in Mecklenburg-Vorpommern. Hier findet man eine Landschaft der Stille, die Besuchern viel Abwechslung bietet.
Beschauliche Dörfer findet man vor, die weite Auenlandschaft an der Elbe, etwas abseits des Mäander ziehenden Stromes ausgedehnte, ruhige Wälder. Übrigens beste Radlergegend: Der beliebteste Fernradweg – der Elberadweg – verläuft nicht zufällig hier; flach und immer auf dem Deich entlang einer großartigen Auenlandschaft. Lohnend sind die Abstecher in die am Fluss liegenden Ortschaften mit ihren Ziegelfachwerkhöfen, alten Kirchen, geschichtsträchtigen Schlössern und Herrenhäusern: Storchendorf Rühstädt mit seinem Schlosspark, in dem regelmäßig Waldkonzerte stattfinden; Wasserburg in Plattenburg (eine der ältesten in Norddeutschland), Burg Lenzen mit ihrer Ausstellung »Mensch und Strom«, die einzige Barockkirche der Prignitz in Seedorf, die Wilsnacker Wunderblutkirche u.v.a.m. Sommerzeit ist übrigens Storchenzeit an der Elbe; sie findet man hier so zahlreich vor wie nirgends sonst in Deutschland.

Biosphärenreservat Flusslandschaft Elbe-Brandenburg – In der Nähe von Lenzen, dem Sitz des Besucherzentrums im UNESCO-Biosphärenreservat, schlängelt sich, völlig naturbelassen wie hier bei Gandow, das Flüsschen Löcknitz.

Die Naturparks im Lande sind von Zahl und Tradition beeindruckend: Nationalpark Unteres Odertal, Biosphärenreservat Schorfheide-Chorin, Biosphärenreservat Spreewald, Biosphärenreservat Flusslandschaft Elbe, Naturpark Märkische Schweiz, Naturpark Niederlausitzer Heidelandschaft, Naturpark Hoher Fläming, Naturpark Westhavelland, Naturpark Dahme-Heideseen, Naturpark Nuthe-Nieplitz und noch fünf weitere. Eine ganze Menge also; aber was ist das alles gegen Brandenburger Gewässer: Man spricht da sogar vom »Land der 1000 Seen«! Maßlos übertrieben? Mitnichten, denn es sind – brandenburgisch-preußisch exakt gezählt – in Wirklichkeit 3 087 Gewässer… punctum. Etwa 750 qkm des Bundeslandes sind mit dem kühlen Nass bedeckt und eignen sich überwiegend zum Baden ganz hervorragend; so der Stechlin (der tiefste und sauberste von allen), die Ruppiner Seenkette, der Rheinsberger See, die Seen der Uckermark, das Oder-Spree-Seengebiet, die Potsdamer Seenplatte, Senftenberger und Spremberger See … belassen wir's dabei. Segeln, Surfen, Motorbootfahren, Wassertreten, Paddeln sind da jedenfalls »in« angesichts dieses Wasserreichtums. Und angeln? Selbstverständlich, in den dafür vorgesehenen Gewässern ist das ebenfalls möglich. Nicht sicherlich in den Peitzer Karpfenteichen (da sollte man sich seinen echt »Peitzer Burschen« besser aus dem Fachgeschäft besorgen), aber in anderen Gewässern umso mehr; z.B. im Gewässer um die Prignitzer Plattenburg, dort, wie anderswo, wird das von der Kommune sogar angeboten. Zahlreiche Fischarten erwarten den Angler überall: Forellen, Äschen, Karpfen, Plötze, Bleie, Aale, Hechte, Barsche, bisweilen sogar Welse. Wichtig vor dem Vergnügen und der munteren Jagd nach der nächsten Mahlzeit ist ein gültiger Fischereischein – und diesen erhält derjenige, der eine erfolgreiche Prüfung abgelegt hat. Erlaubt ist jedenfalls das Angeln mit zwei Stangen, wovon eine Raubfischrute sein darf.

Die seenreiche Region Brandenburg ist wie kaum ein anderes Gebiet in Deutschland eiszeitgeprägt. Das Bundesland zählt zum Norddeutschen Tiefland, das sich zwischen 100 und 400 km bis nach Osteuropa zieht. Der Entstehungsprozess dieser Landschaft begann vor ungefähr 16 000 Jahren; der Nördliche Landrücken, ein Endmoränenwall, begrenzt das Bundesland nach Norden hin; der Südliche Landrücken entstand in etwas jüngerer Zeit – Fläming und Niederlausitz sind Überreste dieser Moränen.

Das Tauwasser sammelte sich in Urstromtälern; so entstanden deren drei: das Baruther, Warschau-Berliner und Thorn-Eberswalder Urstromtal. Zum Teil benutzen Oder, Havel und Spree diese Rinnen. Zwischen beiden Landrücken befinden sich Schotterfelder (Sander), deren Humusschicht nur geringe Ausmaße hat – ein Grund dafür, dass die Böden (außer Prignitz und Uckermark) nur begrenzt fruchtbar sind.

Großes traditionelles Seglerparadies ist der Werbellinsee nördlich von Eberswalde; vor 80–90 Jahren war das bereits *die* Topadresse; außerdem gelangt man von hier aus »jans bekwehm« gen Berlin und weiter über die Finower Schleuse zur Oder. Oder ganz woanders hin!

Gleichbedeutend ist natürlich der Scharmützelsee bei Bad Saarow. Und so bietet eine der europaweit wasserreichsten Regionen viele Erlebnisse und Überraschungen vom Boot aus; Gleiches gilt übrigens für die Rheinsberger Gewässer und den Spreewald; auf ersterem kann man auch segeln, im Spreewald paddeln oder lässt sich auf einem der Spreewaldkähne bequem durch die Fließe staken und hält bisweilen an den »Gurkentankstellen«, wo es delikate Spreewaldgurken zu verkosten gilt.

Beiden aber ist die Musik mindestens ebenso wichtig: In Rheinsberg kann man das kleine, aber feine Operntheater besuchen (und das »Heckentheater« dazu), im Spreewald bekommt man Musik live direkt vor den Bug geliefert, wenn sommers unterwegs die verschiedensten Gruppen (und Stile) sich postiert haben, um den Gast tönemäßig beim Vorbeifahren zu unterstützen.

Der Fläming und Teile der Mittelmark scheinen sich dagegen dereinst bei der »Wasserzuteilung« dezent zurückgehalten zu haben, aber Achtung: Zwar gibt es nicht diese riesigen Seen, sondern eher bescheidenere Ausgaben hiervon, dafür aber etliche kleine Flüsschen und munter wirbelnde Bächlein, die für genügend Abwechslung sorgen; zu ihnen zählen unbedingt Plane, Nieplitz, Nuthe, das Schweinitzer- und das Hammerfließ

Ein Spreebogen bei Hangelsberg zwischen dem Fürstenwalder Stadtforst und dem Forst Hangelsberg durch das Berliner Urstromtal.

sowie die unzähligen Dorf- und Schlossteiche – etliche haben sich einen klangvollen Namen gemacht, da sie von keinen Geringeren als Lenné und Co. in die Landschaft integriert wurden.
Außerdem ist dieses Gebiet oftmals Kampfstätte von rivalisierenden Parteien, Staaten, Heeren gewesen (im Mittelalter, im 30-jährigen Krieg, in den Freiheitskriegen, im II. Weltkrieg) und – so geht die Mär – sollen sich Soldaten früher sowieso wenig gewaschen haben, geschweige denn gebadet (wenigstens äußerlich); sie bevorzugten lieber andere Wässerchen.
Im Elbe-Elster-Land kommen diese beiden Flüsse ins Gespräch und die Dahme ebenso; dem »Kleinen Spreewald« (bei Wahrenbrück) mit seinen Fließen begegnet man dort ebenso wie dem Oelsiger Luch im Schliebener Land – und einem weit hochprozentigerem Nass, dem Schliebener Wein. In der Niederlausitz haben Seen wieder eine gewaltige Bedeutung (und Ausdehnung): Sie sind sehr oft durch ausgekohlte Tagebaue entstanden bzw. sind noch im Entstehen begriffen; außerdem bildet die Neiße die Ostgrenze der Niederlausitz und damit Brandenburgs (im Westen ist es die Elbe), und die Spree fließt auch wacker durch die Region hindurch. Von eigenem Reiz sind die verträumten uckermärkischen Seen (Templiner-, Kölpinsee u.a.).
Das »Märkische Meer«, der Scharmützelsee, wäre noch zu nennen; die Finow mit dem einzigartigen Schiffshebewerk, die Seen um Potsdam und vieles andere mehr. Aber auch das hier Nichterwähnte soll dazu anregen, einmal selbst ins Brandenburgische zu reisen, um die Schönheiten zu erforschen und zu genießen.
Aber was ist das alles gegen den »Hauptfluss« und welcher Fluss kann schon von sich behaupten, dass er ständig wechseln kann von einem Bett ins andere (vom Fluss- ins Seebett und zurück)? Gemeint ist natürlich die Havel. Wer sich beispielsweise von der Landeshauptstadt aufmacht, den fast 150 km langen Wasserweg bis zur Mündung in die Elbe bei Havelberg zu erforschen, wird diesem Factum öfter begegnen und überdies mit Abwechslung pur entschädigt für seine Mühen: Mal feine Sandstrände, mal Schilf, mal Moor oder Wald bis an die Ufer – welcher Fluss kann da mithalten? Und inspirierend ist das Ganze ja ziemlich sicher auch noch; die Vergangenheit hat's mehrfach bewiesen. Nehmen wir zum Beispiel den Dichter Christian Morgenstern, den solch eine Haveltour (sie führte auf den Galgenberg bei Werder zu kühlem Trunke) zu seinen »Galgenliedern« anregte. Oder nehmen wir die erschröcklich-schaurige Moritat von Fritze Bollmann »aus Brandenborch«, die ein Welthit wurde und immer noch ist. Oder nehme man Loriot: Auch dieser begnadete Künstler Vico von Bülow stammt aus Brandenburg an der Havel.
Ob Mondscheinfahrt mit dem Dampfer oder Kanutour: Die Havel hat noch immer für jedermann Vieles geboten. Direkt vor den Toren Berlins erschließt sich einem Deutschlands wohl schönste Flusslandschaft; hier kann man auch viel Kulturelles, Kulinarisches und Wissenswertes erfahren: ob in Werder bei der Obstbaumblüte, im Fischerstädtchen Ketzin, in Milow, in der Optikerstadt Rathenow, der alten Chur- und Hansestadt Brandenburg, der alten Bischofsstadt Havelberg, der Residenz- und Landeshauptstadt Potsdam … dieser Fluss bietet einfach alles. Sein Lauf ist (wie jemand formulierte) wie eine elegante Dame von Welt: Voller Lieblichkeit, energisch, ansehnlich von jeder Seite (ob see- oder landwärts), eine Schönheit sondergleichen, wild, bisweilen unberechenbar, voller Grandezza und Temperament. Mit ihr möchte man ein inniges Verhältnis eingehen (und sie selbst wünscht das auch) – die Havel im Havelland. Unter vielen Gedichten, in denen Fontane seine engere Heimat beschreibt, findet sich auch dieses: »Ja, ja, wir haben es leicht und bequem: um Brieselang Eichen, in Glindow Lehm, in Rauen Kohlen, in Linum Torf, Kalkgeschiebe in Rüdersdorf, im Grunewald Schwarzwild, Hirsch und Reh, Spargel in Massen in Halensee … in Kienbaum Honig, im Havelland Milch, in Luckenwalde Tuch und Drilch, bei den Werderschen Kirschen und Aprikosen und bei Potsdam ganze Felder von Rosen.« Das war sein, das ist unser Land Brandenburg!

Havelmorgen: Schnelle Havel im Naturpark Barnim bei Neuholland im Landkreis Oberhavel

Die Landeshauptstadt Potsdam – Eine Stadt am Wasser

Potsdam ist die Stadt der Schlösser und Gärten sowie der Wissenschaft und Forschung. Sie ist den positiven Traditionen ihrer Historie verpflichtet, in ihrer Entwicklung zukunftsorientiert. Ihre Qualität wird bestimmt durch den Einklang von preußisch geprägtem Weltkulturerbe und zukunftsorientierter Wirtschaft, von der Funktion als Landeshauptstadt, von der einzigartigen Lage am Wasser und der Nähe zur Hauptstadt: Tradition, Innovation, Dynamik, Lebensqualität – das sind die profilbestimmenden Säulen dieser Stadt. Potsdam ist eine Insel inmitten der Seenkette der Havel und Sinnbild einer gestalteten Kulturlandschaft. Weitreichende Sichtachsen über idyllische Seen- und Flussläufe, auf Schlösser und Gärten im Zusammenspiel mit einer lebendigen Innenstadt machen Potsdam zu einem besonderen Erlebnis. Große Teile dieses einmaligen Gesamtkunstwerks erklärte die UNESCO zum Welterbe. Die reizvolle Lage der Stadt vis-à-vis der Metropole Berlin erschließt sich am besten bei einer Schiffstour auf den Havelseen. Malerische Ausblicke auf wunderschöne Schloss- und Parkanlagen lassen ahnen, warum einst Kurfürsten, Könige und Kaiser Potsdam zu ihrer Residenz erhoben. 1993 feierte Potsdam das Millenium der urkundlichen Ersterwähnung unter dem Namen »Poztupimi«, denn laut einer Urkunde schenkte 993 Otto III. seiner Tante, der Äbtissin Mathilde zu Quedlinburg, die slawischen Orte »Poztupimi et Geliti« (Potsdam und Geltow). Somit gab es am Beginn also nur »Ausländer« hierzulande. Erst anderthalb Jahrhunderte danach kamen deutsche Siedler, bestimmten die künftige Entwicklung und nahmen die Mehrheit der bodenständigen, zahlenmäßig geringeren slawischen Bevölkerung allmählich in sich auf.

Als schließlich 1660 Potsdam durch den Großen Kurfürsten neben Berlin zur zweiten Residenz der brandenburgisch-preußischen Herrscher erhoben wurde, begann die eigentliche Entwicklung jener Stadt, die in der Welt einen bedeutenden – wenn auch ambivalenten – Namen hat. Mit dem »Edikt von Potsdam« öffnete 1685 der Große Kurfürst die Mark Brandenburg für Einwanderer aus Frankreich. Und so ist die Entdeckung Potsdams heute auch ein Ausflug durch die europäische Geschichte. Ganze Straßenzüge, Bauwerke und Parkanlagen sind von kulturellen Einflüssen anderer Länder geprägt. Das Holländische Viertel ist die größte erhaltene Siedlung in diesem Stil außerhalb der Niederlande – es wurde im Auftrag König Friedrich Wilhelms I. (des »Soldatenkönigs«) von holländischen Handwerkern errichtet. Das Tulpenfest, der Töpfer- und der Weihnachtsmarkt haben sich ebenso zu traditionsreichen Veranstaltungen entwickelt wie das Böhmische Weberfest und der Böhmische Weihnachtsmarkt im Babelsberger Weberviertel, wo sich einst böhmische Migranten niederließen (aber nicht nur Weber wohnten hier, sondern auch tüchtige böhmische Musiker und Komponisten wie die Brüder Benda). Die Russische Kolonie Alexandrowka (mit ihrer russisch-orthodoxen Kirche) gab zu Beginn des 19. Jahrhunderts russischen Sängern (ein Geschenk des Zaren Alexander an das verbündete Preußen gegen Napoleon) eine neue Heimat. Auch die nach italienischem Vorbild errichtete Kirche St. Peter und Paul, die Französische Kirche, ein Pumpwerk als Moschee, die Schweizer Kolonistensiedlung Nattwerder, die romantischen Kulissen des Ruinenbergs und des in alter Schönheit entstandenen Belvederes auf dem Pfingstberg geben der Stadt ein unverwechelbares Flair.

Im Verlauf von danach gut 250 Jahren war Potsdam zunächst im 17. Jahrhundert die Residenz der Kurfürsten von Brandenburg, dann im 18./19. Jahrhundert der Könige von Preußen und schließlich Ende des 19. und Anfang des 20. Jahrhunderts der Kaiser des Deutschen Reiches. Also gibt es hier auch eine erkleckliche Zahl an Schlössern und Gärten: Sie wurden von genialen Baumeistern und Gartenarchitekten geschaffen und begründeten in unseren Tagen als Kern des UNESCO-Welterbes den internationalen Ruf und die Anziehungskraft der Stadt an der Havel. Sie sind somit auch der entscheidende Magnet als Tourismusziel und ein wesentlicher Faktor hiesiger Tradition; bilden auch den Maßstab für die städtebauliche Zukunft. Der größte Schwerpunkt ist die Wiedergewinnung der historischen Stadtmitte – der Anfangsschritt ist schon mehr als getan: Der bereits erfolgte Wiederaufbau des Fortunaportals, der Bau eines Landtagsgebäudes in der Kubatur des einstigen Stadtschlosses, die Rückgewinnung des Stadtkanals und der geplante Bau der Garnisonkirche zeugen davon.

SANS, SOUCI.

Potsdam, die Stadt am Wasser, vom Park Babelsberg aus gesehen

Knapp 5 000 Potsdamer arbeiten in wissenschaftlichen Einrichtungen. Damit nimmt die Brandenburgische Landeshauptstadt einen Spitzenplatz in der Bundesrepublik ein. Mehr als 21 000 junge Menschen studieren an der Universität, der Fachhochschule, der Hochschule für Film und Fernsehen und der neu gegründeten University of Management and Communication, der ersten privaten, staatlich anerkannten Hochschule in Potsdam. Hinzu kommen mehr als 40 wissenschaftliche Institute, die ihren Sitz in der Region haben: Max-Planck-Institute, Fraunhofer-Institute, Einrichtungen der Leibniz- und der Helmholtz-Gemeinschaft, wie das GeoForschungsZentrum Potsdam. Diese Einrichtungen haben sich zur Landesvereinigung außeruniversitärer Forschung in Brandenburg zusammengeschlossen. Ziel ist, die Forschung im Land zu fördern und dabei die gemeinsamen Interessen zu vertreten. Die Vernetzung der Wissenschaft in Potsdam zeigt sich auch an einer Besonderheit in der Satzung der Universität: Dort ist die gemeinsame Besetzung von Professuren mit außeruniversitären Forschungseinrichtungen festgeschrieben. Im deutsch-französischen Studiengang Rechtswissenschaften ist der internationale Austausch eine Selbstverständlichkeit. Und auch bei den Filmemachern sind Kontakte in die ganze Welt der Regelfall: Studierende der Filmhochschule produzieren gemeinsam mit Kommilitonen der Partnerhochschule Communication University of China Kurzfilme. Und in Seoul ist die HFF am Aufbau des Korean Institute of Technology beteiligt.

Mit der Vielfalt seiner Forschungseinrichtungen steht Potsdam bundesweit an vierter Stelle, im Verhältnis zur Bevölkerungszahl sogar an der Spitze. Wissenschaftler der Landeshauptstadt haben internationale Preise errungen und damit zum guten Ruf Potsdams entscheidend beigetragen. Das 1998 gegründete Hasso-Plattner-Institut für Softwaresystemtechnik ist das erste und bislang einzige völlig privat finanzierte Universitäts-Institut

Die neuerbaute Hochschule für Film und Fernsehen »Konrad Wolf« in Potsdam-Babelsberg

in Deutschland. Sein Stifter stellt für den laufenden Betrieb über 20 Jahre hinweg mehr als 200 Mio. Euro zur Verfügung. In Palo Alto, an der Standford University, eröffnete 2005 das »Hasso Plattner Institut of Design«: Neben dem Austausch von Studenten und Wissenschaftlern ist ein jährlich stattfindender Workshop geplant.
Und auch für die jüngsten Wissenschaftler hat Potsdam etwas zu bieten, das seinesgleichen sucht: Im Verein Exploratorium Potsdam e.V. haben sich Potsdamer Wissenschaftler in einer Privatinitiative zusammengeschlossen, um eine wissenschaftliche Mitmach-Welt für Kids zu errichten. Auf 1 400 qm laden über 100 Exponate zum Ausprobieren und Mitmachen ein. Seit September 2006 bietet man hier Sonderschauen zu vierteljährlich wechselnden Themenschwerpunkten.
Die Tradition der Stadt als Medienstandort reicht weit zurück: In den Jahren nach 1911 erlangte Babelsberg Weltruhm als Wiege des Films in Deutschland. War Babelsberg bis 1990 ein internationaler Produktionsstandort für den klassischen Kinofilm, so gehören heute Fernsehproduktionen und eine florierende Multimediabranche untrennbar dazu. Vorhandene Studios wurden saniert und modernisiert. Neue sind hinzugekommen. Hervorragende Infrastruktur, qualifiziertes Fachpersonal und das breitgefächerte Spektrum von Film, Fernsehen und Multimedia bieten innovativen Unternehmen unvergleichliche Entwicklungschancen und Synergieeffekte. Das einzige Filmorchester arbeitet hier und unterstützt die Filmemacher entsprechend musikalisch. Ihre langjährigen Leiter waren Karl-Ernst Sasse (der bis zu seinem Tode 2006 zahlreiche Filmmusiken schuf) und Manfred Rosenberg. Babelsberg ist Sitz des Rundfunks Berlin-Brandenburg, der Studio Babelsberg, der Ufa-Produktionsgruppe sowie zahlreicher weiterer Medienunternehmen. Platz für 500 Studenten bietet der Neubau der Hochschule für Film und Fernsehen »Konrad Wolf«. Auf dem Gelände der Medienstadt behei-

matet ist auch das Deutsche Rundfunkarchiv, Nachlassverwalter des Programm- und Pressearchivs des DDR-Fernsehens und -Hörfunks. Eine touristische Attraktion ist der Filmpark Babelsberg: Er ermöglicht Besuchern einen unterhaltsamen Blick hinter die Kulissen von Film und Fernsehen.

Potsdams Ausgestaltung zu einem attraktiven Wohnort geht unvermindert weiter. Neben der Innenstadt werden die Neubaugebiete, in denen fast die Hälfte der Einwohner lebt, funktional und gestalterisch aufgewertet. Kulturelle Angebote sind wichtige Bestandteile der Lebensqualität: Das Haus der Brandenburgisch-Preußischen Geschichte, der Nikolaisaal, der Kulturstandort Schiffbauergasse mit dem Theater, die Musikfestspiele Sanssouci und die Potsdamer Schlössernacht beschreiben die Breite und Vielfalt der kulturellen Leistungen nur partiell.

Potsdam bietet ein breites Bildungsangebot – von der Grundschule bis zur Volkshochschule – und ermöglicht so ein lebenslanges Lernen. Neben staatlichen Schulen erweitern solche in freier Trägerschaft die Bildungsmöglichkeiten. Ebenso hat der Sport einen hohen Stellenanteil: In mehr als 100 Vereinen treiben tausende Enthusiasten regelmäßig Sport und messen auf Landes- bzw. Bundesebene mit großem Spaß und Engagement ihre Kräfte. Zentrum des Leistungssports in Potsdam ist der Sport- und Freizeitpark Luftschiffhafen. Er ist heute u.a. Ort des Olympiastützpunktes und der Eliteschule des Sports »Friedrich Ludwig Jahn«. Besonders die Ruderer, Kanuten, Schwimmer und Leichtathleten aus diesem Sportzentrum und aus der Sportfördergruppe der Bundeswehr haben durch ihre Erfolge die Stadt weit über die Landesgrenze hinaus bekannt gemacht und gehören zu den weltbesten Vereinen. Nicht unerwähnt sollen der ehemalige Deutsche Fußballmeister und Pokalsieger bei den Damen, Turbine Potsdam, und die Männer von Babelsberg 03 bleiben.

Wo immer man in Potsdam wohnt, man hat es nicht weit zu einem der zum Welterbe gehörenden Parks, einer der zahlreichen Gartenanlagen, einem Waldgebiet oder ans Wasser. Südlich der Havel liegen nicht nur die Großsiedlungen aus den 70er und 80er Jahren, sondern auch die Villenkolonie in Babelsberg und das in den 90er Jahren entstandene und mit einem Architekturpreis ausgezeichnete Wohngebiet im Kirchsteigfeld. Nördlich des Flusses ist Wohnen in der historischen Innenstadt ebenso möglich wie in den neuerschlossenen Siedlungsgebieten am Volkspark im Bornstedter Feld. Idyllische Winkel finden sich auch in den nördlichen Ortsteilen. Dass immer mehr Menschen den Reiz und die Qualität Potsdams als Wohnort erkennen, davon zeugen die frisch renovierten Villen in der Berliner Vorstadt, aber auch die Tatsache, dass es hier faktisch keinen Wohnungsleerstand gibt. Viel ist in der Vergangenheit unternommen worden, um die Wohn- und Lebensqualität zu erhöhen. Tausende von Häusern wurden rekonstruiert, auf den modernsten Stand gebracht. Einkaufszentren entstanden, Gaststätten von Kneipe bis Edelrestaurant laden ein. Im Holländischen Viertel ist gut bummeln, ebenso in der Brandenburger und ihren Nebenstraßen oder in Babelsberg.

An Musealem ist in Potsdam keinerlei Mangel; neben den Schlössern und Gärten – ob Sanssouci, Neues Palais, Charlottenhof oder Babelsberg, ob Park Babelsberg, Neuer Garten oder Cecilienhof, ob Gartenarchitekten wie Lenné oder Baumeister wie Knobelsdorff, Bouman, Gontard, Langhans, Schinkel, Stüler und andere – sie alle schufen eine der schönsten Städte Mitteleuropas. Einiges Außergewöhnliche ist auch in den Stadtmuseen dokumentiert; hier eine Auswahl: Das Filmmuseum ist zu nennen und das Museumshaus im Holländischen Viertel. Das historische Traufenhaus in der Benkertstraße entstand durch Jan Bouman 1733–37; nach umfassenden Restaurierungsarbeiten bezog das Potsdam-Museum 1999 dieses Haus. Die Sammlungen umfassen mehr als 250 000 Gegenstände zum Kultur- und Alltagsleben vom 16.–20. Jahrhundert; z.B. Möbel, Glas, Textilien, Fotos, Militaria, Plakate, Spielzeug, Zinnfiguren, kulturgeschichtliches Kunstgewerbe, Skulpturen, Uhren, Numismatik, Abzeichen, Plaketten, Karten, Stiche, Drucke, Zeichnungen und Gemälde.

Die bedrückende Kontinuität der Willkür verschiedener Diktaturen und die persönlichen Schicksale der Betroffenen sind Themen der Gedenkstätte Lindenstraße: 1809 wurde das Haus zum Tagungsort der ersten freigewählten Stadtverordnetenversammlung. Seit 1820 nutzte das Stadtgericht das Gebäude als Gerichtsort und Gefängnis. Während der NS-Diktatur waren hier Verfolgte des Regimes inhaftiert, ein Erbgesundheitsgericht verurteilte Menschen zu Zwangssterilisationen, Widerstandskämpfer (wie Werner Seelenbinder) wurden vom Potsdamer Volksgerichtshof zum Tode verurteilt. 1945–52 waren hier Verfolgte des sowjetischen Geheimdienstes eingesperrt, 1952–89 wurden politische Häftlinge des DDR-Staatssicherheitsdienstes in diesem Haus inhaftiert.

Heute dient das historische Haus mit der wechselvollen und traurigen Geschichte als Mahnmal und Gedenkstätte. Eine weitere Gedenkstätte ist »Potsdam und der 20. Juli 1944« im Gebäude des Ministeriums für Wohnen, Stadtentwicklung und Verkehr: Sie erinnert an den Widerstand der Offiziere, deren Biographien ver-

Ein Haus in der Russischen Kolonie Alexandrowka. Sie ist das einzige noch existierende russische Kunstdorf weltweit und Bestandteil des Welterbes der UNESCO

schiedene Anknüpfungspunkte zu Potsdam aufweisen. Die Ausstellung unterstützt die Auseinandersetzung mit den Ereignissen des gescheiterten Attentats an Hand der Lebensschicksale jener Mitverschwörer, deren Wirken in Beziehung zur Stadt stand.

Zu einem Spaziergang durch die Tier- und Pflanzenwelt Brandenburgs laden die Ausstellungen des Naturkundemuseums ein. Hier hat man die Möglichkeit, den einen oder anderen Vierbeiner, gefiederten Sänger oder stummen Fisch zu treffen. In umfangreichen Sammlungen sind etwa 250 000 Objekte zusammengefasst. Dieses Museum befindet sich im ehemaligen »Ständehaus der Zauche«, das 1770 nach Plänen von Gottfried Christian Unger erbaut wurde und zu einem Ensemble architektonischer Kleinode der Breiten Straße, unmittelbar in der Nähe des »Großen Waisenhauses« und der Havelbucht, gehört.

Im Zuge der unter Friedrich II. vorgenommenen Umgestaltung Potsdams zu einer repräsentativen Residenzstadt wurde 1753 auf den Fundamenten der bescheidenen Vorgängerbauten mit dem Bau des Rathauses auf dem Alten Markt begonnen. Das dreiteilige bauliche Ensemble besteht aus dem Mitte des 18. Jahrhunderts von Jan Bouman und Carl Ludwig Hildebrant errichteten barocken Rathaus und dem von Knobelsdorff geschaffenen Eckhaus. Der Bau dazwischen wurde in unseren Tagen durch einen modernen Zwischenbau ersetzt.

So begegnet man auf Schritt und Tritt in Potsdam und Babelsberg, Bornstedt und anderswo kulturellen Kostbarkeiten. Jeder Weg allerdings führt vorbei an Sanssouci: Auf einem Weinberg entstand das bezaubernde Schloss, wofür Friedrich II. seinem Baumeister Knobelsdorff mit zahlreichen Skizzen zuarbeitete. In nur zwei Jahren (1745–47) war das Kunstwerk fertig. In mehr als hundert Jahren entstand eine Parkanlage mit immer neuen Ausblicken und Eindrücken. Die Neuen Kammern, die Bildergalerie und das Neue Palais als letzte große Schlossanlage des preußischen Barock lassen keinen Besucher kalt. Der Park von Sanssouci, eine der bedeutendsten und größten Parkanlagen Europas, bietet eine Mischung aus faszinierender Gartengestaltung und eigenwilliger Architektur. Orangerieschloss, Drachenhaus und Historische Mühle illustrieren dies ebenso wie das bezaubernde Chinesische Teehaus. Das Schloss Charlottenhof von Schinkel und die Römischen Bäder von Persius fügen sich in den von Lenné gestalteten englischen Landschaftsgarten harmonisch ein. Das Belvedere auf dem Klausberg und die antike Kulisse des Ruinenberges sind nach umfangreicher Rekonstruktion wieder zugänglich.

Potsdam hat insgesamt 34 Stadtteile, die sich in acht Sektoren aufteilen: Potsdam-Nord (Bornim, Nedlitz, Bornstedt, Sacrow, Eiche, Grube, Golm), Nördliche Vorstädte (Nauener-, Berliner- und Jägervorstadt), Westliche Vorstadt (Brandenburger Vorstadt, Potsdam-West, Wildpark), Innenstadt (Nördliche und Südliche Innenstadt), Babelsberg (Klein Glienicke, Babelsberg Nord und Süd), Potsdam-Süd (Templiner-, Teltower Vorstadt, Schlaatz, Waldstadt I und II, Industriegelände, Forst Potsdam-Süd), Stern/Drewitz (Am Stern, Drewitz, Kirchsteigfeld), Nördliche Ortsteile (Uetz-Paaren, Marquardt, Satzkorn, Fahrland, Neu Fahrland, Groß Glienicke); die größte Ausdehnung des Stadtgebietes erreicht in ost-westlicher wie in nord-südlicher Richtung jeweils etwa 13 km. Der größte See ist der Schwielowsee (795 ha), der kleinste der Tiefe See (49 ha), dazwischen liegen Templiner-, Großer Zern-, Jungfern-, Sacrower-, Schlänitz-, Lehnitz- sowie Wublitzsee – insgesamt beträgt die Wasserfläche 2 072 ha. Zum Vergleich: Die Waldfläche nimmt 4 622 ha und die Landwirtschaftsfläche 6 014 ha ein, den »Rest« teilen sich Gebäude-, Frei- und Erholungsflächen; insgesamt umfasst das Stadtgebiet 187,27 qkm. Die Havel durchfließt Potsdam auf einer Länge von 13 km, der Sacrow-Paretzer Kanal auf 6,8 km, die Nuthe auf 6 km und der Schifffahrtskanal auf 0,6 km. Das Gesamtstraßennetz umfasst 620 km, die Linienlänge von Straßenbahn 80 km, jene vom Omnibus 386,3 km und der Fähre von 0,26 km. In Potsdam leben 147 716 Menschen (Stand: 31.12.2006).

Der Aussichtspunkt für König Friedrich den Großen auf dem Klausberg: das Belvedere, zwischen 1770 und 1772 erbaut.

Havelland und Havelländisches Luch

»Die Havel ist ein aparter Fluss«, schrieb Theodor Fontane. Und elegant ist er obendrein – was Fontane wohl mit »apart« auch meinte. Er kommt aus dem Norden (entspringt bei Neustrelitz), durchfließt die Bundeshauptstadt und die Landeshauptstadt, wendet sich der Obststadt Werder zu, lässt die Götzer Berge (immerhin der höchste mit 109 m vermessen) im wahrsten Wortsinne links liegen, dann geht's mittenmang durch Brandenburg, beschreibt einen eleganten Halbkreis, nimmt Kurs auf die Optikerstadt Rathenow und fließt weiterhin gen Norden, um bei Havelberg, der alten Bischofsstadt, in die Elbe zu münden. Im großen Havelbogen liegt das obstplantagenreiche Havelland. Bereits vor etwa 150 Jahren entstand unter vorrangiger Einbeziehung der Havel ein ausgeklügeltes System von Kanälen, das den Fluss mit Elbe, später Mittellandkanal, Müritz und Oder verbindet.

Das umfangreiche Terrain des Havellandes war während der letzten Kaltzeit auch stark eisbedeckt; nach dem Schmelzen war das Land platt wie eine Flunder (darin unterscheidet sich diese Landschaft bezüglich der Uckermark); die Berge fehlen hier zwar nicht ganz, aber sie sind nur sporadisch und wirken wie hingekleckst (Götzer bzw. Rhinower Berge) und sind um die hundert Meter nur hoch. Im Westhavelland begegnet man ausgedehnten Kiefernwäldern, weit mehr als im Ost-Havelländischen. Diese politische Zweiteilung verschwand 1993, als die Kreise Nauen und Rathenow sich zum neuen Kreis Havelland zusammenfanden.

Diese Landschaft erhielt ihre jahrhundertelange Prägung durch den preußischen Landadel und die bäuerlich-handwerkliche Bevölkerung. Und noch bis weit ins vergangene Jahrhundert hinein waren die Schulbücher versehen mit Fontanes »Herr von Ribbeck zu Ribbeck im Havelland«, das von diesem Zusammenleben zu berichten wusste. Potsdam, die Landeshauptstadt, ist die größte im Havelland und gleichzeitig reich an landschaftlichen und baulichen Schönheiten. Keineswegs minderwertigere Schönheiten entdeckt man hier auf dem Lande, abseits der Städte und oftmals auch abseits von den großen Straßen. Wie sehr Fontane dieses Gebiet geliebt haben muss, kommt wohl am besten in seinen »Wanderungen durch die Mark« zum Ausdruck, und im Gedicht »Havelland« schreibt er beinahe enthusiastisch die folgenden Verse: »Und an dieses Teppichs blühendem Saum all die lachenden Dörfer, ich zähle sie kaum: Linow, Lindow, Rhinow, Glindow, Beetz und Gatow, Dreetz und Flatow; Bamme, Damme, Kriele, Krielow, Petzow, Retzow, Ferch am Schwielow; Zachow, Wachow und Groß Bähnitz, Marquardt-Uetz an Wublitz-Schlänitz; Senzke, Lenzke und Marzahne, Lietzow, Tietzow und Rekahne und zum Schluss in dem leuchtenden Kranz: Ketzin, Ketzür und Vehlefanz!« – Kann man schöner seine Heimat beschreiben?

Das Ländchen am Rhin ist ein historisch-schwangeres: Wenn man nur die Ortsnamen Fehrbellin und Linum vernimmt, wissen Historiker und Ornithologen sofort Bescheid, denn bei *Fehrbellin* (beim Dörfchen Hakenberg) kämpfte am 16.6.1675 Friedrich Wilhelm von Brandenburg mit 4 200 Soldaten 11 000 sieggewohnte Schweden förmlich nieder und erhielt anschließend den Beinamen »der Große Kurfürst«. Vielleicht half angesichts dieser 2 $^{1}/_{2}$-fachen feindlichen Übermacht dem Kurfürsten auch noch ein bisschen das unwegsame Gelände der ausgedehnten Moorwiesen des Rhinluchs. 1879 wurde auf dem Hakenberg die Siegessäule (eine kleinere Ausgabe jener von Berlin) im Gedenken an den »Tag von Fehrbellin« errichtet. Die Ornithologen schnalzen beim Nennen des Dorfnamens *Linum* ihrerseits mit der Zunge: Denn das ist eines der wenigen Storchenparadiese unseres Landes, wo sich alljährlich Meister Adebar gerne niederlässt, um seinen aktuellen Nachwuchs zur Welt zu bringen und fit zu machen für den herbstlich langen Flug nach Süden; aber auch Kranich und Wildgans »logieren« hier ganz gerne. Der Landstrich bietet ideale Lebensräume an.

Das Land am Rhin war einst Moorland, reichlich unzugänglich und sommers angefüllt mit lästigen Insekten – also relativ ungesund für den Menschen. Da war es (mal wieder) der Alte Fritz, dem dieser missliche Umstand in die Augen stach, und er gab Order, das Luch entsprechend zu »zähmen« und Kolonisten anzusiedeln. Am 23.7.1759 stand er auf dem Gollenberg, betrachtete das trockengelegte Luch und die neuerrichteten Kolonistendörfer und soll begeistert ausgerufen haben: »Das ist wahr, das ist wider meine Erwartung, Das ist schön!«

Bekannt blieb das *Ländchen Rhinow* durch Otto von Lilienthal, dem ersten »fliegenden Menschen«, der vom

In den Hohennauener See, hier der Bootssteg von Semlin, mündet der große havelländische Hauptkanal, von Berlin-Heiligensee kommend.

Gollenberg seine Flugversuche unternahm. Hier steht heute eine »ausgewachsene« Iljuschin 62, die nach ihrem letztem Flug gelandet ist, ein Lilienthal-Museum beherbergt und höflicherweise »Lady Agnes« von der Bevölkerung »getauft« wurde. Heute gehört dieser Landstrich mit seinen Gewässern und weiten Landschaften mit zu den schönsten Gegenden Brandenburgs. Ganz anders gibt sich der trockene Moränenzug des *Ländchen Bellin,* kaum 20 m ü.NN liegend. Es gibt hier breite Alleen; eine der wichtigsten ist auf diesem landschaftlichen Teilstück die zwischen Fehrbellin und Kremmen ... sie führt als »Deutsche Alleenstraße« von Rügen bis zum Bodensee.

Kremmen ist gewissermaßen »Das Tor zum Luch«; ein Städtchen, das bereits 1216 in den Annalen auftaucht. »Stelle, wo es Kieselsteine gibt«, heißt das aus dem Slawischen stammende »Cremene«, worunter der Ort zunächst auftauchte. Im Forsthaus des Ortes verbrachte der Dichter Richard Dehmel (1863–1920) seine Kinder- und Jugendjahre; sein Vater war als städtischer Förster tätig. Wer ein wenig nach Norden fährt, überquert den Ruppiner Kanal und gelangt nach *Sommerfeld;* hier baute der Architekt Heinrich Seeling (1852–1932) die »Hellmuth-Ulrici-Kliniken«: Die Stadt Charlottenburg ließ in der sauberen Waldluft einer idyllischen Landschaft eine Lungenheilstätte erbauen (1912/14). Seeling war damals Berliner Stadtbaurat und baute diese architektonische Besonderheit, wie auch später Theater (Theater am Schiffbauerdamm, Theater in Gera, Freiburg und Halle); einiges wurde leider im II. Weltkrieg zerstört (Schauspielhaus Essen, Deutsche Oper Berlin-Charlottenburg). *Linum* ist nicht nur »Storchendorf«; hier wurde 1798 im Pfarrhaus die »glaubensfeste Dichterin aus Linum«, Luise Hensel, geboren. Eine lange Freundschaft verband sie mit Clemens von Brentano, den sie aber wegen ihres selbstauferlegten Keuschheitsgelübdes nicht heiratete.

Das *Amt Friesack* mit den Gemeinden Mühlenberge (mit Haage, Senzke, Wagenitz), Wiesenaue (mit Brädikow, Jahnberge, Vietznitz, Warsow), Paulinenaue (mit Selbelang), Pessin, Retzow, Stadt Friesack (mit Wutzetz, Zootzen) liegt im »Ländchen Friesack« entlang der B 5: Hier kann man in vollen Zügen das Flair des Luchgebietes genießen. Diese Landschaft ist geprägt von der Harmonie der Übergänge, verhaltenen Formen und Farben, von der Weite des Blicks über Felder, Wiesen, Weiden bis hin zu den Wäldern. Leuchtendes Grün im Sommer und das fahle, melancholische Grau in der Stille des Luchs im Winter verleihen der Landschaft ihre hervorstechenden Reize. Das Gebiet ist Produkt der letzten Eiszeit. Nach dem Abschmelzen blieben ältere Bildungen – Dlluvialplatten – erhalten, so eben auch dieses Ländchen. Nach der Talsandsedimentation kam es örtlich zu Reliefmarkierungen durch Dünenbildung. Die später einsetzende Vermoorung führte zu allgemeiner Verebnung der Landschaftsoberfläche. Wo das Grundwasser an oder über die Oberfläche trat, haben sich anschließend Niedermoore gebildet; im anderen Falle entstanden hydromorphe Mineralböden. Es konnte im gemäßigten Klima die Vertorfung bzw. Erhaltung postmortaler Pflanzensubstanzen infolge Sauerstoffmangels möglich sein.

In dieser Gegend findet man keine Burgen, Festungen, großartige Schlösser und Industrieanlagen; es war und ist ausgesprochen ländliches Gebiet. Die Landschaftsformen – das Luch mit seinen Sanderhebungen – bestimmten in der Vergangenheit die Standorte der Ansiedlungen. Mit Bäumen bewachsene Sumpfstrecken nennt man heute noch »Laken« (slaw.: mlaka = Lache) – das sind längere Einbuchtungen eines Flusses (also quasi »havelländische Fjorde«). Der Ortsname Selbelang (1735) kommt, wie so vieles, aus dem Slawischen; hier von »selvelank« (= Lanke, Lache) abgeleitet und die erste Silbe von »soli« (=Salz); also vielleicht: »Salzsumpf«. Bei Paulinenaue gibt es die »Lutsche« (1390 = »lutzke«) und bei Pessin die wüste Dorfstelle Luschow mit dem »Lutsch-Steigberg«, über den ein Weg einst ins »freie Luch« führte. Soweit wird auch hier deutlich, dass etwa vom 3.–12. Jahrhundert die Slawen siedelten und auch dem Gebiet ihre Namen gaben.

Die *Stadt Ketzin* wurde 1197 erwähnt und besitzt heute die Ortsteile Paretz und Brückenkopf; das Gebiet ist eine geschützte Naturlandschaft und gekennzeichnet durch ausgedehnte Seenketten und eine herrliche Bruchlandschaft mit artenreicher Flora und Fauna. Die engen verwinkelten Gassen des »Fischerviertels« weisen auf die historische Bedeutung des einstigen Fischerdorfes hin. Das Areal um das Ketziner Havelgebiet zählt als Landschaftsschutzgebiet mit zu den reizvollsten Landschaften im Land Brandenburg und ist ein wahres Traumland für Wasser- und Naturfreunde, in der es Fischotter, Sumpfschildkröte, Wachtelkönig und Eisvogel gibt.

Als »Tor zum Mittleren Havelland« gilt Nauen. Keine großen Städte, nur kleine Dörfer und Entwässerungsgräben (der Havelländische Hauptkanal ist der größte). Gerade durchschneidet die ICE-Trasse Hannover–Berlin das Gebiet – Altes und Neues innig vereint! Alleen, mit prächtigen Bäumen bestückt, machen die wei-

Der Lieblingssommersitz (1797–1815) von Königin Luise – Schloss Paretz im gleichnamigen Dorf – gehört mit Kirche und Dorfanlage zu den bedeutendsten Zeugnissen der Landbaukunst von Preußen um 1800.

ten Wege – die hier notwendig sind, um ans Ziel zu gelangen – erträglicher. Das ganze Gebiet ist Landschaftsschutzgebiet; der Naturpark Westhavelland breitet sich hier aus, und man findet auch den europaweit größten flugfähigen Vogel, die Großtrappe, mit ein bißchen Glück, versteht sich, denn der Vogel ist recht menschenscheu. Im Osthavelland liegt *Nauen,* die einstige Kreisstadt, die 1186 als »Nauwen« in den Akten auftauchte. In der Nähe des Städtchens ragt ein steinernes Zeugnis aus der Havelebene empor: die einstige »Großfunkstelle« des Deutschen Reiches (1917–19). Südlich von Nauen befinden sich kleine Dörfer, wie *Markee* und *Markau* mit ihren schönen Kirchen samt prächtigem Interieur; in westlicher Richtung liegen *Groß* und *Klein Behnitz*: In Groß Behnitz steht, malerisch in die Landschaft eingepasst, der einstige Wohnsitz des Großindustriellen Albert Borsig (1866) mit seinem prächtig gestalteten Gutsportal. Die kleinen Orte im Havelländischen Luch, ob Lietzow, Ribbeck, Nennhausen, Buchow, Pessin und andere, liegen zwar weiter ab, haben aber, jedes für sich, etwas Reizvolles zu bieten. Nach *Nennhausen* eingeheiratet hatte der preußische Dichter Friedrich Heinrich Carl Baron de la Motte Fouqué (1777–1843), der nicht nur schöne Gedichte reimte, sondern auch Opernlibretti verfertigte (Lortzings »Undine« beispielsweise); auch Heine und Kleist verehrten ihn und das will bei den beiden ordentlich was heißen.

Westlich von *Potsdam* befindet sich der herrlich elegante Bogen, den die Havel beschreibt. Der Lauf des Flusses ist bisweilen seengeweitet; die Straßen liegen entfernt vom Wasser; hier geht es eher ruhig zu; kleine Hügel schaffen ein wenig landschaftliche Abwechslung im »Ketziner Land«. Ketzin begeht 2007 sein 810. Ortsjubiläum und war einst ein angesehener Fischerort, teilweise ist er das noch heute. Auch Schiffstouren kann man selbstverständlich unternehmen. *Paretz* in der Nähe ist ein »königliches Dorf«: Zeitweilig diente das heute sehr schön wiederhergestellte Schloss dem späteren König Wilhelm III. und seiner Ehefrau Luise als Sommersitz. Still war es hier und wie geschaffen für königliches Landleben ohne alle höfische Etikette: »Hier im ›Schloss-Still-Im-Land‹ erblühten dem Königspaar Tage glücklichen Familienlebens – Familie und Stille waren der Zauber von Paretz«, bemerkte Fontane wieder einmal trefflich.

Weitere hiesige Highlights: Der Schlänitz-See liegt nahe dem malerischen Schlösschen Marquardt; die prächtige Schönheit dieses Landstrichs ist sprichwörtlich zu nehmen. Besonders schön ist es zur Zeit der Obstbaumblüte, und ausgedehnte Wanderungen an den Ufern der Havel gehören unbedingt zum Programm. Es gibt eine Menge geschichtsträchtiger Dörfer in dieser Region: *Derwitz, Roskow, Priort, Satzkorn* und andere; aber, wie schon beschrieben: etwas fernab vom Großstadtgetümmel. Begeben wir uns weiter nach Westen, liegt kurz vor Werder das Dorf *Groß Kreutz,* das von Bedeutung ist: Hier befand sich einst ein mächtiges Gut (1604–1801), das der Adelsfamilie von Hake gehörte. Das Gutshaus im Landhausstil (1675) steht noch zum Großteil; Baumeister des Gesamtensembles war Friedrich Wilhelm Dieterich, der in Berlin das Ephraim- und Prinzessinenpalais entwarf. Noch weiter westlich befindet sich das Kloster Lehnin, ehemals Slawenland, auf welchem sich die Zisterzienser niederließen. *Lehnin* war das erste brandenburgische Kloster: Neben den eindrucksvollen Gebäuden interessiert besonders die umgebende Landschaft des gleichnamigen Ländchens; Dörfer liegen an opulenten Wäldern, kleinen Seen und Fließen mit reichlich Baumbewuchs. Von besonderem Reiz präsentiert sich der Rietzer See beim Dorf *Netzen*: Das ist nicht nur Vogelparadies, sondern auch eines der schönsten Naturparadiese Brandenburgs.

Aber die »Wiege der Mark« ist zweifelsfrei *Brandenburg* mit seiner seenreichen Umgebung (Wusterwitzer-, Breitling-, Möserscher-, Wend-, Plauer-, Pritzerber- und Beetzsee). Gerade letzterer erfreut sich großer Beliebtheit und Volkstümlichkeit: Einerseits ging hier dereinst der Brandenburger Friseur Fritze Bollmann (1852–1901) im wahrsten Wortsinne »baden« (wofür ihm die Brandenburger die erschröckliche Moritat »Fritze Bollmann wollte angeln« ironischerweise und satirisch ins Stammbuch sangen und schrieben – bis heute ein Hit); andrerseits finden auf ihm nach wie vor große internationale Regatten statt und drittens verfügt er über eine sehr schöne Umgebung. Er besteht eigentlich aus drei großen Seen und den kleineren (Riewend-, Klein Behnitzer und Groß Benitzer See), das ergibt etwa 26 km am Stück. Die Ufer sind meist so gelassen, wie von der Natur vorgegeben und mit Schilfgürteln angereichert; einige Dörfer schaffen einen wirkungsvollen Kontrapunkt zum Wasser. Auch nordwärts setzt sich z.B. im Pritzerber See der Wasserreichtum der Gegend fort. Wir erreichen jetzt *Rathenow,* die Optikerstadt; große Geister haben hier ihren Stempel aufgedrückt: Johann Heinrich August Duncker (1767 als Pfarrerssohn hier geboren; gestorben 1843) erfand die Vielschleifmaschine und stellte komplizierte Linsen für Mikroskope und Augen her; sämtliche Brillenträger sind ihm darob zu Dank verpflichtet. Deshalb stieg die Einwohnerzahl von 5 000 (1840) auf 27 500 (1925). Der

Der Falkenhagener See, westlich von Berlin-Spandau gelegen, ist ein beliebtes Ausflugsziel für Berliner und Havelländer.

Der Plauer See, der Breitlingsee, der Mösersche See, der Quenzsee und der Große Wendsee bilden das größte zusammenhängende Seengebiet des Havellandes; Blick von der alten Plauer Brücke zwischen Plaue und Margarethenhof auf den Plauer See.

Architekt Franz Schwechten (1841–1924), Schüler von Stüler und Gropius schuf neben der Berliner Gedächtniskirche, dem Anhalter Bahnhof und der Hohenzollernbrücke in seiner Heimatstadt Köln auch das Kreishaus in Rathenow. Der Lyriker Johann Christian Blum blieb ein Rathenower (1739–90) und schrieb gefühlvolle Gedichte. In *Milow,* gegenüber Premnitz, wurde 1832 der Milch-Magnat Carl Andreas Julius Bolle (gest. 1910 in Berlin) geboren, der es sich zur Aufgabe gemacht hatte, alle Berliner mit Milch zu versorgen … was er auch in die Tat umsetzte. Existiert seine Firma und sein Logo heute nicht mehr, so ist der Slogan: »Frech wie Bolle« in den täglichen Sprachgebrauch längst eingegangen.

Mit einer Gesamtfläche von 1 315 qkm ist der Naturpark Havelland das größte der 15 Großschutzgebiete im Lande. Die flachen Ufer des Stülper Sees sind bevorzugt von rastenden Graugänsen auf dem Flug nach Süden. Weite Gebiete beiderseits der Unterhavel (Pritzerbe-Strodehne) an Dosse, Jäglitz und Rhin und im östlichen Naturpark (Nennhausen-Möthlow) sind unter Schutz gestellt; hier ist der Artenreichtum besonders hoch. Auch der Kreis Potsdam-Mittelmark hat neben vielem bereits Erwähnten noch bemerkenswerte Details in petto. Das *Amt Brück,* das zum Fläming hin liegt, ist von Wäldern umgeben, die in das Baruther Urstromtal übergehen. 1360/74 erhielt der Ort das Stadtrecht; heute gehören folgende Gemeinden zum Amt: Borkheide, Borkwalde, Golzow, Linthe, Planenbruch und Stadt Brück. Zum *Amt Niemegk* gehören die Gemeinden Mühlenfließ, Planetal, Rabenstein und die Stadt Niemeg und die *Stadt Ziesar* ist der Sitz der Verwaltung des Amtes Ziesar; es verfügt über günstige Verkehrsanbindungen über A 2 und 9 sowie über die B 107; mit den Ortsteilen Bücknitz, Glienecke und Köpernitz hat die Stadt ca. 2 900 Einwohner.

Blick über den Mühlensee bei Vehlefanz im Gebiet Oberkrämer zur Bockwindmühle

Landkreis Havelland – Havelländische Reize

Herr von Ribbeck auf Ribbeck im Havelland/
Ein Birnbaum in seinem Garten stand/
Und kam die goldene Herbsteszeit/
Und die Birnen leuchteten weit und breit …

Das Gedicht »Herr von Ribbeck auf Ribbeck im Havelland« von Theodor Fontane, geschrieben 1889, prägt bis heute das Bild vom Havelland. Und bis heute steht zwischen Ribbecker Schloss und Kirche ein Nachfahr des Baumes, dessen Früchte der alte Ribbeck freigiebig den Kindern des Dorfes zusteckte. Dieses touristische Pfand schlägt zu Buche: 30 000 Besucher im Jahr zählt der kleine Ort in der Mitte des Landkreises schon jetzt. Kirche, Pfarrhaus und Brennerei samt rührigen Gastgebern laden ein, und auch das alte Ribbecksche Schloss ersteht in neuem Glanz. Der Landkreis Havelland saniert das Wahrzeichen des Ortes, das sich zum kulturtouristischen Zentrum entwickeln soll. Der Tourismusverband nimmt hier Domizil, und ein kleines Fontane-Museum wird sich dem Wirken und der Zeit des Romanciers Theodor Fontane annehmen. Der liebte bei seinen Wanderungen durch die Mark Brandenburg das Havelland besonders, Belege dafür findet der aufmerksame Fontane-Leser viele.
Doch der Landkreis Havelland ist natürlich mehr als das Örtchen Ribbeck. Er erstreckt sich vom westlichen Stadtrand Berlins bis zur Landesgrenze Sachsen-Anhalts, gut 1 700 Quadratkilometer groß. Am Berliner Stadtrand von der Metropole geprägt, öffnet sich die Landschaft zum Westen hin Wasser, Wiesen, Wäldern und stillen märkischen Dörfern. Die namensstiftende Havel umrahmt den Landkreis in ruhigem Fluss und prägt den Charakter der Landschaft.
Direkt an Berlin-Spandau grenzt die Gartenstadt Falkensee, die zugleich die größte des Landkreises ist und ihre Einwohnerzahl seit 1990 nahezu verdoppelt hat. Beliebt bei Großstädtern, die es zum Leben beschaulich und grün mögen, sind die Orte an der Stadtgrenze nicht erst seit der Wiedervereinigung. Schon zu Beginn des zwanzigsten Jahrhunderts zogen viele Berliner aus der Stadt heraus »ins Jrüne«. Auch heute wohnt es sich freundlich, in zwanglosem Nebeneinander von Gründerzeitvillen, Eigenheimen und neuen Reihenhäusern, eingebettet in Grün und versehen mit viel Platz. Vor allem junge Familien zieht es nach wie vor hierher – ein Trend, der auf die Nachbarkommunen Dallgow, Schönwalde, Brieselang oder Wustermark ebenso zutrifft.
Die Nähe zur Hauptstadt, verbunden mit erstklassiger Infrastruktur, spricht auch Investoren an. Die Region hat sich zwischen Autobahnring und vierspurig ausgebauter Bundesstraße 5 zum Handelsplatz für den Großraum Berlin und zu einem aufstrebenden Wirtschaftsraum entwickelt. Das Güterverkehrszentrum Berlin West in Wustermark und Brieselang ist eine leistungsfähige Schnittstelle zwischen Nah- und Fernverkehr. Die Logistikbranche hat das honoriert: 24 Unternehmen operieren mittlerweile von hier aus, darunter Fiege, DHL oder Netto. Die Automobilzulieferbranche ist ein weiterer starker Partner vor Ort.
Traditionelle Wurzeln hat eine Branche, die in der Kreisstadt Rathenow im westlichen Havelland wieder erstarkt ist – die Optik. Denn Rathenow ist der Geburtsort der Brille, genau genommen der industriell hergestellten Brille. Der Pfarrer Johann August Friedrich Duncker erfand hier die Vielschleifmaschine, die es ermöglichte, mit bis dahin ungeahnter Präzision und Reduplizierbarkeit Linsen zu bearbeiten. 1801 gründete Duncker die erste Optische Industrie-Anstalt Deutschlands. Ende des 19. Jahrhunderts wurde die Stadt zum europäischen Marktführer in der Foto- und Augenoptik, und die »Rathenower Optischen Werke« versorgten in der zweiten Hälfte des zwanzigsten Jahrhunderts den gesamten Wirtschaftsraum Osteuropas mit Sehhilfen. Heute wird wieder die gesamte Produktpalette von der Teilefertigung und Montage einer Brille bis hin zur Ausstattung einer Augenoptikerfiliale hergestellt. Die optische und feinmechanische Kompetenz vor Ort hat Unternehmen wie Fielmann oder Essilor vom Standort überzeugt. Für Besucher erlebbar ist die optische Tradition im Optikmuseum, im Kulturzentrum und im Optikpark, Nachfolger des Landesgartenschaugeländes 2006 im Herzen der Stadt.
»Ich bin durch die Mark gezogen und fand sie reicher, als ich zu hoffen wagte«, bemerkte Fontane in seinen »Wanderungen«. Das Havelland zeigt mit purer Natur, Schlössern, Herrenhäusern und historischen Stadtbildern vielfältige Reize, die entdeckt werden wollen.
So zum Beispiel die »Sielmanns Naturlandschaft Döberitzer Heide«. Gut 3 400 Hektar der 5 400 Hektar großen, mehr als 100 Jahre militärisch genutzten Fläche am Berliner Stadtrand erwarb die Heinz-Sielmann-Stiftung

Birnbaum an der Dorfkirche zu Ribbeck. Theodor Fontane hat den Baum und seinen Besitzer, Herrn von Ribbeck auf Ribbeck im Havelland, 1889 in die berühmten Verse gekleidet.

Schloss Kleßen, ein Beispiel märkischer Lebenskultur. Liebevoll wurde das klassizistisch überformte Herrenhaus saniert und ist nun auch Ort für kulturelle Ereignisse, umgeben von einem einzigartigen Gutsgarten.

2004 vom Land Brandenburg. Eine Wildnis, die für den Besucher doch erlebbar wird, entsteht hier bei Elstal. Wisente und Przewalski-Pferde grasen ungestört auf dem riesigen Areal und können von Aussichtsplattformen und bei geführten Heidewanderungen beobachtet werden. Die Döberitzer Heide zeigt, dass Naturschutz und Naherholung wunderbar harmonieren können.

Mit Tierbeobachtungen wartet auch das Märkische Ausstellungs- und Freizeitzentrum in Paaren/Glien auf. Jährlicher Gastgeber für die Brandenburgische Landwirtschaftsausstellung lädt es darüber hinaus täglich in seinen Familien- und Haustierpark ein, ein weitläufiges, sehr kinderfreundliches Areal mit Wasser- und Dorfspielplatz und allen Tieren, die auf einem Bauernhof zu Hause sind: Schweine, Ziegen, Schafe, Esel, Enten und Hühner, Kaninchen und Meerschweinchen zum Streicheln.

Havelländische Schlösser sind klein, aber fein: Das Schloss Paretz, nahe Ketzin gelegen, ist die einstige Sommerresidenz des Preußischen Kronprinzen Friedrich Wilhelm III. und seiner Gemahlin Luise. Es beherbergt die originalen Textiltapeten, die mit ihren Ornamenten jedem Raum ein unverwechselbares Aussehen geben. In Nennhausen erstrahlt das Schloss der Gattin von Friedrich de la Motte Fouqué, in dem einst die deutschen Romantiker philosophierten und musizierten, wieder in altem Glanz. Schloss Kleßen wurde von seinen Besitzern mit liebevoller Hand restauriert und hat sich mit einem kleinen, feinen Spielzeugmuseum zum Geheimtipp entwickelt. Der dortige Schlossgarten sucht seinesgleichen. Kein Schloss, aber doch ein prächtiges Landgut errichtete sich der Berliner Industrielle Borsig in Großbehnitz. Sein neuer Besitzer lässt es zu einem Ensemble auferstehen, das über Industrie- und Landschaftsgeschichte zugleich Auskunft gibt.

Auf den ältesten Flugplatz der Welt kann das Rhinower Land zurück blicken. Am Gollenberg in Stölln, wo der Flugpionier Otto Lilienthal seine ersten Versuche startete und sich auch zu Tode stürzte, wird seit 1893 motorisiert geflogen. Das Dorf Stölln bei Rhinow erinnert sich Otto Lilienthals mit Stolz und Engagement.

Wasserreiches Havelland. Die Namenspatronin Havel samt ihrer Kanäle prägt die Landschaft und lädt zum Seele baumeln ein.

Naturfreunde finden im Naturpark Westhavelland, mit einer Fläche von mehr als 130 000 Hektar der größte in Brandenburg, vieles was das Herz begehrt. Kanu- und Paddeltouren entlang der gemächlich fließenden Havel erlauben es, ein eigenes Reisetempo zu finden und den Blick schweifen zu lassen. Eisvögel sieht man dann, mit etwas Glück, oder in der Abenddämmerung Biber. Wasserwanderrastplätze sorgen an Land für den nötigen Komfort. Über 1 000 bedrohte Tier- und Pflanzenarten haben im Naturpark ihren Lebensraum, darunter so seltene Vögel wie Kampfläufer und Großtrappe. Ein wahres Vogelparadies ist der Gülper See als international bedeutsamer Rastplatz für wandernde Wat- und Wasservögel. Der Blick vom Aussichtsturm am Südufer des 600 Hektar großen Sees ist vor allem im Herbst und Frühjahr ein fantastisches Naturschauspiel, wenn zehntausende Gänse und einige hundert Kraniche morgens zur Futtersuche aufbrechen. Ein in Europa in seiner Größe bislang einzigartiges Projekt beginnt jetzt ebenfalls im Naturpark – die Renaturierung der Unteren Havel. Angelegt auf einen Zeitraum von 13 Jahren und abgestimmt mit allen lokalen Beteiligten, soll der Fluss auf diesem Abschnitt sein natürliches Gesicht zurück erhalten. Altarme werden angeschlossen und Uferbefestigungen zurückgebaut.

Die Reize des Havellandes erschließen sich auf verschiedene Art und Weise – eine der Schönsten dürfte sein, sie per Rad zu entdecken. Der Havellandradwanderweg lädt dazu ein: Er durchzieht den Kreis von Ost nach West auf einer Länge von 90 Kilometern. Abseits der verkehrsreichen großen Straßen führt er durch idyllische Dörfer, nahezu unberührte Landschaften, an Sehenswürdigkeiten und Badeseen vorbei. Entlang dieses Weges, eine frische Briese im Gesicht, könnte einem der alte Fontane mit seinem Ribbeck-Gedicht wieder in den Sinn kommen:

So spendet Segen noch immer die Hand/
Des von Ribbeck auf Ribbeck im Havelland.

»Schleusenspucker« am Alten Hafen; im Hintergrund die Sankt-Marien-Andreas-Kirche

Rathenow lädt ein!

Unsere fast 800 Jahre alte Stadt Rathenow ist als Wiege der optischen Industrie in Deutschland bekannt. Bereits 1801 erhielt der Prediger Johann Heinrich August Duncker das Privileg zum Bau einer optischen Industrieanstalt. Über zweihundert Jahre optische Industrie prägten die Region, und so ist auch heutzutage in Rathenow viel von der Tradition und Geschichte der Optik zu spüren. Herzlich willkommen in Rathenow, der Stadt der Optik. Inmitten des Havellandes, umgeben von zahlreichen kleinen Seen, Wiesen und Wäldern liegt Rathenow. Angrenzend an den Naturpark Westhavelland profitiert die Kreisstadt von der Schönheit des größten zusammenhängenden Feuchtgebiets im Binnenland des westlichen Mitteleuropas.
Die erste urkundliche Erwähnung des Städtchens »Ratenowe«, durch den Bischof von Brandenburg Siegried II., fällt auf das Jahr 1216 zurück. Im Jahr 1220 entstand der Vorgängerbau der heutigen Sankt-Marien-Andreas-Kirche auf dem Kirchberg. Die Einwohner ließen sich in unmittelbarer Nähe der Kirche nieder und nutzten die umfließende Havel sowohl als natürlichen Schutz vor Überfällen als auch für die Fischerei und den Handel. Die Havel diente bereits zu dieser Zeit als Lebensader für die ständig steigende Zahl an Einwohnern. Bis zum 16. Jahrhundert stieg die Bevölkerungszahl auf 2 500 Einwohner an, wurde jedoch durch den 30-jährigen Krieg drastisch dezimiert. Der Krieg, Brände, Hochwasserkatastrophen und Seuchen ließen die Bevölkerung im Jahr 1648 auf eine Zahl von etwa 40 Einwohnern schrumpfen. 1675 befreite das Heer des Großen Kurfürsten bei der Schlacht von Fehrbellin die Stadt vor den Schweden. Einer der wohl bekanntesten Bürger aus Rathenow konnte sich 1849 darüber freuen, als Abgeordneter für das preußische Abgeordnetenhaus gewählt zu werden. Otto von Bismarck wurde 1875 zum Ehrenbürger ernannt, und seit 1914 thront auf dem Weinberg der Bismarckturm.
Weitere Sehenswürdigkeiten sind das Kurfürstendenkmal, das Geburtshaus Dunckers und das einzigartige Optik-Industriemuseum. Ein Gang durch die Rathenower Altstadt lohnt sich in jedem Fall. Vorbei an barocken Bürger-

Kurfürstendenkmal; bedeutendstes barockes Sandsteindenkmal Norddeutschlands; erinnert an die Schlacht des Großen Kurfürsten gegen die Schweden; von Bildhauer Johann Georg Glume von 1736 bis 1738 erbaut

häusern und Resten der Stadtmauer bietet vor allem der Kirchberg seinen Gästen einen Blick auf altertümliche Architektur. Die Sankt-Marien-Andreas-Kirche ragt, wie auch der Bismarckturm, über die Dächer der Stadt, und die goldene Kugel auf der Kirchturmspitze blitzt den ankommenden Gästen aus dem Umland entgegen. Rathenow bietet neben Architektur und Geschichte auch die Möglichkeit zur Entspannung sowie zur sportlichen Betätigung und ist gleichzeitig Tor zu einer der wasserreichsten Gegenden Deutschlands. Der größte Naturpark des Landes Brandenburg ist ein international bedeutsames Feuchtgebiet – Heimat von Biber, Fischotter, Großtrappe und Weißstorch. Und Rathenow liegt mittendrin. Im Besucherzentrum des Naturparks gibt es viele kurzweilige Informationen und Angebote. Zahlreiche kleine Haveldörfer und eine wunderschöne Auenlandschaft sind Kennzeichen des Westhavellandes.
Jedes Jahr kommen zahlreiche Wassertouristen ins Havelland, um die ausgebauten Wasserwege zu nutzen und mit Kanu oder Ruder- bzw. Motorboot die Gegend erkunden.
Zahlreiche Veranstaltungen können sowohl die Bürger der Stadt als auch die Gäste Jahr für Jahr erleben. Der Bogen spannt sich von ansprechenden Theateraufführungen im Kulturzentrum über die vielen Frühjahrs- und Sommerfeste in der Stadt und den Ortsteilen bis hin zum alljährlichen Rathenower Stadtfest mit weit über 30 000 Besuchern an drei Tagen. Im Zuge der Landesgartenschau 2006 wurden mehrere große Konzerte und andere Großveranstaltungen auf dem Gelände des Optikparks und auch im Innenstadtbereich mit überwältigendem Erfolg durchgeführt. In den kommenden Jahren ist die Stadt wieder Gastgeberin vieler Veranstaltungen und präsentiert Kunst und Kultur für jeden Geschmack. Alles in allem bietet die Optikstadt mit Weltruf sowohl hervorragende Bedingungen für einen Kurzbesuch als auch mit dem fantastischen Umland die Möglichkeit, längere Zeit in Rathenow zu verweilen – getreu dem Motto: »Rathenow lädt ein!«.

Friedhof im Ortsteil Kotzen mit Feldsteinkirche aus dem Jahre 1771, ältestes Bauwerk der Ortes

Amt Nennhausen

Mitten im Havelländischen Luch, umgeben von ausgedehnten Wäldern und Wiesen, liegt der Amtsbereich Nennhausen mit seinen vier Gemeinden: Kotzen, Märkisch Luch, Nennhausen und Stechow-Ferchesar. Der Name der Gemeinde Kotzen findet seinen Ursprung in der Slawenzeit. Er entstand aus dem Namen »cossym« (Bedeutung für Haarbüschel) und »cossa« (Bedeutung für Ziege). Kotzen und die Umgebung mit den Ortsteilen Kriele, Landin sowie Rhinsmühlen als Gemeindeteil bieten den Touristen zahlreiche Wander- und Radwandermöglichkeiten. Sehenswert ist in Kotzen die gut erhaltene Kirche mit einer Glocke von 1557. Ein besonders beeindruckender Rundblick in die Landschaft bietet sich dem Betrachter vom so genannten »Hohen Rott«.

Bereits 1248 wurde Kriele in einer Schenkung an das Kloster Lehnin erwähnt. Im 18. Jahrhundert wurde der Ort durch einen Schlossbau Ludwig von Bredows zum Hauptsitz des Rittergutes. Am Ende des Zweiten Weltkrieges wurde das Schloss durch Brandstiftung jedoch völlig zerstört. Am Ortseingang von Kriele befinden sich Mühlen-, Wein- und Krähenberg. Südlich erstrecken sich die Kahlen Berge. In Kriele erinnern nur noch die Straßennamen »Bahnhofstraße« und »An der Kleinbahn« an die ehemalige Bahnstation und deren Verlauf der Strecke im Ort. An der Stelle eines Plattenweges nach Kotzen befand sich früher das Bahngleis der »Stillen Pauline«.

Unweit von Kriele liegt der Landiner See – ein verlandeter Flachmoorsee. Der Ortsteil Landin befindet sich im Landschaftsschutzgebiet umgeben von einer reizvollen Landschaft – geprägt durch den Teufelsberg und den See.

Ein interessantes Ziel – zum Beispiel für eine Radtour – ist das Bienenmuseum im Ortsteil Möthlow der Gemeinde Märkisch Luch. Beim Imker Henry Kraatz kann man über 800 Exponate aus der Imkerei bestaunen.

Luftaufnahme des Ortsteils Barnewitz im Märkischen Luchgebiet

Daneben ist auch eine Wanderung zum Weinberg empfehlenswert. In früheren Zeiten hatte der Ort einige Bedeutung: Hier waren ein Rittersitz, eine Meierei sowie ein Ober- und ein Niedergericht. Bei einem Großbrand vernichtete das Feuer allerdings den ältesten Teil der Ortschronik.
Zur Gemeinde Märkisch Luch gehören neben Möthlow auch die Ortsteile Buschow, Barnewitz und Garlitz. Jäger und Interessierte finden im Jagdmuseum von Familie Soechting in Buschow über 3 000 Jagdtrophäen, von denen ca. die Hälfte zu besichtigen ist. Anhand von Urnenfunden ist belegt, dass Buschow in der Steinzeit vor über 6 000 Jahren besiedelt war. Vom Mittelalter bis ins 19. Jahrhundert war der Ort geteilt. Noch 1840 war Buschow ein Dorf mit zwei Rittergütern und 35 Wohnhäusern. Mit dem Bau der Eisenbahnlinie Berlin–Rathenow im 19. Jahrhundert erhielt Buschow einen eigenen Bahnhof, von dem aus man noch heute die Hauptstadt schnell erreichen kann. Der Ausbau der Parkanlage zum Festplatz, ein neuer Spielplatz sowie der Ausbau von Straßen, Renovierungen, Modernisierungen und der Neubau von Wohnhäusern prägen heute das neue Ortsbild von Buschow.
Der Ort Barnewitz wird von Wald und Wiesen gesäumt. Er fügt sich harmonisch in diese Landschaft ein. Das älteste Bauwerk im Ort ist die im 13. Jahrhundert aus Granitfindlingen errichtete Kirche. Im Laufe der Zeit wurde sie mehrfach umgebaut. Nach einem Brand wurde sie stark verkleinert zwischen 1967 und 1974 wieder aufgebaut. Nach dem 2. Weltkrieg vergrößerte sich der Ort durch Neubauernansiedlung erheblich.
Garlitz wurde bereits 1161 als »Garzelice« in einer Urkunde mit dem Siegel des Bischofs Wilmar genannt. Mehrere Brände verwüsteten den Ort mehrfach. 1928 wurde der Gutsbezirk Kieck in Garlitz eingemeindet. Heute befindet sich in Kieck das therapeutische Zentrum »Sin Alkol e.V.«, welches 1992 ausgebaut wurde. Die Gemeinde Nennhausen setzt sich aus Nennhausen sowie den Ortsteilen Bamme, Buckow, Damme, Gräningen,

Altes Gärtnerhaus mit Fouqué Ausstellung – im Hintergrund der Fouqué Platz mit Amtsgebäude

Liepe und Mützlitz zusammen. Das heute in Privatbesitz befindliche Schloss in Nennhausen und der dazugehörige Park beherbergte von 1802 bis 1833 den romantischen Dichter Baron Friedrich de la Motte Fouqué. Die meisten seiner literarischen Werke sind hier entstanden. Sein berühmtestes Werk ist die Märchenoper »Undine«. Aber auch die Dichter und Denker E.T.A. Hoffmann, Wilhelm von Humboldt, Chamisso und Kleist sind hier ein und aus gegangen. In dem der Öffentlichkeit zugänglichen 34 Hektar großen Landschaftspark kann man u.a. unter wertvollen Gehölzen, wie z.B. Platanen, Rotbuchen, Hainbuchen und Roßkastanien entspannen. Eingebettet im Amtsbereich breitet sich zwischen Nennhausen und Möthlow auf einer Fläche von 5 584 Hektar das Naturschutzgebiet »Havelländisches Luch« aus. Einen großen Bekanntheitsgrad erlangte dieses Naturschutzgebiet durch die Staatliche Vogelschutzwarte für Großtrappen in Buckow b. Nennhausen. Über diese in diesem Areal lebende sehr seltene Vogelart – dem größten flugfähigen Vogel Europas – kann man sich vor Ort informieren und mit viel Glück auch von einem der beiden Beobachtungstürme aus zu Gesicht bekommen. Die Mützlitzer Gemarkung ordnet sich landschaftlich in das Gebiet der »Mittelbrandenburgischen Platten und Niederungen« ein. Das Dorf gehört zu den Ortschaften, mit denen das Brandenburger Domkapitel bei seiner Gründung ausgestattet wurde.

Das Naturschutzgebiet »Gräninger See« befindet sich nördlich des Ortes und bildet die Gemarkungsgrenze. Der »Gräninger See« ist heute Brutstätte seltener Vögel und Kriechtiere des Luchgebietes. Unweit dessen befindet sich der »Gräninger Spring« – eine von Hainbuchen und Silberweiden gesäumte Tümpelquelle.

Das kleine Bauerndorf Bamme ist vor allem wegen seiner auf dem Mühlenberg stehenden ältesten noch erhaltenen Bockwindmühle des Havellandes interessant. Diese war um 1930 vom Havelländischen Heimat- und Museumsverein gekauft und überholt worden.

Die »Perle des Havellandes« – der Ortsteil Ferchesar – am Ferchesarer See

Die beiden Ortsteile der danach benannten Gemeinde Stechow-Ferchesar liegen nur 4 km voneinander entfernt inmitten eines Landschaftsschutzgebietes.

Schon in den 20er Jahren war Ferchesar u.a. für viele Berliner ein beliebtes Ausflugsziel. Die »Perle des Havellandes«, wie Ferchesar oft bezeichnet wird, liegt idyllisch am Ende des Hohennauener-Ferchesarer Sees. Der See wird von Havelländischer Luchlandschaft und Märkischen Kiefernwälder umschlossen. Er lockt vor allem im Sommer viele Besucher an. Ein Seerund- und Radwanderweg ermöglicht es den Besuchern, unmittelbar Flora und Fauna zu erkunden.

Aber auch auf dem Rücken von Pferden ist ein Streifzug möglich. Besonders Wassersportler und Badebegeisterte werden vom Ferchesarer See angezogen. Der unmittelbar am See befindliche Campingplatz, aber auch Ferienhäuser und Pensionen, laden zum längeren Verweilen ein. Wenn man diese Ruhe dann einmal durchbrechen möchte, empfiehlt sich der Besuch des Countryfestes – immer am letzten Juniwochenende des Jahres – in Stechow.

Seit 1996 hat sich das Fest auf dem fast 2 ha großen Gelände mit seiner Feldscheune zu einem kulturellen Höhepunkt im Havelland und inzwischen auch weit darüber hinaus entwickelt. Unter wirtschaftlichen und touristischen Aspekten stellt der Sonderlandeplatz für Flugzeuge bis 2 000 kg Abflugmasse in der Gemeinde Stechow-Ferchesar eine Besonderheit für die Region dar. Stechow hat zudem eine verkehrsgünstige Lage, da der Ort unmittelbar von der B 188 tangiert wird. Das Wander- und Radwegenetz schafft sowohl Verbindungen zu Nachbargemeinden als auch überregional.

Dank der guten Infrastrukturanbindung und der Nähe zum Ferchesarer See eignet sich Stechow hervorragend als Ausgangspunkt für vielfältige touristische Aktivitäten.

Stadt Nauen

Die Stadt Nauen (16 660 Einwohner) mit ihrer Gesamtfläche von 266 qkm (inklusive Ortsteile) liegt im Havelland, etwa 18 km westlich vor den Toren der Bundeshauptstadt und etwa 24 km nordwestlich der Landeshauptstadt Potsdam. Die unmittelbare Erreichbarkeit über die B 5 (Anschlüsse an die A 10) macht sie sowohl für Berliner als auch das nähere Umland gut erreichbar und bietet außergewöhnlich gute Voraussetzungen für die Ansiedlung von Unternehmen verschiedenster Arten. Landschaftlich liegt Nauen zwischen dem weitläufigen Landschaftsschutzgebiet »Nauen-Brieselang-Krämer« und überwiegend landwirtschaftlich genutzter Flächen im Süden und Südwesten. Also, präzis festgehalten, liegt Nauen im Havelländischen Luch; das frühere Ackerbürgerstädtchen, das 1292 Stadtrecht erhielt, hat sich auch dank seiner Nähe zu Berlin, Potsdam, dem BAB-Anschluss Berliner Ring und der sehr guten Schienenverbindung entsprechend gemausert. Das gesamte Stadtgebiet umfasst die Kernstadt und 14 Ortsteile. Berge, Bergerdamm, Börnicke, Groß Behnitz, Klein Behnitz, Kienberg, Lietzow, Markee, Neukammer, Ribbeck, Schwanebeck, Tietzow, Wachow und Weinberg.

In Nauen weht noch heute einiges Flair aus der Zeit der Verleihung der Stadtrechte und später: Es erinnern beispielsweise alte Fachwerkhäuser an diese Zeiten; auch überbaute Tordurchfahrten, enge Gassen und etliches Kopfsteinpflaster sind wichtige Zeugen einer reichen Vergangenheit. Die Altstadt wird gründlich saniert und somit alles dafür getan, soviel wie möglich von diesem städtebaulichen Erbe zu erhalten. Denn im Laufe von etlichen Jahrhunderten hat auch Nauen viele Tiefen und einige Höhen durchlebt; wie Großbrände, die fast alles zerstörten, die furchtbare Pest mit ihren unzähligen Opfern, Kriege und zahlreiche Truppendurchmärsche, Garnisonierung und Einquartierung von Militär ... all dies blieb nicht ohne zerstörerische Folgen. Aber die Menschen in dieser Stadt bissen immer wieder die Zähne zusammen und überwanden tapfer alle Schicksalsschläge. Bis heute ist die historische Ringbebauung des Stadtkerns deutlich zu erkennen. Große dominierende Gründerzeitgebäude wechseln sich mit Fachwerkhäusern ab. Einen besonderen Reiz stellen dabei die Höfe und Gärten der sanierten Häuser dar. Aus mittelalterlichen Höfen sind ökologische Kleinode geworden; die Altstadt hat mittlerweile viele solcher bunten Tupfer erhalten. Der Martin-Luther-Platz mit seinem bezaubernden Ensemble aus historischen Bauten ist ein zentraler Punkt der Altstadt geworden: Hier kann man sich auch nach einem Einkaufsbummel in der Mittelstraße ausruhen. Wo aber ist der Marktplatz? In Nauen fehlt er; stattdessen gibt es eine Marktstraße, auf der dienstags und donnerstags buntes Markttreiben herrscht.

Nauen ist eine Stadt, die dem technischen Fortschritt schon immer verbunden war. Waren es im Mittelalter die Windmühlen, die weithin sichtbar waren und munter klapperten, so prägen seit 1906 die Antennenanlagen der Funkstation das Landschaftsbild und künden von inzwischen hundertjähriger Geschichte der drahtlosen Telegraphie von Nauen aus rund um die Welt: Am 19. August 1906 wurde, für jeden sichtbar, ein neues Kapitel in der Stadtgeschichte geschrieben; an diesem Tag wurde die »Großfunkstelle für drahtlose Telegraphie« in Betrieb genommen. Was war geschehen?

Zu Beginn des neuen Jahrhunderts erkannte die englische Marconi-Gesellschaft, dass mit der drahtlosen Telegraphie viel Geld zu machen sei, die Welt mit einem Netz von Funkstationen zu überziehen. Im Deutschen Reich stritt man sich zu dieser Zeit noch um Patente, denn, statt Marconi mit einem System der Funktelegraphie entgegenzutreten, hatte man gleich zwei erfunden: Das eine lag bei der AEG und ihren Schöpfern, Prof. Adolf Slaby und seinem Assistenten Graf Georg von Arco, und das andere bei Siemens & Halske und seinem Erfinder Ferdinand Braun. Schließlich beschlossen die beiden Firmenchefs, Emil Rathenau und Werner von Siemens, Zusammenarbeit und gründeten 1903 in Berlin die »Gesellschaft für drahtlose Telegraphie«; als Geschäftsmarke galt von nun an der Name *Telefunken*. Und nun konnte auch der Reichweitenwettbewerb losgehen. Zuerst vom Dach des Kraftwerks Oberspree der Berliner Elektrizitätswerke in Oberschöneweide, das über eine Art Hühnerleiter erklommen werden musste. Nun kommt der Name Hans Bredow ins Spiel, der 1904 in das junge Unternehmen eingetreten war und schon bald Leiter der »Verkehrsabteilung« wurde, einem Bindeglied zwischen Entwicklungs- und kaufmännischer Abteilung. Er erkannte, dass die drahtlose Telegraphie nicht über Hühnerleiter in den technischen Himmel gelangen würde, sondern schaffte es, Rathenau und von Siemens vom Bau einer Versuchsstation zu überzeugen, die zur Erprobung von Großsendern dienen sollte.

Eine schwierige Frage beim Bau der Station bildete die Geländebeschaffung. Die Anlage sollte nahe Berlin sein, aber die Bodenpreise waren sehr hoch. Im havelländischen Luch aber, etwa vier Kilometer vom Bahnhof

Das Ensemble Martin-Luther-Platz, bestehend aus der Jacobi-Kirche, deren Geschichte bis ins 14. Jahrhundert zurückreicht, der Käthe-Kollwitz-Schule von 1896 und dem prächtig sanierten Barzschen Haus aus dem Jahr 1912, dem größten Wohn- und Geschäftshaus der Stadt aus der Jahrhundertwende

Röder Moden
Stadtbad
Party
Nauen
21. Juli 19.00 Uhr
BLUMEN K

Ein Blick in die Mittelstraße, der Hauptgeschäftsstraße der Stadt, mit restaurierten Wohn- und Geschäftshäusern

Nauen entfernt, stellte der Fideikommisbesitzer Stoltze auf Neukammer gegen geringe Pacht das notwendige weitläufige Wiesengelände aus Interesse an der Sache zur Verfügung. Das gab den Ausschlag für die Wahl des Platzes, denn billiger konnte man ein so großes Gelände von 30-40 000 qm Fläche in verhältnismäßig vorteilhafter Lage nirgends erwerben.

Auch wenn Nauens Bürger anfangs glaubten, das neuentstandene Riesengebäude würde bald im Luch verschwinden, stand eine Generation später das waghalsige Unternehmen immer noch, die »Funkstadt Nauen« war inzwischen zur weltweit größten Funkstation mutiert und die Stationskennung POZ zum Begriff geworden. Wenn damals allerdings telegraphiert werden sollte, musste ein Heizer erst einmal ordentlich Kohlen in den Kessel schaufeln, damit eine Dampfmaschine samt Wechselstromgenerator funktionsfähig wurde; die per Knallfunken so erzeugten Morsesignale hatten anfangs gewiss keine größere Reichweite als die durch sie verbreiteten Schallwellen: Das infernalische Getöse jedenfalls war noch in mehreren Kilometern Entfernung mit bloßem Ohr zu empfangen. Doch schon 1908/09 konnten die Nauener Signale von den Telefunkenstationen Norddeich (400 km), Rigi-Scheidegg (800 km) und im 1 300 km entfernten St. Petersburg einwandfrei empfangen werden. 1911 wurden die über 5 000 km entfernten Kolonien in Kamerun und Togo auf drahtlosem Wege erreicht.

Zu den eindrucksvollen Bauten in Nauen gehört zweifellos das Rathaus: Es ist orientiert an norddeutscher Backsteingotik und wurde 1891 fertiggestellt. Anfangs war hier sogar die Wohnung des Bürgermeisters untergebracht. Am 27. Februar 1911 stürzte bei starkem Sturm die Turmspitze durch das Dach und blieb wie ein Speer im Sitzungssaal stecken; glücklicherweise kam niemand dabei zu Schaden. Das Stadtbad wurde in den Jahren 1967/68 gebaut und musste 1988 geschlossen werden. 1993 wurden die maroden Einrichtungen erneuert, und zwei Jahre danach präsentierte sich ein Bad, das keine Wünsche offenlässt und deshalb seither stark frequentiert wird. Mit einer Gesamtfläche von 26 750 qm weist das Bad sehr viel Platz für Liege- und Spiel-

Das an norddeutsche Backsteingotik erinnernde Rathaus, erbaut von 1888 bis 1891 (links im Bild), und das Landratsamt von 1925 (Mitte des Bildes), heute Außenstelle des Landkreises, der seinen Sitz in Rathenow hat

flächen aus. Eine über 40 m lange Rutsche ist nur eine Attraktion, die die 27 000 Besucher jährlich gerne nutzen. Überhaupt spielen Kultur, Tourismus und Freizeitgestaltung eine große Rolle: Weite Felder und schattige Alleen zeigen dem Besucher den Weg nach Nauen und in die Umgebung; Wasserstraßen ziehen sich überall hindurch. Wälder und Seen laden zum Entspannen ein, und weitere Highlights gibt es die Fülle – ob Berlin, Potsdam oder das Dörfchen Ribbeck, das durch Fontanes »Birnenbaum-Gedicht« weltbekannt wurde … Eine Menge Vereine sorgen zudem für Abwechslung und Entspannung; das Sportangebot ist ebenfalls beachtlich: Von Angeln bis Volleyball ist alles zu haben. Wem das nicht genügt, dem stehen Rad-, Wander- oder Reitwege genügend zur Verfügung, oder man vergnüge sich so richtig havelländisch bei den Festivitäten dieser Region, die reichlich anfallen. Das Kulturzentrum im »Blauen Haus« ist eine Stätte der außerschulischen kulturellen Bildung: Jeder, der Interesse an einer künstlerischen Betätigung hat, ist hier an der richtigen Adresse und sollte nicht achtlos vorbeigehen. Im »Haus der Begegnung« gibt es auch eine große Biblothek.
Überhaupt wird Bildung ganz groß geschrieben: Neben 9 Kitas gibt es 2 Grundschulen, 1 Oberschule, 1 staatliches und privates Gymnasium, ein (berufsbildendes) Oberstufenzentrum, die Kreativitätsgrundschule, 1 allgemeine Förderschule und 1 Förderschule für Geistigbehinderte, Musikschule, Private Weiterbildungsakademie für Wirtschaft und Verwaltung sowie das Jugendaufbauwerk. In Sachen Gesundheit und Soziales gilt festzuhalten, dass es ein breitgefächertes Angebot gibt, wobei die Havellandklinik zweifellos größte Beachtung findet. Seit 1998 sind auf 14 000 qm acht Fachkliniken mit ca. 340 Betten untergebracht. Seit 2000 besteht mit der Berliner Charité ein Kooperationsvertrag. Für insgesamt 138 Mio. Mark wurde ein imposanter Neubau geschaffen, der mit fast 500 Arbeits- und Ausbildungsplätzen einer der größten Arbeitgeber ist. Schon seit mehr als 650 Jahren führt Nauen einen Fisch im Stadtwappen; nicht immer allerdings war es ein Karpfen, bis 1720 ähnelte er eher einem Hecht. Wahrscheinlich gefiel ein Raubfisch den friedfertigen Bewohnern nicht mehr! Und noch eine Kuriosität: Das Wappen ist auf vielen Gullydeckeln in der historischen Altstadt zu finden.

Gemeinde Schönwalde-Glien

Mit der Gemeindegebietsreform und der Kommunalwahl am 26.10.2003 wurde die große Gemeinde Schönwalde-Glien gebildet. Grünefeld wurde bis dato durch das Amt Nauen-Land verwaltet, und Paaren i.G., Pausin, Perwenitz, Schönwalde-Dorf und -Siedlung sowie Wansdorf waren unter Verwaltung des Amtes Schönwalde-Glien. Die ehemaligen Gemeinden des Amtes Schönwalde-Glien und die Gemeinde Grünefeld hatten bereits am 20.3.2002 einen Vertrag zum freiwilligen Zusammenschluss unterzeichnet. Die heutige Gemeinde grenzt unmittelbar an den nordwestlichen Rand von Berlin-Spandau, erstreckt sich über 96,54 qkm und hat etwa 8 200 Einwohner.

Auch für diese Region gilt das, was für andere auch zutrifft: Jahrtausendelang wurde hier bereits gesiedelt; Nahrung fand man vor allem in den opulenten Wäldern und zahlreichen Seen und kleinen Flüssen. Indizien für eine solch herausragende Siedlungslage bieten die zahlreichen Bodenfunde, die man bisher zutage förderte: Gefäße, Werkzeuge, Schmuckgegenstände. An dem Gefundenen und der Art der Bestattung ihrer Toten kann man heute beinahe lückenlos nachweisen, dass Germanen hier lebten. Als im 3./4. Jahrhundert n. Chr. die Völkerwanderung auf Hochtouren im Gange war, verließen die Germanen ihre Siedlungen und schlugen zumeist eine südliche Richtung ein. Slawische Stämme nahmen sich des freigewordenen Territoriums an und waren etwa 600 Jahre die neuen Siedler. Ackerbau, Viehzucht und Fischfang bildeten die Ernährungsbasis; man nennt sie Wenden. In der Folgezeit unterwarfen – trotz florierender Handelsbeziehungen zwischen Wenden und deutschen Stämmen – deutsche Fürsten das Wendenland. Natürlich wurde dieser Umstand nicht kampflos hingenommen – die Kriege häuften und die Konflikte verschärften sich. Unter Albrecht »dem Bär« gelang es den Askaniern dann auch erst im 12. Jahrhundert, die Wenden endgültig zu unterwerfen. Er bekam 1134 die Nordmark vom Kaiser zugesprochen. Da wegen der vielen Kriege das Territorium nahezu entvölkert war, siedelte man Menschen aus Flandern und den Niederlanden als Kolonisten an. Sie verwandelten sumpfiges Gelände in fruchtbares Ackerland und sind im Übrigen auch für zahlreiche Namensgebungen zuständig; so nannten sie einen Havelzufluss in ihrer Mundart »Rhin« – im Angedenken an den Hauptfluss in ihrer Heimat, den Rhein. Auch der Name von Rheinsberg lässt sich auf den gleichen Ursprung zurückführen. Auch die Ersterwähnung vieler Ortsnamen unserer Gemeinde lassen deutlich sowohl slawische als auch niederdeutschen Ursprung erkennen: 1248 Perwenitz (»Leute des Per'v«-elbslawisch), 1313 Wansdorf (»Leute des Wan«-niederdeutsch), 1324 Pausin (»Ort an der Höhe«-elbslawisch), 1379 Grünefeld (»Ort am grünen Feld«-niederdeutsch), 1412 Paaren im Glien (»Ort in sumpfiger Gegend«-elbslawisch), 1437 Schönwalde (»Ort am schönen Wald«-niederdeutsch).

Seine Entstehung verdankt der Glien den Geschiebemassen der Weichseleiszeit – hier entstand die Grundmoränenplatte »Ländchen Glien«. Seit dem 7. Jahrhundert lebten hier Elbslawen; »Glien« lässt sich aus ihrem Wort »glina« = Lehm ableiten. Drumherum befindet sich Luch-Land (das bedeutet im Elbslawischen »Sumpfniederung«). Bis zur großen Luch-Melioration (1718/20) standen Wiesen und Weiden regelmäßig den größten Teil des Jahres im Wasser. Auch wenn das feuchte Land oft das Tier verenden ließ, weil das Gras nicht richtig wachsen konnte oder das Heu nicht rechtzeitig von den Weiden hereingeholt wurde, wusste man auch diese Notzeiten noch zum Vorteil zu nutzen: Manch feindlich Gesonnener ist vom Luch verschlungen worden; um das Teufelsbruch von Schönwalde rankt sich sogar die Sage von einem untergegangenen Dorf. Die Verhältnisse änderten sich nach der Trockenlegung drastisch zum Vorteil der hier Wohnenden.

Grünefeld, 1379 erstmals urkundlich erwähnt, ist mit seinen 449 Einwohnern (Stand für alle Ortsteile: 31.8. 2004) der kleinste Ortsteil. Der »Ort am grünen Feld« ist ein Straßenangerdorf mit einer wunderschönen barocken evangelischen Kirche aus dem 18. Jahrhundert (samt neobarockem Turm), in welcher außerhalb der Gottesdienste auch überregional bedeutsame Konzerte stattfinden, die sich großen Publikumszuspruchs erfreuen. Unbedingt erwähnenswert ist der beliebte Kirchen- und Kinderchor. Notwendige Entspannung findet der Urlaubsuchende in dieser idyllischen Landschaft am nahegelegenen Kiessee.

Paaren im Glien, 1412 ersterwähnt und heute 612 Einwohner zählend, ist zu Recht bekanntgeworden durch das MAFZ (»Märkisches Ausstellungs- und Freizeitzentrum«), das beispielhaft und weit über die Grenzen des Havellandes bedeutsam ist. Die alljährlich stattfindende Brandenburgische Landwirtschaftsausstellung (»BraLa«) lockt, neben einem interressierten Fachpublikum, tausende Menschen in das kleine Gliendorf. Ländliche Umgebung und günstige Verkehrsanbindung machen den Ort darüberhinaus als Wohnsitz für viele Berliner interessant. Und außerdem gibt's im MAFZ manch Ungewohntes zu erleben, wie die Schaukäserei der Agro-Glien GmbH, den Märkischen Hofladen mit Produkten aus der Region, Tieren zum Anfassen usw. Dazu gehören übers Jahr viele Veranstaltungen, Feste und Ausstellungen. Im »Ort in sumpfiger Gegend«, dem

Die Dorfkirche – das Grünefelder Wahrzeichen

ehemalig elbslawischen Angerdorf, gibt es aber noch weit mehr: Anziehungspunkte sind unbedingt der sehenswerte Dorfanger mit der neogotischen Backsteinkirche und eines der wenig erhaltenen Mittelflurhäuser, das »Stägehaus«, von 1742. Um die Mitte der neunziger Jahre vollständig restauriert, ist es heute ein äußerst gemütliches Museumscafé, in welchem an jedem 1. Samstag im Monat frisches Brot aus dem Holzbackofen kommt.

Pausen (747 Einwohner) wurde 1324 erstmals erwähnt: »Ort an der Höhe« heißt der Name, den ihm die Elbslawen dereinst gaben, und das Angerdorf liegt tatsächlich am Fuße des Glien am südwestlichen Rand des Glienplateaus; im Norden von den Südausläufern des Krämerwaldes touchiert, ist es genauso alt wie Ketzin oder Spandau. Die Landwirtschaft dominierte; heute muss auf andere Art versucht werden, marktwirtschaftliches Terrain zu gewinnen. Die Pferdesporttradition gab dazu wichtige Impulse: Durch Umnutzung der ehemaligen LPG-Bereiche entstand ein Pferdezentrum mit Trainingsanlage für Trabrennpferde. Auch die Waldschule ist etwas für Interessierte, die Natur und Umwelt hautnah erleben möchten. Dort gibt es Projekt- und Unterrichtsräume sowie Fachausstellungen zur Jagd- und Forstgeschichte. Der Dorfanger mit seinem Gotteshaus aus dem 17. Jahrhundert ist ebenfalls sehenswert.

Perwenitz, 1248 ersterwähnt, hat 507 Einwohner und ist ein Angerdorf am Südhang des Glien mit Ober- und Unterdorf. Der weithin sichtbare Funkrichtturm, kurz und stolz »unser Fernsehturm« genannt, dokumentiert, dass die moderne Zeit auch der kleinen Gliengemeinde ihren Stempel aufgedrückt hat. Auch hier dominierte ursprünglich die Landwirtschaft – das historische Gutshaus ist ein beredtes Zeugnis dieser Vergangenheit. Heute stützt sich die Entwicklung einerseits auf die periphere Ansiedlung von Gewerbe und Kleinindustrie, andererseits aber auf eine attraktive Wohnbebauung. Das angrenzende Waldgebiet, die Eichheide, sowie der

Waldschule Pausin

nahegelegene Krämerwald laden zu ausgedehnten Wanderungen ein. Wansdorf (1313; 847 Einwohner) ist ebenfalls ein typisches Angerdorf mit barocker Kirche und zwei Gutshäusern. Der Ort mit dem Schloss ist gewissermaßen das Tor zum Krämerwald. Die Wansdorfer setzen, neben der inzwischen gut funktionierenden Gewerbeansiedlung Rosengarten am westlichen Ortsrand, auf die Attraktivität ihrer ländlichen Wohnanlage. Einen gelungenen Anfang der Dorfentwicklung unter diesem Aspekt stellt das Wohngebiet »In den Hufen« dar. Das Straßenangerdorf *Schönwalde-Dorf* von 1737 mit seinen 828 Bewohnern verfügt über eine schöne barocke Kirche und ein stattliches Gutshaus. Im Gotteshaus befindet sich eine Wagner-Orgel von 1739 und ein Gedenkstein für den Konsistorialrat und Propst zu Cölln (Neukölln), Johann Gustav Reinbeck, sowie einen reich verzierten Kanzelaltar. *Schönwalde-Siedlung* (4 129 Einwohner) wurde erst 1932 offiziell gegründet, aber schon seit etwa 1900 siedelten sich hier immer mehr Berliner an. Allein der »Schwanenkrug« (sicherlich ein altes Einzelgehöft) ist ein Fachwerkbau von 1784: Einst war er Ausspannstation für Post und Kaufleute, heute ist er ein begehrtes Ausflugsrestaurant. Anziehungspunkte bilden außerdem Strandbad sowie der Radweg zur Schleuse und manch anderes. Als traditionelles Siedlungsgebiet an der Peripherie Berlins gewinnt die Gemarkung ständig an Bedeutung. Eine durch Ansiedlung von Handwerk und Gewerbe inzwischen wachsende Infrastruktur lässt Wohnen im Grünen hier immer begehrter werden. Als größter Ortsteil ist Schönwalde auch gleichzeitig Sitz der Gemeindeverwaltung.

An Sehenswürdigkeiten sind die einzelnen Gemeindeteile reich gesegnet; man hat es hier lesen können. Dennoch scheint es geboten, auf einiges noch besonders hinzuweisen. Das ist zum Beispiel das »Krämer Waldgebiet« oder viel einfacher, Krämerwald, genannt: Die »Alte Hamburger Poststraße« führt durch den Krämer Forst zum Ziegenkrug. Die Postmeilensäule nahe diesem zeugt noch heute hiervon. Sie ist aus Sandstein gefer-

Blick auf den Havelkanal

tigt und zeigt Entfernungen an: bis Hamburg 32 Meilen und bis Berlin vier Meilen. Bis zum Jahre 1832 beförderten Pferdekutschen die Post über Berlin, den Ziegenkrug und Flatow in die Hansestadt an der Elbe. Dabei diente diese Stelle als Pferdewechselstation.

Auch »Reckin's Eiche« hat eine interessante Geschichte: Diese bekannteste Sage im Krämer handelt vom Förster Reckin, der zur Zeit der napoleonischen Fremdherrschaft aus einer hohlen Eiche am Weg von Wolfslake nach Börnicke Kuriere der Besatzungsarmee beschossen haben soll, bis er entdeckt und selbst erschossen wurde – ein mutiger Preuße vor 1813! Zu erwähnen, dass sich sein Grab am Börnicker Weg, etwa einhundert Meter südöstlich der Autobahnbrücke am Tietzower Weg befindet.

In der Gemeinde wurde zur touristischen Erschließung der Sehenswürdigkeiten das umweltfreundliche Elektromobil *Der Glien Express* in Dienst gestellt. Standort des Fahrzeuges ist Paaren. Insgesamt 23 Personen können befördert werden. Mit 20 km/h wird ein Aktionsradius von 50 km bewältigt – auf Waldwegen und auf Straßen. Insgesamt werden z.Z. sieben Routen angeboten: »Rund um Paaren« (der Ort gewann u.a. die Bronzemedaille im Bundeswettbewerb »Schönstes Dorf Brandenburgs« und war Sieger im Kreiswettbewerb »Unser Dorf soll schöner werden – unser Dorf hat Zukunft«); »Rund um Wansdorf« entlang der Höhen des Glien in den Krämer Forst, wo besonders im Frühjahr die Kirschblüte eine Augenweide darstellt; »Besuch im Krämer Forst«: Hier kann man auch weiterreisen zur Raststätte »Saubucht«, wo man ganz rustikal verpflegt wird; »Rund um Pausin«; »Rund um Perwenitz« (mit Besichtigung des »Eiskellers«); »Rund um Schönwalde« und »Rund um Grünefeld«: Hier gewann man die Bronzemedaille im Bundeswettbewerb »Unser Dorf soll schöner werden« und wurde Sieger im Kreiswettbewerb – welch Gedankensprung, wenn man weiß, dass im 30-jährigen Krieg durch den Ort marodierende Söldner des Grafen Wallenstein gezogen sind!

Gemeinde Brieselang

Brieselang ist eine idyllisch gelegene, aufstrebende Gemeinde im östlichen Havelland. Zu ihr gehören die ehemals selbständigen Gemeinden Bredow und Zeestow; heute leben hier fast 11 000 Menschen. Aber nicht nur vor nunmehr 82 Jahren begann die Geschichte der damaligen Landgemeinde, sondern bereits weit vordem: Viele Funde weisen darauf hin, dass die Region schon 1 200 bis 250 v. Chr. besiedelt war. Urkundlich wird Brieselang erstmals 1315 als »Brieselanck« erwähnt. Die heutige Gemeinde liegt im Landschaftsschutzgebiet »Nauen-Brieselang-Krämer« und grenzt an das Naturschutzgebiet »Bredower Forst«.

Ausschlaggebend für das schnelle Wachstum ist natürlich auch die verkehrsgünstige Lage: Brieselang ist erreichbar über die A 10 mit eigener Abfahrt sowie über die B 5, die nur wenige Autominuten entfernt liegt. Die Regionalbahn fährt in etwa einer halben Stunde – mit Halten in Finkenkrug, Falkensee, Seegefeld, Albrechtshof und Spandau – bis zum Zentrum von Berlin. Mit dem Pkw benötigt man etwa die doppelte Zeit bis zum Brandenburger Tor und 35 Minuten bis in die Landeshauptstadt Potsdam.

Ein besonderer Anziehungspunkt ist der romantische Nymphensee. Dieser durch Sandentnahme künstlich entstandene Badesee ist wegen seiner besonders guten Umwelt- und Wasserqualität mit der Blauen Europa-Flagge ausgezeichnet worden. Die Wälder und Wiesen in der Umgebung der Gemeinde laden zu ausgedehnten Spaziergängen und Radwanderungen ein. Durch die Lage am Havelkanal ist der Ort auch für Wassersportler interessant. Von Brieselang aus kann man mit dem Boot in Richtung Norden nach Berlin oder über Oranienburg zur Mecklenburgischen Seenplatte fahren. In Richtung Süden führt der Wasserweg zur Unteren Havel, nach Berlin-Wannsee, Potsdam oder Brandenburg.

Im Ort, der in den 1920er Jahren als Siedlungsgemeinde entstand, findet man vorwiegend eine lockere Bebauung mit Einfamilienhäusern und viele alleeartige Straßen. Nur an einzelnen Standorten wurde die Bebauung stark verdichtet, um der hohen Nachfrage an Wohnraum zu entsprechen. Nach 1990 ist die Einwohnerzahl sprunghaft angestiegen. Dieses Wachstum ist überwiegend auf die Verdichtung der vorhandenen Wohngebiete und vor allem auf den Bau von Einfamilienhäusern auf bisher unbebauten Grundstücken zurückzuführen. Ein neuer Ortsteil entsteht in Brieselang-Süd. 1991 wurde auf dem Gelände eines ehemaligen Industriebetriebes ein neues Ortszentrum mit dem ArkadenMarkt als Herzstück gebaut. Dort haben sich etliche Ladengeschäfte in einer hohen Branchenvielfalt angesiedelt. Hier befindet sich auch das Rathaus.

2005 feierte Brieselang – wie erwähnt – seinen 80. Jahrestag der politischen Selbständigkeit. Zur Gemeindegebietsreform 2003 im Land Brandenburg wurden die Gemeinden Bredow und Zeestow als Ortsteile der Gemeinde Brieselang eingegliedert. 2006 wurde *Zeestow* stolze 660 Jahre alt. Wenn man also das Jahr 1315 als ursprüngliche Gründung für »Brieselanck« ansetzt, dann ist Zeestow gerade mal 31 Jahre jünger – gemessen an der langen Historie geradezu ein kleiner Klacks. Der Ortsname stammt übrigens ebenfalls aus dem Slawischen und heißt, grob übersetzt, soviel wie »Straße«. In der Tat: Zeestow hat in seiner Geschichte, die allerdings noch viel früher begann, dereinst als Ort in wichtiger strategischer, weil verkehrsgünstiger, Lage fungiert und sicher bisweilen auch daraus entsprechend Nutzen gezogen.

Prähistorische Funde und Überreste slawischer Siedlungen v. Chr. sind ebenso Zeugnisse der facettenreichen Vergangenheit des im Übergangsbereich zwischen eiszeitlicher Hochfläche der Nauener Platte und der Niederung des Berliner Urstromtals gelegenen Ortes wie die Reste eines wendischen Burgwalls in den nahen Wiesen. Der Neubeginn nach 1990 war gewiss nicht leicht, aber wir wissen ja: Die Zeestower sind zäh und bodenständig. Ein wichtiges Anliegen bildete der weitestgehende Erhalt des alten Ortskernes und Gleiches für die wunderschöne, ursprüngliche Landschaft. Auch für die Ansiedlung wirtschaft- und handwerklicher Unternehmen ist in der jüngsten Vergangenheit viel getan worden. Heute verfügt Zeestow neben einem Gewerbering an der B 5 auch über einen Gewerbepark auf der Westseite des Ortes.

Einst gehörte Brieselang noch zu *Bredow*, das ist inzwischen lange her, denn Brieselang ist auf Grund seiner Infrastruktur schneller gewachsen als das dörfliche Bredow. Dennoch kann Bredow auf eine 800-jährige Geschichte zurückblicken, die von ackerbautreibenden Wenden geprägt wurde. 1208 wird der Ort Bredow erstmals erwähnt, der den Namen eines der berühmtesten märkischen Adelsgeschlechter – derer von Bredow – trägt. Grund für die dann boomende Erweiterung zu Beginn des 20. Jahrhunderts waren die meist aus Berlin

Der Havelkanal tangiert Brieselang an seiner östlichen Seite und ist bei Wasserwanderern sehr beliebt, die von hier zum Beispiel Berlin und Potsdam ansteuern können.

Der Arkadenmarkt ist das Herz Brieselangs, der erst vor 10 Jahren auf einem alten Industriegelände entstanden ist. Das Rathaus und eine Vielzahl von Geschäften sowie ein Restaurant laden zum Verweilen ein.

kommenden Neuansiedler, die in dieser feuchten Gegend mit dem großartigen Birkenbestand eine neue Heimat suchten und fanden. Viel Gemeinsinn und Pioniergeist gehörten dazu, aus den überschwemmten Feldern und Wiesen jene heute freundlich aussehende Siedlung zu gestalten. Auch die Kriegszeiten schweißte die Menschen hier zusammen, was sich nicht zuletzt in der wachsenden Einwohnerzahl niederschlug. 1933 lebten 2 766 Menschen in Brieselang, in Bredow 926 und in Zeestow 261 – heute sind es über 10 000.
Die landschaftliche Umgebung mit dem Flair reicher Flora und Fauna zeichnet *Brieselang* nach wie vor aus und lädt geradezu ein, sich sprichwörtlich im Grünen niederzulassen, wo man sich schnell heimisch fühlt, Anschluss findet und Kontakte knüpfen kann. Die Infrastruktur in und um die junge Gemeinde bietet ein reichhaltiges Angebot; die Einwohnerzahlen sprechen da auch ein gewichtiges Wort. Vor allem junge Familien lassen sich hier nieder. Zwei Grundschulen und eine weiterführende Schule, zahlreiche Kindertagesstätten und zwei Jugendklubs zeugen für die junge Struktur im Ort. Die Verbindung von und nach Berlin ist ebenso sichergestellt wie der Bustransfer innerhalb der Gemeinde. Dass es sich lohnt, hier zu verweilen, zeigt ein Gang durch Brieselang. 1921 wurde der Bahnhof in Betrieb genommen, 1996 stillgelegt (2000 abgerissen und die Bahnsteige abgetragen). Aber dieses Provisorium dauerte nur kurz, es endete bereits 1997; seither dient ein Fußgängertunnel als Zugang zu den neuen Bahnsteigen. So hat sich manches verändert und neues wird im Laufe der Zeit hinzukommen. Weitere Altbauten im Ortskern (u.a. Sparkasse, ehemaliges Konsum-Kaufhaus) sind grundlegend saniert worden und werden teils von anderen Einrichtungen weitergeführt.
Auch das kulturelle Leben hierzulande ist beachtlich: Der »Märkische Künstlerhof«, ist ein Beispiel; Ateliers von Malern und Graphikern, Lesungen, Konzerte, Theateraufführungen ein weiteres. Das Atelier des Künstlers Hans Klakow ist ein kleines, aber feines Museum geworden und kann besichtigt werden. Der Männerchor »Harmonie« (1926), Schulchöre, die verschiedenen Kirchenchöre, der Chor der Volkssolidarität und der Gospelchor sorgen für ordentlich Schwung zu diversen Anlässen. Der seit über 35 Jahren hier ansässige Dichter Hans-

Zu den saubersten und idyllischsten Seen im Land gehört der Nymphensee, der nicht nur Badelustige, sondern auch Taucher und Angler in seinen Bann zieht. Der See wurde regelmäßig mit der Blauen Umweltflagge ausgezeichnet.

G. Beckert erfreut immer wieder mit einfühlsamen und detailliert geschilderten Gedichten und Kurzgeschichten … damit ist diese Aufzählung noch keineswegs auch nur im Entferntesten vollständig. Unbedingt erwähnt werden muss auch der »Naturkundliche Lehrpfad Bredower Forst« Als erster Naturlehrpfad Europas (Einweihung am 11.7.1930) schaut die umfangreiche Tier- und Pflanzenwelt rechts und links des Pfades auf eine lange Geschichte zurück. In den Kriegs- und Nachkriegsjahren wurde der Pfad vernachlässigt; erst die Natur- und Heimatfreunde beim damaligen DDR-Kulturbund schufen schließlich einen neuen Naturlehrpfad im Naturschutzgebiet »Bredower Forst«. Doch im Laufe der Zeit wurden Baum- und Pflanzenbeschilderungen entfernt oder mutwillig zerstört. Die ungeklärten Eigentumsverhältnisse des Waldes kurz nach der deutschen Wiedervereinigung sorgten für zeitweilige Stagnation. Inzwischen ist alles geklärt. Die Pflanzen- und Tierwelt hat's schadlos überstanden und erfreut heute in jeder Hinsicht die vielen Wanderer. Überaus reich präsentiert sich die Flora: Man begegnet der Roten Heckenkirsche, die auch als Zierstrauch bekannt ist. Der Rote Hartriegel fällt besonders im Herbst durch seine blutrot gefärbten Blätter auf. Die Zaunrübe, die zu den Kürbisgewächsen gehört, rankt sich durch andere Büsche hindurch; eigenartig sind die zunächst langen Ranken, die sich korkenzieherartig zusammenrollen. Sie ist eine unserer wenigen großen Schlingpflanzen und war bereits im Altertum als Arznei- und Zierpflanze geschätzt. Sie ist giftig. Auch den Schwarzen und den Weißen Maulbeerbaum findet man noch. Die Früchte des Weißen Baumes sind essbar. Daneben gibt es auch große stattliche Bäume mit unregelmäßiger Krone; das sind Stieleichen. Diese Bäume können bis weit über 500 Jahre alt werden. Unter den hier herrschenden günstigen klimatischen Bedingungen kann sich wärmeliebende Bodenflora bilden, wie Zypressenwolfsmilch, ferner Storchschnabel, Fetthenne und viele andere. Auch die Vogelwelt ist ansehnlichen Umfangs und von Qualität; an Brutvögeln gibt es etwa 52 Arten (u.a. Nachtigall, Zilpzalp), Zaunkönig, Grünspecht, Schwarzspecht, Hohltauben, verschiedene Arten von Grasmücken, Baumläufer, Kleiber, Pirol. Auch viele Zugvögel machen hier Rast und genießen Ruhe und Annehmlichkeit des geschützten Waldes … wenigstens für kurze Zeit.

Stadt Falkensee

Die attraktive Nähe zur Hauptstadt Berlin – und doch die Beschaulichkeit – sowie das frische Grün in und um die Stadt Falkensee lassen den Touristenstrom immer mehr fließen. Und auch viele Neubürger haben hier ein attraktives Domizil gefunden: 2001 lebten hier bereits 35 000 Menschen, heute sind es schon über 40 000 – Tendenz steigend. Die Fläche des Stadtgebietes beträgt 43,3 qkm, das gesamte Straßennetz 280 km, und es gibt insgesamt ca. 400 Straßennamen.
Falkensee liegt an der Berliner Westseite, unmittelbar an der Stadtgrenze des Bezirks Spandau und gehört zum Landkreis Havelland. Das Stadtgebiet wird durch Waldbestand und Landschaftsschutzgebiet umschlossen. In etwa zehn Kilometern Entfernung befindet sich die Autobahnanschlussstelle Spandau/Nauen und Falkensee in etwa sieben Kilometern. Weitere Verbindungswege sind die B 5 sowie die L 20 und 201; zur Altstadt Spandau sind es ungefähr zehn, in die Berliner City etwa 30 Minuten. Mit der Regionalbahn ist man in 20 Minuten in Charlottenburg; bis Spandau dauert es gerade mal neun Minuten. Busverbindungen bestehen in Richtung Berlin, Potsdam und in die nähere Umgebung; den Flughafen Tegel erreicht man in 30 Minuten, den in Schönefeld in 60. Zur Stadt Falkensee gehören die Ortsteile Falkenhagen, Falkenhöh, Finkenkrug, Seegefeld, Falkenhain und Waldheim.
Begonnen hat alles anno 1265, als Markgraf Otto von Braunschweig am 12. April dem Kloster in Spandau vier Hufen Land in dem Dorf »Segevelde« (daraus wurde später das heutige Seegefeld) übereignete. Bereits für das Jahr 1313 ist eine Kirche in Seegefeld nachgewiesen samt dazugehöriger Pfarrei. Und nur wenige Jahre danach (1336) tritt auch das Angerdorf Falkenhagen mit einer ersten urkundlichen Erwähnung in das Licht der Geschichte. 1675 vernichtete ein Großfeuer viele Bauten, so auch die Kirche bis auf die Grundmauern, die allerdings fünf Jahre später bereits wieder aufgebaut war. Weitere, zum Teil verheerende Brände waren 1806 und 1822. 1777 wurde ein später äußerst beliebtes Ausflugsziel, der »Alte Finkenkrug«, erbaut, an dieser Stelle stand um 1710 bereits ein Teerofen. Die Dörfer waren zu dieser Zeit rein landwirtschaftlich geprägt.
Der wirtschaftliche Wandel vollzog sich mit dem Anschluss an die neugeschaffene Eisenbahnstrecke Berlin–Hamburg: 1848 entstand somit ein erster Haltepunkt in Seegefeld. Nicht zuletzt die verbesserten Verkehrsbedingungen trugen dazu bei, dass zunehmend zahlungskräftige Großstädter aus Berlin kamen und hier ihre Häuser errichteten. 1893 überließ der Seegefelder Rittergutsbesitzer Ehlers große Teile seiner Ländereien für die Besiedlung – ein Beispiel, dem auch andere Bauern folgten. Auf diese Weise entstanden damals die Ortsteile Neu-Finkenkrug, Neu-Seegefeld und Waldheim. Ab 1898 kam die Besiedlung der Flächen zustande, die von den Falkenhagener Bauern verkauft wurden; in der Folge entstanden die Ortsteile Falkenhain (1898), Falkenhagener See (1902), Falkenhagen/West (1907) und Falkenhagener Alpen (1922). Die großen Grundstücke erlaubten den Bau großzügiger Bürgerhäuser, wovon reger Gebrauch gemacht wurde. Schon damals übrigens warben die sogenannten »Parzellierungsunternehmen« mit dem »wunderschönen ozonreichen Laubwald« – zu Recht. Kein Wunder also, dass die Einwohnerzahlen entsprechend sprunghaft wuchsen. Kein Aprilscherz, denn am 1.4.1923 wurden Falkenhagen und Seegefeld zur »Gemeinde Falkensee« zusammengeschlossen; auf den Tag vier Jahre danach wurde der Gutsbezirk Seegefeld mit seinen Kolonien Neu-Finkenkrug, Neu-Seegefeld und Waldheim der Gemeinde Falkensee angegliedert. 1928 kamen der Gutsbezirk Damsbrück mit »Alter Finkenkrug«, »Siedlung Falkenhöh« und Einzelsiedlungen (z.B. Gestüt Damsbrück) hinzu.
Dunkle Flecken hinterließen allerdings die Jahre zwischen 1933 bis 1945: Noch zwei Jahre vor Ende des Krieges wurde hier ein Außenlager des KZ Sachsenhausen errichtet, in welchem zeitweilig bis zu 2 500 Häftlinge dahinvegetierten. Das einschneidendste Ereignis nach 1945 ist nicht die Vergabe der Stadtrechte am DDR-Staatsfeiertag von 1961, sondern die knapp zwei Monate vorher gebaute Berliner Mauer, die an der Ortsgrenze der neuen Stadt verlief und in deren Folgezeit ihre traurigen Spuren hinterließ. Was für eine Befreiung in den Köpfen der hier Wohnenden, als 28 Jahre später der schlimme Spuk vorüber war. Nach anfänglich freudiger Lähmung, endlich im gemeinsamen Vaterland wieder vereint zu sein, ging es dann Schlag auf Schlag: 1991 wird der Grundstein zum Herlitz-Werk gelegt, einem der ersten und größten Investitionsvorhaben in den neuen Bundesländern; ein Jahr danach erhält das Heimatmuseum sein neues Domizil, und am 26.5.1995 wird im »Verkehrsprojekt 2« der Deutschen Bahn der Lückenschluss zwischen Spandau und Falkensee vollzogen. Die einstige KZ-Außenstelle wird zum Geschichtspark gestaltet. Vieles wäre hier noch anzuführen, was bislang noch geschah; etwa die Einweihung der Botschaft Madagaskars 2003 oder das größte Klassentreffen der Welt im Jahre 2000 – Letzteres fand einen entsprechenden Eintrag im Guinness-Buch der Rekorde.

Die Falkenhagener Kirche

Der Falkenhagener See lädt zum Verweilen ein.

Lohnenswert ist auch, um diese Stadt kennen- und liebenzulernen, in jedem Falle ein Stadtrundgang, der viel Historisches und Wissenswertes zutage fördert. Das Heimatmuseum in Falkenhagen verdient es, besonders hervorgehoben zu werden. Dieses bemerkenswerte, denkmalgeschützte Fachwerkhaus stand ursprünglich in Spandau und musste einem Erweiterungsbau weichen. Das Fachwerk wurde sorgfältig zerlegt und 1901 nach Falkenhagen umgesetzt. Bis in die endachtziger Jahre diente es als Wohnhaus, wurde nach der Wiedervereinigung im Originalstil wiederhergerichtet und ist seit 1992 den Museumsfreunden zugänglich: Ur- und Frühgeschichte, Tiere und Pflanzen des Havellandes, Stadtgeschichte, Wechsel- und Sonderausstellungen, Gedichte, Zitate, Briefe der jüdischen Lyrikerin Gertrud Kolmar – all das ist unter diesem erlebnisreichen Dach vereint. Im Garten steht ein über 200 Jahre alter Backofen, der beim »Backofenfest« viele Gäste anzieht.

Das Rathaus ist fast neun Jahrzehnte alt: 1918 erwarb die Gemeinde die Oberförsterei und errichtete auf dem Grundstück das Amtsgebäude. Weitere An- und Umbaumaßnahmen wurden im Laufe der Jahre notwendig, um die gewachsenen Aufgaben in diesem Anwesen am »Falkenhagener Anger« erfüllen zu können. Dieser Anger ist aufgrund seiner historischen Anlage ein städtebauliches Kleinod; das war ursprünglich das Dorfzentrum. Kopfsteinpflaster und das Haus Nr. 30 (erbaut 1807) belegen dies eindrucksvoll.

Am Falkenhagener Anger gibt es aber noch mehr zu bemerken; beispielsweise ein rotes Backsteingebäude von 1897, das »Haus am Anger«: Früher diente es als Gemeindeschule, heute befindet sich darin ein kreatives Jugend- und Freizeitzentrum. Es steht mit seinen reichhaltigen Freizeitangeboten allen Kindern und Jugendlichen offen. Daneben befindet sich das Kriegerdenkmal, das zu Ehren der im I. Weltkrieg gefallenen Falkenhagener errichtet wurde. Von dort aus gelangt man über die Freimuthstraße zur Falkenhagener Straße, die in die Spandauer Straße übergeht. Ein großes Feld erstreckt sich linkerhand bis hin zur Seedüne, das besonders im Sommer durch seine Wildblütenpracht sehr reizvoll aussieht.

Ein schöner Blick auf das Falkenseer Rathaus

Stolz ist Falkensee auf sein größtes Neubaugebiet, die »Gartenstadt Falkenhöh«: Sie verbindet Wohnen mit Nahversorgung, ein Miteinander von Alt und Jung, Miet- und Eigentumsobjekten, Mehrfamilienhäusern und Reiheneigenheimen. Es ist eine großzügige Anlage, deren Vorteil in guter sozialer Infrastruktur, aber auch der Nähe zu dem erholsamen See liegt. Ein weiterer Punkt neben allem bisher Geschriebenen sind zwei Seen; der kleinere heißt »Neuer See« und entstand 1938/39 durch den S-Bahn-Bau, um den Bahndamm aufzuschütten. Der größere misst stattliche 42 ha und ist der »Falkenhagener See«, ein natürlicher Flachwassersee. Hier ist ein Entschlammungsprojekt erfolgreich abgeschlossen worden, um das ökologische Gleichgewicht wiederherzustellen. Auch die »Rote Villa« in der Schönwalder Straße verdient Aufmerksamkeit; einst war hier eine Gastwirtschaft mit Flaschenbierhandlung. Sie wird noch heute »Max-und-Moritz-Haus« genannt – am Giebel erkennt man noch die Reliefs der beiden Rangen. Nördlich davon erschließt sich das Siedlungsgebiet »Falkenhagener Alpen«, ein schöner hügeliger Waldabschnitt. Erstes Neubaugebiet Falkensees war »Falkenhorst«. Interessant daran ist, dass nicht nur der typische Plattenbau aufwändig saniert wurde; vielmehr sind alle Baumaßnahmen vor 1989 auch danach noch abgeschlossen worden. Hier schließt die neue »Parkstadt Falkensee« an. Der offizielle »Geburtstag« vom Wohngebiet Finkenkrug war der 5.9.1903, aber schon ab 1892 sind hier die ersten Grundstücke verkauft worden. Um zum idyllisch gelegenen Wohngebiet Waldheim zu gelangen, müssen die Bahngleise der Schnellstrecke Berlin–Hamburg unterquert werden. Dann ist man nach einiger Zeit in dieser verwunschenen Gegend, die ihrem Namen alle Ehre macht. Von hier aus gelangt man auch zum »Alten Finkenkrug«, der 1945 von seinem Besitzer zerstört wurde. In Falkenhain steht das Kulturhaus »Johannes R. Becher«, das ein beliebter Treffpunkt für Kulturinteressierte geblieben ist. Auf dem städtischen Friedhof erinnert ein neugestaltetes Kriegsgräberfeld an einen finsteren Abschnitt deutscher Geschichte; weithin sichtbar ist der Stein mit der Inschrift: »Den Toten zum Gedenken, sorgt Ihr, die Ihr noch im Leben steht, dass Frieden bleibe zwischen den Menschen und Völkern«.

Ehemaliges Kaiserliches Postamt

Gemeinde Dallgow-Döberitz

Auf einer Fläche von 5 661 Hektar liegt diese Gemeinde mit ihren 8 156 Einwohnern (Stand: 30.09.2007); es ist eine selbständige Kommune mit dem seit 2003 dazugehörenden Ortsteil Seeburg. Sie liegt westlich von Berlin und grenzt unmittelbar an den Bezirk Berlin-Spandau sowie im Norden an die Stadt Falkensee; zwei Drittel des südlichen Gemeindegebietes gehören zum Landschaftsschutzgebiet »Döberitzer Heide«. Die Bundesautobahn A 10 mit der Anschlussstelle Nauen/Berlin-Spandau liegt nur wenige Kilometer entfernt; die Bundesstraße 5 und die Landesstraße 20 sind ebenfalls günstige Verkehrswege; Buslinien führen nach Potsdam, Nauen, Spandau, Falkensee/Finkenkrug, und auf dem Schienenweg (RB 21, RE 4) erreicht man Wustermark, Berlin, Rathenow, Jüterbog und Elsterwerda. Die Gemeinde erstreckt sich im Dreieck Berlin–Potsdam–Falkensee; dadurch ist sie auch zum begehrten Wohnstandort geworden.
Die Ursprünge der in weite Felder, große Wälder und sanfte Hügel eingebetteten Gemeinde reichen bis in das 12. Jahrhundert zurück. Die beiden historischen Dorfkerne von Dallgow und Rohrbeck mit ihren erhaltenen Dreiseithöfen und der Besonderheit eines Straßenangerdorfes in Rohrbeck geben dem Ort unmittelbar vor den Toren Berlins einen ländlichen Reiz. Hier übt auch heute noch eine lange Tradition von Pferdesport und -haltung eine große Anziehungskraft auf viele Pferdefreunde aus. Mit der Fertigstellung der ersten Neubaugebiete konnte die Gemeinde Mitte der 90er Jahre bereits einen erheblichen Einwohnerzuwachs vorweisen. Das resultierte zum gewichtigen Teil aus der damals gewonnenen Entwicklung ehemals militärisch genutzter Flächen, so dass in den nächsten 2 Jahrzehnten die Einwohnerzahl auf 12 000 bis 15 000 steigen könnte. Nimmt man nur die Geschichte der letzten eineinhalb Jahrzehnte, so wird man eine Menge Bemerkenswertes festhalten können: 1831 wurde die heutige Bundesstraße 5 gebaut, die geradlinig verläuft; 1870/71 entstand die Lehrter Bahnstrecke, auf der heute auch der ICE (Berlin–Hannover) auf der Hochgeschwindigkeitsstrecke

Wasserturm im »Alten Lager«

schnurgerade vorbeihuscht. 1892 wurde der kaiserliche Truppenübungsplatz installiert, der lange Zeit Bestand hatte. Durch die radikale Ausforstung (man sprach von der »Wüste Döberitz«) wurde eine Schmalspurbahn zum Holztransport eingerichtet.

Seit 1900 fanden die Hubertusjagden unter Kaiser Wilhelm II. statt, und 1906 wurde die Bahnstrecke Berlin–Wustermark, den militärischen Gegebenheiten entsprechend, viergleisig augebaut. Ab 1914 wurde die Kasernenanlage »Fliegerkaserne Flugplatz Döberitz« eingeweiht. Von 1934 bis 1936 wurde hier das Olympische Dorf erbaut, das zu den Spielen 1936 seiner Bestimmung übergeben wurde. Am 23.04.1945 drangen sowjetische und polnische Militärs ein, um die letzten Kilometer bis Berlin in Angriff zu nehmen. Sowjetische Panzer fuhren den gleichen Weg am 17.06.1953, um in Berlin den Aufstand niederzuschlagen. 1991 zogen sich die sowjetischen Truppen endgültig zurück. Die Döberitzer Heide blieb allerdings als ehemaliger Truppenübungsplatz noch bis 2004 militärisches Sperrgebiet. Heute hat die Sielmann-Stiftung den größten Teil der Fläche erworben und erschließt die Heide mit Ausnahme einer Kernzone, in der Wisente und Przewalski-Pferde angesiedelt wurden, touristisch für Wanderer.

1992 wurde der Grundstein für das Einkaufszentrum »Havelpark« und für die Wohngebiete »Bahnhofsstraße« und »Triftweg« gelegt; 1995 fanden in Dallgow-Döberitz die Junioren-Europameisterschaften im Springreiten statt, und 1996 war die 725-Jahr-Feier des Ortes.

Dallgow-Döberitz ist eine stark wachsende Gemeinde in Brandenburg. In den letzten Jahren entstanden hier zahlreiche neue Wohngebiete und soziale Einrichtungen wie Kindergärten und ein Schulneubau. Seit 2005 hat das Marie-Curie-Gymnasium seine Pforten geöffnet. Der Bahnhofsvorplatz wurde umgestaltet und das Bahnhofsgebäude grundlegend saniert. Ein Ende des dynamischen Entwicklungsprozesses ist nicht abzusehen.

Havelkanal bei Wustermark

Gemeinde Wustermark – Landkreis Havelland

Die Gemeinde Wustermark ist dem Teil des Havellandes zuzuordnen, der auch »hohes Havelland« oder »Auf der Heide« genannt wird. Sie liegt in der so genannten »Metropolregion Berlin-Brandenburg«, westlich der Bundeshauptstadt Berlin und nördlich der Brandenburgischen Hauptstadt Potsdam.

Die heutige Gemeinde Wustermark wurde im Jahre 2002 aus den bis dahin eigenständigen Gemeinden Buchow-Karpzow, Elstal, Hoppenrade, Priort und Wustermark freiwillig gebildet. Diese bis dahin selbständigen Gemeinden wurden dadurch zur neuen Gemeinde Wustermark und können auf ein jahrhundertelanges Bestehen zurückblicken. Im Gemeindegebiet lassen sich schon Besiedlungen aus frühgeschichtlicher Zeit nachweisen. So hatte sich der germanische Stamm der Semnonen um den Wublitz-See, der verlandet ist, und an der Wublitz-Rinne niedergelassen. Bei Buchow-Karpzow und Priort entdeckte man Gräberfelder aus dieser Frühzeit. Mit der Völkerwanderung verließen die Germanen das Havelland. Der Ortsteil Elstal entstand erst nach dem Bau des Rangierbahnhofs und der dazugehörigen Eisenbahnersiedlung Anfang des 19. Jahrhunderts.

Aufgrund der geographischen Lage nur wenige Kilometer vor Bundes- und Landeshauptstadt entwickelte sich die Gemeinde in den vergangenen Jahren hervorragend – auf ehemals landwirtschaftlichen Flächen wie auch auf ehemaligen militärischen Liegenschaften fanden viele junge Familien ein neues Zuhause. Auf einer Fläche von 5 261 Hektar wohnen und leben derzeit nahezu 8 000 Einwohner. Durch die verkehrsgünstige Lage der Gemeinde an der Bundesautobahn BAB 10 und der vierspurigen Bundesstraße 5, dem Havelkanal sowie an den Bahntrassen nach Berlin und Potsdam entstand in den vergangenen Jahren eine attraktive Wohn- und Gewerbestruktur. Viele schöne Wohnquartiere wurden geschaffen, eingerahmt von einer leistungsfähigen Infrastruktur mit neu errichteten Kindertagesstätten und Schulen. Wustermark ist mit drei Haltepunkten in den Ortsteilen auch über den Personennahverkehr an die Hauptstädte bestens angebunden.

Dorfkirche von Priort, erbaut 1745 als Fachwerkbau, 1911 in das Verzeichnis als Baudenkmal eingetragen

Das Güterverkehrszentrum Berlin West Wustermark mit zurzeit 25 Firmen, unter anderem in den Branchen Lebensmittellogistik, Transportlogistik, Wellpappenproduktion und Automobilzubehör, zählt zu den wichtigsten Standorten der deutschen Güterverkehrszentren. Güter können hier auf dem Straßen-, Schienen- und Wasserweg heran transportiert und umgeschlagen werden. Überregional bekannt ist Wustermark für das B 5 Factory Outlet Center – das Center für Fabrikverkauf in Berlin und Brandenburg. Bekannte Markenhersteller laden hier zu einem Shoppingerlebnis der besonderen Art ein.
Mit dem Naturschutzgebiet »Döberitzer Heide« ist ein ehemaliger militärischer Truppenübungsplatz auf einer Fläche von insgesamt 3 442 Hektar als interessantes Naherholungsgebiet seit 2004 wieder zugänglich. Eine einmalige Naturlandschaft kann über direkte Zugänge aus den Ortsteilen Priort und Elstal auf herrlich erholsamen Wanderwegen erlebt werden. In einem Schaugatter können Wisente, Przewalski-Wildpferde und Rothirsche aus nächster Nähe beobachtet werden – die Heinz-Sielmann-Stiftung errichtet hier ihr Besucher- und Informationszentrum. Auf historischem Boden eröffnet sich dem Besucher auf dem Gelände des ehemaligen Olympischen Dorfes in Elstal ein baukulturelles Kleinod – die Wohnstätten von Jesse Owens und den anderen rund 4 000 männlichen Olympioniken aus über 50 Nationen der Olympiade von 1936. In den vergangenen Jahren wurden viele interessierte Besucher angelockt – nicht zuletzt durch die jährlich stattfindenden sportlichen Veranstaltungen unter dem Motto »Mein Tag im Olympischen Dorf«. Besichtigungen des gesamten Areals und Führungen werden angeboten.
Daneben gibt es noch eine Fülle entdeckenswertes: der ehemalige Rangierbahnhof Elstal, erbaut zwischen 1906 und 1909, ein Baudenkmal von nationaler Bedeutung, eine sehenswerte Landschaft mit naturbelassenen Uferpartien entlang des Havelkanals … und vieles mehr.

Galiarde an der Uferpromenade in Premnitz. Sie ist ein Teil einer Figurengruppe an der Havel. Hier beginnt der Kunstrundweg, der sich durch das Zentrum der Stadt zieht.

Stadt Premnitz

Die ältesten Funde in Premnitz entstammen dem dritten vorchristlichen Jahrtausend; aus der Bronzezeit (ca. 1 800 v. Chr.) fand man in Döberitz-Gapel Ringe, Knöpfe und Halsschmuck. Im 9./10. Jahrhundert n.Chr. siedeln hier Slawen, und 1226 wird die heutige Siedlung Gapel erstmals erwähnt. Dann nimmt der Ort eine beachtliche Entwicklung, die aber immer wieder unterbrochen wird durch Hochwasser, Brände und Kriege. Stets finden sich die Menschen zusammen, die ihren Ort wieder aufbauen.
Heute hat Premnitz ca. 10 000 Einwohner und schließt die Ortsteile Mögelin und Döberitz mit ein. Die Lage an der Havel, zwischen Brandenburg und Rathenow, in einer reizvollen, typisch havelländischen Landschaft und auf einem Terrain von 45,43 Quadratkilometern ist begehrt. Entlang des Flusses wurden Schutzzonen in den luchartigen Feuchtgebieten für die Zugvögel geschaffen.
Premnitz hat eine lange Tradition als Industriestandort: 1915 wurde eine Pulverfabrik errichtet; bis zum Zweiten Weltkrieg wurde die Stadt bedeutender Standort für Kunst- und Chemiefaser, die im großen Kunstfaserwerk zu DDR-Zeiten gipfelte. Heute steht Premnitz vor einer neuen Herausforderung. Ein Industriepark von fast 150 Hektar Größe soll Heimstatt für Unternehmen unterschiedlichster Branchen werden.
Durch Premnitz führt die Bundesstraße B 102, an deren Achse nahezu 110 000 Menschen leben. Die Entfernung zu den Anschlussstellen der A 2 (Berlin–Hannover) beträgt 30 und der A 10 etwa 60 km. Berlin ist auch über die B 5 oder B 1 in etwa einer Stunde erreichbar.
Die Bahnverbindungen über Rathenow und Brandenburg nach Berlin, Magdeburg, Hannover und weiter sind gut ausgebaut; die Havel bietet für Schiffe und für Bootstouristen alle Möglichkeiten; über den Mittelland- und den Oder-Havel-Kanal können die Ballungszentren sowie Ost- und Nordsee problemlos erreicht werden.

Abendstimmung am Hohennauener See: Bootsausflüge auf historischen Schiffsnachbauten von Semlin aus bieten ein eindrucksvolles Naturerlebnis in stiller Landschaft.

Stadt Brandenburg an der Havel

Bereits vor über 1000 Jahren befand sich auf der heutigen Dominsel ein Fürstensitz der slawischen Heveller. König Heinrich I. schuf mit der Eroberung der Brandenburg im Winter 928/929 die Basis für die Stiftung des Bistums Brandenburg durch Otto I. im Jahr 948. Im Ergebnis des großen Slawenaufstandes wurden die Deutschen 983 jedoch wieder aus der Brandenburg vertrieben. Es dauerte mehr als zwei Jahrhunderte, bis Albrecht der Bär am 11. Juni 1157 die Brandenburg endgültig in deutschen Besitz nahm. Dieses Datum gilt heute als Geburtstag der Mark Brandenburg.
Der Dom St. Peter und Paul ist seit über acht Jahrhunderten das bedeutendste Wahrzeichen von Brandenburg an der Havel. Mit dem Bau der romanischen Basilika wurde 1165 begonnen. Da unsere Vorfahren die Kirche zum Teil auf den Gräben der alten slawischen Burg errichteten, stand sie von Anfang an auf keinem sicheren Baugrund. Der frühgotische Umbau im 14. Jahrhundert sowie zusätzliche An- und Einbauten gefährdeten zunehmend die Standsicherheit des Gebäudes. Auch der große Baumeister Schinkel befürchtete schon in den 30er Jahren des 19. Jahrhunderts, dass es irgendwann zu größeren Schäden kommen würde. Er prophezeite, dass der Dom keine hundert Jahre mehr überstehen wird. Und tatsächlich stand die »Wiege der Mark Brandenburg« Mitte der 1990er Jahre kurz vor dem Einsturz. Es ist den Initiatoren der Aktion »Rettet den Dom zu Brandenburg« und der großen Hilfsbereitschaft vieler Menschen in ganz Deutschland zu verdanken, dass das Unheil noch rechtzeitig abgewendet werden konnte. Mit zahlreichen Spendengeldern und umfangreichen Fördermitteln wurde der Dom bis 1998 auf sichere Fundamente gestellt, so dass die umfassende Sanierung des gesamten Gebäudekomplexes fortgesetzt werden konnte. Heute zieht das wohl bekannteste Bauwerk der Havelstadt mit seiner reichhaltigen Ausstattung und seinen wertvollen Schätzen alljährlich Zehntausende Besucher aus dem In- und Ausland an. Von besonderer Bedeutung sind der so genannte Böhmische Altar von 1380 im südlichen Querschiff und die Wagner-Orgel von 1723, die zu den wenigen unverändert erhaltenen Musikinstrumenten des bekannten Baumeisters zählt. Im Dommuseum sind die einmaligen Kunstwerke aus dem Domschatz zu besichtigen. Dazu zählen wertvolle Handschriften, Bildwerke, kirchliches Gerät, Glasmalerei, Möbel und Textilien, wie z.B. das Brandenburger Hungertuch aus der Zeit um 1290.
1170 wurde der Vorgänger der Altstadt am nördlichen Havelufer erstmals urkundlich erwähnt, 26 Jahre später dann die Neustadt auf der südlichen Seite. Beide Städte trugen den Namen Brandenburg und besaßen im Mittelalter als Hauptorte der Mark umfangreiche Handels-, Zoll- und Münzrechte. Hier befand sich mit dem Brandenburger Schöppenstuhl auch die oberste Gerichtsbarkeit des Landes. Das Brandenburger Stadtrecht wurde in jener Zeit auf viele märkische Städte übertragen. Dazu zählte auch das damals noch recht unbedeutende Berlin, dessen Gründungsurkunde heute im Brandenburger Domarchiv aufbewahrt wird. Die strategisch günstige Lage der Doppelstadt am Schnittpunkt überregional bedeutender Handelsstraßen und die Mitgliedschaft in der Hanse verhalf den Brandenburger Kaufleuten und Handwerkern zu beträchtlichem Reichtum. Dieser Wohlstand fand seinen sichtbaren Ausdruck in der Errichtung einer großen Anzahl von imposanten Sakral- und Profanbauten, von denen viele noch heute das Stadtbild prägen. Nach dem die beiden Orte mit dem Namen Brandenburg über fünf Jahrhunderte hinweg als zwei selbstständige Städte existiert hatten, ordnete Preußenkönig Friedrich Wilhelm I., Vater des »Alten Fritz«, im Jahr 1715 ihren Zusammenschluss zur »Vereinigten Chur- und Hauptstadt der Mark Brandenburg« an. 1929 kam die Dominsel hinzu. Wer Brandenburg an der Havel heute aus der Vogelperspektive betrachtet, erkennt noch sehr deutlich die Struktur der drei historischen Stadtkerne.
Die Brandenburger waren schon immer »helle Köpfe«: Branco Weiss hat das einmal so formuliert: »Der Unternehmer sieht Chancen, die andere nicht sehen; er überwindet Angst vor dem Neuen«. Scheinbar haben sich die Unternehmer, Firmen und Großbetriebe danach gerichtet, denn Brandenburg an der Havel war und ist ein Industriestandort par excellence. Die Nähe zur aufstrebenden Metropole Berlin und der rasante Ausbau der Verkehrsinfrastruktur, wie zum Beispiel die Eröffnung des Silokanals oder die Einbindung in das überregionale Schienennetz, verhalf auch der Stadt Brandenburg an der Havel an der Wende vom 19. zum 20. Jahrhundert zu einem spürbaren wirtschaftlichen Aufstieg. Dieser war mit der territorialen Ausdehnung und einem deutlichen Anstieg der Einwohnerzahl auf 45 000 verbunden. Den traditionellen starken Textilmanu-

Blick zum Brandenburger Dom St. Peter und Paul

Der Steintorturm ist einer von vier mittelalterlichen Tortürmen in Brandenburg an der Havel und beherbergt eine Zweigstelle des Stadtmuseums.

fakturen folgten unter anderem mehrere Fahrzeug- und Spielwarenfabriken, die für ihre Zeit moderne Industriezweige repräsentierten. Viele Brandenburger Unternehmen erarbeiteten sich in kurzer Zeit weltweit einen guten Namen und zählten zu den Marktführern ihrer Branche. In den Brennaborwerken wurden Kinderwagen, Fahrräder, Motorräder und Autos hergestellt, das Blechspielzeug aus dem Betrieb von Ernst Paul Lehmann oder die Lineolfiguren von Oskar Wiederholz waren früher in fast jedem Kinderzimmer zu finden und sind heute begehrte Sammlerstücke. Aber auch Arado-Flugzeuge und der legendäre »Opel-Blitz« kamen aus Brandenburg an der Havel. Mit dem Aufbau des ersten Stahl- und Walzwerkes im Jahr 1912 begann die bis heute währende Geschichte des Industriezweiges, der in besondere Weise über viele Jahrzehnte das wirtschaftliche und gesellschaftliche Leben der Stadt prägte. Vor allem nach dem Wiederaufbau des Werkes nach dem II. Weltkrieg wurde Brandenburg an der Havel in den folgenden 40 Jahren zu einem der bedeutendsten metallurgischen Zentren im Osten Deutschlands ausgebaut. Wer sich für diesen Teil der Stadtgeschichte interessiert, sollte das Industriemuseum in der ehemaligen Ofenhalle des Stahlwerkes besuchen, wo auch der gigantische Stahlkollos des letzten Siemens-Martin-Ofens Westeuropas zu sehen ist.
Heute zählt Brandenburg an der Havel nach wie vor zu den wichtigsten Industriestädten des Landes Brandenburg. Mit den Brandenburger Werken der Heidelberger Druckmaschinen AG und der ZF Getriebe GmbH sowie der zum italienischen RIVA-Konzern gehörenden Brandenburger Elektrostahlwerke GmbH haben sich nach der Deutschen Einheit namhafte international tätige Unternehmen für den Standort Brandenburg an der Havel entschieden. Diese großen und personalstarken Unternehmen schaffen auch die Voraussetzung für den Erhalt und die Entwicklung eines leistungsfähigen Mittelstandes und damit für die Wirtschaftsentwicklung am Standort. Beachtliche Synergiepotenziale werden besonders für kleine und mittelständische Unter-

Im wieder in alter Schönheit entstandenen St. Pauli-Kloster werden die Schätze des Archäologischen Landesmuseums gezeigt.

nehmen anderer Branchen, wie den Maschinen- und Anlagenbau, die Automatisierungstechnik oder den Informations- und Kommunikationsbereich erzeugt. Auf dem Gelände des 1993 geschlossenen Siemens-Martin-Stahlwerkes entstand ein moderner Industrie- und Gewerbepark mit einem neuen öffentlichen Hafen und einem innovativen Technologie- und Gründerzentrum. Aus einer ehemaligen Kaserne wurde eine moderne Fachhochschule. Im Stadtteil Kirchmöser lebt ein High-Tech-Standort mit jahrzehntelanger Eisenbahntradition fort. Hersteller von Bahntechnik und Hochgeschwindigkeitsweichen, Forschungs-, Technologie- sowie Bahn-Umweltzentren bilden Entwicklungspotenziale für ein Bahnkompetenz-Zentrum von europäischem Rang. Auch in der Gegenwart erweist sich die günstige Lage von Brandenburg an der Havel als wichtiger Standortvorteil. Neben ihrer Nähe zu der in etwas mehr als 30 Minuten erreichbaren Bundeshauptstadt ist es vor allem die optimale Einbindung in die überregionale Verkehrsinfrastruktur. Dadurch ist die Havelstadt auf allen Wegen gut erreichbar. Sie liegt direkt an der A 2 und den Fernverkehrsstraßen B 1 und B 102 sowie an der Haupteisenbahnlinie Berlin–Magdeburg–Hannover. Über die Havel und den Silokanal ist sie unmittelbar in das innerdeutsche Schifffahrtsnetz eingebunden. Ein ehemaliger Militärflugplatz am Rande der Stadt steht heute als ziviler Flugplatz zur Verfügung. Durch umfangreiche Investitionen wurde in den zurückliegenden Jahren aber auch der zielgerichteten Verbesserung der innerstädtischen Verkehrsinfrastruktur Vorrang eingeräumt, was vor allem durch den Neubau der zahlreichen, geographisch bedingten Brückenverbindungen zum Ausdruck kommt. Neben neu erschlossenen Industrie- und Gewerbegebieten mit einer zeitgemäßen Kommunikationsinfrastruktur wurden und werden auf stillgelegten Industriestandorten attraktive gewerbliche Bauflächen für die Ansiedlung und Entwicklung von Firmen in zukunftsorientierten Branchen, wie zum Beispiel der Solarmodul-Herstellung, geschaffen. Brandenburg an der Havel ist ohne Zweifel ein attraktiver Wirtschaftsstandort mit Zukunft. Die gesamte Innenstadt ist Sanierungsgebiet; mit etwa 92 ha eines der größten in Deutschland. Brandenburg an der Havel kann auf ca. 400 Baudenkmale und die größte Denkmaldichte aller Städte im Bundesland Brandenburg verweisen. Nach dem es in den ersten Jahren nach der Wende vor allem darum ging, den weiteren Verfall der wertvollen Bausubstanz durch den gezielten Einsatz umfangreicher öffentlicher Fördermittel aufzuhalten, ist der Sanierungsprozess in den letzten Jahren – auch dank vieler Privatinvestitionen – deutlich vorangekommen. Die historische Innenstadt ist inzwischen wieder zu einem Anziehungspunkt für Besucher und zu einem äußerst beliebten Wohnort geworden. Die Einwohnerzahl der Stadt hat sich nach jahrelang rückläufiger Tendenz inzwischen bei ca. 74 000 stabilisiert. Städtebauliches Entwicklungsziel ist es, gegenwärtige und künftige Anforderungen so in die historisch überkommene bauliche Gestalt der Stadt einzupassen, dass sie als zukunftsfähiger sozialer und wirtschaftlicher Organismus attraktive Bedingungen zum Leben und Arbeiten bietet. Dabei wird die Innenstadtentwicklung auch in den nächsten Jahren favorisiert; unter Wahrung und hierarchischer Förderung des historisch und geographisch bedingten polyzentralen Stadtgefüges.

Wohnen in Brandenburg an der Havel heißt leben in einer geschichtsträchtigen Stadt, die in einer von reizvollen Havelseen umgebenen Landschaft liegt. Vor und zwischen den alten Stadtmauern ist inzwischen viel Neues entstanden. Das fast 200 Jahre alte Brandenburger Theater und die in vielen Ländern der Erde gefeierten Brandenburger Symphoniker sind in ein modernes Kultur- und Kongresszentrum gezogen, den ersten Theaterneubau nach der Wende in den neuen Bundesländern. Am Städtischen Klinikum wurde der erste Teil eines Neubaus bereits realisiert und der zweite Bauabschnitt begonnen. Neu entstanden ist auch eine überregional bedeutende Rehabilitationsklinik für Kinder und Jugendliche. Das neue »Marienbad« mit seinem großen Fun- und Freizeitbereich verfügt außerdem über ein 50-Meter-Becken mit einer mobilen Überdachung. Die erhebliche Spende eines gebürtigen Brandenburgers begünstigte die Errichtung eines SOS-Kinderdorfes. Seniorenheime wurden großzügig gestaltet, fallen durch lockeren Ensemblecharakter auf und haben bewusst die Natur als Erlebnisbereich für die Bewohner mit einbezogen. In der ehrwürdigen alten Lateinschule hat die Kinder- und Jugendkunstgalerie »Sonnensegel« eine künstlerische Heimat gefunden.

Vom Glanz vergangener Tage künden überall im Stadtbild die Zeugnisse mittelalterlicher Baukunst, wie der Dom St. Peter und Paul, die St. Katharinenkirche, die St. Nikolaikirche und St. Gotthardtkirche. Das ehemalige Dominikanerkloster St. Pauli wurde in den vergangenen Jahren umfassend saniert und beherbergt nun das Archäologische Landesmuseum. Brandenburg an der Havel ist eine Stadt, in der es sich gut leben lässt. Altes und Neues stehen kontrastreich und harmonisch einträchtig nebeneinander. Der natürliche Reichtum an Flüssen und Seen ist in vielfältiger Hinsicht für die Lebensweise ihrer Bewohner bestimmend. Hier nimmt der Sport am und im Wasser eine führende Rolle ein. Aber nicht nur die Bürger Brandenburgs, auch viele Gäste aus dem In- und Ausland schätzen die vielfältigen Erholungs-, Freizeit- und Sportmöglichkeiten. Besonders stark hat sich in den vergangenen Jahren der Wassertourismus entwickelt. Zahlreiche Sportveranstaltungen auf nationaler und internationaler Ebene verhelfen der umfangreich sanierten und modernisierten Regattastrecke am Beetzsee zu hohem Ansehen.

Brandenburg – das ist ein faszinierendes Stadtensemble: Schon der erste Eindruck macht deutlich, dass die Stadt nicht einfach nur an der Havel liegt, sondern von Wasser im Überfluss umgeben ist. Rund um die Jahrtausendbrücke, die im Zentrum über die Havel führt und Alt- mit Neustadt verbindet, pulsiert das städtische Leben. Auf der Tour durch das historische Zentrum sind die vier mittelalterlichen Tortürme und die größtenteils erhaltene Stadtmauer nicht zu übersehen. Da Alt- und Neustadt bis ins 18. Jahrhundert selbstständige Städte waren, hatten beide ihr eigenes Rathaus. Bis heute erhalten geblieben ist das Altstädtische Rathaus, vor dessen Hauptportal der Brandenburger Roland steht. Der Neustädtische Markt präsentiert sich heute als zentraler Platz mit Parkplätzen, Bänken und der weithin sichtbaren modernen Digitaluhr.

Den Gast erwartet auch ein äußerst vielfältiges und vielseitiges kulturelles Angebot: Theater, Musik, Kleinkunst, Ausstellungen und vieles mehr sind das ganze Jahr über zu genießen. Die Brandenburger Havelseen sind mit einer Ausdehnung von mehr als 30 qkm Wasserfläche ein einzigartiger Naturraum und ein tolles Wassersportparadies; überdies Heimat von Fischreihern, Eisvögeln, Störchen und Bibern. Alle Seen und Wasserläufe sind miteinander verbunden, so dass Wasserwandern per Kanu, Ruder-, Motor- oder Segelboot ein unvergessliches Erlebnis bleibt. Aber auch Surfen und Wasserskifahren sind durchaus angesagt. Brandenburg an der Havel – ein faszinierendes Fleckchen Erde!

Kurzer Zwischenstopp für Freizeitkapitäne: die Sportbootschleuse am Stadtkanal zwischen Ober- und Unterhavel

Deutschlands neue große
BOOTSMESSE
Immer im November!
Messe Berlin
Startplatz Sport

Landkreis Potsdam-Mittelmark – Zwischen Havelland und Fläming

Potsdam-Mittelmark – das ist die Region im Südwesten des Landes, die von der Berliner Stadtgrenze bis zur Landesgrenze nach Sachsen-Anhalt reicht und sowohl die kreisfreie Landeshauptstadt Potsdam als auch die kreisfreie Stadt Brandenburg an der Havel umschließt. Wer aus westlichen/südwestlichen Richtungen kommend in die Bundeshauptstadt Berlin fährt, durchquert mit Sicherheit dieses Fleckchen Erde, sei es auf den Autobahnen A 2/Berlin–Hannover und A 9/Berlin–Nürnberg bzw. auf einigen der Bundesstraßen oder Bahnlinien, die durch das Kreisgebiet nach Berlin führen.
Im Zuge der Gemeindegebietsreform des Landes Brandenburg, die mit dem Tag der Kommunalwahl am 26. Oktober 2003 in Kraft trat, verlor der Landkreis einige Gemeinden an die Landeshauptstadt Potsdam, an die Stadt Brandenburg an der Havel und eine Gemeinde an den Landkreis Havelland. So verringerte sich die Landkreisfläche von 2 682 qkm auf 2 573 qkm, und die Einwohnerzahl sank von 213 427 auf ca. 200 000. Demographisch gesehen ist Potsdam-Mittelmark durch den inneren Verflechtungsraum und den äußeren Entwicklungsraum zweigeteilt.
In seiner Wirtschaftsstruktur vereint der Landkreis einen Branchenmix von Hightech-Unternehmen bis zum alteingesessenen Handwerksbetrieb. Ebenso prägen Land-, Forst-, Fischereiwirtschaft sowie Obst- und Gemüseanbau und ein auf sanften Tourismus ausgerichteter Fremdenverkehr das Bild des Kreises.
Insgesamt erzielt Potsdam-Mittelmark im Vergleich mit den anderen Landkreisen Brandenburgs zumeist oberhalb des Landesdurchschnitts liegende Ergebnisse, die eine aussichtsreiche Entwicklung versprechen. Zu berücksichtigen sind dabei das Gefälle der Beschäftigungssituation und die Folgen von Arbeitslosigkeit des Potsdamer Umlandes gegenüber den anderen Teilen des Landkreises. Bedingt durch die günstige Lage zur Landeshauptstadt Potsdam und zur Bundeshauptstadt Berlin, profitieren die Kommunen im »Speckgürtel«, wie Kleinmachnow, Teltow und Stahnsdorf, in dieser Hinsicht vom positiven Einfluss der beiden Metropolen. Demgegenüber stehen die ländlichen Gemeinden und Städte, die fernab vom Großstadtsog überdurchschnittlich mit den Problemen des Arbeitsmarktes und den daraus resultierenden Schwierigkeiten zu kämpfen haben.
Weitere Maßstäbe für Lebensqualität und für die Wahl eines Wohnstandortes sind natürlich das Bildungsangebot, die Kinderbetreuung, die Gesundheits- und Altersfürsorge und das Kultur- und Freizeitangebot. Im Bereich Bildung wartet der Landkreis beispielsweise mit einer breiten Palette von insgesamt 74 Schulen auf. Davon sind 40 Grundschulen, 4 Gesamtschulen mit gymnasialer Oberstufe, 5 Oberschulen, 7 Gymnasien, 2 Oberstufenzentren, 5 Förderschulen und 11 Schulen in freier Trägerschaft. Dazu kommen die Angebote der Kreisvolkshochschule und der Kreismusikschule. Die drei modernen Krankenhäuser in Belzig, Lehnin und Treuenbrietzen, mehrere Fachkliniken und Kureinrichtungen, zahlreiche Senioreneinrichtungen, Ärztehäuser und Gesundheitszentren stehen für die umfassende Gesundheits- und Altersbetreuung. Die Ausstattung mit Kindertagesstätten in den Kommunen hat ein hohes Niveau, und auch im Kultur- und Freizeitsektor gibt es enorme Angebote.
Seit einigen Jahren hat gerade der Tourismus einen immer größeren Stellenwert für den Landkreis gewonnen. Mit der Ausgestaltung der touristischen Infrastruktur für den Fremdenverkehr und Freizeitbereich haben sich neue und viel versprechende Perspektiven entwickelt. Besonders in den ländlichen Regionen konnten die in Folge des wirtschaftlichen Wandels negativen Tendenzen hinsichtlich der Erwerbstätigkeit durch neue Betätigungsfelder zum Teil aufgefangen werden. Bedingt durch die attraktiven Anteile an den Reisegebieten Havelland und Fläming steht Potsdam-Mittelmark auf einem führenden Platz der Beliebtheitsskala der Ausflugsziele im Land Brandenburg. Nicht zuletzt profitiert er von seiner Lage zwischen den Ballungszentren Berlin, Leipzig, Halle und Magdeburg sowie der Umlandfunktion für die Städte Berlin, Potsdam und Brandenburg/Havel.
Die Havel und der Fläming – das sind zwei markante und vollkommen gegensätzliche Landschaften und aus diesem Grund ein regelrechter Schatz für die touristische Erschließung und Vermarktung des Kreises. Im Norden der Region ist die Havel das alles bestimmende Element. Der Fluss prägt mit seinen ausgedehnten Seen

Dahnsdorf – Kirche des Deutschen Ordens (um 1227)

nicht nur Landschaft und Natur, er setzt auch den Rahmen für die Möglichkeiten und die Grenzen der Entwicklung. Bereits Theodor Fontane machte auf seinen Wanderungen durch die Mark Brandenburg die Reize und Schönheiten dieses Landstriches aus.

»Wer in der Mark reisen will, der muß zunächst Liebe zu Land und Leuten mitbringen, mindestens keine Voreingenommenheit. Er muß den guten Willen haben, das Gute zu finden, anstatt es durch krittliche Vergleiche totzumachen«.

Die am Schwielowsee gelegenen Orte Caputh, Ferch, Petzow und Geltow bezeichnete der Dichter als »Gebilde aus Musikerhand«. Noch heute ist dieses Flair nachzuempfinden, insbesondere laden das Herrenhaus Petzow mit Kirche und Park und seit Ende September 1998 die einzigartige Caputher Schlossanlage mit umgebender Parkanlage zum Verweilen ein.

Wer sich in dieser Gegend aufhält, sollte wissen, dass der berühmte Wissenschaftler Albert Einstein 1929 sein Sommerhaus in Caputh bezog. Anlässlich des Albert-Einstein-Jahres gab es vom 19. April bis 31. Dezember 2005 im Bürgerhaus Caputh die Ausstellung »Einsteins Sommer-Idyll in Caputh«. Die Ausstellung zeigte Dokumente, Fotos und Modelle zur Geschichte des 1929 vom Architekten Konrad Wachsmann gebauten Sommerhauses – dem einzigen noch erhaltenen Wohnhaus Einsteins in Deutschland.

Ein Markenzeichen des Gebietes rund um Potsdam ist der Obst- und Gemüseanbau. Zentrum ist die Stadt Werder, deren eindrucksvolle und markante Silhouette schon von weitem grüßt. Seit Jahrhunderten wird in Werder Obst- und Weinbau sowie Fischerei betrieben. Die »Werderschen Knupperkirschen«, Erdbeeren, Werderaner Obstsäfte und Fisch in allen Varianten sind weithin bekannt. Hunderttausende Besucher finden sich alljährlich zum Baumblütenfest Ende April/Anfang Mai im Herz des traditionellen Obstanbaus ein.

Für jene, die die Wasserlandschaft mit dem Paddelboot erkunden wollen, ist die Havel ein ideales Areal. Ebenso wie um Potsdam bildet die Havel auch um die Stadt Brandenburg zahlreiche Seen. Der Beetzsee ist ein eiszeitlicher Rinnensee und ein wahres Paradies für Wassersportler. An den Ufern der Havel gibt es zahlreiche historische Stätten zu erkunden, z.B. in Bagow das ehemalige Gutshaus derer von Ribbeck, einem der bekanntesten Adelsgeschlechter der Mark, oder Pritzerbe, ein kleines Städtchen und einst Wohnsitz der Brandenburger Bischöfe. Einladend und idyllisch ist das Gebiet um den Wusterwitzer See. Gut ausgeschilderte Rad- und Wanderwege, die Strandpromenade in Wusterwitz und das Treiben an der großen Schleuse bei Woltersdorf laden zu erholsamen Stunden ein.

Kleinmachnow, Teltow und Stahnsdorf liegen östlich von Potsdam am südwestlichen Stadtrand von Berlin. Geprägt durch Unternehmen in den Branchen Elektrotechnik/Elektronik, Biotechnologie und Kommunikationstechnik sowie durch die Entwicklung des Potsdamer Umlandes zum Forschungs-, Medien- und Kulturstandort ist diese Region eine attraktive Wohnlage für Berliner und Bedienstete der Bundesregierung. Ideal zum Wandern ist die in der Nähe zu Stahnsdorf liegende Parforceheide, ein großes zusammenhängendes Waldgebiet, das zu Preußens Zeiten für die höfische Gesellschaft ein beliebtes Jagdgebiet war. Wer sich in Stahnsdorf aufhält, sollte unbedingt den Südwestkirchhof in Augenschein nehmen. Berühmte Persönlichkeiten wie Engelbert Humperdinck, Heinrich Zille, Lovis Corinth, Walter Gropius, Werner von Siemens und auch Baronin von Ardenne, die Fontane als Vorbild für seine Effi Briest diente, haben hier ihre letzte Ruhestätte gefunden.

Entlang des Teltowkanals, der Havel und Spree verbindet und im Jahre 1906 eröffnet wurde, gelangt man durch eine sanfte Wald- und Wiesenlandschaft nach Teltow. Teltow, 1265 erstmals urkundlich erwähnt, war ein kleines Ackerbürger- und Gärtnerstädtchen, das mit dem Bau des Teltowkanals aus dem verträumten Dasein erwachte und eine rasante Industrialisierung erfuhr.

Im Zusammenhang mit dem Bau des Kanals erhielt auch Kleinmachnow in den Jahren 1902–1905 ein technisch interessantes Bauwerk, die Kleinmachnower Schleuse. Doch nicht nur dieses technische Denkmal ist sehenswert. Der Wassermühle aus dem Jahre 1665, die heute als gastronomische Einrichtung genutzt wird, sollte unbedingt ein Besuch abgestattet werden. Doch Kleinmachnows Geschichte reicht noch weiter zurück. Im Mittelalter hatten die von Hakes auf einer mächtigen Burg ihren Rittersitz. Der einstige Glanz der alten Hakeburg ist verblasst, sie ist nur noch eine Ruine. Hingegen die neue Hakeburg, 1906–1908 von einem Nachfahre des Hakeschen Geschlechts nördlich des Machnower Sees erbaut, hat einen trutzigen Charakter und bringt so manchen Betrachter zum Staunen.

Die Gegend um Beelitz ist berühmt durch ein Gemüse, welches zu den Delikatessen auf Deutschlands Tellern zählt: der Spargel. Besondere Ausflugstipps sind das Spargelfest in Beelitz am ersten Wochenende im Juni, die verschiedenen Spargelhöfe und Hofläden in der Region, insbesondere der Spargel- und Erlebnisbauernhof in Klaistow.

1990 als Zufluchtsstätte für Erich Honecker bekannt geworden, trägt Beelitz-Heilstätten heute einerseits schwer an seinem alten Gesicht und macht andererseits das Neue Hoffnung für die Zukunft. Das ca. 140 Hektar große Gelände, einst als Sanatorium für Tuberkulosekranke erbaut und nach dem 2. Weltkrieg als russisches

Belzig – Landratsamt in der Niemöllerstraße 1 (erbaut 1893/94)

Militärlazarett genutzt, steht mit seinen mehr als 60 Einzeldenkmalen seit Juni 1996 unter Denkmalschutz. Inzwischen haben sich hier mehrere Kliniken etabliert. Das gesamte Objekt verkörpert ein einzigartiges und aussagekräftiges Zeugnis der Ingenieurkunst um 1900. Das Heizkraftwerk Süd mit seinem ca. 44 Meter hohen Wasserturm war die Realisierung der ersten funktionsfähigen Anlage mit Kraft-Wärme-Kopplung vor 100 Jahren in Deutschland. Diese Anlage ist inzwischen das älteste Energiezentrum dieser Art in Europa, vielleicht sogar in der Welt. In den Jahren nach der Stilllegung fristete dieses einmalige Denkmal ein trauriges Dasein, bis es wieder zu neuem Leben erweckt wurde. In enger Zusammenarbeit mit dem Förderverein Heiz-Kraftwerk-Werk Beelitz-Heilstätten e.V. hat der Landkreis Potsdam-Mittelmark die Hüllensanierung mit einem Investitionsvolumen von 4,6 Mio. DM nach 2-jähriger Bauzeit im Jahr 2001 abgeschlossen.
Das gesamte Areal bietet gegenwärtig reichlich Platz für kreative Ideen und kühne Vorhaben, denn es gibt noch eine Reihe an einzigartigen Gebäuden, die nur auf Rekonstruktion und neue Verwendung warten.
Aber nicht nur in denkmalpflegerischer Hinsicht engagiert sich der Landkreis. Am 21. Juni 2002 fand das Richtfest für das Feuerwehrtechnische Zentrum des Landkreises in Beelitz-Heilstätten statt. Im Januar 2003 konnte das Gebäude als Schulungs-, Übungs- und Einsatzzentrum seiner Bestimmung übergeben werden.
Eine Perle in der Mark und deshalb unbedingt erwähnenswert ist das Kloster Lehnin. Seine Gründung geht auf den Markgraf Otto I. zurück, der im Jahre 1180 die Einwilligung zur Klostergründung erhielt und das Marienkloster zu Lehnin erbauen ließ. Ein neu gestaltetes Museum gibt für Interessenten tiefere Einblicke in die Klostergeschichte. In der wärmeren Jahreszeit laden die Lehniner Sommermusiken (meist an Donnerstagen) in die Zisterzienserkirche ein. Vielfach von internationalem Ruf sind die wechselnden Kunstausstel-

lungen im Skulpturengarten am Klostersee, die vom Lehniner Institut für Weiterbildung ins Leben gerufen wurden.
Unweit von Lehnin liegt das Dorf Reckahn, das ein Schulmuseum beherbergt. Der große Vater der preußischen Volksschule, Friedrich Eberhard Freiherr von Rochow (1734–1805), ließ nahe dem väterlichen Gut 1773 in Reckahn die erste zweiklassige preußische Landschule errichten. Er erkannte, wie wichtig Bildung für die Landbevölkerung ist. In Lehrer Bruns hatte er einen Verbündeten, denn er verwirklichte seine Ideen und machte die Kinder einfacher Leute mit den Schulbüchern Rochows vertraut.
2001 begingen Berlin und Brandenburg das Jubiläum »300 Jahre Preußen«. Die einmalige Geschlossenheit der historischen Reckahner Anlage von Schloss und Park, Barockkirche und Schulhaus führte zu dem Ergebnis, dieses geschichtsträchtige Ensemble zu einem der 6 dezentralen Ausstellungsprojekte der gemeinsamen Landesausstellung zu machen. Seit Anfang August 2001 kann die museal interessierte Öffentlichkeit die Ausstellung »Vernunft fürs Volk – Friedrich Eberhard von Rochow im Aufbruch Preußens« sowie wechselnde Sonderausstellungen im Reckahner Schloss besuchen.
Viele Dörfer des Landkreises haben über Jahrhunderte bis in unsere Zeit ihr Dorfbild erhalten können. Wasser- und Bockwindmühlen, alte Feldsteinkirchen, Taubenhäuser und selbst knochige, bis zu 600 Jahre alte Linden mit bizarren Formen und wuchtigen Ausmaßen lassen den Besucher noch erahnen, was sich in vergangener Zeit wohl an diesem oder jenem Ort abgespielt haben mag. Eindrucksvolle Zeugnisse dieser Epochen sind besonders im Brandenburger Raum zu finden, so beispielsweise in Deetz, Brielow, Viesen und Wusterwitz.
Im Süden des Landkreises Potsdam-Mittelmark wird das Landschaftsbild durch die bewaldeten »Höhen« des Flämings bestimmt. Mit 200,1 m ist der Hagelberg die höchste Erhebung der Region. Ausgedehnte Kiefernwälder, aber auch alte Buchen- und Mischwaldbestände sorgen für ein hohes Wildaufkommen. Steile Trockentäler – die Rummeln –, Quellen und Bäche laden zum Verweilen ein. Zahlreiche Findlinge weisen in beträchtlichen Ausmaßen auf die eiszeitliche Vergangenheit hin. Als Ausflugsziel für wenige Stunden, aber auch als Erholungsgebiet für mehrere Tage ist der Hohe Fläming – fern vom Massentourismus – dem Genießer von Natur und Ruhe zu empfehlen. Was der Wanderer zu Fuß oder per Rad an Natur und Historie entdecken kann, ist beachtlich.
Kerzenzieher, Töpfer, Korbmacher, Bäcker verkörpern altes traditionelles Handwerk und lassen sich bei den zahlreichen Volksfesten oder auch direkt vor Ort gern über die Schulter schauen.
Die Landstadt Treuenbrietzen, an der Nieplitzaue und am Nordhang des Hohen Flämings gelegen, ist insbesondere durch die Moritat vom Frauenzimmer Sabinchen bekannt geworden. Wer mehr über den Inhalt der Inschrift »Dies ist die Stadt, die es verdient, daß sie Brietzen die Treue genannt wird, denn in den Zeiten des Krieges blieb sie dem Fürsten treu« wissen möchte, sollte bei seinem Aufenthalt einen Rundgang durch das Heimatmuseum anvisieren.
Wer aus Richtung Treuenbrietzen kommend den Weg über Linthe/Brück nach Belzig nimmt, findet ganz in der Nähe der Autobahnanschlussstelle A 9 das ADAC-Fahrsicherheitszentrum Berlin–Brandenburg, das im Jahr 2002 eröffnet wurde. Wer Interesse hat, kann hier, begleitet durch Fachleute, sein fahrerisches Können in verschieden Situationen austesten und schulen.
Tor zum »Hohen Fläming« ist die Kreisstadt Belzig, Sitz der Kreisverwaltung und gleichzeitig Zentrum für die ländliche Region im Süden. Belzig ist ein kleines, verträumtes, aber zugleich aufgewecktes Städtchen mit einer intakten Infrastruktur, tausendjähriger Geschichte und dem anspruchsvollen Ziel, sich zu einem Kurort zu entwickeln. Die seit 1900 bestehende Klinik, etwas abseits der Stadt mitten im Wald gelegen, hat sich in ihrem Profil sehr gewandelt. Einst als Lungenheilstätte erbaut, war sie von 1974–1990 Sanatorium für Herz-Kreislauf-Krankheiten und ist seit 1993 eine moderne Reha-Klinik für orthopädische und psychosomatische Krankheiten. Die Reha-Klinik »Hoher Fläming« und die 1996 erfolgte Erschließung einer Thermalquelle in 788 m Tiefe sind Ausgangspunkte und erklärter Wille der Stadtväter Belzigs, alle weiteren Planungen und Vorhaben in Richtung Kurstadt voranzutreiben. Ein weiterer wichtiger Schritt in diese Richtung war der erste Spatenstich für das Thermalbad am 3. Oktober 2000.
Nur 20 Monate später, genau am 8. Juni 2002, wurde der größte »Findling« im Fläming – die SteinThermeBelzig – eingeweiht. Den Besucher empfängt ein architektonisch einem Findling nachempfundenes, modernes Thermalbad u.a. mit LichtKlangRaum, Vitalbad, MediFit-Zentrum, Erlebnispassage mit Kurpark-Restaurant und naturbelassenem Kurpark.

Golzow – oktogonale Kirche, verputzter Backstein (1752)

Belzigs erste Erwähnung erfolgte wahrscheinlich in einer Urkunde Kaiser Otto III. am 8. Juni 997 (ebenfalls Beelitz möglich). Eine zweite, ganz sichere Nennung stammt aus dem Jahr 1161. Die Steinbauten der Burg Eisenhardt sind nach 1140 errichtet worden. Der Bergfried, auch Butterturm genannt, fällt in die Zeit nach 1200.
Eine kleine Sensation war die Entdeckung der »capella Katharinae in castro« (erwähnt 1323 sowie 1450) bei Ausgrabungsarbeiten im Jahre 1993/94. Die Bauzeit dieser romanischen Burgkapelle kann ebenfalls um 1200 vermutet werden. Alle weiteren geschichtlichen Daten und Ereignisse rund um Belzig und seine Burg sind im Heimatmuseum auf »Eisenhardt« zu erfahren.
Weitere Attraktionen der Kreissstadt sind der am 1. Mai 2003 eingeweihte barrierefreie, insbesondere für Rollstuhlfahrer geeignete Naturerlebnispfad in den Belziger Burgwiesen und ein im Sommer 2003 installiertes Informationssystem, bestehend aus Übersichtstafeln und Infoschildern, das den Besucher von der Burg zu bedeutenden archäologischen Fundstellen und 22 historischen Gebäuden im Altstadtkern leitet.
Am Rande der Stadt gibt es ein Gewerbegebiet für kleine und mittelgroße Betriebe, in unmittelbarer Nähe ist das Technologie- und Gründerzentrum »Fläming« zu finden. Dies soll vor allem jungen Unternehmen helfen, die Anfangsphase der Existenzgründung zu überstehen, um sich dann gestärkt am Markt zu etablieren. Hier werden auch die Erfahrungen des bereits seit einigen Jahren bestehenden Technologiezentrums in Teltow genutzt.
Außer Belzig zieren weitere drei bedeutsame mittelalterliche Burgen den Landstrich – Ziesar, Wiesenburg und Rabenstein. Jede hat ihre geschichtlichen Eigenheiten und ihr markantes Gesicht.
Die Burganlage in Ziesar, 948 erstmals erwähnt, zeugt noch heute vom Ruhm der ehemaligen Residenz der Bischöfe von Brandenburg. Zu Pfingsten 2005 wurde das bis dahin sanierte einstige bischöfliche Palais als Museum mit dem Thema »Bischöfe und religiöses Leben in der mittelalterlichen Mark Brandenburg« eröffnet. Das Museum für brandenburgische Kirchen- und Kulturgeschichte des Mittelalters informiert auch über die slawische Geschichte der Mark, über Kultur und Religion der Slawen und die Zeit der christlichen Kolonisation.
Ende 2007 wird es neben dem Museum ein weiteres Aushängschild für Ziesar geben – eine Forschungsbibliothek. Diese Fachbibliothek wird dann eine Büchersammlung mit dem Schwerpunk Theologie und Kirchengeschichte mit einem Gesamtumfang von 55 000 Bänden beherbergen, eine Dauerleihgabe des Sprachenkonvikts im Konsistorium der Evangelischen Kirche Berlin-Brandenburg-schlesische Oberlausitz. In Ziesar wird dann die Möglichkeit von wissenschaftlichem Arbeiten und Forschen am authentischen historischen Ort bestehen.
Besonders sehenswert ist die mittelalterliche Burgkapelle der früheren Bischofsresidenz, deren Mauerwerk im Inneren der Kirche fast durchgängig durch Wandmalereien mit tiefgrünen Blätterranken und dunkelroten Blütenornamenten bedeckt ist. Diese Kunstwerke, die derzeit in Teilen noch restauriert werden, sind um das Jahr 1500 entstanden und haben nun sogar Denkmalschützer aus den USA auf den Plan gerufen: Der World Monuments Found (WMF) aus New York stellte 70 000 Dollar für den Erhalt zur Verfügung.
Schloss Wiesenburg mit dem Landschaftspark im englischen Stil war einst eine Wasserburg, die in den Jahren 1863–1883 tief greifende bauliche Veränderungen im Stil der Neorenaissance erfuhr und annähernd ihr heutiges Aussehen erhalten hat.
Auch der Landschaftspark wurde in dieser Zeit durch Carl Friedrich von Watzdorf künstlerisch gestaltet. Ein eigens um die Gestalt Watzdorf's handelndes Theaterstück wird in den Sommermonaten im Park des Schlosses aufgeführt.
Ein privater Investor hat in den vergangenen Jahren ein einzigartiges Konzept von exklusivem Wohnen und Arbeiten für das Schloss baulich in Angriff genommen und umgesetzt. Inzwischen erstrahlt Schloss Wiesenburg wieder in neuem Glanz. Turm und Torhaus des Schlosses sind für jedermann zugänglich und beherbergen eine Heimatstube.
Burg Rabenstein war und ist eine ideale Filmkulisse. Idyllisch im Naturpark Hoher Fläming auf dem steilen Hagen (153 Meter) gelegen, entpuppt sich dieses 750 Jahre alte Bauwerk mit seinen dicken Ring- und Umfassungsmauern, dem 28 Meter hohen Bergfried (um 1200) sowie dem Rittersaal (im Kern 13. Jahrhundert) und der Feldsteinscheune als Eldorado für Burgenliebhaber. Die erste schriftliche Erwähnung aus dem Jahre 1449 weist auf die Gründung der Burg Rabenstein vom 6. August 1251 hin. Jährlich gibt es in Rabenstein viele Veranstaltungen, u.a. zu Ostern ein großes Ritterspektakel, den Rabensteiner Herbst sowie mehrmals im Jahr ein Gauklerfest mit Ritterschmaus unter der Regie des Bänkelsängers Ralf der Rabe. Aber auch heiraten kann man in einer kleinen romantischen und fast märchenhaften Kapelle auf Rabenstein. Dabei werden alte Sitten und Bräuche lebendig gehalten, u.a. das Streuen von Rosenblättern und Reis oder das Zersägen eines Holzstammes.

Bischofsresidenz Burg Ziesar mit Blick auf das »Fiener Städtchen« und den Storchenturm

Im April 1998 wurde im Rahmen des 2. Flämingfrühlingsfestes der Naturpark Hoher Fläming eingeweiht. Das 827 Quadratkilometer große Gebiet ist zu über 90 Prozent mit Natur- und Landschaftsschutzgebieten ausgewiesen. Der Naturpark beheimatet einige sehr seltene und vom Aussterben bedrohte Tiere, z.B. den Schwarzstorch, den Mittelspecht, den Edelkrebs, das Bachneunauge, die Gebirgsstelze und den Eisvogel, Fischotter und Biber und die Großtrappe.

Per Rad oder zu Fuß ist eine Entdeckungsreise durch das sagenhafte Land der Rummeln und Riesensteine nur zu empfehlen. Der europäische Fernwanderweg E 11, der von der Nordsee bis zu den Masurischen Seen reicht, als auch der internationale Radweg R 1 führen direkt durch diese Landschaft und lassen das Erlebnis Natur pur wahr werden.

In Potsdam-Mittelmark und dem angrenzenden Nachbarkreis Teltow-Fläming konnte bereits ein Jahr später (1. August 1999) der 10. Naturpark des Landes Brandenburg eröffnet werden. Mit 623 Quadratkilometern ist Nuthe-Nieplitz ein weiterer Baustein, um die südwestliche Lücke im Großschutzgebietssystem des Landes Brandenburg auszufüllen.

Und so schließt sich der Kreis, denn insgesamt hat sich der Landkreis das Ziel gesetzt, alle Bereiche des Lebens so zu entwickeln, dass es den Einheimischen und Zugereisten zunehmend gefällt, hier zu wohnen, dass sie Arbeit haben und beides in lebenswerter, erholsamer Umgebung möglich ist – kurz gesagt, dass der Landkreis Potsdam-Mittelmark ein zunehmend attraktiver Standort zwischen den Wirtschaftsräumen Halle/Leipzig, Magdeburg/Hannover und Berlin wird und immer mehr Durchreisende in Potsdam-Mittelmark Halt machen, für einen kurzen Aufenthalt oder für immer. In jedem Fall sind sie alle herzlich willkommen.

Blick von der Burg Eisenhardt über Belzig im herbstlichen Fläming

Stadt Belzig

Die Stadt Belzig (rd. 11 800 Einwohner) liegt innerhalb des Naturparks »Hoher Fläming«. Die höchste Stelle der Norddeutschen Tiefebene (Hagelberg, 200 m) liegt in der Stadtmitte. Die »Belziger Landschaftswiesen« bieten eine flache, vegetationsarme Niederungslandschaft im Baruther Urstromtal. Herausragende Bauwerke sind die Burg Eisenhardt, die Postmeilensäule, die Bockwindmühle in Borne; Luther hat in der Marienkirche gepredigt, und 2007 beging man die 1 010-Jahr-Feier des Ortes. An Persönlichkeiten stammen aus Belzig der spätere Dresdner Hofkapellmeister Carl Gottlieb Reißiger (1798–1859), der Musiker Norbert Leisegang (1960), der Comic-Zeichner Volker Reiche (1944) und der Prähistoriker Joachim Herrmann (1932).
Als Kaiser Otto III. 997 das »burgwardium belizi« dem Erzbischof Giselher von Magdeburg verehrte, ahnte er wohl nicht, was seine verschenkten Belziger 1000 Jahre später daraus machen würden. Mittlerweile hat sich das Städtchen zu einer der schönsten Kleinstädte Brandenburgs entwickelt und bekam 2002 den Titel »Kurort mit Heilquellenbetrieb« verliehen. Belzig hat bis heute eine bewegte Geschichte absolviert. Die größten Verwüstungen hatten die Einwohner im 30-jährigen Krieg zu ertragen. 1702 erlangte Belzig das Stadtrecht, 1879 erreichte den Ort die Bahnlinie Berlin–Wetzlar, der Bahnhof wurde gebaut, 1900 öffnete die Lungenheilstätte, 1945 wurde die Stadt kampflos übergeben; 1993 wird Belzig Kreisstadt, erhält zwei Jahre danach den Titel »Luftkurort«, 2002 öffnet das Thermalbad SteinThermeBelzig, und der Titel anerkannter »Kurort mit Heilquellenbetrieb« wird verliehen. 1996 stieß man bei Bohrungen in 775 m Tiefe auf 34 Grad warmes Thermalwasser mit vielfältigen Heilkräften. Der 20%ige Salzgehalt der 160 Mio. Jahre alten Sole mit Jod, Magnesium, Kalium, Calcium und Schwefel verspricht besonders therapeutische Erfolge bei rheumatischen Beschwerden und Erkrankungen der Haut, des Herz-Kreislaufs und der Atemwege. Die Geschichte der Stadt vom einstigen Luftkurort zum modernen Solekurort wird täglich fortgeschrieben; vielleicht heißt sie ja bald »Bad Belzig«.

Überbordende Ziegelornamentik am Südportal der Burg Ziesar, 250 Jahre lang Sitz der Bischöfe von Brandenburg

Amt Ziesar

Das Amt liegt im Landkreis Potsdam-Mittelmark, an der äußersten Grenze Brandenburgs zum Bundesland Sachsen-Anhalt hin. Zum Amt gehören die Gemeinden *Buckautal*, *Görzke*, *Gräben*, *Wenzlow*, *Wollin* und die *Stadt Ziesar*. Hier wohnen auf 270 qkm rd. 7 500 Einwohner; da das Gebiet von der A 2 durchschnitten wird, ist die verkehrstechnische Erschließung hervorragend. Das Amt besteht in seiner jetzigen Form und Struktur seit 1992.

In dieser kleinen Stadt gibt es viel Sehenswertes und einiges Kuriose. Zu letzterem gehört zweifellos das Haus Friedrich II.: 1775 wurde es im barocken Stil als Reiseunterkunft errichtet, jedoch nie vom Monarchen bewohnt – aus Ärger über den Architekten, der sich auf dem Grundstück gegenüber von seinem Honorar ein noch größeres Haus errichtete. Die »Alte Post« war die einzige Postmeisterei der nach dem 30-jährigen Krieg eingerichteten Postlinie »Clevescher Kurs« von Königsberg über Berlin, Brandenburg, Magdeburg nach Kleve (1649–1818). Der Bergfried wurde um 1200 aus Granitquadern errichtet (Mauerdicke; 3,75 m), der Zugang lag auf 10 m Höhe. 125 Stufen führen heute zur »Bischofsmütze« hinauf in 35 m Höhe, von wo man einen schönen Rundblick hat. Das Rittergut der von Bardelebens ist ein Freihof gewesen, den 1550 ein Bischof der Adelsfamilie als Lehen übereignet hatte; 1945 wurde alles enteignet; heute wird das Anwesen als Kita genutzt. Das Rathaus wurde nach dem Stadtbrand 1789 als Bürgerhaus eingerichtet und 1828 zum Rathaus umgebaut, es besitzt einen neugotischen Schmuckgiebel und historisches Maßwerk.

An der B 107 findet man das Dörfchen Buckau; ein geschlossener Ort mit Nebenstraßen. Vor dem Ort findet man eine 300 Jahre alte Birkenreismühle; in der Nähe liegt der größte brandenburgische Quellkessel, »Gesundbrunnen« genannt: Ein Kuhhirt entdeckte den Ort nach einem schweren Unwetter 1659. Mit Dretzen und Steinberg, einem Kolonistendorf aus Friedrichs II. Zeit, bildet Buckau die Gemeinde Buckautal.

Amt Wusterwitz

Das Amt Wusterwitz besteht aus den Gemeinden Wusterwitz, Bensdorf und Rosenau mit ihren Ortsteilen im Städteviereck Stendal, Rathenow, Brandenburg und Burg, hat Bahnanschluss und liegt in der unmittelbaren Nähe zur B 1; nach Berlin oder Magdeburg gehen im Stundentakt Züge. Überhaupt liegt Wusterwitz verkehrstechnisch äußerst günstig, denn es ist auch per Auto oder auf dem Wasser gleichermaßen gut zu erreichen; das ist besonders für Urlauber und Ausflügler interessant.

Den Urlaubern stehen neben Boots- und Fahrradverleih auch Kegelbahn, Reiterhof oder Sauna für ihre Freizeitaktivitäten zur Verfügung – und das ist bei weitem nicht alles.

Besonders abwechslungsreich ist eine Radtour durch die Vehlener Berge oder zum Gollwitzer Berg, wo eine Jagdhausruine in Augenschein genommen werden kann oder eine Wanderung zu einem besonderen Naturdenkmal, einer jahrhundertealten Kiefer.

Das gesellschaftliche Leben in Wusterwitz und Umzu ist geprägt durch die unterschiedlichsten Aktivitäten der hier ansässigen Vereine: Sport- und Chorveranstaltungen haben übers Jahr ebenso ihren festen Platz im gemeindlichen Leben wie das Strandfest oder das Schlittenhunderennen. Auch die nähere und weitere Umgebung birgt viele Reize, die es lohnen, in Augenschein genommen zu werden: Da gibt es jede Menge Wasser, an deren Ufern selten gewordene Bäume und kleine Wälder oder aber reizvolle alte Gemäuer und märkische Dörfer zu bestaunen sind.

Wusterwitz ist ein kleines, gepflegtes Städtchen am Rande des Havellandes und westlichste Gemeinde zum Bundesland Sachsen-Anhalt hin. Seine idyllische Lage an gleichnamigen See bietet viele Möglichkeiten zur Entspannung und Regeneration. Rund 3 300 Menschen leben und wohnen hier im Amtsbereich.

Der Ort wurde in der Zeit von Kaiser Friedrich I. »Barbarossa« gegründet, und einige Spuren des Ursprungs sind rund um die Kirche mit ihren Wehrmauern noch heute sichtbar. Der alte Dorfteil gibt einen guten Einblick in das ehemals märkische Straßendorf. Seine Entwicklung ist eng verbunden mit der außerordentlich günstigen Lage am Wasser und alten Straßen, was in jeder Hinsicht eine gute Verkehrsanbindung möglich machte.

Wusterwitz kann auf eine lange Geschichte zurückblicken: 1159 wurde der Ort erstmals urkundlich erwähnt. Um 1200 wurde die Wehrkirche aus Feldsteinen im romanischen Stil erbaut. Sie ist noch heute das Wahrzeichen. Eine Zeitlang gehörte Wusterwitz zum Erzbistum Magdeburg und ist eines der ältesten Belege für frühdeutsche Siedlungstätigkeit.

Gelegen am Straßenweg von West nach Ost, erreichbar auch auf dem Wasserwege (zuerst auf dem »Alten Kanal«, später über den Mittellandkanal) und seit Mitte des 19. Jahrhunderts auch auf dem Schienenweg, erweist sich seine Anbindung heute äußerst günstig. Der Ort wird im Norden vom Elbe-Havel-Kanal begrenzt.

Die *Gemeinde Bensdorf* liegt an der Grenze zu Sachsen-Anhalt und ist über die Bundesstraße 1 zu erreichen. Seit der »Neuordnung der Länder und Kreise vom 23.07.1952« setzt sich die Gemeinde Bensdorf aus den ehemals selbständigen Dörfern Alt- und Neubensdorf, Woltersdorf, Vehlen und Herrenhölzer zusammen.

Mit etwa 600 Einwohnern ist Altbensdorf zurzeit der größte Ortsteil der Gemeinde. Das einstige Pfarrdorf wird ungefähr im Jahre 1363 unter dem Namen Bentstorp als erzbischöfliches Lehen erwähnt. Ursprünglich befanden sich hier auch zwei Rittergüter, wovon das eine seit 1562 dem Herrn von Britzke und das andere seit 1735 dem Herrn von Schlaberndorf gehörte.

Der Bau der Kirche wird in die Zeit des Übergangs von romanischen in den gotischen Stil, also in die Zeit von 1200–1250, gesetzt. Nach einem verheerenden Brand folgte im Jahre 1820 ein Wiederaufbau der Kirche. 1998/1999 wurden mit öffentlichen Mitteln umfangreiche Sanierungsarbeiten an der Dorfkirche durchgeführt.

Der entstandene Wohnpark auf dem »Kleinen Feld« bietet ein naturnahes Wohnen. Ideal für Kinder, zumal es in Altbensdorf auch eine Kindertagesstätte mit dem Namen »Sonnenschein« gibt.

Im Zusammenhang mit dem Bodenordnungsverfahren, welches Ende 1994 begann, sind Dorferneuerungsmaßnahmen in allen Orten der Gemeinde durchgeführt worden, z.B. Ausbau der Ortsdurchfahrten mit Gehweg- und Parkplatzgestaltung, Straßenbeleuchtung und Pflanzmaßnahmen.

Das Ackerland rings um die Gemeinde Bensdorf eignet sich gut für den Anbau von Spargel. Bensdorfer Spargel hat sich in kurzer Zeit zu einem Qualitätsbegriff entwickelt. Er wird von der AGRAR GmbH Märkisch Bensdorf, dem Gut Herrenhölzer und den Spargelhöfen Hoppe und Bordewig angebaut.

Kirchenruine in Rosenau, Ortsteil Rogäsen, aus dem 12. Jahrhundert

Neben der Bensdorfer Mühle, dem Busunternehmen »OMM Tours« und dem Gasthof »Zum Goldenen Stern« gibt es in der Gemeinde noch ca. 30 Handwerker, Gewerbetreibende, Händler und Freiberufler.
Das kulturelle Leben bezieht sich im Wesentlichen auf die Aktivitäten der Vereine, sei es bei der Freiwilligen Feuerwehr, den Anglern, den Reitsportbegeisterten mit Voltigierverein, dem Motocrossverein mit eigenem Motocrossgelände und im Sport-, Spiel- und Kulturverein »Alte Schule Neues Leben« e.V. mit Lesestube und Fitness-Studio.
Die Gemeinde *Rosenau* entstand im Zuge der Brandenburgischen Gebietsreform aus den jetzigen Ortsteilen Rogäsen, Viesen, Warchau mit dem Gemeindeteil Gollwitz und Zitz.
Der Ortsteil *Rogäsen* liegt idyllisch umgeben von Wald, Feldern und Wiesen am Nordrand des Fiener Bruches. Als Tourist findet man hier Ruhe und Besinnlichkeit.
Der Ortsteil ist geschichtsträchtig, wurde doch hier um 1860 vor der Dorfkirche ein Runenstein gefunden, dessen Schriftzüge heute noch nicht gedeutet sind.
Der Stein steht seit 1924 vor dem Heimatmuseum in Genthin und kann dort besichtigt werden. Die Dorfkirche (heute eine Ruine) ist im 13. Jahrhundert erbaut. Sie zeugt vom Alter der Gemeinde, deren erste urkundliche Erwähnung nicht feststeht. Im Schloss Rogäsen war zu seiner Zeit sehr häufig der König von Preußen, Friedrich II., bei seinem Minister von Werder zu Gast. Das Schloss steht auf einem Hügel am Ostrand des Ortsteiles und ist von einem Park mit alten Eichenbäumen umgeben. Beachtlich für den Besucher ist die auf dem Dorfplatz stehende Eiche. Sie wurde 1871 gepflanzt. Mit ihrer gewaltigen Krone beschattet sie den ganzen Platz.

Dorfgemeinschaftshaus in Altbensdorf – ein Treff für Jung und Alt

In *Viesen* ist das Lehnschulzenhaus wohl das schönste des Ortsteiles. Das 400 Jahre alte Fachwerkhaus wurde aus Mitteln des Denkmalschutzes restauriert. In unmittelbarer Nähe befindet sich die aus dem 13. Jahrhundert stammende Feldsteinkirche. Auch sie wurde 1997/98 saniert. Zwischen den genannten Gebäuden steht wie ein Bindeglied eine 300 Jahre alte Linde. In deren Schatten kann man auf einer gemütlichen Rundbank den Blick auf die Zeugen der Vergangenheit genießen. Sehenswert sind auch die zahlreichen sanierten Bauernhäuser sowie das neue Feuerwehrgerätehaus samt Dorfgemeinschaftshaus.
Seltene alte Bäume, romantische Wege und ein idyllischer Dorfteich – im Warchauer Park herrscht eine zauberhaft anmutende Stille. Hier kann man die Ruhe atmen, Abgeschiedenheit erleben. Die Dorfkirche des Ortes ist über 800 Jahre alt.
Von Warchau aus gelangt man nach *Gollwitz,* das zwar klein ist, aber mit dem Gollwitzer Berg (82,5 m) die höchste Erhebung in der Gemeinde vorzuweisen hat. Auch in Gollwitz zeigen neue Häuser, dass viele Familien das Wohnen auf dem Lande als lebenswert entdeckt haben.
Alljährlich im Oktober findet in Gollwitz das Schlittenhunderennen statt. Zu diesem Anlass begrüßen wir stets Besucher aus Nah und Fern.
Zitz wurde im Jahr 937 erstmalig urkundlich erwähnt. Das einstige Fischerdorf am Rande des Fiener Bruchs liegt eingebetten inmitten von Wiesen und Wäldern. Die als Wehrbau errichtete spätromanische Kirche liegt auf einem Hügel im Zentrum des Dorfes. Es ist ein Feldsteinbau mit Schiff und eingezogenem Chor.
Auf den ersten Blick wirkt das Dorf still. Gut so, denn schließlich leben hier unmittelbar vor der Haustür die vom Aussterben bedrohten Großtrappen. Auf den zweiten Blick zeigt sich, dass in Zitz viele alte Bauernhäuser

Der Wusterwitzer See mit seiner liebevoll gestalteten Uferpromenade ist eine Oase der Erholung für Einheimische und Urlauber.

liebevoll saniert werden. Gerade junge Familien entschließen sich, hier zu leben. Das neue Dorfgemeinschaftshaus und das Feuerwehrgerätehaus, das zum größten Teil durch die Initiative der Einwohner entstand, zeugen von der Entwicklung im Ort. Für Geschichtsinteressierte ist sicher das an der Durchgangsstraße gelegene Denkmal für die Befreiungskriege 1813 sehenswert.
Die einzelnen Ortsteile machen einen sehr gepflegten Eindruck, in denen Altes bewahrt wird und Neues entsteht und die Landschaft naturbelassen ist. Der See zum Beispiel mit seiner herrlichen Strandpromenade verführt mit seinen kleinen, flach abfallenden Badestränden förmlich zum Faulenzen und animiert andrerseits Wassersportfreunde zum fröhlichen Tun. Die sich anschließenden Kiefern- und Mischwälder spenden ebenfalls Ruhe und Erholung pur; Langeweile ist also ein Wort, das man hier nicht kennt. In der jüngsten Vergangenheit haben sich die Gemeinden durch den Ausbau ihrer touristischen Infrastruktur zu attraktiven Orten für Erholungsuchende weiter profiliert. Dies geht einher mit vielfältigen Dienstleistungs- und handwerklichen Angeboten, regem interessanten Vereinsleben und liebenswerten aufgeschlossenen Bürgern. Es gibt neben reichlich Einkaufsmöglichkeiten etliche Arztpraxen und natürlich viele Ferienwohnungen, Privatunterkünfte, Hotels und ein reichhaltiges gastronomisches Angebot für jeden Geschmack. Außerdem: Es werden eine Menge Häuser um- oder neugebaut. Dafür sorgt u.a. die Wohnungsbaugesellschaft (WGZ) aus Ziesar, die in ihrem Logo einen Baum hat, was Naturnähe dokumentiert und damit das Baugeschehen kräftig ankurbelt. Damit alles schnell weitergehen kann, sorgt der Baustoffhandel Wusterwitz für ständigen qualitätvollen Nachschub. Auch alteingesessene Unternehmen haben sich durch entsprechende Qualität einen guten Namen gemacht. Alles wird getan, damit man sich wohlfühlen kann. Wer solches sucht, der ist im Amt Wusterwitz genau richtig und willkommen.

Blick über den Beetzsee mit den Gemeinden Butzow, Radewege und Brielow

Gemeinde Beetzsee mit den Ortsteilen Brielow und Radewege

Die seit 2003 bestehende Gemeinde Beetzsee mit 2500 Einwohnern dehnt sich von der Stadtgrenze Brandenburgs nach Norden bis an die Gemarkung der Stadt Havelsee und im Osten bis an die Gemeinde Beetzseeheide aus. Der Beetzsee bildet für die Ortsteile Brielow und Radewege nach Osten eine natürliche Grenze. Die erste urkundliche Erwähnung erfolgte für den Ortsteil Brielow 1290 und für den Ortsteil Radewege 1173.

Die Gemeinde Beetzsee entwickelte sich wegen ihrer Nähe zur Stadt Brandenburg und dank einer guten Infrastruktur zur bevorzugten Wohnlage. In den zurückliegenden fünfzehn Jahren haben sich im Ortsteil Brielow einige Betriebe neu gegründet, angesiedelt oder erweitert. Im Süden des Ortsteils Brielow ist ein Gewerbegebiet vorhanden, in dem sich kleinere Betriebe niederlassen können. Ein Hotel sowie drei weitere Gaststätten mit einer Kegelsportanlage, Bootsanleger und einem Reiterhof laden zum Verweilen ein.

Der Ortsteil Radewege verfügt auf Grund seiner direkten Lage am Beetzsee über vier gastronomische Einrichtungen. Die Gemeinde Beetzsee versteht sich als familienfreundliche Gemeinde. Neben zwei Kindereinrichtungen, in denen Kinder ab dem ersten Lebensjahr betreut werden, gibt es in den Ortsteilen Brielow und Radewege jeweils einen Jugendclub. Im Ortsteil Radewege befindet sich eine Ganztagsschule mit integriertem Kindergarten und einer Hortbetreuung. Die ländliche Strukturierung am Beetzsee übt einen nicht unbeträchtlichen Reiz für den Naturliebhaber aus.

Kulturhistorisch interessant sind vor allem die mehr als 450-jährige Schwedenlinde auf dem Friedhof im Ortsteil Brielow sowie die sich in gutem Zustand befindliche, mit einem Kreuzrippengewölbe ausgestattete Kirche im Ortsteil Radewege. Weitere Auskünfte erhalten Sie von der Gemeinde Beetzsee, Hauptstraße 32, Tel./Fax 03 38 37/4 02 54, Internet: www.beetzsee.de

Schloss Roskow – Geschenk von »Friedrich dem Großen« an die Familie von Katte als Dank für die Hilfe des nach der missglückten Flucht aus Rheinsberg hingerichteten Freundes.

Gemeinde Roskow

Die Gemeinde Roskow in ihrer heutigen Struktur entstand im Jahr 2002 im Ergebnis der Gemeindegebietsreform im Land Brandenburg. Die vormals selbständigen Gemeinden Roskow, Lünow und Weseram sind jetzt Ortsteile der neuen Gemeinde Roskow. Diese wird mit drei weiteren Gemeinden und der Stadt Havelsee vom Amt Beetzsee (Kreis Potsdam-Mittelmark) verwaltet.
Roskow liegt ca. 15 km nördlich der Stadt Brandenburg an der Havel zwischen Beetzsee im Westen und der Havel im Osten. Beide Gewässer haben bis heute die Wirtschaft der Orte in unterschiedlicher Weise nachhaltig beeinflusst. Bekannt ist auch der sogenannte »Heerweg«. Eine jahrhundertealte Militärstraße, die einstmals von Paris über Berlin bis Moskau gereicht haben soll. Letzte militärische Bedeutung erlangte der Heerweg, als 1945 Teilen der »Armee Wenck« hierentlang die Flucht nach Westen glückte. Heute ist es ein Feldweg, der erfreulicherweise keinerlei militärische Bedeutung hat und nur den Bürgern und landwirtschaftlichen Betrieben dient. Verschwunden ist auch die vormalige »Westhavelländische Kreisbahn«, auf deren Gleiskörper heute ein die Ortsteile verbindender Radweg entstand. Geschichtlich interessant ist das Schloss in Roskow, welches von Friedrich dem Großen der Familie von Katte als Dank übereignet wurde.
Alle drei Ortsteile sind slawischen Ursprungs und seit vielen Jahrhunderten aktenkundig. In der Vergangenheit war die Wirtschaft der Orte durch Fischerei und Landwirtschaft bestimmt. Im 19. Jahrhundert gewann, bedingt durch den rasanten Aufbau der Stadt Berlin, die Herstellung von Ziegeln und deren Abtransport über die Havel einen hohen wirtschaftlichen Wert. Heute sind alle 16 damals in Roskow und den umliegenden Gemeinden vorhandenen Ziegeleien verschwunden. Zeugen dieser einträglichen Tätigkeit sind heute die so genannten Erdlöcher in allen Ortsteilen, die vielen Anglern ein beeindruckendes Refugium für ihr Hobby bieten. Vieles ist in der Gemeinde in den vergangenen Jahrzehnten in der Infrastruktur entwickelt worden.

Klausur des Klosters Lehnin

Mit Wald und Wasser gesegnet: die Gemeinde Kloster Lehnin

Die Gemeinde Kloster Lehnin liegt südwestlich von Berlin, etwa auf halbem Wege zwischen Potsdam und Brandenburg a.d. Havel. Ihr gehören 14 Ortsteile an: Damsdorf, Emstal, Göhlsdorf, Grebs, Krahne, Lehnin, Michelsdorf, Nahmitz, Netzen, Prützke, Rädel, Reckahn, Rietz und Trechwitz. Wirtschaftlich prägen den Ort das Gesundheitswesen (geriatrische Klinik, Seniorenheime etc.), eine Getränkefabrik und kleine mittelständische Unternehmen. Darüber hinaus wird auf sanften Tourismus gesetzt.
Schließlich wussten schon die Zisterziensermönche die wald- und wasserreiche Gegend zu schätzen, als sie 1180 hier das erste Zisterzienserkloster der Mark Brandenburg gründeten. Als Hauskloster und Begräbnisstätte der Askanier hatte Lehnin eine bedeutende kirchliche, wirtschaftliche und territorialpolitische Funktion. Kurfürst Joachim II. löste das Kloster 1542 im Zuge der Reformation auf, die Besitztümer wurden säkularisiert. Nach der Restauration im 19. Jahrhundert steht die Klosteranlage heute allen Besuchern offen. Die Klosterkirche, das Kloster-Museum und verschiedene historische Gebäude können besichtigt werden. Doch auch über das Kloster hinaus hat die Gemeinde einiges zu bieten: vor allem die breit gefächerte Museenvielfalt. Das Backofenmuseum im Ortsteil Emstal gibt Einblicke in das traditionelle Brotbacken. Auf dem Dorfanger befinden sich zwei noch funktionstüchtige Backöfen. Das Museum zeigt Geräte und Backutensilien aus Haushalt und Bäckerei. Im Museum »Historischer Dreiseitenhof« im Ortsteil Grebs ist die Ausstellung »Leben unserer Großeltern« untergebracht. Dargestellt werden landwirtschaftliche Geräte, Produktionstechniken und Gegenstände des bäuerlichen Lebens. Im Ortsteil Reckahn ist eine geschlossene barocke Dorfanlage mit Herrenhaus, Gutspark, Schulhaus und Kirche zu entdecken. Das Rochow-Museum im Herrenhaus widmet sich dem Wirken des Gutsherrn, Pädagogen und Ökonom Friedrich Eberhard von Rochow. Sein Lesebuch »Der Kinderfreund« erreichte europaweit eine Millionenauflage. Das benachbarte Schulmuseum im historischen Schulhaus stellt

Herrenhaus Reckahn mit Rochow-Museum

die Rochowsche Musterschule vor und gewährt Einblicke in die regionale Schulgeschichte. Der sanierte Gutspark zwischen den Reckahner Museen mit Brücken, Denkmälern und Holzbänken lädt zum Verweilen ein. Er gehört zu den ältesten Landschaftsgärten in Brandenburg. Mit moderner Kunst wirbt der Skulpturenpark Lehnin um Besucher. Direkt am Klostersee gelegen, können hier wechselnde Ausstellungen zeitgenössischer Künstler betrachtet werden. Die Personenfähre verbindet das Gelände mit dem Klosterareal. Doch, wie bereits erwähnt, auch mit wunderschöner Natur kann die Gemeinde überzeugen. Im Europäischen Vogelschutzgebiet »Rietzer See« wurden bereits fast 270 verschiedene Vogelarten gesichtet. Im Frühjahr und im Spätsommer nutzen tausende von Zugvögeln die Gewässer des Rietzer Sees als Raststätte, am besten zu beobachten aus dem Beobachtungsturm heraus. Auf Anfrage sind Führungen für Gruppen durch das herrliche Gebiet möglich. Das Infozentrum für Natur und Tourismus Trechwitz informiert mit Schautafeln über Flora und Fauna im Vogelschutzgebiet. In Damsdorf kann man auf einem Rundweg das Damsdorfer Fenn, einen durch Torfstich entstandenen idyllischen See, erkunden und am benachbarten Weidenpalast eine Entspannungspause einlegen. Aber auch die Natur rund um Lehnin braucht sich nicht zu verstecken. Von den 14 Seen der Gemeinde Kloster Lehnin finden sich allein in Lehnin acht wieder, größtenteils eingebettet in ein Naturschutz- bzw. Landschaftsschutzgebiet. Der wohl schönste und klarste See ist der Kolpinsee, Ruhe kann der Besucher am Schampsee genießen, Trubel herrscht am Klostersee mit seinem Strandbad … für jeden ist etwas dabei. Eine Vielzahl von Naturdenkmälern wird dem aufmerksamen Wanderer auf seinen Touren durch die Wälder und Landschaften begegnen. Anziehungspunkte sind auch die traditionellen Veranstaltungen in der Gemeinde. Das Repertoire reicht von Vogelscheuchenwettbewerb über Backofen-, Kürbis- und Floßfest bis zu den Lehniner Sommermusiken. Weitere Informationen erhalten Sie unter www.lehnin.de.

Fährüberfahrt im Caputher Gemünde

Gemeinde Schwielowsee

»Der Schwielow ist breit, behaglich, sonnig und hat die Gutmütigkeit aller breit angelegten Naturen«.
So empfand Theodor Fontane den Schwielowsee auf seinen berühmten Wanderungen durch die Mark Brandenburg. Der Schwielowsee ist seit jeher einer der reizvollsten Seen im märkischen Land.
Wie ein Medaillon hängt er an der Seenkette der Havel, die sich gleich einem kostbaren Schmuckstück rund um Potsdam legt. In seine Ufer kuscheln sich vier »Gebilde aus Menschenhand«, wie Fontane sie bezeichnete, die drei die Gemeinde Schwielowsee bildenden Ortsteile Caputh, Ferch und Geltow sowie das zur Stadt Werder gehörende Petzow. Jedes ein Idyll für sich, sind sie zusammen ein ideales Ziel für denjenigen, der Natur sucht und auf Kultur nicht verzichten will. Keine 40 Minuten mit dem Auto, und der Besucher steht vor dem Brandenburger Tor in Berlin. Auch die Landeshauptstadt Potsdam, mit ihren Schlössern und Gärten (z.B. Sanssouci), ist mit dem Auto, der Bahn oder dem Bus in nur wenigen Minuten zu erreichen. In Berlin war es in den 1920er Jahren schick, eine Villa auf dem Land zu besitzen, wovon noch heute einige Exemplare an idyllischen Plätzen zeugen.
Auch heute lädt der Schwielowsee zur Landpartie und lockt jährlich zahlreiche Gäste an. Neben der herrlichen Naturlandschaft und Ausflügen in die anliegenden Großstädte bieten sich dem Besucher vielfältige Möglichkeiten der Freizeitgestaltung. Das Wandern und Radeln, Baden und Bootsfahren sowie zahlreiche Sehenswürdigkeiten versüßen den Aufenthalt. Der Schwielowsee ist ideal für alle Wassersportbegeisterten. Die ganze Schönheit der Havellandschaft kann man vom Krähenberg in Caputh, dem Wietkiekenberg bei Ferch oder dem Schäfereiberg bei Geltow bewundern. Eine alte Allee führt seit über hundert Jahren rund um den See und gewährt viele schöne Ausblicke. Dabei wird der aufmerksame Besucher die eine oder andere kulturelle Besonderheit entdecken und nachempfinden können, weshalb Dichter, Musiker, Maler und Wissenschaftler schon damals die Region um den Schwielowsee zu ihrem Schaffens- und Lebensraum auserwählt haben.

Inselstadt Werder (Havel)

Stadt Werder (Havel)

Werder, die »Insel im Fluss«, liegt im Frühling sogar mitten im Meer: im Blütenmeer seiner Obstbäume. Das ist die Zeit des Baumblütenfestes: »Der Johannisbeerwein hat es in sich«, schrieb der Dichter Klabund, »alles jubelt und juchzt und schwankt wie auf der Havel die weißen Dschunken«. – Wasser ringsum (Schwielowsee, Glindowsee, Großer Plessower See und Zernsee), kein Wunder, dass Werders ältestes Gewerbe das der Fischer ist. Frische Fische werden hier auch heute noch gefangen. Wein aus Werder? Zisterzienser brachten ihn hierher (1173). Noch 1740 zählte die Stadt 130 Winzer, der Obstbau war stärker. Mildes Klima und leichte Böden sorgten für reiche Ernten … Werder wurde zur Obstkammer Berlins. Als dort in der Gründerzeit Haus um Haus in die Höhe schoss, sorgte Werder für Nachschub. Es brannte Ziegel im Ortteil Glindow. Dreißig Millionen … im Jahr! Die Stadt an der Havel wurde zum Brennofen der Metropole.
Einziger Zugang zur Insel ist die Brücke. Der Soldatenkönig ließ sie 1736 für seine »langen Kerl's« instand setzen, außerdem ordnete er an, die Straße zu pflastern, seine Kutsche war im Morast stecken geblieben. Das alte Rathaus mit seinem schwungvollen Giebel, die Heilig-Geist-Kirche, vom Schinkel-Schüler August Wilhelm Stüler erbaut, und schließlich die Bockwindmühle sind nur einige der vielen Sehenswürdigkeiten. Bei soviel Wasser lockt überall eine Promenade am Ufer entlang. Man kann Segelbooten und Surfern zuschauen, eine Regatta verfolgen und dann selbst auf die Havel hinausfahren. Werders Weinbau ist zurückgekehrt. Der nördlichste Weinberg der Welt ist der Wachtelberg (52° 23° n. Br.). Ziegel werden auch wieder gebrannt im Ringofen von Glindow. Werders Vergangenheit wird wieder lebendig, alles ist relativ; immerhin wohnte Albert Einstein nebenan, in Caputh im roten Holzhaus. Der RE 1 benötigt bis Berlin-Zoo 29 Minuten; im Stundentakt kann man nach Magdeburg gelangen. Die Autobahn wird über die Anschlussstellen Glindow, Phöben Groß Kreutz, Leest erreicht, die Flughäfen Tegel und Schönefeld sind 35 bzw. 45 km entfernt.

Für Kleinmachnow typisch – die Häuser der Bürgerhaussiedlung aus den 30er Jahren

Kleinmachnow – Grüne Oase vor den Toren Berlins

Die Gemeinde Kleinmachnow findet man im brandenburgischen Landkreis Potsdam-Mittelmark. Sie grenzt im Norden und Osten unmittelbar an den Berliner Stadtbezirk Steglitz-Zehlendorf und südlich an die Stadt Teltow und die Gemeinde Stahnsdorf an. Westlich ist Potsdam nicht weit entfernt. In der Gemeinde, die eine Flächenausdehnung von 11,8 Quadratkilometer hat, leben derzeit rund 19 000 Menschen. Seit der Wende erweist sich der als familienfreundlich ausgezeichnete Ort als beliebtes Wohngebiet vor allem für junge Eltern, die der Großstadt entfliehen wollen. Das Wohnumfeld, geprägt durch viel Grün, besteht hauptsächlich aus Ein- und Zweifamilienhäusern sowie im geringen Maß aus Geschosswohnungsbau. Die wirtschaftliche Struktur ist geprägt durch kleinere und mittlere Unternehmen und Handwerksbetriebe. Größter Arbeitgeber Kleinmachnows ist das Internetauktionshaus »ebay«, das seinen Sitz im »Europarc Dreilinden« hat.

Aus dem Jahr 1375 stammt das erste schriftliche Zeugnis von der Existenz des Ortes. Im Landbuch Kaiser Karls IV., der zu dieser Zeit über die Mark Brandenburg herrschte, wurde Henricus Hacke de Machenow erwähnt. Dessen Nachfahren Otto und Heinrich von Hake wurden 1435 Lehnsherren über Machnow, das benachbarte Stahnsdorf und andere Güter, und über Jahrhunderte prägte die Familie von Hake die Geschicke (Klein-) Machnows. Das märkische Rittergut lag an einer der wenigen Straßen, die die Festung Spandau mit den Städten Berlin und Cölln sowie dem südlich davon gelegenen Teltow und Sachsen verbanden. Eine kleine Burg sicherte den einstigen Übergang über die Bäke, ein damals noch ansehnlicher Fluss, der sogar eine Wassermühle antrieb, doch zu Beginn des 20. Jahrhunderts in den Teltowkanal integriert wurde. Dessen Eröffnung am 2. Juni 1906 sorgte für einen massiven Wandel des kleinen Dörfchens Kleinmachnow zur aufstrebenden Landgemeinde. Die Berliner, die als Touristen kamen, um die neue imposante Kleinmachnower Schleuse zu bewundern, entdeckten die idyllische Lage und wollten bleiben. Die Gutsherren – sie hießen noch immer von

Mit dem Rathausmarkt hat die Gemeinde Kleinmachnow seit 2004 ein lebendiges Ortszentrum.

Hake – nutzten die Gunst der Stunde, verkauften Land zum Siedlungsbau, und Kleinmachnow begann zu wachsen. Waren es zunächst nur Unternehmer und Künstler, die imposante Villen und Landhäuser auf großzügig bewaldeten Grundstücken entstehen ließen, ermöglichte Anfang der 30er Jahre des vorigen Jahrhunderts die Bürgerhaussiedlung des Bauherrn Adolf Sommerfeld auch Berliner »Normalbürgern« den Rückzug ins Grüne. Kleinmachnow boomte – die Einwohnerzahl verdreifachte sich innerhalb von zehn Jahren. Fast 15 000 Menschen lebten in Kleinmachnow, als der Zweite Weltkrieg ausbrach. Danach wurde Kleinmachnow Teil der DDR. Geschätzte 4 800 Kleinmachnower verließen bis zum Mauerbau den Ort gen Westen. Kleinmachnow war aber auch nach dem Mauerbau noch begehrter Wohnort. Die Nähe zu den Filmstudios in Babelsberg zog viele Schauspieler und Künstler an, die für einen Hauch von Boheme im Ort sorgten.

Großflächige Mietshäuser oder gar gesichtslose Plattenbauarchitektur blieben Kleinmachnow auch unter sozialistischer Herrschaft erspart, so dass die Gemeinde sich nach der Wende erneut zum Magneten für Stadtflüchter entwickelte. Neue Einfamilienhäuser, aber auch mehrere Kitas und Schulen entstanden im Ort, und das dezentral gewachsene Kleinmachnow erhielt mit seinem neuen Rathaus und dem Rathausmarkt auch ein lebendiges Ortszentrum, an dem sich nun Geschäfte, Dienstleistungen und Verwaltung sowie die Gemeindebibliothek für alle gut erreichbar vereint finden.

Bei einem Ausflug nach Kleinmachnow sollte man nicht versäumen, auch den alten Dorfkern mit spätgotischer Dorfkirche, historischer Wassermühle und der Neuen Hakeburg zu besuchen. Letztere hatte sich Dietloff von Hake, letzter dieses Namens des Kleinmachnower Zweigs der Familie, 1906 bis 1908 als Wohnsitz hoch auf dem Seeberg errichten lassen. Natürlich ist auch die restaurierte Kleinmachnower Schleuse nach wie vor einen Abstecher wert.

Stadt Teltow

Wer kennt sie nicht, die legendären »Teltower Rübchen«, wohlschmeckendes Gemüse und weithin bekannt? Abgesehen vom hervorragenden Geschmack, wird heute diesen »Früchtchen« auch noch anderweitig gehuldigt, indem jährlich im September das »Rübchenfest« in allen Ehren und unter großer Anteilnahme von Bürgern und Besuchern von weither festlich begangen wird: Man muss sie einfach gekostet haben, um ihren Wert umfassend schätzen zu können.

Die Stadt Teltow, immerhin mit 20 300 Einwohnern gesegnet und also somit einwohnerstärkste Stadt im Kreis Potsdam-Mittelmark, hat aber noch weitaus mehr zu bieten. 1265 wurde sie erstmals urkundlich erwähnt und umfasst heute 21,3 qkm. Sie ist die einzige, nahezu unverändert erhaltene Ackerbürgerstadt im Randgebiet von Berlin geblieben. Außerdem verfügt sie über einen historischen Altstadtkern; rund um die Andreaskirche wurde er unter Denkmalschutz gestellt. Rund um diesen liegen die Ortsteile *Seehof* und *Sigridshorst*, das Musiker- und Blumenviertel mit Fernblick über die von Wassergräben durchzogenen Holland- und Buschwiesen. Und dahinter liegt *Ruhlsdorf* – ein echt märkisches Dorf, das 1999 sein 700-jähriges Bestehen feierte und seit dem 4.12. 1993 zur Stadt Teltow gehört.

Diese hat einen weiteren Vorteil – sie liegt nämlich außerordentlich verkehrsgünstig. In gut 20 Minuten ist man in Potsdam oder am Kurfürstendamm, in etwa einer halben Stunde an den Flughäfen Tegel, Tempelhof oder Schönefeld; in 12 km Entfernung befindet sich die Landeshauptstadt Potsdam. Mit der S-Bahn erreicht man in 25 Minuten den Potsdamer Platz im Herzen der Bundeshauptstadt. Andrerseits ist Teltow über die Autobahnen 10 und 115, die Avus sowie die Bundesstraßen 96 und 101 schnell und problemlos erreichbar.

Seit 1990 hat Teltow seine Chancen genutzt: Die Entwicklung als Dienstleistungsstandort und Investitionen in eine attraktive Wohngegend gehen seither Hand in Hand; auch befördert durch eine gute Infrastruktur. Es gibt ungefähr 1 200 kleine und mittelständische Unternehmen, Handwerk, Gewerbe und Dienstleistungen und über 180 Unternehmen auf dem Techno-Terrain-Teltow (TTT), dem größten innerstädtischen Büro- und Gewerbepark Brandenburgs; das bildet das wirtschaftliche Rückgrat der Stadt. Verständlich, dass sich daher die Arbeitslosenquote als äußerst gering zeigt. Hinzukommt, dass sowohl alle gängigen Einkaufsmöglichkeiten am Orte vorhanden sind, als auch 8 Hotels/Pensionen (darunter ein Kongresshotel), zahlreiche Gaststätten, Restaurants und Cafés, die das Flair entsprechend beleben. Ferner gibt es acht Kitas, drei Grund-, zwei Oberschulen, Gymnasium und ein Oberstufenzentrum. Mit Gesundheitszentrum, evangelischem Krankenhaus, Reha-Klinik, zwei Altenheimen, vier Apotheken sowie dem Altenstift ist die medizinische Grundversorgung hervorragend abgesichert. Rund 40 Vereine, Jugendkunstschule, Jugendtreff, Bürgerhaus, Schifferkinderheim, Seniorenklub, Bibliothek sorgen neben Musikveranstaltungen, Dichterlesungen, Kunstausstellungen und speziellen Freizeitangeboten für Jugendliche für ein lebendiges kulturelles Leben. Mit der Nordrhein-Westfalen Stadt Ahlen und dem französischen Gonreville L'Orcher und dem polnischen Zagan bestehen enge Partnerschaften.

Die Stadt hat seit ihrer Ersterwähnung vieles erlebt, wovon die beiden letzten Jahrhunderte besonderen Eindruck hinterlassen haben. Nach der napoleonischen Niederlage avancierte sie zur Kreisstadt im Lande Brandenburg. Vor einhundert Jahren, am 2. Juni 1906, weihte Kaiser Wilhelm II. das »Jahrhundertwerk«, den von Landrat Ernst von Stubenrauch geplanten Teltowkanal, ein. Mit der Einweihung dieses wichtigen Verkehrsweges war seinerzeit für Teltow das moderne Zeitalter angebrochen, und in das Ackerbürgerstädtchen kam die Industrie: 1904 war bereits die Porzellanfabrik entstanden, 1907 folgte eine Seifenfabrik, 1909 der Hafen mit Gleisanschluss, was weitere Industrieansiedlungen nach sich zog: 1910 die Asbestwerke, 1911 Biomalz, 1920 die Maschinenbau AG Grueber. Als 1911 der Versuchsflughafen am Großbeerener Weg hinzukam (von hier aus wurde 1912 der erste Nachtflug der Deutschen Fluggeschichte gestartet), nannte man sich stolz »Kreis-, See-, Industrie- und Handelsstadt«.

1952 wurde der Kreis Teltow aufgelöst und die Stadt Teltow dem Kreis Potsdam-Land zugeordnet. Als Industriestandort nahm die Stadt an Bedeutung zu: Hinzu kamen die Geräte- und Reglerwerke, die Elektronischen Bauelemente Teltow und das TELTOMAT. Daneben war auch immer die Forschung hier heimisch: Zu nennen wäre da u.a. die fast 100-jährige Faserstoffforschung in Teltow-Seehof. Nach 1990 wurde dieser Standort vom Max-Planck- und Fraunhofer-Institut übernommen (künstliche Herzklappen erlebten hier u.a. ihre Geburtsstunde). Noch zu DDR-Zeiten machte das Institut für Halbleitertechnik von sich reden (1962 wurde der erste Transistor der DDR entwickelt). Auf dem einstigen Gelände der Geräte- und Reglerwerke befindet sich heute auf ca. 600 000 qm das Techno-Terrain-Teltow.

Das »Alte Rathaus«, erbaut von 1803 bis 1805, wurde im Oktober 2002 der Öffentlichkeit übergeben.

Der Fluss »Nuthe« als Namensgeber für den Gemeindenamen mit seiner reizvollen Landschaft und der naturbelassenen Vegetation.

Gemeinde Nuthetal

Am 26.10.2003 erfolgte der Zusammenschluss der bislang selbständigen Gemeinden Bergholz-Rehbrücke, Fahlhorst, Nudow, Philippsthal, Saarmund und Tremsdorf. Die Landeshauptstadt ist in 10 Minuten erreichbar, in Berlin ist man in weniger als 30 Minuten; in der Gemeinde leben ca. 8 600 Einwohner.

Der Ortsteil *Philippsthal* wurde von Friedrich II. als Spinnerdorf gegründet (1754); der Dorfschulze wohnte am Nordausgang im Hause »Friedrichshuld«, das heute noch steht. *Nudow* ist eine slawische Gründung und wurde erstmals 1359 erwähnt. Nach dem 30-jährigen Krieg erwarb der brandenburgische Kurfürst den verwüsteten Ort. Die Kiesgruben, die es reichlich gab, waren wichtig für das Auskommen vieler Menschen. *Fahlhorst* wurde 1375 ersterwähnt. Da der Ort über vorzügliche Weideflächen verfügte, kaufte der Große Kurfürst 1671 das nunmehrige Vorwerk und nutzte es als Meierei der Potsdamer Hofhaltung.

Das ursprüngliche Fischerdorf *Tremsdorf* lag am Grössinsee. Darüberhinaus mussten die Einwohner in die Salinen zur Fronarbeit. Die Ackerflächen entstanden mit der Zeit durch Melioration. 1954 entstand in der Nähe ein Observatorium für solare Radioastronomie. Die beiden größten Ortsteile sind *Saarmund* und *Bergholz-Rehbrücke. Saarmund* wurde 1217 ersterwähnt als »Grenzort zum Teltow«. Eine Burg diente als Grenze der deutschen Zauche gegen die Slawen. Die Industrialisierung brachte 1822 eine Tuchfabrik hierher. Besonderer Anziehungspunkt sind die Saarmunder Berge, der Segelflugplatz existiert hier seit 1920.

Die Doppelgemeinde *Bergholz-Rehbrücke* liegt am Rande Potsdams und hat eine typische Entwicklung vom Bauerndorf zu einer Berliner Landhauskolonie hinter sich. Nachweise für eine Besiedlung existieren von 1228. Der Große Kurfürst kaufte im 17. Jahrhundert alles auf: Er war interessiert am Torfabbau im Springbruch. Mit der 1949 von Leipzig nach Rehbrücke verlegten Anstalt für Vitaminforschung und -prüfung wurde der Grundstein für den späteren Ruf Rehbrückes als Zentrum der Ernährungswissenschaft gelegt.

Seit 2001 bildet das Ensemble von Kulturscheune und Heimatstube in Kähnsdorf das kulturelle Zentrum der Gemeinde. Das im 18. Jh. errichtete Gehöft hat über 100 Jahre als Volksschule und später auch als Gemeindeamt gedient.

Gemeinde Seddiner See

Inmitten von Wald, Wiesen, Feldern und Seen liegt diese Gemeinde, die sich seit 1993 aus Kähnsdorf, Neuseddin und Seddin rekrutiert. Das war anfangs sicher nicht einfach, blickten doch beispielsweise Seddin und Kähnsdorf auf eine selbständige, mehrhundertjährige Geschichte als Bauern- und Fischerdorf zurück. Beide Orte wurden bereits im Landbuch Karls IV. (1375) erwähnt, dürften aber wesentlich älter sein und auf slawische Siedlungen zurückgehen.

Die Gemeinde umfasst heute ein Gebiet von 24, 22 qkm und hat ca. 4 200 Einwohner. Die durchschnittliche Höhenlage beträgt 55 m; mit 79 m ist der Rauhe Berg die höchste Erhebung. Die größte Wasserfläche bildet der Große Seddiner See mit ca. 235 ha; des Weiteren bestimmen ausgedehnte Wälder, Wiesen und Felder den Charakter der sanft gewellten Landschaft.

Auch an Sehenswürdigkeiten ist die Gemeinde nicht arm; hierunter fallen u.a. Kirchplatz mit der Dorfkirche in Seddin, ein rohrgedecktes Fachwerkhaus mit Scheune in Kähnsdorf und eine alte Kohleverladebrücke auf dem Gelände des Verschiebebahnhofs in Neuseddin. Die Gemeinde liegt an der vielbefahrenen B 2, etwa 15 km von Potsdam und 25 km von Berlin entfernt und kann auch über die Abfahrten Ferch und Potsdam-Süd der A 10 (Berliner Ring) erreicht werden. Der Bahnhof Seddin liegt an der Regionalbahnstrecke 7, die von Berlin über Potsdam, Beelitz und Belzig nach Dessau führt. Günstige Busverbindungen, u.a. nach Potsdam, Beelitz, Michendorf, runden das gute Verkehrsangebot ab.

Die landschaftlich äußerst reizvolle Gegend bot schon vor etwa einem Jahrhundert gute Voraussetzungen für den aufkommenden Fremdenverkehr, der diesen stillen Winkel der Zauche rings um den Großen Seddiner See entdeckte. Das ist heute nicht anders, weswegen die Gemeinde vor allem hierauf setzt und viel investiert. Seit Mitte der 90er Jahre steigen die Besucher- und Urlauberzahlen wieder stetig.

Gemeinde Michendorf

Michendorf an der B 2 und der Bahnstrecke Berlin–Dessau sowie der Autobahn am Berliner Ring gelegen, ist eine aus einem kleinen märkischen Dorf entstandene Wohnsiedlung mit gegenwärtig 4 000 Einwohnern. Mit der ersten urkundlichen Erwähnung 1375 beginnt die eigentliche Geschichte des Ortes. Michendorf ist im Landbuch Kaiser Karls IV. erfasst; das gab Auskunft über die Wirtschaftlichkeit der Orte des Reiches. In den 1920er Jahren war Michendorf Obstzüchterdorf; im damaligen Ortswappen fand sich ein Apfelbaum, an dem sieben Früchte hingen.

Die wirtschaftliche Entwicklung ist bis heute vor allem durch eine Vielzahl kleiner und mittlerer Handels- und Gewerbebetriebe geprägt. Mit den Einwohnern des »Wohnparks Michendorf« und der weiteren Wohnungsbautätigkeit wird der Ort seine derzeitige Einwohnerzahl weiter erhöhen. Der Ort ist Standort eines Gymnasiums, einer Grundschule und mehrerer Kitas. Hohes Ansehen genießt die Arbeit des seit über vier Jahrzehnten bestehenden Hauses »St. Norbert«; ein Heim in Trägerschaft des Deutschen Ordens für geistig behinderte Kinder und Jugendliche.

Fresdorf liegt eingebettet zwischen Seen, Hügeln und ausgedehnten Wäldern, geprägt vom Seddiner und Fresdorfer See, vom Grämnitz-, Krug-, Kessel- und Rauhe Berg. Mit etwa 300 Einwohnern ist es der kleinste Gemeindeteil. Die Schmiede am Dorfanger ist mit über 200 Jahren das heute älteste Gebäude; seit 1993 ist hier ein kleines Weinlokal – sinnigerweise heißt es »Weinschmiede«. Die Kirche, auf den Grundmauern einer mittelalterlichen Feldsteinkirche, erhielt im 18./19. Jahrhundert ihre heutige Gestalt. Die aktuelle Entwicklung sieht eine behutsame, dem Dorfcharakter angepasste Bebauung vor. Die Landwirtschaft wird geprägt durch die AGRO Saarmund und Kleinerzeuger. Die idyllische Lage am Naturpark »Nuthe-Nieplitz-Niederung« machen den Ort zum idealen Wanderziel.

Langerwisch wurde bereits 1285 erwähnt und hat seinen Namen von der Wische, einer torfreichen Wiese, die aus einem nach der Eiszeit zurückgebliebenen See mit seinen Ablagerungen entstanden ist. Die landschaftliche Schönheit wird durch den nahen Eichberg und den Galgenberg verstärkt; vom Weinberg hat man einen vorzüglichen Blick auf das Dorf. Wahrzeichen ist die 1879 in der Nähe des Galgenberges errichtete Paltrock-Windmühle. Die Ortserneuerung ist vorbildlich in diesem 1 600-Seelen-Dorf. 1999 wurde einer der größten deutschen Blumengroßmärkte eröffnet. Auf dem benachbarten Rosengut wird seit mehr als 100 Jahren die Königin aller Blumen gezüchtet. Der Ursprung des Ortes *Stücken* geht auf das Jahr 1317 zurück. Die mittelalterliche Kirche wurde etwa 1860 nach Zerstörung als neugotischer Feldsteinbau mit Dachturm und Ausstattung mit neugotischem Orgelprospekt neu erbaut. Heute hat Stücken 500 Einwohner; die Landschaft wird geprägt von der Saarmunder Endmoräne, die sich vom Potsdamer Brauhausberg über 20 km bis zum »Weinberg« nach Stücken erstreckt. Stücken liegt im 1999 gegründeten Naturpark »Nuthe-Nieplitz-Niederung«, der eine Fläche von 623 qkm hat und eines von 14 Großschutzgebieten Brandenburgs ist. Das Blasorchester hat seit 40 Jahren über die Grenzen des Ortes hinaus einen guten Klang. *Wildenbruch,* am Nordufer des Großen Seddiner Sees gelegen, war ein beliebter Siedlungsplatz; Germanen siedelten hier, bis die Slawen kamen, die dann im 12. Jahrhundert von deutschen Siedlern abgelöst wurden. Der Ort lag an einer wichtigen Handels- und Heerstraße (von Beelitz über Saarmund nach Berlin). Die Kirche entstand um die Mitte des 13. Jahrhunderts und hat einen wehrhaften Charakter. Die Ortsteile Siedlung und Lehnmarke wurden 1375 urkundlich erwähnt. Im 20. Jahrhundert entstanden die Siedlungen Bergheide und Six; das drückte sich auch in wachsenden Einwohnerzahlen aus. Heute leben in Wildenbruch ca. 1 700 Einwohner. Die reizvolle Seelage war für die Ansiedlung des »Golf- und Country-Clubs« ausschlaggebend. Ein neues Hotel, Grundschule, Kita und Mehrzweckhalle sind Errungenschaften der letzten Jahre, wie auch Feuerwehrdepot und Bürgerhaus. Das fast 3 000 Einwohner zählende *Wilhelmshorst* entstand 1907, als hier kaufkräftige Berliner ihre Sommerhäuser bauten. Bis heute ist ein großer Teil des Waldes erhalten geblieben und charakterisiert damit den Ort. Die Siedlung erstreckt sich beiderseits der Michendorf-Wilhelmshorster Eiszeitrinne. Neben Offizieren, Beamten und Pensionären siedelten in der Folgezeit Literaten und Künstler aller Couleur. Bekanntester Einwohner war der Lyriker Peter Huchel (1903–1981). Die Verantwortlichen engagierten sich sehr für die Jugend: Sanierung der Kita, Erweiterung der Grund- und Oberschule und Jugendclub zum Campus Wilhelmshorst; aber auch das Alter wird im Altenwohnheim »Sankt Elisabeth« bestens umsorgt. Attraktive Sport- und Betätigungsmöglichkeiten im Tennisclub sowie der »Zirkel für bildnerisches Volkskunstschaffen«, im Singkreis, im Wanderklub, die Arbeiten der katholischen und evangelischen Gemeinde und vieles mehr schaffen beste Möglichkeiten für geselliges Leben und Miteinander.

Die in der Nähe des Galgenberges 1879 errichtete Paltrock-Windmühle

Rathaus im Zentrum der Altstadt, Stadtpfarrkirche St. Marien – St. Nikolai

Spargelstadt Beelitz

Die Landschaft rund um Beelitz, das auch die »Perle der Zauche« genannt wird, vor den Toren Berlins und Potsdams gelegen, zählt zu den reizvollsten Naturräumen Brandenburgs. Markante Höhenzüge mit dichten Kiefernmischwäldern, stille Seen sowie Wiesen- und Luchgebiete prägen das Landschaftsbild. Die Niederungslandschaft des Naturparks Nuthe-Nieplitz mit ihren großzügigen Feuchtwiesen und der Beelitzer Sander, eine langgestreckte Sandwelle als topographische Schwelle zum tiefergelegenen Havelland mit seinen ausgedehnten Kiefernforsten, befinden sich in unmittelbarer Nähe. Östlich der Stadt liegt die von zahlreichen Tagesausflüglern besuchte Nuthe-Nieplitz-Niederung im Naturschutzgebiet rund um den Riebener See, den Pfeffergraben und die Uferbereiche des Blankensees. Hier sind viele vom Aussterben bedrohte und gefährdete Tier- und Pflanzenarten beheimatet. Die weite und offene Landschaft wird als Durchzugsgebiet und Winterquartier von zahlreichen Großvogelarten genutzt. Die Störche, die hier ihre Nester haben, gehören in den Sommermonaten zum gewohnten Erscheinungsbild der Dörfer.
Die heute weithin bekannte »Spargelstadt« Beelitz hat sich 2001 aus 12 Ortsteilen neu gebildet, zählt heute über 12 000 Einwohner und konnte 1997 den 1000. Jahrestag und ihr 750. Stadtjubiläum feiern. Der Spargel, dessen feldmäßiger Anbau hier 1861 begonnen wurde, hat sein eigenes, gleichnamiges Museum in Schlunkendorf, ein eigenes, traditionelles Fest (Anfang Juni) und eine eigene Straße, die von Blankensee über Beelitz bis Lehnin führt. Auf ihr kann man wandern, lernen und genießen. Zu entdecken gibt es vieles mehr. Ein Rundgang durch die historische Altstadt des tausendjährigen Beelitz führt zu allen sehenswerten Denkmälern, jeder Ortsteil lädt für sich zu erholsamen und anregenden Entdeckungen ein. Auf einem ständig wachsenden Streckennetz von Rad- und Wanderwegen lässt sich die Umgebung erkunden. An der Nieplitz oder im Wald findet man zahlreiche Rastplätze. Ein touristischer Höhepunkt ist u.a. das Wildgehege Glau. Pferde-

»Alte Brauerei« mit historischem Vierseithof

freunde finden Reiterhöfe. Erfrischung an heißen Sommertagen erhält man im Freibad Beelitz im Steinhorst. Außerhalb der Natur bietet Beelitz noch mehr: Im Museum »Alte Posthalterei« gibt es manch Interessantes zu entdecken, auch der Sternwarte sollte man einen Besuch abstatten.
Natürlich sind während der Spargelzeit die zahlreichen Spargelhöfe geöffnet; vom alten Vierseithof in Schäpe bis zum Erlebnishof mit Wildgehege in Klaistow kann man sich ausführlich über das Gemüse informieren und natürlich auch kosten.
Wer einen ausgiebigen Besuch plant, kann aus einer Reihe unterschiedlichster Übernachtungsmöglichkeiten wählen – vom Hotel bis zum Campingplatz, vom Bungalow bis zum preiswerten Einzelzimmer.
Auch für die dauerhafte Ansiedlung bietet Beelitz als bedeutende Wachstumszone im Umland von Berlin die besten Voraussetzungen. Grund- und Oberschule sowie das städtische Gymnasium sichern die Schulbildung, zahlreiche Kindergärten und Tagespflegestellen sorgen für die Jüngsten. Jugendclubs und Vereine runden das Bild ab. Das Seniorenwohnheim bietet Ruhe im Alter. Zahlreiche Arztpraxen sind für die Versorgung im Krankheitsfall vorhanden. Die verkehrliche Anbindung ist ideal, mit Auto, Zug oder Bus ist man in kurzer Zeit in Potsdam und Berlin. Für die Freizeitgestaltung stehen ein Freibad, die städtische Bibliothek, zahlreiche Sportplätze und eine Skate-Anlage zur Verfügung. In den mehr als 40 Vereinen der Stadt ist für jedes Interessengebiet und für jedes Alter ein entsprechendes Angebot vorhanden. Beelitzer feiern Feste, das Spargelfest am ersten Juniwochenende ist dem Edelgemüse gewidmet, in Buchholz geht es zum jährlichen Blasmusikfest sehr musikalisch zu, das Pfingstreiten hat in Salzbrunn eine lange Tradition. Das Schützenfest, das Badewannenrennen, das Vorderladerkanonenschießen und auch der Beelitzer Sporttag sind ein Publikumsmagnet. Weitere Informationen erhalten Sie unter www.beelitz.de oder unter Telefon 03 32 04/3 91 53.

Das Parterre des Schlossparks

Gemeinde Wiesenburg/Mark

Wiesenburg, 1161 erstmals urkundlich erwähnt, liegt inmitten des Naturparks Hoher Fläming. Der Hohe Fläming verdankt seinen Namen den flämischen Kolonisten, die hier im 12. Jahrhundert angesiedelt wurden.
Ganz in der Nähe Wiesenburgs befindet sich seine höchste Erhebung, der 200,1 m hohe Hagelberg. Der Hohe Fläming entstand im Ergebnis sowohl der Weichsel- als auch der Saalekaltzeit. Als höchster Teil der gestauchten Endmoräne der Saalekaltzeit zeigt er sich als einzige aus diesem Stadium noch erhaltene Landschaft Brandenburgs. Seinen Reiz erhält er u.a. durch den Wechsel von ausgeprägten Waldgebieten und landwirtschaftlich genutztem Offenland. Von den Landwirten aufgeschichtete Feldsteinhaufen, große Findlinge und flämingtypische Trockentäler, so genannte Rummeln, prägen das Landschaftsbild. Es wird von sanften Hügeln, die zwischen 170 und 190 m über dem Meeresspiegel liegen, gegliedert.
Jeder, der Ruhe und Erholung in gesunder Natur, historischen Gemäuern und gepflegten Gaststätten sucht, ist hier genau richtig. Wandern, Rad fahren, Wanderreiten, Pilze sammeln oder Blaubeeren pflücken sind eine hervorragende Freizeitbeschäftigung. Reiten, Kremser fahren oder jagen gehören genauso dazu wie ein Spaziergang durch den Wiesenburger Schlosspark. Der Reiz des Flämings liegt in seiner Abgeschiedenheit, Stille und schlichten Schönheit. Aus Feldsteinen errichtete Kirchen in gepflegten Dörfern laden zum Verweilen ein. Zahlreiche Dienstleister lassen die Gemeinde zu einem attraktiven Wohnstandort werden.
Die Bundesstraßen 246 und 107 binden den Ort in ca. 20 km Entfernung bequem an die A 2 und A 9 an. Mit dem Zug erreicht man Berlin oder Potsdam in etwa 60, Dessau in 30 Minuten. Hier steht eine Burg, die im Zuge der Christianisierung der Mark als Grenzfestung aufgebaut wurde. Sie wird 1161 erstmals als »Burgwardium« erwähnt. 1456 verkauft der sächsische Kurfürst die Burg einschließlich größerer Ländereien an die Herren Brandt von Lindau, die über Jahrhunderte die Herrschaft auf der Wiesenburg ausüben und dem Land-

Blick aus der Vogelperspektive auf das Schloss und den Park

strich um Wiesenburg herum ihren Namen geben. Nach großen Zerstörungen im Schmalkaldischen Krieg (1547) entsteht die Wiesenburg bereits 30 Jahre später als repräsentativer Schlossbau neu. Nach erneuter Zerstörung (1636), Wiederaufbau und größeren Instandsetzungsarbeiten (1718) erfolgt eine umfassende Neugestaltung ab 1863 durch Curt Friedrich Ernst von Watzdorf im Stil der Neorenaissance. Er gestaltet auch den Park in seiner noch heute sichtbaren Form.

Ab 1945 wird das Schloss Ort der Lehrerausbildung, alsbald erweiterte Oberschule mit integriertem Internat. Die folgenden 46 Jahre der Schulnutzung verändern insbesondere die Innenarchitektur des Schlosses vollkommen. Nach einigen Jahren Leerstand ersteht 1998 das marode Schloss von Grund auf neu. Öffentlich zugänglich sind das Torhaus mit Touristinformation und Ausstellung zur Geschichte der Wiesenburg sowie der Aufstieg zum Turm. Zum Schlossensemble gehört neben dem eigentlichen Schloss mit Torhaus und Turm der Vorschlossbereich mit dem Männekentor, dem ehemaligen Hauptzugang zum Schloss. Der 110 Hektar umfassende Park zeigt alle klassischen Elemente eines typischen Landschaftsparks seiner Zeit. Dazu zählen die vielfältigen Sichtbeziehungen und Sichtachsen, die Teiche, Grotten und die malerisch anmutenden Gehölzkulissen. Der schlossnahe Parkteil ist als intensiv gestalteter Kernbereich zu sehen, an den sich der Waldpark anschließt, der bis zu den Bahngleisen der Linie Berlin/Dessau reicht. Das Herzstück des Parks ist ohne Zweifel das Parterre, das mit seinen Teppichbeeten und kugelförmig geschnittenen Fichten in dieser Qualität und Größe in Ostdeutschland einmalig ist. Im Waldpark findet man einen verwunschenen, vielfältigen Mischwald vor. Am auffälligsten sind die mächtigen, bis zu 300 Jahre alten Eichen und Buchen und die zum Teil großen Rhododendronbestände, die diesem Parkteil seine besondere Note verleihen. In den vergangenen Jahren wurde der Park in seiner historisch überlieferten Form rekonstruiert und lädt zu wundervollen Spaziergängen ein.

Die so genannten Hakenbuden (Hökerbuden) von Treuenbrietzen mit »Gildenhaus«, das 1540 erbaut wurde und damit das älteste Wohnhaus im Ort ist. Im Hintergrund der Turm des Rathauses.

Stadt Treuenbrietzen

Am Nordrand des Niederen Flämings liegt die idyllische Kleinstadt Treuenbrietzen mit mittelalterlichem Charme. Viele Fachwerkbauten, zum Teil im 19. Jahrhundert erbaut, prägen das heutige Stadtbild. Bei einem Spaziergang lässt sich der historische Stadtkern mit Heimatmuseum, Wasser- und Pulverturm, Stadtmauer, Rathaus mit Hakenbuden, den Kirchen St. Marien und St. Nikolai am besten erkunden. Sehenswert ist das derzeit älteste bekannte Wohnhaus in Treuenbrietzen – das Gildenhaus. Mit seinen ca. 470 Jahren birgt es viele Geheimnisse.
Berühmt ist die Stadt durch die Moritat vom »Sabinchen« – eine Geschichte von der Untreue. Jedes Jahr am zweiten Juniwochenende finden die 10-tägigen Sabinchenfestspiele statt. Vom Tanz unterm Löffelbaum bis zum farbigen Umzug werden zu den Festspielen die verschiedensten Attraktionen geboten.
Eine malerische Landschaft bildet einen einzigartigen Grüngürtel um die Stadt. Genießen Sie die reizvolle Gegend mit ihren Naturschutzgebieten. Seit jeher ein beliebtes Ausflugsziel ist das NSG Zarth mit seiner unberührten Natur und Tierwelt. An der Nieplitz entlang kann man bis ins Quellgebiet (LSG »Oberes Nieplitztal«) wandern und sich an der Natur erfreuen. Die Besonderheiten der Flora und Fauna erleben Sie per Rad, auf dem Pferderücken, in Kremser- und Kutschfahrten oder auf Schusters Rappen – Nordic Walking und Wandern. Viele Radtouren entlang von Baumalleen und sagenumwobenen Findlingen, die für den Fläming so typisch sind, laden zur Erholung ein. Mit einem Weinabend und kulinarischen Genüssen kann der Ausflug abgerundet werden. Besuchen Sie die Sabinchenstadt Treuenbrietzen – das Kleinod am Rande des Flämings.
Info: Stadt- und Tourismusinformation Treuenbrietzen, Großstr. 110, 14929 Treuenbrietzen, Tel. 03 37 48/1 21 02, Fax 03 37 48/7 47 89, E-Mail: stadtinformation@treuenbrietzen.de, Internet: www.treuenbrietzen.de

Eine der interessantesten Wanderausstellungen der letzten Jahre war die Mammutausstellung in den Räumen des Museums der Burg Eisenhardt hoch über Belzig.

Der Fläming und das Baruther Urstromtal

Von Sachsen-Anhalt erstreckt er sich etwa 180 km lang bis zur Niederlausitz in die Gegend von Luckau; seine Breite beträgt etwa 20–30 km: Er ist also schon unübersehbar, der Fläming. Und das Baruther Urstromtal ist quasi ein nach Osten ragendes »Anhängsel« – aber ein sehr wichtiges.
Man unterscheidet noch viel differenzierter: Demnach gibt es den Hohen und den Niederen Fläming. Bezeichnenderweise ist diese Klassifizierung nicht unbedingt an den »enormen« Höhenunterschieden festgemacht, sondern eher an Landschaftsform und Vegetation. Nach Brandenburg tritt der Fläming bei Ziesar ein; der sogenannte Vorfläming beginnt etwa bei den anhaltinischen Orten Möckern, Loburg und vielleicht nehmen wir großzügig noch Lindau/Anhalt hinzu. Nördlich Ziesar liegt Genthin in Sachsen-Anhalt; diese Gegend bis zum Elbe-Havel-Kanal heißt »Fiener Bruch« und zählt zu den nördlichen Ausläufern des Flämings: Die Landschaft fällt ganz sacht ab. Diese Niederung also ist eine reichlich feuchte Gegend und wenig besiedelt (Ragösen, Viesen, Boecke, Glienecke, Bücknitz sind zwar schönklingende Dorfnamen, nördlich der Autobahn nach Berlin, aber von Touristen wohl noch nicht einmal im Vorbeirasen wahrgenommen bzw. so weit davon entfernt liegend, dass sich ein Abstecher kaum lohnt. Und doch haben auch diese Flecken Schönheiten und liegen heutzutage keineswegs mehr dort, wo sich Fuchs und Hase »Gute Nacht« sagen. Wieder einmal war es der »Alte Fritz«, der Mitte des 18. Jahrhunderts die zahlreichen Sümpfe trockenlegen und urbar machen ließ. Die ehemalige Bischofsstadt Ziesar liegt am Rand des Fiener Bruches; um sie herum führt die B 107, die Genthin mit Wiesenburg verbindet.
Geradezu unspektakulär geht es in dieser schönen Landschaft des Fläming zu; sie ist nach wie vor relativ dünn besiedelt und trocken (während das »vorgelagerte Land« recht nass sein kann); weite Wälder sind vorhanden, aber auch ebensolche ebenen Ackerflächen und ... der Biber ist seit einigen Jahrzehnten wieder heimisch geworden (nebst anderen Tier- und Pflanzenarten). Gewissermaßen »in die Zange genommen« wird der Fläming von Elbe und Schwarzer Elster sowie dem Baruther Urstromtal. Einige kleine und früher sicher weit wichtigere Flüsschen und Bäche tauchen hier aus der Erde plötzlich auf und sind demzufolge kalt, aber sauber: Nieplitz, Dahme, Plane, Nuthe sind zweifellos klangvolle Namen und münden in Spree oder Havel; während Schweinitzer Fließ, Rossel, Zahna und noch eine Nuthe zu Schwarzer Elster und Elbe streben.
Wer aber nun meint, dass der Fläming ein Produkt der letzten Eiszeit (ca. 10 000 Jahre v. Chr.) sei, der irrt – man bringt das viel genauer in der Saale-Eiszeit unter – jene liegt etwa zwanzigmal weiter zurück. Auch gibt es hier etliche Besonderheiten, beispielsweise die »Rummeln«; das sind flache Trockentäler mit Steilhängen von 10 bis zu 15 Metern. Diese wiederum aber sind keineswegs »Produkte« aus entfernten Jahrhunderttausenden, sondern eben mal nur ein paar mickrige Jahrhunderte alt, als die Wälder wegen des zunehmenden Ackerbaus gerodet wurden: Dann nämlich hielt kaum noch das dichte Wurzelwerk der Bäume den Boden fest. Die Folge: Erosionen durch Wind, Wasser und anderes – das Ergebnis: Kleine, flache Trockentäler; eben die »Rummeln«, jene länglichen Kerbtäler. Auch hieraus wird deutlich, wie sehr der Mensch die Natur verändert hat – manchmal zum Vorteil und meistens zu ihrem Nachteil.
Erstaunlich (und einmalig obendrein) ist die Tatsache, dass im Fläming eine solche Zahl von Burgen besteht, wie nirgends in ganz Brandenburg; da muss man sich wirklich fragen, weshalb das so ist. Und schon spielen wieder geographische und politische Umstände »die erste Geige«: Einerseits Schutz der Kaufleute auf den Handelsstraßen, die hier vorbeiführten, aber auch entsprechende Zolleinnahmestellen, um die Privatschatulle aufs Einträglichste zu füllen; zum anderen wegen der kniffligen Lage und den wechselnden politischen Befindlichkeiten zwischen Sorben, Sachsen, Magdeburgern und anderen. Erst nach der Leipziger Völkerschlacht (16.–19.10.1813) herrschte hier einigermaßen (ein sehr relativ zu nehmendes Wort) Ruhe: Denn noch heute erinnern in Großbeeren, Dennewitz, Möckern und anderswo Mahn- und Gedenkmale an dieses Völker-Schlachten.

Prächtige Herbstfarben des Flämings zwischen Belzig und dem Hagelberg (200 m)

Im Hohen Fläming liegt das romantische Dreiburgenland (Belzig, Rabenstein, Wiesenburg) mit der »Hauptstadt« *Belzig* und seiner Burg Eisenhardt. Aber das Städtchen hat auch viel kulturelles Erbe zu offerieren; hier weilte kurzzeitig der bedeutende plattdeutsche Dichter Fritz Reuter (»Ut mine Festungstid«, »Ut mine Stromtid«), als er, von Wachen eskortiert, auf dem Wege zu seiner Festungshaft nach Magdeburg war. Hier wurde 1798 Carl Gottlieb Reissiger geboren, der nach Carl Maria von Webers Tod 1828 die Leitung der Dresdner Hofkapelle übernahm, deren Leiter später Richard Wagner war.
Der Hohe Fläming verfügt über ein gut ausgebautes Wegenetz, auf dem sich gut radfahren und noch besser wandern lässt. Ein unbedingtes Muss ist zweifellos die Ersteigung des höchsten brandenburgischen Berges, des Hagelberges. Mit dem »Ersteigen« allerdings ist es nicht so ernst gemeint und auch der Name der Erhebung ist nicht so grausam, wie er sich liest; der Hügel misst gerade mal 200,1 Meter (Genauigkeit spielt bei so luftiger Höhe eben die ausschlaggebende Rolle). Auf alle Fälle kann man von hier aus bis weit in die Mark hineinsehen.
Am Schloss im malerischen Örtchen *Wiesenburg* (ca. 1 500 Einwohner) wirkte dereinst in der 2. Hälfte des 16. Jahrhunderts der aus Mecheln stammende Bildhauer Alexander Colin, und 1877 wurde hier der niederdeutsch schreibende Literat Hermann Boßdorf geboren, der 1921 in Hamburg starb und dessen zahlreiche Vorlagen dem Ohnsorg-Theater der Hansestadt heute zu Nutz und Frommen gereichen. Ein landschaftlich sehr schönes Ensemble ist der Schlosspark mit seinen zahlreichen Gelassen – all dies fügt sich harmonisch in die umgebende Natur ein.
Der Naturpark Hoher Fläming ist mit ca. 830 qkm flächenmäßig fast so groß wie die Bundeshauptstadt; die Endmoränenkette, in welcher er liegt, reicht von Schleswig-Holstein bis Polen. Etwa die Hälfte davon ist bewaldet; vor allem die Kiefer ist der Hauptbaum, die Flämingbuchen hingegen haben ein Durchschnittsalter von 250 Jahren erreicht. Schwarz- und Mittelspecht sind in Größenordnungen vertreten; im klaren Wasser kann man reichlich Edelkrebse und Bachneunaugen beobachten; Eisvogel und Gebirgsstelze brüten an den Ufern der Bäche und Rinnsale. Verschiedene, das feuchte Umfeld liebende Orchideenarten gedeihen ganz prächtig. Im Ort Raben kann man das Naturparkzentrum in der alten Brennerei besuchen und Wissenswertes erfahren.
Nördlich des Hohen Fläming, in der Gegend um Golzow bis Brück, liegt ein weiteres landschaftliches Kleinod, die Zauche; sie ist waldreich. Aus dem Wendischen kommt dieser Name, der so viel wie »trockenes Land« bedeutet. Es gibt nur wenige und kleinere Dörfer; eines davon ist *Freienthal,* das an der »Grenze« zum Naturschutzgebiet »Belziger Landschaftswiesen« – die sich im Baruther Urstromtal befinden – liegt. In der nahen Holländermühle wird heute noch Roggen und Weizen gemahlen; allerdings nicht mehr mit Mahlsteinen, sondern in Walzenmühlen aus den Fünfzigern des vorigen Jahrhunderts. Ein unvorsichtiger und grausamer Müllergeselle hatte 1935 Feuer gelegt (war ihm etwa die schöne Müllerin nicht hold gesonnen gewesen?); jedenfalls muss die Mühle seither ohne Flügel auskommen. Das »Stedeken« (»Städtchen«) *Golzow* liegt am Flüsschen Plane; die von Rochows residierten hier vom 14. Jahrhundert bis 1945; leider brannte dann ihr Schloss nieder.
Das Tor zum »Naturpark Hoher Fläming« ist der Ort *Niemegk.* Bis 1815 schwangen die Sachsenkönige hier ihre Zepter, danach die preußischen Potentaten. Auch das Rathaus hat mit seinen Schweifgiebeln aus der Renaissance noch viel Sächsisches an sich. Robert Koch praktizierte hier, allerdings wenig erfolgreich; wenige Jahre danach entdeckte er den Milzbranderreger, Tuberkelbazillus und Choleraerreger, wofür er den Nobelpreis bekam. Auch Martin Anton Niendorf (1826–78) wurde hier geboren: Er war Dichter und Freiheitskämpfer zugleich und setzte als Märzrevolutionär bedeutende Akzente.
Die »Sabinchenstadt« an der Nieplitz, nämlich *Treuenbrietzen,* ist ein reizendes Städtchen im schönen Naturumland. Als deutsche Grenzburg entstand sie im 13. Jahrhundert. Von hier stammen zwei zu ihrer Zeit bedeutende Musiker: Christoph Nichelmann (1717–62), zweiter Kammercembalist unter Friedrich II. und seinem Hofkapellmeister Carl Heinrich Graun aus dem brandenburgischen Wahrenbrück, und Friedrich Heinrich Himmel (1765–1814), seit 1795 preußischer Hofkapellmeister, unter Friedrich Wilhelm II. hochangesehen, und auch die berühmteren Zeitgenossen Beethoven und Goethe waren des Lobes voll über ihn.
Die südlichen Ausläufer des Fläming sind sozusagen das »beschauliche Land der Mühlen«: Hübsche Dörfer, zwei Städte (*Dahme* und *Schönewalde*), Besinnlichkeit, Weite … das kann sehr erholsam sein. Dahme hat seinen Namen vom gleichnamigen Flüsschen, das sich schlängelnd in Richtung Berlin bewegt und dort in die Spree mündet. Der Klemmkuchen ist hier gewissermaßen landschaftlich favorisiert: Roggenmehl, Wasser, Speck, Salz, Pfeffer; alles fein vermengt zu einer geschmeidigen Masse, drauf auf heiße Klemmkucheneisen, pressen

Herbstliche Idylle am Mellensee

und … essen. In der Stadt »residierte« anno 1625 auch Albrecht von Wallenstein; seine Soldaten raubten überall die Kirchenglocken, um sie einzuschmelzen und neue Kanonen herzustellen. Die Glocke aus Dahme hatte man schlicht vergessen, als es zum neuen Standort Jüterbog ging. Also eine Truppe retour nach Dahme, wo man die Soldaten schon erwartete und sie mit viel Bier und hübschen Mädchen von hier »kampfunfähig« machte. Die Glocke hatten die Bürger inzwischen vergraben; die Wallensteinschen mussten am nächsten Tag unverrichteter Dinge und mit ziemlich schweren Köpfen wieder abziehen.

Das Baruther Urstromtal ist eine flache Gegend; etwa 40 Höhenmeter sind die höchsten Erhebungen – oder sagen wir es brandenburgisch-drastischer: De Jejend is platt wie ne Flunder! Umso deutlicher heben sich der waldreiche Fläming und die Zauche ab. Vorherrschend ist eine artenreiche Vogelwelt; das Flüsschen Plane (vom slawischen Stamm der Ploni herstammend) beherrscht die Gegend. Da das Terrain flach ist, kann man ausgiebige Radtouren unternehmen. Mit dem Zug von Brück in Richtung Berlin sind es 50, von Dessau bis Brück 60 Minuten Fahrt. Ein besonderes Highlight ist das Museumsdorf Baruther Glashütte: Im Hüttengebäude von 1861 befindet sich ein äußerst informatives, modern gestaltetes Museum. Seit Jahren zählt dieses museumsgeschützte Dorf zu den touristischen Attraktionen im südlichen Brandenburg. Das Freizeitangebot ist vielfältig, weil sich etliche Kunst- und Gewerbetreibende hier angesiedelt haben. Neben Glasbläsern in der historischen Glasbläserei kann man Töpfern, Seile gießen, Filzen, Korn- und Kräuterkissen füllen oder eine erholsame Kremserfahrt durch die schöne Landschaft machen. Neben dem Naturlehrpfad, der »Rucksackschule«, lädt der Wildpark »Johannismühle«, der nur vier Kilometer entfernt liegt, zu einem Besuch ein.

Die beiden Kreise Teltow-Fläming und Elbe-Elster gehören unmittelbar zu dieser Landschaft. Das *Amt Mellensee,* am gleichnamigen Gewässer, liegt in der Nähe von Zossen und damit etwa 30 Autominuten von Berlin und dem Spreewald entfernt. Hier findet man vielfältige Erholungsmöglichkeiten und lohnende Erlebnisziele in der näheren Umgebung, wie die Scheunenwindmühle in Saalow, das Naturschutzgebiet Gipsbrüche mit den Torfseen in Sperenberg oder eine Fahrt auf Deutschlands längster Draisinenstrecke von Zossen nach Jüterbog. Eine Stadt im Grünen ist *Ludwigsfelde;* eigentlich hieß sie seit Jahrhunderten Damsdorf – seit dem 4.3.1929 ist das anders. Endgültig vorbei mit ländlicher Idylle war es 1936, als Daimler-Benz hier das größte Flugzeugmotorenwerk aus dem Erdboden stampfte. 1952 folgte nach der Demontage ein Neuanfang: Das Industriewerk (IWL) stellte die »Dieselameise« und die Motorroller »Pitty«, »Wiesel«, »Berlin« und »Troll« her, ab 1965 waren es Lkw's (vom »W 50« angefangen). Nach der deutschen Wiedervereinigung kehrte Benz zurück; aus der Industriegemeinde ist eine attraktive Stadt mit schöner Umgebung geworden.

Neben der neu errichteten Schutzhütte am Weinberg (72 m) bei Dobbrikow bietet sich eine der wenigen Überblicksmöglichkeiten über die Wälder des Nuthe-Urstromtales.

Landkreis Teltow-Fläming

Der Landkreis Teltow-Fläming wurde im Zuge der Kreisgebietsreform im Dezember 1993 gebildet. Er entstand aus den damaligen Kreisen Jüterbog, Luckenwalde und Zossen. Für den Namen des neuen Kreises standen Landschaftsbezeichnungen Pate: das eiszeitlich entstandene Teltow-Plateau im Norden und der Niedere Fläming im Süden. Kreisstadt ist Luckenwalde. Während der Landkreis Teltow-Fläming noch recht jung ist, weist die Region eine lange und wechselvolle Geschichte auf. Das Gebiet war viele Jahrhunderte lang umstrittenes Grenzland der Kurmark, Kursachsens und des Erzstiftes Magdeburg. Seit 1815 gehört das Territorium zu Brandenburg.
Heute leben im Landkreis Teltow-Fläming rund 160 000 Einwohner, dabei ist die Bevölkerungsdichte im Norden erheblich größer als im Süden. Der Landkreis Teltow-Fläming hat eine Gesamtfläche von 2 092,03 qkm. Er grenzt im Osten an den Landkreis Dahme-Spreewald, im Süden an den Landkreis Elbe-Elster, im Südwesten an das Land Sachsen-Anhalt, im Westen an den Landkreis Potsdam-Mittelmark und im Norden an das Land Berlin.
Ob jung oder alt, gesund oder krank, hier geboren oder zugezogen – der Landkreis Teltow-Fläming ist das Zuhause vieler Generationen und Bevölkerungsgruppen. Teltow-Fläming bietet Perspektiven für junge Leute: Mehr als 30 000 Kinder, Jugendliche und junge Erwachsene unter 21 Jahren leben hier. Ihnen steht ein dichtes Netz an Kinder-, Jugend-, Bildungs- und Freizeiteinrichtungen zur Verfügung, so zum Beispiel mehr als 50 Schulen und etwa 250 Sportstätten.
Außerdem Chancengleichheit für alle: Im Landkreis Teltow-Fläming leben mehr als 22 000 behinderte Menschen. Viele von ihnen nutzen die zahlreichen Angebote auf medizinischem, therapeutischem, kulturellem und sportlichem Gebiet. Regelmäßig gibt es Möglichkeiten zur Begegnung behinderter und nicht behinderter Menschen, z.B. das traditionelle Behinderten- und Skaterfest oder das Behindertensportfest des Landkreises.
Miteinander der Generationen: Ein Viertel der Bevölkerung des Landkreises Teltow-Fläming ist älter als 60 Jahre. Speziell für diesen Personenkreis gibt es zahlreiche Vereine und Verbände sowie Kontakt- und Begegnungsstätten, in denen Seniorinnen und Senioren sich organisieren, informieren oder treffen können.
Hilfe durch Selbsthilfe: Im Landkreis Teltow-Fläming gibt es 6,3 Selbsthilfegruppen pro 10 000 Einwohner. Das ist Spitze im bundesweiten Vergleich (5,4 Gruppen pro 10 000 Einwohner). Allein für gesundheitsrelevante Themen rund 100 Selbsthilfegruppen mit ca. 2 000 Mitgliedern.
Integration ausländischer Mitbürger: Im Landkreis Teltow-Fläming leben mehr als 3 000 Ausländer. Ihre soziale Integration ist eine Aufgabe der gesamten Gesellschaft. Dazu gibt es u.a. multikulturelle Projekte wie das Brückenfest in Ludwigsfelde.
Der Landkreis Teltow-Fläming, südlich vor den Toren Berlins gelegen, erstreckt sich auf einer Fläche von rund 2 100 Quadratkilometern zwischen der Teltower Platte und dem Niederen Fläming. Sanft geschwungene Höhenzüge und weite Täler, Schutzgebiete, Anhöhen und Niederungen laden dazu ein, die Flora und Fauna hautnah zu erleben. Fast 40 Prozent der Gesamtfläche des Kreises sind ausgedehnte Kiefern- und Laubwälder. 25 Seen und weite Hügellandschaften bieten sich zum Wandern, Reiten, Radfahren und zur Erholung an.
Geschichte und Gegenwart liegen überall dicht beieinander – so kommt jedermann auf seine Kosten. Ob mittelalterliches Flair in Jüterbog oder Dahme, historische Mühlen in Petkus oder Dennewitz, Militärgeschichte in Wünsdorf oder Altes Lager … es gibt viel Lohnendes zu entdecken. Sehenswürdigkeiten von A wie Abtshof bis Z wie Zisterzienserkloster komplettieren das Angebot – ob für einen kurzen Ausflug oder einen längeren Urlaub.
Wer seine Freizeit aktiv gestalten möchte, ist im Landkreis Teltow-Fläming genau richtig. Die Flaeming-Skate, Europas größte Rad- und Skate-Region, zieht immer mehr begeisterte Gäste aus dem In- und Ausland an. Fast 200 Kilometer führen die drei Meter breite Bahn und ergänzende, zwei Meter breite Radwege auf verschiedenen Rundkursen durch die reizvolle Landschaft des Niederen Flämings und des Baruther Urstromtals. Die Region verfügt über zahlreiche Sport- und Freizeitstätten, so dass der Landkreis Teltow-Fläming für Touristen ein ebenso attraktives wie interessantes Ziel ist.

 Kloster Zinna, gegründet 1170/71 von den Zisterziensern, gehört zu den bedeutendsten Klöstern Deutschlands.

Zu den entscheidenden Pluspunkten des Landkreises Teltow-Fläming gehört seine hervorragende Infrastruktur. Die Region südlich von Berlin ist gut mit der Bundeshauptstadt sowie dem In- und Ausland verbunden. Der Landkreis wird von den Autobahnen A 9, A 10 und A 13 flankiert. Fünf Bundesstraßen (B 96, B 101, B 102, B 115, B 246) durchziehen Teltow-Fläming in Nord-Süd- und Ost-West-Richtung. Die B 96 und die B 101 haben Anschluss an die Bundesautobahnen A 9, A 10 und A 13. Eine Schlüsselrolle kommt der Bundesstraße B 101 zu. Sie ist die Hauptachse zur Erschließung des Landkreises in Nord-Süd-Richtung und die wichtigste Straßenverbindung der Metropole Berlin und Ludwigsfelde sowie Luckenwalde/Jüterbog.
Große Bedeutung für den Personen- und Güterverkehr haben die Eisenbahnstrecken in Richtung Berlin, Leipzig und Dresden. Sie sorgen dafür, dass der Landkreis auch auf dem Schienenweg bestens erreichbar ist. Die Berliner Flughäfen Tegel, Tempelhof und Schönefeld sind innerhalb kürzester Zeit bequem zu erreichen. Von Vorteil ist, dass der neue Großflughafen Berlin–Brandenburg International ganz in der Nähe des Landkreises Teltow-Fläming, nämlich in Schönefeld, entstehen wird. Einen eigenen Verkehrslandeplatz für Geschäftsflugzeuge im Landkreisgebiet gibt es in Schönhagen bei Trebbin. Hier ist nach Voranmeldung auch eine Zollabfertigung möglich. Im Süden des Landkreises, in der Nähe der Stadt Jüterbog, sind die Flugplätze Oehna-Zellendorf und Reinsdorf vor allem Ziel von Freizeitpiloten.
Der Landkreis Teltow-Fläming hat in den vergangenen Jahren durch umfangreiche Investitionen in die Wirtschaft sehr an Profil gewonnen. In Teltow-Fläming wurden im Land Brandenburg in den vergangenen zehn Jahren die meisten Investitionen der Privatwirtschaft mit dem höchsten Investitionsvolumen getätigt. Vor allem die Ansiedlung namhafter Konzerne, so z.B. DaimlerChrysler, MTU, Rolls-Royce, Thyssen Umformtechnik und verschiedener Biotechnologie-Unternehmen, prägen den Landkreis. Darüber hinaus entstanden viele neue Logistikunternehmen sowie weitere Firmen in anderen Industrie- und Gewerbegebieten. In Teltow-Fläming gibt es eine gesunde Mischung aus Großbetrieben sowie kleinen und mittleren Firmen. Sie werden seitens der Verwaltung und der Wirtschaftsförderung mit der gleichen Aufmerksamkeit bedacht. Der Landkreis Teltow-Fläming zählt heute zu den wichtigsten Standorten der deutschen Luft- und Raumfahrtindustrie und nimmt einen Spitzenplatz auf den Gebieten der Biotechnologie und des Fahrzeugbaus ein.
Rund 46 Prozent der Landkreisfläche werden landwirtschaftlich genutzt. Neben der Lebensmittelproduktion gewinnen Energiewirtschaft und ländlicher Tourismus an Bedeutung.

Schloss und Garten von Schloss Wiepersdorf im Fläming, ein Muss für jeden Besucher Brandenburgs; ehemaliger Wohnsitz von Ludwig Achim und Bettina von Arnim (Einzug in das Schloss 1814)

Seinen Nutzern bietet das Technologie- und Gründerzentrum im Biotechnologiepark Luckenwalde auf einem 28 ha großen, parkähnlichen Gelände hervorragende Bedingungen.

Stadt Luckenwalde

Luckenwalde ist die Kreisstadt des Landkreises Teltow-Fläming im Süden Brandenburgs (ca. 22 000 Einwohner). Allein die reizvolle Landschaft des Baruther Urstromtals ist es wert, hierher zu kommen. Es ist eine Region mit hoher Lebensqualität und ausgezeichneten Standortbedingungen.

Vieles kann man erkunden; etwa die 210 km lange Strecke der Flaeming-Skate, einen der größten Hochseilgärten Europas, kulturelle Kostbarkeiten und Bauwerke – vom ehemaligen Zisterzienserkloster bis zur Moderne.

Die gut ausgebaute Verkehrsinfrastruktur umfasst die Berliner Interkontinentalflughäfen, den 20 km entfernten Regionalflugplatz Schönhagen sowie den Anschluss an das Schienenverkehrsnetz.

Die Besiedlung des Luckenwalder Gebietes reicht mindestens bis zur großen Völkerwanderung zurück. Den germanischen Stämmen folgten dann slawische Wenden, die von deutschen Siedlern verdrängt wurden. 1216 findet sich der Name erstmals in einer Urkunde. Diese Jahreszahl wurde mit Beschluss der Stadtverordnetenversammlung seit 2006 als Bezugsjahr für das Berechnen von Stadtjubiläen festgelegt. Das älteste Wahrzeichen ist der teilweise im 12./13. Jahrhundert erbaute 38 m hohe Marktturm, seit 1484 als Glockenturm der Pfarrkirche St. Johannis dienend.

Das Stadtwappen hat eine lange Geschichte (seit 1450): Die Einmaligkeit besteht in der Einheit von Schild und aufsitzendem Pelikan mit seinen Jungen. Darum entbrannte ein Rechtsstreit, der 110 Jahre dauerte. Der Pelikan wurde im Hochmittelalter ein beliebtes Motiv christlicher Kunst. In Ps. 102. 7 wird von David gesagt: »Ich bin gleich dem Pelikan in der Wüste«; Luther ersetzte in seiner Bibelübersetzung den Pelikan durch die heimische Rohrdommel. Feudale Beschwernis und viele Kriege haben die Stadtentwicklung erheblich verzö-

Blick auf das historische Zentrum der Kreisstadt mit Rathaus (links), Heimatmuseum und Kirche St. Johannis

gert; lange noch hatte Luckenwalde das Bild eines unbedeutenden Ackerbürgerstädtchens; Industrie und Handwerk wurden erst langsam heimisch. Tuchmacherfamilien kamen (die Spinner- und Weberhäuschen sind noch heute vorhanden). Enormer industrieller Aufschwung entwickelte sich mit der Dampfmaschine (1828). 1841 erfolgte der Eisenbahnanschluss, die Stadt vergrößerte sich: Jetzt kamen Metallverarbeitung, Hutfabriken, Piano- und Feuerlöschgeräteproduktion hinzu. 1939 hatte man 132 Industriebetriebe in der Stadt; damit war Luckernwalde zu einem wichtigen Industriestandort im Berliner Umland geworden.
Während des Zweiten Weltkrieges befand sich nahe der Stadt das Kriegsgefangenenlager Stalag III A; heute erinnern der Lagerfriedhof und eine ständige Ausstellung im Heimatmuseum daran. Da Luckenwalde ohne größere Zerstörungen überlebte, konnten sich danach wichtige weitere Betriebe ansiedeln bzw. profilieren: Wälzlagerwerk, Kontaktbauelemente, Baustoffwerk, Beschläge usw.
Nach 1990 hat sich in der Stadt ein dynamischer Wandel von einer der ältesten Industriestädte Brandenburgs hin zu einem Standort zukunftsorientierter Kompetenzfelder vollzogen.
Luckenwalde ist eins von 15 Regionalen Wachstumskernen Brandenburgs. Die Branchenschwerpunkte liegen in der Metallbe- und -verarbeitung, in der Biotechnologie, der Ernährungswirtschaft, im Tourismus und im Automotivbereich. Luckenwalde ist 2000 »URBAN-Stadt« geworden und konnte mit Hilfe von EU-Mitteln in Städtebau, Wirtschaft und Soziales investieren und erlebte einen Entwicklungsschub.
Unmittelbar an den Stadtausgängen beginnt ein umfangreiches Netz von Rad- und Wanderwegen. Sport wird ebenfalls ganz groß geschrieben; das Ringen steht ganz obenan. Und im Fußball spielte man vor der WM 2006 in Mannheim sogar ehrenvoll gegen die Deutsche Nationalmannschaft.

Blick auf das Rathaus

Stadt Baruth/Mark

Die Kleinstadt Baruth/Mark liegt ca. 50 km südlich von Berlin am Kreuzungspunkt der beiden Bundesstraßen B 96 und B 115 inmitten einer reizvollen Landschaft mit ausgedehnten Kiefernwäldern.
In der letzten Eiszeit vor ca. 14 000 Jahren, als die Gletschermassen zum Stehen kamen, bildeten die Schmelzwasser auf ihrem Weg in Richtung Havelniederung einen mächtigen »Urstrom«, der diese Landschaft formte, die als Baruther Urstromtal bezeichnet wird und von der Lausitz bis nach Brandenburg a.d.Havel reicht. Lange Zeit war die sehr sumpfige Gegend unbewohnt, und nur an einigen seichten Übergangsstellen bildeten sich erste Marktflecken, die überwiegend wohl von den Slawen bewohnt waren.
Die weitere Geschichte wurde von verschiedenen Herrschaften geprägt. Erste urkundliche Erwähnungen gehen bis in das Jahr 1244 zurück. Insbesondere als Sitz des Fürstenhauses der Familie zu Solms erreichte Baruth großen Bekanntheitsgrad und erhielt dann auch 1616 vom sächsischen Kurfürsten das Stadtrecht zuerkannt. Einhundert Jahre später gründete Fürst zu Solms-Baruth eine Glashütte, die in ihrer Blütezeit ca. 200 Arbeitern und deren Familien eine Existenz sicherte.
Auch der Weinanbau war ein wichtiger Wirtschaftszweig, wie man deutlich im alten Stadtwappen erkennen kann, das drei Rebstöcke ziert. Nach den Napoleonischen Kriegen wurde Baruth dann 1815 dem Königreich Preußen und damit der Mark Brandenburg zugeteilt. Am 1. Januar 1882 bekam Baruth den postalischen Zusatz (Mark), um eine eindeutige Abgrenzung zu Baruth in Sachsen herzustellen.
Nachdem Baruth im Zweiten Weltkrieg zu 75% zerstört wurde, begann in der Nachkriegszeit der langsame Wiederaufbau. In der DDR entwickelte sich in und um Baruth/Mark die Landwirtschaft als wichtiger Arbeitgeber.

Blick auf die Kirche St. Sebastian

Nach der deutschen Wiedervereinigung entwickelte sich in den 90er Jahren die Holzindustrie als ein weiterer großer Wirtschaftszweig, der inzwischen die gesamte Region prägt.
Besonderer Stolz der Stadt ist das 180 ha große Industriegebiet »Bernhardsmüh«. Mehrere große Firmen der Holzbranche siedelten sich hier an. Eines der größten Sägewerke in Deutschland, zwei Faserplattenwerke sowie einer der weltweit größten Produzenten für Laminat schufen in Baruth/Mark einen integrierten Standort für die Holzindustrie. Auch einer der größten deutschen Mineralwasserproduzenten ist hier ansässig. Insgesamt sind hier inzwischen 1 000 direkte Arbeitsplätze entstanden.
Die Stadt Baruth/Mark besteht heute aus 12 Ortsteilen und erstreckt sich über 233 qkm. Mit einer Einwohnerzahl von 4 500 zählt die Stadt immer noch zu den sehr dünn besiedelten Gebieten im Land Brandenburg. Dies eröffnet Chancen und Freiräume. Neben der industriellen Entwicklung etablierte sich auch der Tourismus. Das Museumsdorf Glashütte und der Wildpark Johannismühle gehören zu den touristischen Highlights, ebenso die Straußenfarm in Merzdorf und das erste Skate-Hotel der Welt in Petkus. Herausragendes Bauwerk in der Stadt ist die schon von Weitem sichtbare St. Sebastian Kirche.
Als Nahversorgungszentrum verfügt Baruth/Mark vom Einzelhandel, Kindereinrichtungen, Grund- und Oberschule bis hin zu mehreren Arztpraxen über alle erforderlichen Dienstleistungen. Viele Vereine und natürlich die Feuerwehr organisieren das gesellschaftliche Leben in der Stadt.
Zur Autobahn A 13 (Berlin–Cottbus–Dresden) sind es nur 9 km. Mit der eigenen Autobahnabfahrt »Baruth/Mark« und der eigenen Bahnstation an der Eisenbahnlinie Berlin–Dresden verfügt die Stadt somit über eine sehr gute Verkehrsinfrastruktur.

Amt Dahme/Mark – im Landkreis Teltow-Fläming

Das Amt Dahme/Mark mit seinen Gemeinden Ihlow (810 Einwohner), Dahmetal (535 Einwohner) und der Stadt Dahme/Mark (5 750 Einwohner) liegt im südlichen Teil des Landkreises Teltow-Fläming, der im Norden an die Hauptstadt Berlin grenzt. Zu den drei Gemeinden gehören insgesamt 23 Ortsteile, die bis zur Gemeindegebietsreform politisch selbstständige Dörfer waren. Der überwiegende Teil der Ortsteile wurde im 14. Jahrhundert erstmalig erwähnt. Siedlungsformen sind meist Angerdörfer, Platzdörfer, Straßendörfer und Gassendörfer. Das Dahmer Land, wie es auch oft betitelt wird, liegt am östlichen Rand des Niederen Fläming, der sich weiter nach Süd-Osten als Niederlausitzer Grenzwall fortsetzt.

Der Höhenzug Fläming verdankt seinen Namen den Flamen, die im 12. Jahrhundert der Askanierfürst Albrecht der Bär, Markgraf von Brandenburg, gemeinsam mit dem Erzbischof Wichmann aus Magdeburg in das dünn besiedelte Land holte. Die Flamen waren überwiegend Bauern und Christen und folgten den Werbern Wichmanns, da sie durch Überschwemmungen an der Nordseeküste ihren Lebensraum verloren hatten. Die flämischen Siedler legten Sümpfe trocken, bohrten Brunnen in ihrer wasserarmen, neuen Heimat und errichteten Windmühlen sowie schlichte Gotteshäuser. Die neuen Dörfer benannten sie nach ihrer alten Heimat oder nach dem Führer ihrer Gruppe. Die Ortsnamen, wie z.B. Rosenthal und Heinsdorf, weisen auf flämische Siedler hin. Sie brachten natürlich auch ihre Sitten und Bräuche mit. So wurde bis in das 20. Jahrhundert hinein in den Dörfern ein flämischer Dialekt gesprochen, die Frauen trugen die Flämingtracht, die auch heute noch zu besonderen Anlässen und Festen angelegt wird.

Die Landschaft erschließt sich den Gästen kontrastreich. Es ist eine Reise durch eine historisch gewachsene Kulturlandschaft, geprägt durch wehrhafte, dominante Feldsteinkirchen, malerische Ortskerne, aber auch Wind- und Wassermühlen und Reiterhöfe. Eine weitläufige Wiesen- und Feldlandschaft mit sanften Hügeln, ausgedehnten Kiefernwäldern und teilweise noch unberührter Natur erwartet hier den Besucher. Die Flaeming-Skate, ein insgesamt ca. 200 km langer Weg mit feinstem Asphalt im südlichen Teil des Landkreises, durchzieht auch das Dahmer Land und lädt zum Wandern, Skaten und Radeln geradezu ein. Radfahrer haben neuerdings die Möglichkeit, auf dem »Dahmeradweg« von Berlin kommend, entlang des gleichnamigen Flüsschens unsere abwechselungsreiche Landschaft kennen zu lernen. Zu den zahlreichen Natur- und Landschaftsschönheiten unserer Region gehört die Quelle des Flüsschens Dahme, die sieben Kilometer südlich der Stadt Dahme entspringt. Sanfte Hügelketten umgeben malerisch die unscheinbar anmutende Quelle. Noch im Städtchen Dahme sieht man von der »jungen« Dahme nicht viel mehr als einen breiten Graben, der dann aber im Unterlauf vor Berlin schiffbar ist, mehrere Seen bildet und schließlich bei Köpenick in die Spree mündet.

Stadt Dahme/Mark – im Landkreis Teltow-Fläming

Die Flämingstadt Dahme/Mark mit ihrer über 800-jährigen Geschichte präsentiert sich den Gästen in eindrucksvoller Weise. Der historische Stadtkern innerhalb der mittelalterlichen Stadtmauer, die Ruine des ehemaligen Barockschlosses und Schlosspark mit Tiergehegen, Rathaus, Töpfermarkt mit Museum, Kirche Sankt Marien, Klosterkomplex, repräsentative Bürger- und Ackerbürgerhäuser dominieren das Stadtbild von Dahme. Auch die seit 2002 zur Stadt gehörenden Ortsteile Rosenthal, Kemlitz, Schöna-Kolpien, Gebersdorf, Niebendorf-Heinsdorf, Buckow und Wahlsdorf sind mit ihren typischen Dorfkernen und der waldreichen Umgebung sehenswert. In Dahme/Mark, der »Sportregion für Alle«, können auch mobilitätseingeschränkte und ältere Menschen sowie Familien sportlich aktiv sein. Ohne Barrieren erreicht man auf der Flaeming-Skate®, Europas Skate-Region südlich von Berlin, aus verschiedenen Richtungen die historische Altstadt und die Ortsteile Wahlsdorf und Niebendorf-Heinsdorf. Über den Innenstadtrundkurs für Rollstuhlfahrer kommen Gäste entlang der Stadtmauer zu Sehenswürdigkeiten und Freizeiteinrichtungen.

Übernachten Sie bei unseren freundlichen Gastgebern barrierefrei mit Wellness- und Fitnessangeboten und umfangreichen Begleitprogrammen, besonders für Gruppen. Bei Tennis, Squash, Badminton und Ballsport kommen Sie in Form. Tenniskurse für Rollifahrer sind ein Novum. Reiten, Nordic-Walking-Kurse, Pilates-Training, Gymnastik und Rückenschulen ergänzen das Angebot. Erfrischen Sie sich in unseren Freibädern oder naturbezogen in der »Ferienidylle« Körbaer Teich. Erkunden Sie den Waldlehrpfad »Alte Elbe« bei Kemlitz, spazieren Sie zur Dahmequelle nach Schöna-Kolpien oder zum östlichsten Flämingdorf Rosenthal. Reiche Auswahl regionaler, aber auch internationaler Speisen findet der Gast in vielfältigen gastronomischen Einrichtungen.

Das 1893–94 auf den Grundmauern der Nikolaikirche erbaute Rathaus von Dahme/Mark beherrscht mit seinem 43 m hohen Turm den historischen Stadtkern.

Restaurierte Dammühle im Ortsteil Wildau-Wentdorf – eine der zahlreich vorhandenen Wassermühlen entlang der Dahme

Gemeinde Dahmetal – Amt Dahme/Mark im Landkreis Teltow-Fläming

Die Gemeinde Dahmetal entstand 2002 durch den Zusammenschluss der Gemeinden Görsdorf, Wildau-Wentdorf und Prensdorf mit 560 Einwohnern. Vom historischen Städtchen Dahme/Mark kommend, erreicht man die eingebettet in idyllischer Natur liegenden Orte am Flüsschen Dahme per Fahrrad oder Inline-Skates auf der Flaeming-Skate®, Europas Skate-Region südlich von Berlin. Gut rasten lässt es sich an den zahlreichen Wassermühlen entlang der Strecke, wie z.B. in der Bachmühle in Görsdorf. Urkundlich erwähnt wurde Görsdorf 1346, ist aber vermutlich älter und eine durch eingewanderte Flamen um 1200 gegründete Siedlung. Das Leben war zum größten Teil vom Gut bestimmt. Die Kirche in Görsdorf ist ein Feldsteinbau aus dem 14. Jahrhundert.
Unweit von Görsdorf befindet sich die Ortschaft Liebsdorf, ein kleines Gassendorf, durch Bauernwirtschaften geprägt. Auch im angrenzenden Ort Liedekahle bilden große Vierseithöfe maßgeblich die Ortsstruktur. Die Kirche aus dem 14. Jahrhundert hat einen hölzernen freistehenden Glockenturm mit zwei kostbaren, 300 Jahre alten Glocken.
Wild war es einst in Wildau-Wentdorf. Die Wenden hausten mitten in der sumpfreichen Gegend. Auch heute noch bestimmt eine bizarre Natur mit hohen Eichen und Nadelbäumen das Aussehen des Ortes, der geografisch bereits zum Lausitzer Becken- und Heideland gehört. Wentdorf war einst eine wendische Siedlung und Wildau ein typisches Angerdorf. Die für den kleinen Ort riesige Kirche ist Anfang des 13. Jahrhunderts, wie fast alle in dieser Zeit, als trutzige Wehrkirche erbaut worden. Attraktiver Mittelpunkt von Prensdorf ist der gepflegte Dorfanger mit der Feldsteinkirche aus dem 14. Jahrhundert. Südlich des Dorfes bestimmt der Flusslauf der Dahme mit den angrenzenden Niederungsgebieten das Landschaftsbild besonders vielgestaltig. Durch Bruchwälder und Flachmoore sind Teilbereiche des Bachabschnittes hier naturnah erhalten. In nördlicher Umgebung erhebt sich der Fürstenberg bis in eine Höhe von 112 m.

Idyllischer Dorfteich im Ortsteil Niendorf – ganz in der Nähe befindet sich die Flaeming-Skate®, Europas Skate-Region südlich von Berlin.

Gemeinde Ihlow – Amt Dahme/Mark im Landkreis Teltow-Fläming

2002 schlossen sich die Gemeinden Bollensdorf, Mehlsdorf, Niendorf, Rietdorf, Illmersdorf und Ihlow zur Gemeinde Ihlow mit 800 Einwohnern zusammen.
Ihlow, um 1205 erstmals urkundlich erwähnt, besitzt das einzige dörfliche Gotteshaus im Fläming mit zweispitzigem Kirchturm. Durch den Ort führte früher die Schmalspurbahn. Heute kann man diese Strecke über die Flaeming-Skate® per Inline-Skates oder per Fahrrad wieder nutzen. Die erste urkundliche Erwähnung des Ortes Bollensdorf geht auf das Jahr 1368 zurück. Noch heute gehören zum typischen Ortsbild Dreiseithöfe mit giebelständigen Wohnhäusern. An der Stelle des 1945 abgebrannten Gutshauses schufen sich die Bollensdorfer 1952 ihre eigene kleine Fachwerkkirche. Von Bollensdorf aus lohnt sich eine Wanderung durch Kiefernwälder zum 1 km entfernten Körbaer Teich.
Das kleine Angerdorf Mehlsdorf ist seit 1376 urkundlich erwähnt und war über Jahrhunderte im Besitz der Kurfürsten von Sachsen und Sachsen-Weißenfels. Ein Gut gehörte der Familie von Kleist. Selbst ein Schloss war da, das abgerissen wurde. Die kleine Fachwerkkirche befindet sich auf dem Gelände des ehemaligen Gutshofes. Wandert man von Mehlsdorf aus in Richtung Rhinow, kommt man an einem großen Findling vorbei, dem »Wolfsstein«. Er erinnert an die Stelle, wo 1961 der letzte Wolf geschossen wurde.
Niendorf ist ein typisches Fläming-Angerdorf. Im Mittelpunkt steht die Kirche, die noch heute vom Kirchhof umgeben ist. Dahinter befindet sich ein idyllischer Dorfteich, mit einer installierten Teichfontäne, die an den Wochenenden beleuchtet wird. Highlight ist die direkt vorbeiführende Flaeming-Skate®, Europas Skate-Region südlich von Berlin. Ältestes Bauwerk von Rietdorf ist die imposante Feldsteinkirche in ihrem Zentrum. Illmersdorf ist als Platzdorf angelegt. Um den Dorfplatz stehen in dichter Folge die Wohn- und Wirtschaftsgebäude der großen Vierseitenhöfe, die für den Fläming typisch sind.

Gedenkfeier anlässlich des 6. September 1813

Gemeinde Niedergörsdorf – Im Herzen des Flämings

Herzlich willkommen in der Gemeinde Niedergörsdorf, die mit ihren 22 schmucken Dörfern im Süden des Landkreises Teltow-Fläming liegt.
Unser Landstrich verdankt seinen Namen flämischen Einwanderern, welche im 12. Jahrhundert die Wildnis urbar machten, Dörfer gründeten und hier eine neue Heimat fanden. In den Flämingdörfern werden Tradition und Brauchtum lebendig gehalten; ob Fastnachten, Osterfeuer, Jubiläen, Erntefeste – hier versteht man zu feiern. Zu besonderen Anlässen wird natürlich die farbenfrohe Flämingtracht angelegt.
Weit über die Gemeindegrenzen hinaus ist Niedergörsdorf für ausgezeichnetes Theater bekannt. Aus einem ehemaligen Offizierskasino entstand nach dem Abzug der Westgruppe der sowjetischen Streitkräfte ein Kulturzentrum mit dem gleichermaßen schlicht und interessant klingenden Namen DAS HAUS. Theaterinszenierungen, Konzerte, Ausstellungen und Bälle erfüllen nun die multifunktionalen Räume mit Leben. Sowohl der Theatersommer Altes Lager und die Niedergörsdorfer Weihnacht als auch verschiedene Aufführungen von Laiendarstellern prägen das künstlerische Gesicht der Gemeinde Niedergörsdorf.
Im Jahr 2002 erhielt die Region durch die »Flaeming-Skate« einen großen touristischen Aufschwung. Freizeitsportler aus Nah und Fern kommen nun in dieses einzigartige Eldorado. »Flaeming-Skate« steht für Sport, Freizeit und Erholung auf Rollen oder Rädern. Die Niedergörsdorfer Touristinformation ist idealer Anlaufpunkt für Touren im Fläming. Ausgerüstet mit allen Informationen und auf Wunsch auch mit Inlinern oder Fahrrädern kann es losgehen. Wer die Gegend nicht allein entdecken möchte, kann sich von kundigen Gästeführern begleiten lassen. Die historische Seite der Gemeinde ist besonders vom Militär geprägt. Im Verlauf des Befreiungskrieges gegen die napoleonische Fremdherrschaft wurde am 6. September 1813 auf den Feldern rund um Dennewitz eine der bedeutendsten Schlachten ausgetragen. Heute erinnern 11 Denkmäler sowie ein

Hochzeitsmühle Dennewitz

liebevoll eingerichtetes Dorfmuseum an die heldenhaften Kämpfe. Obwohl die Schlacht bei Dennewitz vor fast 200 Jahren geschlagen wurde, ist dieses Ereignis nicht in Vergessenheit geraten. Seit 1815 finden große Gedenkfeiern statt; seit der Wende ist es zur Tradition geworden, alle fünf Jahre die »Schlacht bei Dennewitz« nachzustellen. Diese großen Jahrfeiern ziehen dank der Teilnahme und Unterstützung des »Historischen Traditionskorps 1813 Finsterwalde, Kaisergarde N. I:, Grenadiere zu Fuß, I. Bataillon, I. Regiment e.V.« tausende Gäste aus Nah und Fern an.

In Altes Lager, dem größten Ortsteil der Gemeinde, sind aus früherer Zeit noch viele Gebäude erhalten, welche einst zum ehemaligen Militärflugplatz gehörten. Die Artillerie hatte seit 1871 im Alten Lager ein Truppenlager. 1914 wurde auf diesem Gebiet ein Zentralluftschiffhafen errichtet. Mit der Wiederaufrüstung Deutschlands begann ab Herbst 1933 ein großes Bauprogramm. Fliegerhorst, Fliegertechnische Schule und ein Luftzeugamt entstanden. Der gesamte Komplex wurde als Waldlager bezeichnet. 1945 übernahmen die sowjetischen Streitkräfte das Waldlager. 1992 zog die Sowjetarmee die Standorte leer. Danach begann in Niedergörsdorf ein aktiver Konversionsprozess, d.h. ehemals militärisch genutzte Gebäude wurden für zivile Zwecke umgenutzt. Es entstand der »Niedergörsdorfer Weg der Konversion«.

Unsere Gäste können jetzt neben der ehemaligen Start- und Landebahn Rennluft auf der Kartbahn schnuppern, einen innovativ umgebauten Shelter sehen, ein Freilichtmuseum zur Flugplatzgeschichte erkunden, Drachenflieger am Himmel beobachten, Technoveranstaltungen oder das große Bikertreffen besuchen. In den Flämingdörfern laden Gasthöfe, Pensionen und Ferienwohnungen zum Verwöhnen und Verweilen ein.

Nehmen Sie sich Zeit für einen Besuch im Fläming, um seinen außergewöhnlichen Reiz ganz persönlich zu entdecken.

Jüterboger Pferdestraße

Jüterbog – Eine tausendjährige Stadt lädt ein

Jüterbog wird »jute 1000«. Unter diesem Motto wird in der brandenburgischen Kleinstadt, gelegen an der oberen Nuthe am Übergang zwischen Hohem und Niederem Fläming, im Jahr 2007 ein Jubiläum gefeiert, das den Aufzeichnungen eines gewissen Thietmar von Merseburg zu verdanken ist. Er hatte als Chronist den Erzbischof Tagino von Magdeburg auf einem Feldzug gegen Boleslaw den Tapferen begleitet und in seiner Sachsenchronik berichtet: »… als wir alle an einen Ort, der Jutriboc genannt wurde, gekommen waren, schien es den Klügsten nicht ratsam, den Feinden mit einer so kleinen Schar auf dem Fuße zu folgen und wir kehrten um.« Das geschah anno 1007 – vor »juten 1000« Jahren.
Seither hat »Jutriboc«, heute Mitglied der Arbeitsgemeinschaft »Städte mit historischen Stadtkernen« des Landes Brandenburg, viel von sich reden gemacht. Nach der Verleihung der Stadtrechte im Jahr 1174 (im Land Brandenburg ist nur die gleichnamige Stadt etwa gleichen Datums) entwickelte sich Jüterbog zu einem wohlhabenden Fernhandelsstandort. Hier wurde auch der »Grundstein« für die Reformation in Deutschland gelegt: Martin Luther nahm den in Jüterbog florierenden Ablasshandel des Mönchs Johannes Tetzel zum Anlass für seine berühmten 95 Thesen, die einen Sturm in der gesamten christlichen Welt auslösten. Seit dem späten 19. Jahrhundert zählte Jüterbog zu den wichtigsten Garnisonstädten in Deutschland. Noch jetzt künden viele Bauten am Rande der Stadt von dieser Zeit. Von den Zerstörungen des Zweiten Weltkrieges blieb die Stadt weitestgehend verschont. Durch die Stationierung von Streitkräften der UdSSR wurde die Tradition der Militärstadt fortgesetzt und durch die politische Wende ab November 1989 beendet; 1994 verließ der letzte Soldat die Region.
Heute präsentiert sich Jüterbog als »Kulturhauptstadt des Flämings«. Der Ort ist dank seines hervorragend sanierten historischen Stadtkerns und seiner vielen Sehenswürdigkeiten ein äußerst attraktives Ausflugsziel.

Die Nikolaikirche – Wahrzeichen der Stadt Jüterbog

Wer nach Jüterbog kommt, kann hier zum Beispiel den »Tetzelkasten« in der Nikolaikirche mit ihren ungleichen Türmen, das 1507 eingeweihte Rathaus – das also auch einen »runden« Geburtstag feiert –, die historische Altstadt mit ihren zahlreichen Türmen, die gut erhaltenen drei Stadttore, das einzigartige Kulturquartier Mönchenkloster und vieles mehr bestaunen. Die 500 Jahre alte Franziskanerkirche mit ihrer wechselvollen Geschichte ist ein Paradebeispiel für die sinnvolle Nutzung historischer Gebäude. Vom Franziskanerkloster zum kulturellen Zentrum verwandelt, beherbergt das Areal heute das Standesamt, die Stadtbibliothek, die Stadtinformation, das Museum, das kulturhistorische Archiv und die Bühne.
Sehenswert sind auch das Zisterzienser-Kloster Zinna (ca. 3 km nördlich von Jüterbog) mit seinen weltberühmten Fresken und die Klosteranlage der Zisterziensernonnen (Liebfrauenkirche). In diesem mittelalterlichen Ambiente kann der Gast angenehme und unvergessliche Stunden erleben. Auch eine reichhaltige Palette von Konzerten, Märkten, Festen und Sportveranstaltungen komplettiert das Angebot und bietet immer wieder Anlass, Jüterbog zu besuchen.
Jüterbog liegt direkt an der Flaeming-Skate. Europas Skate-Region im Süden von Berlin zieht jährlich Tausende Gäste auf Rollen und Rädern aus ganz Europa an und bietet mit der 2004 entstandenen Skate-Arena als modernes Speedskating-Stadion eine besondere Attraktion für Sportler und Zuschauer.
Das Erreichen der »Kulturhauptstadt des Flämings« wird dem Besucher durch die ausgezeichneten Verkehrsverbindungen leicht gemacht. Jüterbog ist Kreuzungspunkt der Bundesstraßen B 101 (Berlin–Elsterwerda), B 102 (Brandenburg/Havel–Luckau) und B 115 (nach Baruth/Mark). Anbindung an die Autobahnen A 9, A 10 und A 13 ist in 32 km Entfernung, 46 km bzw. 50 km gegeben. Die Bahn bietet halb- bzw. stündliche Verbindung nach Berlin durch Regionalexpress und Regionalbahn.

Blick auf das Schloss Stülpe

Gemeinde Nuthe-Urstromtal

In vielerlei Hinsicht ist diese Gemeinde es wert, besucht zu werden: Einerseits gehört sie mit ihren 15 Jahren durchaus zu den kommunalen Neulingen, andererseits ist sie die erste und damit älteste nach 1990 im Land Brandenburg gegründete Großgemeinde; am 5.12.1993 entstand sie aus dem gleichnamigen Amt. In den 23 Ortsteilen leben ca. 7500 Menschen. Mit ihren 335 qkm gehört sie zu den flächengrößten Gemeinden des Bundeslandes. Sie liegt äußerst verkehrsgünstig zu Potsdam, Berlin, Leipzig, dem Spreewald und umschließt Luckenwalde fast vollständig – die Kreisstadt von Teltow-Fläming. Die Nuthe ist mit 66,3 km der längste Fluss im Landkreis. Und auch die höchste Erhebung, der 178 m hohe Golmberg, befindet sich im Gemeindegebiet.
Die Historie ist hier länger und bewegter als anderswo: Die Ursprünge führen ins Jahr 1158, in welchem Erzbischof Wichmann zu Magdeburg die Kolonisation der Gebiete östlich seines Sitzes vorantrieb. Etwa 130 Jahre danach wurde etliches an das Kloster Zinna veräußert.
In *Ahrensdorf* haben sich in der Hachschara-Stätte während der NS-Zeit hunderte jüdische Jugendliche versteckt gehalten (»Brücke zum Leben«, von 1936–41). Das Damwildgehege in *Berkenbrück* ist ein Magnet für Tierfreunde; im Naherholungszentrum *Dobbrikow* befindet sich ein höchst frequentierter Campingplatz am See – reiche Flora, vielseitige Fauna, ruhige Lage und 6 weitere Seen machen diese Idylle so begehrt. Wer *Dümde* besucht, dessen Weg sollte auf jeden Fall in die 1793 errichtete Fachwerkkirche führen. In *Felgentreu* hingegen steht das jüngste Gotteshaus der Gemeinde, das evangelische Gemeindehaus mit freistehendem Glockenturm, vornehmlich aus Holz. *Frankenförde* ist stark landwirtschaftlich geprägt; der Feldsteinbau der Kirche entstammt dem 14. Jahrhundert. In *Gottow* befindet sich eine große Kriegsgräberanlage; in *Gottsdorf* steht die intakte »Obermühle« am »Pfefferfließ« mit idyllischem Mühlenteich. *Hennickendorf* besitzt den größten Findling der Region und Holbeck einen fischreichen See. Auf den Spuren bäuerlichen Lebens wandelt man in der

Das »Spiekerhus« (Speicherhaus) – das älteste Gehöft der Gemeinde sowie der gesamten Nuthe-Nieplitz-Region

Museums-Scheune in *Jänickendorf*. Das älteste Gehöft, das »Spiekerhus«, befindet sich in *Kemnitz;* in *Liebätz* soll der kleine Findling ein uralter Opferstein gewesen sein; in *Lynow* erblickte 1879 der Erfinder der »Ur-Leica«, Oskar Barnack, das Licht der Welt, und das Straßendorf *Märtensmühle* nennt einen interessanten Waldlehrpfad sein eigen.
1904 wurde in *Ruhlsdorf* die rote Backsteinkirche gebaut; im Dorf befindet sich die Gemeindeverwaltung. Von *Nettgendorf* aus kann man in alle Richtungen wandern. In *Scharfenbrück* befindet sich der Grabstein von Hans Windhoff, des Konstrukteurs von Motorrädern mit wassergekühlten Zweitaktmotoren; auch *Schönefeld* kann mit einer Persönlichkeit aufwarten: Hier wurde am 7.3.1940 Rudi Dutschke geboren. *Schöneweide* ist ein sehenswerter Rundling; in *Stülpe* ließen dereinst die Magdeburger Erzbischöfe feste Häuser errichten; *Woltersdorf* ist wegen seiner vielfältigen kulturellen Angebote über die Region hinaus bekannt, und in *Zülichendorf* befindet sich ein kleines Glockenhäuschen – so hat jedes Dorf etwas Herausragendes zu bieten.
Die Gemeinde ist geprägt durch Fließe, Luche, Gräben und Moore in einer teilweise sanft hügeligen Landschaft. In ausgedehnten Naturschutzgebieten und Landschaftsschutzgebieten wachsen seltene und geschützte Pflanzen; es lebt ein opulenter Tierbestand, den Storch und Rotmilan erweitern. Radfahrer genießen eine ruhige und abwechslungsreiche Landschaft. Deutschlands längste Skaterstrecke, die Flaeming-Skate, führt durch etliche Dörfer der Gemeinde. Nordic Walking-Fans kommen auf dem 150 km langen FlämingWalk auf ihre Kosten. Viele Landgasthäuser, Pensionen und Ferienwohnungewn spenden Ruhe und Erholung.
Die wirtschaftliche Entwicklung der Region wird vor allem durch landwirtschaftliche Betriebe bestimmt, aber auch viele kleine Unternehmen des Dienstleistungshandwerks und der produzierenden Industrie haben sich angesiedelt.

Stadt Trebbin

Trebbin, eine kleine märkische Stadt, 30 km südlich von Berlin und 40 km südöstlich von Potsdam, wurde 1213 erstmals urkundlich erwähnt. Trebbin gehört heute zum Landkreis Teltow-Fläming (die Kreisstadt ist Luckenwalde). Am 28.12.1216 erschien »Trebbin« in einer Urkunde des Bischofs zu Brandenburg. 1315 erhielt die Stadt ihre selbständige Gerichtsbarkeit; um 1375 stand man unter der Verwaltung des Ritters Nickel von Reckenburg, und hier befand sich auch ein damals bedeutendes Zollamt. Im 15. Jahrhundert wurde am Nordrand der Stadt die St. Annen-Kapelle, das älteste, heute noch gut erhaltene Gebäude, errichtet. 1505 erhielt die Stadt das Marktrecht. Durch einen Stadtbrand (1565) wurde Trebbin bis auf die Kirche und wenige Häuser zerstört; am Ende des 30-jährigen Krieges lebten hier nur noch 25 Menschen. In der Zeit von 1755–64 wurde die Marienkirche vergrößert, der Turmbau erfolgte, wie auch der Umbau im Stile der Potsdamer Garnisonkirche, unter der persönlichen Aufsicht des »alten Fritz«. Der Vater des berühmten romantischen Malers Wilhelm Hensel war zu dieser Zeit in Trebbin Pfarrer. Für ein neues Rathaus wurde 1797 der Grundstein gelegt; es diente dann 140 Jahre als Zentrum der hiesigen Stadtverwaltung. Das heutige Rathaus wurde 1940 eingeweiht. Ende des 18. Jahrhunderts erfolgte die bauliche Ausdehnung der Stadt (von der heutigen Beelitzer Straße bis zur Nuthe, unter Einbeziehung des »Kietz«, Bau des Zwingers sowie vom Berliner Tor bis zum Denkmalplatz). Um 1850 zählte Trebbin ca. 1 800 Einwohner, und 1876 wurde das Empfangsgebäude des Bahnhofs erbaut. Um 1900 entwickelte sich der Gartenbau in Trebbin, die Stadt wuchs weiter. 1910 erfolgte die Einweihung der neuen Schule. Die katholische Kirche baute man 1912, und 1920 wurden die ersten Häuser der Siedlung »Freie Scholle« von Bruno Traut erbaut; einige Jahre später entstand die Luchsiedlung.

1952 wurde ein Internat errichtet, das später als Kinderheim genutzt wurde. 1974 erfolgte die Gründung des Gemeindeverbandes Trebbin. 1976 wurde Löwendorf Ortsteil von Trebbin. Bis zur Wende 1990 entwickelten sich Industrie und Gartenbau zu führenden Unternehmen; der Ruf als »Blumenstadt Trebbin« war mehr als verdient. 1992 bildete sich zunächst das Amt Trebbin aus den Gemeinden des ehemaligen Gemeindeverbandes sowie den Gemeinden Thyrow, Christinendorf, Groß- und Kleinbeuthen und Märkisch-Wilmersdorf. Zum 31.12.1997 wurde die Gemeinde Thyrow mit den Ortsteilen Christinendorf, Großbeuthen und Märkisch Wilmersdorf gebildet. Ortsteile der Stadt Trebbin wurden Glau, Kliestow und Wiesenhagen sowie Blankensee und Stangenhagen wie auch Klein Schulzendorf. Seit September 1998 gibt es wieder eine Stadtverwaltung mit einem hauptamtlichen Bürgermeister, die als geschäftsführende Verwaltung für die Stadt Trebbin mit Ortsteilen und den Gemeinden Thyrow, Lüdersdorf und Schönhagen tätig ist.

Mit der Kommunalwahl 2003 wurden die Gemeinden Lüdersdorf, Thyrow und Schönhagen als Ortsteile in die Stadt Trebbin eingegliedert. 2005 erhielt Löwendorf den Status eines gleichberechtigten Ortsteiles. Mit ihren inzwischen 13 Ortsteilen umfasst die Stadtgröße heute 12 566 ha. In dem eher ländlich geprägten Raum mit Schwerpunkt Gartenbau und Landwirtschaft wird die zunehmende Ansiedlung von Wohnungsbau- und gewerblichen Flächen sowie die Absicht der Landesregierung, in die Region den geplanten Standort des Großflughafens Berlin zu erweitern, zukünftig einen weiteren Siedlungsdruck auf die Stadt ausüben. Auch der weitere Ausbau des Verkehrslandeplatzes in Schönhagen wird bestimmend für die Entwicklung der Stadt sein. Die B 101 (Teltow–Luckenwalde–Jüterbog) wurde in südlicher Umfahrung Trebbins am 13. November 2006 für den Fahrzeugverkehr freigegeben. Die neue vierspurige B 101 erschließt die Stadt mit insgesamt 3 Abfahrten. Durch die Stadt führt derzeit nur noch die B 246 (Zossen–Beelitz); von überregionaler Bedeutung ist die Trasse der A 10 (Berlin–Frankfurt/Oder), die den Landkreis im Norden tangiert (Berliner Ring) und die Strecke der DB Berlin–Leipzig. Durch die verkehrsgünstige Lage von Trebbin sind Berlin und Potsdam problemlos erreichbar. Ländliche Idylle mit einem kräftigen Schuss städtischen Charakters, das ist Trebbin, wie es leibt und lebt. Der neugestaltete Marktplatz und Innenstadtbereich strahlen mediterranes Flair aus. Umgeben von landschaftlich reizvoller Natur, ist hier der Ausgangspunkt für ausgedehnte Wanderungen. Dabei wird mancherlei erzählt; vom »märkischen Eulenspiegel« Hans Clauert beispielsweise, der hier geboren wurde: Er war ein aufrechter, heiterer Mensch der Renaissance, verlor nie seinen klaren Kopf, stellte sich erfolgreich gegen manche Fürstenwillkür und erteilte mit seinen derbschlauen Einfällen manch hohem Herren (auch dem Kurfürsten persönlich) einen heftigen Dämpfer.

Trebbin pflegt seit 1990 eine Städtepartnerschaft mit Weil am Rhein und seit 1994 mit Bognor Regis in Großbritannien. Diese Stadt ist wiederum Partnerstadt von Weil am Rhein, so dass sich in der Vergangenheit manch inniger Kontakt unter Freunden ergab.

Rathaus der Stadt Trebbin, im Zuge einer europaweiten Ausschreibung nach Plänen eines Architektenbüros aus Verona (Italien) neu gestaltet

STADT TREBBIN

Gedenkturm Großbeeren zur Erinnerung an die erfolgreiche Schlacht gegen die napoleonischen Truppen 1813 mit kleiner Museumshalle und Aussichtsplattform

Großbeeren – Eine Gemeinde reich an Geschichte und lohnenden Ausflugszielen

Großbeeren, direkt vor den südlichen Toren Berlins gelegen, ist mit seinen über 7 000 Einwohnern eine moderne, aufstrebende Gemeinde mit einer soliden wirtschaftlichen Entwicklung und einer gut ausgeprägten Infrastruktur. Zum Gemeindegebiet von Großbeeren gehören neben Großbeeren selbst die Ortsteile Diedersdorf, Heinersdorf, Kleinbeeren und die bewohnten Gemeindeteile Neubeeren, Birkholz, Birkenhain sowie Friederikenhof (große vielgestaltige Tierpension in Bau). Seit 2001 ist Großbeeren selbständige amtsfreie Gemeinde.

Großbeeren, 1271 erstmals urkundlich erwähnt, gehört mit zu den ältesten Orten im Teltow. Über viele Jahrhunderte war die Entwicklung von Großbeeren eng verknüpft mit der herrschaftlichen Adelsfamilie derer von Beeren. Deren 1812 verstorbenem letzten hier herrschenden Spross Hans Heinrich Arnold von Beeren, auch bekannt als »Geist von Beeren«, setzte Theodor Fontane in seinen bekannten »Wanderungen durch die Mark Brandenburg« ein bleibendes literarisches Denkmal.

Die in schöner Landschaft zwischen naturnahen Wiesen und Wäldern gelegene Gemeinde Großbeeren ist weit über ihre Grenzen hinaus bekannt durch ihr alljährlich Ende August stattfindendes Siegesfest mit historischem Biwak und kleiner Gefechtsnachgestaltung in Erinnerung an die siegreiche Schlacht gegen die napoleonischen Truppen am 23. August 1813. In Folge dieses Sieges konnte damals die erneute Besetzung Berlins durch Napoleon verhindert werden. Noch heute erinnern mehrere Denkmale an jene bedeutenden geschichtlichen Ereignisse. Der Obelisk, die Schinkelkirche als besonders wertvolles Kleinod der Gemeinde (Geschenk des preußischen Königs bzw. Staates aus Dankbarkeit für die siegreiche Schlacht), die Bülow-Pyramide und der 32 m hohe Gedenkturm mit seinem kleinen Museum zur Schlacht 1813 und der Aussichtsplattform, von welcher aus man bei schönem Wetter über 30 km weit ins Land blicken kann, laden zu einem Besuch ein.

Moderne Dreifeld-Sport- und Mehrzweckhalle (eingeweiht 2003) neben dem neuen Anbau des schön sanierten Schulgeländes aus dem Jahr 1910

Eine gut ausgebaute Infrastruktur mit mehreren Kinderbetreuungseinrichtungen, Grund- und Oberschule, Öffentlicher Bibliothek, Tourismusbüro, Behindertenwohnstätte, Seniorenpflegeheim, Rentnertreff, Jugendclubs, Spiel- und Bolzplätzen und den vielfältigen Sport- und Freizeiteinrichtungen machen Großbeeren und seine Ortsteile zu einem beliebten und attraktiven Wohnort. Kinder- und Familienfreundlichkeit wird bei uns groß geschrieben. So wurde Großbeeren erst kürzlich beim Landeswettbewerb 2005 mit dem Titel »Familienfreundliche Gemeinde« ausgezeichnet.

Für eine aktive sportliche Betätigung und Wettkämpfe steht unseren Sportvereinen und Gästen neben schönen Sportplätzen vor allem auch eine neue großzügige Dreifeld-Sport- und Mehrzweckhalle mit ihren überaus vielfältigen Nutzungsmöglichkeiten zur Verfügung. Besondere Anziehungspunkte für viele Sportler und gern besuchte touristische Ausflugsziele sind ferner die Wasserskianlage mit Flutlicht, separatem kleinen Badesee und großer Liegewiese, ebenso die durch internationale Turniere weit bekannten Reitsportanlagen Neubeeren sowie die Golf-Range-Anlage (9-Loch-Golfplatz) Neubeeren. Der Ortsteil Diedersdorf ist besonders bekannt durch seine Heimatstube & Museumsscheune und »Schloß Diedersdorf« mit dem größten Biergarten des Landes Brandenburg, der Ortsteil Heinersdorf durch seinen Markt und der Ortsteil Kleinbeeren durch seinen idyllischen dörflichen Charme, den er sich bis heute bewahren konnte.

Zwischen dem südlichen Berliner Autobahnring (A 10) und der Stadtgrenze Berlins gelegen, fällt Großbeeren dem Durchreisenden auch auf durch die großzügig gestalteten neuen Durchfahrtsstraßen, die liebevoll sanierten typisch märkischen Häuser, viele bauliche Aktivitäten sowie das weitläufige Güterverkehrszentrum (GVZ), durch das die neue B 101 führt. Für die positive wirtschaftliche Entwicklung der Gemeinde Großbeeren steht heute vor allem das GVZ, das derzeit das am schnellsten wachsende Güterverkehrszentrum in Deutschland ist.

Burgreste im Zossener Stadtpark

Stadt Zossen

Lebendig, offen und mittendrin – so jung und dynamisch präsentiert sich die Großgemeinde Stadt Zossen. Die idyllische Kleinstadt, als geografischer Mittelpunkt des 17 250 Einwohner zählenden Stadtgebietes, liegt verkehrsgünstig als Knotenpunkt der Bundesstraßen B 246 und B 96. Zur Autobahn A 10, dem südlichen Berliner Ring, beträgt die Entfernung 11 km. Im 30-Minuten-Takt erreicht man mit den Regionalbahnen RE 3 und RE 7 der Bahnlinie Berlin–Dresden den Alexanderplatz in 45 Minuten bzw. den Flughafen Berlin-Schönefeld in 20 Minuten. Darüber hinaus gibt es gute Busverbindungen in die Region und die Landeshauptstadt Potsdam. In ländlicher Ruhe und Gelassenheit bietet Zossen gepflegte märkische Dörfer mit spannenden und geschichtsträchtigen Sehenswürdigkeiten sowie eine bunte Vielzahl von Freizeitangeboten. Der Große Wünsdorfer See und der Zescher See bieten beste Gelegenheit zum Angeln, Rudern, Surfen und Baden. Großen Badespaß verspricht das Strandbad Kallinchen. Im Juni 2004 wurde dem Strandbad erstmals die international anerkannte Auszeichnung »Blaue Flagge« für besonders saubere und umweltbewusste Strandbäder verliehen.
Erleben Sie auf vier Rädern geführte Quadra Touren auf legalen Wegen, abseits großer Straßen, im Einklang mit der Natur. Oder mit der Erlebnisbahn auf Deutschlands längster Draisinenstrecke ordentlich schwitzen. In den Bunkeranlagen von Wünsdorf kann man deutsche und russische Militärhistorie erfahren, in den Antiquariaten der Bücherstadt in über 350 000 Büchern stöbern und die wiedereröffnete Kriegsgräberstätte Zehrensdorf begehen. In Zossen selbst ist die beeindruckende evangelische Dreifaltigkeitskirche Ausgangspunkt für Stadtführungen. Der große Stadtpark, mit Resten einer mittelalterlichen Burganlage, ist Veranstaltungsort für über die Stadtgrenzen hinaus bekannte Feste. Am Nottekanal warten Hydrobikes und Kajaks darauf, mit Ihnen auf Entdeckungsreise zu gehen. Natur genießen, Geschichte erleben und regionale Köstlichkeiten probieren – all dies bietet Ihnen die Erlebnisregion der Stadt Zossen. Ein Besuch lohnt sich in jedem Fall.

Innenraum der Pfarrkirche Sankt Nikolai (15. Jahrhundert) in Jüterbog, eine spätgotische Backstein-Hallenkirche

Landkreis Elbe-Elster

Der Landkreis Elbe-Elster umfasst die Gemeinde Röderland, die Ämter Elsterland, Kleine Elster/NL, Plessa, Schlieben, Schradenland sowie die Städte Doberlug-Kirchhain, Kurstadt Bad Liebenwerda, Elsterwerda, Falkenberg/Elster, Finsterwalde, Herzberg/Elster, Mühlberg/Elbe, Schönewalde, Sonnewalde und Uebigau-Wahrenbrück. Hier leben etwa 120 000 Menschen. Territorial grenzend an Sachsen und Sachsen-Anhalt, ist der Landkreis einer von 14 des Landes Brandenburg. Gegründet auf der Grundlage des Gesetzes zur Kreisneugliederung, vereinigte sich der Landkreis Elbe-Elster am 5.12.1993 aus den früheren Landkreisen Herzberg/Elster, Bad Liebenwerda und Finsterwalde; zum Verwaltungssitz wurde Herzberg/Elster bestimmt.
Der Landkreis präsentiert sich seinen Besuchern in einem typisch märkischen Landschaftsbild. Kern der 1 890 qkm großen Fläche ist der südlichste Naturpark Brandenburgs, die »Niederlausitzer Heidelandschaft«. Er ist Heimstätte für seltene Pflanzen und Tiere wie Biber, Fischotter, Eisvogel, Seeadler, zahlreiche Orchideenarten. Seltene Schätze birgt auch der Boden; so wird hier ein äußerst mineralstoffhaltiges Moor gewonnen, das u.a. in der »Fontana-Klinik« (Klinik für Orthopädie und Rheumatologie) verwendet wird. Daneben gibt es nicht minder wertvolle Tonvorkommen, die hier ansässige Töpfer zu kunstvoller Keramik verarbeiten.
Seinen Namen hat der Landkreis den Flüssen Elbe, der Kleinen und der Schwarzen Elster zu verdanken. Während aber die Elbe das Territorium im Südwesten bei Mühlberg lediglich »streichelt«, schlängelt sich die Schwarze Elster mitten hindurch. Die größten Städte des Landkreises sind Finsterwalde, Herzberg/Elster, Bad Liebenwerda und Elsterwerda. Verkehrstechnisch gilt es, die Hauptverkehrsadern B 87, 89 und 169 mit ihren Autobahnanschlüssen zur A 13 in Duben, Großräschen und Ruhland sowie die B 101, 183 und 187 hervorzuheben. Die Bahnstrecken Leipzig–Cottbus und Berlin–Dresden durchqueren den Landkreis, Eisenbahnknotenpunkte sind Falkenberg und Doberlug-Kirchhain.
Neben einer Vielzahl kleinerer, mittelständischer und größerer Industriebetriebe bestimmt die Landwirtschaft das produktive Geschehen. Ein weiteres Hauptaugenmerk richtet der Kreis auf Ausbau und Förderung des Tourismus. Dafür eignen sich u.a. die vielen verschlungenen Altarme und Auwaldreste an der Kleinen und Schwarzen Elster; ferner die Pulsnitz, Große und Kleine Röder sowie ausgedehnte Niederungen mit Bruchwäldern, Wiesen und Mooren. Mit einem touristischen Radwanderwegenetz von 330 km ist man schon weit vorangekommen. Auch kulturell ist hier etliches los: Das Internationale Puppentheaterfestival hat sich in wenigen Jahren eine erstaunlich große Fangemeinde geschaffen. Die Region gilt als Wiege des mitteldeutschen Wandermarionetten-Theaters (seit über 250 Jahren). Daher ziehen im September jeden Jahres die Puppenspieler durchs Elbe-Elster-Land. Im Kreismuseum Bad Liebenwerda kann man überdies ganzjährig eine Dauerausstellung zum Thema »Puppentheater« besuchen. »Bühne frei für professionelle junge Künstler« heißt es unterdessen beim zweijährlich stattfindenden internationalen Wettbewerb im Jazz- und Pop-Gesang um den »Finsterwalder Sänger«.
Jeder Gast hat genügend Gelegenheit, sich von der Einzigartigkeit der Region zu überzeugen. Zum einen von der Historie: Eine Vielzahl mittelalterlicher Klosterkirchen, beispielsweise in Doberlug-Kirchhain und Mühlberg sowie die St. Marienkirche Herzberg mit den europaweit einmalig originalerhaltenen Deckenmalereien ab 1410, der »Schweinert«, das größte bronzezeitliche Hügelgräberfeld im deutschsprachigen Raum mit über 600 Grabstellen in der Nähe von Falkenberg, Burgwälle bei Schlieben als Zeugen frühmittelalterlicher Landwehre sowie Herzberg als eines der Zentren der Reformation in Deutschland bieten reichhaltige historische Informationsquellen. Zum anderen lassen ihr ländlicher Charme, die Gastfreundlichkeit der hier ansässigen Menschen und nicht zuletzt die Schönheit ihrer Natur diesen Teil Brandenburgs in unvergesslicher Erinnerung bleiben. Auch Wassertouristen sollen ihr Interesse steigern dürfen, geht es doch um den direkten Weg zur Lausitzer Seenplatte.
Die Region war eng mit der Braunkohle verbunden. Nachvollziehbar wird das an drei Stätten, die den Weg des »Schwarzen Goldes« nachzeichnen: Beginnend im Tagebau Lichterfeld mit der dort aufgebauten Abraumförderbrücke F 60 führt der Besucherweg weiter zur Brikettfabrik »Louise« in Domsdorf und schließlich zum Kraftwerk Plessa, wo die Kohle in Energie umgewandelt wurde. Weitere Schwerpunkte, die das wirtschaftliche Rückgrat des Landkreises heute bilden, sind die Komplexe Metall/Elektro und Nahrungsgüterproduktion. Renom-

Abendstimmung an der Schwarzen Elster. Der Fluss durchfließt den Landkreis von Südosten bis Nordwesten auf einer Länge von 87 Kilometern.

mierte Unternehmen wie Uebigau-Elektro- und Schaltanlagenbau UESA GmbH, Formteil- und Schraubenwerke Finsterwalde, Kjellberg Elektroden und Maschinen GmbH Finsterwalde, Gourmet-Fleischerei und Feinkost GmbH Herzberg, Südzucker GmbH Brottewitz, Bauer-Fruchtsaft GmbH und Mineralquellen in Bad Liebenwerda, Sachsenring Fahrzeugtechnik Tröbitz, Campina & Co. KG Elsterwerda stehen hier stellvertretend für Kontinuität und Zuverlässigkeit.
Mit der Regionalen Wirtschaftsförderungsgesellschaft Elbe-Elster mbh arbeitet im Landkreis ein modernes, multifunktionales Unternehmen, in dem verschiedene Bereiche aktiver Wirtschaftsförderung integriert sind. Hierzu gehört unbedingt die Aufgabe der Pflege und Entwicklung des Unternehmensbestandes sowie der umfassenden Unterstützung lokaler Unternehmen, wie Handwerks- und Dienstleistungsbetriebe. Darüber hinaus begleitet sie Investitionen, vom Grunderwerb über die Baugenehmigungsphase und Fördermittelbereitstellung bis hin zur erfolgreichen Ansiedlung. Diese ist auf exzellent erschlossenen Industrie- und Gewerbestandorten möglich, die bei kompletter infrastruktureller Grundausstattung zu moderaten Preisen für jeden Investor beste Standortbedingungen bieten.
Seit dem Zusammenschluss der ehemaligen drei Kreise am 5.12.1993 ist im neuen Landkreis eine Menge passiert, deren einige Höhepunkte hier skizzenhaft wiedergegeben werden sollen. Dem Vorbild der drei Kreise folgten im Laufe der folgenden Jahre Städte und Gemeinden, Vereine und Verbände, Kirchen, Wirtschaftsunternehmen sowie Bildungseinrichtungen und bündelten ihre Einzelkräfte. Im Januar 1994 wurde Walter Kroker (CDU) für acht Jahre zum Landrat gewählt; ihm folgte 2002 Klaus Richter von der SPD. Anfang 1995 vereinigten sich die bisherigen drei Kreissparkassen zur Sparkasse Elbe-Elster mit Sitz in Finsterwalde. Der Neubau des Krankenhauses Herzberg mit einem Wertumfang von 96 Mio. DM wurde 1997 eingeweiht, das neue Bettenhaus im Kreiskrankenhaus (KKH) Elsterwerda wird für 12,8 Mio. DM übergeben und eine neue Förderschule für geistig Behinderte in Finsterwalde für 16,2 Mio. DM fertiggestellt.
1997 erwarb das Liebenwerdaer Kreismuseum von der Puppenspielergeneration Gierhold aus Dobra die größte und bedeutendste Sammlung eines Wandermarionettentheaters Deutschlands. Nach dreijähriger Bauzeit wurde das Feierabend- und Pflegeheim in Doberlug-Kirchhain mit einem Wertumfang von 10 Mio. DM fertiggestellt. Das Gebäude der Psychiatrie für das Krankenhaus Finsterwalde ist fertiggestellt (7,2 Mio Euro). Drei Mio. DM kostet die Rekonstruktion des Melanchthon-Gymnasiums Herzberg, und der erste Bauabschnitt des Naturparks »Niederlausitzer Landrücken« ist im Wert von 1,3 Mio. DM fertiggestellt.
1998 wird das Bettenhaus mit Hauptküche im Krankenhaus Finsterwalde fertig (13,3 Mio. DM); die Elbe-Elster-Halle in Elsterwerda wird künftig die Schulbedingungen im Elsterschloss-Gymnasium verbessern (3,1 Mio DM). 1999 werden im Übergangsheim Pahlsdorf hunderte Flüchtlinge aus dem Kosovo aufgenommen und die Rekonstruktion des Oberstufenzentrums Herzberg abgeschlossen (8,7 Mio. DM). Der OP-Trakt im KKH Elsterwerda wird im Wertumfang von 5,1 Mio. DM übergeben und der Partnerschaftsvertrag mit dem polnischen Naklo nad Notecia unterzeichnet. Im April 2002 folgen mit dem 10-jährigen Bestehen die Wirtschaftsförderungsgesellschaft und die Elster-Nahverkehrsgesellschaft. Eine Addition aller bisherigen Investitionen des Landkreises in den Bereichen Bildung, Gesundheit, Kultur, Sport, Verwaltung und Infrastruktur ergaben für das vergangene Dezennium insgesamt 208,7 Mio. Euro – eine erstaunliche Summe für die Bewältigung der Vergangenheit und Gestaltung der Zukunft!
Eine besondere Verpflichtung empfinden musizierende Jugendliche der Musikschule »Gebr. Graun«: 1957 als Volksmusikschule des Kreises Bad Liebenwerda gegründet, fusionierte diese Einrichtung 1996 mit den Musikschulen in Finsterwalde sowie Herzberg und führt seither den Namen der Brüder Johann Gottlieb (1702–1771) und Carl Heinrich Graun (1703–1756). Die Kreismusikschule feiert 2007 ihr 50-jähriges Bestehen. Während Ersterer vor allem als Schöpfer von Kammer- und Orchestermusiken bekannt wurde, avancierte Carl Heinrich sogar zum ersten preußischen Hofkapellmeister. Für das von Georg Wenzelslaus von Knobelsdorff errichtete preußische Opernhaus (heutige Staatsoper Unter den Linden) war er anderthalb Jahrzehnte als Opernchef (er schrieb 41 Opern) tätig. Friedrich II. hat ihn sehr geschätzt: Zu seinen Lebzeiten durften nur Opern von C. H. Graun erklingen. Beide Brüder wurden als Söhne eines Akziseeinnehmers in Wahrenbrück geboren. Zu den in diesem Kapitel abgehandelten Gemeinden, Ämtern und Städten gehören auch die nachfolgend erwähnten.
Das *Amt Elsterland* wurde 1992 geschaffen und besteht aus den Gemeinden Schilda, Tröbitz, Heideland (mit Drößig, Eichholz, Fischwasser), Rückersdorf (mit Friedersdorf, Oppelhain) und Schönborn (mit Gruhno, Lindena, Schadewitz). Amtssitz ist Schönborn, hier leben etwa 6 000 Menschen. Der Name ist abgeleitet von der

Die Dorfkirche im Ortsteil Trebbus (Stadt Doberlug-Kirchhain)

Die Brikettfabrik »Louise« in Domsdorf. Sie ging 1882 in Betrieb und ist die älteste noch erhaltene Brikettfabrik Europas.

»Kleinen Elster«, die, von Doberlug kommend, sich durch das Amt hindurchschlängelt. Besonders sehenswert sind der jüdische Friedhof in Tröbitz sowie in Oppelhain die Paltrockwindmühle.

Im *Amt Kleine Elster (Niederlausitz)* mit Sitz in Massen leben fast 7 000 Menschen in den Gemeinden Crinitz (mit Gahro), Lichterfeld-Schacksdorf (mit Lichterfeld, Schacksdorf, Lieskau), Massen (mit Babben, Betten, Gröbitz, Lindthal, Pomsdorf) und Sallgast (mit Dollenchen, Göllnitz). Das Amt entstand 1993. Das Gebiet am Südrand des Lausitzer Grenzwallrückens beherbergt große Feld- und Waldgebiete, Biotope sowie ein Landesnaturschutzgebiet.

Besonders sehenswert sind neben dem Massener Industriepark das Sallgaster Schloss, Wildgehege Göllnitz, Babbener Ursulagrund, Crinitzer Freibad, Besucherbergwerk »F 60« in Lichterfeld; quasi »zu Hause« ist vor allem in Crinitz die traditionelle Töpferkultur.

Im Süden des heutigen Brandenburgs entstand 1992 das *Amt Plessa* mit den Gemeinden Gorden-Staupitz, Hohenleipisch (mit Dreska), Plessa (mit Döllingen, Kahla) und Schraden; insgesamt leben hier etwa 7 800 Einwohner. Über ein Jahrhundert lang war Plessa Industriestandort für Kohlegewinnung und -bearbeitung; 1923/24 wurde die erste Abraumförderbrücke der Welt errichtet. Besonders erwähnenswert außerdem: der »Pomologische Garten« (ein Schau- und Lehrgarten) in Döllingen, Dorfanger und Spätbarockkirche in Kahla, in Dreska die reichen Ton- und Lehmvorkommen sowie die zahlreichen Töpfereien. Das in Döllingen abgebaute Eisenmoor wird aufgrund seiner guten thermischen und therapeutischen Eigenschaften für zahlreiche Anwendungen in der Kurstadt Bad Liebenwerda verwendet.

Die *Stadt Herzberg/Elster* an der Schwarzen Elster befindet sich an der westlichen Grenze des Landkreises, hat etwa 10 950 Einwohner und besteht aus 13 Ortsteilen: Arnsnesta, Borken, Buckau, Fermerswalde, Friedersdorf,

Die Paltrockmühle Schönewalde. Sie wurde 1939 zur Paltrockwindmühle umgebaut und in den vergangenen Jahren umfassend restauriert; mit vollständiger Technik zur Getreideverarbeitung.

Gräfendorf, Löhsten, Mahdel, Osteroda, Rahnisdorf und Züllsdorf. Von 1939–45 war hier der Standort des Deutschlandsenders III: Ein 325 m hoher, gegen die Erde abgespannter, selbststrahlender Sendemast; die gesamte Höhe mit dem »Abstimmhaus« maß 337 m – das war damals das zweithöchste Bauwerk der Welt. Im Jahr 1506 wurde zeitweilig die Wittenberger Uni nach hier verlegt; der »Wunderstein« im Stadtpark erinnert daran. 1538 wurde durch Luther und Melanchthon die »Herzberger Lateinschule« gegründet. Melanchthon schrieb in Herzberg die erste Schulordnung in deutscher Sprache, die später in ganz Deutschland angewandt wurde. In einer ausgesprochenen Tieflandlandschaft mit nur kleinen Erhebungen liegt die *Stadt Schönewalde* mit ihren ca. 3 500 Einwohnern, die aus 14 Ortsteilen kommen: Ahlsdorf/Hohenkunsdorf, Brandis/Horst, Stolzenhain/Hartmannsdorf, Bernsdorf, Dubro, Grassau, Jeßnigk, Knippelsdorf/Siedlung Knippelsdorf, Wiepersdorf und Wildenau. In der ländlich geprägten Region mit großen Kiefernwaldflächen liegen die Ortsteile inmitten von Feldern, Wäldern und Fließen. An der Grenze zu Sachsen liegt die *Stadt Mühlberg* mit den Ortsteilen Altenau, Brottewitz, Fichtenberg, Koßdorf und Martinskirchen; hier leben gegenwärtig 4 750 Einwohner. Hier hindurch führt auch der Elbe-Rad-Weg (Schmilka–Hamburg). Mühlberg verfügt über eine Menge sehenswertes und ist eine der 28 brandenburgischen Städte mit historischen Stadtkernen. 1320 wurde der Ort erstmals erwähnt.

Das Territorium des jetzigen Landkreises war jahrhundertelang durch die sächsische Geschichte geprägt, ehe die Vorgängerterritorien 1815 in preußischen Machtbereich gerieten. Mit dem Ziel schnellerer Eingliederung wurden sie zwei verschiedenen Provinzen, Brandenburg und Sachsen, zugeteilt. Sie wurden von 1952 an im Bezirk Cottbus zwangsvereinigt. Eine gemeinsame demokratische Entwicklung können sie erst im neuen Landkreis seit 1993 nehmen: So ziehen im Kreiswappen der meißnische Löwe und der niederlausitzsche Stier wachsam und nach allen Richtungen in eine gemeinsame Zukunft.

Herzberg (Elster) – Stadt mit Herz unter dem Motto: Alte Stadt – neues Leben; Rathausgiebel mit Germania Denkmal und Stadtkirche St. Marien

Kreisstadt Herzberg (Elster) – gegründet 1184

Herzbergs Ursprünge führen uns mit Funden bis in germanisch slawische und römisch kaiserliche Zeiten zurück. Seit seiner Gründung im Jahr 1184 entwickelte sich das einstige Kirchenzentrum an der Schwarzen Elster dank der günstigen verkehrstechnischen Lage zu einem politischen Knotenpunkt von Handel, Handwerk, Schulwesen und Verwaltung. Den Status als Kreisstadt erfüllt die Elstermetropole unter mehrfach wechselnden Gebietsreformen seit über 190 Jahren.

Der Status als Gründungsmitglied der AG »Historische Stadtkerne« ebnete Herzberg den Weg zu einer großzügigen Innenstadtsanierung, Auf keinen Fall sollte man beim Stadtbummel eine Besichtigung der spätgotischen Hallenbacksteinkirche St.Marien versäumen. Die im Original erhaltene einzigartige mittelalterliche Deckenmalerei gilt unter Kunstkennern als Geheimtipp. Für die Bürger des politischen Zentrums im Elbe-Elster-Land stehen ein neues Krankenhaus, das Medienzentrum und eine große Stadtbibliothek zur Verfügung, die neben den modernen Schulen ein gut profiliertes Bildungsangebot garantiert. Zur aktiven Freizeitgestaltung laden außerdem neue Mehrzweckhallen, Sportstadion, Freibad, Kegelhalle, Tennisplätze, Parkanlagen und das Tiergehege ein. Den Blick in die Sterne projiziert das Zeiss-Planetarium, und der hundertjährige Jugendstilgarten entführt Naturliebhaber in sein grünes Reich.

Orts- und länderübergreifend arbeitet Herzberg aktiv im Städtebund »Elbe–Elsteraue« an der weiteren Entwicklung der wirtschaftlichen und touristischen Infrastruktur mit. Gut ausgeschilderte Radwege wie der Elster- bzw. Elberadweg verbinden die zahlreichen Sehenswürdigkeiten im geschichtsträchtigen Dreiländerdreieck der Reformation, den Wirkungsstätten von Martin Luther, Philipp Melanchthon, Lucas Cranach und Friedrich dem Weisen. Die Freundlichkeit der Menschen, die es verstehen, Feste zu feiern und dabei historische Traditionen leben, wird jedem Besucher noch lange in Erinnerung bleiben.

Erholungsgebiet »Kiebitz« – ein Badeparadies mit Bootsverleih

Falkenberg/Elster – Die grüne Stadt in der Elbe-Elster-Region

Durchreisende oder Besucher kommen in Falkenberg/Elster nicht umhin, auf mindestens eines von drei markanten Synonymen der Stadt zu stoßen: Wasser, Strom oder Eisenbahn-Gleise. Allesamt charakterisieren sie Abschnitte, die vor allem in der jüngeren Geschichte des Ortes markante Spuren hinterließen.
Als deutschlandweit einzige Stadt mit Stahlgittermast, Flügelrad-Symbolen und Ähren im Wappen bekundet Falkenberg/Elster weithin sichtbar, dass Industrie, Landwirtschaft und eine breit gefächerte Infrastruktur im Ort einen festen Platz gefunden haben. Den Gittermast verdankt Falkenberg der Tatsache, seit 100 Jahren ein wichtiger Teil deutscher Energiewirtschaft zu sein.
Die Erholung kennt in Falkenberg/Elster nur einen Namen: »Kiebitz«. Aus einem ehemaligen Kiesabbaugebiet ist mittlerweile eine Perle der Natur geworden. Heute erwartet im Erholungsgebiet »Kiebitz« ein 110 ha großes und reizvoll angelegtes Terrain Badegäste, Camper und Naturliebhaber zugleich. Die erste urkundliche Erwähnung von Falkenberg/Elster entstammt dem Jahre 1251. Zu den prägenden Geschichtsdaten gehört die 1547 im Zuge der Schlacht bei Mühlberg durchgeführte Gefangennahme des Kurfürsten Johann Friedrich durch die Truppen von Kaiser Karl V. im Schweinert, einem Sumpfgebiet nahe Falkenbergs.
Als Eisenbahnknotenpunkt, der die Stadt seit 1872 ist, trifft sich hier ein weit verzweigtes Streckennetz. Gleichwohl die Bahn heute an wirtschaftlichem Einfluss verliert, ist es Ziel, mit der Städtebauförderung den Bahnhofsbereich in den Stand eines Tourismuszentrums zu heben. Seit 1962 besitzt Falkenberg/Elster das Stadtrecht. Die 40 Jahre andauernde Anwesenheit der russischen Truppen hinterließ ein Erbe, aus dem sich besonders der Flugplatz Lönnewitz hervorhebt. Das 500 ha große Areal wird heute wieder zivil genutzt und ermöglicht mit einer Pistenlänge von 1,5 km Starts und Landungen für Kleinmaschinen bis 12 t. Für die kulturelle Bereicherung bietet die Stadt das Haus des Gastes als Veranstaltungszentrum und Heimstätte der Falkenberger Vereine an.

Präsentation der Schliebener Weine auf dem Weinberg, wo Besucher aus Nah und Fern herzlich willkommen sind.

Amt Schlieben

Das im Nordosten des Elbe-Elster-Kreises gelegene »Schliebener Land« ist mit etwa 200 qkm das flächenmäßig größte in dieser Region: Es befindet sich in Nachbarschaft zu den Landkreisen Dahme-Spreewald und Teltow-Fläming, in etwa 100 km Entfernung zu Berlin, Dresden, Leipzig, Cottbus und gar nur 40 km zum Spreewald. 6100 Menschen leben auf diesem Territorium – 29 pro qkm. Die *Stadt Schlieben* und die 4 Gemeinden *Hohenbucko, Fichtwald, Kremitzaue* und *Lebusa* mit ihren Ortsteilen gehören zu dieser Verwaltungseinheit.

Landschaftsbestimmend sind das durch die Schmelzwässer der Eiszeit geformte Schliebener Becken und flache Hügelketten, die diese Ebene umgeben. Das Becken ist Teil der Niederlausitzer Becken- und Heidelandschaft; zur Elsteraue hin ist es geöffnet und liegt etwa 75 m über NN. Die zu den Niederlausitzer Randhügeln zählenden Erhebungen erreichen sogar eine Höhe bis zu 147 m. Auf der vor allem aus Kies- und Geschiebesand bestehenden Oberfläche bildeten sich ausgedehnte Waldgebiete heraus. Gegenwärtig dominieren Kiefernwälder mit opulenten Pilz- und Beerenvorkommen sowie reichlich Wildbestand. Im »Schliebener Land« ist es auf Schritt und Tritt ländlich-idyllisch.

Über 130 km gut beschilderte Wanderwege führen einen in Natur, Freiheit, Harmonie und Wohlbefinden – es ist einfach schön hier. Logisch auch, dass ein reges Vereinsleben existiert: Neben dem Schliebener »Moienmarkt«, der traditionellen Weinlese, dem Pfingstsingen oder dem christlichen Martinsfest finden in den einzelnen Gemeinden viele abwechslungsreiche Veranstaltungen statt; u.a. erfreut man sich auf Dorffesten, und anderen Veranstaltungen wie »Teichfahren«, Anzünden von Osterfeuern, dem »Zempern« oder dem Neptunfest in Körba.

»Moien« in der historischen Kellerstraße

2006 beging die Stadt Schlieben ihr 1050-jähriges Bestehen. Der Name stammt übrigens vom slawischen »sliwa« (= Pflaume) ab. Als das artenreichste Refugium zählt das ca. 44 ha große Hochmoorgebiet »Oelsiger Luch«; hier findet man seltene Pflanzen, wie Wollgras oder Sumpfcalla.
Etwa 3000 Jahre alt ist die Ringanlage zwischen Schlieben und Malitschkendorf: Dieser ursprünglich etwa 10 m hohe und 3,3 m breite Burgwall ist 545 m lang und diente als Kult- und Fluchtstätte inmitten eines ehemaligen riesigen Sumpfgebietes. Zisterzienser brachten im 13. Jahrhundert aus Dobrilugk (Doberlug) den Weinanbau nach Schlieben; der Höhepunkt lag im 17. und 18. Jahrhundert. Später kamen Reblaus und andere Schädlinge, aber seit 1992 baut man emsig wieder Wein an und hat bereits diesbezüglich Meriten eingeheimst – »Müller-Thurgau« und »Bacchus« gedeihen prächtig. Relikt des Weinbaus aus vergangenen Zeiten ist die Martinstraße mit ihren 34 noch erhaltenen historischen Weinkellern. Man kann in ihnen aber auch quasi »vor Ort« tüchtig feiern und den Trunk direkt genießen. Auch der »Lange Berg« dient als traditioneller Feier- und Festtagsort.
Auf dem »Moienmarkt« trifft man sich seit über vier Jahrhunderten (1593): Hier wurden vor Johanni u.a. die »Moien« (Mägde) für die bevorstehende Ernte und das kommende Jahr angeworben. In Schlieben wurde der bekannte Schauspieler, Intendant und Übersetzer Ernst Legal (1881–1955) geboren. Sehenswürdigkeiten sind u.a. die Stadtkirche St. Martin, der Buchengrund »Hölle« Freileben, Lebusa und seine Barockkirche mit der Silbermann-Orgel sowie die Bockwindmühle, das Naherholungsgebiet »Körbaer Teich«, die Dahmequelle, Schloss Stechau, der »Fichtwald« (das größte zusammenhängende Niedermoorgebiet im südlichen Brandenburg) und die sprichwörtliche Schliebener Tracht.

Das Renaissanceschloss Doberlug aus dem 17. Jahrhundert zeigt eine Ausstellung zur Bauwerks- und Stadtgeschichte.

Stadt Doberlug-Kirchhain

Die im Jahre 1950 aus dem Zusammenschluss zweier eigenständiger Ortschaften hervorgegangene Doppelstadt liegt im Süden des Bundeslandes Brandenburg am Fluss Kleine Elster, idyllisch, inmitten einer reichen und intakten Naturlandschaft.

Der Siedlungskammer »Dobraluh« schenkte der Chronist Thietmar von Merseburg bereits im hohen Mittelalter Beachtung, denn Kaiser Heinrich II. sammelte hier im Jahre 1005 sein Heer, um es gegen den Polenkönig Boleslaw Chrobry in den Kampf zu führen. In dieser damals weitestgehend noch unwirtlichen, sumpfigen Niederung siedelten sich bereits im 12. Jahrhundert auf Anweisung des Landesherrn Dietrich von Landsberg Zisterziensermönche aus Volkenroda (Thüringen) an. Sie rodeten den Wald, verwandelten durch Entwässerung Sumpf- in Ackerland und schufen Obstgärten, Fischteiche sowie Weinberge. Durch Kauf und Schenkung wuchs der Reichtum des Klosters erheblich. Mit der Reformation endete die expansive Landnahme. Das Kloster wurde säkularisiert und Teile der Klausur durch einen Brand im Jahre 1852 zerstört; die Klosterkirche gilt jedoch noch heute als eines der herausragendsten Baudenkmale Südbrandenburgs. Das aus dem ehemaligen Abtshaus hervorgegangene Renaissanceschloss befindet sich nur wenige Meter von der Klosterkirche entfernt. Es wurde in der zweiten Hälfte des 17. Jahrhunderts fertiggestellt und beherbergte so prominente Gäste wie August den Starken und Friedrich den Großen. Eine Ausstellung im Schlossinneren erinnert an die wechselvolle Geschichte dieses Bauwerkes. Kirchhain wurde erstmals im Jahre 1234 urkundlich erwähnt. Der Ort besaß bereits zu Beginn des 13. Jahrhunderts das Marktrecht und entwickelte sich mit dem Aufblühen des Gerberhandwerks im 19. Jahrhundert zu einem der wichtigsten Produktionsstandorte für Schafleder in Deutschland. An die vorindustrielle Lederherstellung in Kirchhain erinnert das in Europa einzigartige Weißgerbermuseum. In ihm können eine originale Weißgerberwerkstatt, eine Sammlung exotischer Leder und

Weißgerbermuseum – Im Gerberhaus aus dem Jahr 1753 werden alle für die Lederherstellung erforderlichen Arbeitsschritte und Gerätschaften vorgestellt.

Felle, kostbare Doberluger und Kirchhainer Zinnwaren, eine Schuster- und Gesellenstube sowie die jeweils aktuelle Sonderausstellung besichtigt werden. Die industrietechnische Lederherstellung wird den Besuchern in der Technischen Ausstellung, nur wenige Meter vom Haupthaus entfernt, mit Hilfe einer kompletten Produktionsstrecke veranschaulicht. Sehenswert sind darüberhinaus im Stadtteil Kirchhain das prächtige, den Bürgerstolz repräsentierende, nach einem Brand 1680–82 wiederaufgebaute Rathaus, die im letzten Drittel des 12. Jahrhunderts in der nordwestlichsten Ecke der Kirchhainer Altstadt erbaute Stadtpfarrkirche sowie die aus dem Jahr 1736 stammende und 1996 restaurierte Kursächsische Postmeilensäule.
Heute leben in Doberlug-Kirchhain auf einem Areal von 14 895 Hektar insgesamt 10 439 Einwohner. Die Stadt ist verkehrstechnisch gut erschlossen. Der Personen- und Güterbahnhof ist ein Kreuzungspunkt der Bahnlinien Leipzig–Cottbus und Berlin–Dresden. Auch die Autobahn in Richtung Dresden und Berlin ist in einer halben Stunde Fahrzeit problemlos zu erreichen. Bürger und Gäste finden in Doberlug-Kirchhain neben zwei Hotels und sechs Pensionen mit insgesamt 151 Betten auch eine Vielzahl von gastronomischen Einrichtungen – von der urigen Kneipe über Lokale mit der Möglichkeit sportlicher Betätigung (Kegeln, Bowling) bis hin zum Eiscafé. Das Angebot an Kinderbetreuungs- und Bildungseinrichtungen vor Ort ist sehr groß. Neben 9 Kindergärten, 2 Grundschulen, der Oberschule und dem Evangelischen Gymnasium gibt es einen Hort, das Jugendhaus, den Schülerkeller, die Stadtbibliothek sowie die Zweigstelle der Kreismusikschule »Gebrüder Graun«. Die Stadt Doberlug-Kirchhain hat es sich zur Aufgabe gemacht, gezielte Gewerbeansiedlungen und Firmengründungen vor Ort zur Schaffung neuer Arbeitsplätze zu unterstützen. Die Infrastruktur bietet genügend Raum (Gewerbegebiet) sowie ein erschlossenes Abwasser-, Elektro- und Gasnetz. Städtefreundschaftlich verbunden ist Doberlug-Kirchhain seit 1991 mit Hemer in Nordrhein-Westfalen und seit 1993 mit Kirchhain in Hessen.

Renaissanceportal des Unterschlosses – Wahrzeichen früherer Standesherrschaft. Das Unterschloss beherbergt Heimatmuseum, Stadtbibliothek und Bürgerbüro.

Stadt Sonnewalde

Zum Bereich der Stadt gehören 17 Ortsteile. Im südöstlichen Teil von Brandenburg inmitten eines Landschaftsschutzgebietes gelegen, bietet das Stadtgebiet reizvolle Landschaft, Zeitzeugen früherer Besiedlung, Biotope, Park sowie Rad- und Wanderwege.

Wer auf der B 96 von Berlin nach Süden unterwegs ist, durchfährt das 1255 erstmals urkundlich erwähnte Sonnewalde – ein kleines Lausitzer Landstädtchen im Grenzbereich zwischen Preußen und Sachsen mit Stadtrecht seit 1354. Auf der Durchfahrt erblickt man das restaurierte und nachts beleuchtete Renaissanceportal des Unterschlosses – ein Wahrzeichen vergangener Standesherrschaft. Heute beherbergt das Unterschloss ein Heimatmuseum, die wieder eröffnete Stadtbibliothek und das Bürgerbüro. Das angrenzende Parkgelände bietet mit seiner Freilichtbühne jährlich zu Pfingsten den Hintergrund für das Park- und Heimatfest. Wohl einmalig im Land Brandenburg ist der angrenzende, ca. 6 km lange Planeten-Wanderweg mit der maßstabsgerechten Darstellung unseres Sonnensystems. Hier in Sonnewalde befindet sich der Sitz der Stadtverwaltung.

Das 1947 abgebrannte Sonnewalder Schloss wurde bis auf seine Grundmauern abgetragen. Gut erhalten und restauriert sind ein Teil des Unterschlosses mit dem Südportal sowie Teile des Schlosswalles und eines Wachturmes. Erlebenswert ist eine Fahrt mit Draisine oder Salonwagen der Museumseisenbahn im OT Kleinbahren. Eine jährliche Oldtimerrallye und das Motorradmuseum im OT Schönewalde begeistern die Fans alter Technik. Veranstaltungen auf dem Reitplatz, gute Bedingungen auf dem Schießsportgelände der Schützengilde und ca. 10 Sparten des Sportvereins bieten im OT Sonnewalde Möglichkeit zu aktiver Betätigung. Zahlreiche andere Vereine halten Angebote bereit. Durch die verkehrsgünstige Lage direkt an der B 96, Nähe Autobahn Berlin–Dresden und der Bahnhöfe Finsterwalde und Doberlug-Kirchhain ist Sonnewalde gut zu erreichen. Kontakt: Stadtverwaltung, Telefon 03 53 23/63 10 oder www.stadt-sonnewalde.de

Die Schlossherberge Uebigau mit Schlossteich

Stadt Uebigau-Wahrenbrück

Die Stadt Uebigau-Wahrenbrück, eine der schönsten Regionen Südbrandenburgs am Flusslauf der Schwarzen Elster, liegt mit ihren 21 Ortsteilen in einer reizvollen ebenen Landschaft, in der sich Auen, offene Feld- und Wiesenflächen mit Mischwäldern abwechseln, Heimat selten gewordener Tiere wie z.B. Weißstorch, Elbebiber und Fischotter.

Entdecken und erkunden Sie unsere Landschaft zu Fuß oder per Rad auf ausgebauten Rad- und Wanderwegen, auch original Spreewaldkähne stehen Ihnen dabei zur Verfügung.

Geschichtsinteressierte kommen bei uns ebenfalls voll auf ihre Kosten – so finden Sie mit Uebigau ein über 750 Jahre altes Ackerbürgerstädtchen mit seiner unzerstört erhaltenen bzw. sanierten Stadtstruktur sowie der Pfarrkirche St. Nikolai, welche vermutlich aus dem 11. bis 12. Jahrhundert stammt. Das Heimatmuseum mit im Garten errichteter Nachbildung einer bronzezeitlichen Wohnanlage, die 1730 aufgestellte kursächsische Postmeilensäule, der Marktplatz, die Schlossherberge oder Krüger's Zweirad-Oldtimermuseum sind weitere Highlights unserer schönen Stadt.

Weiterhin sehenswert ist der Pfarrgarten Saxdorf, welcher mit einer Pflanzenkomposition aus ca. 3 000 verschiedenen Arten, darunter 30 Bambus- und über 180 Kameliensorten, zu einem der schönsten Gärten Deutschlands zählt. In der fast 800 Jahre alten Backsteinkirche mit dem mittelalterlichen Flügelaltar finden regelmäßig Konzerte statt. Technikfreunde erwartet die »Louise«, Europas älteste Brikettfabrik – heute technisches Museum. In der komplett erhaltenen Industrieanlage erlebt der Besucher die Technik des 19. Jahrhunderts in Funktion.

Erleben Sie den Gewässertourismus in unserer Region, welcher den Besuchern die Möglichkeit eröffnet, die Schönheit unserer Natur per Kanu oder Schlauchboot zu erleben.

Kurstadt Bad Liebenwerda

Bad Liebenwerda liegt im Südwesten von Brandenburg inmitten des zauberhaften Elbe-Elster Landes. Das romantische Urstromtal der Schwarzen Elster, die sanften Hügel der Endmoränen und die mit Wald und Heide bewachsenen sandigen Hochflächen ergänzen sich zu einem abwechslungsreichen und fantastischen Landschaftsbild. 2008 begeht die Stadt das Jubiläum: 777-jährige urkundliche Ersterwähnung. Die Geschichte der Stadt ist wechselvoll sowie facetten- und legendenreich. Davon zeugt vor allem auch der Lubwartturm. Er ist das Wahrzeichen der Stadt und mit 31,5 Metern Höhe weithin sichtbar. Das Kreismuseum, viele Häuserfassaden, vor allem der historische Marktplatz mit der ehemaligen Richtstätte und dem »Barbara Brunnen« lassen der Fantasie des Besuchers in die Historie freien Lauf. Einen Hauch von Vergangenheit spüren Sie bei einem Spaziergang entlang des Marktes, der Mittelstraße und der Breiten Straße. Diese Bebauung bestand nachweisbar schon im 14. Jahrhundert und hier hat jedes Haus seine Geschichte.
Bad Liebenwerda ist im wahrsten Sinne des Wortes eine »Stadt im Park«, im Zentrum des Naturparks »Niederlausitzer Heidelandschaft«. Allein der Kurpark mit seinen verschiedenen Anlagen hat eine Fläche von 25 ha – ein Synonym für Ruhe und Entspannung. Hier befindet sich auch das Haus des Gastes, die zentrale Tourist-Information für alle Gäste. Neben Auskünften über Sehenswürdigkeiten in der Region werden Rad- und Wanderkarten, Souvenirs, Broschüren sowie Pauschalreisen für Wellness- und Gesundheitsurlauber angeboten.
Bad Liebenwerda hat als »Gesundheitsstadt« eine lange Tradition. Bereits 1905 wurde das Eisenmoorbad eröffnet. Seit 1925 trägt die Stadt den Titel »Bad«. Am 4. Dezember 2003 wurde der Stadt Bad Liebenwerda der Titel »Ort mit Peloidkurbetrieb« verliehen. Mit den vorhandenen Gesundheitseinrichtungen besitzt die Kurstadt Bad Liebenwerda beste Voraussetzungen für ganzheitliche medizinische und therapeutische Kompetenz. Dafür sprechen die im Jahr 1993 eröffnete neue Rheumaklinik mit 200 Betten, die seit September 2004 den Namen Fontana-Klinik trägt. Sie ist eine Rehabilitationseinrichtung für Erkrankungen des Musko-Skeletalen-Systems. Gleich nebenan befindet sich die Psychotherapeutische Klinik – eine Fachklinik für abhängigkeitskranke Menschen. Aber auch das »Epikur-Zentrum für Gesundheit« bietet ein vielfältiges Angebot an Diagnostik, Therapie, Rehabilitation und Prävention. Besonders stolz sind wir auf die Lausitztherme Wonnemar. Sie wird von den Besuchern aus Nah und Fern mit Freude angenommen. Seit Juli 2004 ist sie eine »Wohlfühlwelt« der besonderen Art und eine gute Ergänzung der Gesundheitsangebote. Erwähnenswert ist, dass diese Therme auch die Anforderungen und Bestimmungen der »European Waterpark Association« erfüllt.
Ein Erlebnis für Groß und Klein ist das Elster-Natoureum im OT Maasdorf. In der Miniaturausstellung erhalten Sie einen völlig neuen Gesamtüberblick über Besonderheiten und Sehenswürdigkeiten des Landkreises. Die Schönheit der Landschaft sorgt dafür, dass der Bewegungsfaktor für Tages-, Urlaubs- und Kurgäste nicht zu kurz kommt. Rad fahren, Wandern, Reiten, Paddeln auf der Schwarzen Elster und Kremserfahrten zu zahlreichen Ausflugszielen in unmittelbarer Nähe sind möglich. Zunehmender Beliebtheit erfreut sich »Nordic Walking«. Für diese Sportart gibt es in Bad Liebenwerda ideale Bedingungen.
Mit dem neuen Kurortentwicklungsplan von 2007 sind die Weichen für die Zukunft gestellt. Das Ziel besteht darin, bis zum Jahr 2015 die Anerkennung als »Staatliches Heilbad« zu erhalten. Die Kurstadt hat erkannt, dass Kur und Tourismus sowie die Wirtschaft zwei Seiten einer Medaille sind und eine wirtschaftsfreundliche Politik von Nöten ist. Die über 800 Wirtschaftsunternehmen der Kurstadt und der 15 Ortsteile leisten für das Wohl der Stadt einen beachtlichen Beitrag. Wer kennt nicht das Quellgesunde Mineralwasser aus Bad Liebenwerda? Es hat die Stadt bekannt gemacht und ist in vielen Bundesländern beliebt. Die Mineralquellen Bad Liebenwerda GmbH beschäftigt über 200 Arbeitnehmer. Für Zuverlässigkeit und Qualität ist auch die Bauer Fruchtsaft GmbH bekannt. Nicht zu vergessen das Traditionsunternehmen REISS Büromöbel GmbH, welches in diesem Jahr sein 125-jähriges Jubiläum beging.
Kultur und Kunst gehören zum Markenzeichen der Stadt. Nicht nur bei Kindern ist das Kreismuseum mit ständiger Marionettenaustellung beliebt und bekannt. Vielfältig sind auch die Konzerte im Kurpark und in der Nikolaikirche. Ob Wiener Walzer, Blasmusik oder Rock – hier kommt jeder auf seine Kosten. Auch sportlich hat die Kurstadt viel zu bieten. Der jährlich stattfindende Elsterlauf begeistert mehr als eintausend aktive Läufer aus ganz Deutschland.
Ja, unser Bad Liebenwerda ist eine Stadt zum »Gesund werden…, Gesund leben… und Gesund bleiben…«. Kommen Sie doch einfach zu uns und überzeugen Sie sich selbst. Ein Besuch lohnt sich!

Lubwartturm – Wahrzeichen der Kurstadt Bad Liebenwerda

Gut Saathain – ein Ensemble aus historischer Fachwerkkirche, altem Gutspark und Rosengarten

Gemeinde Röderland

Die Gemeinde besteht aus den Ortsteilen Prösen, Haida, Stolzenhain a.d. Röder, Saathain, Wainsdorf, Reichenhain, Würdenhain und hat 4 600 Einwohner. Über die B 101 und B 169 ist die Gemeinde erreichbar, die Bahnlinien Dresden–Berlin, Elsterwerda–Riesa und Elsterwerda–Falkenberg durchqueren sie.
Das Dorf *Prösen* als Sitz der Gemeindeverwaltung wurde erstmals 1140 erwähnt. Es liegt im Gebiet der Großen Röder. Die evangelische Kirche erhielt den Standort auf dem Dorfanger. Schon vor der Reformation gibt es sie in Form einer Kapelle; die Baujahre liegen zwischen 1320 bis 1340. Das alte Prösen lässt noch die Form des wendischen Rundlings erkennen. In dessen Mitte befindet sich der Pfuhl, der im Falle einer Belagerung das nötige Wasser für Vieh, Mensch und zum Feuerlöschen lieferte. Historisch wertvoll ist auch die rekonstruierte Schleusenanlage am Floßkanal. Dieser verbindet die Elbe (Grödel) mit der Schwarzen Elster (Elsterwerda). Er diente in erster Linie der Brennholzversorgung der Porzellanmanufaktur Meißen und Dresdens. Im vielarmigen Flussgebiet der Schwarzen Elster entstand das Dörfchen *Haida* um einen dreieckigen Dorfanger. Das gepflegte Dorf widmet sich vor allem dem Kies- und Sandabbau und hat damit ein gut funktionierendes Gewerbeumfeld. *Würdenhain* wurde erstmals 1410 erwähnt. Die Kirche ist um 1450 wahrscheinlich aus den Überresten der zerstörten Wasserburg gebaut worden. *Wainsdorf* (1406 erwähnt) bildet ein Stück Grenze zu Sachsen; im Süden des Ortes gehen die letzten Ausläufer des Lausitzer Gebirges in die Röderaue über. *Reichenhain* (1335) liegt am Röderkanal, Neben dem denkmalgeschützten Dorfanger ist der historische Glockenturm erwähnenswert. *Saathain* liegt am Zusammenfluss von Schwarzer Elster und Röder; sehenswert ist die Fachwerkkirche von 1629 mit ihrer bebilderten Decke und Wänden. Etwa 5 000 Rosenstöcke in 100 verschiedenen Sorten können im Rosengarten bestaunt werden. *Stolzenhain a.d. Röder* wurde 1406 erwähnt, die auf dem Dorfanger stehende Kirche stammt von 1592; man bewundert die ausgiebige Deckenmalerei mit Bildern der »Biblischen Geschichte«.

Das Barockschloss (erbaut 1708) diente August dem Starken, Kurfürst von Sachsen, als Landsitz.

Elsterwerda – Stadt mit Herz und Verstand

Die amtsfreie Stadt Elsterwerda liegt im Südwesten des Landes Brandenburg, unmittelbar an der Grenze zum Freistaat Sachsen. Die direkt am Naturpark »Niederlausitzer Heidelandschaft« gelegene Stadt ist über die Bundesstraßen B 101 und B 169 mit Anschluss an die A 13 und durch Bahnverbindungen in die Richtungen Berlin, Dresden, Chemnitz, Leipzig, Magdeburg und Cottbus verkehrstechnisch sehr gut zu erreichen.
Die älteste bekannte urkundliche Erwähnung Elsterwerdas geht bis in das Jahr 1211 zurück. Zu den Sehenswürdigkeiten der Stadt gehört das Barockschloss (1708). Das Haupthaus mit zwei Seitenflügeln und dem dazugehörigen Park diente unter anderem dem Kurfürsten von Sachsen, August dem Starken, als Landsitz und hatte den Charakter eines Jagd- und Lustschlosses.
Weitere historische Bauwerke der Stadt sind das Rathaus; die Postdistanzsäule aus dem Jahre 1738; die Bockwindmühle (1804); das Fachwerkhaus Kleine Galerie »Hans Nadler« aus der Mitte des 18. Jahrhunderts, in der Ausstellungen von Künstlern der Region und eine ständige Ausstellung des 1879 in der Stadt geborenen Heimat- und Landschaftsmalers Hans Nadler gezeigt werden; die Stadtkirche »St. Katharina« (1718), das wohl älteste Bauwerk der Stadt, und der Grödel-Elsterwerdaer-Floßkanal von 1748. Das technische Denkmal ist eine künstlich angelegte Wasserstraße August des Starken, um den Höhenunterschied zwischen Elster und Elbe zu überwinden.
Einen überregionalen Ruf hat die Stadt Elsterwerda als Wirtschafts- und Industriestandort. Sie ist die erste »Wirtschaftsfreundlichste Kommune« des Landes Brandenburg.
Seit Ostern 2007 ist der Erlebnis- und Miniaturenpark Elsterwerda geöffnet. Auf einer Fläche von 30 000 qm sind neun verschiedene Ausstellungen und mehr als 40 Gebäudemodelle aus der Region Südbrandenburg/ Nordsachsen im Maßstab 1 : 25 zu besichtigen.

Blick auf die Dorfkirche von Großthiemig

Amt Schradenland

Das Amt Schradenland ist das südlichste Amt im Landkreis Elbe-Elster; ihm gehören die Gemeinden Großthiemig, Hirschfeld, Gröden und Merzdorf an. Man befindet sich auf der südlichen Seite des Urstromtales der Schwarzen Elster, auf einer Fläche von 7 542 ha leben etwa 5 369 Einwohner, wobei Gröden mit 1 645 die größte Einwohnerzahl besitzt. Zu erreichen sind die Gemeinden über die A 13, Abfahrt Ortrand, die B 101 oder die B 169. Die nächsten Bahnhöfe befinden sich in Lauchhammer, Elsterwerda und Großenhain.
Charakteristisch für die Landschaft ist der Gegensatz zwischen dem sandigen Hügelland im Süden und dem feuchten Niederungsgebiet im Norden. Überragt wird das Hügelland vom Heidberg, dessen höchster Punkt in Sachsen liegt. Die Niederungsgebiete bilden das Kerngebiet des Schradens, einem ehemals sumpfigen Waldgebiet, das in den vergangenen Jahrhunderten zunehmend landwirtschaftlich genutzt wurde. Die so entstandene Kulturlandschaft ist selten geworden und steht daher unter Naturschutz.
Die Gemeinden finden etwa um 1400 ihre urkundlichen Ersterwähnungen, das Gebiet ist aber weit vordem bereits besiedelt gewesen; Großthiemig soll als Beispiel gelten: An einem Bachlauf, diesem lebensnotwendigen »Energiespender« (Wasser, Fische), haben bereits Menschen vor mehreren tausend Jahren gesiedelt.
Wenn man aus Ortrand über Kmehlen, Großthiemig und Hirschfeld kommt, war man auf einer alten Kaufmannsstraße, die einst von Schlesien gen Leipzig führte; sie befindet sich am Nordabhang des Höhenzuges (»Merzdorf-Hirschfelder-Höhenrücken«), der die Länder Brandenburg und Sachsen trennt: In südlicher Richtung schränken bewaldete Höhen die Sicht ein, nach Norden schweift der Blick über eine weite Tiefebene, die von der Schwarzen Elster begrenzt wird. Diese Ebene heißt seit Jahrhunderten »der Schraden«. Das kleine Flüsschen, das diese Ebene in seiner gesamten Länge durchfließt, ist die Pulsnitz, die von vielen Entwässerungsgräben durchzogen ist. Das war bis ins 16. Jahrhundert eine schier undurchdringliche Sumpflandschaft.

Blick auf die Pulsnitz

Der düstere Charakter und damit verbundene Gefahren gaben der Gegend den Namen, denn »Schraden« (althochdeutsch: »Scrato« = »Waldteufel«/»Schreckenswesen«) wurde mit bösen Geistern in Verbindung gebracht. Heute existiert der eigentliche Schradenwald nur noch nördlich von Hirschfeld.
Gröden (ca. 1 650 Einwohner) ist der größte Ort und zugleich Amtssitz. Er ist zweifellos älter als die Ersterwähnung 1346. Noch heute kann man am Angerbereich historisches Flair spüren. Die Grundstücke sind im Unterdorf zur Straße hin bebaut und bilden mit Nebengebäuden die typisch fränkischen Dreiseithöfe. Südlich des Ortes befinden sich die »Schradenberge« (bis zu 201,4 m hoch). *Großthiemig* wurde an einem Bach angelegt, der in die Pulsnitz mündet. Die im Jahre 2000 geschlossene Schule hat in privater Trägerschaft ihren Betrieb fortgesetzt. Über die Gründung von *Hirschfeld* gibt es verschiedene Quellen, auch über die Herkunft des Ortsnamens. Obwohl der Vergleich mit Hirschen stets abgelehnt wurde, steht fest, dass hier einstmals ein großer Wildbestand vorhanden war: Viele kurfürstliche Jagden mit eindrucksvollen Ergebnissen waren die Folge. *Merzdorf* liegt am westlichsten; noch heute sind an der B 101 bei einigen Grundstücken fränkische Dreiseithöfe deutlich erkennbar. Landwirtschaft dominiert auch hier: Die Merzdorfer Zwiebeln waren und sind weithin begehrt. Der Ort verfügt über eine landschaftlich ausgesprochen schöne Lage: Im Süden reicht der oberhalb des Ortes liegende Wald bis an die Wohngrundstücke heran. Dies gehört zum LSG »Merzdorf-Hirschfelder Höhenrücken«; neben Kiefern stehen häufig Eichen und Buchen.
Reich ist die Region auch an Volksfesten, woraus der Topfmarkt Großthiemig am Palmsonntag, das Musikfest in Hirschfeld und das Badfest in Merzdorf noch besonders herausragen. Es gibt Kindertagesstätten in allen Orten, vier evangelische Kirchengemeinden sowie die Schulen in Gröden, Hirschfeld und die evangelische Schule in Großthiemig.

Das Rathaus, ein schlichter Barockbau. Die älteste Nachricht besagt, dass 1492 »dy newe Rahtsstube gebawet« wurde.

Stadt Finsterwalde

»Wir sind die Sänger von Finsterwalde…«! Wie oft hat man diese Zeile des kräftigen Männerchorgesanges in seinem Leben gehört: Finsterwalde ist *die* Sängerstadt. Es lohnt sich darüberhinaus, hier seinen Urlaub zu verbringen oder sich gar anzusiedeln, denn die etwa 18 500 Einwohner, die hier leben, finden Stadt und Umgebung attraktiv – und das zu recht. Im südlichen Brandenburg liegt die Stadt, etwa auf halbem Wege zwischen Berlin und Dresden, mit ihrem urbanen Stadtzentrum, vielen kleinen Sehenswürdigkeiten, freundlichen Menschen und – natürlich – dem Gesang aus vollen Kehlen. Alle 2 Jahre werden 100 000 Besucher zum Sängerfest willkommen geheißen und zünftig bewirtet, denn Singen macht bekanntlicherweise hungrig und durstig. Dazu ist die Stadt auch noch die größte Ansiedlung im Elbe-Elster-Kreis. Die B 96 führt direkt hindurch; zur A 13 (Berlin–Dresden) sind es ca. 20 km; Bahnanbindung nach Leipzig, Cottbus und Berlin ist direkt und schnell. 1199 wird in einer wahrscheinlich gefälschten Urkunde des Klosters Dobrilugk (Doberlug) Finsterwalde erwähnt; präziser und glaubhafter erscheint das 1282: Da wird ein »Herr Heinemanus de Vynsterwalde« erwähnt, der diese Urkunde auch unterschrieben hat. Bis 1815 gehörte man nicht mehr zur Niederlausitz, und auf dem Schloss saßen von 1533–1625 die Herrn von Dieskau; andere Besitzer folgten. 1642, 43 und 45 leisten schwedische Söldner ganze Arbeit: Die Stadt wird mehrfach geplündert und quasi eingeäschert. Einhundert Jahre später werkeln hier bereits wieder 85 Tuchmachermeister und sorgen für bescheidenen Aufschwung. Wiederum ein Jahrhundert danach bekommt der Ort Eisenbahnanschluss, hat bereits 7 300 Einwohner, 14 Dampf-Tuchfabriken und 140 Tuchmachermeister. Kurz vor der Jahrhundertwende (1899) erscheint das Theaterstück »Die Sänger von Finsterwalde« von Wilhelm Wolff mit dem Titellied, das seither zum »musikalischen Weltkulturerbe« gehört und ein rechter Ohrwurm geworden ist. 1952 wurde Finsterwalde Kreisstadt; 1993 geschieht die Großkreisbildung aus den bisherigen Kreisen Bad Liebenwerda, Finsterwalde und Herzberg – letztere wird Sitz der Kreisverwaltung. Die mitten in der Stadt gelegene

Stilvielvalt der Gebäude: Jugendstilfassaden, Klassizistische Gebäude und Häuser aus dem 16./17. Jahrhundert

weiträumige Schlossanlage gliedert sich in Vorder- und Hinterschloss; ein massiver, dreigeschossiger Turm verbindet durch seinen Torweg beide. Der Nordflügel des Hinterschlosses verweist auf die Renaissancezeit; heute befindet sich hier die Stadtverwaltung. Schloss und Markt überbrückt die Schloßstraße. Hier entdeckt man auch die ältesten Häuser. Besonders erwähnenswert ist »Curds Burg« in der Schloßstraße (1572), die Nr. 6, mit dem schönen Renaissanceportal und den mit Muscheln überdeckten Sitznischen. Die Trinitatiskirche ist eine typische Reformationskirche, die in der 2. Hälfte des 16. Jahrhunderts auf den Grundmauern einer mittelalterlichen Kirche errichtet wurde. Das Gotteshaus in Finsterwalde-Süd ist dagegen ein mittelalalterlicher Findlingsbau. Die Katholische Kirche wurde 1906 geweiht. Den Marktplatz dominiert das barocke Rathaus (1739), in dem sich u.a. die Bibliothek und die Touristinformation befinden. Max Taut, einer der profiliertesten deutschen Architekten, entwarf 1913 die ehemalige Knabenschule (heute Janusz-Karczak-Gymnasium.) und das Kinder- und Säuglingsheim als stilvolles Ensemble. 1910 entstand der 54 m hohe Wasserturm mit einer Uhr, deren Zifferblatt 2,86 m Durchmesser beträgt. Weitere baulich markante Punkte sind die Doppelturnhalle (zwei übereinanderliegende Hallen, 1928 von Kurt Vogeler entworfen), die Realschule (nach Plänen von Stadtbaumeister Droste gebaut und am 1. Juli 1905 eingeweiht), die Kreissparkasse (1928), das Gutenberghaus (1910, ein bis 1945 existierendes Druckerei- und Verlagsgebäude), der Bahnhof im neoromanischen Stil (1871) und vieles andere. Am Eingang zur Bürgerheide, dem attraktiven Stadtforst, erinnert der »Koßwig-Stein« an den trinkfesten Bürgermeister, der aufgrund dieser Tatsache das Gebiet der Bürgerheide für seine Stadt erwarb. Auch an Ausflugszielen ist kein Mangel; die Lausitzer Waldgebiete liegen quasi »vor der Haustür« mit ihren vielen Überraschungen: Einem Besucherbergwerk ganz in der Nähe mit der 502 m langen und über 80 m hohen Förderbrücke. Oder »Auf« nach Fürstlich Drehna, wo noch heute ein vorzügliches Bier gebraut wird. Dass man dabei das Singen nicht vergisst, versteht sich von selbst.

Die Niederlausitz

Kaum eine brandenburgische Landschaft ist von Menschenhand so umgestülpt worden wie die Niederlausitz. Die sorbischen Stämme, die im 6. Jahrhundert nach hier kamen, fanden ein Sumpfland vor und gaben ihm einen Namen in ihrer Sprache, »Lusica« (was soviel wie »sumpfreiche Niederung« hieß). Als etwa ein halbes Jahrtausend später die Askanier und Siedler anrückten und die Wenden entweder vertrieben oder assimilierten, gehörte dieses weite, flache Land zur Ostmark, die von der Saale über die Elbe bis an die Neiße reichte. Ausgedehnte Wälder und sumpfiges Niederungsgebiet bedeckten es. Inzwischen hat der Mensch tüchtig herummanipuliert und -modelliert; nicht immer zum Erhalt der Schönheit dieser Region und schon gar nicht zu ihrem landschaftlichen Vorteil, wohl aber zum Nutzen, was die Braunkohlegewinnung immer noch beweist. Ausgekohlte Riesenlöcher von 70–100 Metern Tiefe und kilometerlanger Ausdehnung, die Riesenbagger und -förderbrücken gerissen haben, werden teils rekultiviert oder in eine Seenlandschaft umgewandelt. Auf diese Weise ist eine neue Landschaft entstanden oder im Entstehen, die der Mecklenburgischen Seenplatte – ist sie einmal fertig – in nichts nachstehen und ein attraktives touristisches Gegenstück sein wird. Am Senftenberger See ist heute schon Hochbetrieb mit abwechslungsreichem kulturellen Angebot.

Spree und Neiße grenzen die Niederlausitz nach Osten und Westen ab; die Spree entspringt in drei Quellen in Sachsen und bewegt sich auf die Spremberger Gegend zu, durchschneidet den Niederlausitzer Grenzwall; in Cottbus durchfließt sie in vielfachen Windungen die dortige Parklandschaft, dann driftet sie plötzlich nach links ab, dem Spreewald entgegen. Der Neiße Lauf ist weitaus unkomplizierter: Sie kommt ebenfalls aus dem Sächsischen und tritt im Muskauer Faltenbogen (übrigens eine faszinierende kleine Landschaft) in die Niederlausitz ein, wo sie im weiteren Verlauf nach Norden die deutsch-polnische Staatsgrenze bildet. An beiden Flüssen existiert ein gutausgebautes Radwegenetz, so dass man das Terrain bequem erkunden kann und auch noch schnell in *Bohsdorf* vorbeischauen kann, das durch den Schriftsteller Erwin Strittmatter Bekanntheit erlangte. *Cottbus* (sorbisch: Chosebuz) hat eine jahrzehntelange Tradition als Leistungszentrum der Leichtathleten und Radfahrer, und in den letzten Jahren hat auch der Fußball einige Erfolge zu verzeichnen: Energie Cottbus stieg nach drei Bundesliga-Jahren zwar wieder in die 2. Liga ab, rappelte sich aber schnell wieder auf und bereichert nun schon wieder das 2. Jahr die höchste deutsche Spielklasse. Eine weitere Seite der zweitgrößten brandenburgischen Stadt sind die eindrucksvollen Kirchenbauten, Stadtmauer, Tuchmacherbrunnen, Spremberger Turm … Eine dritte Seite ist die landschaftliche: Branitzer-, Goethe-, Elias-, Spreeauenpark – dass man Chosebuz als »Stadt der Parkanlagen« bezeichnet, verwundert jetzt nicht mehr. Eine noch andere Seite ist der Braunkohlentagebau, von dem es noch genügend Aktiva gibt; z.B. Schlickow (Cottbus-Nord oder Jänschwalde. Beispiele für die erfolgreiche Rekultivierung kann man auch entdecken; vom Aussichtspunkt »Bärenbrücker Höhe« (18 km vor Cottbus): Große Waldflächen sind da bereits wieder vorhanden – die Natur erholt sich langsam. Auch der Senftenberger See ist ein solch positives Beispiel.

Modellierten in einem Teil der Niederlausitzer Landschaft heute Bagger und Abraumförderbrücken diese gewaltig um (die größte, die F 60, bei Finsterwalde ist inzwischen reich frequentiertes Museum geworden), so formten sanftere Hände in einer anderen Ecke der Region weit früher bereits jahrhunderteüberdauernde Parkanlagen und andere idyllische Fleckchen samt entsprechenden Schlössern und anderen Bauwerken von Wert. Die mit bedeutendsten sind die Jugendstilpassagen in Cottbus samt dem imposanten Jugendstilbau der Berliner Architekten Bernhard Sehring (1908), dem einzigen im Detail erhaltenen europäischen Jugendstiltheater, an dem der Autor dieser Zeilen einige Jahre wirken durfte, und der Fürst-Pückler-Park, der Branitzer Park (1846–71). Pückler legte noch einen nicht minder eindrucksvollen Landschaftspark in *Bad Muskau,* seinem Stammsitz, an; begraben ist er mit seiner Lebensgefährtin in der Seepyramide im Branitzer Park zu Cottbus.

Ein wichtiges landschaftliches Detail der Niederlausitz stellt das Schlaubetal mit dem Städtchen *Müllrose,* dem »Tor zum Schlaubetal«, dar. Wenn bereits angemerkt wurde, dass die Niederlausitz bis an die Neiße heranführt, so sind wir damit an der deutschen Ostgrenze angelangt. Dort liegt dieses Tal mit seiner unbeschreiblichen Ruhe; kein großes, aber intensiv Stille atmendes Terrain, also: Balsam für die gestresste Großstadtseele. Dieses Tal wird gern als schönstes Bachtal Ostdeutschlands bezeichnet – und dies wohl sehr zu Recht. Unweit davon liegt nach ausgiebiger Wanderung *Neuzelle* mit seinem in altem Glanz wiederhergestellten Barockkloster.

Blick von den IBA-Terrassen auf den ehemaligen Tagebau zwischen Großräschen und Senftenberg. Hier entsteht – die Anfänge sind im Hintergrund erkennbar – der Ilse-See, gespeist von den Wassern der Spree.

LAUSITZ

LAUSITZ

1995 wurde der Naturpark Schlaubetal eröffnet, der sich von Müllrose bis Jänschwalde zieht; das sind etwa 35 km. Südlich davon liegt die Reicherskreuzer Heide und an der westlichen Grenze das Oelsetal. Zwei Eiszeiten haben diese Region landschaftlich entscheidend geprägt: die Saale- und die Weichseleiszeit. Die Schmelzwasserrinnen von Schlaube, Oelse, Demnitz und Dorche sowie die opulenten Sanderflächen der Reicherskreuzer Heide geben dem 227 qkm großen Naturpark seinen einzigartigen Charakter. Die Schlaube ist nur etwa 20 km lang, bis sie in den Großen Müllroser See mündet, aber diese Entfernung ist angefüllt von Wiesen, Wäldern, fischreichen Bächen und Seen. Die Oelse fließt weiter westlich und entspringt beim Dorf Groß Muckrow. Hier verläuft eine Wasserscheide: Die Oelse mündet in die Spree, diese in die Havel und jene in die Elbe hin gen Nordsee; die Schlaube gelangt auf dem Oderwege in die Ostsee. Das Tal der Dorche ist lediglich sieben Kilometer lang und liegt in der Nähe von Neuzelle.
Die Reicherskreuzer Heide ist Naturschutzgebiet und war bis Anfang der 90er Jahre zu großen Teilen Truppenübungsplatz; Ginster und Heidekraut zieren das 30 qkm große Gebiet in Frühjahr und Herbst und tauchen es in bunte Farben. Aber auch sonst gibt es einen ungewöhnlichen Pflanzen- und Tierartenreichtum. Die landschaftliche Vielfalt besteht auch im Gebiet von *Eisenhüttenstadt* bis *Guben:* Flussauen, reizvolle Bachtäler, kleinere Seen und Kiefernwälder sind vorherrschend. Guben an der Neiße ist besonders beliebt wegen seines »Appelfest's« im Herbst; entlang dieser Gegend verläuft auch ein Teil des über 450 km langen Oder-Neiße-Radweges. Auch der Oder-Spree-Kanal führt durch diese Gegend; nördlich von *Groß Lindow* und *Brieskow-Finkenheerd* sind Teilstrecken des einstigen »Friedrich-Wilhelm-Kanals« erhalten: Der Große Kurfürst ließ ihn 1660–68 als erste schiffbare Verbindung zwischen Oder und Spree erbauen. Brücken, Schleusen und anderes wurden aus Eichenholz gefertigt, blieben erhalten und passen sich in die liebliche Landschaft ein. 24 km misst dieser Kanal, und es ist schon erstaunlich, welche Leistungen hier erbracht worden sind – sowohl von technischer Seite als auch von weitschauender landschaftlicher Gestaltung.
Es gibt inmitten dieses landschaftlichen Areals eine Menge erwähnenswerter Bau- und Naturwerke; davon sei hier nur eine kleine Auswahl präsentiert: Das Kloster Neuzelle ist natürlich diesbezüglich einsamer Spitzenreiter, aber auch die Feldsteinkirche im ehemaligen Klosterdorf *Möbiskruge* gehört unbedingt dazu; es liegt nur ein paar Kilometer von Neuzelle entfernt. Desweiteren gehört der »Fasanenwald« in Klosternähe dazu: Stieleichen, Robinien, verschiedene Buchenarten gibt es, wie auch im Frühjahr Buschwindröschen, Wiesenschlüsselblumen und Veilchen. Hier fand man auch einen slawischen Rundwall und etliche Tongefäße und -scherben aus dem 10. Jahrhundert. Im benachbarten *Henzendorf* besteht ein Findlingspark, der künstlerisch gestaltet ist. Beim Dorfe *Kobbeln* befinden sich zwei riesige Findlinge (25 m und 300 Tonnen schwer; der andere 10,5 m im Durchmesser).
Südlich der »Appelstadt« Guben liegen die »Kaltenborner Berge«. Deren höchster, die »Kahle Glatze«, 117 m misst; ganz in der Nähe am Deulower See steht das Waldhotel Seehof, das einmal eine Villa der Gubener Fabrikantenfamilie Wilke gehörte (die Brüder Wilke erfanden den regenfesten Wollhut).
Der Naturpark »Niederlausitzer Heidelandschaft« erstreckt sich im südlichen und westlichen Gebiet um die Schwarze Elster und fasziniert durch weite Heideflächen, duftende Streuobstwiesen, idyllische Flusslandschaften und ursprüngliche Wälder. Die nördliche Grenze bilden *Doberlug-Kirchhain* und *Finsterwalde,* die als Gerber- und Sängerstadt über die Landesgrenzen hinaus bekannt sind. Im Osten reicht der Naturpark bis an die Stadt *Lauchhammer,* in der die Eisengießerei seit Jahrhunderten zu Hause ist.
Geformt wurde diese sehr abwechslungsreiche Altmoränenlandschaft durch die bereits vor ca. 180 000 Jahren zu Ende gegangene Saale-Eiszeit. Sie ist Heimstätte für viele seltene Pflanzen und Tiere, wie Biber, Kranich und Seeadler. Der im Süden Brandenburgs an der Grenze zum Freistaat Sachsen gelegene Naturpark zeichnet sich u.a. durch weiträumige Waldlandschaften und durch die interessanten Hinterlassenschaften einer regen Bergbautätigkeit aus. Bis in die jüngste Vergangenheit wurde Braunkohle in der Region gefördert, und der Naturpark erhielt in einigen Gebieten sein heutiges Aussehen erst durch den Abbau von Bodenschätzen. So z.B. die Fischteiche bei Doberlug und die Tagebaurestlöcher, die zu Badeseen entwickelt wurden/werden. So sind und werden reizvolle Naherholungsgebiete entstanden/entstehen auch auf ehemaligen militärisch genutzten Flächen (Flug- und Truppenübungsplätze).
Gelb leuchtende Sumpfdotterblumen und blau schillernde Libellen laden zu einem Spaziergang auf dem Elsterwanderweg in das Niederungsgebiet der Schwarzen Elster ein. An den kleinen und größeren Flussläufen, weitab vom Massentourismus, hinterlässt der Biber heute wieder seine Spuren. Das Kernstück des Natur-

Überall im Sorbengebiet der Lausitz Sommerfeste mit prächtigen Trachten

Die Slawenburg Raddusch (9./10. Jahrhundert) mit einer in der Burgmauer verborgenen Archäologieausstellung erinnert an eine weitgehend verschwundene Kultur. Auch rund um die Burg findet der Besucher interessante Holzplastiken oder im Zeitsteg einen Überblick über die historischen Epochen.

parks bildet der ehemalige Truppenübungsplatz in *Hohenleipisch* mit großen zusammenhängenden Waldflächen. Dieses etwa 3 700 ha messende Naturschutzgebiet ist für den Namen verantwortlich. Mit seinen naturnahen Traubeneichenmischwäldern, den Offenflächen mit Bergheide und Silbergrasfluren ist es ein wertvoller Lebensraum und gleichzeitig attraktives Ausflugsziel; vor allem in der Zeit der Heideblüte. Ebenso interessant ist der Besuch des größten brandenburgischen Streuobstgebietes um Döllingen und Hohenleipisch. Von Fischerei, Landwirtschaft und Bergbau lebten die Menschen hier – heute wird zunehmend auf einen umweltfreundlichen Fremdenverkehr gesetzt. Die Niederlausitz ist ein Eldorado für Radfahrer und Pferdefreunde darüberhinaus. Und nach einem ausgedehnten Trip warten in Gaststätten und Pensionen Speisen aus regionalen Produkten: Liebe geht bekanntlicherweise auch durch den Magen.

Aus *Peitz,* etwa 15 km nördlich Cottbus, kommt der Silvesterkarpfen und der Fisch für jede andere Gelegenheit: Zum Schutz der einstigen Festung wurden Teiche angelegt, die schon seit langem der Fischzucht dienen und überdies einen reizenden landschaftlichen Kontrapunkt zum Bergbau bilden. In *Forst* dagegen ist die Rosenzucht zu Hause und verfügt über eine lange Tradition; die ganze Pracht bildet innerhalb der Landschaft ein eigenes kleines landschaftliches Kleinod und fügt sich organisch in den Gesamtorganismus ein. In der Nähe befindet sich das 83 ha große Naturschutzgebiet »Euloer Bruch« mit einem von Teichen umsäumten Moorkomplex. Einige hundert gutausgeschilderte Wanderwege, mehrere Naturlehrpfade und der 35 km lange Elsterwanderweg verlaufen durch das Gebiet – hier lässt es sich wohl sein!

Umgeben von einem weitläufigen Park liegt die Schlossanlage Branitz. Vor der Südfassade die Statue der Venus Italica (Zinkguss)

PÜCKLER
ROMANI IMPERII
ANNO MDCCLXXII

Die Slawen in Brandenburg

Spätestens wenn man in der Niederlausitz und speziell am und im Spreewald ist, fällt einem sofort ins Auge, dass zumindest auf Städtenamensschildern und jenen von zahlreichen Straßen (in Cottbus sind das weit über 60 Prozent) Zweisprachiges steht. Damit wird den hier seit Jahrhunderten lebenden Sorben/Wenden in eindrucksvoller Weise Rechnung getragen, deren Ethnie noch etwa 20 000 Menschen beträgt. Schon im 6. Jahrhundert besiedelten slawische Stämme die hochwasserfreien Gebiete im Spreewald; heute stellen sie die größte nationale Minderheit (neben den Südschleswigern) dar. Sie kamen nach den germanischen Stämmen und vor den deutschen Siedlern des Hochmittelalters in die Gegend östlich der Elbe und haben ihre kulturelle Eigenständigkeit bis heute bewahrt – die um Cottbus und in der Niederlausitz lebenden Nachkommen einstiger wendisch-sorbischer Stämme und jene in der Gegend der sächsischen Oberlausitz lebenden Obersorben (um Bautzen). Cottbus (Chosebuz) schließt den ursprünglichen altslawischen Siedlungskern ein; eingemeindet wurden 17 sorbische (wendische) Dörfer. Das überlieferte Brauchtum wird akribisch gepflegt; zu den bedeutendsten – vor allem von jungen Menschen des Domowina-Jugendaktivs gepflegten – niedersorbischen Bräuchen zählen Zapust und Hahnrupfen. Beim Zapust gehen die Männer verkleidet und musizierend von Haus zu Haus und sammeln alles, was man ihnen anbietet – Eier, Geld, Speck und anderes. Das nennt man hier »zampern« (mit »erbetteln« wäre das nicht umfassend beschrieben). Aber das ist unbedingt notwendig, denn das Geld bekommen die Musikanten für ihr stundenlanges Tun und für den Rest werden Eierkuchen und Sonstiges zubereitet, um die inzwischen hungrigen Mägen vollzustopfen. Vom Zampern jedenfalls ist kaum jemals einer hungrig und durstig oder geraden Schrittes nach Hause gelangt. Das Erntedankfest wird mit dem »Hahnrupfen« verbunden: Beim Stoppel- oder Stollenrennen wird symbolisch eine Hahnfigur »getötet«: Das Alte muss Platz machen für die neue Ernte.

Zu besonders festlichen Anlässen (Kirchgang, hohe geistliche Feiertage, Hochzeiten, Begräbnisse) tragen die Frauen die eigens hierfür hergestellte niedersorbische Tracht und nur wenige Schneidereien beherrschen heute noch die aufwendigen Stickkünste. Viel Spitze ist hier gefordert, ferner farbenfrohe Kopftücher, große Hauben und manches andere Accessoire. Im Spreewald posiert man gerne in dieser festlichen »Aufmachung« vor den Touristen.

Besonders Cottbus trägt neben anderen Städten der Umgebung (Burg, Lübben, Lübbenau, Vetschau etc.) den zweisprachigen Namen Chosebuz. Wie schon erwähnt, sind etwa zwei Drittel der Cottbuser Straßennamen zweisprachig gestaltet; außerdem befindet sich in der Stadt auch das 1994 gegründete Wendische Museum, eine Schule für niedersorbische Sprache und Kultur sowie seit 55 Jahren das Niedersorbische Gymnasium. Auch zahlreiche sorbisch/wendische Vereine, Sport- und Kulturgruppen sowie weitere Institutionen sind in der Region ansässig und genießen hohes Ansehen. 1953 kam der Sorbische Rundfunk nach Cottbus und zwei Jahre danach erhielt die Redaktion der sorbischen Wochenzeitung »Nowy Casnik« (gegründet 1848 in Madlow/Madley, heute ein Stadtteil von Cottbus) ihren Sitz in der Bezirksstadt. 1990 wurde das »Wendische Haus« (»Serbski dom«) eröffnet; es ist gleichzeitig der Sitz der 1912 gegründeten »Domowina – Bund Lausitzer Sorben e.V.«, der Stiftung für das sorbische Volk, der Niedersorbischen Bibliothek, der Sorbischen Kulturinformation »Lodka« und des Sorbischen Institutes. 1998 entstand die erste Witaj-Kindertagesstätte »Mato Riza«, die erste sorbische (wendische) Kita der Niederlausitz. Die zweite war die »Villa Kunterbunt«. Das Witaj-Projekt wird in der Grundschule des Stadtteiles Sielow fortgeführt. Acht weitere Grundschulen allein in Cottbus bieten Niedersorbisch als Sprachunterricht an: »Witaj« heißt »Willkommen«: Cottbus wurde 2004 vom Land mit dem Sonderpreis im Wettbewerb »Sprachfreundliche Kommune« – »Serbska rec jo zywa« geehrt.

Im Museum der Stadt Drebkau gibt es eine erstaunliche Sammlung von über 2 500 bemalten Ostereiern; vorrangig liegt das Hauptaugenmerk auf sorbischen Ostereiern, die bereits seit Jahrhunderten in der Niederlausitz bemalt werden. Gegenwärtig werden noch vier Verzierungstechniken angewendet: Wachsbatik-, Wachsbossier-, Kratz- und Ätztechnik. Man kann hier auch die Bemalung erlernen.

Bedeutendes Kulturdenkmal ist auch die Slawenburg in Raddusch: Sie ist die einzige neu aufgebaute frühmittelalterliche slawische Wehranlage. Vor über einem Jahrtausend prägten mehr als 40 dieser Anlagen das Bild der Niederlausitz südlich und westlich des Spreewaldes. Die slawische Bevölkerung nutzte diese Wehranlagen als Fluchtburgen und zu Verteidigungszwecken.

Sorbisches Brautpaar in klassischer Tracht

Cottbus – Stadt der Parkanlagen

Die zweitgrößte Stadt Brandenburgs, die zweisprachige Lausitzmetropole (ca. 105 000 Einwohner), ist ein lohnenswertes Reiseziel. Das historische Stadtzentrum mit seinen barocken Bürgerhäusern und das im Spätjugendstil erbaute Staatstheater geben dem Besucher einen wirkungsvollen Einblick in die über 850-jährige Stadtgeschichte. Hochwertige Kulturangebote und ein leistungsstarkes Gastgewerbe lassen einen Aufenthalt in Cottbus zum Erlebnis werden. Zugleich präsentiert sich die Stadt als eine der grünsten Deutschlands: Weitreichende Parks, Alleen und Promenaden bilden ein grünes Band entlang der Spree. Das herrliche Parkareal vereint Spreeauenpark, Fürst-Pückler-Park Branitz und Tierpark. Kaum ein Besucher kann sich der Faszination des Branitzer Parks mit seinen in Europa einmaligen Erdpyramiden entziehen. Altes und Neues liegen hier dicht beieinander, interessant und liebenswert. Cottbus hat sich den Charme einer kleinen Stadt bewahrt und erstrahlt in neuem Glanz.

Cottbus, die junge Hochschulstadt, profiliert sich heute auch zu einem attraktiven Messe- und Tagungszentrum in der Niederlausitz. Deutsche und Sorben prägten die Geschichte dieser Stadt. Kultur, Kunst und Natur laden ein zum Erleben, Schauen und Erholen. Die Stadt ist Träger der Goldmedaille im Bundeswettbewerb Entente Florale Deutschland »Unsere Stadt blüht auf« (2001). Auf der Grundlage der Entscheidung der Jury erhielt Cottbus die Auszeichnung für herausragende Leistungen der Planung und Erhaltung blühender und grüner Lebensräume im Sinne der Agenda 21.

Die Stadt liegt etwa 75 m ü.NN. Von der Stadtfläche (150,3 qkm) nehmen 53 qkm Grün-, Garten- und Waldfläche ein. Mit dem Auto erreicht man Cottbus über die A 13 (Berlin–Dresden), A 15 (Berlin–Cottbus–Forst-Breslau), die Bundesstraßen 97, 168, 169 und mit den Zügen Cottbus–Görlitz, Cottbus–Leipzig, Cottbus–Dresden, Cottbus–Norddeich Mole, Cottbus–Berlin, Cottbus–Forst/Lausitz, Cottbus–Emden, Cottbus–Frankfurt/ Oder; Hamburg–Berlin–Cottbus–Krakau; die nächsten Flughäfen befinden sich in Berlin-Tegel (Fahrzeit 120 Minuten), Berlin-Schönefeld (60 Minuten) und Dresden (90 Minuten). Der Regionale Flugplatz befindet sich in Cottbus-Drewitz (20 Minuten Fahrzeit). Cottbus gliedert sich in folgende Stadtteile: Stadtmitte, Sandow, Merzdorf, Dissenchen, Branitz, Kahren, Kiekebusch, Spremberger Vorstadt, Madlow, Sachsendorf, Groß Gaglow, Gallinchen, Ströbitz, Schmellwitz, Saspow, Skadow, Sielow, Döbbrick und Willmersdorf.

Der Name Cottbus hat seinen Ursprung im Wendischen »Choitsche Budky«, was soviel heißt wie »Schöne Häuserchen«. Und die gibt es bis heute. Sehenswerte Denkmale der Zeiten prägen das Bild der Stadt, das Leben mit und in alten Mauern. Bis in die Abendstunden erfüllt heiteres Leben den liebevoll rekonstruierten Altmarkt, die »gute Stube« der Stadt. Vor prächtigen Bürgerhäusern und barocken Giebenfassaden ducken sich romantisch Straßencafés unter dem dominanten Turm der Oberkirche. Rund um den historischen Stadtkern etablierte sich Neues. Farbenprächtig zeigt die Sonnenuhr die freundlichen Stunden an und animiert zu einem Streifzug durch die Stadt.

Im 12. Jahrhundert findet sich die erste urkundliche Erwähnung, im 13. erfolgte die planmäßige Anlage des Ortes; im 16. entwickelte sich Cottbus zur Stadt der Tuchmacher und Leineweber. Im 19. Jahrhundert arbeitete die erste Wollspinnerei und der Braunkohlenabbau beginnt, der sich bis heute fortsetzt. 1976 wird die 100 000-Einwohnergrenze erreicht: Cottbus ist Großstadt. Nach der deutschen Wiedervereinigung erfolgte ein tiefgreifender Strukturwandel. Heute hat sich Cottbus zielstrebig weiterentwickelt: Es ist *das* Dienstleistungs-, Wissenschafts- und Verwaltungszentrum Südbrandenburgs; die Stadt besitzt die einzige Technische Universität in Brandenburg; sie ist Standort der Fachhochschule Lausitz, Finanzzentrum Brandenburgs, regionales Messe- und Kongresszentrum, Mitglied der Euroregion Spree-Neiße-Bober, richtete 1995 die erste BUGA in den neuen Bundesländern aus und hat mit dem FC Energie Cottbus einen Vertreter im Fußball-Oberhaus der Republik. Cottbus ist eine ideale Verbindung eines Wirtschafts- und Wissenschaftsstandortes, wovon ortsansässige Unternehmen bereits profitieren und auch zukünftige Investoren Nutzen ziehen können. Vor allem der Klein- und Mittelstand ist ein wichtiges wirtschaftliches Standbein der Region, zukünftige Existenzgründer werden hervorragende Standortbedingungen vorfinden. Cottbus hat sich von einer Stadt, in der die Textilindustrie und die Energiewirtschaft bestimmend war, zu einem Dienstleistungs-, Wissenschafts- und Verwaltungszentrum entwickelt und erfüllt die Funktionen eines Oberzentrums in Südbrandenburg.

Seitenflügel der Oberkirche (spätgotische Hallenkirche) in Cottbus, feste Station jeder Stadtbesichtigung

esus·christus·gestern·und·heut

Landkreis Oberspreewald-Lausitz

Der Landkreis Oberspreewald-Lausitz zeichnet sich, bedingt durch seine Ausdehnung von Lübbenau bis Ortrand, durch Vielfalt an regionalen Besonderheiten aus. Im Norden des Landkreises lässt sich bei einer Kahnfahrt durch den Spreewald dessen einzigartige Natur genießen. Erholung findet man auch im Süden am Senftenberger See; für jeden Geschmack ist etwas dabei. Hinzu kommt die günstige verkehrstechnische Anbindung, die ein großes Potenzial für wirtschaftliche Entwicklung und Ansiedlung bietet. Die Wirtschaftsstruktur hat sich zu einer ausgewogenen Mischung von leistungs- und wettbewerbsfähigen klein- und mittelständischen Unternehmen im gewerblich-produzierenden Bereich sowie dem Dienstleistungssektor entwickelt. Langfristig gesicherte industrielle Kerne befinden sich in Lauchhammer, Schwarzheide, Senftenberg, Großräschen, Ortrand, Lübbenau und Vetschau.
Der Landkreis befindet sich ganz im Süden des Landes Brandenburg, an der Grenze zum Freistaat Sachsen. Auf einer Fläche von 1 216 qkm leben rd. 129 600 Menschen. Die Kreisstadt ist *Senftenberg;* weitere Städte *Schwarzheide, Großräschen, Calau, Lauchhammer, Lübbenau* und *Vetschau;* weiterhin die Ämter *Ruhland, Ortrand* und *Altdöbern* sowie die Gemeinde *Schipkau.*
Das Gebiet des *Amtes Altdöbern* liegt am Nordrand des Niederlausitzer Landrückens. Besonders geprägt sind die Orte des Amtes durch den Bergbau; die Region befindet sich derzeit im Umbruch hin zu einer der größten Seenlandschaften Europas. 1346 erfolgte die Erwähnung einer Kirche in Petershain; bis Anfang des 19. Jahrhunderts gab es noch 90% Wenden. Sie nannten ihr Dorf »Wiki« (= Getreidemarkt). 1870 entstand etwa 2 km außerhalb des Ortes ein Eisenbahnhaltepunkt, vor allem aufgrund des Kohlebergbaus und der sich entwickelnden Glasindustrie. Unbedingt sehenswert sind die Feldsteinkirche, die Dorfstraße mit den alten Bauernhäusern und der Gutshof in Geisendorf. Heute ist das eine Kulturstätte – und sie wird es auch bleiben, denn es ist das einzige Gebäude im Ort, das von der Landnahme durch den heranrückenden Tagebau (Welzow-Süd) nicht betroffen sein wird. Als markanter Erinnerungsort soll es die soziale und kulturelle Identität der Menschen im Bergbaurevier erhalten. Als ein Beispiel für das Wiedererwachen von Dörfern, die einst zum Sterben durch die Braunkohle verurteilt waren, steht *Pritzen* (niedersorb.: »prjecny« – quer) – die meisten Dörfer wurden in Ost-West-Richtung angelegt, aber Pritzen lag quer dazu. 1973 wurde beschlossen, dass die Gemeinde dem Kohleabbau weichen müsste (32 Menschen wohnten hier noch), 1995 sollte es soweit sein, aber drei Jahre zuvor wurde der Tagebau stillgelegt. 2001 lebten schon wieder 69 Menschen hier – ein Dorf, das wieder zu neuem Leben erwacht ist. Weitere Beispiele sind der »Wolkenburger Glockenturm«, dessen tragende Stämme aus dem Jahre 1485, der Glockenstuhl aus dem 18. Jahrhundert stammen. Wolkenburg musste dem Bergbau weichen, und die »Buchholzer Höhe« erinnert an den überbaggerten Ort Buchholz.
Früher prägten Stadtkirche und Rathaus die Silhouette der *Stadt Calau,* heute ist es der Funk- und Fernsehturm. Geblieben ist aber der ovale Altstadtkern von »Calawa« (Calau). Die Schuhmacherzunft hat hier eine große Tradition. Und was ist mit den »Kalauern«? Die stammen auch von hier: Die Schuhmacher »kalauerten« bei ihrer oftmals stupiden Arbeit vor sich hin, erzählten sich's untereinander, wandernde Handwerksburschen schnappten es auf und trugen sie in die Welt, die »Kalauer«, wie: »Will man herzlich lachen, müssen Calauer Witze machen« oder »Will man Märsche wagen, muss man Calauer Stiefel tragen«. Noch 1859 gab es 144 Meister, 70 Gesellen und 45 Burschen; mehr als Bürgerhäuser (235). Elias Levy alias Ernst Dohm hat viele Kalauer gesammelt und als Redakteur des »Kladderadatsch« gedruckt. Am Haus Cottbuser Straße 16 ist aus diesem Grunde eine Gedenktafel angebracht.
Vetschau (Vetosov) am Südrand des Spreewaldes, wurde 1302 erwähnt. Vordem lebten die Burgunder hier, dann kamen die Slawen. Ihr Einfluss reicht bis heute (Sprache, Slawenburgen etc.). Den besonderen Reiz erhält die Stadt durch die Lage zwischen dem Niederlausitzer Landrücken und dem »Biosphärenreservat Spreewald«. Vetschau profitiert mit seinen Ortsteilen Göritz, Koßwig, Laasow, Missen, Naundorf, Ogrosen, Raddusch, Repten, Stradow und Suschow von der spannenden Entwicklung, die sich aus der Gestaltung der ehemaligen Tagebaulandschaft rund um den Bischdorfer- und dem Grübensee ergibt. Einen knappen Kilometer von der Anschlussstelle an die A 15 und direkt verbunden mit der B 115 liegt das IST (Industrie- und Technologiezentrum Spreewald), das sich aus dem stillgelegten Kraftwerk zu einem vielschichtigen und modernen Industriestandort entwickelt hat.

 Die spätgotische dreischiffige Stadtkirche, deren Baubeginn vor 1400 datiert, in der ehemaligen Kreisstadt Calau

Senftenberg – Die Stadt im Lausitzer Seenland

Die Kreisstadt Senftenberg liegt im südlichen Teil des Landes Brandenburg im Landkreis Oberspreewald-Lausitz. Gegenwärtig leben in dieser See- und Hochschulstadt mit ihren Ortsteilen Sedlitz, Brieske, Niemtsch, Peickwitz, Großkoschen und Hosena ca. 29 000 Einwohner. Die über 725 Jahre alte Stadt bildet mit der Fachhochschule Lausitz, dem Theater NEUE BÜHNE, Bibliotheken, Festungsanlage, Schloss und Galerie, Tierpark, Erlebnisbad, Skihalle und weiteren Sport- und Freizeiteinrichtungen das Bildungs-, Tourismus- und Kulturzentrum im Süden Brandenburgs. Die Schönheiten der Natur können per Fahrrad oder Skates über das fertig ausgebaute, regionale Radwanderwegenetz (über 600 km) erkundet werden. Ein touristischer Anziehungspunkt ist das Erholungsgebiet Senftenberger See, das mit einer Wasserfläche von etwa 1 300 ha, Strandhotel, Familienpark, Komfortcampingplatz, Amphitheater und Wassersportzentrum ein Paradies für Wassersportler und Sonnenhungrige darstellt. Zahlreiche Hotels, Restaurant- und Pensionsbetriebe sowie Einkaufs- und Geschäftszentren sind bestens auf Gäste und Kunden eingestellt. Etwa fünf Kilometer von Senftenberg entfernt befindet sich der Eurospeedway Lausitz, die modernste Motorsportanlage Europas.

Infrastruktur

Senftenberg liegt ca. 150 km von Berlin und ca. 60 km von Dresden entfernt. Die Stadt ist über drei Bundesstraßen in das überregionale Straßennetz integriert. Die Bundesautobahn A 13 (Berlin–Dresden) verläuft ca. fünf Kilometer westlich der Stadt und kann über zwei Anschlussstellen erreicht werden. Parallel zur B 169 wird das Stadtgebiet von einer Bahnstrecke durchquert, auf der Regionalzüge in fünf Richtungen verkehren, sowie Regionalexpresslinien über Berlin nach Stralsund, über Cottbus nach Frankfurt/Oder und nach Dresden.

Historische Altstadt

Reizvoll ist das Ensemble um das älteste Bauwerk der Stadt, die spätgotische Sankt-Peter-Paul-Kirche. Nur wenige Schritte vom Stadtzentrum entfernt befindet sich die Renaissancefestung mit einer Galerie und angrenzendem Tierpark. Umgeben ist diese Anlage von einem herrlichen Park. Im Schloss der Festungsanlage befindet sich das Museum des Landkreises Oberspreewald-Lausitz. Der Festungswall ist noch vollständig erhalten. Dieses militärhistorische Erdbauwerk zählt zu den Raritäten unter den Festungsanlagen in Deutschland.

Sport- und Freizeitangebote

In nur wenigen Minuten erreicht man vom Schlosspark den Senftenberger See. Er gehört zu den größten künstlich angelegten Binnenseen in Europa. Besonders Surfer und Segler schätzen die hervorragenden Windverhältnisse. Weiterhin bieten Seerundfahrten, Tauchkurse, Kinderveranstaltungen, Minigolfanlagen, Bootsverleih, das Wassersportzentrum, zwei Riesenwasserrutschen sowie reizvolle Rad- und Wanderwege, Stadt- und Seefeste Freizeitspaß für jedermann. Am Nordrand der Stadt Senftenberg entstand ein großer Freizeitkomplex, in dem sich neben einem Erlebnisbad auch eine Kunsteisbahnhalle, die sich von November bis März in vier Tennisplätze verwandelt, eine Saunalandschaft, Solarien und Fitnesscenter, zwei 6-Bahn-Bowlinganlagen und das »Snowtropolis Lausitz« mit einer Indoor-Skihalle befinden. Außerdem besteht in der Anlage die Möglichkeit, Badminton und Volleyball zu spielen. Anschließend kann im »Tiroler Stadl« Hunger und Durst gestillt und in den liebevoll eingerichteten Ferienhäusern die Nacht verbracht werden.

Übernachtungsmöglichkeiten

In den Ferienanlagen rings um den See können täglich ca. 2 500 Gäste in Ferienhäusern, Wohnwagen oder Zelten übernachten. Hotels, zahlreiche Pensionen und Privatquartiere, auch in den Anliegergemeinden, bieten weitere Übernachtungsmöglichkeiten.

Senftenberger Ortsteile

Die ländlichen Ortsteile sind beliebte Wohnstandorte inmitten des entstehenden Lausitzer Seenlandes. Auf einer Fläche von ca. 5 000 Quadratkilometern, dort wo sich noch vor wenigen Jahrzehnten flächenhafte Braunkohletagebaue befanden, erstreckt sich die größte Landschaftsbaustelle Europas. Die Lausitzer Seenkette mit

Der Markt im historischen Altstadtkern ist ein beliebter Treffpunkt zum gemeinsamen Feiern, um auf dem Wochenmarkt einzukaufen oder um einfach zu verweilen und miteinander zu plaudern.

ca. 12 200 ha neuer Wasserfläche und ca. 42 200 ha neuem Festland ist im Begriff zu entstehen. Im Rahmen der internationalen Bauausstellung (IBA) »Fürst-Pückler-Land« soll bis zum Jahr 2010 dieser beeindruckende Landschaftswandel vollzogen sein.

Ortsteil Hosena: Hosena entstand als Heidedorf auf kargem, wenig fruchtbaren Sandboden, der nur geringe Erträge brachte. Erst mit dem Abbau von Glassand und der Entwicklung der Glasindustrie im Ort kehrte ein bescheidener Wohlstand ein. Im Jahr 1876 wurden die Vereinigten Hohenbockaer Glassandgruben von »Weichelt und Co. Dresden« gegründet. Das Dorf erlangte schnell Weltruhm. So exportierte die Glashütte der Gebrüder von Streit Waren nach Schweden, Dänemark, England, Bulgarien und in die Türkei.

Idylle pur erlebt der Erholungsuchende beim Camping im Hosenaer Waldbad. Im Norden grenzt die Gemarkung des Ortsteils auf einer Länge von ca. 800 m direkt an den Strand des Senftenberger Sees. Hier befindet sich auch eine der touristischen Hauptattraktionen von Hosena, der 31,5 m hohe Aussichtsturm. Im Ort haben mit der »Züblin Stahlbau GmbH« und der »Clever-Etiketten GmbH« zwei der größten produzierenden Betriebe der Stadt Senftenberg sowie eine Lohnmosterei ihre Standorte.

Ortsteil Sedlitz: Die Wurzeln des alten Bauerndorfes reichen bis ins 12. Jahrhundert zurück. Haupterwerbsquellen waren die Landwirtschaft, Bienenzucht und der Fischfang. Der Ort verlor seine einstige Größe durch den Bergbau. Nach dem Abbau der Braunkohle wurden die Kippenflächen aufgeforstet oder für die landwirtschaftliche Nutzung rekultiviert. Auch die Dorferneuerungen können sich sehen lassen. Die Kirche, das älteste Gebäude in Sedlitz, wurde rekonstruiert, Straßen erneuert und der ehemalige Kindergarten zu einem Bürgerhaus umgestaltet. Das Oberstufenzentrum nahm seinen Betrieb auf. Eine neue Mehrsportanlage dient der

Am Geierswalder See werden eine Wasserskianlage, ein Sportboothafen und eine Marina mit schwimmenden Häusern entwickelt. Bereits gegenwärtig ist dieser an Senftenberg liegende See ein Idyll für Erholungsuchende und Aktivsportler.

sportlichen Betätigung ebenso wie ein Reitplatz. *Ortsteil Großkoschen:* Wahrzeichen des Dorfes ist von jeher der Koschenberg. Auf seiner Südseite baute man bis 1928 Wein an. Heute betreibt dort der größte Arbeitgeber im Ort, die Basalt AG, einen Steinbruch. Abgebaut wird sehr reine Grauwacke. Nach der Auskohlung des Tagebaues Niemtsch und den folgenden umfangreichen Sanierungsmaßnahmen wurde 1973 das »Erholungsgebiet Senftenberger See« eingeweiht.

Gemeindeteil Kleinkoschen: Zwei Fische im ältesten Siegel des Ortes von 1738 verweisen auf den einstigen Fischreichtum Kleinkoschens. Außerdem stach man bis zum Beginn des 20. Jahrhunderts Torf in den feuchten Wiesen. Die Menschen lebten in erster Linie von der Landwirtschaft. Erst durch die Beanspruchung von Grund und Boden durch den Bergbau änderte sich die Situation. Fast 90% der Gemarkung, einschließlich der Gehöfte, fiel dem Tagebau zum Opfer. Nun wird sich in absehbarer Zeit der Geierswalder See, der an den Gemeindeteil ufert, als Teil der Lausitzer Seenkette zu einem Erholungszentrum entwickeln. Gegenwärtig besteht dort bereits die Möglichkeit, Jetski, Wasserski und Motorboot zu fahren.

Ortsteil Peickwitz: Mit der einsetzenden Industrialisierung wandelte sich das landwirtschaftlich geprägte Dorf zunehmend zu einer Wohngemeinde für Industriearbeiter. Bis zu diesem Zeitpunkt war das Torfstechen, ebenso wie in Kleinkoschen, eine wichtige Einnahmequelle. Mit der Erschließung der Glassandgruben in Hosena und Hohenbocka entstanden Fabriken, in denen sich die Peickwitzer fortan ihren Lebensunterhalt verdienten. Nach 1945 gewann die Landwirtschaft wieder an Bedeutung.

Gern angenommen wird das Rad- und Wanderwegenetz, welches in die waldreiche Umgebung sowie das Naturschutzgebiet »Peickwitzer Teiche« führt.

»Marga« – die erste deutsche Gartenstadt, erbaut im späten Jugendstil

Ortsteil Brieske: Sumpfige Wiesen, Wassergräben und Teiche umgaben das Dorf. Dies änderte sich erst mit der Regulierung des Flusses Schwarze Elster im Jahre 1850. Wenige Jahre später entdeckte man bei Bohrungen ergiebige Kohleflöze. In unmittelbarer Dorfnähe begann die Ilse-Bergbau AG 1904 mit dem Aufschluss der Grube Marga. Außerdem errichtete sie nach den Entwürfen des Dresdener Architekts von Mayenburg eine Wohnsiedlung im späten Jugendstil, die erste deutsche Gartenstadt »Marga«. Nach mehrjähriger Sanierung erstrahlt die unter Denkmalschutz stehende Gartenstadt wieder in neuem Glanz. Sie ist eine kleine Villenstadt mit schmucken Häusern, die in ihrer abwechslungsreichen Fassadengestaltung reizvolle Eigentümlichkeiten zeigen. Die Gartenstadtbewegung, die um 1900 in England entstand, fand in »Marga« ihre konsequenteste bauliche Umsetzung. So entstanden in »Marga« gleichzeitig zu den Wohnbauten eine Schule, eine Vorschule, ein Kaufhaus, Gaststätten und die Kirche.

Ortsteil Niemtsch: Als Rundplatz-Dorf angelegt, ist der Ort eine typisch sorbische Dorfanlage. Niemtsch lag in einer wald- und wasserreichen Umgebung. Als 1940 der Aufschluss des nach dem Ort benannten Tagebaues begann, hatte dies auch tiefgreifende Auswirkungen auf das Umfeld des Ortes. Nach Beendigung der Kohleförderung im Jahr 1966 begann man mit der Flutung des Restloches. Heute liegt Niemtsch am Ufer des Senftenberger Sees. Mit der Verbesserung der Wasserqualität entstand im See ein Lebensraum für verschiedene Fische. So befindet sich im Ort auch ein kleiner Fischereibetrieb. Zander, Hecht, Wels und Aal sind neben einer Forellenzucht von vorrangiger Bedeutung für die Bewirtschaftung. In unmittelbarer Nähe befindet sich das Naturschutzgebiet »Niemtscher Park«. In diesem ehemaligen Schlosspark kann man auf einem eingerichteten Naturpfad einen alten Bestand an Laubbäumen erkunden.

Stadt Schwarzheide

Bodenfunde aus frühgeschichtlicher Zeit zeugen von der Besiedlung des Gebietes bereits in der Mittelsteinzeit, also vor ca. 12 000 Jahren. Ab etwa 600 n. Chr. zogen die germanischen Stämme in Richtung Westen und Süden ab, und in das jetzt siedlungsarme Gebiet kamen slawische Stämme; eine Gruppe der Westslawen nennt man heute »Lusici« (Lausitzer). Was soviel heißt wie »Sumpfbewohner«.
Schwarzheide entwickelte sich aus zwei eigenständigen Dörfern in der Folgezeit. Aus einer Verpfändungsurkunde des Herrschaftsbereiches Senftenberg von 1421 geht die erste bekannte Erwähnung von »Nuwendorff« (Naundorf), dem heutigen Schwarzheide-Ost, hervor. Es ist ein breites Straßendorf, das im Zuge der deutschen Ostexpansion entstand. Ursprünglich lag das Dorf nur südlich der Straße von Ruhland nach Senftenberg, einer späteren Poststraße. Mehrere Brände veranlassten die Einwohner jedoch in der Folgezeit, das Dorf nicht mehr so dicht zu bebauen. So entstanden die ersten Gehöfte nördlich der Straße; da schrieb man allerdings bereits das 18. Jahrhundert. Bis 1900 veränderte sich Naundorf aber nur unwesentlich. Erst mit dem einsetzenden Bergbau kamen Arbeitskräfte, neue Familien wurden gegründet und Häuser gebaut. Ab 1912 wurde die Grube »Victoria III« aufgeschlossen und die Brikettfabrik gebaut. Seither gab es örtlich große Veränderungen, und die Bevölkerungszahl stieg schnell; nordöstlich entstand die Bergarbeitersiedlung »Victoria«. Die erste urkundliche Erwähnung von »Zschornegosda« (Cschörnegast), dem heutigen Schwarzheide-West, wird einem Lehnsbrief von 1449 entnommen. Die Ortsanlage weist auf eine planmäßig vermessene Dorfgründung durch den deutschen Adel hin. Wie in Naundorf, so werden auch in Zschornegosda die meisten Bewohner Sorben/Wenden gewesen sein. 1999 konnte dieser Ortsteil die 550-Jahr-Feier begehen. »Zschornegosda« ist – das geht aus entsprechenden Urkunden hervor – Bestandteil der Herrschaft Senftenberg gewesen. Der Ortsname, übersetzt man ihn strikt aus dem niedersorbischen »corny/Carny« (schwarz) und »gozd/Hozd« (Heide), lautet somit »Schwarzheide«. Auf diese Weise wurde das alte Dorf zum Namenslieferanten für die heutige Stadt.
Am 1. Oktober 1936 wurde Schwarzheide gegründet; die neue Industriegemeinde entstand durch den Zusammenschluss der beiden vorher selbständigen Dörfer und hatte bereits im Folgejahr über 5 000 Einwohner: 1967 erhielt Schwarzheide Stadtrecht, hatte zeitweise über 10 000 Einwohner und feiert also 2007 sein 40-jähriges Bestehen. Sie hat sich zu einem der zukunftsorientierten Wirtschaftsstandorte im Süden des Landes Brandenburg entwickelt, verfügt über eine Gesamtfläche von 3 321 ha und hat derzeit ca. 6 500 Einwohner. Der Ort liegt verkehrsgünstig an der B 169 und der A 13 (Richtung Berlin bzw. Dresden) und ist somit idealer und günstiger Standort zu weiteren Industriezentren, aber auch zu Erholungsgebieten und kulturhistorischen Stätten.
Die Industrie spielte in Schwarzheide schon lange eine beachtliche Rolle. Bereits 1673 wird erstmalig die Pechhütte erwähnt, die etwa zwei Kilometer nördlich von Zschornegosda lag und aus kienigem Holz in trockener Destillation Pech zum Abdichten der Fischerkähne, Wagenschmiere, Holzkohle und Kienruß herstellte. Sie wurde bis 1873 betrieben und musste nach 1938 dem Bergbau weichen. 1798 wurde auf der Bockwitzer Flur, nur wenige Kilometer von Zschornegosda entfernt, erstmalig Rohbraunkohle gefunden. Die ersten wichtigen Gruben und die Brikettfabriken entstanden allerdings erst knapp ein Jahrhundert danach. Dann aber bestimmte die Braunkohle und deren Verarbeitung die gesamte Gegend; 1975 schlossen dann die Brikettfabriken in Schwarzheide-West und 1995 in Ost.
1897 nahm die Brikettfabrik »Ferdinand« in Zschornegosda ihren Betrieb auf; heute tragen die Gruben, aus denen die Kohle gewonnen wurde, die Namen »Südteich« und »Ferdinand« – sie werden rekultiviert und sollen zukünftig der Erholung dienen.
Ab 1935 entstand auf der Naundorfer Flur das BRABAG-Wewrk als dritter Betrieb der Braunkohlen-Benzin-Aktiengesellschaft. Die ersten Produkte verließen 1936 das Werk. Am 1. Januar 1936 wurde dann die Industriegemeinde Schwarzheide gebildet. 1954 erfolgte die Gründung des VEB Synthesewerks Schwarzheide und entwickelte sich in der Folgezeit zum größten Polyethan-Hersteller des gesamten Ostblocks.
1990 übernahm die BASF AG das VEB Synthesewerk und modernisierte somit einen über 70 Jahre alten Industriestandort grundlegend. Mehr als 1,3 Milliarden Euro wurden seitdem in neue Produktionsanlagen und die Infrastruktur investiert.
Die BASF Schwarzheide GmbH beschäftigt rund 1 900 Mitarbeiter und stellt neben Polyurethanen auch Technische Kunststoffe, Schaumstoffe, Pflanzenschutzmittel, Dispersionen und Lacke her.
Neben der BASF Schwarzheide GmbH sind auch weitere BASF-Gruppengesellschaften wie die BASF IT Services am Standort.

Größter Arbeitgeber in Schwarzheide ist die BASF, The Chemical Company. Der Wasserturm beim Haupteingang ist das Wahrzeichen des Produktions- und Forschungsstandortes.

Wichtig für die Region sind Perspektiven für Jugendliche. Die BASF Schwarzheide GmbH bildet weit über den eigenen Bedarf Azubis aus. Jährlich erhalten mehr als 50 Jugendliche einen Ausbildungsplatz, darüber engagiert sich das Unternehmen bei der Initiative »Start in den Beruf«. Neben den Berufsbildern Chemikant, Chemielaborant werden Elektroniker für Automatisierungstechnik, Industriemechaniker und Betriebswirte ausgebildet.

Die BASF hat in Brandenburg mit über 10 Prozent die höchste Ausbildungsquote im Vergleich der Großunternehmen. Die BASF unterstützt Kitas und Schulen und ist der Regionalsponsor Brandenburgs für »Jugend denkt Zukunft«.

Darüber hinaus sieht sich die BASF als größter Arbeitgeber Südbrandenburgs als Unternehmen, dessen regionale Verantwortung auch darin besteht, das Kunst- und Kulturleben zu bereichern. Mit einem abwechslungsreichen Ausstellungs- und Konzertprogramm gibt die BASF der Region Lausitz ihr eigenes Gesicht. Dabei werden regionale Künstler genauso berücksichtigt wie Werke von weltweit bekannten Malern und Komponisten. Durch das Einbeziehen von Nachwuchskünstlern wird auch in diesem Bereich der Fokus auf die Jugend gelegt.

Neben der BASF und BASF-Gruppengesellschaften haben sich über ein Dutzend Ansiedler mit bisher 350 Beschäftigten für den Lausitzer Standort der BASF entschieden. Seit 1998 arbeitet das Ansiedlungsmanagement des Unternehmens unter dem Motto »Vorteile im Verbund« daran, weitere Investoren zu gewinnen. Neben dem Werksgelände gibt es auch die Möglichkeit, sich auf dem unmittelbar angrenzenden VIZ (Verarbeitungs- und Industriezentrum)-Areal anzusiedeln.

Auch die Stadt Schwarzheide bietet mehrere Flächen für Investoren: Neben einem Misch- und Gewerbebetrieb in Schwarzheide-Mitte, in dem sich klein- und mittelständische Unternehmen niedergelassen haben, gibt

1939 als Lichtspielhaus errichtet, wurde das Gebäude bis 1998 zum Bürgerhaus der Stadt Schwarzheide, dem heutigen Verwaltungssitz, umgebaut.

es auch am südlichen Stadtrand, direkt an der B 169, ein Gewerbegebiet mit einer Gesamtfläche von 40 ha. Hier finden Investoren ideale Ausgangspositionen für Dienstleistungsunternehmen und für das produzierende Gewerbe. Hand in Hand arbeiten Verwaltung und Entscheidungsträger an der kontinuierlichen Auslastung des Gewerbegebietes. Auch das Bemühen, schnell und ansiedlungsfördernd bei der Entscheidungsfindung zur Vermarktung vorzugehen, ist von großem Vorteil und Nutzen. Außerdem wurden zahlreiche neue Arbeitsplätze im Bereich des Gewerbegebietes Schwarzheide-Süd geschaffen.
Ein wichtiges Kriterium, das für eine Ansiedlung in Schwarzheide spricht, ist die kontinuierlich betriebene Sanierung und Modernisierung des vorhandenen Wohnungsbestandes und des gesamten Wohnumfeldes in der Stadt. Vorzeigeprojekt ist die Wasserturmsiedlung: 1999 wurde sie durch die BASF saniert und instand gesetzt und so zu einer attraktiven und begehrten Wohngegend umgewandelt. Honoriert wurde das mit dem Bauherrenpreis des Landes Brandenburg. Ein weiteres Vorzeigeprojekt ist die Wandelhofsiedlung.
Schwarzheide verfügt über eine Zweigstelle des Oberstufenzentrums Niederlausitz der Berufsbildung, eine Zweigstelle der Musikschule sowie über ein Gymnasium, eine Grundschule und entsprechende Kindereinrichtungen für die Vorschul- und Hortbetreuung. Für die Jugendlichen bildet die Jugendbegegnungsstätte und für die Senioren die Seniorentagesstätte ein reich frequentiertes Domizil der Begegnung. Für Sport- und Freizeit stehen Sportplätze, Tennisplätze, Tennishalle sowie Sporthallen zur Verfügung. Zahlreiche Vereine haben Anteil an einem regen kulturellen Leben in der Stadt. Daneben bietet das Freizeitzentrum Wandelhof Schwarzheide mit seinen 4 Kinosälen die gewünschte Entspannung. Fitnesszentren, Saunen und eine Kegelbahn runden das Bild der Sport- und Freizeitmöglichkeiten ab. Das Bürgerhaus, der Verwaltungssitz, ist auch für besondere künstlerische Veranstaltungen nutzbar. Darüber hinaus können Kunstliebhaber sich an den ständig wechseln-

Der Ferdinandsteich am Stadtrand, ein Restloch des Braunkohletagebaus, der zur Absetzung der Kohletrübe diente, gehört heute zum Erholungsgebiet.

den, anspruchsvollen Ausstellungen in der Galerie der BASF Schwarzheide erfreuen. Verkehrstechnisch ist Schwarzheide sowohl von Berlin als auch von Dresden über die A 13 bequem über 2 Auf- und Abfahrten zu erreichen. 1996 wurde die Anbindung Nord von der A 13 zur BASF Schwarzheide realisiert; dies bewirkte auch eine enorme Entlastung des innerstädtischen Verkehrs. Auch die komplette Sanierung des angrenzenden Autobahnteilstückes sowie die Neugestaltung des Anschlusses der Landesstraße 55 an die B 169 wurden noch vor der Jahrtausendwende abgeschlossen. Parallel dazu erfolgte der Ausbau von 3 Bauabschnitten der Kreisstraße zwischen Lauchhammer und Ruhland durch den Landkreis Oberspreewald-Lausitz und die Stadtverwaltung. Ein Flugplatz ist als Verkehrslandeplatz der Kategorie II eingeordnet und wird von der kommunalen Flugplatzbetriebsgesellschaft Schwarzheide/Schipkau mbH betrieben. Er kann auch für den Privatbetrieb genutzt werden, und an den Wochenenden bestehen vielfältige Möglichkeiten der flugsportlichen Betätigung. Zahlreiche Arten der Flora und Fauna zeigen, dass sich die Natur in Industriegebieten bewahren kann: Großflächige Kiefernwälder, Seen, Wiesen und Weiden kennzeichnen die unmittelbare Umgebung von Schwarzheide. In der Nachbarschaft liegen reizvolle Landschaften (Spreewald, Sächsische Schweiz, die Elbauen), die in knapp einer Stunde erreichbar sind. Naherholungsgebiete in unmittelbarer Nähe, wie der Senftenberger See oder der Grünewalder Lauch, sind sommers ein Eldorado für Segler, Surfer und Sonnenanbeter.
Kunst- und Kulturgeschichte der Niederlausitz verdeutlichen das Kreismuseum Senftenberg, das Kunstgussmuseum Lauchhammer, die Silbermann-Orgeln in der Großkmehlener Dorfkirche sowie das Kultur- und Heimatmuseum in Schwarzheide. Auf der Grundlage eines Wanderwegekonzeptes sind zahlreiche Wander- und Radwege in der jüngsten Vergangenheit angelegt worden. Sie ermöglichen dem Bürger Erholung und Entspannung und führen durch eine neu gestaltete und gepflegte Landschaft.

Stadt Lauchhammer

Lauchhammer ist einer der ältesten Industriestandorte Deutschlands im südlichen Brandenburg. Die Wirtschaft war hier jahrhundertelang vom Eisenguss, der Braunkohleveredlung und der Energieerzeugung geprägt; Kunstguss von hier erlangte weltweite Bekanntheit.

Ursprünglich war die Gegend recht beschaulich mit ihren weiten Feldern, Wäldern und mehr oder weniger großen Dörfern, als 1716 die Freifrau von Löwendal ihren Wohnsitz von Dresden ins damalige Mückenberger Schloss verlegte. Auf der Suche nach dem möglichen Standort für eine Brettmühle, um den Waldreichtum der Gegend in klingende Münze zu verwandeln, fand man Raseneisenstein. Das Anblasen des ersten Hochofens fand am 25. August 1725 statt – Auftakt einer der frühesten Industrialisierungen in ganz Deutschland. Der heutige Ortsname wird zurückgeführt auf diesen (Schmiede-) »Hammer im Lauch«.

Der erste Eisenkunstguss gelang 1784. Graf Einsiedel veranlasste den Bau der ersten Dampfmaschine Deutschlands. Ab 1804/05 wurde das Wasser des Naundorfer Sees für die Hammerwerke genutzt. Es dauerte noch einige Jahrzehnte, bis mit der Braunkohlegewinnung und Brikettierung begonnen werden konnte; das erste Brikett wurde 1898 gepresst. Die Folge der immer stärker werdenden Industrieansiedlung war der ständig steigende Zuzug von Arbeitskräften; heute leben in Lauchhammer 20 000 Menschen. Energie aus Braunkohle wurde 1912 über die erste 110 kV-Freileitung Europas nach Riesa übertragen. 1993 fand die fast hundertjährige Geschichte der Braunkohlenverarbeitung ihr abruptes Ende. Seither ist die Stadt viel sauberer geworden, und mit den auch nunmehr verschwundenen Schornsteinen kommt die landschaftliche Schönheit wieder stärker zur Geltung.

Die traditionsreiche Geschichte des Schwermaschinenbaus bekam ein neues Gepräge: Nachdem im Kunstguss in der Vergangenheit zahlreiche Großbronzeplastiken, wie 1899 Goethe und Schiller für San Francisco sowie Glocken für namhafte Städte gegossen wurden, sind es heute u.a. die 200. Glocke der Kunstgießerei für die Hofkirche Dresden und ein Glockenspiel für Japan.

»Ureinwohner« wissen noch, dass man das Gebiet hier dereinst auch mit dem Namen »Ländchen« versah … weshalb? Ein Forscher unserer Tage brachte 1991 Licht in das Dunkel: Der Begriff »Ländchen« sei bereits seit 1546 bestehend und stand für das Kernland der Gutsherrschaft Mückenberg. Im Blatt LSR 326, Nr. 208 des Sächsischen Hauptstaatsarchivs Dresden steht geschrieben, »Im lendichen«. Nun wissen wir's also. Dichte Wälder und Heidegebiete prägten das Landschaftsbild. Zum »Ländchen« zählten damals zeitweise Dörfer, die heute nicht mehr zu Lauchhammer gehören, u.a. Zschornegosda (Schwarzheide-West), Klettwitz, Schipkau und Särchen. Sie wurden entweder verkauft oder anderweitig abgegeben. Für die Heimatforscher jedenfalls ist 1267 das »Schlüsseljahr« der Region: Von da ab kann man mittels vorhandener Urkunden Aussagen über Menschen, Lehnsherren und zur Lebensweise treffen. Dann hieß das Gebiet »Frommes Ländchen«: Nachdem in der 2. Hälfte des 13. Jahrhunderts vom Kloster Dobrilugk ausgehend der christliche Glaube Einzug gehalten hatte, folgten die Menschen ab da inbrünstig und aus tiefster Überzeugung dem Ruf der Bockwitzer Glocken zum Gottesdienst. Später erhielt das »Ländchen« den Zusatz »Rotes Ländchen«: Seit 1725 zog das Eisenwerk Lauchhammer auswärtige Arbeitskräfte an. Das wurde noch mehr, als 1789 und in der Folgezeit auf dem Butterberg und anderswo Braunkohle entdeckt und mit dem intensiven Abbau dieser begonnen wurde. Es entwickelte sich ein recht selbstbewusstes Industrieproletariat, das sich bei Ungerechtigkeiten zu wehren wusste.

Im Jahre 1267 findet man im Copialbuch des Klosters Dobrilugk erstmals die Erwähnung eines Dorfes *Bockwitz;* 1925 stieß man bei Bauarbeiten auf mehrere Funde, die bewiesen, dass bereits vor 3 000 Jahren hier gesiedelt worden war. Mit der industriellen Nutzung wurden Schafzucht, Land-, Fisch- und Forstwirtschaft nach und nach verdrängt. Als 1898 die Brikettfabrik »Milly« ihre Arbeit aufnahm, stieg durch Zuzug die Bevölkerungszahl schnell: Lebten 1898 hier 2 502 Menschen, so waren es 1925 knapp doppelt mehr und um 1950 sogar 6 371. Das heutige *Lauchhammer-West* hieß bis zur Bildung der Großgemeinde *Mückenberg*. Die ersten Besitzer der Mückenberger Gegend waren die Burggrafen von Wettin; es folgte der Ritter Cuncze Schaff de Monte Miconis, Ritter Heinrich von Waldow und viele andere davor, dazwischen und danach. Von diesen späteren Besitzern seien noch die Herren von Schleinitz und ab 1716 Freiherr Woldemar von Löwendal genannt. Der letzte in dieser »Ahnenfolge« war 1904 der Baron von Arnim. Im I. Weltkrieg diente das Schloss als Lazarett und danach Verwaltungszwecken der Kohleindustrie. Am Abend des 25.4.1945 wurde das Schloss an mehreren

Im Jahr 1836 wurde das erste Blancier-Zylinergebläse mit drei Zylindern für das Hüttenswerk Freiberg in Lauchhammer gebaut. Dieses Gebläse ist seit 1925 technisches Denkmal und wurde vor dem Eisenwerk in Lauchhammer aufgestellt.

Stellen in Brand gesetzt; die Ruine wurde 10 Jahre danach gesprengt bzw. abgetragen. Nordwestlich dieses Stadtteils breitet sich der Seewald, der in den Naturpark »Niederlausitzer Heidelandschaft« überleitet, aus. Hier entlang führte die alte Poststraße von Elsterwerda nach Mückenburg.

Die Hammerhütte (»das Werk im Lauch«), zu der bis 1791 vier weitere Hammerhütten hinzukamen, nannte man fortan *Lauchhammer,* abgeleitet von »Lauch« (= Sumpf) und »Hammer«. Nach 1881 wurde daraus eine Aktiengesellschaft, sie fusionierte ab 1922 mit der Linke-Hofmann-AG Breslau. Mit Schwesterbetrieben (u.a, in Riesa und Gröditz) hießen die Werke »Mitteldeutsche Stahlwerke«. Von 1927–45 erwarb der Flick-Konzern die Aktienmehrheit. Dann wurde das Werk bis zur Wende VEB. Zum heutigen *Lauchhammer-Ost* gehört auch *Naundorf,* ein sehr altes Dorf mit langer, bewegter Geschichte.

Lauchhammer-Süd ist das einstige *Dolsthaida.* Ursprünglich eine Kolonie, fühlte sich der Ort als eigenständige Gemeinde; 1872 wurde Dolsthaida dem Gutsbezirk Lauchhammer angegliedert. Auch eine Eisenbahn wurde gebaut; sie verläuft nördlich der Kolonie auf Naundorfer Flur.

Lauchhammer-Nord ist das ehemalige *Kleinleipisch.* Der Name ist möglicherweise aus dem wendischen »ljub« (= geliebt) abgeleitet; andere Aussagen gehen von »lipa« (=Linde) aus. Gewaltige Veränderungen brachte die Braunkohle: Die Bagger »umschifften« den Ort quasi wie eine Insel; vieles ging dennoch verloren, die Dorfflur versandete, Häuser mussten der Kohle weichen, Wälder wurden gerodet, Straßen und Wege durchschnitten. Ende der 70er Jahre war es mit der Kohle vorbei. 1974 wurde das Dorf nach Lauchhammer eingemeindet. Heute umgeben Wälder und Gärten wieder den Ort, in dem viele Menschen Ruhe und Erholung finden können. Nach Jahrzehnten kehrt die einstmalige Naturvielfalt langsam zurück.

Seit Ende 1996 wurden zahlreiche öffentliche Räume im Sanierungsgebiet Innenstadt Lauchhammer erneuert. Außer öffentlichen Gebäuden wurden zahlreiche private Gebäude mit Hilfe der Städtebauförderung saniert.

Grünewalde begeht 2008 das 590. Jahr seiner ersten nachweisbaren Erwähnung. Der Ort hieß ganz früher einmal »Selendrewo«, was die wendische Bezeichnung für »grüner Wald« ist. Mit dem Tagebauaufschluss Koyne begann 1919 der Bau einer Werkssiedlung und eines Ledigenheimes; einige Jahre später wurden die Dimensionen weitaus größer. Auch hier ging die Landwirtschaft immer mehr zurück. Von 1953–62 wurde im »Grünewalder Tagebau« Braunkohle gefördert; anschließend wurde er geflutet, und 1977 war das Erholungsgebiet »Grünewalder Lauch« fertig. Seit 1996 gehört Grünewalde sowie die gesamte Gemarkung zum Brandenburger Naturpark »Niederlausitzer Heidelandschaft«.
1421 wurde Kostebrau erstmals erwähnt; bis ins späte 15. Jahrhundert gehörte der Ort zur Herrschaft Mückenberg und Ortrand, von 1551 an ununterbrochen zum Amt Senftenberg. Außerordentlich schön war die Umgebung: das Oberdorf und im Tal das Unterdorf, auslaufend nach Osten bis nach Friedrichsthal, anschließend die Pommelheide mit herrlichen Eich- und Kiefernwäldern, satten Wiesen, großem Wild- und Fischbestand. Der Braunkohlentagebau überbaggerte bis zum Ortsrand alles, und das Dorf sollte, wie andere auch, devastiert werden.
Die Wende verhinderte das und veränderte einiges. 1993 nahmen die Bewohner Abschied von ihrer 572-jährigen Tradition als eigenständige Gemeinde.
Ein bedeutendes kultur- und industriegeschichtliches Kleinod ist das 1993 eröffnete Kunstgussmuseum in einem der schönsten denkmalgeschützten Gebäude der Stadt. In der ständigen Ausstellung legt der Betrachter symbolisch den Weg durch mehr als zweieinhalb Jahrhunderte zurück. In Verbindung mit diesem Besuch kann man ohne weiteres einen kleinen Abstecher zur Lauchhammer Balancier-Zylinder-Gebläsemaschine machen;

Eine der 5 Radtouren in und um die Stadt Lauchhammer ist die Tagebautour. Hier der Rastplatz am Windpark Kostebrau mit Blick auf die sanierte Tagebaulandschaft, 170 Meter über NN.

dieses Gebläse wurde 1836 in Lauchhammer gefertigt und war bis 1925 im Einsatz. Das Technische Denkmal wurde vor etwa 15 Jahren restauriert und verrichtet seine Arbeit im Schaubetrieb.
Die waldreiche Gegend mit den Naturschutzgebieten nutzen viele Menschen für Ausflüge. Neben zahlreichen bekannten Landschaftsräumen gehört der Naturpark »Niederlausitzer Heidelandschaft« unbedingt dazu. Der »Grünewalder Lauch« ist ein gelungenes Beispiel bergbaulicher Nachnutzung und behutsamer Landschaftsgestaltung. Das Kernstück bildet der ca. 100 ha große See, der in den 70er Jahren entstand. Perfekt machen das Erlebnis Urlaub die rund um den See angelegten Wanderwege. Empfehlenswert ist auch ein kleiner Trip an die Tagebaukante Kostebrau: Der Gesamtüberblick über den riesigen Tagebau ist als Aussichtspunkt gestaltet. Willkommene Freizeitmöglichkeiten sind ferner u.a. der Rhododendronpark am Sportplatz Grünewalde, das Tiergehege am Schloss, der Rinderhof bei Grünewalde mit den hier seltenen schottischen Hochlandrindern, das Hallenfreizeitbad »Am Weinberg«, Strandbad Lauchhammer-West, Tennisplatz des TC Lauchhammer, die Kegelhallen in Lauchhammer-Ost, -Mitte und -Nord, die Töpfermanufakturen in Hohenleipisch, das Wandern in der Buckschen Schweiz oder den Kmehlener Bergen (Kirche mit Original Silbermann-Orgel) … Langeweile kommt nicht auf.
Die heutige Kommune umfasst die ehemaligen Dörfer Bockwitz, Dolsthaida, Kleinleipisch, Mückenberg, Kostebrau und Grünewalde und natürlich Lauchhammer selbst – der heutige Stadtteil Ost, dessen Kunstgießerei seit 1784 dafür Sorge trägt, dass Lauchhammer unter Kennern und Liebhabern ein klangvoller Name bleibt. Verkehrsmäßig ist die Stadt auf der Straße über die B 169 erreichbar, die von der A 13, Anschlussstelle Ruhland, nach etwa sechs Kilometern in sie hineinführt.

Stadt Großräschen

Die Stadt Großräschen im Landkreis Oberspreewald-Lausitz liegt 7,5 km nördlich der Kreisstadt Senftenberg und rund 30 km südwestlich von Cottbus. Der 14. Längengrad östlich von Greenwich durchläuft die Gemarkung ca. 1 200 m westlich des Stadtzentrums. Die Stadt liegt zwischen 112 bis 130 m über Normalnull und umfasst etwa 80 qkm. Zu ihr gehören die Ortsteile: Allmosen, Barzig, Dörrwalde, Freienhufen, Saalhausen, Wormlage und Woschkow. Großräschen ist über die A 13 (Berlin–Dresden) erreichbar; Die B 96, B 169 sowie die Bahnstrecke Lübbenau–Senftenberg führen direkt hier hindurch. Eine direkte Verbindung per Schiene besteht nach Berlin. Großräschen hat eine über hundertjährige Bergbautradition; hier wohnen gegenwärtig etwa 11 400 Menschen; der nächste Flughafen ist Dresden (ca. 70 km); Berlin liegt etwa 120 km entfernt. Die Stadt und ihre Umgebung ist eine der größten Landschaftsbaustellen in Europa und ein interessanter Wirtschaftsstandort, bietet attraktive Bildungs- und Weiterbildungsmöglichkeiten und hat traditionell ein breitgefächertes Freizeit-, Sport- und Erholungsangebot. Sie gehört dem Landkreis Oberspreewald-Lausitz an und ist Grundzentrum mit Teilfunktion eines Mittelzentrums. Darüber hinaus eine amtsfreie Stadt mit sieben Ortsteilen.

Großräschen und seine Ortsteile bieten ein vielfältiges und attraktives Freizeitangebot. Zentral am Markt gelegen, locken der Kurmärker-Saal und das Kurmärker-Bürgerhaus mit der »guten Stube« und der Stadtbibliothek mit einem vielfältigen Veranstaltungs- und Begegnungsprogramm für Jung und Alt. Direkt am zukünftigen Ufer des Ilse-Sees lädt die »Victoria-Höhe« zu einem phantastischen Rundblick in die Bergbaufolgelandschaft des Niederlausitzer Braunkohlenreviers ein. Mindestens genauso attraktiv sind die »Allee der Steine« und der »Mühlenkreisel«, eingebettet zwischen Pflanzpyramiden und Baumensemble mit hoher Aussagekraft. Die IBA-Terrassen, am zukünftigen Strand gelegen, sind das zentrale Informations- und Ausstellungszentrum der Internationalen Bauausstellung »Fürst-Pückler-Land«.

Einmalig ist die SeeBrücke unterhalb der IBA-Terrassen. Vorerst endet der zur Brücke umgebaute Abwurfausleger des letzten Abraumabsetzers im Tagebau Meuro noch im »trockenen« Ilse-See. Diese SeeBrücke symbolisiert Großräschen als Tor zum »Lausitzer Seenland«. Besonders interessant für Radwanderer ist das kreisliche Radwanderwegenetz – die Stadt selbst und ihre Ortsteile sind hierin eingebunden. Ein Kleinod in dörflicher Idylle ist der Wormlitz-Park im Ortsteil Wormlage und die restaurierte Mühle im Ortsteil Dörrwalde. Aktive Erholung bieten ein saisonbetriebenes Freizeit- und Erholungszentrum, großzügig gestaltete Sportanlagen mit Tennisplätzen, Sauna, Kegelbahn und Bowlingzentrum. Ein besonderes kulturelles Highlight sind die von Mai bis Oktober stattfindenden Orgelkonzertzyklen in den Kirchen der Stadt.

Die städtische Wirtschaftsstruktur prägen mittelständische Industrieunternehmen, Handels- und Dienstleistungseinrichtungen. Die Stadt hat drei Industrie- und Gewerbegebiete. Während das Industrie- und Gewerbegebiet »Am Räschener Laug« und jenes am »Woschkower Weg« so gut wie belegt sind, gibt es am traditionellen Industriestandort »Sonne« noch einige Ansiedlungsflächen. Für eine moderne Ausbildung nach der Schulzeit oder innerhalb einer beruflichen Neuorientierung sorgen der Lehrbauhof der Handwerkskammer Cottbus in den Bauhaupt- und -nebengewerken sowie eine Ergotherapieschule. Die IBA hat im ehemaligen »Beamtenwohnhaus« der Ilse-Bergbau AG ihren Sitz und treibt von hier aus gemeinsam mit der Stadt und weiteren Partnern den Strukturwandel der ehemaligen Braunkohlenregion voran. Das ehemalige Großräschen-Süd ist als IBA-Auftaktgebiet ein Beispiel dafür. IBA steht für Internationale Bau Ausstellung bis 2010 und knüpft gleichzeitig an die Traditionen der Ilse-Bergbau AG (IBA) an – Landschaftsumbau mit und nach dem Braunkohlenbergbau. Den geologischen Untergrund der Region bildet das Lausitzer Granitmassiv. Die Gestaltung der Oberflächenformen ist auf Vorgänge des Quartär zurückzuführen. Dem untergeordnet ist z.B. das Pleistozän, die sogenannte »letzte Eiszeit«: Eismassen gelangten bis an den Rand der Mittelgebirge. Dabei gab es verschieden weite Gletschervorstöße sowie Rückschmelzungen. In der Lausitz spricht man von der Elster-, der Saale- und der Weichseleiszeit mit dazwischen liegenden Warmzeiten. Während der Elstereiszeit lag hier eine 400 m mächtige Eisschicht über der Region. Nach dem Abtauen dieser entstanden neue Oberflächenformen, und die Flüsse Elbe und Schwarze Elster flossen in Richtung Norden. Besonders am Ende der Saalekaltzeit schufen die Ablagerungen dieser Gletscher und die Tätigkeiten der Schmelzwässer das noch heute vorhandene Relief. So hat man zwischen Altdöbern und Großräschen einen Höhenzug, der zum Lausitzer Grenzwall (Lausitzer Landrücken) gehört und als Endmoräne bezeichnet wird. Die Stadt befindet sich auf einer Sanderfläche. Die nördlich gelegenen »Weißen Berge« sind angewehte Dünen, die während der noch vegetationslosen Zeit entstanden. Die Erhebungen zwischen Großräschen und Barzig, Großräschen und Freienhufen sowie

Blick von den IBA-Terrassen auf den zukünftigen Ilse-See. Flutungsbeginn: 15.3.2007, geplantes Erreichen des Endwasserstandes: 2015.

die Raunoer Höhen (inzwischen durch den Tagebau abgebaggert) gehören zu einer Hochfläche. Diese wurden von Gletschern anfangs der Saalekaltzeit abgelagert. Die Schmelzwässer bildeten ab Sedlitz über Senftenberg nach Süden hin das ca. 20 km breite Lausitzer Urstromtal, in dem heute die Schwarze Elster fließt.

Mit dem endgültigen Rückschmelzen der Gletscher vor 12000 Jahren kam es zur Ausprägung des heutigen Gewässernetzes (Spree, Neiße, Schwarze Elster). In der sich anschließenden Warmzeit entstanden neben weiten Heideflächen auch Kiefern-, Birken- und Stieleichenwälder; in den feuchten Niederungen gab es Auenwälder und Moore. Vor 1000 Jahren bedeckten ausgedehnte Wälder die Niederlausitz mit dazwischen gelegenen Heideflächen; durch die Wälder war das Klima feuchter als heute, da ausgedehnte Moore und Sümpfe zu finden waren. Das Wasser der Flüsse erfasste weite Teile und hinterließ dann Brackwasserbereiche und Tümpel. Zwischen dem 6. und 13. Jahrhundert begannen die Menschen, die Flüsse einzudeichen, Sümpfe trocken zu legen und Wälder zu roden. Ab 1800 bewirkte die Rodung der Wälder zur Gewinnung landwirtschaftlicher Flächen und zur Holznutzung, dass die ehemaligen Waldgesellschaften fast verschwanden. Die Waldflächen erstrecken sich heute auf ca. 1 900 ha; das sind 38% der Gemarkungsfläche. Der Hauptteil des Waldgebietes liegt im Norden und Westen; durch den Abbau der Braunkohle sind im südlichen Raum nur noch Feldholzinseln und kleinere Forstflächen vorhanden. Die Wälder wachsen vorrangig auf armen eiszeitlichen Sanden. Seit Jahrhunderten nutzt die Landwirtschaft die nährstoffreicheren Böden; die Kiefer ist die Hauptholzart, der in geringerem Umfang Birke und Stieleiche »beigemischt« sind. Auch die über Jahrhunderte von den Bauern betriebene Waldweide mit Kühen, Schafen, Ziegen und Schweinen hatte einen ungünstigen Einfluss auf das Wachstum der Waldbestände.

1370 geschah die erste urkundliche Erwähnung von Groß- und Kleinräschen. Im 15. Jahrhundert gehörte man zu Sachsen; zu Beginn des 16. wurde der »Krug« erwähnt (Kurmärker-Bürgerzentrum), und 1722 entstand die

Im Stadtzentrum: Kurmärker-Ensemble mit grünem Marktplatz und Brunnen

erste Schule im Ort. Nach dem Wiener Kongreß gehörte Großräschen ab 1815 zur Provinz Brandenburg, Kreis Calau. 1864 begann in der Region der Bergbau und eine enorme Industrieentwicklung. 1871 wurde bei der Bergbaubehörde das Braunkohlebergwerk »Ilse« angemeldet und drei Jahre später die Eisenbahnstrecke Lübbenau–Kamenz eröffnet. 1887/88 wurden eine Ziegelei und eine Glashütte gebaut und 1925 der Zusammenschluss von Klein- und Großräschen vollzogen.
1946 kamen die Dörfer Bückgen und Schmogro zu Großräschen und damit auch die Grube »Ilse«, 1965 erhielt man das Stadtrecht und ab 1974 wurde Dörrwalde eingemeindet. Eine der spektakulärsten Aktionen in der Geschichte bedeutete die Ortsteilverlegung 1988; aus dem ehemaligen Bückgen (Großräschen-Süd) wurden 4 000 Menschen wegen der Überbaggerung durch den Tagebau Meuro umgesiedelt.
Nach der Wiedervereinigung wurde 1992 das Amt Großräschen gebildet (mit den Gemeinden Allmosen, Barzig, Freienhufen, Großräschen, Saalhausen, Sedlitz, Wormlage und Woschkow), fünf Jahre später geschah die Eingliederung von Freienhufen nach Großräschen und jene von Sedlitz nach Senftenberg. 1998 wird Woschkow eingegliedert. Ein Jahr später stellt der Tagebau Meuro seinen Betrieb ein. 2001 erfolgte dann die Eingliederung der übrigen Ortsteile und damit der Abschluss der Verwaltungsreform. Das Wappen des Amtes Großräschen wurde das neue Stadtwappen: Schräg geviertelt von Rot und Silber; oben eine wachsende silberne Harke mit sieben Zinken, links ein aufrechter schwarzer Buchenzweig mit acht Blättern, rechts gekreuzte schwarze Schlägel und Eisen, unten drei zu einem Dreischenkel zusammengestellte silberne Hufeisen.
In den letzten 100 Jahren erfolgte in Großräschen und Umgebung eine immer intensivere Verarbeitung von Braunkohle. Glashütten und Ziegeleien hatten ebenfalls einen hohen Produktionsausstoß. Abgase und Staub beeinflussten die noch vorhandenen Waldgebiete entscheidend negativ: Die Bäume alterten vorzeitig oder starben noch früher ab. Die somit ausgelichteten Baumkronen ermöglichten einen größeren Lichteinfall auf

SeeBrücke am Ilse-See: entstanden aus dem Abwurfausleger des letzten Abraumabsetzers des ehemaligen Tagebaus Meuro

den Waldboden; indem jahrzehntelang kalkhaltige Kohleasche einwehen konnte, kam es zu starker Ausbreitung von Gräsern in der Bodendecke der Kiefernwälder. Das Sandohr (vergleichbar mit der Quecke im Garten) herrscht heute in der Bodenpflanzdecke vor und ist zu einem großen Wasserkonkurrenten für die Waldbäume geworden. Und im Frühjahr sind diese noch toten Grasdecken eine gefährliche Zündquelle für Waldbrände.

Auf der Suche nach neuen wirtschaftlichen Perspektiven setzte die Stadt konsequent auf die Ansiedlung und Unterstützung kleiner und mittelständischer Unternehmen. So hat sich im Laufe der Jahre eine gesunde mittelständische Firmenlandschaft herausgebildet, deren Unternehmen inzwischen die wichtigsten Partner der Stadt bei der weiteren wirtschaftlichen Entwicklung und bei der Suche nach neuen Investoren sind.

Die Stadt Großräschen steht für etwas, was in den neuen Bundesländern außerhalb der Ballungszentren eher selten ist: die aktive und erfolgreiche Bewältigung des wirtschaftlichen Strukturwandels seit 1989. Es sind nicht die berühmten »Leuchttürme« oder Wachstumskerne, die hier mit vielen Beschäftigten glänzen. Vielmehr ist es ein aktiver Mittelstand, der meist unauffällig, aber erfolgreich, Jahr um Jahr Beschäftigung schafft. Es sind die vielen Unternehmen mit 100, 200 oder 300 Arbeitnehmern, in denen die meisten Menschen in der Privatwirtschaft einen Arbeitsplatz besitzen. Sie sind es, die die wirtschaftliche Entwicklung des Landes bestimmen. Es ist kein Zufall, dass Großräschen für mittelständische Unternehmen ein guter Standort ist. Neben den objektiven Faktoren (qualifizierte Arbeitnehmer, günstige Verkehrsverbindungen, gut erschlossene Industrie- und Gewerbeflächen, gute Anbindung an die Ballungszentren Berlin und Dresden) sind es auch subjektive Standortfaktoren, die hier eine gewichtige Rolle spielen: Eine engagierte Bürgerschaft und eine vorausschauende Stadtverwaltung tragen zum wirtschaftlichen Erfolg wesentlich bei; ein Engagement in Großräschen lohnt sich!

Stadt Lübbenau

»Lübbenau ist die heimliche Hauptstadt des Spreewaldes«, schrieb begeistert Theodor Fontane anno 1882. Zu jeder Jahreszeit offeriert diese märchenhafte Wasserlandschaft ihre zahlreichen Schönheiten: Der Frühling lockt mit blühenden Sumpfdotterblumen, der Sommer breitet opulent blühende Felder und Wiesen vor uns aus, im Herbst zeigt sich in der Stille des Wassers dessen bunt vergoldetes Laub, und im Winter erlebt man eine verträumte Landschaft, in der Wiesen zu Eisflächen mutieren.

Lübbeau/Spreewald (sorbisch/wendisch = Lubnjow/Blota) erstreckt sich am Südrand des reizvollen Oberspreewaldes als beliebtester Ausgangspunkt zu märchenhaften Kahnfahrten oder eigenen Bootstouren. Bequem und kurz ist dabei der Weg von der Bahn zum Kahn. Die Auswahl an Kähnen und Paddelbooten ist immens; hier gibt es zahlreiche Kahnfährunternehmen.

Der Spreewald mit seinen 48 400 ha Fläche ist eine eiszeitliche Niederung von 75 km Länge und 16 km Breite und von einem dichten Netz von Fließen durchzogen (man zählt etwa 1 000 Wasserarme). Das Schmelzwasser der Gletscherbecken ließ diese Landschaft mit den unzähligen Gewässerverästelungen entstehen; dazwischen liegen – malerisch verstreut – Felder, Wiesen und Gehölze vielerlei Art, die diese Natur- und Kulturlandschaft prägen. Das einzigartige Ökosystem steht als Biosphärenreservat seit 1990 unter UNESCO-Schutz.

In dieser Gegend siedelte seit dem 6. nachchristlichen Jahrhundert der slawische Stamm der Luzizer (woher der Name »Lausitz« kommt); die Slawen prägten das Gebiet mit ihrer Lebensweise, ihren Sitten und Gebräuchen. Sie waren, wie andere Stämme auch, vor allem aus der Karpatenregion nach hierher verschlagen worden und besiedelten vorzugsweise die hochwasserfreien Gebiete des Spreewaldes. Die Sorben/Wenden konnten trotz jahrhundertelangen Anfeindungen, Zurücksetzungen und letztlich Unterdrückung ihre Handwerkskunst, Musik, Sprache und die übrigen Traditionen bis in unsere Zeit hinein retten. Neben den Südschleswigern sind sie die zweite nationale Minderheit in Deutschland, die in allen Bereichen des öffentlichen Lebens gleichberechtigt ist. Was jedem Fremden beim Betreten des Territoriums oder beim Durchfahren der Dörfer und Städte sofort auffällt, ist die Zweisprachigkeit der Ortsschilder. Neben der »Hauptstadt« *Lübbenau (Lubnjow)* sind die in näherer Umgebung bedeutendsten Orte *Lübben (Lubin)* – an der engsten Stelle des Spreetals gelegen, in welchem der evangelische Pfarrer und brillante Kirchenliederdichter Paul Gerhardt (1607–76) wirkte (er ist in der nach ihm benannten spätgotischen Backsteinhallenkirche auch begraben); ferner *Lehde (Ledy),* ein Ortsteil von Lübbenau, mit dem sehenswerten Freilandmuseum (wendische Spreewaldhäuser, älteste Kahnbauerei, Webstube mit Trachtenausstellung, Gewürz- und Kräutergarten). Einzigartig in Deutschland ist das Gurkenmuseum. *Burg (Borkowy)* besteht aus ca. 800 Spreewaldhöfen, diese sind zum großen Teil reetgedeckte Holzbalkenhäuser und stehen auf kleinen Anhöhen (Kaupen).

Im Jahre 1315 wurde Lübbenau erstmals urkundlich erwähnt. Älteste Erwerbszweige waren die Leineweberei, Bierbrauerei und der Gemüseanbau; bis 1950 war Lübbenau ein Ackerbürgerstädtchen. In der Altstadt befindet sich ein kleiner Marktplatz, der von einfachen Bürgerhäusern – zum Teil Putzbauten aus dem 18. und 19. Jahrhundert – sowie ein- oder zweigeschossigen Fachwerkhäusern (mit Walmdach) umgeben ist. In der Mitte steht die evangelische Kirche St. Nikolai von 1741, das bedeutendste Baudenkmal der Stadt. Sie ist sogenannter »Dresdner Barock«, nach Plänen von Gottfried Findeisen, mit barocker Innenausstattung. Übers Jahr finden hier auch regelmäßig Konzerte statt. Die katholische Pfarrkirche »St. Maria Verkündigung« wurde in den Jahren 1954–56 erbaut. Die Evangelische Pfarrkirche im Ortsteil Zerkwitz wurde in jetziger Gestalt 1770 erbaut. »Cerkwica« bedeutet soviel wie »Kirchdorf«; hier wirkte einst der wendische Sprachforscher und Pfarrer Choinau (gest. 1664). Das Gotteshaus hat einen Taufstein aus dem 13. Jahrhundert. Von dieser Kirche aus zieht am Ostersonntag die Reiterprozession aus.

1817–20 entstand das klassizistische, stumpf gewinkelte Schloss der Grafen von Lynar (heute Hotel); ein schöner Landschaftspark wurde ebenfalls angelegt, wozu die notwendige Erde auf Kähnen herbeigeschafft werden musste. Zum historischen Ensemble des Parks gehören das sogenannte Efeuhaus, die Orangerie und die ehemalige Gerichtskanzlei. In diesem einstig gräflichen Gebäude (1745–48) befindet sich das Spreewaldmuseum. In der gegenüberliegenden Halle kann man Lokomotive (Baujahr 1897) und Waggon der »Spreewaldguste«, der 1970 stillgelegten Kleinbahn, bewundern. Eine Postmeilensäule (1740) aus der Zeit August des Starken gibt Auskunft und berichtet über Distanzen zu den nächsten sächsischen Orten. Weitere erlebenswerte Station in Lübbenau ist das »Haus für Mensch und Natur«: Hier erhält man umfangreiche Informationen zum Biosphärenreservat. Und man kann auch in die Zeit »reisen«, als der Spreewald noch ein Urwald war, mit dem interaktiven Arteninformationssystem viele Tiere und Pflanzen der Fließlandschaft genauer kennenlernen und erfahren, wie es mit dem Spreewald zukünftig weitergehen soll.

Zentrum der Altstadt und des historischen Stadtkerns ist der Kirchplatz mit der im 18. Jahrhundert im Dresdener Barock erbauten St. Nikolai-Kirche. Rechts daneben wurde 1999 das Rathaus fertig gestellt und bezogen.

Theodor Fontane fand – wie schon erwähnt – Lübbenau, Umgebung und den gesamten Spreewald super ... so würde er es sicherlich heute formulieren. Allerdings befleißigte er sich anno dazumal als anerkannter Literat »höherer« Ausdrucksweise; hier einige seiner Sentenzen: »Und das dem Netze dieser Spreekanäle nichts von dem Zauber von Venedig fehle, durchfurcht das endlos wirre Flußrevier in seinem Boot der Spreewald-Gondolier …« … »Romantisch ist es im Spreewald und manchmal auch geheimnisvoll.« Der verstorbene Altbundespräsident Johannes Rau, der Lübbenau im Juni 2003 besuchte, fasste seine Eindrücke sehr viel schlichter und prägnanter zusammen: »Es hat gut getan, hier gewesen zu sein.«

Der Spreewälder liebt seine Heimat, ist stolz auf sie, hegt und pflegt intensiv und ist ein außerordentlich freundlicher Gastgeber. Dies alles – und noch einiges mehr kommt da noch hinzu – führt unweigerlich auch zur »Verleihung« eines Kosenamens: »Pusch« heißt jener und bedeutet soviel wie »Gebüsch«.

Es gibt zahlreiche Angebote, diesen schönen Teil Brandenburgs auf unterschiedlichste Weise zu erkunden; eine ist die etwa 30 km lange Fahrradtour von Lübbenau aus. Begonnen wird an der »Spreewald Touristinformation«, weiter geht es durch die Vorstadt, an der Postmeilensäule vorbei gen Barzlin, zum Aussichtsturm und zur Schlossinsel Lübben. Hier kann man diese einzigartige Naturlandschaft erleben und gewinnt überdies einen Blick in die reiche Flora und Fauna dieser Region.

Ein Highlight dieser Tour ist zweifellos der soeben erwähnte Barzlin: Im Nordwestteil des Lübbenauer Spreewaldes liegt unmittelbar an einem Fließ ein ovaler Talsandhorst, der Barzlin. Mit seiner Fläche von rund vier Hektar Größe ragt er inselartig etwa einen Meter aus der Niederung hervor. Durch die Beackerung seit dem 18. Jahrhundert wurde der Wall abgetragen. Ausgrabungen haben ergeben, dass in der jüngsten Bronzezeit hier eine dichtbewohnte, zunächst unbefestigte Lausitzer Siedlung bestand. Die Vertreter der Billendorfer

Seit 2007 ist die Stadt Mitglied in der Arbeitsgemeinschaft »Städte mit Historischen Stadtkernen« des Landes Brandenburg. Hier das Denkmal des Monats März: Das Torhaus am Topfmarkt, 1850 als Rathaus gebaut, dann Gerichtsgebäude und Gefängnis, jetzt ist es Sitz des Spreewaldmuseums Lübbenau.

Gruppe umgaben damals einen Holz-Erde-Wall und befestigten ihn mit einer Wellenbrecheranlage aus Holzpfählen. Die Zerstörung des Walles lässt auf kriegerische Einwirkung schließen. Zu Beginn des Hohen Mittelalters stieg das Wasser (wahrscheinlich durch Stau) um 90 cm; aus diesem Grund verließen die Slawen diesen Talsandhorst.

Eine weitere, wunderschöne Radtour wäre entlang der Hauptspree nach Lübben. Dabei berührt man den Kahnfährhafen (und könnte ja zur Not noch in einen der 800 Kähne umsteigen), macht dann einen kleinen Abstecher nach Lehde, gerät über Leipe (Lipje) nach Burg Kauper (Chusej), weiter nach Straupitz, am Weinberg vorbei gen Neu Zauche, Wußwerk, Alt Zauche, der menschlichen »Tankstelle« Bukoitza über das Ratsvorwerk nach Lübben; 50 km immer in schönster Natur und nahe dem Wasser entlang.

Wer ein wenig die kürzere Tour mag, sollte sich auf die 35 km lange Route in den südlichen Spreewald begeben. Sie führt von Lübbenau über Groß Klassow nach Boblitz. Dann geht es ein Stück die B 115 entlang bis Göritz, man verlässt dann die Straße in Richtung Stradow; weiter über Fleißdorf, Naundorf und Burg Kolonie; sodann Richtung Burg Kauper. Von dort geht es über Leipe retour nach Lübbenau. Oder man wagt die große Rundfahrt um das gesamte Biosphärenreservat (60 km): Von Lübben geht es linksherum über Alt Zauche und ein Stück die B 320 entlang bis Straupitz. Über eine Landstraße führt eine sehr schöne Strecke nach Fleißdorf, weiter über Stradow und die B 115 nach Lübbenau. Wer wieder bis Lübben muss, fährt den Rad- und Wanderweg entlang der Hauptspree dorthin.

Wer es bedächtiger haben möchte, der benutze einen der vielen Spreewaldkähne, das Paddelboot oder gar den »Spreewaldexpress«, das ist ein wohl einmaliger Linienverkehr zu Wasser zwischen Lübbenau und Lehde: Vom großen Spreewaldhafen geht es zum Gasthaus Kauper Nr. 6, zum Restaurant »Café Venedig«, zum Gast-

Das jetzige Hotel Schloss Lübbenau. Im Jahr 1817 als klassizistisches Schloss auf den Grundmauern eines früheren Wasserschlosses erbaut. Grabungen in den siebziger Jahren brachten Reste eines slawischen Burgwalles zutage, der auf eine frühzeitliche Besiedlung im 9. Jahrhundert schließen lässt.

haus »Fröhlicher Hecht« (Freilandmuseum), zu den weiteren idyllisch gelegenen Gasthäusern Oppott, Spreewaldhof Lehde, Quappenschänke (Bauernhaus- und Gurkenmuseum), Fischkasten und Hirschwinkel – man merkt: Hier verhungert niemand, kann außerdem Natur pur tanken und auch den Geist entsprechend anregen. Wer eine größere Tour favorisiert, ergattere tunlichst einen Kahnsitzplatz und lasse sich durch die Fließe staken. Unweigerlich werden einem bei einem Zwischenhalt die begehrten Spreewaldgurken offeriert – kürzer und frischer kann der Weg vom Erzeuger zum Verbraucher nicht sein; außerdem kann man gemütlich im Sitzen einkaufen … wo gibt es das sonst noch?
So gut kann es sich hier jeder gehen lassen, der am »Großen Spreewaldhafen« anlangt: Neben der größten Auswahl an täglich stattfindenden Kahnrundfahrten stehen den Besuchern eine Vielzahl an kleinen Geschäften, ein Infopunkt, Stationen zum Stillen des kleinen Hungers, das Traditionsgasthaus »Grüner Strand der Spree«, das Hafenrestaurant »Zum Rudelhaus« und ein modernes Bowlingcenter zur Verfügung. Man kann überdies sicher sein – es gibt immer etwas zu sehen. Der Spreewaldhafen ist im wahrsten Wortsinne ein Tummelplatz für Jung und Alt: Zahlreiche Veranstaltungen finden statt (Töpfermarkt, Hafenfest, Kürbismarkt, Bockbierfest u.v.a.m.); eine Besonderheit stellt auch die »Gurkenmeile« dar: Hier kann jeder nach Lust und Laune die Gurken nach alten, geheimgehaltenen Rezepturen verkosten und mit nach Hause nehmen.
Im Sommer finden die »Spreewälder Lichtnächte« statt – eine nächtliche Erlebniskahnfahrt durch das verwunschene Fließsystem verzaubert einen und wird an bestimmten Stellen unterbrochen durch Konzerte, Theater, Serenaden, Tänze, Feuer-Wasser-Lichteffekte und weitere Überraschungen. Die zauberhafte Naturkulisse zeigt ein einzigartiges visuelles Erlebnis mit effektvollen Licht- und pyrotechnischen Inszenierungen um sagenhafte Gestalten des Spreewaldes; ein Ereignis, von dem tausende Besucher ins Schwärmen geraten.

Landkreis Spree-Neiße

Der Landkreis in der Lausitz, der sich vom Oberspreewald im Nordwesten bis zur Neiße im Osten und dem Muskauer Faltenbogen im Süden erstreckt, verfügt über zahlreiche Besonderheiten: etliche aktive Braunkohlentagebaugelände, die sorbisch-wendische Kultur und waldreiches Umfeld, durch gut ausgebaute Rad- und Wanderwege gekennzeichnet. Die Einwohnerzahl beträgt rd. 135 500, die Kreisstadt ist Forst und das nächste Oberzentrum Cottbus. Der Landkreis hat folgende Städte: Forst, Guben, Spremberg, Drebkau, Peitz, Döbern, Welzow, die Großgemeinde Kolkwitz sowie weitere kleinere Gemeinden. Inmitten des Landkreises liegt die kreisfreie Großstadt Cottbus (ca. 105 000 Einwohner). Braunkohlebergbau, Energiewirtschaft, Chemische Industrie, Land- und Forstwirtschaft, Bau- und Metall verarbeitende Gewerbe, Nahrungsmittelindustrie, Textil-, Papier- und Glasindustrie prägen den Landkreis, der zu den industriellen Ballungsgebieten Brandenburgs gehört. Etwa 10% der Arbeitnehmer sind in der Kohle- und Energiewirtschaft tätig; in den drei Tagebauen Jänschwalde, Cottbus-Nord und Welzow sowie den Braunkohlekraftwerken Jänschwalde und Schwarze Pumpe.
Wo der Spreewald am ursprünglichsten geblieben ist, liegt das idyllische *Amt Burg/Spreewald* mit Burg-Kauper, Burg-Kolonie, Burg-Dorf sowie Müschen im östlichen Teil des Oberspreewaldes; zahlreiche Fließe, weitläufige Wiesen, Felder und Bauernhöfe bestimmen das Ortsbild dieser Streusiedlung. Seit Dezember 2005 ist Burg staatlich anerkannter Ort mit Heilquellen-Kurbetrieb. Seit der slawischen Besiedlung im 6. Jahrhundert leben hier Sorben/Wenden; nach wie vor pflegen sie ihr traditionelles Handwerk und uraltes Brauchtum. Höhepunkt ist das alljährlich am letzten Augustwochenende stattfindende Heimat- und Trachtenfest. Die ersten Siedler lebten vom Fischfang und brachten das Gefangene in kleineren Eimern aus Borke auf den Cottbuser Markt; diese hießen »Borker« (»Zbork«) – so kam Burg (wendisch: Borkowy) zu seinem Namen. Im 18. Jahrhundert brachte Friedrich II. seine ausgedienten Soldaten als Bauern und Kossäten hier unter (Burg-Kolonie). Eine Schmalspurbahn existierte bis Cottbus von 1898–1970.
Das *Amt Peitz* liegt nördlich von Cottbus an der deutsch-polnischen Grenze. In den Gemeinden Drachhausen, Drehnow, Heinersbrück, Jänschwalde, Peitz, Tauer, Teichland und Rurnow-Preilack leben ca. 13 100 Menschen. Bekannt sind die Peitzer Teiche als bedeutendes Zentrum der Fischwirtschaft: Der be- und gerühmte Peitzer Karpfen gilt als besondere Delikatesse.
Forst/Lausitz liegt östlich von Cottbus, hat rd. 22 700 Einwohner und eine lange industrielle Tradition: Die alte Tuchmacherstadt (gegründet 1150) vereint die Ortsteile Mulkwitz, Bohrau, Briesnig, Naundorf, Groß und Klein Bademeusel, Klein Janno sowie Horno und unterhält städtepartnerschaftliche Beziehungen zu den polnischen Gemeinden Lubsko und Brody sowie zur Stadt Wermelskirchen. Die zweifellos beliebteste Attraktion ist der Rosengarten, eine 15 ha große Gartenanlage mit über 400 Rosensorten und mehr als 40 000 Rosenstöcken. Diese Anlage ist 1913 aus Anlass des 25. Krönungsjubiläums Kaiser Wilhelms II. entstanden.
Eine der ältesten Städte der Niederlausitz ist die *Stadt Guben;* sie war lange ein bedeutendes Zentrum für Tuch- und Hutindustrie. 1847 begann die Braunkohleförderung. An bedeutenden Persönlichkeiten stammen von hier die Sängerin Corona Schröter (geb. 1751), fast zwei Jahrhunderte vorher der Komponist Johann Crüger. Die Neiße, kleinere Berge, ausgedehnte Wälder, Weiden und die Heidelandschaft nordwestlich der Stadt; all das lädt zum Erholen und Entspannen ein. Erwähnt wurde Guben 1211. Spezialitäten sind der wohlschmeckende Apfelwein, der das jährlich im September stattfindende »Appelfest« krönt und die »Gubener Plinze«.
Beiderseits der Spree liegt die Gemeinde *Neuhausen/Spree* mit ihren 15 Ortsteilen; rd. 5 750 Menschen leben hier. Die Schönheit der Region wird durch Gewässer, Moore und ausgedehnte Kiefernwälder geprägt. Die Großgemeinde *Schenkendöbern* (4 460 Einwohner) mit 16 Ortsteilen liegt zwischen Guben und Cottbus an der B 97 in einem von der Neißeaue etwa drei Kilometer in den Randbereich der Lieberoser Hochfläche hineinreichenden Wiesental.
Der älteste Nachweis über die Existenz von *Welzow* stammt aus dem 13. Jahrhundert. Das Wappen, das die Gemeinde seit 1934 führt, zeigt, was Welzow entscheidend geprägt hat: Landwirtschaft, Bergbau und Glasindustrie. Mitte des 19. Jahrhunderts trat die Landwirtschaft in den Hintergrund, als hier Braunkohle gefunden wurde. Die Braunkohle boomt auch heute noch; vor den Toren der Stadt befindet sich der riesige Tagebau Welzow-Süd, ein Betrieb der Vattenfall Europe Mining AG, aus deren Tiefen der Tagebau jährlich mehr als 20 Mio. t Braunkohle fördert, die im nahen Kraftwerk »Schwarze Pumpe« zu Strom und Wärme veredelt werden.

 Figur eines Basketballspielers vor dem 72 Meter hohen Wasserturm der Kreisstadt Forst (Lausitz)

Felixsee mit Aussichtsturm im Ortsteil Bohsdorf

Amt Döbern-Land

Im südöstlichen Zipfel des Landes Brandenburg, unmittelbar an den Grenzen zum Freistaat Sachsen und Polen, liegt das Amt Döbern-Land im Landkreis Spree-Neiße. Seit der Fusion der beiden Ämter Döbern-Land und Hornow/Simmersdorf am 5. März 2003 gehören dem jetzigen Amt Döbern-Land die Kleinstadt Döbern und die sieben Gemeinden Felixsee, Groß Schacksdorf-Simmersdorf, Hornow-Wadelsdorf, Jämlitz-Klein Düben, Neiße-Malxetal, Tschernitz und Wiesengrund an. Als flacher bewaldeter Höhenzug hebt sich der Lausitzer Grenzwall deutlich von der übrigen Landschaft ab. Dieser ist ein Teil des Muskauer Faltenbogens, welcher durch einen eiszeitlichen Gletscher entstanden ist. In seiner Form ähnelt der Faltenbogen einem Hufeisen. Jede Gemeinde hat dadurch ihren eigenen landschaftlich schönen Reiz. Sie sind durch das öffentliche Straßennetz, aber auch durch Rad- und Wanderwege miteinander verbunden. Geprägt wurde diese Gegend hauptsächlich durch die Glasindustrie und den Abbau von Kohle. Noch heute wird in der Kleinstadt Döbern die Glasmachertradition fortgeführt. Um einen Einblick von dieser Handwerkskunst zu bekommen, lohnen sich Führungen durch das Glaswerk. Eines der schönsten Gebäude im Amtsgebiet ist das neu restaurierte und unter Denkmalschutz stehende Schloss in Gahry, welches im 18. Jahrhundert erbaut wurde. Eines der ältesten Naturdenkmäler dieser Gegend ist eine über 800 Jahre alte Eiche im Ortsteil Hornow. Sie steht nördlich der im 13. Jahrhundert erbauten und unter Denkmalschutz stehenden Kirche. Das älteste Dorf im Amtsgebiet ist das im Jahre 1283 erstmals erwähnte Tschernitz. Bekannt wurde diese Region in der Lausitz durch den Schriftsteller Erwin Strittmatter, der in Bohsdorf sein Zuhause hatte. Der elterliche Laden wurde 1999 als Museum wieder eröffnet und ist für jeden Besucher zugänglich. Bis Mitte des 19. Jahrhunderts waren noch über 60% der Bevölkerung der wendischen Muttersprache mächtig, dies änderte sich erst mit der Industrialisierung. Das sorbische Brauchtum wird in wechselnden Ausstellungen in der Bloischdorfer Museumsscheune dokumentiert.

Bismarckturm auf dem Georgenberg, am 1. April 1903 eingeweiht.

Stadt Spremberg

Spremberg, im grünen Tal der Spree, unmittelbar an der Grenze zum Freistaat Sachsen gelegen, ist das regionale Mittelzentrum im Südosten Brandenburgs. Auch die Umgebung bietet viele Möglichkeiten für einen angenehmen Aufenthalt; ein sehr gut ausgebautes Radwegenetz erweitert das Angebot. Unter den Brücken der Stadt, in der heute 26 500 Einwohner leben, führt der länderübergreifende Spree-Radweg (420 km), aus dem sächsischen Spreequellgebiet kommend, durch den Spreewald nach Berlin. Die Stadt hat 11 Ortsteile: Graustein, Groß Luja, Haidenmühl, Lieskau, Schönheide, Schwarze Pumpe, Sellessen, Terpe, Trattendorf, Türkendorf und Weskow. Viele Besucher kommen wegen der Erinnerung an den Schriftsteller Erwin Strittmatter hierher; er wurde in Spremberg geboren, wuchs in Bohsdorf auf und lernte am heutigen »Strittmatter-Gymnasium« in Spremberg. Die Talsperre, die einzige in Brandenburg, ist ein Eldorado für Camper, Segler und Surfer (960 ha). In den Natur- und Landschaftsschutzgebieten haben selten gewordene Vögel ihre Brut- und Überwinterungsplätze. Angler schätzen den Fischreichtum der Spree.

Spremberg ist wieder die »Perle der Lausitz«; das war über vier Jahrzehnte anders: Kraftwerke der Umgebung pusteten ungefiltert ihren Qualm in die Luft. Heute steht in »Schwarze Pumpe« eines der modernsten Braunkohlekraftwerke der Welt. Energiezentrum bleibt die Gegend um Spremberg nach wie vor, allerdings ist die Luft wieder sauber geworden, die Wiesen und Wälder sind wieder grün und das Wasser blau: In Spremberg kann man gut leben. Es gibt noch weitere Besonderheiten, u.a. den Georgenberg, ein Endmoränenzug, der als Teil des Niederlausitzer Grenzwalls den Verlauf der südlichen Eisgrenze vor ca. 150 000 Jahren kennzeichnet; auf ihm steht der 1903 eingeweihte Bismarckturm. Von 1871 bis zum Ende des 1. Weltkrieges war Spremberg der Mittelpunkt des Deutschen Reiches. Der Originalmarkierungsstein befindet sich im Niederlausitzer Heidemuseum im Spremberger Schloss.

Stadt Drebkau

1280 wurde die Stadt gegründet, und somit konnte man 2005 das 725-jährige Jubiläum festlich begehen. Im Rahmen der Gemeindegebietsreform hat sich das ehemalige Amt Drebkau zum 31.12.2001 entschieden, mit den amtsangehörigen Gemeinden die amtsfreie Stadt Drebkau zu gründen. Auf rd. 14 292 ha leben heute 6 400 Menschen. Drebkau befindet sich im südwestlichen Teil des Landkreises Spree-Neiße an der Grenze zum Landkreis Oberspreewald-Lausitz, südlich von Cottbus und gehört zum Wirtschaftsraum Spreewald. Im Süden grenzt sie an den »Lausitzer Grenzwall«, eine Hügelkette, die sich als Endmoräne eiszeitlicher Gletscher vor etwa 500 000 Jahren abgelagert hatte. Südlich und westlich der Region schürfen noch riesige Bagger aus den Tagebauen das »schwarze Gold«, die Braunkohle, mit deren Gewinnung der wirtschaftliche Aufschwung in der Niederlausitz ihren Anfang nahm. Seit Beginn der Besiedlung der Region sind Ackerbau und Viehzucht die wichtigsten Wirtschaftszweige gewesen. Die angrenzenden Eichen- und Kiefernwälder gaben der Stadt dereinst den sorbischen Namen »Drjowk« (»Hölzchen«). Die Vorherigen nutzten den Werkstoff in seiner vielschichtigen Verwendbarkeit – ob als Spreewaldkahn oder Holzpantine, Dachstuhl oder Möbelstück. Weitere Wirtschaftszweige sind hinzugekommen; die Kohle- und Glasindustrie und weitere zahlreiche mittelständische Handwerksunternehmen. Sorbische Bräuche zeugen von enger Verbundenheit zu den Vorfahren der hiesigen Bevölkerung: Einmalig ist und bleibt das Johannisreiten in dieser Gegend; weiterhin gibt es das Stollenreiten, Osterfeuer, Maibaumaufstellen, die Kirmes und das Zampern. Weit mehr als 40 Vereine und Verbände in Drebkau sind genügend Beweis, dass die hier heute Wohnenden aktiv das kulturelle Leben mitgestalten und Altes liebevoll bewahren. Auch die zahlreichen sorbischen Ortsbezeichnungen wie Hutung, Lug, Gulitza sind in den hiesigen Sprachgebrauch übergegangen und werden ebenfalls in hohen Ehren gehalten.
Entscheidendes geschieht in dieser Region auch in Sachen Natur- und Landschaftsschutz; so ragt als flächengrößtes Landschaftsschutzgebiet die »Steinitz-Geisendorfer Endmoräne«, auch »Steinitzer Alpen« genannt, heraus; ferner die »Schorbus-Leuthener Park- und Wiesenlandschaft«, das Naturschutzgebiet »Koselmühlenfließ« sowie Alleen und Einzelschöpfungen der Natur, die als Naturdenkmale ausgewiesen sind.
Drebkau liegt verkehrsmäßig zentral. Der nächstliegende Autobahnanschluss Cottbus–West (A 15 Berlin–Forst) ist 9 km entfernt; dadurch besteht auch die internationale Verkehrsanbindung nach Südpolen (Richtung Breslau). Die wichtigste Nord-Süd-Verbindung (B 169) führt von Cottbus durch Drebkau und weiter nach Senftenberg und Elsterwerda bis Riesa. Die Bahnlinie Cottbus–Senftenberg–Dresden quert das Stadtgebiet; Drebkau und Leuthen verfügen über Bahnhöfe.
Casel wurde 1449 erstmals erwähnt. Als man 1975 den Fund eines lanzettförmigen graugelben Feuersteindolches vermelden konnte, war klar, dass das Gebiet bereits in der Jungsteinzeit besiedelt war. Die spätgotische Kirche ist aus Mischmauerwerk erbaut und besitzt einen verbretterten Dachturm, ein Spitzbogenportal, eine Balkendecke und eine Hufeisenempore. Im Bereich der Birsch-Teiche erstreckt sich das »Restloch Casel«; im Norden liegt der sich seit 1996 in Flutung befindliche Tagebau-Restsee »Gräbendorf«. Er ist inzwischen ein touristisches Erholungsgebiet geworden. Das kleine Runddorf *Illmersdorf* wurde 1500 erstmals erwähnt. Außerdem gedieh in der Anfangszeit offensichtlich die Rebe außerordentlich gut und damit der Weinbau prächtig. *Domsdorf* verfügt über nur 87 Einwohner, wurde 1463 erwähnt und ist ein sogenanntes Sackgassendorf: Die Bauernhöfe reihen sich beidseitig der Dorfstraße in einheitlicher Flucht aneinander; Streuobstwiesen und ackerbaulich genutzte Flächen bilden eine harmonische Einheit. In ähnlicher Zeit (1488) erwähnte man *Steinitz:* Die Grenze zwischen Sachsen und Brandenburg verlief lange Zeit mitten auf der Dorfstraße. Das Örtchen schmiegt sich im Süden an die »Steinitzer Alpen« an, die hier einen Höhensprung von etwa 13 Metern aufweisen.
Golschow (1522) wurde im 30-jährigen Krieg fast völlig zerstört; *Raakow* (1468) war einst Stammsitz der Familie von Köckritz. *Greifenhain* wurde 1527 ersterwähnt. Der Ort befindet sich heute am Fuße einer Bergbaukippe und wird in wenigen Jahren zu einem begehrten Urlaubszentrum gehören. *Jehserig* war noch 1850 fast sorbisch und liegt sehr malerisch in einer abwechslungsreichen Landschaft von Wiesen, Wäldern und Ackerland. *Kausche* gehörte um 1635 zu Böhmen, dann zu Sachsen und ab 1815 zu Brandenburg–Preußen. 1996 musste der Ort umgesiedelt werden und dem heranrückenden Braunkohlen-Tagebau »Welzow-Süd« weichen. *Laubst* verfügt über einen der ältesten Stadtteile von Drebkau; Leuthen entstand bereits um 1346: Das Schloss fiel 1969 einer Brandstiftung zum Opfer; die Ruine wurde fünf Jahre später gesprengt. *Schorbus* wurde sogar 1226 gegründet; die Kirche ist heute auf der Denkmalliste zu finden. Aus der flachwelligen Landschaft ragen einzelne Hügel heraus, die eine Höhe von 94–122 m aufweisen. Auch *Siewisch* ist ein sehr altes Dorf in dieser Gegend, das im Jahre 2000 sein 650-jähriges Jubiläum beging. Das älteste Haus (»Wendisches Haus«) mit Giebelumgebinde ist stolze 500 Jahre alt.

Kultur- und Begegnungsstätte der Stadt Drebkau

Kirche im Ortsteil Hänchen

Gemeinde Kolkwitz

Die Gemeinde Kolkwitz liegt am Rand des Biospärenreservates »Spreewald« inmitten einer wald- und wiesenreichen Gegend, eingebettet zwischen Teichen und Fließen. Erholungsuchende finden hier Ruhe und Entspannung. Ob beim Spazierengehen, beim Sammeln von Pilzen und Beeren, bei Kutschfahrten oder Ausritten, beim Angeln, beim Skaten oder Rad fahren auf einem sehr guten und weiträumig ausgebauten Radwandernetz oder beim Verweilen in gemütlichen Ausflugslokalen, überall ist die Natur und ihr Wirken auf Seele und Körper zu spüren. Die Nähe des Spreewaldes, in nur ca. 9 km sind Sie im Luftkurort Burg/Spreewald, und der Stadt Cottbus, die unmittelbar an die Gemeinde angrenzt, eröffnen den Einwohnern und den Gästen weitere umfangreiche Freizeitangebote.

Die Gemeinde Kolkwitz in der heutigen Struktur gibt es seit der Kommunalwahl am 5. Dezember 1993, als sich 11 ehemals selbständige Gemeinden mit ihren Ortsteilen vereinigten. Jetzt gehören die Orte Babow, Brodtkowitz, Dahlitz, Eichow, Glinzig, Gulben, Hänchen, Kackrow, Klein Gaglow, Kolkwitz, Krieschow, Kunersdorf, Limberg, Milkersdorf, Papitz, Wiesendorf und Zahsow zur Großgemeinde mit einer Einwohnerzahl von insgesamt 10 165, wobei Kolkwitz mit ca. 4 000 Einwohnern das Zentrum der Gemeinde bildet. Hier befindet sich auch der Sitz der Gemeindeverwaltung.

Die Gemeinde Kolkwitz ist verkehrstechnisch sehr günstig gelegen. So verfügt sie über zwei Autobahnanschlüsse der A 15 und drei Haltepunkte an den Eisenbahnstrecken Cottbus–Berlin und Cottbus–Leipzig und wird von der B 169 und der L 40 durchquert. Diese sehr gute Lage bietet beste Voraussetzungen zur Ansiedlung und Ausübung von Handel und Gewerbe. Die Entwicklung in den zurückliegenden Jahren und die Auslastung der Gewerbegebiete ist ein Ausdruck dessen. Die verbesserte Infrastruktur brachte eine Aufwertung der gesamten Gemeinde mit sich. So entstanden neue größere, aber auch kleinere idyllisch gelegene Wohngebiete in den

Typische Teich- und Wiesenlandschaft in der Gemeinde

Ortsteilen, die noch heute Bauwillige und Familien anziehen. Viele ältere Bauwerke, die ortsbildprägend sind, wurden modernisiert und rekonstruiert. Es ist uns Ansporn, die Entwicklung der Gemeinde stets weiter voran zu bringen, um die Einwohnerzahl weitestgehend zu sichern.
Drei Zahnarztpraxen sowie drei niedergelassene Allgemeinmediziner, eine Apotheke, vier evangelische Kirchen und eine katholische, drei Bankfilialen, eine Postangentur, ein SB-Warenhaus, zahlreiche Einzelhändler, eine Bibliothek, fünf Sportanlagen, drei Sporthallen, sechs Reiterhöfe, ein Pflegeheim, drei Anlagen für Betreutes Wohnen sowie mehrere Gaststätten, Hotels und Pensionen bilden diese gute Versorgungsgrundlage. Dazu gehören auch beste Betreuungsmöglichkeiten in den gemeindlichen Kindereinrichtungen sowie hervorragende Bedingungen in den beiden Grundschulen in Krieschow und in Kolkwitz.
Trotz dieses umfangreichen Angebotes haben die Ortsteile der Gemeinde ihren dörflichen Charakter erhalten. Neben der voranschreitenden industriellen Entwicklung ist die Gemeinde immer noch sehr landwirtschaftlich geprägt. Viele Familien betreiben Ackerbau und Viehzucht zur Eigenversorgung oder zum Kleinhandel, und vereinzelt gibt es hier und da auch noch einen Großbauern. Ausdruck eines pulsierenden Lebens in der Gemeinde Kolkwitz sind die vielfältigsten Aktivitäten der zahlreichen Vereine, der gemeindlichen Einrichtungen und Institutionen. Sie sorgen mit ihren Aktionen über das gesamte Jahr verteilt für ein ausgewogenes kulturelles Angebot. Veranstaltungen wie die Fastnachtsumzüge einiger Ortsteile, die Karnevalssession des Kolkwitzer Carneval Clubs, das Lindenblütenfest und das Bikertreffen in Limberg, das Trecker-Hänger-Rückwärtsschiebefest in Milkersdorf sowie die Motorsportveranstaltungen in Hänchen machen die Gemeinde über ihre Grenzen hinaus bekannt. Weitere Dorf-, Sport-, Vereins- oder Reiterfeste bereichern das dörfliche Leben und tragen in entscheidendem Maße zum Zusammenwachsen der Bevölkerung bei.

Der Spreewald – Kleinvenedig

Wasser, Wasser, Wasser. Wo das Auge auch hinsieht, erreicht es das feuchte Nass. Dazwischen Wälder, bisweilen Häuschen mit heimeligem Touch, Wiesen und auch Äcker. Gurken, Spargel, Tomaten, Kräuter aller Arten; das war lange Jahrzehnte neben den obligatorischen Trachten meist etwas bejahrter Damen so ein Hauch von Wenden und Sorben; ein bisschen geheimnisumwittert musste das alles freilich auf uns Kinder gewirkt haben und wir wollten das auch so – schließlich, etwas Abenteuer musste ja sein. Später, so gegen Ende der fünfziger und Anfang der sechziger Jahre, kam industrielles Flair in diese Gegend; aber wie! Und: wie schnell. In Lübbenau und Vetschau entstanden Großkraftwerke auf Braunkohlebasis (denn die gab es hier reichlich), ... die entpuppten sich als wahre Dreckschleudern und pusteten ungefiltert schädliches Zeug in die Luft.

Anerkennenswert: Der Spreewald hat auch diese Zeit einigermaßen schadlos verdaut und über diese 5–7 schornsteintürmige Ungetüme lässig und milde lächelnd triumphiert. Diese Kraftwerke gibt es heute nicht mehr, und die riesigen Braunkohlenlöcher werden teils behutsam aufgeforstet, teils entsteht hier auch eine neue Seenplatte – zu Nutz und Frommen des Einheimischen wie des Fremden. Gesegnet sei also diese robuste, liebenswerte Landschaft mit den freundlichen Einheimischen, deren landwirtschaftliche Produkte längst auch in Deutschland-West großer und kleinerer Ladenketten gelandet sind – und das sind beileibe nicht nur die allseits geschätzten Spreewaldgurken in verschiedenen Varianten.

Als unser »Brandenburg-Wanderer« Theodor Fontane anno 1859 diese Gegend – mit der Postkutsche von Preußens Hauptstadt aus nach Lübbenau erkundete – machte er in Lübbenaus Pfarrkirche zuerst Halt: Er hörte die Predigt des Pfarrers Friedrich Stempel. An sich überhaupt nichts Ungewöhnliches, aber dieser predigte in sorbischer Sprache. Jedenfalls soll unser Fontane tüchtig beeindruckt gewesen sein. Verständlich.

Ordnet man den Spreewald geographisch ein, so ist es eine sumpfige Niederung im Glogau-Baruther Urstromtal, wo die Spree sich in viele Arme aufgespalten hat. Unzählige Wasserläufe sind es, auch von Wiesen und Wäldern umsäumt. Der Zauber dieses schönen Landstrichs nimmt einen Jeden sofort für sich ein; vor allem dann, wenn man sich kahnmäßig durch die Fließe seinen Weg bahnt. Ein bisschen Urwaldmäßiges hat das Gebiet noch heute an sich – eine europaweit einmalige Landschaft, die berechtigterweise auch unter entsprechendem Schutz steht. Eben: eine faszinierende brandenburgische Landschaft! Der südliche Teil mit dem einzigartigen Biosphärenreservat steht seit 1990 unter dem Schutz der UNESCO: Hier zerrinnt die Spree mangels entsprechenden Gefälles in ein opulentes Netz von Bächen, Kanälen, Gräben und Rinnsalen. Es ist zweifelsfrei der schönste Teil der Niederlausitz – und damit wollen wir in keiner Weise anderen brandenburgischen Regionen zu nahe treten.

Die Hauptspree führt von Lübben gen Lübbenau und weiter geht's: nach Sternewitz, Lehde, Leipe, Burg Kauper, Straupitz, Neu Zauche, Weißwerk, Alt Zauche; hier entlang führt auch ein etwa 50 km langer Radwanderweg. Wer hier mehr über die Spreewaldkultur kennenlernen will, sollte keineswegs versäumen, einen entsprechend umfangreichen Halt im Freilandmuseum Lehde fest einzuplanen: In der »Lagunenstadt im Taschenformat«, wie es Fontane hochachtungsvoll dereinst formulierte, werden einem tiefe Einblicke in die Traditionen gewährt. In dem hervorragend erhaltenen, denkmalgeschützten Museumsdorf, bei dem die etwa 200 Jahre alten Häuser um drei komplett eingerichtete Hofanlagen ergänzt werden, erhält man wertvolle Informationen über Leben und Arbeit hierzulande im 19. Jahrhundert. Aus allen Gegenden des Spreewaldes wurde dies zusammengetragen in gewiss mühevoller Kleinarbeit; der Originalhof aus Lehde zeigt ein Wohn-Stall-Haus mit gewaltigem Familienbett, einen ehemaligen Schweinestall und ein Backhaus mit Lehminnenofen. Der Hof aus der Gegend um Burg zeigt ein Doppelstubenhaus, einen Stallgaleriebau mit Mägde- und Futterkammer, die Stallscheune für die Kühe und die Knechtkammer sowie einen Kahnschuppen. Zum dritten Hof zählt ein Fachwerkwohnhaus, ein Altenteil mit schwarzer Küche, Ställe und ein Taubenschlag. Desweiteren gehört in diese »Museumsmeile« noch die älteste Kahnbauerei (1884) und ein Kräutergarten. In einem weiteren Garten stehen sogenannte Färberpflanzen, die an den hier weitverbreiteten Blaudruck erinnern. In der Böttcherei erfährt man Wissenswertes über die Herstellung der Spreewälder Gukenfässer. Sorbische Traditionen vermittelt die Präsentation der filigran bemalten Ostereier und eine umfangreiche Trachtenschau.

Eines der schönsten Segelreviere im Spreewald – der Schwielochsee bei Goyatz

G 4374

Diese Trachten sieht man noch vereinzelt an hohen kirchlichen Feiertagen; jüngere Frauen zeigen sich den Touristen in jenen. Die bunten Trachten beeindrucken mit viel Spitze, Kopftüchern und großen Hauben (man konnte sogar erkennen, aus welchem Dorf die Trägerin kam). Die sorbisch-wendische Sprache, die hier lange lebendig war, ist heute leider eher seltener geworden. Auf jeden Fall findet man sie in Familien-, Orts-, Gewässer- und Flurbezeichnungen, wie etwa in der Fließbezeichnung »Grobla« (»der Graben«). Heute lebt hier noch eine etwa 20 000 köpfige slawische Ethnie – neben den südschleswiger Dänen die zweite nationale Minderheit unseres Landes; sie ist vor allem im Spreewald und in der Niederlausitz zu Hause und hat ihre Traditionen über Jahrhunderte bewahrt.
Im 6. Jahrhundert besiedelten Sorben/Wenden dieses Gebiet; sie waren aus Karpatenregionen eingewandert und ließen sich in den hochwasserfreien Gebieten des Spreewaldes nieder. In Vetschau (Vetosov) leben seit dem 7. Jahrhundert Deutsche und Sorben friedlich zusammen. Das war allerdings nicht immer so: Im »3. Reich« wurden diese Menschen ebenfalls diskriminiert. Viele Feste und Feiertage haben sich aber bis in unsere Zeit erhalten; im Winter »Zapust«, an Ostern »Waleien«, zur Erntezeit das »Froschkarren« und »Stollenreiten«, im Herbst die »Spinte«. Zur Fastnacht (»Zapust«) verkleiden sich die Männer, machen Musik und gehen von Haus zu Haus, um Eier, Geld, Speck zu »zampern«: Das gesammelte Geld erhält die Kapelle, Eier und Speck werden als Eierkuchen zubereitet und gemeinsam verzehrt. Beim Erntedankfest ist das »Hahnrupfen« und das »Stollen-« oder »Stoppelreiten« angesagt: Junge Männer töten symbolisch einen Hahn aus dem Vorjahr (Altes muss weg, um Platz für das Junge = die neue Fruchtbarkeit, zu schaffen).
Die Spreewaldküche ist deftig, wie es die Bräuche sind und der Menschenschlag: Erdbeeren mit Quark mundet nach kurzem Zögern auch dem Fremden vorzüglich; ebenso Spreewaldfisch mit Spreewaldsoße, Hefeplinse, Wildgerichte aller Arten, Schlachteschüssel, Sauerkrautschober (Schwarzbrot, Sauerkraut, Zwiebeln, Salat, Radieschen)... das sind nur einige wenige kulinarische Köstlichkeiten. Ein ganz besonderer »Ureinwohner«, dessen Namen man heute nicht mehr kennt, hat vor Zeiten den Nagel auf den bestimmten Kopf getroffen, als er formulierte: »Was macht den Spreewälder stark? – Knedel, Leinöl unde Quark… Was schmeckt am zur Sonntagsruh? – Kaffee und Plinse dazu… Was wird er immer lieben? – Grützwurscht unde große Grieben… Was gibt am Mut im Zorn? – Alter Cottbuser Korn…Was klärt den Kopp bei Mann und Frau? – Saure Gurken aus Lübbenau…« Na, dann: Guten Appetit!
Der Spreewald befindet sich etwa 90 km südöstlich von Berlin; sein größter Teil – der Oberspreewald – liegt im Baruther Urstromtal; dort, wo die Schmelzwässer der letzten Eiszeit (genauer: des Brandenburger Stadiums der Weichseleiszeit) nach Westen hin ihren Abfluss fanden. Er verläuft quer durch die Niederlausitz von der Neiße über Cottbus, Baruth, Treuenbrietzen gen Brandenburg und vereinigt sich in den geweiteten Talebenen von Havel und Elbe mit den nördlich gelegenen Urstromtälern. Im Norden (beim Unterspreewald auch in West- und Ostrichtung) wird das Areal von den kuppigen Endmoränenzügen und den Sandern dieses Brandenburger Stadiums begrenzt, die etwa 70 m und etwas höher, in den »Krausnicker Bergen« (nordwestlich des Unterspreewaldes sogar bis 144 m) erreichen. Von Berlin über Märkisch Buchholz in Richtung Spreewald fahrend, fallen bei Leibsch für diese Gegend einmalig imposante Höhenzüge auf. Südwärts wird der Spreewald von älteren Hochflächen (bis 100 m) – Geschiebemergel- und Geschiebesandflächen – begrenzt, die zum Lausitzer Grenzwall hin ansteigen.
Etliche geologische Varianten hat das Baruther Urstromtal von Peitz-Heinersbrück bis Lübben erfahren: So hat die Spree von Cottbus her einen periglazialen Schwemmsandfächer in das Urstromtal »gefächelt«. Diese wenig fruchtbare Tatsache reicht bis Peitz und bis in das Gebiet um Burg: Hier ist der Schwemmsandfächer in kleine Talinseln – sogenannte Kaupen (niedersorbisch »kupa« = kleine Erhöhung) – aufgelöst und bildete die natürliche Basis für das Entstehen des ausgedehnten Streusandsiedlungsgebietes von Burg mit seinen Ortsteilen Burg-Dorf, Burg-Kauper, Burg-Kolonie. Von Cottbus aus fährt man durch diese Region mit trockenen Kiefernwäldern und Feldern bei Sielow, Briesen, Guhrow, Werben. Gleichzeitig bahnten sich die Schmelzwässer des Baruther Urstromtals einen Weg in das nördliche Gletscherzungenbecken; die Spree füllte es mit ihren Ablagerungen aus, der Untere Spreewald war entstanden. Dieser Teil verlauft in Süd-Nord-Richtung und nimmt etwa ein Drittel der Fläche des Oberspreewaldes ein. Im Oberen Spreewald ist die Hauptabdachung nach Nordwesten gerichtet. Das Gefälle (zwischen Fehrow und Lübben sind es immerhin 34 km) beträgt lediglich sieben Meter. Deswegen zerteilten sich hier auch Spree und die ihr zufließende Malxe in viele Arme. Diese Fluss»verwilderung« wurde bald durch starke Sandzuführung entsprechend gefördert.

Spreehafen

Weil die Niederung des Oberspreewaldes am stärksten von Südost nach Nordwest geneigt ist, folgen die Hauptarme der Spree dieser Richtung. Die einzelnen Wasserläufe sind nur wenig in die Niederung eingesenkt. Alle Fließe bilden eine gemeinsame Aue. Unter den zahlreichen Verzweigungen lassen sich drei Hauptstromgebiete unterscheiden: ein nördliches, ein mittleres und ein südliches. Das nördliche unter dem Namen Malxe, Hammerstrom, Großes Fließ Mutnitza (niedersorbisch: »Die Trübe«) und Mühlspree umfasst den bewaldeten Norden der Niederung sowie den Lübbener Wiesenspreewald. Die Hauptspree oder Burger Mühlspree bezeichnet das mittlere Laufsystem und erreicht über Leipe die Stadt Lübbenau, während zum Südzug Leineweberfließ, Radduscher Grobla und Gorroschoafließ gehören.
Zahlreiche Sehenswürdigkeiten, außer den bereits erwähnten, harren der Entdeckung durch den Wanderer in jeglicher Form (zu Fuß, per Rad, auf dem Wasserweg); etwa die Slawenburg in Raddusch, das Lehder Spreewaldaquarium, Weißstorch-Infozentrum Vetschau, die Spreewälder Senf- und Konfitürenmanufaktur, die Gurkenlegerei, das Brauhaus Babben (kleinste Brauerei Brandenburgs), der Bismarckturm Bruno Möhrings zwischen Burg und Straupitz von 1917 und vieles weitere.
Es waren Bauern und Fischer, die den Spreewald in Jahrhunderten währender Mühe urbar und zu dem machten, wovon wir heute gerne profitieren. Oft aber wurde mühselige handwerkliche und friedliche bäuerliche Arbeit durch Naturkatastrophen und Kriege unterbrochen, wenn nicht gar zunichte gemacht. Die schweren Wunden des letzten Krieges, wo ja dieses Gebiet beim »Sturm auf Berlin« entscheidend in Mitleidenschaft gezogen wurde, sind inzwischen vernarbt, aber Urbewohner wissen, wo sich noch heute Freiflächen befinden, die vordem bebaut waren. Trutzig gegen jede kriegerische Auseinandersetzung erhebt sich da in Lübben die Paul-Gerhardt-Kirche mit dem Denkmal des Pfarrers und Kirchenliederdichters davor: Seine Freude an den kleinen Dingen des Alltags, sein unverfälschtes Verhältnis zu Natur und Landschaft, seine schlichte Natürlichkeit, menschliche Aufrichtigkeit und sein Glauben machten ihn zu einer bedeutenden Persönlichkeit nicht nur in seiner Zeit. Er verhalf dem protestantischen Kirchenlied zu großer Volkstümlichkeit: »Geh aus, mein Herz und suche Freud« und »Nun ruhen alle Wälder« sind da nur zwei Beispiele von vielen.
Der Markgrafenturm Niederlausitz mit seinem Hauptort Lübben gehörte bis 1815 zu Sachsen. Im Siebenjährigen Krieg, der der Niederlausitz schwere Lasten und Kriegstribute auferlegte, trug sich auch jenes historische Ereignis zu, das durch die literarische Gestaltung Gotthold Ephraim Lessings in seiner »Minna von Barnhelm« zum unvergänglichen Kulturgut geworden ist, Lessing erfuhr als Mitarbeiter der »Berliner Priveligierten Zeitung« vom Herausgeber Christian Friedrich Voß, der aus Lübben stammte, manch wichtige Details aus diesem Kriege zwischen Preußen und Sachsen; so auch die Story des preußischen Majors, der mit seinem vorgestreckten Geld die Einäscherung des Lübbener Landhauses verhinderte: Der Dichter nannte ihn von Tellheim. Und Johannes Robert Becher, Dichter der einstigen DDR-Nationalhymne und erster DDR-Kulturminister, ließ seine literarische Feder auch in Sachen Spreewald übers Papier huschen, als er schrieb: »Spreewald. Von sanften Kanälen durchzogen. Und wie verzaubert ein See, voll Wurzeln und Wasserrosen und schwimmenden Farnen und Moosen. Zur Waldung verwandelte Spree. Wie schlafend herabgebogen, uralte Wipfel. Ein Reh. Sich spiegelnd im Bodenlosen. Im grünen Verdämmern der Spree…«.

Am Zeuthener See – südöstlich von Berlin

Landkreis Dahme-Spreewald: schön – innovativ – lebenswert

Der Landkreis Dahme-Spreewald ist einer der führenden Wirtschaftsstandorte in Brandenburg und durch seine herrliche wald- und wasserreiche Landschaft ideal zum Wohnen und Erholen. Er entstand 1993 im Zuge der Kreisgebietsreform aus den Altkreisen Königs Wusterhausen, Lübben und Luckau. Zurzeit leben hier auf einer Fläche von 2 261 qkm mehr als 160 000 Einwohner in 37 Gemeinden, darunter acht Städte. Kreisstadt und Verwaltungssitz ist die Spreewaldstadt Lübben.

Die Attraktivität des Wirtschaftsstandortes wird durch die zentrale Lage im europäischen Binnenmarkt, die unmittelbare Nähe zu Berlin, durch eine exellente öffentliche Infrastruktur, 300 ha Gewerbe- und Industrieflächen, qualifiziertes Arbeitskräftepotenzial sowie durch ein hohes Maß an Lebensqualität bestimmt. Namhafte Firmen arbeiten hier bereits erfolgreich. Sowohl innovative als auch traditionelle Produkte aus der Region haben sich auf dem nationalen und internationalen Markt etabliert. Die aktuelle wirtschaftliche Entwicklung konzentriert sich auf die Schwerpunktbranchen Luftfahrt, Logistik, Metallverarbeitung, Ernährungswirtschaft und Tourismus. Mit dem Bau des Flughafens Berlin Brandenburg International (BBI) in Schönefeld wird zurzeit eines der größten Verkehrs- und Infrastrukturprojekte Ostdeutschlands im Landkreis realisiert. Damit eröffnen sich große Chancen für neue Investitionen in der Region. Die Startkapazität des neuen Hauptstadtairports liegt bei 22 Millionen Fluggästen pro Jahr. Je nach Verkehrsentwicklung kann der Flughafen für bis zu 40 Millionen Passagiere erweitert werden. Bereits heute liegt der Gesamtbeschäftigungseffekt der Berliner Flughäfen bei 33 600 Arbeitsplätzen. Im Jahr 2012 werden über 70 000 Arbeitsplätze erwartet. Am 1. November 2011 soll der neue Airport am Standort Schönefeld in Betrieb gehen. Am Schönefelder Kreuz, direkt am Schnittpunkt der Investitionsachsen, wird schon heute hochmoderne Luftfahrttechnologie entwickelt. Zahlreiche Hightechunternehmen wie die Anecom Aerotest GmbH, die Lufthansa Bombardier Aviation Services GmbH sowie die Technische Fachhochschule in Wildau leisten einen wichtigen Beitrag zu dieser Wachstumsbranche der Hauptstadtregion.Neben dem Flughafen wertet auch einer der größten ostdeutschen Binnenhäfen in Königs Wusterhausen als leistungsfähiges Güterverteilzentrum den Wirtschaftsstandort Dahme-Spreewald enorm auf. Dynamik, Wachstum und Innovation stehen für die Wirtschaftsentwicklung im Nordkreis. Der Süden des Landkreises hat dagegen eine langjährige Tradition in der Land- und Ernährungswirtschaft. Die Bandbreite der Wertschöpfung reicht von der landwirtschaftlichen Rohstoffproduktion über die Lebensmittelveredlung bis hin zur modernen Lebensmittellogistik. Als eines der größten Gemüseanbaugebiete Deutschlands ist der Spreewald bundesweit Ökoregion Nr. 1. Mit EU geschützten Qualitätserzeugnissen aus der Region wie zum Beispiel den berühmten »Spreewälder Gurken« sind Landwirtschaftsunternehmen aus dem Landkreis auf internationalem Erfolgskurs.

Rund 100 000 ha Wald, 9 200 ha Wasserfläche und 820 ha Erholungsflächen gehören zu den Naturreichtümern des Landkreises. Darin eingeschlossen sind 16 Landschaftsschutzgebiete und 75 Naturschutzgebiete. Ein typisches Stück Brandenburg, das Wassersportler, Wanderer, Radfahrer und Camper fasziniert. Das Dahme-Seengebiet beginnt gleich hinter dem südöstlichen Stadtrand von Berlin und erstreckt sich bis an den Unteren Spreewald. Mit über 70 Seen, zahlreichen Fließen und Kanälen gehört es zu den schönsten und wasserreichsten Gebieten im Land Brandenburg. Die Seen bilden ein Netz von über 80 km schiffbaren Wasserwegen. Zu den absoluten Naturschätzen im Landkreis gehört natürlich das Biosphärenreservat Spreewald, eines der schönsten und zugleich eigenartigsten Naturschutzgebiete Europas.

In Partnerschaft mit landwirtschaftlichen Betrieben, Kommunen und Fremdenverkehrsvereinen unterstützt der Kreis zahlreiche Maßnahmen, um die einmalige Natur zu erhalten. Das Dahme-Seengebiet und der Spreewald sind zwei beliebte Reiseregionen in Brandenburg. Jährlich kommen über 4 Millionen Besucher hierher. Hotels, Pensionen, Gasthöfe und Privatunterkünfte stehen mit einer Kapazität von ca. 10 000 Betten für jeden Anspruch zur Verfügung. Die jüngste Touristen-Attraktion im Landkreis ist die Südseeinsel Tropical Islands in Brand. In der größten freitragenden Halle der Welt entstand auf einer Fläche von 66 000 Quadratmetern ein Freizeit-Paradies mit tropischen Temperaturen, Lagunenlandschaft, Regenwald und Bühnenzauber.

Kulturliebhaber und historisch Interessierte kommen im Landkreis Dahme-Spreewald auf jeden Fall auf ihre Kosten. In unseren historischen Innenstädten und unseren beschaulichen Dörfern erzählen Schlösser, Kirchen, Herrenhäuser, Windmühlen und alte Marktplätze von früher. So ist Königs Wusterhausen, mit 33 400 Einwohnern übrigens die größte Stadt im Landkreis, mit der Geschichte des preußischen Soldatenkönigs Friedrich Wilhelm I. verbunden. Hier steht außerdem die Wiege des deutschen Rundfunks. In der Kreisstadt Lübben erinnert die Kirche am Marktplatz an den großen deutschen Kirchenlieddichter Paul Gerhardt, und im charmanten Luckau besticht die Harmonie zwischen Landschaft, Gartenkunst und italienisch beeinflusster Architektur. Der Landkreis bietet ein vielfältiges Angebot an Kunst und Kultur. Einwohner, Gäste und Künstler schätzen die Oasen der Ruhe in landschaftlicher Einmaligkeit, aber auch die kreative, lebendige Atmosphäre unter den Kunstschaffenden. Zu den erlesenen Kunstereignissen gehört die »aquamediale«. Seit 2005 präsentieren internationale Künstler in den Sommermonaten ihre spektakulären Werke in einer einmaligen Ausstellung in Lübben am, auf und im Wasser der Spree.

Dahme-Spreewald gehört nicht nur zu den interessantesten Wirtschaftsadressen in Brandenburg, sondern bietet auch ideale Bedingungen zum Leben und Wohlfühlen. Sie wohnen im Grünen und am Wasser und dennoch in unmittelbarer Nähe der großen Kultur- und Einkaufsmetropolen Berlin, Potsdam und Dresden. Die einmalige Landschaftskulisse garantiert einen hohen Freizeitwert.

Ein flächendeckendes Schulnetz und ein breites Spektrum an Aus- und Weiterbildungseinrichtungen schaffen beste Voraussetzungen für den Nachwuchs im Landkreis. Die Technische Fachhochschule in Wildau gehört mit 3 400 eingeschriebenen Studenten zu den größten in Brandenburg und profiliert sich auf Zukunftsgebieten wie Logistik, Telematik und Luftfahrttechnik. Leistungsfähige Krankenhäuser in Königs Wusterhausen, Lübben und Luckau sowie moderne Landes- und Rehabilitationskliniken gewährleisten eine umfassende medizinische Versorgung.

Auch ein ausreichendes Platzangebot in Kindertagesstätten, eine Vielzahl moderner Alten-und Pflegeheime, 170 aktive Sportvereine und ein dichtes Netz an touristischen Radwanderwegen machen den Alltag im Landkreis Dahme-Spreewald angenehm.

Stadt Lübben

Zu einer der schönsten Landschaften Europas gehört der Spreewald. Rund 100 Kilometer südöstlich von Berlin erstreckt er sich über eine Länge von 70 und eine Breite von etwa 15 Kilometern. Fast 300 Wasserläufe, auch Fließe genannt, schlängeln sich hier mit einer Gesamtlänge von rund 1 600 Kilometern gemächlich durch ausgedehnte Wiesen und Wälder. Gemeinsam bilden sie einen einzigartigen Lebensraum, das Biosphärenreservat Spreewald, in dem eine Vielzahl von Pflanzen und Tieren leben, darunter auch geschützte Arten. Inmitten dieser idyllischen Wasser-, Wiesen- und Waldlandschaft liegt die Stadt Lübben, die auf eine über 850-jährige Geschichte zurückblicken kann.

Als »urbs lubin« (Burg Lubin) wurde ihr Name in einem Schriftstück, das vermutlich um 1150 verfasst wurde, erstmals erwähnt. Im Schutze dieser besagten Burg, auf einem Schwemmsandhügel zwischen zwei Flussarmen der Spree, entstand eine Siedlung, die wegen ihrer günstigen Lage rasch zu einem Zentrum des Handels und Verkehrs heranwuchs. Allerdings gab es für den Ort nicht nur blühende Zeiten. Wegen seiner Lage war er bei kriegerischen Auseinandersetzungen oft heiß umkämpft, was Not und Elend über die Bürger brachte. So wurden im Zweiten Weltkrieg über 80% der Altstadt zerstört. Auch zahlreiche Großbrände wüteten in der Stadt und legten sie mehrmals in Schutt und Asche.

Dennoch haben viele historische Gebäude die »Stürme« der Jahrhunderte überdauert, wurden in jüngster Zeit liebevoll saniert und prägen nun neben neu geschaffenen Wohn- und Geschäftshäusern das Gesicht der rund 14 600 Einwohner zählenden Kleinstadt. Eine dieser Sehenswürdigkeiten ist das Schloss, das vermutlich 1368 als Wasserburg erbaut wurde. Seine jetzige Gestalt mit dem schönen Spätrenaissance-Giebel erhielt das Gebäude 1679–82. Seit einigen Jahren ist es Domizil eines multimedialen Museums, in dem man auf abwechslungsreiche Art und Weise etwas über die Geschichte der Niederlausitz und Lübbens erfahren kann.

Das Schloss ist durch einen Gang mit dem Schlossturm verbunden. Seine bis zu 2,5 Meter dicken Mauern belegen, dass er einst als Wohn- und Wehrturm gebaut worden war, auf dessen »Dach« schwere Geschütze zur Sicherung der Spreeübergänge standen. Über beide Obergeschosse des Bauwerkes erstreckt sich ein Saal, der bis 1722 als Tagungsstätte der Stände der Niederlausitz diente. Ihre Wappen zieren seine Wände und gaben ihm den Namen. Der prunkvolle Saal bildet einen schönen Rahmen für festliche Konzerte und Veranstaltungen. Neben dem Turm gibt es ein weiteres Gebäude – den ehemaligen Marstall. Auch er wurde wie das Schloss umfassend saniert und beherbergt nun die Bibliothek der Stadt.

Nahe dem Schlossensemble befindet sich eine Parkanlage, die ihren Namen dem historischen Gebäude verdankt – die Schlossinsel. Sie zu schaffen, zählte zu den größten und wichtigsten Bauvorhaben der Stadt in der jüngsten Vergangenheit. Auf einer einstigen öden Parkfläche entstanden ausgedehnte Grünflächen und Wege, ein Hügellabyrinth, ein Klanggarten, ein Wasserspielplatz sowie ein touristisches Informationszentrum und ein kommunaler Kahnhafen. Einheimische wie Gäste suchen auf der Schlossinsel gleichermaßen gern Entspannung und Unterhaltung, ob beim Spaziergang, Spiel oder bei einer der zahlreichen Veranstaltungen, wie den Kahnnächten oder dem Inselmusiksommer, die unter freiem Himmel stattfinden. Die Gestaltung der Schlossinsel war ein entscheidender Schritt für Lübben auf seinem Weg zum Titel »Staatlich anerkannter Erholungsort«, den es seit 1999 tragen darf.

Seither hat sich der Ort zu einem Anziehungspunkt für Touristen entwickelt und der große Dichter Theodor Fontane, der bei seiner Reise durch die Mark Lübben als »verträumtes Ackerbürgerstädtchen« kennen lernte, wäre gewiss erstaunt über das rege Treiben. Alljährlich lockt das »Tor zum Ober- und Unterspreewald«, wie Lübben auch genannt wird, tausende Besucher an, die per Kahn, Paddelboot, mit dem Rad oder zu Fuß den Oberspreewald mit seinen typischen Baumreihen entlang der Fließe und den Hochwäldern mit ihren Eichen, Erlen und Eschen oder den nicht weniger reizvollen Unterspreewald mit seinen herrlichen Auen und den großen geschlossenen Erlen- und Buchenwäldern erkunden.

Der Tourismus ist für die Stadt ein wichtiger Wirtschaftszweig geworden, den sie stabilisieren und ausbauen möchte. Daher ist auch geplant, die Schlossinsel um neue Erlebnisbereiche zu erweitern. Ein Wasserwanderhafen und ein »Wasserreich Spree« gehören dazu. Letzteres wurde als 25. Projekt in die Internationale Bauausstellung »Fürst-Pückler-Land« aufgenommen und soll schon bald Realität werden.

Das Schloss wurde vermutlich als Wasserburg 1368 erbaut und erhielt sein heutiges Aussehen 1679–82. Besonderer Blickfang ist der schöne Spätrenaissance-Giebel.

Die Paul-Gerhardt-Kirche – vermutlich als Stadtkirche zwischen 1494 und 1550 errichtet und nach mehrmaliger Zerstörung durch Brände 1607 als dreischiffige spätgotische Hallenkirche wieder aufgemacht.

Lübben ist jedoch nicht nur eine Touristenstadt. Sie ist auch Kreisstadt des Landkreises Dahme-Spreewald und damit Verwaltungssitz, Einkaufszentrum, Bildungs- und Gesundheitsstandort. So gibt es ein Amtsgericht, das Landratsamt, elf Schulen, darunter zwei Grundschulen, zwei Oberschulen, ein Gymnasium, neun Kindertagesstätten, drei Kliniken, zwei Seniorenheime und zahlreiche soziale Einrichtungen.

Vieles davon ist in den letzten Jahren entstanden, denn es wurden erhebliche finanzielle Mittel, sowohl private als auch öffentliche, in den Städtebau investiert. Vor allem im »Sanierungsgebiet Altstadt« hat man große Anstrengungen unternommen, um Fehler der Vergangenheit zu beheben und Baulücken, die der Zweite Weltkrieg hier hinterlassen hatte, zu schließen. Hübsche Wohn- und Geschäftshäuser fügen sich nun harmonisch in den alten Gebäudebestand ein. Straßen wurden nach altem Vorbild neu gebaut, Wege und Plätze geschaffen, wie der Neunkircher und der Wolsztyner Platz, die an die Partnerschaft Lübbens mit den Städten im Saarland und in Polen erinnern.

Zweifellos das bedeutendste Vorhaben in der Altstadt war die Umgestaltung des Marktplatzes. Lange Zeit nur als Parkfläche genutzt, ist er heute ein heller Platz mit Wasserspiel, einem mit Bäumen bepflanzten Podest und Bänken zum Ausruhen. Neben neuen Wohn- und Geschäftshäusern, in denen kleine Cafés zum Verweilen einladen, wird der Markt durch das moderne Rathaus und die Paul-Gerhardt-Kirche begrenzt.

Die Kirche ist das Wahrzeichen der Stadt. Sie wurde vermutlich als Stadtkirche zwischen 1494 und 1550 errichtet und nach mehrmaliger Zerstörung durch Brände im Jahre 1607 als dreischiffige spätgotische Hallenkirche wieder aufgemacht. Ihr Name erinnert an den großen Kirchenlieddichter Paul Gerhardt. Er, dessen Verse auf der ganzen Welt gesungen werden, lebte von 1669 bis zu seinem Tode im Mai 1676 in Lübben, wirkte an dieser Kirche, in der er auch seine letzte Ruhestätte fand.

Der 1999 eröffnete Wasserspielplatz gehört zu den beliebtesten Spielangeboten auf der Schlossinsel. Die parkähnliche Anlage lockt außerdem mit einem Klanggarten und Hügellabyrinth u.v.a.m.

Zum 400. Geburtstag Paul Gerhardts, im Jahre 2007, wurde das Gotteshaus umfangreich saniert und das Umfeld mit dem Paul-Gerhardt-Denkmal neu gestaltet.
Hier, wie andernorts im Stadtkern, gibt es in den kommenden Jahren aber noch weitere bauliche und gestalterische Veränderungen. So werden der Turm der Paul-Gerhardt-Kirche und des Schlosses in naher Zukunft saniert und dann ebenso wie andere Sehenswürdigkeiten der Stadt in neuem Glanz erstrahlen. Auch eine Neugestaltung des Hofes und des Vorplatzes am alten Schloss ist vorgesehen, um dem Gebäudeensemble auch den passenden Rahmen zu geben.
Zu den größten Vorhaben in der Altstadt zählt in naher Zukunft der Abriss eines alten Kaufhauses in der Nähe des Marktplatzes. An Stelle des wenig attraktiven Einkaufshauses treten schmucke Wohn- und Geschäftshäuser, die zum Kleinstadtcharakter Lübbens passen. Ergänzt werden diese Maßnahmen durch zahlreiche Straßenerneuerungen in der Altstadt, deren umfangreiche Sanierung im Jahre 2012 abgeschlossen sein soll.
Fontanes »verträumtes Ackerbürgerstädtchen« hat sich in den letzten Jahren zu einer lebendigen Kleinstadt entwickelt, die durch ihre gute Verkehrsanbindung an zwei Bundesstraßen und zwei Landesstraßen, an die Autobahn Berlin–Cottbus–Dresden und die Bahnstrecke Berlin–Cottbus–Görlitz gut erreichbar ist.
Dennoch – etwas von dem verträumten Reiz aus Fontanes Zeiten ist auch heute noch zu spüren, bei einem Spaziergang durch den Hain zum Beispiel, dem rund 20 Hektar großen Areal eines einstigen Restauenwaldes mit Laubbäumen und Stieleichen inmitten der Stadt, bei einem Besuch des Schlösschens Neuhaus, in dem einst der Politiker und Dichter Christoph Ernst Freiherr von Houwald lebte und natürlich bei einer geruhsamen Stadtrundfahrt mit dem Kahn auf den Fließen, die sich gemächlich durch die Stadt schlängeln.

Stadt Luckau

Luckau gehört zum Landkreis Dahme-Spreewald. Das Gebiet der Stadt liegt ca. 100 km südlich von Berlin in der Region Lausitz-Spreewald. Rund 10 640 Einwohner leben hier. Der Bereich wird vorrangig durch Landwirtschaft gekennzeichnet. Ausgedehnte Flachmoore, geschlossene Kiefernwaldgebiete, Natur- und Landschaftsschutzgebiete prägen die weitere Umgebung von Luckau. Für Radler und Wanderer bieten sich gute Ausflugsmöglichkeiten; auch der Kranichsammelplatz in Freesdorf erfreut sich großer Beliebtheit. Die Stadt besteht aus der *Stadt Luckau* und 10 Gemeindeteilen; sie wird aufgrund ihrer früheren Funktion als Kreisstadt und ihrer infrastrukturellen Einrichtungen im gesundheitlichen und schulischen Bereich als Grundzentrum mit Teilfunktionen eines Mittelzentrums ausgewiesen. Die A 13 (Berlin–Dresden) liegt acht Kilometer entfernt; durch Luckau führen die B 87, 96 und 102; auch ein Eisenbahnanschluss existiert.
Die Oberflächengewässer der Stadt gehören zum Wassereinzugsgebiet der Spree, die beiden größten Zuflüsse sind Berste und Dahme; letztere tangiert das Gebiet nur am nordwestlichen Rand. Kleinere Fließgewässer zur Spree sind Wudritz und Schrake. Die Quellgebiete der Fließgewässer liegen südwestlich am Rand des Landrückens außerhalb des Gesamtgebietes; alle Fließgewässer sind ausgebaut. Dies erfolgte bereits ab dem 17. Jahrhundert mit dem Tieferlegen von Gräben und Begradigung der Berste. Verstärkt erfolgte die Anlage von Gräben und Drainagen zur Melioration von Feuchtgebieten im Süden Luckaus in den 20er Jahren des vorigen Jahrhunderts. Der stärkste Aus- und Neubau von Gräben geschah in den 60er und 70er Jahren. Nach Aufschluss der Tagebaue Schlabendorf ist das Gewässernetz mitsamt der damit zusammenhängenden Feuchtgebiete (z.B. Borcheltsbusch) im Osten und Süden des Stadtgebietes bis heute auf die Einleitung von Grubenwasser zur Aufrechterhaltung seiner ökologischen Funktion angewiesen. Die Fließgewässer der Stadt (insgesamt 259 232 m) setzen sich wie folgt zusammen: Berste 14 144 m, Schuge 10 570 m, Paseriner Mühlenfließ 7 408 m, Wudritz (Ottergraben) 6 437 m, Beke 6 108 m, Lorenzgraben 4 565 m, Schrake 2 540 m sowie weitere Teilabschnitte kleinerer Fließgewässer.
Größere natürliche Stillgewässer sind nicht vorhanden. Eine Reihe von kleineren Gewässern findet sich in den grundwassernahen Niederungen; weitere sind im Mittelalter durch die Anlage von Fischteichen bei Uckro und Fürstlich Drehna angelegt worden. Ebenfalls sind die Gewässer in den ehemaligen Tongruben bei Wittmannsdorf sowie größere Wasserflächen durch die Bergbautätigkeit entstanden bzw. werden entstehen. Insgesamt bestehen im Stadtgebiet kleinere Stillgewässer; im Zusammenhang mit dem Grundwasseranstieg in den Restlöchern des Tagebaus sind Wasserflächen von zusätzlich ca. 900 ha geplant.
Seit der Jungsteinzeit ist der engere Luckauer Raum besiedelt; »Borchelt« (Burgwälle) sind sichtbare Zeugen aus slawischer Zeit. Luckau wurde 1276 erwähnt. 15 mittelalterliche Feld- und Backsteinkirchen sowie ehemalige Herrenhäuser und Gutsparks gehören zum Kulturschatz der Stadt. In Freesdorf ist der slawische Burgwall als besondere Sehenswürdigkeit hervorzuheben. Innerhalb des fast geschlossenen Ringes der historischen Stadtmauer entfalten einige Bereiche der Innenstadt ein unerwartet südliches Flair. Der frühere Reichtum dieser alten Handelsstadt, zeitweilig »Hauptstadt des Markgrafentums Niederlausitz«, spiegelt sich in italienisch beeinflussten, reich verzierten Renaissancefassaden, Türmen und einem großen Kirchenbau wider. Der zur Landesgartenschau 2000 entstandene Stadtpark reicht bis an den Innenstadtring heran. Die Bereiche an der Stadtmauer gehören für den Besucher zu den besonderen Entdeckungen. Ein Rundweg führt zwischen Stadtgraben und der 1,8 km langen, fast vollständig erhaltenen Stadtmauer rund um die historische Altstadt. Als wohlhabende Stadt wurde Luckau 1492 zu einer der Hauptstädte der Niederlausitz. Mit dem Prager Frieden 1635 wurde die bis dahin böhmische Niederlausitz sächsisch. Im 30-jährigen Krieg bauten die Schweden die Stadt als Hauptstützpunkt aus; sie erlitt starke Zerstörungen. Am 4. Juni 1813 wurde in einem Gefecht bei Luckau der Vormarsch französischer Verbände vereitelt. Der Monarch weilte auf einer Truppeninspektion am 20./21.7. in Luckau: Da die Nacht kalt war, ließ er sich im Haus des reichen Kaufmanns Vogt eine kupferne Wärmflasche bringen (die heute noch im Museum zu sehen ist). Nach der Niederlage Napoleons kam die Niederlausitz zu Preußen; seitdem war die Stadt Kreisstadt (bis 1993) und vordem auch bekannt als Moorbad; auch als Ort eines berüchtigten Zuchthauses, in welchem Karl Liebknecht einsaß. 1930 wurde in Luckau der bekannte Komponist Günter Kochan geboren.

Haus Am Markt 30 (erbaut 1718) – die prächtigste Fassade in der Stadt Luckau

30

Rathaus Golßen

Willkommen im Golßener Land

Das Amt Golßener Land liegt mitten im Landkreis Dahme-Spreewald und umfasst eine Fläche von 27 788 Hektar. Ländliche Idylle und charmantes Kleinstadtflair bestimmen das Bild in der Stadt Golßen und in den Gemeinden Drahnsdorf, Kasel-Golzig und Steinreich. Heute sind hier ca. 5 000 Einwohner zuhause. Wer genau hinsieht, wird von der Vielfalt und der Eigenart der Landschaft überrascht sein. Das Golßener Land grenzt sowohl an das Baruther Urstromtal und den Niederen Fläming als auch an das Lausitzer Becken- und Heideland.

Kleine Seen, Moore mit beeindruckenden Schwarzerlenbeständen, saftige Wiesen, fruchtbare Felder, Laub-, Misch- und Kiefernwälder mit einem reichen Wildbestand prägen die urwüchsige Natur. Einzigartigkeiten aus der Tier- und Pflanzenwelt sind hier zu finden.

Unbedingt empfehlenswert ist ein Besuch der Kleinstadt Golßen. Das Rathaus, ein Backsteinbau im neugotischen Stil, und die klassizistische Kirche bilden die Silhouette der liebenswerten Stadt in der Niederlausitz. Reich verzierte Bürgerhäuser schmücken den Stadtkern. Zu einer Rast lädt das Hotel und Restaurant »Zur Spreewälderin« ein. Hier können Sie ganz im spreewaldtypischen Stil wohnen, sich in gemütlichen Gasträumen mit regionalen Gerichten verwöhnen lassen und außerdem noch längst vergessene Gerätschaften besichtigen.

Verschiedene Freizeitbeschäftigungen werden angeboten. Wer Lust hat, kann sich Fahrräder ausleihen. Eine Tour zu den Golßener Fischerteichen lohnt sich. Die 70 ha große naturbelassene Teichfläche wird für die ökologische Aufzucht von Karpfen, Hechten und Schleien genutzt. In dem Biotop leben seltene Kleinfische, Muscheln, Wasserpflanzen und Vögel.

Gern besuchen Gäste und Touristen die »Kanowmühle« an der Dahme in Sagritz. Sie gehört zu den wenigen noch funktionstüchtigen Wassermühlen. Nach Voranmeldung kann man hier die traditionelle Herstellung des

Blick über Wiesen, Felder und Wälder im Amt Golßener Land

beliebten kalt gepressten Leinöls miterleben. Wer ein Faible für Glas hat, sollte unbedingt die Glaswerkstatt und Galerie von Beate Bolender in Kasel-Golzig besuchen. Jährlich im Juni veranstaltet die Künstlerin ein Werkstatttreffen mit einer Ausstellungseröffnung.
Auf seinem Weg durch das Golßener Land trifft der Besucher auf interessante historische Bauwerke. Schlösser, Kirchen, Herrenhäuser und Mühlen geben Einblicke in die Vergangenheit. Radwanderwege führen durch die idyllische Landschaft zu beliebten Ausflugszielen. Auch der bekannte Gurkenradweg, gekennzeichnet durch die typische Spreewaldgurke, durchquert die Gemeinden des Golßener Landes.
Das Amt Golßener Land gehört zum Wirtschaftsraum Spreewald. Der Name »Spreewald« bürgt für hochwertige regionale Produkte aus der einzigartigen Kulturlandschaft. In Golßen werden gleich mehrere der beliebten Spreewälder Spezialitäten hergestellt. Die berühmten Spreewälder Gurken stammen aus der »Spreewaldkonserve Golßen« und sind inzwischen weit über die Grenzen Deutschlands hinaus gefragt. Das vielfältige Produktionssortiment kann man natürlich auch in einem betriebseigenen Geschäft in Golßen kaufen. Nicht minder begehrt sind weit und breit die deftigen Gaumenfreuden der Golßener Fleisch- und Wurstwaren GmbH. Gleich nebenan in Sellendorf wird das »Verdauungsschnäpschen« gebrannt. Die traditionelle Korn- und Getreidebrennerei verfügt bereits seit 1780 über das Brennrecht. Hier werden die schmackhaften Sellendorfer Obstbrände und Liköre produziert. Der Familienbetrieb in der Gemeinde Steinreich bietet Betriebsbesichtigungen und Verkostungen an und lädt alljährlich am ersten Septemberwochenende zum Brennereifest ein. Neben der dominierenden Lebensmittelbranche gibt es noch zahlreiche Handwerksbetriebe im Golßener Land. Natürlich wird auch Landwirtschaft betrieben, hauptsächlich der Anbau von Getreide und Mais. Die weiten Raps-, Sonnenblumen- und Leinenfelder bieten jedes Jahr aufs Neue einen überwältigenden Anblick.

Westlicher Ortsteil mit dem Kleinbestener See

Gemeinde Bestensee

Nur 10 km vom südlichsten Zipfel Berlins und 32 km vom Zentrum entfernt finden wir die amtsfreie Gemeinde Bestensee im Landkreis Dahme-Spreewald mit über 6 500 Einwohnern und steigender Tendenz. Im Landesentwicklungsplan ist der Ort als Siedlungsschwerpunkt ausgewiesen. Durch die gute Infrastruktur ist die Hauptstadt schnell mit dem Auto, der Bahn oder dem Bus erreichbar.
Mit dem neuen Ortsteil Pätz umfasst das Gemeindegebiet eine Fläche von 37,48 qkm (3 748 ha), und 11 Seen mit einer Gesamtfläche von ca. 540 ha innerhalb des Gemeindegebiets bieten viel Abwechslung. Die Ton- und Kiesseen gehören mit zu den klarsten Gewässern im weiten Umfeld, so dass Sie auch bei Tauchgängen die Unterwasserwelt erkunden können. Wer angeln oder Kahn fahren möchte, wird nicht zu kurz kommen.
Zahlreiche Wanderungen und Radtouren in die wunderschöne Umgebung, die stark durch die letzte Eiszeit mit der Entstehung vieler Seen, Gräben, Täler und Hochflächen geprägt ist, können Sie von hier aus unternehmen. Ein Kleinod der Gemeinde ist das Naturschutzgebiet »Sutschketal«, in dem man seltene Pflanzen und Tiere entdecken kann. Das Tal mit dem kleinen, versteckt liegenden See, vermutlich in der Eiszeit entstanden, beginnt am westlichen Ortsrand. Besonders große Waldgebiete befinden sich in Richtung Gräbendorf nördlich der Bundesstraße 246 und östlich von der Bundesstraße 179 sowie südlich von Pätz. Dort beginnt das riesige Wald- und Naturschutzgebiet der Dubrow, das eine einzigartige unberührte Flora und Fauna zu bieten hat. Dass Bestensee ein Anziehungspunkt der Region ist, beweisen zwei große Campingplätze an Seen, die überdurchschnittlich gut besucht sind. Bowling, Billard, Solarium, Fahrradverleih, Angelmöglichkeiten und Pferdehöfe versprechen einen abwechslungsreichen Aufenthalt. Auch das Vereinsleben kann sich sehen lassen: Neben den Angel-, Kleingarten- und Siedlervereinen gibt es zahlreiche weitere Möglichkeiten wie z.B. im Fußballverein SV »Grün-Weiß« Union Bestensee, der VSG 1990 Bestensee e.V. mit zahlreichen Sportarten, im

Um 1300 erbaute Kirche

Schützenverein, in Gesangvereinen, im Posaunenchor oder in künstlerischen Vereinen. Auch für die ältere Generation gibt es zahlreiche Anlaufpunkte zur Unterhaltung und Beschäftigung.
Neben dem liebevoll ausgestatteten Kinderdorf, das Ihren Nachwuchs in einer landesweit beispielhaften Kindereinrichtung betreut, und der Waldkita im OT Pätz vermittelt eine Grundschule den Jugendlichen das nötige Basiswissen. Gymnasien in den Nachbarorten erweitern das Wissen. Außer den 3 neuen, architektonisch gelungenen Einkaufszentren gibt es zahlreiche Einzelhandelsgeschäfte, in denen das Einkaufen Spaß macht. Zahlreiche Gaststätten und Hotels sorgen für Ihr leibliches Wohl, auch für Unterkunft ist gesorgt. Über 300 angemeldete Gewerbe zeugen davon, dass es im Ort zahlreiche weitere Dienstleistungen, Handels- und auch Produktionseinrichtungen gibt. Allgemeine und Fachärzte, Augenoptiker, Physiotherapeuten, Heilpraktiker, Kranken- und Altenpflegeeinrichtungen, 2 Apotheken und Tierärzte vermitteln Mensch und Tier ein Gefühl bester medizinischer Versorgung.
Der heutige Name Bestensee entstand erst am 1. April 1938, als die beiden benachbarten Orte Groß Besten und Klein Besten durch einen Erlass vereinigt wurden. Ca. 2000 Jahre alte Ausgrabungsfunde beweisen, dass das slawische Klein Besten (früherer Name Klein Bestwin) wesentlich älter als Groß Besten (Groß Bestwin) ist. Durch das Vordringen deutscher Kolonisten im 11.–13. Jahrhundert entstand Groß Besten und damit auch das heute noch existierende älteste Bauwerk im Ort, die Feldsteinkirche, vermutlich um 1300 erbaut. Weitere bemerkenswerte Gebäude, die im Ort mehrere Jahrhunderte Bestand hatten, waren zwei Windmühlen auf dem Marienhofer und Mühlenberg. Die letzte verschwand kurz nach 1900. Seit 1775 existiert das ehem. Königliche Forsthaus (Schleusenhaus) an der Wilhelm-Franke-Brücke. Die erstmalige Erwähnung unseres alten Ortsnamens »Bestwin« ist in einer Urkunde aus dem Jahre 1307 nachgewiesen.

Das Schloss Königs Wusterhausen – Refugium Friedrich Wilhelms I.

Königs Wusterhausen

Königs Wusterhausen liegt am südöstlichen Stadtrand Berlins, im gewässer- und waldreichen Dahme-Seengebiet – eine Stadt im Grünen, familienfreundlich und liebenswert. In sieben Ortsteilen leben rund 33 000 Einwohner. Königs Wusterhausen ist die größte Stadt im Landkreis und durch eine gemeinsame Stadtgrenze Nachbar von Berlin. Die Stadt liegt überaus verkehrsgünstig, ist direkt an die Bundesautobahnen A 10 und A 13, an das Schienen- sowie europäische Wasserstraßennetz angebunden und befindet sich in der unmittelbaren Nähe zum Airport Berlin Brandenburg International.

Hinzu kommt eine ausgezeichnete Bildungslandschaft mit allen Schultypen des Landes Brandenburg, zahlreichen Kindertagesstätten, Aus- und Weiterbildungseinrichtungen, der Fachhochschule für Finanzen und der Justizakademie des Landes Brandenburg. Wichtige Behörden und Ämter haben ihren Sitz in der Stadt. Moderne Gesundheitseinrichtungen, das Achenbach-Krankenhaus, Apotheken und Sanitätshäuser sowie eine Vielzahl niedergelassener Ärzte und Spezialisten gewährleisten eine umfassende medizinische Versorgung.

Das Nebeneinander von städtischem Flair und reizvoller Landschaft, von Neuem und Altem, von Ländlichem und Urbanem macht den besonderen Charme der Stadt aus. Mit seinen vielfältigen Wohnlagen – vom Wohnen am Wasser oder in landschaftlich reizvoller Umgebung, über Wohnen in verdichteten Strukturen bis zum ländlichen Wohnen in Stadtnähe – gilt Königs Wusterhausen als beliebter Wohnstandort mit hoher Lebensqualität.

Als »hus to wosterhusen« wird der Ort erstmals 1320 urkundlich erwähnt. Die Geschichte von Königs Wusterhausen ist indes eng mit der Person Friedrich Wilhelm I. verbunden. Er gab dem Ort seinen Namen, das Schloss war sein Refugium.

1698 erhielt der erst zehnjährige Kurprinz das Schloss und die Wusterhausener Güter von seinem Vater, Kurfürst Friedrich III. und ab 1701 König Friedrich I. in Preußen, geschenkt. Hier bereitete er sich auf seine Regie-

Königs Wusterhausen – die Wiege des deutschen Rundfunks, Sender- und Funktechnikausstellung auf dem Funkerberg

rungszeit vor, ging seiner Jagdleidenschaft nach und begann, eine »respektable« Armee aufzubauen. Nach seiner Thronbesteigung 1713 verbrachte Friedrich Wilhelm I., der Soldatenkönig, alljährlich mehrere Monate im Jahr im Wusterhausener Schloss.

Heute ist das Schloss Museum. In authentischer Umgebung vermittelt es dem Besucher einen Überblick über das künstlerische Schaffen in Brandenburg-Preußen in der ersten Hälfte des 18. Jahrhunderts.

Das Schlossensemble mit den Kavalierhäusern ist ein in der Region einzigartiger kultureller Anziehungspunkt. Die Kavalierhäuser sind Veranstaltungsort für Konzerte, Schauspiel und andere Veranstaltungen ebenso wie für Tagungen, Feste und private Feiern. Das Schlossrestaurant bietet leichte märkische Küche, Speisen nach historischen Rezepten und ein eigenes, vor Ort gebrautes Bier, den »Wusterhausener Zwölfender«.

Bis ins 18. Jahrhundert hinein veränderte sich der dörfliche Charakter Königs Wusterhausens kaum. 1801 zählte man lediglich 302 Einwohner. Erst mit der einsetzenden Industrialisierung ab Mitte des 19. Jahrhunderts erlebte auch der Flecken Königs Wusterhausen einen städtebaulichen und wirtschaftlichen Aufschwung. Das nahe gelegene Berlin lieferte dabei wichtige Impulse. In dieser Zeit entstand südlich des historischen Ortskerns um Schloss- und Kirchplatz mit dem Bau der Eisenbahnstrecke Berlin–Görlitz und der Errichtung des Bahnhofs das neue, städtisch geprägte Zentrum in der Bahnhofstraße.

Mit dem Jahr 1919 – die Bedeutung des Schlosses war unterdessen verblasst – begann in der alten Militärfunkstation auf dem Funkerberg die Zeit der Rundfunkpioniere. Von der damaligen Hauptfunkstelle der Deutschen Reichspost wurde am 22. Dezember 1920 die erste Rundfunksendung Deutschlands – ein Weihnachtskonzert – in den Äther geschickt: Der deutsche Rundfunk war geboren, seine Wiege stand in Königs Wusterhausen. Dort, wo alles begann, ist heute das Sender- und Funktechnikmuseum. Es vermittelt hautnah

Schleuse in Neue Mühle – Verbindungstor nach Berlin und in den Spreewald

und anschaulich viel Wissenswertes zur Technikgeschichte des Rundfunks. 1935 erhielt Königs Wusterhausen das Stadtrecht.

Mit der Gemeindegebietsreform wurde am 26. Oktober 2003 das Amt Unteres Dahmeland aufgelöst. Die ehemaligen Gemeinden Kablow, Niederlehme, Senzig, Wernsdorf, Zeesen und Zernsdorf wurden als neue Ortsteile in die Stadt Königs Wusterhausen eingegliedert. Hinzu kam wenig später als siebter Ortsteil Diepensee: In der Gemarkung Deutsch Wusterhausen entstand auf 29,6 Hektar ein komplett neues Dorf mit Dorfplatz und Gemeinschaftshaus, mit Feuerwehr, Kita und Bolzplatz, mit Grün- und vielen Freiflächen. Das »alte« Diepensee musste der Erweiterung des Flughafens Berlin–Schönefeld weichen. Die Umsiedlung der Gemeinde nach Königs Wusterhausen war eine wichtige Voraussetzung für den Ausbau des Flughafens BBI.

Der Ortsteil Kablow liegt am Krüpelsee – ein idyllischer Ort im Grünen, in dem der typische Charakter eines märkischen Dorfes liebevoll von den Einwohnern gepflegt wird. Sehenswert ist der malerische Dorfplatz mit der Backsteinkirche und den über 300 Jahre alten Ulmen, aber auch die Kiebitzwiese – ein vollständig intaktes Feuchtbiotop –, die Pflanzenwelt des Hochmoores nahe Kablow-Ziegelei oder die beschauliche Obstbaumallee von Kablow nach Dannenreich. Wahrzeichen des Ortsteils Niederlehme ist der 1902 erbaute Wasserturm. Gut sichtbar steht er an der Autobahn A 10. Niederlehme ist ein historisch gewachsener Gewerbe- und Industriestandort: Schon vor 100 Jahren wurden in Niederlehme Kalksandsteine hergestellt. Damit ist Niederlehme einer der ältesten Produktionsstandorte von Kalksandsteinen in Deutschland: Jeder zweite in Berlin verbaute Mauerstein ist ein Kalksandstein. Niederlehme ist aber auch beliebtes Ausflugsziel und hat auf einer Fläche von rund 60 Hektar das größte Kleingartengebiet in Deutschland.

Als »Sentzk« tauchte der heutige Ortsteil Senzig 1460 das erste Mal urkundlich auf. Senzig zieht sich malerisch an drei Seen, am Krüpelsee, Krimnick- und Zeesener See, entlang. Mit seiner wasserreichen Umgebung ist Senzig ein beliebtes Ausflugsziel und ein bevorzugter Wohnstandort.

Wernsdorf – Wohnen am Wasser an der Berliner Stadtgrenze

Wernsdorf – der nördlichste Ortsteil – liegt südöstlich, direkt an der Stadtgrenze Berlins am Wernsdorfer See und am Krossinsee. Die Kirche, ein rechteckiger Putzbau im friederizianischen Stil, stammt aus dem Jahr 1801. Seit 1900 schmückt eine kleine, reich verzierte Orgel den Innenraum. Nach aufwendiger Sanierung konnte sie Ende 2004 wieder eröffnet werden.

Die Wernsdorfer Schleuse ist die letzte Schleuse im Oder-Spree-Kanal vor den Berliner Gewässern. Das Seengebiet um Wernsdorf ist ein beliebtes Erholungsgebiet, vor allem auch für Wassersportler. Auch im heutigen Ortsteil Zeesen wurde Rundfunkgeschichte geschrieben. Denn Ende 1926 wurde hier mit dem Bau einer neuen großen Funkstation begonnen und ein Jahr später die damals modernsten Großrundfunksendeanlagen im Langwellenbereich in Betrieb genommen. Von hier aus wurde ebenso am 29.8.1929 die erste offizielle deutsche Kurzwellen-Rundfunksendung ausgestrahlt. Seit Anfang der neunziger Jahre hat sich der Ort rasant entwickelt, ein Gewerbegebiet ist entstanden und die Einwohnerzahl hat sich verdoppelt.

Der Ortsteil Zernsdorf liegt an den Ufern des Krüpelsees, des Lankensees und des Uckleysees. Der Ort gewann ab Mitte des 19. Jahrhunderts an Bedeutung. Das »ferne« Berlin wuchs schnell. Und hier in Zernsdorf gab es ausreichend Ton zur Ziegelherstellung. Mit dem Abbau des Tons entstanden in und um Zernsdorf auch zahlreiche Ziegeleien. Die kleinen Teiche rechts und links der Straße nach Kablow-Ziegelei zeugen noch heute davon.

Zernsdorf ist aber auch ein beliebtes Erholungs- und Ausflugsziel. So bietet unter anderem das Sportzentrum Uckley abwechslungsreiche Möglichkeiten für Spiel, Sport und Entspannung.

Grüne Flussauen, zahlreiche Seen und Fließe, schattige Wälder und sonnige Wiesen machen Königs Wusterhausen zu einem beliebten Urlaubs- und Ausflugsziel. Hinzu kommen vielfältige Kultur- und Freizeitangebote, Museen, gemütliche Cafés und nette Gaststätten mit leichter märkischer Küche oder Speisen nach historischen Rezepten.

Das Technologie- und Gründerzentrum Wildau

Gemeinde Wildau

Erstmalig offiziell genannt wird der Name Wildau im Amtsblatt der Königlichen Regierung zu Potsdam und der Stadt Berlin vom 30.11.1855 als Bezeichnung für ein in der Gemeinde Hoherlehme gelegenes Ackergut. Die Gemeinde Hoherlehme selbst wurde erstmalig 1375 urkundlich erwähnt. Archäologische Funde belegen, dass auf dem heutigen Territorium der Gemeinde Wildau mindestens seit der jüngeren Steinzeit (ca. 2000 v. Chr.) Menschen gesiedelt haben. Heute ist die amtsfreie Gemeinde Wildau eine kontinuierlich aufstrebende Gemeinde am südöstlichen Stadtrand von Berlin.
Im Jahre 1898 begann die Berliner Maschinenbau-Actiengesellschaft, vormals L. Schwartzkopff (BMAG), den Bau einer großen Lokomotivfabrik in Wildau. Damit einhergehend entstand ab 1900 die zwischen Bahnlinie (Görlitzer Bahn) und der Dahme gelegene heutige Schwartzkopffsiedlung. Neben zahlreichen Arbeiter-, Meister- und Beamtenwohnhäusern wurden eine Schule, ein Casino (das heutige Volkshaus), ein Turn- und Festplatz, ein Bootshaus und eine Badeanstalt errichtet. Jeder Wohnung wurde ein eigener Garten zugeordnet, der von einer Hecke umrahmt war. Bereits Anfang der 20er Jahre wurde ein jährlicher Wettbewerb um den schönsten Garten ausgerufen. Die gediegene Backsteinarchitektur des Werkes und der Wohnsiedlung (verantwortlicher Baumeister war der Königliche Regierungsbaurat Ludwig Witthöft) ist noch weitgehend erhalten. Die Siedlung wird gegenwärtig einer komplexen Sanierung durch die gemeindeeigene Wohnungsbaugesellschaft unterzogen und erstrahlt dadurch in alter Schönheit. Auch die Tradition des Wettbewerbs um den schönsten Garten wurde wiederbelebt. Etwa zeitgleich mit der BMAG wurden die Maffei-Schwartzkopff-Werke, später von der AEG übernommen, errichtet. Nach Ende des 2. Weltkrieges wurden sämtliche Maschinen und Ausrüstungen beider Werke demontiert und in die damalige Sowjetunion als Reparationsleistung verbracht. Die Hallen der BMAG blieben leer stehen, die der AEG wurden bis auf das Verwaltungsgebäude abgerissen. 1949

Blick über den Stichkanal an der Dahme zur Schwartzkopffsiedlung

war der Wiederaufbau einer Lokomotivenfabrik geplant, seit 1950 wurde das Werk auf den Schwermaschinenbau ausgerichtet. Im Jahr 1951 kamen die Schmiede und das Kurbelwellenwerk hinzu. Bis in die Jahre 1989/90 florierte der Schwermaschinenbaubetrieb, der auch erfolgreich für den Weltmarkt produziert hat, mit seinen weit über 3 000 Beschäftigten. Nach der Wende wurde der Betrieb zergliedert, es entstanden die heutige Gröditzer Kurbelwelle Wildau, mehrere Unternehmen des Sondermaschinenbaus und die Wildauer Schmiedewerke mit einem der größten Gegenschlaghämmer der Welt. In Teile der nicht mehr benötigten Werkhallen zog nach aufwendiger Sanierung die im Jahre 1991 gegründete Technische Fachhochschule Wildau ein, die sich seit ihrer Gründung hervorragend entwickelt. In 24 Studiengängen, von Betriebswirtschaft und Bioinformatik über Maschinenbau und Luftfahrttechnik/Luftfahrtlogistik bis Verwaltung & Recht und Wirtschaftsingenieurwesen studieren hier inzwischen über 3 400 Studenten. Zudem sind hier 212 Mitarbeiter beschäftigt. Die zahlreichen Schwerpunkte der angewandten Forschung an der Hochschule von der Automatisierungstechnik über Laser- und Plasmatechnik und Logistik bis zu Telekommunikation und Umweltmanagement machen die Hochschule zu einem begehrten Partner der Wirtschaft. Die umfangreichen Weiterbildungsangebote, insbesondere die gebotenen Fernstudienmöglichkeiten, treffen ebenfalls auf großes Interesse der Wirtschaft. Wildau ist nur wenige Kilometer von Berlin entfernt und liegt auf der westlichen Seite der Dahme, die der gesamten Region ihren Namen gab und in Berlin in die Spree mündet. Über den Fluss Dahme gelangt man auf dem Wasserweg von Berlin bis in den Spreewald, vorbei an Wildau. Von Berlin aus am rechten Ufer der Dahme liegt Wildau am östlichen Rand des Teltowplateaus. Der Kontrast zwischen der stellenweise noch erkennbaren Wildheit von Natur und Landschaft (»wilde Aue«) und der den Ort prägenden Wirtschafts- und Wissenschaftsstruktur verleiht Wildau einen ganz besonderen Reiz.

Rathaus mit Martin Luther Kirche

Zeuthen – Die grüne Oase vor den Toren Berlins

Wie ein naturgeschliffener Smaragd leuchtet der Zeuthener See – südöstlich von Berlin – aus der flachen, weiten, sandigen Mark Brandenburg. An seinen Ufern erstreckt sich – auf fünf Kilometer Länge – der beschauliche Wohnort Zeuthen mit seinen derzeit ca. 10 300 Einwohnern. Der Zeuthener See ist mit einer ganzen Seenkette verbunden. Wer möchte, kann zum Beispiel neben den zahlreichen Wassersportmöglichkeiten auch zu Wasser den Berliner Wannsee, den unweiten Spreewald oder sogar die Ostsee erreichen. Im Westen des Ortes befindet sich ein ausgedehntes Waldgebiet, der Wüstemarker Forst. Nördlich und südlich grenzt Zeuthen beinahe nahtlos neben der Gemeinde Eichwalde auch an die Gemeinde Wildau, welche als Wirtschaftsstandort durch das A 10 Center und das angrenzende Gewerbegebiet bekannt ist.
Der Besucher läuft oder fährt durch beinahe ausschließlich baumbesäumte Straßen. Jahrzehnte alte Bäume. Überall, wohin das Auge schaut, erstreckt sich ein grüner Teppich aus Gärten und Landschaft. In westlicher Ortslage, in Miersdorf, lädt ein weiterer See im großzügig angelegten Freibad zu Badefreuden ein. Nur unweit entfernt steht die im 13. Jahrhundert gebaute Feldsteinkirche, und es lädt das Naturschutzgebiet Höllengrund mit seinen zahlreichen Wegen zum Wandern ein. Neben seinen historischen Sehenswürdigkeiten, z.B. dem Rathaus aus der Gründerzeit und der Martin Luther Kirche, 1914 im Jugendstil erbaut, überzeugt die grüne Oase Zeuthen durch eine geschmackvolle sowie sensible Bebauung mit Ein- und Mehrfamilienhäusern, darunter wunderschönen Villen auf großzügigen Grundstücken entlang des Zeuthener Sees. Zahlreiche kleine Geschäfte und gastronomische Einrichtungen laden rund um den Bahnhof zum Bummeln ein. Seit einigen Jahren zeigt nunmehr die grünordnerische und städtebauliche Weiterentwicklung des Ortes, wie in der gegebenen Siedlungsstruktur ein sich integrierender Fortschritt erfolgen kann. Die Zukunftsplanung des Ortes verdeutlicht zum einen die Vernetzung mit dem Zentrum der Hauptstadt Berlin, die ein Jeder per Auto in nur

Blick auf den Zeuthener See vom Rathausplatz

25 Minuten oder per Schnellbahn in 30 Minuten erreichen kann, zum anderen erklärt sie, wie beständig das Gemeinwesen seinen Aufwärtsschub erfahren wird. Beste Standortqualitäten als grüne Wohnoase und Naherholungsareal für Berlin bestimmen auch die weitere Gestaltung des Ortes. So ist zum Beispiel direkt am Zeuthener See der villenartige Wohnpark »Seegarten« mit Eigentumswohnungen und Doppelhäusern plus Bootshafen und Uferpromenade entstanden. Haus und Grün müssen eins sein. Nicht Uniformität soll vorherrschen, sondern ein Bild der schönen Abwechslung. Bäume, Biotope und Naturschutzgebiete bleiben erhalten oder werden erweitert. Eine Innenverdichtung Zeuthens durch verkleinerte Grundstücke, die durchschnittlich 800 bis 1 000 qm umfassen, gibt es nur in wenigen Gebieten. Und dennoch, der Ort wird durch den Wandel bisheriger Erholungsgrundstücke in Bauland, der sensiblen Innenverdichtung und einer herrlich am Wald gelegenen größeren Bebauungsfläche für Einfamilienhäuser – dem Zeuthener Winkel – auf etwa 13 000 Einwohner in den kommenden Jahren anwachsen. Der Ausbau der Infrastruktur ermöglicht den Zuwachs, ohne dass der Ort sein grünes Antlitz verliert.
Zeuthen verfügt schon jetzt über ausreichende Einrichtungen des Gemeinbedarf wie Grundschule, musikbetonte Gesamtschule mit gymnasialer Oberstufe, Kinderkrippe, Kindergärten, Schulhort, Jugendclub, Bibliothek und Generationstreff. Viele Vereine wirken im Ort. Ein Sport- und Kulturzentrum wurde 2004 fertig gestellt. Gewerbetreibende kommen hier nicht zu kurz. Verschiedene gastronomische Einrichtungen, Hotels und Pensionen sowie Firmen von Kleingewerbetreibenden und Dienstleistern fügen sich dezent in das Gemeindegebiet ein. Es bleibt jedoch hervorzuheben: Zeuthen ist kein Gewerbestandort. Dem Charakter nach bleibt die Gemeinde auch zukünftig eine grüne Vorstadtoase mit ihren drei W's: »Wohnen, Wasser und Wald«.

Flughafen Berlin-Schönefeld

Gemeinde Schönefeld

Die Gemeinde besteht aus den Ortsteilen Großziethen, Kiekebusch, Schönefeld, Selchow, Waltersdorf und Waßmannsdorf. Mittelpunkt ist der Flughafen, der in einigen Jahren Berlins einziger sein wird. Das Land Brandenburg hält »ohne Wenn und Aber«, wie Ministerpräsident Platzeck formulierte, »am Ausbau des Flughafens Schönefeld fest«. Schon heute ist das Wachstum enorm: 2007 wurden ca. 6 Mio. Fluggäste erwartet. Hier kreuzen sich die Wege von Geschäftsleuten, Urlaubsreisenden und Touristen aus ganz Europa. Mit dem neuen Terminal D stieg die Passagierkapazität auf rd. 7,5 Mio.. Neue Gate-Positionen sowie die Überdachung des Weges zwischen Bahnhof und Flughafen sorgen für mehr Komfort. Das Passagierwachstum wirkt sich auch positiv auf die Beschäftigung in der Region aus. Über 1 000 Jobs sind 2006 direkt am Flughafen Schönefeld entstanden. Heute arbeiten bereits über 6 000 Menschen hier. Mit dem Ausbau zum Hauptstadtairport »Berlin–Brandenburg International« (BBI) wird es einen deutlichen Anstieg bei den Arbeitsplätzen geben: 2012 werden etwa 73 000 Menschen durch den BBI beschäftigt sein; das sind 40 000 Arbeitsplätze mehr als heute.
Der Ort *Schönefeld* wurde erstmals 1375 als »Schonenvelde« erwähnt. Die Entwicklung zum Luftstandort nahm mit dem Bau eines Flughafens und des Henschel-Flugzeugwerkes 1934 seinen Anfang. 1937 arbeiteten hier über 3 000 Arbeiter; von 1935–45 wurden etwa 10 000 Flugzeuge gebaut. Nach dem II. Weltkrieg wurde der Ausbau des Flughafens forciert. 1955 nahm die Deutsche Lufthansa-DDR, die dann in INTERFLUG umbenannt wurde, ihren Betrieb auf. 1983 wurden 2,7 Mio. Passagiere befördert. 1992 ging das modernisierte Terminal für jährlich 4 Mio. Fluggäste in Betrieb. Mit der Errichtung des Pier 3 A und vor allem dem Einstieg von »Easy Jet« 2004 begann eine rasante Entwicklung, die 2012 in der Abfertigung von etwa 25 Mio. Fluggästen gipfeln wird. Die Rolle Schönefelds als Drehscheibe von Verkehr und Wirtschaft wächst ständig. Mit dem »Airport-Express« verkürzte sich die Fahrzeit vom Stadtzentrum nach hier enorm.

Ländliche Idylle im Ortsteil Großziethen

Großziethen ist der nördlichste Ortsteil der Gemeinde und auch der nördlichste Punkt im Landkreis Dahme-Spreewald. Bevor das Dorf 1945 von russischen Truppen eingenommen wurde, erlebte es schwere Bombenangriffe. Ab 1961 fristete der Ort ein »Mauerblümchen-Dasein«. Im Zentrum erhebt sich der 1877 gebaute Westturm der alten Kirche. Weitere Zeugen der Vergangenheit sind die Friedhofskapelle und die alte Schule. Kleinziethen liegt etwa 2 km entfernt an der L 75.
Kiekebusch zeigt sich noch heute als ein fast ausschießlich von der Landwirtschaft geprägtes märkisches Dorf, in welchem es sich für den, der Ruhe sucht, herrlich im Grünen wohnen lässt. Aufgrund der verkehrsgünstigen Lage zur Autobahn und zum Flughafen wurde die Errichtung des Gewerbeparks »Schönefelder Kreuz« beschlossen. Die rechteckige Feldsteinkirche wurde 1693/94 erbaut, der Turm entstand 1718. Die Kirche besitzt einen sandsteinernen Taufstein vom Anfang des 15. Jahrhunderts.
Aus *Selchow* ist ein Paradies für Pferdeliebhaber geworden: Reit- und Wanderwege sind in der wald- und wasserreichen Gegend ausreichend vorhanden. Teile des Ortes mussten wegen der Erweiterung des Großflughafens umgesiedelt werden. 2005 wurde neben der Kirche der Seniorenclub fertig gestellt und den Bürgern zur Nutzung übergeben.
Waltersdorf hat sich von einem Durchfahrtsort zu einem Ortsteil entwickelt, der über eine moderne Infrastruktur verfügt und wegen des weit bekannten Gewerbegebietes »Airport-Center Waltersdorf« einen guten Namen besitzt. Die Ortsgeschichte begann bereits um 1200, als deutsche Bauern vom Niederrhein zum Mostpfuhl zogen und das Land urbar machten. Das ehemalige »Möhrendorf« *Waßmannsdorf,* geprägt von Landwirtschaft und Rieselfeldern, wird zu einem modernen Gewerbestandort ausgebaut. Die größten Veränderungen zeigen sich am Klärwerk, mit 230 000 m^3 Abwasser-Reinigungskapazität pro Tag eine der modernsten Einrichtungen Europas.

Badewiese Eichwalde

Gemeinde Eichwalde – Spaziergang durch ein Jahrhundert

Lassen Sie sich einladen zu einem Spaziergang durch Eichwalde, durch Alleen alter Bäume, vorbei an Häusern im Stil der Gründerjahre und an großzügigen Gärten mit den typischen Ein- und Zweifamilienhäusern der Gegend. Lassen Sie sich einnehmen vom Charme dieser Gemeinde am südöstlichen Rand der Großstadt Berlin, von ihrer reizvollen Mischung aus städtischem Charakter und Gartenlandschaft. Der poetische Name *Eichwalde* stammt nicht aus grauer Vorzeit, sondern ist gerade einhundert und vierzehn Jahre alt, und er hat nichts von seiner Bedeutung verloren.

Eichwalde heute. Eine Gemeinde mit über 6 000 Einwohnern, selbständig, das heißt mit eigener Verwaltung. Nachdem das Gut Radeland ab 1890 parzelliert worden war, hatten die Käufer zu entscheiden über Zusammenschluss mit Berlin-Schmöckwitz oder Gründung eines eigenen Gemeinwesens. Vom alten, ursprünglich von Schmöckwitz aus verwalteten Gut war wenig übrig geblieben: Der Eichenpark in der Nähe des Bahnhofs, die »Friedenseiche« und natürlich das Romanus- und das Büdnerhaus. All dies ist heute noch zu sehen. Im Oktober 1892 wurde die Bildung der Landgemeinde Eichwalde beschlossen. Gründungstag war der 20. März 1893. Eichwalde liegt vor den Toren Berlins und doch durch ein ausgedehntes Waldgebiet von Lärm und Schmutz der Großstadt getrennt, mit Zugang zum Zeuthener See und geraden Straßen sowie dem S-Bahn-Anschluss; alles führt in die herrliche Umgebung. Rad- und Wanderwege laden zu ausgedehnten Erkundungen ein, und wenn man ein bisschen mehr Zeit mitbringt, kann man von hier aus das Dahme-Seengebiet und den Spreewald erkunden. Vom Bahnhof aus bietet sich ein Bummel durch den Ort an. Wie selten in Gemeinden dieser Größenordnung gelang es, inmitten der »Gartenstadt« eine Geschäftsstraße zu entwickeln, die von zwei Seiten auf den Bahnhof zuläuft. Mehrgeschossige Häuser im Stil der Gründerzeit säumen diese Straßen – und natürlich alte Eichen. Geschäfte und Gaststätten laden zum Verweilen ein. Die breiten Straßen und die immer

Rathaus Eichwalde

wieder das Bild auflockernden Plätze lassen die Anlage der Gemeinde großzügig erscheinen. Händelplatz und Romanusplatz können ihre Wirkung wesentlich durch die Kirchenbauten entfalten – die 1908 geweihte evangelische Kirche mit ihrer weltweit einzigen noch erhaltenen Parabrahm-Orgel und die im Jahr 1913 errichtete katholische Kirche.

Auch dies sind Zeichen der Eigenständigkeit der Gemeinde, ebenso wie die Schule, 1899 gegründet und durch Anbauten immer wieder ergänzt. Bis 1956 blieb sie Gymnasium – seit 1991 ist sie es wieder, Humboldt-Gymnasium Eichwalde. Heute kommen die Schüler sogar aus weiter entfernten Gemeinden des Landkreises.

Die Humboldt-Grundschule erhielt 1994 ein neues Gebäude auf dem Grundstück Stubenrauchstraße 75, gefördert mit Mitteln des Landes Brandenburg. Das erste private Gymnasium Brandenburgs, die »Villa Elisabeth«, öffnete ein Jahr darauf seine Pforten. Wie schon in den ersten Jahren sitzen neben den Eichwalder Schülern Mädchen und Jungen aus der Berliner »Schmöckwitzer Siedlung« und aus dem Bayerischen Viertel Zeuthens in den Schulbänken. Und sie werden künftig in einer »Verlässlichen Halbtagsgrundschule« auch an den Nachmittagen ihren Interessen nachgehen und dabei vielfältige soziale Kontakte knüpfen und soziale Kompetenzen entwickeln können. Zwar widerstand Eichwalde stets den Eingemeindungsbestrebungen Berlins, gute Nachbarschaft – auch bei so ungleicher Größe – prägt jedoch die Beziehungen zu Berlin und den anderen Nachbarn. Und das alte, 1898 erbaute Feuerwehrdepot? Es hat sich nach seinem unter denkmalschützerischen Gesichtspunkten erfolgten Umbau im Jahre 1996 zu einem weit über unsere Grenzen hinaus bekannten und geschätzten Kunst- und Kulturzentrum entwickelt. Zu den nach 1989 wieder belebten Traditionen gehört das Rosenfest, das in jedem Jahr an einem Wochenende im Juni stattfindet und auf die 20er Jahre zurück geht. Besuchen Sie Eichwalde – interessante Entdeckungen warten auf Sie ...

Neuendorfer See in Alt-Schadow – ein beliebtes Gebiet für Campingfreunde und Wasserwanderer

Gemeinde Märkische Heide

Die Gemeinde liegt am Rande des Spreewaldes; sie ist idealer Ausgangspunkt für Erkundungstouren in den Ober- und Unterspreewald und befindet sich im Landkreis Dahme-Spreewald. Verwaltungssitz ist Groß Leuthen; ca. 5 000 Menschen leben hier auf 200 qkm. Die günstige Lage zu den Großstädten (Potsdam 60 km, Berlin 80 km) ermöglicht Tagestouren dorthin. Reiten, Angeln, Radeln, Surfen, Segeln, Rudern und Baden bilden die Basis für einen aktiven Urlaub. Wer die erholsame Ruhe liebt, der kann die zahlreichen Wanderwege zu ausgedehnten Waldspaziergängen nutzen. Für reichlich Abwechslung ist also gesorgt. Einer dieser Radwanderwege heißt geschichtsträchtig »Gurkenradweg«, eine attraktive Route durch die einzigartige Landschaft. Der Gurkenradweg durchquert den gesamten Spreewald.

Die Kirchen sind so einzigartig wie schön zugleich. Die in *Neu Schadow* (1856 erbaut) wurde im Rundbogenstil der Schinkelschule errichtet. Im Inneren hat das Gotteshaus eine Balkendecke und eine von Säulen getragene kurze Hufeisenempore. In *Kuschkow* (der Entwurf soll ebenfalls aus der Schinkelschule kommen) wurde zwischen 1830 und 1840 ein rechteckiger Putzbau im Rundbogenstil errichtet. Die Kirche besitzt keine Apsis. Unmittelbar neben der bemerkenswerten Gutsanlage in *Pretschen* befindet sich die unter Denkmalschutz stehende Patronatskirche. Der breite stattliche, neuromanische und apsislose Backsteinsaal mit einem hohen Westturm und Rundbogenfenstern wurde 1893 errichtet; von der Innenausstattung stammen Kanzel, Taufe und Patronatsgestühl aus der Gründungszeit der Kirche; der Bau der Orgel geht auf 1845 zurück. Aber nicht nur die Orgel, sondern auch bildliche Darstellungen und Epitaphien stammen aus dem Vorgängerbau. Der Ort liegt im Biosphärenreservat »Spreewald« und zählt landschaftlich zur Region des Unterspreewaldes. Hier findet man Störche, Sammelplätze von Wildgänsen und Kranichen, auch seltenere Arten wie Eisvogel, Fischotter und Marderhund. Die Kirche in *Wittmannsdorf* stammt aus dem 15. Jahrhundert und ist ein Feldsteinbau; der

Blick in den Innenhof des Wasserschlosses in Groß Leuthen (Privatbesitz)

Umbau erfolgte 1889 im neogotischen Stil. In ihrem Inneren hat sie eine Holzbalkendecke und eine Hufeisenempore, die von Säulen getragen wird. Der Ort hat etwa 350 Einwohner und wurde 1348 als »Wittramstorf« erstmals erwähnt. *Leibchel* wurde im Jahre 1004 erstmals erwähnt. König Heinrich II. schenkte am 8. August 1004 dem Benediktinerkloster Nienburg unter anderem den Burgward Leibchel. Der Ort ist ein altes Sackgassendorf (191 Einwohner). Hier wurde am Weihnachtsabend 1881 der Schriftsteller und Heimatdichter Otto Lukas geboren. In *Glietz* beeindruckt das Gutshaus mit Park, welches Anfang des 16. Jahrhunderts erbaut und mehrmals modernisiert wurde. Der Ort liegt im Landschaftsschutzgebiet Pollugk (Moor, Teich).
Der erste urkundliche Nachweis von *Groß Leine* stammt von 1346. Die Kirche ist ein einschiffiger, spätgotischer Feldsteinbau des 15. Jahrhunderts. In *Groß Leuthen* kann man mit Recht von einem Schloss sprechen; zu den einstigen Besitzern zählten bekannte Adelsgeschlechter wie die Flemmings, von der Schulenburg und jene von Podewils. Heute leben hier etwa 700 Einwohner an einem sehr schönen See, ca. 15 km von Lübben entfernt.
Weite Fluren, Wiesen, dichte Kiefernwälder, baumgesäumte Alleen und Fließe, in die Naturlandschaft eingebettete Seen – das ist die Märkische Heide mit dem Groß Leuthener See. Am südlichen Ufer entstand in den 90er Jahren ein großer Campingplatz der 5-Sterne-Kategorie. Die Gemeinde umfasst mehrere Naturschutzgebiete und Landschaftsschutzgebiete und reicht in das Biosphärenreservat Spreewald. In Feuchtgebieten, Flach- und Kesselmooren, in Misch- und Kiefernwäldern gibt es seltene und z.T. gefährdete Tier- und Pflanzenarten. Die Vielfalt der Übernachtungs- und Freizeitmöglichkeiten macht das Gebiet attraktiv. Was die Märkische Heide mit ihren kleinen Dörfern so sympathisch macht, das sind Ruhe und Beschaulichkeit sowie freundliche Menschen, die ihre Heimat lieben und Gäste freundlich empfangen.

Die Schinkelkirche in Straupitz – ein Meisterwerk des Klassizismus

Willkommen im Amt Lieberose/Oberspreewald – Das Land zwischen den Spreewaldfließen, den Seen und der Heide

Die Oberspreewald-Region ist reich an interessanten Anziehungspunkten und einmaligen Sehenswürdigkeiten, wie z.B. die Kirchen in allen Gemeinden. Bei allem Modernen in unserer Region können Sie bei uns noch überwiegend das typische Dörfliche erleben, das auf eine lange traditionelle Vergangenheit aufmerksam macht. Beeindruckend sind Schloss und Schlosspark sowie die in Deutschland einmalige Holländermühle in Straupitz. Die wohl bekannteste Gemeinde in unserer Region ist Straupitz.

Straupitz wurde 1294 erstmals urkundlich erwähnt. 1655 hat der General Christoph von Houwald die Herrschaft Straupitz erworben. Der Ort wurde ein blühender Marktflecken. Somit wurde in Straupitz eine Kirche nach Plänen von Karl Friedrich Schinkel erbaut (1828–1832). Sie ist ein Meisterwerk des Klassizismus und prägt durch ihre weithin sichtbare Turmanlage die Landschaft.

Ein weiterer touristischer Anziehungspunkt ist die Gemeinde Schwielochsee, deren Mittelpunkt der Schwielochsee selbst ist und der den Besuchern Erholung und Entspannung bietet. Klares Wasser, saubere Luft und landschaftliche Idylle machen den Schwielochsee anziehend. Überzeugen Sie sich selbst von der Attraktivität dieser Gemeinde. Empfehlenswert ist auch die kleine Stadt Lieberose. Hier paaren sich landschaftliche und kulturelle Sehenswürdigkeiten, wie z.B. angenehm wechselndes Landschaftsrelief, Kirchen aus dem 15. und 18. Jahrhundert, eine kursächsische Postmeilensäule (1737), Schloss und Park des Grafen von der Schulenburg sowie Gedenkstätten der Geschichte. Auch die Tradition wird in den Dörfern aufgrund der sorbisch-wendischen Geschichte gewahrt. Für Naturfreunde bieten wir ein gut ausgebautes Rad- und Wanderwegenetz mit Rast- und Freizeitmöglichkeiten. Hier kann die Natur über Lehrpfade individuell oder geführt erkundet werden. So mancher 1000-jährige Baumriese lässt sich hier bewundern. Lernen Sie die vielfältige Oberspreewald-Region per Fuß, per Rad oder auch per Kahn kennen. Sie werden begeistert sein und gewiss gern wiederkommen.

Blick vom Neuendorfer See bei Alt-Schadow zur Spreeschleuse

Das Oderbruch – Vom Sumpfland zum Gemüsegarten

Heute ist die Niederung an der deutsch-polnischen Grenze ein wahrer Gemüsegarten, weil sie eben über fruchtbare Böden verfügt, aber noch vor etwas mehr als einem Vierteljahrtausend war es eine ungesunde Ecke Preußens. Die Berliner haben dieses Gebiet immer ein wenig abschätzig-überlegen belächelt oder es mit entsprechenden Worten ihres »Schnellschussdialektes« bedacht; auf alle Fälle lag es für die etwas großmäuligen »Spreeathener« stets »j.w.d.« – kurz, knapp und wissend ist des Berliners Großmauljargon (was er aber – kennt man ihn näher – gar nicht so empfindet und überdies ein herzensguter Zeitgenosse ist); aber: In den allermeisten Dingen ist der Berliner anderen germanischen Völkerschaften voraus – und das mit riesengroßem Abstand. Aber, merke: Das Berlinische klingt zwar hart, aber der Berliner ist – kennt man ihn, wie gesagt, näher und akzeptiert ihn – im Prinzip butterweich. Und noch eins: Er ist zuverlässiger.
Wir aber wollen hier nicht unsere Völkerschaften auseinanderdividieren, sondern nur schlicht erläutern, was denn dieses karge »j.w.d.« nun eigentlich bedeutet, dessen sich der Berliner immer dann bediente, wenn vom Oderbruch die Rede war. Das sind inhaltsschwangere Buchstaben, die aber nur ein Kürzel für ein Stück berlinische Philosophie darstellen ... und der Berliner »kürzelt« gern: »Janz weit draußen«, heißt det. Damit war alles gesagt – und die Menschen des Oderbruchs waren weit weg von der großstädtischen Zivilisation, und der Landstrich, in welchem sie lebten, war bemitleidenswertes »Entwicklungsland«. Der Oderbrüchler hatte zwar ein schwereres Lebenslos gezogen, aber man war sicher bisweilen froh über die Entfernung zu »Preußens Gloria« und nahm's gelassen: Knapp 100 km waren (und sind) es noch immer, und der IC braucht heute immerhin auch noch eine volle Stunde.
Herzog Heinrich von Schlesien vergab für die auf einer Oderinsel siedelnden Franken anno 1226 das Marktrecht. Die Frankfurter errichteten danach Kaufmannsviertel und Nikolaikirche und gaben dem Ganzen den Namen »Vrankenforde«, aus dem später Frankfurt an der Oder wurde. Die Stadt wuchs, blühte und gedieh gar prächtig – trotz der häufigen kriegerischen Auseinandersetzungen (insgesamt 719 Jahre lang), blieb aber ein wirtschaftlich-kulturelles Zentrum in Ostbrandenburg bis heute. 1506 wurde hier die Universität gegründet; damit ist sie die älteste Brandenburgs – ihr Name: »Alma mater Viadrina«; hier studierten bedeutende Geister: Ulrich von Hutten, Thomas Müntzer, die beiden Humboldts, viele Prinzen und auch der Dichter Heinrich von Kleist, der ein Frankfurter Urgestein war und 1777 hier das Licht der Welt erblickte. Seine Dramen und Lustspiele sind noch heute zuhauf auf den Theaterspielplänen zu finden (»Der zerbrochene Krug«, »Prinz von Homburg«, »Käthchen von Heilbronn«); er selbst allerdings hatte es im Leben sehr schwer – enttäuscht und entnervt endete er dieses 1811: Gemeinsam mit Gefährtin Henriette Vogel wählte er den Freitod, 33-jährig.
Im Norden Frankfurts beginnt das Oderbruch (ca. 640 qkm), eine flache Gegend mit ausgezeichneten Böden: Heute ist die Region (wieder) der »Gemüsegarten« Berlins. Das war aber nicht immer so. Als Friedrich II. (oder wie der Berliner sagt: »F Zwo« bzw. »Der olle Fritz«) residierte, ließ er von seinem Schweizer Hofmathematiker Leonhard Euler die Odereindeichungen berechnen und anlegen. Grund waren die zahlreichen Überschwemmungen, die auch eine große Gefahr für ansässige Menschen und Tiere bargen. Auf diese Weise wurden nun ca. 35 000 ha Neuland gewonnen. Die Sumpflandschaft war gebändigt, und Fritz soll begeistert ausgerufen haben: »Hier habe ich im Frieden eine Provinz erobert!« – und hatte damit völlig recht, denn er errang sonst lediglich durch Krieg neue Provinzen (z.B. die »fetten schlesischen« während der gleichnamigen und des Siebenjährigen Krieges, 1756–63). In Letschin erinnert seit 1905 ein Denkmal an die segensreiche Initiative des preußischen Monarchen. Dieses überlebte wie durch ein Wunder den Nationalsozialismus, die Angriffe der Russen 1945 und die vier Jahrzehnte DDR-Herrschaft. Doch man muss hinzufügen, dass die DDR in den achtziger Jahren die Preußen für sich entdeckte und entsprechend vereinnahmte: Das beweisen die beiden aufwendigen Ausstellungen über den Großen Kurfürsten und Friedrich II. im Potsdamer Neuen Palais, die nicht minder bedeutende Biographie über Letzteren von Ingrid Mittenzwei und das Aufstellen des Reiterdenkmals Unter den Linden nahe der Deutschen Staatsoper.
Das Oderbruch fällt etwa 50 m von den Lebuser Höhen abrupt ab und ist ein flaches, weites Land – ehemals eine westlich der Oder sich ausdehnende Sumpfregion, deren wichtigste Orte Bad Freienwalde, Neuhardenberg, Seelow und Wriezen sind; aber auch Neutrebbin, Kunersdorf und Schulzendorf gehören unbedingt mit

Bei Ratzdorf weitet sich durch die Einmündung der Neiße die Oder zum Strom.

dazu. 1820–23 wurde ein prächtiges Schloss für den ehemaligen preußischen Premier Karl August von Hardenberg gebaut. Schinkel hatte kurz zuvor dem Ort Quilitz (zu DDR-Zeiten hieß er Marxwalde) nach einem Brand ein klassizistisches Bild gegeben. Nun kam dieses Schloss hinzu. Es ist in Weiß gehalten und ebenfalls klassizistisch erbaut. Dazu gehört ein phantastischer Landschaftspark, der allerdings nur einige hundert Meter umfasst. Peter Josef Lenné und Fürst von Pückler-Muskau haben allerdings tief in die gartengestalterische »Trickkiste« hineingegriffen, denn sie bezogen die Felder und Wiesen der weiteren Umgebung mit ein und verliehen dem Ensemble den charmanten Touch endloser Weite: eine geniale Lösung! 1944 trafen sich hier mehrmals die Mitglieder des Hitlerattentats vom 20. Juli um Graf Stauffenberg. Das *Amt Neuhardenberg* bildet die Übergangsregion vom Naturpark »Märkische Schweiz« zum Oderbruch. Die abwechslungsreiche Landschaft besteht aus geschlossenen Wald- und Seengebieten, Hügelland und flachen Ebenen – alles vielgestaltig und sehr beeindruckend. Der Kietzer See ist ein besonderes Biotop: Er dient als Rast- und Brutplatz sowie als Durchzugsgebiet geschützter Vogelarten und besitzt den Status eines »Europäischen Vogelschutzgebietes«; im Stöbbertal leben Sumpfschildkröten und Fischotter.
Die flache Landschaft ist wie geschaffen für Radwanderer, die in den weitläufigen Auenregionen interessante Touren unternehmen können; u.a. ins ehemalige Kolonistendorf Neutrebbin (es wurde 1747–55 nach Trockenlegung des Oderbruchs erbaut) oder nach Kunersdorf, im 19. Jahrhundert ein geistig-kulturelles Zentrum in Brandenburg. Oder zur Feldsteinkirche (13. Jahrhundert) ins nahe Schulzendorf oder über Wriezen und Altranft gen Bad Freienwalde, wo seit 1684 der brandenburgisch-preußische Adel kurte. Königin Luise prägte mit dem hiesigen klassizistischen Schloss nachhaltig das Bild dieser Stadt. Oder … oder … oder.
Über 20 km Länge und bis zu 17 km Breite entstand nach der Trockenlegung der Sümpfe eine völlig neue Kulturlandschaft Mitte des 18. Jahrhunderts. Rund 1 500 Menschen packten dabei beherzt an, und mehr als 40 Dörfer wurden gegründet. Somit verschob sich auch die Lebensgrundlage der Menschen weg vom Fischfang, hin zur Landwirtschaft. Aufgrund der Fruchtbarkeit der Böden gediehen Obst und Gemüse – wie auch Tabak – hervorragend – das Oderbruch wurde Berlins »Gemüsegarten«. So ist das bis heute geblieben.
Seelow ist bekannt geworden durch eine der schrecklichsten und blutigsten Schlachten des Zweiten Weltkrieges, der Entscheidungsschlacht vor der Erstürmung Berlins im April 1945. Bei den vorhergehenden Kämpfen an der Oder und hier starben mehr als 100 000 Menschen auf beiden Seiten. Noch heute, über sechs Jahrzehnte nach dem blutigen Gemetzel, erinnern sterbliche Überreste von ehemaligen Soldaten sowie Munitions- und Waffenfunde an die Sinnlosigkeit des 16. und 17. April 1945 auf den Seelower Höhen: »Denn wer die Unmenschlichkeit vergißt, wird wieder anfällig für eine neue Ansteckungsgefahr«, formulierte einmal der ehemalige Bundespräsident Richard von Weizsäcker. Ein an der Bundesstraße gebautes Museum macht die Erinnerung gegenwärtig.
Das *Amt Falkenberg-Höhe* mit seinen fünf Gemeinden, etwa 5 000 Einwohnern, seiner sauberen Luft und der schönen Umgebung liegt am Rande des Oberbarnims und bildet den Übergang zum Niederoderbruch. Lieblich zeigen sich auch die kleinen Dörfer im Gamengrund. Zum Amtsbereich gehören das ehemalige Fischerdorf Falkenberg (mit Dannenberg und Kruge/Gersdorf), Heckelberg-Brunow, Beiersdorf-Freudenberg, Neureetz (mit Adlig Reetz und Königlich Reetz). Das *Amt Golzow* liegt im Oderbruch und wurde 1992 aus 12 Gemeinden gegründet; heute haben sich einige damalige zusammengeschlossen, so dass das Amt heute aus Alt Tucheband, Bleyen-Genschmar, Golzow, Küstriner Vorland und Zechin besteht; hier leben gegenwärtig rd. 6 900 Menschen.
Im Bereich vom *Amt Lebus* laden weite Flächen mit Wiesen, Wäldern und Seen zu ausgedehnten Wanderungen ein; die Höhenzüge längs der Oder zählen zu den unvergesslichen Erlebnissen. Die Gemeinden des Amtes sind verkehrstechnisch gut zu erreichen – in zehn Kilometern Entfernung liegt Frankfurt. Das gesamte Gebiet wird charakterisiert durch Höhengliederungen und Talniederungen; die steil zur Oder abfallenden Hänge geben dieser Landschaft ihr besonderes Gepräge.
Wie das Oderbruch von des Menschen Hand sein neues Aussehen erhielt, trifft dies keinesfalls für die »Märkische Schweiz« oder das »Märkische Meer« zu. Hier dominieren außerordentlich sanfte Hügelregionen, enge Schluchten (die »Kehlen« genannt werden) und moorreiche Terrains. Am 12.3.1990 wurde die Landschaft der »Märkischen Schweiz« zum Naturpark erhoben. Eingebettet ist sie in viel Waldpartien mit schluchtenähnlichen Engen und etlichen Dörfern sowie dem »Schauinsland« von Münchehofe mit einem tollen Panoramablick. Naherholungsgebiet der Berliner war die Region schon lange, aber erst mit dem Eisenbahnanschluss

Überwältigend ist die Innenausstattung der Katholischen Stiftskirche St. Marien in Neuzelle (hier eine Detailaufnahme); sie wurde im 17./18. Jahrhundert zu einem Juwel des Barock umgebaut.

1865 setzte der absolute Boom in diese Richtung ein. Bereits Fontane war begeistert von »Berg und See, Tannenabhängen, Laubholzschluchten, Quellen und Birken, die ihre langen Zweige bis in den Waldbach niedertauchen«.
In südöstlicher Richtung befindet sich ein weiteres landschaftliches Highlight: das Schlaubetal. Stille Teiche, klare Seen und vielfach gewundene Wege zwischen Wirchen- und Müllroser See; fast versteckt. Ein Urlaubsparadies sondergleichen, wo man tüchtig »abhängen« und auf Schusters Rappen oder per Drahtesel auf gut ausgeschilderten Wegen Natur pur in vollen Zügen genießen kann. Müllrose ist der Hauptort (4 300 Einwohner, 1260 gegründet, Ortsteile: Biegenbrück, Kaisermühl, Dubrow); man stellt in dieser verwunschenen Gegend eine reiche Artenvielfalt an Flora und Fauna fest. Diese Region ragt auch in die Niederlausitz hinein. Ein sehr interessanter Wanderweg von gut vier Kilometern ist »Luttchen Schlaubepfad«. Dazu muss man wissen, dass die Luttchens Gestalten aus der Niederlausitzer Sagenwelt sind. Es war ein Zwergenvolk, das der Sage nach in Hügeln wohnte und den Kontakt zu den Menschen scheute. Aber es gibt auch andere Touren durch diese naturreiche und schöne Region: Von Müllrose zur Ragower Mühle, eine ausschließliche »Mühlenwanderung«, eine entsprechende »Seen-Tour« sowie kilometermäßig weitere Radtouren von 20 bis 105 km. Letztere ist die sogenannte »Mönchstour« von Neuzelle nach Neuzelle – und das ist natürlich nicht an einem Tag zu bewältigen, sondern man braucht deren drei. Es geht dabei durch den »Naturpark Schlaubetal« zum lieblichen Landstädtchen Müllrose, weiter am Oder-Spree- und Friedrich-Wilhelm-Kanal entlang bis Groß Lindow; weiter durch die Oderauen bis Eisenhüttenstadt, über den Oder-Neiße-Radweg zur Neißemündung und über Schwerzko gen Neuzelle. Im Gebiet des Naturparks (2/3 sind mit Wald bedeckt) findet man verschiedene Laubmischwälder, Erlenbrüche, Buchen- und Hainbuchenwälder, auch Traubeneichen-Kiefer-Mischwälder, Buchenwald; 13 Orchideenarten gibt es; über 200 Vogelarten; Fischotter, Fledermausarten, See- und Fischadler, Uhu und Eisvogel, Schwarzstorch und Schreiadler, Sumpfschildkröte und Bachforelle.
Neuzelle mit seinem prächtig sanierten Kloster muss man unbedingt aufsuchen; hier trifft man auf die einzig komplett erhaltene Zisterzienserklosteranlage Brandenburgs. Sie wurde im 13. Jahrhundert errichtet und beeindruckt durch ihre prächtige Kirche – auch die anerkannte Klosterbrauerei verfügt über einen namhaften Klang.
Ein bisschen weiter liegt ein ganz anderes Kaliber von Stadt; die ehemals »erste sozialistische Stadt« der untergegangenen DDR: Inmitten von Kiefernschonungen wurde 1950 – ohne auf die Natur rücksichtnehmend – das gewaltige Eisenhüttenwerk und eine Stadt herum errichtet: »Stalinstadt« hieß pflichtgemäß das Gebilde, wo kein Kirchturm die Hochöfen überragen durfte. *Eisenhüttenstadt* benannte man sie 1961 um (und so heißt sie noch heute); etwa 50 000 Menschen leben hier. Die Architektur schwankt zwischen städtebaulicher Eleganz und karger Funktionalität.
Es gibt in der Region aber noch mindestens eine weitere Landschaft, die es wert ist, hier gewürdigt zu werden: jene des »Märkischen Meeres«. Wird die »Märkische Schweiz« respektlos »Buckelgebirge« oder schmeichelnd »Mini-Alpen« genannt, so genießt der Scharmützelsee mit der Bezeichnung »Märkisches Meer« natürlich gegenüber dem anderen unheimlich eindrucksvolleren Vorteil. Am Nordrand des »Meeres« liegt das fein herausgeputzte *Bad Saarow-Pieskow;* im Süden *Wendisch-Rietz,* von wo aus man über eine Schleuse in den Storkower See gelangt. Um 1900 entdeckten (wieder mal) die Berliner Bad Saarow und seine reine Luft; die »Perle der Mark« zog vor allem Berlins Vermögende an, deren luxuriöse Villen noch heute für sich sprechen. 1923 wurde das heute 4 000-Seelen-Städtchen Kurbad, nachdem man einige Jahre zuvor das Raseneisensteinmoor und dessen heilende Wirkung entdeckt hatte; außerdem nutzte man seither auch die Chlor-Kalzium-Quelle. Der Ort hat auch auf Kunstschaffende und Sportler eine große Anziehungskraft ausgeübt. Hier weilten oder wohnten der Schauspieler Heinrich George, der Literat Heinrich Mann, Boxweltmeister Max Schmeling heiratete hier die Filmschauspielerin Anny Ondra und der russisch-sowjetische Dichter Maxim Peschkow (er nannte sich Gorki) hielt sich hier gerne auf. Heute haben die Promis nur andere Namen: Armin Mueller- Stahl oder Claudia Pechstein beispielsweise.
So verwundert es nicht, dass es auch viele Tagesausflügler aus der deutschen Metropole und noch von viel weiter her gibt, die von dieser Landschaft begeistert sind. Diese ist wesentlich durch die Eiszeit geprägt. Auch Riesenfindlinge gehören dazu, die die riesigen Eismassen vor sich herschoben; bei ihrem Abtauen blieben sie liegen, und so gibt es diesbezügliches auch in dieser Gegend zu konstatieren: Die beiden Markgrafensteine in den Rauenschen Bergen sind solche Getüme. Der kleinere von beiden ist noch in Originalgröße erhalten; der

Wasserschloss Gusow, eine der prächtigsten Anlagen im Märkischen Oderland, beherbergt eine sehenswerte Zinnfiguren-Ausstellung.

Eingebettet in die Lieberoser Hochfläche zwischen Oder und Spreewald, liegt das Schlaubetal – Natur pur.

größere wurde nach Plänen Schinkels behauen. Die Höhe soll 7,5 m, der Umfang 29,5 m, das Volumen 250 Kubikmeter betragen haben. Zwei Drittel davon wurden abgespalten; ein respektabler Brocken gelangte per Schiff nach Berlin, der Künstler Christian Cantian schuf daraus eine Granitschale von 7 m Durchmesser, welche die Berliner (wer sonst?) genauso respektlos als »jrößte Suppenschüssel von die Welt« betitelten. Sie ist zu sehen im Lustgarten vor dem Alten Museum zu Berlin.
Fährt man weiter nach Norden, gewissermaßen zurück in die Märkische Schweiz, kommt man an den viel kleineren Schermützelsee mit dem Örtchen *Buckow:* Hier befand sich von 1952–56 die »Sommerresidenz« von Helene Weigel und Bertolt Brecht, der hier 1956 starb. Hier entstanden u.a. »Der kaukasische Kreidekreis« und die »Buckower Elegien«. Der Ort gehört zum *Amt Märkische Schweiz,* ist staatlich anerkannter Kneippkurort und seit gut anderthalb Jahrhunderten Dreh- und Angelpunkt zwischen Oder und Spree. Ferner gehören zu dieser Verwaltungseinheit die Gemeinden *Garzau-Garzin* (idyllische Wanderwege ins Rote Luch, ins Ruhlsdorfer Bruch und nach Buckow), *Oberbarnim* (mit dem ältesten Ausflugslokal der Märkischen Schweiz, von 1827), Rehfelde (eine der wenigen Gemeinden mit steigender Bevölkerungszahl, heute = 3 450 Einwohner, Stand: 2007) und dem staatlich anerkannten Erholungsort *Waldsieversdorf.*
1272 wurde *Fürstenwalde* erstmals erwähnt; etwa 25–50 Jahre früher dürfte sie tatsächlich entstanden sein. Im Zweiten Weltkrieg kurz vor Ultimo noch in Schutt und Asche gelegt, erstand sie danach neu als Kreisstadt und entwickelte sich zu einem bedeutenden Industriestandort mit dem Reifenwerk und dem Chemie- und Tankanlagenbau. Heute gehört die Stadt zum Landkreis Oder-Spree und ist dessen zweitgrößte.

Landkreis Oder-Spree

Der Landkreis Oder-Spree erstreckt sich geographisch von Schöneiche bei Berlin bis Neuzelle. Die größten Städte sind Eisenhüttenstadt (rd. 36 000 Einwohner), gefolgt von Fürstenwalde/Spree (rd. 33 400); kleinste Stadt ist Friedland (rd. 3 500). In der Kreisstadt Beeskow leben ca. 8 600 Menschen.
Der Landkreis umfasst ein Territorium von 2 242 qkm und ist damit der zweitgrößte Brandenburgs, fast so groß wie das Saarland. In ihm leben 192 000 Menschen (86 EW pro qkm). Er erstreckt sich von Nord nach Süd über 55 km und in seiner Ost-West-Achse über 76,4 km – von der Stadtgrenze Berlins bis nach Frankfurt/Oder; womit gleichzeitig das touristische Reisegebiet »Oder-Spree-Seengebiet« umrissen ist. Im Norden grenzt der Landkreis Oder-Spree an den Landkreis Märkisch-Oderland, im Nordwesten an Berlin, im Westen an den Landkreis Dahme-Spreewald, im Süden an den Landkreis Spree-Neiße und im Osten an die Stadt Frankfurt/Oder und die polnischen Landkreise Slubice und Krosno Odrzanskie. Damit ist der Landkreis mit dem Autokennzeichen »LOS« ein Flächenkreis; was jedoch nicht bedeutet, dass er verkehrsmäßig etwa nicht gut erschlossen wäre: 57 km Autobahn mit 9 Anschlüssen, 202 km Bundesstraßen, 479 km Landes- und 271 km Kreisstraßen ziehen sich hier hindurch und garantieren ein zügiges Vorankommen. Aber auch zu Wasser ist die Region sehr gut erreichbar – über die Oder, die Spree, den Oder-Spree-Kanal und den Storkower Kanal.
Die Wirtschaftsstruktur wird geprägt durch Zentren der Eisen- und Stahlindustrie am Standort Eisenhüttenstadt, Maschinen- und Anlagenindustrie am Standort Fürstenwalde und Holzverarbeitungsindustrie am Standort Beeskow. Beredtes Zeugnis von der Entwicklung kleiner und mittlerer Unternehmen legen die Gewerbegebiete Spreenhagen, Müllrose, Storkow, Erkner und Jacobsdorf sowie das Handels- und Logistikzentrum Freienbrink ab. Ein nicht zu unterschätzender Wirtschaftsfaktor ist auch der Tourismus. Außerdem ist der Landkreis Oder-Spree der wald- und wasserreichste Landkreis Brandenburgs und hat neben unberührter Natur im eiszeitlich entstandenen Schlaubetal viele historische und kulturelle Kleinode zu bieten.
Ein Eldorado für Erlebnissuchende, Naturliebhaber und Wissensdurstige ist der Museumspark in *Rüdersdorf.* Seit über 750 Jahren wird dort Kalkstein abgebaut, der für das Baugeschehen in Berlin, Potsdam und anderswo von größter Bedeutung war und ist. In Rüdersdorf ist der größte geologische Aufschluss Norddeutschlands mit einer Länge von 4 km und einer Breite von 2 km entstanden. Im Muschelkalk findet man zahlreiche Fossilien und Minerale (Versteinerungen von Saurierknochen, Haifischzähne u.a.m.). Ein besonderes Erlebnis sind die Landrover-Touren längs des aktiven Tagebaus geworden.
Der Verein LandKunstLeben veranstaltet Auf- und Anregendes: Ein Picknick inmitten von Gegenwartskunst beispielsweise. Installationen und Performancen sind zwischen Apfelbäumen und Blumenbeeten platziert. Wo es das gibt? In der alten Schlossgärtnerei von *Steinhöfel.* Im Schloss selbst tafelte Friedrich II. vor der Schlacht bei Kunersdorf. Auch Theodor Fontane weilte hier und lobte den Schlosspark als einen der schönsten in der Mark. Dieser Park ist für die Gartenkunst des 18./19. Jahrhunderts einer der herausragenden Landschaftsgärten Brandenburgs.
Von einzigartiger Bedeutung ist der Naturpark *Schlaubetal;* er nimmt eine Fläche von 227 qkm ein und erstreckt sich über die Territorien dreier Landkreise. Er ist geprägt durch seine Wald- und Heidelandschaften sowie durch die eiszeitlich entstandenen Seen und Rinnengewässer. Über 1 000 Pflanzenarten sind nachgewiesen, darunter 13 Orchideenarten. Fast 200 Vogelarten, Fischotter, mehrere Fledermauspopulationen, See- und Fischadler, Schwarzstorch und Eisvogel, Bitterling und Bachforelle kommen hier vor. Auf einer Fläche von 596 qkm erstreckt sich über das Territorium zweier Landkreise der Naturpark *Dahme-Heideseen:* Das Schmelzwasser der letzten Eiszeit hinterließ viel Sand, der das Gebiet zur »märkischen Streusandbüchse« werden ließ. Inmitten einer der schönsten deutschen Naturlandschaften liegen die Seen wie Perlen an einer Schnur aufgereiht. Wer auf dem Wasserweg durch die Kummersdorfer Schleuse und den Storkower Kanal fährt, kommt an ursprünglichen Feuchtwiesen vorbei und sodann direkt durch eine der ältesten Brandenburger Städte hindurch: *Storkow.* Durch das Fließ bei *Wendisch-Rietz* gelangt man in den Scharmützelsee, den größten See in der Mark Brandenburg. Ausgedehnte Parkanlagen und elegante Villen prägen das Thermalsole- und Moor-

Bad Saarow mit Therme und Kurhaus ist nicht nur Ziel von Erholungsuchenden, sondern durch seine Nord-Südausdehnung auch ein klassisches Segelrevier. Sogar die Berliner Vereine besitzen hier Stützpunkte.

B-AP
587

heilbad *Bad Saarow* am Nordufer. Die gesamte Region um den Scharmützelsee entwickelt sich zum größten Wellness-Zentrum im Land. Über 300 km Radwege und weitere Ausflugsmöglichkeiten kann man außerdem für seine Rundum-Erholung nutzen.

Die Spreeinsel in *Beeskow* erfährt gegenwärtig eine Umgestaltung von der Brache zur Oase: Alte Hallen, Betonflächen, Bürogebäude reißt man ab, Grünflächen werden angelegt; Ziel ist, ein Erholungsgebiet mitten in der Stadt zu schaffen. Diese Rekultivierung der Insel ist eine wesentliche Aufwertung des gesamten Innenstadtbereichs und eine schlüssige Ergänzung zu Seepromenade und Spreepark. 750 Jahre bestand 2005 *Fürstenberg.* Der Rathauspark in der 425-jährigen Stadt *Erkner* (2005) ist die neue Attraktion: 1889 wohnte hier der berühmte Klavierbauer Carl Bechstein. Seine Villa erstand äußerlich original, im Innern aufs Modernste eingerichtet; hier befindet sich nun das Rathaus. Auch ein originales Instrument konnte aufgetrieben werden, so dass jetzt im Rathaussaal Konzerte stattfinden können. Auf der Grundlage des Hitze-Druck-Patents von Leo Hendrik Baekelands wurde 1910 die Bakelite GmbH in Erkner gegründet und mit der Fertigung von Phenoplaste begonnen. Heute setzt die Dynea Erkner GmbH diese Tradition fort. Mit etwa 120 Mitarbeitern stellt das weltweit agierende traditionsreiche Unternehmen in Entwicklung, Produktion und Vertrieb vor allem für nebenstehende Anwendungsbereiche maßgeschneiderte Produkte für höchste Ansprüche an Qualität, Zuverlässigkeit und Flexibilität zur Verfügung. Erkner hat in der Geschichte der industriellen Chemie seit jeher eine unauffällige, aber wichtige Rolle gespielt: Julius Rütgers tränkte um 1860 in seiner »Theerproducten-Fabrik« Eisenbahnschwellen mit dem Abfallprodukt Steinkohlenteer aus den Berliner Gaswerken. 1889 entdeckte man zwei interessante Verbindungen – Inden und Cumaron – aus Steinkohlenteer isoliert und in künstliche Harze schmelzbar (Thermoplaste); heraus kamen die ersten industriell vollsynthetisch erzeugten Kunststoffe. Eines der bekanntesten späteren Kunststoffprodukte war die Karosse des »Trabi«.

Friedland ist einer der kleinsten Städte Deutschlands und hat etwa 740 Einwohner; seit 2003 ist es eine amtsfreie Gemeinde (ca. 3 500 Einwohner) mit 16 Ortsteilen. Die vielen Naturschutz- und Landschaftsschutzgebiete prägen das Bild der Region entscheidend und sind das reinste Paradies. Spree und Schwielochsee bieten beste Bedingungen, z.B. für Bootstouristik und Radwanderungen.

Das Territorium im Osten des Landkreises, entlang der Oder gelegen, reicht von der südlichen Stadtgrenze Frankfurts bis an die nördliche von Eisenhüttenstadt: Der größte Teil des *Amtes Brieskow-Finkenheerd* wird durch die »Ziltendorfer Niederung« geprägt. Die Wassersportler finden hier ein wahres Eldorado vor: Besonders die Anlagen eines der ältesten deutschen Kanalbauwerke, der Friedrich-Wilhelm-Kanal, erbaut 1668, bieten Gelegenheit, vieles zu erkunden und neues kennenzulernen. Ein besonderer touristischer Anziehungspunkt ist das kleine Dörfchen *Aurith,* direkt an der Oder gelegen. Man erreicht die Orte vor allem über die A 12 (Müllrose, Frankfurt) sowie über die B 112. Durch den nahen Verkehrslandeplatz *Pohlitz* sind zusätzliche »Zufahrten« geschaffen worden.

Das *Amt Neuzelle* mit seinen 17 Dörfern liegt in einer abwechslungsreichen hügeligen Landschaft und ist eingebettet in landwirtschaftliche Nutzflächen, Wälder, Seen, Bachtäler und Heidelandschaft. Viele Tausende kommen täglich, um die großartige Klosteranlage in Augenschein zu nehmen. Der barocke Klostergarten mit den begehbaren Laubengängen, Fürstenflügel und Galeriegebäude sind weitere eindrucksvolle Sehenswürdigkeiten. Für die Kinderbetreuung im *Amt Odervorland* ist viel getan worden. Das neueste Projekt wurde 2006 abgeschlossen: Aus der alten Schule in *Berkenbrück* entstand die Kita »Löwenzahn« – 60 Kinder können dort betreut werden. Ob in *Madlitz-Wilmersdorf, Pillgram* oder *Briesen,* überall ist für die Jüngsten gesorgt; 311 Kids können sich ihrer Betreuung sicher sein. Das *Amt Schlaubetal* ist seit 1994 Träger des Brandschutzes im Kreis. Mit der Inbetriebnahme des Feuerwehrgerätehauses in *Poblitz* (2006) in der *Gemeinde Siedichum* ergaben sich weitere Möglichkeiten; dazu gehören natürlich auch die modernen technischen Ausrüstungen.

Das *Amt Scharmützelsee* mit seinen Wäldern und Hügelketten ist ein altes Siedlungsgebiet. *Bad Saarow-Pieskow* wurde vor hundert Jahren vom »verlassenen Nest« zum mondänen Kurort. Der Anschluss an das Eisenbahnnetz und gut ausgebaute Straßen waren eine unmittelbare Voraussetzung für den Aufschwung. Immer mehr Politiker, Künstler und Sportler siedelten sich an und genossen die Segnungen des Luftkur- und Seebadeortes. Längst ist alles wieder bestens saniert und entspricht nun dem modernsten Standard; 1998 erhielt man die unbefristete staatliche Anerkennung als Heilbad.

Von der südöstlichen Stadtgrenze Berlins bis Fürstenwalde erstreckt sich das *Amt Spreenhagen;* eingebettet zwischen Kiefernwäldern, Badeseen, Flüssen und märkischem Sand liegen die Amtsgemeinden *Gosen-Neu*

In der Kirchgasse am Fuße des prächtigen Backsteinbaus der Sankt-Marien-Kirche in der Kreisstadt Beeskow bietet das Älteste Haus (erbaut 14./15. Jahrhundert) Kunst- und Gaumengenuss.

Herzlich Willkommen in der
Kirchgasse

Fürstenberg/Oder, Stadtteil von Eisenhüttenstadt, wird überragt von der evangelischen Nikolai-Kirche.

Zittau, Rauen und *Spreenhagen.* Bei Rauen gibt es die berühmten Markgrafensteine. *Mönchwinkel* gehört zur *Gemeinde Grünheide:* Im alten Schulgebäude ist mit Akribie und Engagement ein attraktives Heimatmuseum entstanden. Die *Gemeinde Rietz-Neuendorf* bietet ihren Besuchern viel Sehenswertes: Die Spree schlängelt sich hindurch, Badeseen locken und Radwege durchziehen das Gebiet; auch der Mittellandkanal mit der Kersdorfer Schleuse berührt das Gebiet. Uralte Kirchen sind zu besichtigen und kleinere Erhebungen gibt es, von Wald umgeben (Dubrower Berge, Streitberg, Schwarzberge); Damwild ist reichhaltig vertreten.
Schöneiche (12 000 Einwohner), am Stadtrand der Bundeshauptstadt gelegen, nennt sich keineswegs zu Unrecht »Waldgartengemeinde« angesichts der vielen Gärten und Bäume. Wieder zu verdienten Ehren gekommen ist der »Kleine Spreewaldpark«, ein Spreewald en miniature, auf dessen Fließen man beschaulich gondeln kann. Jedes Jahr kommen etwa 10 000 Gäste hierher und sind begeistert. Dicht an der Grenze zu Polen liegt die *Gemeinde Steinhöfel;* deshalb bestehen auch sehr gute freundschaftliche Partnerbeziehungen zur Großgemeinde Czermin. Am entgegengesetzten Ende des Landkreises befindet sich die *Gemeinde Tauche.* Das Observatorium Lindenberg ist weithin gerühmt, es wurde 2005 einhundert Jahre alt. Auch das Schloss Kossenblatt ist ein imposanter Bau, einst einer der schönsten Herrensitze der Provinz Brandenburg (Friedrich Wilhelm I., der »Soldatenkönig«, malte hier 40 Bilder, die man heute im Schloss Königs Wusterhausen sehen kann).
Woltersdorf ist die kleinste Gemeinde des Landkreises; sie hat drei besondere Wahrzeichen: die Schleuse zwischen Kalk- und Flakensee (1550), die »Liebesquelle« und der weithin sichtbare Aussichtsturm auf dem Kranichsberg. Im Turm existiert ein kleines Filmmuseum und erinnert an Woltersdorfer Zeiten als Filmstadt (»Das indische Grabmal« – 1920, »Herrin der Welt« – 1919, »Der Tiger von Eschnapur«).

Beherrschendes Ensemble von Fürstenwalde/Spree – Rathaus und Domkirche

Stadt Fürstenwalde/Spree

Fürstenwalde ist im Zuge der deutschen Ostexpansion im 13. Jahrhundert entstanden (1272 erstmals in einer Urkunde der Stadt Beeskow erwähnt). Heute hat die Stadt 33 500 Einwohner; 60 km sind es bis ins Zentrum Berlins, 35 km nach Frankfurt/Oder und 8 km bis zum Scharmützelsee. 4 350 ha kommunaler Wald bedeuten u.a. 260 km ausgeschilderte Rad- und Wanderwege.
1373 wurde ein Vertrag mit Kaiser Karl IV. abgeschlossen, in dem Markgraf Otto von Brandenburg »der Faule« die Mark an Karls Sohn Wenzel abtrat. Dann wird Fürstenwalde Sitz der Bischöfe von Lebus (1385). Und auch bis hierher drangen die von Quitzows als gefürchtete Raubritter vor. Der Dom, der durch die Hussiten (1432) in Schutt und Asche gelegt worden war, wurde ab 1446 wiederaufgebaut.
Fürstenwalde ist heute eine lebendige Stadt, eingebettet in eine herrliche Landschaft, mit vielfältigen kulturellen Angeboten, von den Jazztagen bis hin zum Fürstenwalder Frühlingsfest, einer exzellenten Bildungslandschaft und vor allem leistungsfähigen Unternehmen in zahlreichen Branchen. Noch heute ist die Stadt eine der drei märkischen Domstädte neben Brandenburg und Havelberg. Der Marien-Dom ist umgeben von dem Bürgergarten sowie verschiedenen Kultureinrichtungen und gehört mit seinem 68 m hohen Turm zu den markantesten Wahrzeichen. Aus dem 15. Jahrhundert stammt auch das Alte Rathaus, das heute die Galerie im Alten Rathaus beherbergt. Die Wende 1990 bot die Chance, die Stadtmitte auf historischem Grundriss neu zu bauen. Der lebendige Marktplatz zwischen Kirche und Stadtverwaltung ist damit als Pendant zum Domumfeld wieder erstanden. Die Stadt ist durch die Bahn (Hauptstrecke Paris–Berlin–Fürstenwalde–Warschau–Moskau), die A 10 und A 12 und den Oder-Spree-Kanal außerordentlich günstig an die übergeordneten Verkehrsachsen angebunden. Außerdem verfügt sie über einen Verkehrslandeplatz.

Gemeinde Grünheide

Die Gemeinde Grünheide gehört zum Landkreis Oder-Spree und umfasst folgende Orte: Grünheide, Hangelsberg, Kienbaum, Mönchwinkel und Spreeau; hier leben – mit Gemeindesitz in Grünheide – 7 674 Menschen. Mit der Kommunalwahl 2003 fand im Land Brandenburg auch die Gemeindereform ihren (vorläufigen) Abschluss. Die Gemeinde liegt östlich von Berlin zwischen Erkner und Fürstenwalde (Berliner Ring, A 10), Ausfahrt Berlin–Köpenick/Grünheide, Landstraße L 231 und L 23; per Schiff kommt man ebenfalls auf bequeme Weise vom Müggelsee in Berlin–Friedrichshagen über Erkner zur Grünheider Seenkette mit den Anlegestellen in Fangschleuse, Grünheide und Alt Buchhorst. Mit der Bahn gelangt man mit dem RE 1 bis Bahnhof Fangschleuse (stündlich) oder der S-Bahn aus Berlin bis Erkner und dann weiter per Bus in Richtung Fürstenwalde, Spreenhagen, Alt Buchhorst und Kagel.

Unmittelbar vor den östlichen Toren der Hauptstadt Berlin liegt das Grünheider Wald- und Seengebiet: Diese wildreiche »Grüne Heyde« gefiel auch dereinst dem preußischen Kurfürsten Joachim II. vor etwa 450 Jahren so sehr, dass er – ein passionierter Jagdgesell – den Ort 1563 beurkundete. Die »Grüne Heyde«, eine wald- und seenreiche Landschaft, verdankt ihr Gesicht der letzten Eiszeit, als sich die Wassermassen einen Weg zum Meer suchten und durch Ausspülen der Urstromtäler formte. In den Senken blieb das Wasser stehen, so sind die herrlichen Seen erhalten geblieben. Und inmitten dieser Seenkette liegt Grünheide.

Das Problem der Besiedlung blieb auch noch über ein weiteres Jahrhundert brisant, denn die Gegend war fast menschenleer. Friedrich der Große war es Mitte des 18. Jahrhunderts wieder einmal, der sich redlich mühte, diesen Landstrich entsprechend zu besiedeln. Offensichtlich blieb das auch noch lange nach des »Alten Fritzen« Tod Utopie: Theodor Fontane berichtete Ende des 19. Jahrhunderts davon, dass er lange wandern musste, ehe er auf eines der wenigen und kleinen Heidedörfer stieß.

Im 20. Jahrhundert änderte sich dies schlagartig: Vermögende Berliner bauten ihre respektablen Landhäuser in diese mit viel Seen ausgestattete Gegend. Die Folge: Es siedelte sich auch viel Prominenz an, z.B. Gerhart Hauptmann, Wilhelm Bölsche, Ernst Toller, Bertolt Brecht. Der bedeutende Dramatiker Georg Kaiser wohnte von 1921 bis zu seiner Emigration 1938 in Grünheide. Nach dem Zweiten Weltkrieg setzte sich das fort, denn auch der DDR-Regimekritiker Prof. Gustav Havemann lebte hier.

Heute ist die Gemeinde Grünheide mit ihren Ortsteilen ein reizvolles Ausflugsziel und Urlaubsgebiet: Das 220 qkm große Landschaftsschutzgebiet mit sandiger Heide, großen Kiefernwäldern, den Seen (Werl-, Peetz- und Möllensee) und dem Flüsschen Löcknitz – es »murmelt« sich anmutig durch Wiesen und Wälder – eignet sich ideal zur Erholung. Darüber hinaus kann der naturkundlich Geneigte seltener gewordene Tierarten wie Blessralle, Haubentaucher, Schwan, Graureiher, Kranich, Fischotter aus nächster Nähe beobachten. Es bleibt dabei; es ist eine faszinierende Landschaft, von Wasser umgeben und von der Natur bevorzugt – ein unvergessliches Erlebnis!

Schon vor etlichen Jahrtausenden haben Menschen dort gesiedelt, wo sie Nahrung fanden – und das war auch hier in dieser wasser- und wildreichen Waldgegend der Fall. Auf der Lindwallinsel hat man entsprechende eiszeitliche Funde getätigt. Auch bei Schachtarbeiten in der Mielenzstraße wurde 1936 ein sehr schön bearbeitetes Walzenbeil gefunden. Mit der Einwanderung der Illyrer (ca. 1 000 v. Chr.) nahm ein handwerklich geschicktes Volk das Land in Besitz; aus dieser Zeit stammen die Funde eines Gräberfeldes in Fangschleuse und die Überreste einer Töpferwerkstatt am Peetzsee. Nach der Besiedlung durch germanische Stämme kamen im 6. nachchristlichen Jahrhundert die Westslawen nach hier. Eine ihrer Siedlungen befand sich auf der Halbinsel zwischen Möllen- und Peetzsee. Viele Orts- und Flurnamen erinnern noch heute an die Slawen. Im 13. Jahrhundert vertrieben die Askanier die Slawen und gründeten deutsche oder erweiterten die slawischen Siedlungen.

Allerdings blieb die Gegend um das heutige *Grünheide* davon zunächst verschont, der Grund: unfruchtbare Sandböden, Sümpfe und undurchdringliche Wälder. Die erste urkundliche Erwähnung datiert von 1563; 1580 und 1583 wird im Rüdersdorfer Kirchenbuch lediglich von zwei Taufen berichtet. Kurz nach dem 30-jährigen Krieg war die Gegend vollends menschenleer; erst 1662 ist von einer Schneidmühle an der Löcknitz die Rede. Unter Friedrich II. änderte sich das. Die Kolonisten allerdings führten ein durchaus schweres und bescheidenes Leben. Erst im 20. Jahrhundert setzte dann der große Bauboom ein. Heute hat Grünheide ca. 3 500 Einwohner. Durch den Ort führt der Müggel-Spree-Weg durch den Regionalpark Müggel-Spree; auch der länderübergreifende Europa-Radweg (R 1) von Calais nach Königsberg streift den Ort.

Erstmals wurde *Hangelsberg* auf einer preußischen Landkarte aus dem Jahre 1784 verzeichnet. Besiedelt wurde das Gebiet aber schon weitaus früher: Aus der Bronzezeit stammen Funde aus der Stätte »Unsal«, einer durch kleine Anhöhen umschlossenen Einsenkung am nördlichen Spreeufer beim Ort. Im 13. Jahrhundert

Spree in Hangelsberg

kamen die Zisterziensermönche und die Slawen mussten weichen. Wahrscheinlich gründeten erstere im heutigen Wulkow einen Gutshof. Wirtschaftlichen Aufschwung und eine Zunahme der Einwohnerzahlen kann man vor allem nach 1842 feststellen – die Eisenbahnstrecke Berlin–Frankfurt/Oder mit Halt in Hangelsberg wurde in Betrieb gestellt. In den Folgejahrzehnten entwickelte sich der Ort (1 700 Einwohner) zum touristischen Anziehungspunkt; Betriebe gründeten sich, Prominente siedelten sich auch hier an (u.a. der Impressionist Curt Herrmann, 1854–1924). Ganz in der Nähe stehen noch zwei über 200 Jahre alte Maulbeerbäume.

Der Ort *Kagel* (Kagele) wird im kaiserlichen Landbuch Karls IV. 1375 genannt. Die Zisterziensermönche errichteten am Baberowsee ein Feldkloster und entdeckten auch als erste in Rüdersdorf die Kalksteinvorkommen. 1902 erbaute sich der Getränkefabrikant Kahlbaum ein opulentes Jagdschloss, das nach dem Zweiten Weltkrieg zum Abriss freigegeben wurde. Nur das Wirtschaftsgebäude »überlebte« zunächst als Kinderferienlager. Inzwischen ist es liebevoll und fachkundig restauriert und ein wahres Schmuckstück dieser Region.

Der Ort »Kynbomen« *(Kienbaum)* wurde um die Mitte des 13. Jahrhunderts als Klosterdorf von Zinna gegründet. Als Namensgeber soll ein uralter Kienbaum (Kiefer) fungiert haben. Auch diese Gegend ist bereits weitaus früher besiedelt worden. Der Berg jenseits der Löcknitz könnte einmal von strategischer Bedeutung gewesen sein für die Passstelle durch das »Rote Luch« und Standplatz einer Burg; die hier gemachten Funde deuten darauf hin. Allerdings ist die alte Stadt Liebenberg in der Anonymität versunken. Auch Kienbaum ging zweimal unter: Während der Hussitenkriege im 15. Jahrhundert und im 30-jährigen Krieg, wurde jedoch stets wieder aufgebaut. Es ist dann ein kleines Angerdorf entstanden. Im Mittelalter war der Ort bedeutend mit seiner Waldbienenzucht; als Bienenstöcke dienten hohle Baumstämme oder sogenannte »Klotzbeuten«, die in die Bäume gehängt wurden. Eine andere Erwerbsquelle war der Fisch- und Krebsfang (letztere wurden bis Köln und Paris verschickt).

Ortsmitte Kagel

Die Abgelegenheit des Ortes führte dazu, dass Kienbaum seinen ländlichen Charakter behielt. Mehrere Brände führten Gerhart Hauptmann dazu, seine Komödie »Der rote Hahn« zu schreiben. An ihn und einige mysteriöse Umstände für die Brände erinnert das im Ort stehende Denkmal mit dem Hahn darauf. Bundesweit bekannt wurde der Ort durch das Bundesleistungszentrum, in welchem sich u.a. die deutschen Olympioniken auf ihre Wettkämpfe vorbereiten.

Mönchwinkel war ursprünglich ein kleiner Außenposten des Kageler Feldklosters: Der »Mongkewinkel« wurde 1271 erwähnt. 1704 wohnten hier ein Teerbrenner, einige Jahre danach auch ein Büdner. Unter dem »Alten Fritz« wurde 1784 ein großes Besiedlungsprojekt gestartet; vor allem kamen die Kolonisten aus Süddeutschland. 1927 zählte man 254 Einwohner und war eine selbständige Gemeinde. Die unterschiedlichen Siedlungsetappen kann man noch gut erkennen. Im Gegensatz zu den überwiegenden Angerdörfern weist Mönchwinkel die Struktur einer Streusiedlung auf.

Zu *Spreeau* gehören die Ortsteile Spreewerder, Sieverslake und Freienbrink. Die früheste Erwähnung geschah 1420 in einer Klageschrift: Darin wird von einer Auseinandersetzung um die Storkower Furt berichtet. Storkowfurt ist der alte Name von Spreeau (bis 1889), Spreewerder hieß früher Birkenwerder und bestand lange Zeit aus nur einem Bauerngehöft. 1926 wurde eine Siedlung gebaut und ein großes Gutshaus, das zu DDR-Zeiten als Erholungsheim für das Ministerium des Inneren genutzt wurde. Unweit des kleinen Dorfes liegt der Störitzsee. Sieverslake wurde erstmals 1510 erwähnt.

Eine bequeme Radwanderung kann auf dem herrlich präparierten Löcknitztalweg nach Erkner in Angriff genommen werden; es sind mal grade 11 km, die man zudem von Fangschleuse aus auf verschiedenen Verzweigungen am Wupatzsee zum Zielort absolvieren kann. Der zwar längste, dafür aber auch interessanteste Pfad führt von der Grünheider Kanalbrücke aus. Über Kirchhofs- oder Kellerberg geht es zum Badestrand

Peetzsee in Grünheide (Mark)

Eichbrand und auf einem sehr schönen Weg, teilweise direkt an der Löcknitz entlang bis zur »Großen Wallbrücke«. Danach scharf rechts orientiert auf einem schmalen Wald- und Wiesenpfad zur Gottesbrücke. Abenteuerlich geht`s dann manchmal durch Schilfrohrdickicht bis zur Froschbrücke. Die wird unterquert und mutig nach links eingebogen. Dann muss man das Rad einige hundert Meter führen – was auch seine Reize hat – und dann geht es über den Hubertus- und Leistikowsteg um den Wupatzsee gen Erkner. Viele Befragte waren von dieser Tour begeistert.

Auch der etwa acht km lange Wanderweg zur Woltersdorfer Schleuse hat seine unnachahmlichen Reize. So gibt es überall viel Neues zu entdecken; auch auf dem Wanderweg von Grünheide über Kleinwall nach Alt Buchhorst (9 km): Hier kommt man auch an der »Fontane-Kiefer« vorbei, wo der Dichter gerastet haben mag. Das heutige Pflanzenbild verdankt seine Entstehung und Zusammensetzung den durch die Eiszeit bedingten Bodenverhältnissen, dem Klima und der menschlichen Einwirkung. Die Wälder waren ursprünglich Mischwälder mit Urwaldcharakter, wobei sicherlich die Kiefer die vorherrschende Baumart gewesen ist. Auch heute noch nimmt der Kiefernwald den größten Teil des Landschaftsschutzgebietes »Grünheider Seenkette« ein. Von den 3 152 ha des Gemeindeterritoriums nehmen ca. 2 671 ha Waldflächen ein. Wo kleinere Bestände an Laubbäumen am Seeufer oder in feuchten Kesseln und Horsten ihren Platz behaupteten, ist dies oftmals noch heute durch Flur- und Ortsnamen gekennzeichnet, z.B. Am Eichbrand oder Alt Buchhorst. Am Wasser gedeihen Erlen, verschiedene Weidenarten, Faulbaum und Holunder. In den weiten Forsten findet man auch Robinien, Wacholder, Traubenkirsche, Weißdorn, Pfaffenhütchen und einzelne Bestände von Fichten, Eichen und Lärchen. Die Schilfbestände bieten vielen Vogelarten ideale Brutmöglichkeiten. Hier nisten neben Stockenten das Blesshuhn, der Drosselrohr- und der Schilfrohrsänger, Haubentaucher und Höckerschwan; auch der Graureiher ist wieder heimisch geworden.

Blick vom Rathauspark auf den Dämeritzsee

Stadt Erkner

Die Stadt Erkner mit ihren etwa 12 000 Einwohnern liegt unmittelbar an der südöstlichen Stadtgrenze von Berlin. Sie gehört zum Landkreis Oder-Spree und dessen Verwaltungszentrum Beeskow. Die verkehrsgünstige Lage mit Halt der RE-Strecke 1 und der S-Bahnlinie 3, mit der Autobahnanschlussstelle Erkner der A 10 in ca. 2 km Entfernung vom Ort sowie einem Busbahnhof und einem P & R-Platz machen die Stadt für Gewerbeansiedlungen und den Tourismus attraktiv. Umgeben von ausgedehnten Wäldern und einer reizvollen Seenlandschaft, ist Erkner in den Sommermonaten Ziel vieler Wochenendurlauber und Berlin-Touristen. Erkner ist als Stadt sehr jung; 1998 wurden die Stadtrechte verliehen.
1579 wurde »Arckenow« – so der damalige Name des heutigen Flakenfließes – erwähnt und 310 Jahre danach aus mehreren Siedlungen des ersten Rüdersdorfer Heidedistrikts die Gemeinde Erkner geschaffen. Die idyllische Lage veranlasste bedeutende Persönlichkeiten, hier ihr Domizil aufzuschlagen: So hatte der berühmte Klavierbauer Carl Bechstein in Erkner seine Sommervilla (heute: Rathaus). Die gesunde und würzige Kiefernluft animierte den Schriftsteller Gerhart Hauptmann zum längeren Aufenthalt (heute ist seine Villa das gleichnamige Museum), und auch der Archäologe Prof. Dr. Albert Kiekebusch wohnte hier. An der Ecke Friedrich-/Wollankstraße steht der letzte Maulbeerbaum der Plantage, die Friedrich II. anlegen ließ. Die evangelische Genezareth-Kirche wurde 1897 im Beisein von Kaiserin Auguste Victoria eingeweiht.
Den besonderen landschaftlichen Reiz erhält die Stadt durch ihre Umgebung mit den Seen, Flüssen und Fließen, weiten Wiesenflächen und stillen Wäldern, die einen Jeden in ihren Bann ziehen. Zwei Anlegestellen der Fahrgastschifffahrt laden zu Ausflügen auf dem Wasser ein: Fünf Seen, zwei Flüsse und eine Badestelle verfehlen ihre Anziehungskraft nicht. Partnerschaftliche Beziehungen unterhält man mit der in Großpolen liegenden Stadt Goluchow in der Nähe von Kalisz.

Der Storkower Kanal – die Verbindung der Region mit den Berliner Gewässern

Storkow (Mark)

Wer zwischen Wald und Seen, Sand und Heide die Eigenarten der märkischen Landschaft sucht, entdeckt mitten darin Storkow (Mark), eine der ältesten Städte der Mark Brandenburg, nicht weit von Berlin entfernt. Nur fünf von 120 brandenburgischen Städten können auf ältere Stadtrechte als Storkow verweisen. Die heutige Stadt wurde aus den ehemals selbständigen Gemeinden Alt Stahnsdorf, Bugk, Görsdorf, Groß Eichholz, Groß Schauen, Kehrigk, Kummersdorf, Limsdorf, Philadelphia, Rieplos, Schwerin, Selchow und Wochowsee gebildet und umfasst eine Fläche von 180 qkm mit 9 900 Einwohnern. Nachbarregionen sind im Osten der Scharmützelsee, im Süden der Unterspreewald, im Westen das Dahmeland und im Norden »der Speckgürtel« Berlins. Die Burg und die Stadt Storkow wurden 1209 erstmalig erwähnt. Von der Burg sind neben dem bereits sanierten Fachwerkgebäude das Brauhaus aus Backstein, die in Rekonstruktion befindliche Ruine des Palas und Teile der Burgmauer mit Stützpfeilern erhalten. Mit dem Wiederaufbau der Burg und der schon erfolgten Innenstadtsanierung entsteht ein zusammenhängender historischer Stadtkern, dessen Mittelpunkt der attraktive Marktplatz mit seiner wuchtigen Eiche und den angrenzenden kleinen Gassen ist. In der Altstadt befindet sich die Kirche. Wenige Schritte entfernt von ihr wurde nach historischem Vorbild die Zugbrücke wieder aufgebaut, eine moderne Schleuse ersetzt seit 2003 ihre historische Vorgängerin. Das Scheunenviertel in der Reichenwalder Straße erinnert an die hiesige Seidenraupenzucht und den Flachsanbau. In seiner Nähe befinden sich das Strandbad und die größte Binnendüne Brandenburgs. Die Düne ermöglicht einen weiten Ausblick auf die ausgedehnten Wälder und den schimmernden Storkower See, der mit über 6 km Länge und bis zu 3 km Breite gute Möglichkeiten für den Wassersport bietet. Über den Storkower Kanal ist die Region mit den Berliner Gewässern verbunden. Das Radwegenetz ist auf 265 km ausgebaut, hat Anschluss an Berlin und den Spreewald. Das Radmuseum lockt mit Kuriositäten von Didi Senft, darunter befinden sich einige Guinness-Buch-Rekorde.

Kloster Neuzelle – Katholische Stiftskirche St. Marien – Mittelschiff

Amt Neuzelle – Nur wer es gesehen hat, glaubt es

Das Amt Neuzelle mit seinen drei Gemeinden – Neuzelle, Neißemünde, Lawitz (ca. 7200 Einwohner) – liegt im östlichen Teil Brandenburgs und grenzt an die Flüsse Oder und Neiße. Mit seiner unverwechselbaren Kulturlandschaft ist Neuzelle weit über die Ländergrenzen bekannt und ein beliebtes Ziel für Touristen.
Im Jahr 1268 stiftete Heinrich der Erlauchte, Markgraf von Meißen und der Ostmark, den Zisterziensermönchen zum Seelenheil seiner verstorbenen Gemahlin Agnes ein Kloster. Mit seinen beiden Barockkirchen, Kreuzgang mit Klausur, dem neugestalteten Barockgarten mit Orangerie und seinen Kunstschätzen zählt das Kloster zu einer der wenigen vollständig erhaltenen Anlagen Mitteleuropas und gilt als größtes Barockdenkmal Nord- und Ostdeutschlands. Mittelpunkt des Klosters bildet die katholische Stiftskirche St. Marien. Das ursprünglich gotische Gotteshaus wurde im 17. und 18 Jahrhundert von italienischen und böhmischen Künstlern zu einem Juwel des Barock umgebaut – ein »Barockwunder«. Zur Klosterzeit war Neuzelle geistiger, kultureller und wirtschaftlicher Mittelpunkt der Region. Fast 550 Jahre prägte das Kloster den Ort und die Umgebung, bis es der preußische Staat 1817 auflöste. Mit der Bildung des Amtes im Jahr 1993 wurde Neuzelle Verwaltungssitz.
Der »Staatlich anerkannte Erholungsort« Neuzelle ist von einer abwechslungsreichen Landschaft umgeben, mit einer zum Teil urwüchsigen und unberührten Natur. Die Eiszeit hinterließ eine märchenhafte Vielfalt und verlieh ihr einen ganz besonderen Reiz. Flachwellige Abschnitte, Höhenzüge mit tiefen Rinnenseen, ausgedehnte Bachtäler, Schlaube- und Dorchetal mit ihren Schluchten und Einschnitten sowie die Oder-Neiße-Flussniederung prägen diesen Landstrich und laden zum Wandern und Fahrradfahren ein.
Inmitten dieser herrlichen Landschaft liegen kleine Dörfer, die sich sowohl ihre Ursprünglichkeit als auch ihren individuellen Charakter bewahrt haben. Gäste sind immer herzlich willkommen, denn nur wer es gesehen hat, glaubt es.

Konzert des Persius Ensembles beim Sommerfest von Kulturland Brandenburg 2006 in Groß Rietz

Stadt Frankfurt (Oder) – Fenster nach Osteuropa

Frankfurt (Oder) ist die Stadt mit einer interessanten und bedeutenden Geschichte. Von Macht und Reichtum der Handels- und Hansestadt zeugen heute eines der schönsten erhaltenen Rathäuser und die größte Hallenkirche der norddeutschen Backsteingotik aus dem Jahre 1253. Es ist auch die östlichste Universitätsstadt Deutschlands mit einer Europa-Universität. Auch mit dem Collegium Polonicum in der polnischen Schwesterstadt Slubice bietet sie als Bildungsbrücke zwischen Ost und West optimale Studienbedingungen. Die Europa-Universität Viadrina verfügt über die modernste Unibibliothek Deutschlands. Frankfurt gilt als einmalige Schnittstelle zwischen Deutschland, Polen und den anderen osteuropäischen Ländern. Das hat die Stadt ihrer Geschichte zu verdanken und den Kompetenzen, die sie sich in ihrer forschenden und lehrenden Arbeit der Universität in den vergangenen Jahren erworben hat.

Um 1226 begann die Siedlungsgründung mit Markt- und Niederlagsrecht, 1253 erhielt man das Stadtrecht. Kaufleute hatten sich an der Oder niedergelassen, Anfang des 14. Jahrhunderts segelten Frankfurter Kaufleute auf den Weltmeeren und mehrten schnell den Reichtum der stolzen Stadt, die lange Zeit auch Mitglied der Hanse war. Die Bürger erwählten sich ein eigenes Stadtzeichen: Sie setzten sich den Hahn in Siegel und Wappen, der über ein Wortspiel (Hahn = gallus = Franke) auf die ersten Bewohner der Stadt hinwies. Er existiert noch heute. Mit der Festigung der hohenzollernschen Landesherrschaft versuchten die Herrschenden, die städtischen Sonderrechte zu eliminieren. Die Autonomie der Stadt, die u.a. auf die freie Ratswahl verzichten musste, wurde stark eingeschränkt. In der Hoffnung auf eine humanistische Pflanzstätte zog eine aufgeschlossene Jugend – unter ihnen auch der junge Ulrich von Hutten – nach Frankfurt. Die alma mater Viadrina begann mit etwa 1 000 Studenten, absolut einmalig hoch für die damalige Zeit. Zu den berühmtesten Studenten der Uni zählten im Laufe der Geschichte neben Hutten auch Carl Philipp Emanuel Bach, die Gebrüder von Humboldt, der Komponist Michael Praetorius, Heinrich von Kleist u.v.a.

Großen Schaden erlitten Stadt und Universität im 30-jährigen Krieg: Alle kriegführenden Parteien belagerten Frankfurt, abwechselnd stürmten und plünderten sie. Sowohl der kaiserliche General von Wallenstein als auch der schwedische König Gustav Adolf legten der Stadt hohe Kriegskosten auf. 1662 wird erstmalig von der »Haupt- und Handelsstadt Frankfurt« gesprochen. 1777 wird Heinrich von Kleist am 18. Oktober hier geboren. Nach Gründung der Berliner Universität wurde 1811 die in Frankfurt geschlossen und ihre Übersiedlung nach Breslau verfügt. Um diesen Verlust auszugleichen, wurde die Stadt zum Sitz der Regierung des 1815 neugebildeten Regierungsbezirkes Frankfurt und des dazugehörigen Oberlandesgerichtes ausgewählt. 1827 erfolgte die direkte Unterstellung der Stadt unter die Regierung als selbständiger Stadtkreis, sie wurde eine kreisfreie Stadt, die sie noch heute ist. 1842 entstand mit der Eisenbahnlinie Berlin–Frankfurt die Ansiedlung von größeren Industriebetrieben der Nahrungsmittel verarbeitenden Industrie, der Steingutfabrikation, der Metall verarbeitenden Industrie und des Gaswerkes.

Nach dem I. Weltkrieg erfuhr die Stadt infolge ihrer veränderten geopolitischen Bedeutung vielfältige Förderung: Die Reichsbahndirektion Osten nahm in der Stadt ihren Sitz, es entstanden neue Wohnviertel (besonders die Leistungen des Architekten Martin Kießling sind hierbei hervorzuheben).

Nach der nationalsozialistischen Machtübernahme wurden zahlreiche neue Kasernen erbaut; Frankfurt wird Garnisonstadt. Während der Diktatur war der Stadt das Schicksal einer »Gauhauptstadt« zugedacht. Am 22. April 1945 begann die Zerstörung der Innenstadt; im Zentrum blieben nur wenige Gebäude erhalten, darunter das gotische Rathaus und die Marienkirche. Die Rote Armee setzte den Arzt Dr. Ruge als ersten OB ein. Nach dem Potsdamer Abkommen wird Frankfurt Grenzstadt, die einstige Dammvorstadt zur polnischen Nachbarstadt Slubice. 1952 wird Frankfurt Bezirkshauptstadt des bis 1990 bestehenden Bezirkes Frankfurt (Oder). 1948 entsteht das Halbleiterwerk, in dem 1989 insgesamt 8 000 Beschäftigte arbeiten. Nach der gesellschaftlichen Wende organisiert sich das Leben in der nun viertgrößten Stadt des Bundeslandes Brandenburg neu. Am 6. September 1991 wurde die Europa-Universität Viadrina eingeweiht, 1992 das Institut für Halbleiterphysik, 2003 ist die Oderstadt wichtiger Verwaltungs-, Universitäts-, Sport-, Tourismus- und Messestandort des Bundeslandes. Gegenwärtig hat Frankfurt ca. 62 000 Einwohner. Frankfurt liegt direkt an der A 12/30 (Den Haag–Berlin–Frankfurt–Warschau), der Fernbahnstrecke Berlin–Frankfurt–Warschau–Moskau und bietet somit ideale Voraussetzungen für ansiedlungswillige Unternehmen, die alle Unterstützung erhalten.

Brunnenanlage »Der Osten soll leuchten« (2000 geschaffen von dem Künstler Michael Fischer-Art) am Brunnenplatz, der Verbindung zwischen der Hauptgeschäftsstraße und dem Rathausplatz

Landkreis Märkisch-Oderland

Von der Oder mit seiner Oderbruchlandschaft über den Barnim und die Märkische Schweiz bis zur Seenlandschaft um Strausberg bietet der Landkreis Märkisch-Oderland eine abwechslungsreiche Landschaft, die geradezu einlädt, sie näher kennenzulernen. Der Landkreis ist mit seiner geographischen Lage zwischen der Bundeshauptstadt und Polen der östlichste Teil Deutschlands, direkt im Herzen Europas. Märkisch-Oderland besitzt eine interessante Kultur- und Kunstlandschaft; es gibt auch eine Menge touristischer Ziele und Sehenswürdigkeiten. Der Landkreis gliedert sich in die Ämter Barnim-Oderbruch, Falkenberg-Höhe, Golzow, Lebus, Märkische Schweiz, Neuhardenberg und Seelow sowie die amtsfreien Gemeinden Fredersdorf-Vogelsdorf, Hoppegarten, Letschin, Neuenhagen b. Berlin, Petershagen/Eggersdorf, Rüdersdorf und die Städte Altlandsberg, Bad Freienwalde, Müncheberg, Seelow, Strausberg und Wriezen. Der Landkreis, versehen mit einer intakten Umwelt, bietet alle Voraussetzungen für einen leistungsfähigen Wirtschaftsraum: Er verfügt über eine gut ausgebaute Infrastruktur; preisgünstige, voll erschlossene Gewerbe- und Industrieflächen; qualifiziertes Arbeitskräftepotenzial und eine investitionsfreundliche Verwaltung – beste Bedingungen für ansiedlungs- oder erweiterungswillige Investoren. Der Landkreis ist überdies Mitglied der Euroregion »Pro Europa Viadrina« – einem sensiblen Instrument grenzüberschreitender polnischer und deutscher Gebietskörperschaften. Zahlreiche Gewerbegebiete bieten neuen Investoren hervorragende Bedingungen; in Bad Freienwalde/Altranft, Dahlwitz-Hoppegarten, Diedersdorf, Fredersdorf-Nord, Hennickendorf, Herzfelde, Marienfeld, Neuenhagen, Seelow-Nord, Strausberg-Nord, Flugplatz Strausberg, Vogelsdorf-Ost, Verwaltungstechnologiepark Wriezen/Thöringswerder.

Märkisch-Oderland, ein Landkreis, der auch gern als »Vorgarten« der einstigen preußischen, der DDR-, aber auch der heutigen Bundeshauptstadt bezeichnet wurde und wird, erstreckt sich östlich von Berlin. Vielgestaltig ist sein Landschaftsraum: Unmittelbar vor den Toren der Millionenstadt beginnt das Strausberger Wald- und Seengebiet mit dem Rüdersdorfer Muschelkalkrücken. Die Minialpen der Märkischen Schweiz gehen über sowohl in die bewaldeten Höhen des Barnims als auch in die von Rinnen, Fließen und Seen durchzogene Lebuser Platte. Dieser Höhenzug öffnet sich dem Oderbruch, durch das ein scheinbar harmloses Oderflüsschen plätschert, das jedoch zu bestimmten Zeiten zum gewaltigen Strom anschwellen kann; oft genug hat uns das die Oder ja bewiesen. Südlich des Landkreises liegen die kreisfreie Stadt Frankfurt/Oder und der Landkreis Oder-Spree, nördlich der Landkreis Barnim, und östlich beginnt in der Flussmitte der Oder die Republik Polen. Die Fläche des Landkreises ist identisch mit dem gleichnamigen Reisegebiet Märkisch-Oderland. Es bietet mit dem ältesten brandenburgischen Kurort Bad Freienwalde, dem einzigen Kneipp-Kurort Brandenburgs, Buckow, zwei weiteren Kurklinik-Standorten in Rüdersdorf und Dahlwitz-Hoppegarten, dem Erholungsort Waldsieversdorf sowie einer Vielzahl an Hotels, Pensionen, Gasthöfen und Privatquartieren gesundheitstouristische und kulturtouristische Angebote. Neben den Einrichtungen der Kultur GmbH gibt es eine Fülle kultureller Heimstätten unterschiedlichster Genres und eine Vielzahl interessanter Veranstaltungen.

Nach *Letschin* zog es dereinst auch Fontanes Eltern, die hier ihren Lebensabend verbrachten. Geschichtsträchtigen Boden hat man auch in *Seelow* unter den Füßen, wo Mitte April 1945 die Entscheidungsschlacht auf dem Weg nach Berlin tobte und über 50 000 Soldaten auf beiden Seiten ihr Leben lassen mussten. *Neuhardenberg* verfügt über den prächtigen Schinkelbau des Schlosses (für den preußischen Staatskanzler Karl August von Hardenberg) und über die klassiszistische Ortsanlage des gleichen Baumeisters – vorher hieß der Ort Quilitz und nach 1945 unsinnigerweise Marxwalde. *Strausberg* war einst anerkannte Sommerfrische der Berliner; auch Paul Lincke (1866–1946) nutzte es als solche und entfleuchte der Hauptstadt (»Ja, das ist Berliner Luft, Luft, Luft«. Das stimmte auch für ihn wohl manchmal nicht, wie er es in seiner »Frau Luna« postulierte). In Buckow steht das Ferienhaus von Bertolt Brecht und Helene Weigel. *Altlandsberg* überzeugt einen durch das spektakuläre Kopfsteinpflaster; vor ca. 600 Jahren fand im Ort ein rauschendes Hochzeitsfest bei den von Quitzows statt; die Speisenfolge existiert noch heute und lässt einem nachträglich das Wasser im Munde zusammenlaufen. *Bad Freienwalde* schließlich ist das älteste Kurbad Brandenburgs und mit Schloss (David Gilly) und Park (Peter Josef Lenné) architektonisch reich gesegnet.

Rathaus der Kreisstadt Seelow – Im Oktober 1847 entstand ein 2-geschossiger Putzbau von 9 Achsen mit spätklassizistischer Fassade und einem Mittelrisaliten, der durch einen Dreiecksgiebel bekrönt ist.

Stadt Seelow

Seelow mit Ortsteil Werbig zählt derzeit rd. 5 800 Einwohner. Die Stadt liegt am Westrand des Oderbruchs, am Anstieg zur Ostbrandenburgischen Platte. Sie wurde urkundlich erstmalig 1252 als Dorf »Zelou« und 1273 als Städtchen erwähnt und befand sich damals an der Kreuzung der alten West-Ost-Handelsstraße und der Nord-Süd-Straße Stettin, Wriezen, Seelow, Lebus, Frankfurt (Oder). Seit 1278 hat Seelow das Stadtrecht und ist seit 1863 Kreisstadt, heute von Märkisch Oderland. In einem über 20 km langen Flussbett, welches Friedrich der Große graben ließ (1747–52) und das zur Trockenlegung des Oderbruchs führte, fließt heute die Oder. Im Anschluss an die Trockenlegung des Oderbruchs entstanden 40 Kolonistendörfer, von denen noch einige erhalten sind (Wuschewier). Das fruchtbare Oderbruch zeichnet sich heute durch eine wiedererstarkte Gemüseproduktion und durch seine unverwechselbare Landschaft aus; ausgedehnte Gebiete stehen unter Naturschutz. Außer dem 1847 erbauten Rathaus gibt es nur noch wenig historische Bausubstanz in der Stadt. Ein architektonisch interessanter Bau ist die Kirche, welche 1830/32 erbaut wurde. Sie trägt maßgeblich die Handschrift von K.F. Schinkel. Das viel besuchte Anti-Kriegs-Museum auf den Seelower Höhen informiert über die letzte Phase des 2. Weltkrieges und über die Schlacht um die Seelower Höhen.

Große bauliche Aktivitäten nach der Wende haben der Stadt ein attraktives Äußeres verliehen. Sie sind auch Ausdruck der Leistungsfähigkeit eines Mittelstandes, der die Zukunft Seelows als Kreisstadt mitgestaltet. Investoren siedeln sich bereits im voll erschlossenen Gewerbegebiet Seelow Nord an. Es wird speziell auf die traditionellen Gewerbe der Region – Gemüseproduktion, Bau- und Zulieferindustrie – akquiriert.

Das kulturelle und sportliche Leben der Stadt wird durch zahlreiche Vereine bereichert. Höhepunkte eines jeden Jahres sind das Sport- und Spielfest, das Stadtseniorenfest, die Autocrossmeisterschaft, die Kultursommernacht, das große Stadtfest, das Erntefest und der traditionelle Weihnachtsmarkt.

Aus Richtung Westen kommend, passiert man eine der beiden noch gut erhaltenen mittelalterlichen Toranlagen Münchebergs – den Pulverturm.

Stadt Müncheberg

Aus den Ortsteilen Eggersdorf, Hermersdorf, Hoppegarten, Jahnsfelde, Müncheberg, Münchehofe, Obersdorf und Trebnitz entstand durch freiwilligen Zusammenschluss im Jahre 2002 die Forschungsstadt Müncheberg mit heute rund 7 500 Einwohner. Das Gesamtgebiet der Stadt umfasst eine Fläche von 151,9 qkm, von denen ein nicht unerheblicher Teil eingebettet ist in die reizvolle Landschaft der Märkischen Schweiz.

1232 erstmals urkundlich erwähnt, bietet der Ort trotz schwerster Kriegsschäden viel Sehenswertes. Vom fast 50 m hohen Turm der Marienkirche, einem der imposantesten Bauwerke der Region, hat man einen beeindruckenden Überblick über die wunderschöne Landschaft. Einzigartig sind Turm und Kirche auch wegen der besonderen architektonischen Lösung, die Karl Friedrich Schinkel hier wählte, indem er den Turm vom Kirchenschiff abrückte und über eine offene Bogenhalle miteinander verband. Ungewöhnlich ist auch das Nutzungskonzept dieses Gotteshauses, das von einer Betreibergesellschaft multikulturell »vermarktet« wird. Das kulturelle Angebot ist beeindruckend und sucht seinesgleichen. Ein kleines Stadtmuseum in Kombination mit einem der mittelalterlichen Verteidigungstürme, liebevoll angelegte Waldlehrpfade und ein der Natur angepasster Tiergarten laden ebenso zum Besuch ein wie die zahlreichen gastronomischen Betriebe, die mit ihren regionalen Angeboten zu verwöhnen wissen, wie auch in den anderen Ortsteilen Münchebergs. Wander- und Radwege vermitteln immer wieder neue Eindrücke in eine Seen-, Wald- und Hügellandschaft, in der Ruhe, Erholung und Abgeschiedenheit noch nicht zu Fremdworten geworden sind. Mittelalterliche Feldsteinkirchen, restaurierte Schlösser und Herrenhäuser erzählen jahrhundertealte Geschichte und Geschichten. Die Forschungsstadt, deren Ruf der bekannte deutsche Genetiker Prof. Dr. Erwin Baur 1928 mit der Anlage des Kaiser Wilhelm Instituts für Züchtungsforschung einst begründete, ist heute ein attraktiver Wohnstandort mit guter Anbindung an den öffentlichen Personennahverkehr und das Straßen- und Autobahnnetz.

Amt Märkische Schweiz

Das Amt setzt sich wie folgt zusammen: *Stadt Buckow*, die Gemeinden *Garzau-Garzin*, *Oberbarnim*, *Rehfelde* und der staatlich anerkannte Erholungsort *Waldsieversdorf*. Die Märkische Schweiz ist das traditionelle Wandergebiet Brandenburgs; auf kleinstem Raum findet man Berge, Schluchten, Seen, Flüsse. Natürlich zählt Radwandern dazu: Der europäische Radwanderweg R 1 führt, von Strausberg und Erkner kommend, hier durch. Aber anders als im flachen Brandenburger Land verlangt die »Märkische Schweiz« schon eine gute Kondition ab. *Buckow,* Zentrum der Märkischen Schweiz, ist seit annähernd 150 Jahren touristischer Dreh- und Angelpunkt der »Mini-Alpen« zwischen Oder und Spree. Bis ins Zentrum der 1 700 Einwohner zählenden Stadt hinein gibt die Natur den Ton an: Parks und Promenaden, Seen und Ausblicke, Wanderwege zu den schönsten Ausflugszielen der Märkischen Schweiz. Die evangelische Kirche am Marktplatz bildet den Mittelpunkt all jener malerischen Blicke, die sich von den umliegenden Wegen auf das Städtchen eröffnen. Bis ins 19. Jahrhundert baute man im Ort eingeschossige Ackerbürgerhäuser, die auch heute noch in weiten Teilen das Stadtbild prägen. Als eine der Erwebsquellen diente den Menschen hier der Hopfenanbau und die Rosenzucht, die Buckow überregional berühmt machte. Die Kleinbahn nahm 1897 ihren Betrieb auf. Mit ihr kam der Fremdenverkehr in großem Ausmaß, so dass in den 20er Jahren des vorigen Jahrhunderts das märkische Städtchen zum bevorzugten Kur- und Badeort vor den Toren Berlins avancierte. Lockte man in jenen Jahren mit »Bädern und Brausen aller Art« und versprach »Stärkung der geschwächten Nerven«, so hat Buckow heute ein breites Indikationsfeld als Kneipp-Kurort vorzuweisen mit modernen Kureinrichtungen und hochqualifiziertem Personal. Wie eh und je fühlen sich Kunst und Künstler von dem besonderen Fluidum des romantischen Städtchens angezogen. Die ehemalige Sommervilla von Helene Weigel und Bertolt Brecht ist heute eine vielbesuchte Gedenkstätte mit zahlreichen Kulturveranstaltungen innerhalb des »Literatursommers«. Des Weiteren sorgen »Klassik im Grünen«, Ausstellungen und die »Buckower Rosentage« für genügend Ergänzungen.

Ohne Zweifel beginnen in *Garzau* die landschaftlichen Einmaligkeiten des Naturparks Märkische Schweiz. Eine eiszeitliche Erosionsrinne, die heute eine von Wäldern umstandene Seenkette bildet (Brand-, Langer-, Garziner Haus-, Steig- und Ruhlsdorfer See), prägt das vielfältige Landschaftsgebiet. Das Schloss, das 1911 nach einem Brand im klassisch monumentalen Stil wieder aufgebaut wurde, eine restaurierte Kirche und viele renovierte und neue Häuser machen den Ort zu einem der schönsten Dörfer der Umgebung. Eingebettet in die Sumpf- und Wiesenlandschaft des Roten Luch auf der einen Seite und in die von artenreichen Hecken durchzogenen Felder und Streuobstwiesen auf der anderen entstand das Dörfchen Garzin, einst im Schutz slawischer Burganlagen. Schöne Wanderwege führen ins Rote Luch und ins Ruhlsdorfer Bruch.

Die beiden Orte *Bollersdorf* und *Pritzhagen* können auf eine wechselvolle Vergangenheit verweisen; hier lebten berühmte preußische Adelsgeschlechter, wie die von Itzenplitz, von Reutz, von Oppen. Das heutige Bild der idyllischen Angerdörfer mit ihren schilfumstandenen Dorfteichen, Feldsteinbauten und Waldungen wurde wesentlich bestimmt durch Helene Charlotte von Lestwitz: Sie ließ die kahlen Hügel aufforsten und schuf damit jene reizenden Traubeneichen-Winterlinden-Hainbuchen-Wälder, die bis zum heutigen Tag zu den landschaftlichen Attraktionen der Märkischen Schweiz gehören. Folgt man dem Lauf des Sophienfließes von Buckow auf die Barnimhöhe, erreicht man die beiden Orte *Grunow* und *Ernsthof;* sie liegen abseits des Touristenstroms, idyllisch eingebettet in die wellig-hügelige Feld- und Heckenlandschaft. Das knapp 200-Seelen-Dorf *Ihlow* liegt am Nordrand des Naturparks Märkische Schweiz. *Klosterdorf* ist ein typisches Angerdorf und wurde erstmals 1247 erwähnt.

Wer nach *Rehfelde* kommt, wird zunächst kaum einen Hinweis auf die lange Geschichte des Ortes finden. Erst nach der Ankunft in Rehfelde-Dorf ändert sich das: Hier steht die altehrwürdige Kirche, die 1499 einen Turm erhielt und im 18. Jahrhundert mit einem prunkvollen Altar und Kanzel ausgestattet wurde. Während vor ca. zehn Jahren hier 2 150 Einwohner lebten, stieg die Zahl sprunghaft auf jetzt 3 450 Bewohner. Verträumte Stille erwartet einen in *Waldsieversdorf:* Vogelsang, Tiergarten und Schwedenschanze sind überlieferte Namen für herrliche Waldpartien zwischen den Däberseen und dem zwei Kilometer entfernten Buckow. Die Abgeschiedenheit und Ruhe wusste auch John Heartfield zu schätzen, der auf Empfehlung Bert Brechts nach hier kam und sich ein Sommerhaus bauen ließ. Heute hat der Ort wieder an seine Tradition angeknüpft und kann seit 1998 stolz auf die staatliche Anerkennung als Erholungsort verweisen.

Umsäumt von Wald und Schilf, liegt mitten im Ort der idyllische Bötzsee. Er lässt sich auf ruhigen Wanderwegen umrunden oder per Ruderboot befahren.

Petershagen/Eggersdorf

Das Doppeldorf Petershagen/Eggersdorf liegt etwa 30 km östlich vom Zentrum Berlins. Weit genug, um dem Großstadttrubel zu entfliehen, Feierabend, Freizeit in ländlicher Ruhe, in einer herrlichen Umgebung zu genießen. Nahe genug, um die Hauptstadt mit dem Auto oder der S-Bahn schnell und bequem zu erreichen, zur Arbeit, zum Einkaufen, ins Theater, Konzert. Den beiden Dörfern – die sich 1993 im Zuge der Gebietsreform zusammenschlossen zum Doppeldorf – ist nur noch wenig von ihrer bäuerlichen Vergangenheit anzusehen. Aber es waren Bauern, die die beiden Dörfer nach vielen Kriegswirren, Ausplünderungen, der Pest vor dem völligen Untergang bewahrten – Kolonisten aus der Rheinpfalz, denen der preußische König Friedrich II., auch »Der Große« oder »Der Alte Fritz« genannt, hier Boden und Heimstatt anbot.

Die Anziehungskraft des Doppeldorfes zeigt sich im Zuzug: Seit 1994 wurden über 5 000 Neubürger begrüßt, das Doppeldorf hat jetzt über 13 400 Einwohner. Kindergarten, drei Grundschulen und eine weiterführende Schule stehen bereit. Zum Kinderbauernhof »Mümmelmann« kommen Besucher von weither, und nicht nur Kinder. Das Doppeldorf ist wie ein lebendiges Wesen – es pulsiert, wächst. In Eggersdorf entstand das neue Zentrum mit Wohnanlagen, Geschäften, in Petershagen wurde der historische Dorfkern rekonstruiert, mit Neubauten und Läden. Über 40 Vereine bieten ein vielseitiges Programm in Sport, Kultur, Freizeitbeschäftigung, Selbsthilfe. Die beiden Standorte der Gemeindebibliothek ziehen zahlreiche Besucher an. Auf dem Gelände der Oberschule bietet ein Jugendclub den Heranwachsenden ein vielseitiges Angebot. Gleich daneben steht die neue Giebelseehalle vor allem dem Vereinssport, aber auch kulturellen Veranstaltungen offen. Weithin berühmt bei Händlern und Kunden: Der Eggersdorfer Wochenmarkt, »Das Kaufhaus im Grünen«.

Und immer wieder: Die herrliche Natur. Ein Sonnenaufgang am Bötzsee, ein Spaziergang an den Ufern des Stienitzsees – da fühlt man sich nahe der Hauptstadt ganz weit weg …

Kathedrale des Kalks aus dem Jahre 1871 – Historie des Kalkbrennens im Museumspark live erleben

Rüdersdorf bei Berlin

Etwa 30 km östlich von Berlin-Mitte liegt die Gemeinde Rüdersdorf bei Berlin mit den Ortsteilen Hennickendorf, Herzfelde und Lichtenow. In der 2003 gebildeten Großgemeinde leben heute rund 16 000 Einwohner. Die Geschichte des Ortes beginnt vor über sieben Jahrhunderten. Sie ist untrennbar mit dem Kalkstein- und Tonabbau und dessen verarbeitenden Industrien verbunden. Fachleute sagen: »Rüdersdorf ist die Wiege der deutschen Kalk- und Zementindustrie«. So befinden sich Rüdersdorfer Baustoffe u.a. im Brandenburger Tor, in den Terrassen von Sanssouci in Potsdam und im neuen Berliner Hauptbahnhof.
Die Tonvorkommen in den Ortsteilen sind seit Jahrzehnten erschöpft, das Kalksteinvorkommen allerdings reicht noch mehr als 50 Jahre. Es sichert Arbeitsplätze und birgt ein großes touristisches Potenzial. Denn aus dem bis 1989 stark Staub belasteten Ort ist Dank umfangreicher und kontinuierlicher Umweltschutzmaßnahmen ein ökologisch intakter und touristisch reizvoller Ort geworden. Ein Anziehungspunkt ist seit 1994 der Museumspark Rüdersdorf. In 17 Hektar Park ähnlicher Landschaft, entlang des aktiven Kalkstein-Tagebaus, zeugen u.a. 17 restaurierte Baudenkmäler von der langen Tradition der Baustoffproduktion und einer interessanten Industriearchitektur. Eine spezielle Flora und Fauna und natürlich die Geologie machen den Museumspark zum lohnenswerten Ziel verschiedenster Interessen- und Altersgruppen. Aktuell entwickelt sich das Gebiet um den Großen Stienitzsee in Hennickendorf zum Tourismus- und Wohngebiet. Mit zwei Krankenhäusern und einer Reha-Klinik, direkt am Kalksee, ist die Gemeinde inzwischen auch als Gesundheitsstandort anerkannt. Die Autobahn BAB 10, ein Wasserwege- und Seennetz sowie die Nähe zu Flughäfen etc. verbindet Rüdersdorf gut mit der Region und dem gesamten Bundesgebiet. Eingebettet in den Regionalpark Müggel-Spree, können Touristen die Gemeinde auch über den 66-Seen-, Müggel-Spree- und Heidewanderweg sowie im Ortsteil Lichtenow über den Europa-Radweg R1 erreichen und erkunden. Weitere Informationen unter www.ruedersdorf.de.

Die restaurierte Fredersdorfer Kirche (13.–14. Jahrhundert) am Verdriesplatz, 1708–1709 vom Gutsbesitzer von Görtzke neu aufgebaut, daneben das Mausoleum der Familie von Podewils.

Gemeinde Fredersdorf-Vogelsdorf

Die Gemeinde Fredersdorf-Vogelsdorf mit 12 500 Einwohnern und einer Fläche von 1 600 Hektar liegt östlich von Berlin am Südostrand des Barnimplateaus. Die aus drei Gemeindeteilen bestehende Gemeinde gehört zu den Orten rings um die Bundeshauptstadt, in denen zu wohnen, zu leben und zu arbeiten immer attraktiver wird. Sie ist angeschlossen an die S-Bahnlinie S 5 Berlin/Spandau-Strausberg Nord, mit Autobahnanschluss A 10, Berlin-Hellersdorf. In den Gewerbegebieten an der Bundesstraße 1/5 und in Fredersdorf Nord hat sich die Ansiedlung von Gewerbe stabilisiert, und die Infrastruktur wird kontinuierlich weiter entwickelt.
Die schöne Landschaft, umgeben von Kiefern- und Buchenwald, Ackerland und kleinen Seen, mit vielen in der Nähe gelegenen bekannten und lohnenswerten Ausflugszielen, ermöglicht auch Familien mit Kindern eine niveauvolle, erholsame Freizeitgestaltung. Entstanden sind neue Einfamilienhäuser und Mietwohnungen sowie alters- und behindertengerechter Wohnraum. Restaurierte Fassaden tragen zum neuen Erscheinungsbild bei, und gute Einkaufsmöglichkeiten, eine gepflegte Gastronomie sowie Handwerks- und Dienstleistungsbetriebe bieten eine hohe Wohnqualität.
Geprägt durch alte Dorfromantik sind die beiden alten Ortskerne mit den restaurierten Kirchen, verbunden mit einer gartenstädtischen Siedlungsstruktur. Eine Oberschule und zwei Grundschulen, die über gut ausgestattete Horte verfügen, befinden sich in der Trägerschaft der Gemeinde Fredersdorf-Vogelsdorf, die auch mehrere Kindertagesstätten unterhält. Das kulturelle und sportliche Leben wird durch aktive Vereine und Gruppen, die Kirchen, Feuerwehren und öffentlichen Einrichtungen gestaltet. Die Gemeindebibliothek, eine Begegnungsstätte und der Kinder- und Jugendklub sind Institutionen, die für die Bürgerinnen und Bürger abwechslungsreiche Möglichkeiten der Freizeitgestaltung bieten. Eine Partnerschaft besteht seit 2000 mit der französischen Stadt Marquette-Lez-Lille, und freundschaftliche Kontakte mit Swarzedz in Polen und der englischen Stadt Sleaford.

»Hier läuft's rund« – Das Rennbahnoval von Hoppegarten wird zu den schönsten Galoppsportanlagen Europas gezählt.

Hoppegarten – Keine Randerscheinung der Metropole

An der östlichen Peripherie der Bundeshauptstadt Berlin gelegen, ist Hoppegarten Synonym für den Galopprennsport über den Osten Deutschlands hinaus. Bereits im Mai 1869 eröffneten König Wilhelm I. und Kanzler Bismarck die Galopprennbahn, welche nach Plänen von Carl Bohm entstand. Das über 400 ha große Gelände mit seiner einmalig 1 400 m langen »geraden Bahn« wird von den Fachleuten zu den schönsten Galoppsportanlagen Europas gezählt. Die Gemeinde Hoppegarten ist neben diesem herausragenden Wahrzeichen geprägt von ihren drei Ortsteilen Dahlwitz-Hoppegarten, Hönow und Münchehofe. Mehr als 15 000 Menschen genießen in unmittelbarer Hauptstadtnähe ein »Leben im Grünen«, viele von ihnen haben zudem einen Arbeitsplatz im über 100 ha großen Gewerbegebiet gefunden.
Ist die Geschichte Hoppegartens eine recht junge, die Gemeinde entstand im Zuge der letzten brandenburgischen Gemeindegebietsreform 2003 durch gesetzlichen Verbund der drei einst selbständigen Gemeinden, so weisen doch die Wurzeln fast 800 Jahre zurück. So beging Hönow im August 2006 offiziell sein 775. Jubiläum. Der Ortsteil mit der einzigen U-Bahnstation Brandenburgs ist zugleich mit nahezu 8 000 Menschen der einwohnerstärkste der Gemeinde Hoppegarten. Nicht nur ehemalige Berliner zog es seit Anfang der 1990er Jahre in die sogenannte Siedlungserweiterung, in der Einfamilienhäuser, Reihenhausanlagen und begehrte Mietwohnungen entstanden. Im Gegensatz dazu blieb Münchehofe, der Hoppegartener Ortsteil südlich der Bundesstraße 1/5, seinem Charakter eines kleinen idyllischen Reiterdorfes treu. Nur etwa 500 Einwohner leben in der beschaulichen Siedlung, deren Aushängeschild eine moderne Reitsportanlage ist.
Hoppegarten darf mit Fug und Recht als eine der sowohl vom Flair her als auch wirtschaftlich interessantesten brandenburgischen Gemeinden bezeichnet werden. Nicht ohne Grund gab man sich den Slogan »Hier läuft's rund«. – und dies nicht nur in Anlehnung an das Rennbahnoval.

Das Rathaus mit integriertem Wasserturm ist das Wahrzeichen der Gemeinde Neuenhagen bei Berlin.

Neuenhagen bei Berlin

Die mehr als 17 000 Einwohner zählende Gemeinde Neuenhagen bei Berlin, direkt am östlichen Stadtrand der Bundeshauptstadt gelegen, entstand im 13. Jahrhundert. Deutlichen Aufschwung verzeichnete sie zu Beginn des 20. Jahrhunderts mit der Entwicklung des Galopprennsports in der Nachbargemeinde Hoppegarten und durch den Bau der Ostbahn, die zwischen Berlin und Küstrin verkehrte.
Heute wird der Ort dank seines ausgeprägten Grüncharakters gern als Gartenstadt bezeichnet. Mehr als 6 000 Bäume säumen die Alleen, gepflegte Vorgärten und schmucke Einfamilienhäuser präsentieren sich dem Betrachter. Die gut entwickelte Infrastruktur und die Nähe zu Berlin machen die Gemeinde insbesondere für Familien interessant. Doch Neuenhagen ist nicht nur ein Wohnort. Mehr als 1 300 Gewerbetreibende sind hier beheimatet. Die Gemeinde hat sich darüber hinaus zu einem kulturellen Zentrum entwickelt, das weit über die Ortsgrenzen hinaus seine Wirkung entfaltet. Hier, wo einst der Dichter Hans Fallada sein berühmtestes Werk »Kleiner Mann – was nun?« schrieb, bieten heute das Bürgerhaus, das multikulturelle Zentrum »Arche«, das Fermate-Studio, das Freibad und das Haus der Senioren ein breites kulturelles, sportliches und soziales Angebot für alle Altersstufen.
Das Wahrzeichen Neuenhagens ist das 1926 errichtete Rathaus, das in seiner Kombination aus Wasserturm und Verwaltungssitz deutschlandweit seinesgleichen sucht. Nach umfangreicher Rekonstruktion erstrahlt das 40 Meter hohe Gebäude in alter Schönheit. Einzigartig ist der Ratssaal im Bauhausstil mit seinen handbemalten farbigen Fenstern. Von der Aussichtsterrasse kann man bis ins Zentrum Berlins und weit ins Brandenburger Umland blicken. Sehenswert ist auch die Dorfkirche in der Carl-Schmäcke-Straße. Dieses frühgotische Bauwerk wurde um 1230 aus Granitfeldsteinen errichtet. Von unschätzbarem Werk ist die 750 Kilogramm schwere, der Jungfrau Maria gewidmete Bronzeglocke aus dem 14. Jahrhundert.

Panoramablick auf den Schlossplatz mit Stadtkirche, Schlosskirche und Gutshaus. Eine restaurierte Kellerruine des 1757 niedergebrannten Schlosses kann besichtigt werden.

Altlandsberg mit historischem Stadtkern

Nach fast 8 Jahrhunderten bewegter Geschichte präsentiert sich die einstmalige Ackerbürgerstadt heute charmant und gastfreundlich. Am nordöstlichen Stadtrand Berlins gelegen, übt die historische Altstadt mit ihrer ursprünglichen Gestalt, ihren sanierten Bürgerhäusern aus dem 18. und 19. Jh., den idyllischen Mauergärten, mit der weitgehend erhaltenen, sanierten Stadtmauer, ihren 2 Tortürmen aus dem 14. Jh. und den Wallanlagen, mit dem erneuerten Gutshaus und mit der ehrwürdigen Stadtkirche aus dem 13. Jh. einen unwiderstehlichen Reiz aus. Vom jüngst sanierten Kirchturm hat man einen eindrucksvollen Blick auf die Stadtlandschaft. Bei Stadtführungen kann man erfahren, dass Friedrich I., König in Preußen, seine Jugend im Schloss Altlandsberg verlebte und hier vom Adelsherrn der Stadt, dem Ersten Staatsmann des Großen Kurfürsten, Otto von Schwerin, erzogen wurde. Ein steinernes Abbild des gekrönten preußischen Adlers, seit 1710 auf dem Königsportal des Schlosses, blieb am Nordportal der Schlosskirche erhalten. Eine sanierte Ruine vom Keller des 1757 niedergebrannten Schlosses und des später darauf errichteten Kornspeichers kann jetzt besichtigt werden. Höhepunkte im Jahreskalender der Stadt sind: Das Sattelfest, ein regionales Radfahrer-Event, Ende April, der Vogelscheuchenmarkt mit Veranstaltungen in vielen, nur dafür geöffneten Ackerbürgerhöfen, am 1. Samstag im September sowie der traditionelle Weihnachtsmarkt rund um die Stadtkirche am 2. Advent. Mit ihren dörflichen Festen und jederzeit zeigen sich die Ortsteile als liebevolle Gastgeber und kurzweilige Ausflugsziele. Sehenswert sind die zahlreichen Dorfkirchen, die zumeist aus dem 13. Jahrhundert stammen. Die reizvolle Landschaft östlich der Stadt, mit ausgedehnten Wäldern, mit Seen und Fließen, Weiden und Auen, lädt ein zum Radeln, Reiten, Wandern oder einfach zum Relaxen. Pferdehöfe und der Golfpark Wilkendorf bieten Freunden dieser Sportarten alle Möglichkeiten. Die multikulturelle Gastronomie im Stadtkern rundet jeden Spaziergang wunschgemäß ab. Info: Tel. 03 34 38/6 45 72; Stadtinfo@altlandsberg.de; www.altlandsberg.de

Strausberg – grüne Stadt am See

Als 1765 König Friedrich II. durch Strausberg reiste und eine Übernachtung suchte, so ist seine Äußerung überliefert, dass er nicht wusste, in seinem Land solch ein »gottverfluchtes Drecknest« zu haben. Es heißt, er hätte diese Stadt nie vergessen, war er doch in dem »verfluchten Loch ausgeschmaucht« worden, denn der Kaminabzug in dem für ihn bereit gestellten Zimmer war zugemauert. Beim Anheizen zwang der beißende Rauch den Preußenkönig, ins Freie zu flüchten.
Inzwischen sorgen kleine bezaubernde Hotels und behagliche Pensionen für erholsame Nächte in Strausberg und beleben den Aufenthalt in der Stadt. Strausberg, die »grüne Stadt am See«, bietet eine reizvolle Naturlandschaft mit einer historisch belassenen Altstadt. Ein behaglicher Rundgang durch die Altstadt ist empfehlenswert. Immer wird hierbei der Blick auf das älteste und ehrwürdigste, aber auch höchste Bauwerk fallen: die evangelische Pfarrkirche St. Marien. Entstanden um 1250, zählt sie in der Mark Brandenburg mit zu den größten erhaltenen Kirchen des 13. Jahrhunderts. Mit einer Turmbesteigung der Sankt Marien Kirche erleben Sie gleichzeitig einen imposanten Ausflug in das Mittelalter.
In großen Abschnitten sind noch die 750 Jahre alte Feldsteinmauer, die einst als Schutzwall die Stadt umgab, und viele Einzeldenkmale erhalten wie zum Beispiel die städtische Badeanstalt, die an Zeiten von Heinrich Zille erinnert. Die Altstadt erreicht man sowohl mit der S-Bahn als auch mit der »Strausberger Eisenbahn«, einer Straßenbahn auf Eisenbahnschienen, die die Vorstadt mit der Stadt verbindet. Die nächste Attraktion bietet die Fähre als die einzige in Europa betriebene Seilfähre mit elektrischer Oberleitung. Bei der Überfahrt über den Straussee kann man nicht nur die herrliche Natur, sondern auch die faszinierende Stadtsilhouette bewundern.
Erholungsuchenden bietet die Stadt ideale Bedingungen. In dieser immer noch ein wenig verträumten Region, die zur Hälfte aus Wald und Seen besteht, lässt sich stets wieder Neues aufspüren, entdecken und unternehmen. Der Straussee lädt zum Baden, Rudern, Angeln und Tauchen ein. Die Stadt hat aber nicht nur den Straussee mit seinem klaren Wasser zu bieten, zusammen mit dem Bötz- und Fängersee ist Strausberg ein wahres Badeparadies. Unverbaute Ufer, idyllische Panoramen sorgen für Entspannung und Gelöstheit. Für den Genießer der Natur bleibt Strausberg Idylle und Abenteuer zugleich. Die grüne Stadt am See wartet neben der landschaftlich schönen Gegend auch sonst mit verlockenden Angeboten auf.
Am südlichen Ende der Stadt schließt der Stienitzsee an, der zusätzlich für Motorsportinteressierte attraktiv ist. Denn auch aktive Erholung wird in Strausberg groß geschrieben. Strausberg kann man durchaus als eine Hochburg des Sports beschreiben. Eine Vielzahl von Sportstätten – so der Sport- und Erholungspark, das Strausbad und andere Einrichtungen – bieten die Gewähr für eine nahezu allen Wünschen entsprechende sportliche Tätigkeit. Strausberg als größte Stadt im Landkreis Märkisch-Oderland kann außerdem mit einem Verkehrslandeplatz aufwarten, der sehr gut für Hobbyisten des Ultraleichtflugs und des Segelflugs geeignet ist, aber auch Besuchern des Rundflugs und Ballonfahrens Möglichkeiten bietet. Ca. 3 km weiter befindet sich im Nachbarort eine schöne Golfanlage. Und natürlich bietet die nahe Hauptstadt Berlin, mit der Strausberg durch Regional- und S-Bahn verbunden ist, nahezu unbegrenzte Möglichkeiten für eine abwechslungsreiche Freizeitgestaltung. Alles in allem ist Strausberg, die grüne Stadt am See, mehr als einen Blick wert.
Namen gebend für Strausberg war vermutlich der See, an dessen Ufern die Stadt in der ersten Hälfte des 13. Jahrhunderts entstand. Er wurde aufgrund seiner länglichen Form als »Strutz« bezeichnet, was in mehreren slawischen Sprachen »Schote« bedeutet. Da »Struz« oder »Strus« im Mittelhochdeutschen jedoch die Bezeichnung für den Vogel »Strauß« war, wurde der Name des Sees von deutschen Siedlern im Rahmen der Eroberung der ehemals slawischen Gebiete umgedeutet. Mit der Errichtung einer Burg auf dem Berg am Strutz erhielt die entstehende Stadt den Namen »Strutzeberg«, welcher mit der Zeit in die Schreibweise »Strusberg« überging. Als mit dem Ende des 13. Jahrhunderts es üblich wurde, so genannte »redende Wappen« einzuführen, erfolgte im Strausberger Stadtsiegel und -wappen die Darstellung eines »straußenähnlichen Vogels«, der um 1900 als Vogel Strauß eindeutig erkennbar wurde. Doch in der Schreibweise für die Stadt ist es bei einem »s« geblieben, was für Besucher der Stadt nicht selten zu Irritationen führt. Aber unabhängig davon wird die fast 775 Jahre alte Stadt Sie jederzeit herzlich willkommen heißen.

Strausberg – idyllisch eingebettet in ein Landschaftsschutzgebiet – bietet viele Möglichkeiten für einen erlebnisreichen und gleichzeitig erholsamen Aufenthalt.

Letschin inmitten des Oderbruches

Im Osten des Landes Brandenburg, in der weiten Flussniederung des Oderbruchs, liegt die Gemeinde Letschin mit ihren zehn Ortsteilen. Auf einer Fläche von 143 qkm leben 4 800 Einwohner.
In der früher sumpfigen Landschaft entstanden die älteren Orte als slawische Fischerdörfer, die jüngeren als Resultat der Besiedlungspolitik des Preußenkönigs Friedrich II. Letschin, der slawische Name bedeutet »die Wiese«, wurde 1336 urkundlich erwähnt. Erst mit Friedrich II. rückt das Sumpfland in den Focus der preußischen Geschichte. Die Oderbruchtrockenlegung begann 1747 mit der Begradigung der Oder durch den Bau eines Kanals, durch Aufschüttung schützender Dämme und durch ein System von Entwässerungsgräben. Friedrich II. hatte dieses Vorhaben in Auftrag gegeben und überwachte oft persönlich die Ausführung. Die Arbeiten kamen dem ganzen Oderbruch zugute und brachten einen tiefgreifenden strukturellen Wandel. Viele der Dörfer entstanden erst in dieser Zeit. Das 1757 gegründete Kiehnwerder ist mit 115 Einwohnern der kleinste Ortsteil. Sietzing, 1995 mit Kleinneuendorf und Posedin vereinigt, wurde auch als Kolonistendorf gegründet. Sorgfältig restaurierte Fachwerkhäuser und die kleine Fachwerkkirche prägen den Ort. Der Gemeindeteil Wilhelmsaue ist eine denkmalgeschützte Dorfanlage. Die oderbruchtypische Siedlungsstruktur mit einzelstehenden Loose-Gehöften ist hier weitestgehend erhalten. Der Name Loose kommt von dem Wort verlosen. Bei einer Flurneueinteilung um 1800 wurden die Bauernwirtschaften tatsächlich per Los neu verteilt. Hier befindet sich auch die letzte erhaltene Windmühle des Oderbruchs, die 1880 errichtete Bockwindmühle. Im Wilhelmsauer Bethaus finden zweimal im Jahr Kunstmärkte mit Arbeiten regionaler Künstler statt. Auch die Wilhelmsauer Musikkneipe ist Teil der Kunstszene. Neubarnim hat eine 2 km lange prächtige Lindenallee und viele schöne Fachwerkhäuser. Beim Ortsteil Gieshof-Zelliner Loose, einem Vorwerk von 1775, liegt ein großes Naturschutzgebiet mit seltenen Vogelarten. Das Dorf Ortwig liegt in einem Landschaftsschutzgebiet.
In Groß Neuendorf, direkt an der Oder geglegen, findet man Spuren einer früheren jüdischen Bevölkerung. Hier gibt es eine ehemalige Synagoge und einen jüdischen Friedhof. Direkt am ehemaligen Hafen kann man sich in gastronomischen und touristischen Einrichtungen verwöhnen lassen und genießt einen phänomenalen Blick auf den Oderstrom. Das Terrain um die Kienitzer Kirche, in der die Malerin Erna Roder lebte und malte, gilt anhand von Bodenfunden als einstiges Burggelände. Im Dorf steht seit 1970 ein sowjetischer Panzer als Denkmal zur Erinnerung an den II. Weltkrieg. In Kienitz überquerte die Rote Armee 1945 die Oder und errichtete den ersten Brückenkopf auf dem westlichen Ufer. 1999 wurde ein weiteres Denkmal zum Gedenken an alle Opfer dieses Krieges aufgestellt. Sophienthal und seine Gemeindeteile Sydowswiese und Rehfeld sind nach der Trockenlegung gegründete Spinnerdörfer. Friedrich II. legte bei der Besiedlung der Kolonistendörfer großen Wert auf Handwerker zur Wollverarbeitung. Die Tradition wird bis heute mit einem Spinnerfest gefeiert. Im Ortsteil Steintoch hat das Gut Wollup (Wollup und Voßberg sind eingemeindet) eine 510-jährige Geschichte. Hier hat Friedrich II. als Kronprinz erste landwirtschaftliche und ökonomische Studien absolviert, hier wurde sein besonderes Interesse am Oderbruch geweckt. Der größte Ort der Gemeinde ist Letschin, hier befindet sich die Gemeindeverwaltung. In der Mitte des Ortes steht ein Backsteinkirchturm, der 1819 nach Plänen des berühmten Architekten K.F. Schinkel erbaut wurde. In den Letschiner Heimatstuben, einem Fachwerkhaus von 1838, kann man sich über die Dorfgeschichte informieren und erfährt etwas über den berühmtesten Wanderer der Mark Brandenburg, Theodor Fontane, seine familiären und literarischen Bindungen an Letschin. Am Anger steht das Denkmal des großen Preußenkönigs Friedrich II., dem das Oderbruch den Wandel von einer unwirtlichen Wasserlandschaft zur Kulturlandschaft verdankt. Aus Verehrung und Dankbarkeit wurde das Denkmal 1905 aufgestellt. Von 1945 bis 1990 versteckt und gehütet von den Letschinern, wurde der »Alte Fritz«, wie er liebevoll genannt wird, nach seiner Neuaufstellung zum Symbol für Geschichte und Zukunft des Oderbruchs. Er ist die Identifikationsfigur, aus der in den vielen kleinen Orten der heutigen Gemeinde ein Zusammengehörigkeitsgefühl erwächst. Die Gemeinde Letschin liegt auf einer Länge von 30 km am Ufer der Oder. Gaststätten, Pensionen und ein Hotel sind auf Tourismus eingestellt. Es gibt viele Einrichtungen von Handel, Handwerk und Gewerbe. Der Radwanderweg R 1 und der Oder-Neiße-Radweg führen durch das Gemeindegebiet. Die reizvolle Flusslandschaft, ausgedehnte Felder, schmucke Dörfer und darüber ein weiter Himmel, der im flachen Bruch nahezu unendlich erscheint, hinterlassen bei Besuchern und Touristen, die abseits von Trubel und Geschäftigkeit Erholung suchen, unvergessliche Eindrücke.

Denkmal »Alter Fritz«, 1905 aus Verehrung und Dankbarkeit aufgestellt.

Rathaus der Stadt Wriezen, im Jahre 1880 als Provinzial-Taubstummenanstalt eröffnet. Nach dem 2. Weltkrieg Einzug des Bürgermeisters, Rathausfunktion.

Oderbruch-Hauptstadt Wriezen

Wriezen war wegen seiner günstigen Lage an alten Handelsstraßen und am Wasserweg der Oder stets durch lebhaften Handel und betriebsame Handwerksbetriebe gekennzeichnet.
1247 erstmalig urkundlich erwähnt, entwickelte sich der Ort etappenweise, erwarb 1337 das Stadtrecht und wurde zunächst besonders durch seinen Fischhandel bekannt. Oderfische wurden auf dem Markt verkauft, später auch, nach Gründung der sogenannten Hechtreißerzunft, geschlachtet, eingesalzen, in Tonnen verpackt und in viele Gegenden versandt. Der Getreidehandel blühte auf, als nach der Trockenlegung des Oderbruchs im 18. Jahrhundert der Fischhandel zurückging und auf dem neugewonnenem fruchtbaren Ackerland Landwirtschaft betrieben wurde.
Zu allen Zeiten hatte das Handwerk eine besondere Bedeutung. Bald nach der Gründung der Stadt hatte das sogenannte Viergewerk besondere Privilegien. Dazu gehörten die Schneider, Schuhmacher, Böttcher und Bäcker. Bereits im 17. Jahrhundert gab es kaum ein Handwerk, das in Wriezen nicht vertreten war.
Jedoch hatten Handwerk und Handel auch immer wieder unter Kriegen und Katastrophen zu leiden. Besonders der 30-jährige Krieg brachte der Stadt Plünderungen, Einquartierungen und harte Kontributionen. 1638 starben 479 Bürger an Pest und Hunger, 1664 brannte fast die ganze Stadt ab. 1806 wurde Wriezen durch napoleonische Truppen drangsaliert. Jedoch die größte Katastrophe am Ende des Zweiten Weltkrieges führte zur fast völligen Vernichtung der Stadt.
Die heute 8 173 Einwohner zählende Stadt hat immer eine entscheidende Rolle als Versorgungszentrum und Sitz der Verwaltungen für das Umland besessen und konnte diese durch die Ansiedlung von attraktiven Märkten im Innenstadtbereich sowie die fleißige Initiative »alter« und »neuer« Unternehmer weiter ausbauen.

Die aus dem 13. Jahrhundert stammende Marienkirche, 1945 zerstört und als Mahnmal erhalten; teilweise als Gotteshaus genutzt. Davor der Wriezener Marktplatz.

Entscheidende Impulse für die Stadtentwicklung wurden z.B. mit der Fertigstellung einer modernen Kläranlage im Sommer 1993 gegeben. Somit war der Weg frei, in der Stadt an die Abrundung und Vervollkommnung des Stadtbildes zu denken. Der Innenstadtbereich wurde durch attraktive Wohn- und Geschäftshäuser vervollständigt, der vorhandene Bestand saniert.

Kleinbetriebe, mittelständische Unternehmen und lokale Dienste prägen die wirtschaftliche Struktur, auch die Infrastruktur ist gut entwickelt. Bebauungsflächen ermöglichen die weitere Ansiedlung von Handwerk und Gewerbe. Wriezen hat drei Kindertagesstätten, eine Grund- und Oberschule und ein Gymnasium, ein Überbetriebliches Ausbildungszentrum sowie eine Justizvollzugsanstalt für Jugendliche.

Mit der Eingemeindung von Altwriezen-Beauregard, Eichwerder, Rathsdorf und Schulzendorf (1997) sowie Biesdorf, Frankenfelde, Haselberg und Lüdersdorf (2003) gehört heute auch das Wriezener Umland zur Stadt.

Zum kulturellen Angebot der Stadt zählen die Veranstaltungen des Kultur- und Freizeithauses (einschließlich Stadtbibliothek) für die jüngere Generation und die des Seniorentreffs für die ältere Generation.

Erwähnenswert sind die freitäglichen Wochenmärkte, die Ausstellungen sowie das Heimatmuseum in der Malzfabrik, das Stadion »Am Bockberg« mit dem neuen Funktionsgebäude, jährlich stattfindende Moto-Cross-Veranstaltungen in den Silberbergen und das Koyenuma Beach Volleyball Turnier. Das Waldbad und das Wildgehege in der Mahlerstraße laden zum Verweilen ein. Im Bereich der Stadt liegt das Naturschutzgebiet »Biesdorfer Kehlen«.

Auf zahlreichen Rad- und Wanderwegen, mit dem Kanu oder vom Kremser aus erschließt sich der Charme des einzigartigen Oderbruches auf besondere Weise.

Schloss Freienwalde – als Sommerresidenz der Königin Friederike Luise von Preußen 1798/99 errichtet, seit 1991 eine Gedenkstätte

Stadt Bad Freienwalde (Oder)

Bad Freienwalde, der älteste Kur- und Badeort Brandenburgs, wurde erstmals 1316 erwähnt und liegt etwa 60 km nordöstlich von Berlin. Eingebettet in die hügelige, waldreiche Landschaft zwischen Bruch und Barnim, gehört die Stadt zum schönsten Teil des Oderbruches. Das Stadtbild ist geprägt von Barock-, Klassizismus- und Gründerzeitfassaden; berühmte Baumeister (David Gilly, Carl Gotthard Langhans, Karl Friedrich Schinkel und der Gartenarchitekt Peter Josef Lenné) haben hier ihre deutlichen Spuren hinterlassen. Das hat auch Theodor Fontane gefallen, und er schrieb über die Stadt: »Freienwalde – hübsches Wort für hübschen Ort«. Im Ortsteil Schiffmühle befindet sich das Fontanehaus, das der Vater des Dichters im Alter bewohnte. Die Konzerthalle in St. Georg, Bibliothek, Kurtheater, Kurlichtspiele mit Kinocafé und das Bürgerzentrum bieten Abwechslung für die verschiedenen kulturellen Genüsse. Oderlandmuseum, Schloss und Freilichtmuseum im Ortsteil Altranft informieren über Historisches. Der Bismarckturm und der Aussichtsturm bieten beeindruckende Fernsichten ins Oderbruch. Dichte Mischwälder mit einem weitverzweigten Wegenetz laden zu ausgedehnten Spaziergängen und Wanderungen ein. Mit der Entdeckung heilkräftiger Quellen begann 1683 die Badetradition in der Stadt. Kurfürst Friedrich Wilhelm und seine Nachfolger fanden großen Gefallen am Freienwalder Gesundbrunnen; dadurch nahm die Stadt ihren wirtschaftlichen und kulturellen Aufschwung. Die 1840 eingeführten und zunächst nach Geheimrezept verabreichten Moorbäder haben sich zur wichtigsten balneologischen Behandlungsmethode entwickelt. Die reichen Vorkommen des ortsgebundenen Kurmittels – ein mineralstoffreiches und hochzersetztes Moor – bilden noch heute die Grundlage für stationäre und ambulante Kuren. Um 1900 avancierte Freienwalde zum bedeutendsten Badeort in der weiteren Umgebung Berlins, wurde Luftkurort und Wochenend-Sommerfrische, hauptsächlich für das Berliner Beamtentum. Mit der staatlichen Anerkennung als Kurort erhielt die Stadt 1924 die offizielle Bezeichnung »Bad«.

Park und Schloss Neuhardenberg (Kultur- und Tagungszentrum der Stiftung Neuhardenberg), rechts im Hintergrund der Turm der Schinkelkirche

Uckermark und Barnimer Land

Es lohnt sich in jeder Beziehung, zu einer ausgedehnten Erkundungstour in die Uckermark aufzubrechen. Diese Landschaft befindet sich zwischen Spree und Oder, ist also – wie zumeist üblich im Brandenburgischen – gut »wasserversorgt«. Dabei dominieren durchaus aber auch mal andere Landschaftsformen: die kleineren Täler, die das wellige Gebiet im Norden der Region richtiggehend durchschneiden; im südlichen Teil dagegen beherrscht die ausgeprägte Naturschönheit Schorfheide die landschaftliche Szenerie. Wie hineingesetzte »Lichter« fallen da beispielsweise das Kloster Chorin im südwestlichen Teil, der Werbellinsee, das Schutzgebiet am Knehdenmoor, die vielen Seen (von denen es hier wahrlich nur so wimmelt) oder Templin und Joachimsthal ins Auge: Da sind wir vor soviel Landschaft schon wieder ins Schwärmen gekommen. Und setzen nun noch eins drauf: Nicht von uns stammt dieser Gedanke, sondern von zahlreichen Kennern und Liebhabern dieser Gegend (wir schließen uns dem aber gern und widerspruchslos an) – die Uckermark sei »die deutsche Toskana«. Es ist nämlich – und deshalb ist dieser Vergleich gar nicht so weit hergeholt – wie jene eine sehr abwechslungsreiche Landschaft, von Hügeln geprägt und unzähligen Seen, Feldern, Baumalleen, fast endlosen Wäldern und Auen, seltener Flora und Fauna. Hier sind heimisch: Kranich, Seeadler, Schwarzstorch, Rot-, Schwarz- und Damwild, etwa 40 Fischarten, Biber, Fischotter, Sumpfschildkröte, exotische Orchideen, Wiesensteppenblumen, Adonisröschen ... Naturliebhaberherz, was willst du mehr. Auch deswegen gibt es drei Großschutzgebiete: den Nationalpark »Unteres Odertal«, das Biospährenreservat »Schorfheide-Chorin« und den Naturpark »Uckermärkische Seen«.

»Hier etwas Heide, dort ein wenig Moor – doch Eichen-, Buchen-, Kiefernwälder herrschen vor!» – Ein echter Kalauer, zweifellos, aber er trifft für diese Landschaft voll zu. All dies ergibt ein monumentales Naturgemälde von unverwechselbarer Schönheit und in bemerkenswerter Vielfalt. Außerdem ist es das alte Grenzland zu Mecklenburg und Pommern mit steinzeitlichen Gräbern, Resten von Ringburgen, romanischen Feldsteinkirchen, gotischen Klöstern, mittelalterlichen Stadtmauern und -toren, Renaissanceschlössern, barocken Bürgerhäusern und – manchmal gewöhnungsbedürftig Neuerem.

Trotz zahlreicher Kriegsvernichtungen hat man eine Fülle historischer Zeugnisse zur Verfügung – sogar aus der Stein- und Bronzezeit. Somit kann ein fast lückenloses Bild über diese Landschaft gemalt werden. Ihre elegant-sanftsteigenden Hügel, die Seen und das mittelalterliche Baumaterial Feldstein verdankt diese Landschaft der letzten Eiszeit; ihren Namen hingegen dem Stamme der Wukroni oder Ukern, einem slawischen Volk, das um das 12. Jahrhundert herum dieses Territorium an westelbische Siedler verlor; der ehemalige Provinzname lautete »Terra Ukera« oder »Provincia Ukera«. Bis heute ist es ein dünnbesiedeltes Land geblieben. Nicht von ungefähr wird gesagt, dass man stundenlang in der Uckermark wandern kann, ohne einem Menschen zu begegnen.

Die Uckermark bildet gewissermaßen den »Hohen Norden« der Mark; geographisch ist das etwa der Bereich des Hügellandes zwischen Oder, Havel und Eberswalder Urstromtal. Im Norden liegt das Zentrum *Prenzlau:* Bis weit ins Mittelalter hinein pflegte man von hier aus rege Handelsbeziehungen über die Uecker in die Ostseeländer hinein. Großartiges Zeugnis mittelalterlicher Baukunst ist die Marienkirche, ein Prachtbau bezüglich der norddeutschen Backsteingotik. Auch zwei Klöster der Franziskaner und Dominikaner arbeiteten hier lange Zeit. Im Süden der Uckermark liegen der landschaftlich sehr reizvolle Choriner Endmoränenbogen und der Parsteiner See sowie zahlreiche weitere Gewässer. Diagonal durch diese Wald- und Seenlandschaft verläuft die Wasserscheide: Aus den nordöstlich gelegenen Seen gelangt das Wasser über Uecker, Finow in die Ostsee; die südwestlich liegenden leiten ihr feuchtes Nass über Havel und Elbe via Nordsee. Kaum Industrie, gute Luft, sauberes Wasser – hier darf man sich sehr wohlfühlen. Darüberhinaus gibt es ein vielfältiges und attraktives Netz gutausgebauter Wasser-, Wander- und Fahrradwege, so dass man in dieser relativ dünnbesiedelten Landschaft mal so richtig die Beine baumeln lassen kann – eine Oase der Ruhe und Entspannung für die gestresste Seele.

Der Große See bei Fürstenwerder – die andere Seeseite gehört schon zu Mecklenburg-Vorpommern.

Ein Gebiet der Buchenwälder – das ist der Nationalpark »Uckermärkische Seen«; er liegt inmitten der wasserreichen, sanft gewellten Uckermark. Sein lebhaftes Relief hat die Weichselvereisung vor ca. 15 000 Jahren hinterlassen. Mit der seit dem 12. Jahrhundert einsetzenden deutsch-pommerschen Besiedlung und den damit verbundenen großen Waldrodungen entstanden die Grundzüge der abwechslungsreichen Kulturlandschaft von heute. Sie gehört zu den am reichsten mit Bodendenkmalen ausgestatteten Regionen Deutschlands. Im Westen und Süden des Naturparks befinden sich große Sanderflächen mit Rinnenseen und Mooren. Eine geologische Besonderheit dort sind die ausgedehnten Binnendünen westlich von *Tangersdorf* und bei *Brüsenwalde.* Während auf den sich kreuzenden Endmoränen im Norden vorwiegend Buchenwälder wachsen, dominiert im Süden die Kiefer. Mit etwa 230 Seen von über einem Hektar Größe, vielen Bachläufen und Mooren prägt das Wasser das Gesicht des Naturparks. Vertreten sind die unterschiedlichsten Seentypen, wobei die kalkarmen Seen zwischen *Lychen* und *Warthe* botanisch besonders bemerkenswert sind. Im Naturschutzgebiet »Kleine Schorfheide« ist eine 20 qkm große Heidefläche mit Silbergrasfluren besonders imposant. In den Niederungen dieses einstigen militärischen Sperrgebietes, das windungsreich von der Havel durchflossen wird, entwickelten sich Auenwälder und Moore.

Im Gebiet brütet rund ein Zehntel des gesamtdeutschen Bestandes an See-, Schrei- und Fischadlern – dem Wappentier des Naturparks; ferner: Große Rohrdommel, Krick- und Knäckente, Biber (Aufstauung einer 120 ha großen Fläche!), die Europäische Sumpfschildkröte, Edelkrebs, Bachforelle, Bachneunauge, Dickbauchmuschel. Daneben sind bis zu 1 200 Pflanzenarten vorhanden, u.a. 20% davon stehen auf der »Roten Liste« der bedrohten Arten, wie Wollgras, Sumpfporst, fleischfressender Sonnentau und gelbes Knabenkraut (eine von 15 hier vorkommenden Orchideenarten).

Lohnende Ausflugsziele sind ebenfalls in reichem Maße vertreten: Das Berliner Tor in Templin, die Boitzenburger Klostermühle, das Flößermuseum in Lychen und das Besucherzentrum des Naturparks ebenda, die Heimatstube Fürstenwerder und das Kirchlein im Grünen in Alt Placht. Aushängeschild des Naturparks ist das Info- und Leitsystem für Kanuten, das auch Tipps zum sanften und naturschonenden Umgang mit der Natur gibt.

Einige Kilometer von Prenzlau entfernt und nahe Boitzenburg befindet sich die Zerweliner Heide, ein kleines, aber feines landschaftliches Etwas: Hier gibt es trockene Sandkuppen, Oser und Sölle, kleine und große Seen, Moore, kleine Flüsse und noch kleinere Bäche. Es gedeihen Wasserschwertlilie, breitblättriges Knabenkraut, Sumpfziest, Karthäusernelke, Wiesenkuhschelle, Buschwindröschen und Moschuskraut, und in den Seen wachsen Bachforelle, Bitterling, Binnenstint, Hecht und Aal gar prächtig heran; bisweilen kommen auch Blei, Flussbarsch und Regenbogenforelle vor.

Nur wenigen Städten sieht man hierzulande ihre wehrhafte Vergangenheit so an, wie das bei *Templin* der Fall ist; dem kleinen Städtchen, das im 13. Jahrhundert von den Askaniern gegründet wurde. Da die Seen, Sümpfe und Wälder nicht den endgültigen Schutz boten, errichteten die Bürger zusätzlich eine sieben Meter hohe Feldsteinmauer; alle 20–30 m gibt es entsprechende Einbuchtungen (insgesamt Platz für 51 Wiekhäuser). Dazu kommen noch drei gotische Tortürme am Prenzlauer, Berliner und Lychener Tor, was von einstigem Wohlstand der Städter kündet. Alles überragen die Maria-Magdalenen-Kirche und das Rathaus. Große Stadtbrände im 17. und 18. Jahrhundert vernichteten zwar vieles, aber die Einwohner reparierten die Schäden, und so findet man heute eine guterhaltene Altstadt – trotz der Schäden, die der II. Weltkrieg hinterließ. Heute ist Templin nicht nur die Stadt, in welcher unsere Bundeskanzlerin aufwuchs, sondern auch ein anerkanntes Thermalsolebad: Aus 1 650 m Tiefe wird das 57 Grad warme und 15%ige salzhaltige Wasser hochgepumpt und auf 32–36 Grad gekühlt bzw. auf 1–6% Solegehalt »verdünnt«. Außerhalb der Stadtmauer befindet sich der St. Georgen-Friedhof mit dem Grab von Friderike Krüger, die unter dem Namen August Lübeck im preußischen Heer diente und nach einer Verwundung im Befreiungskrieg gegen Napoleon quasi »enttarnt« wurde. Sie lebte bis zu ihrem Tode in Lychen und ist in Templin beerdigt.

Wenn man noch ein Stück weiterfährt und bis *Gransee* einen Abstecher macht, hat man eine fiktive Begegnung mit einer dritten Powerfrau dieser Region, die allerdings schon nicht mehr lebte, als sie durch die kleine Stadt gebracht wurde: Der Trauerzug mit den sterblichen Überresten der 34-jährigen preußischen Königin Luise – vom Schloss Hohenzieritz in Mecklenburg-Strelitz kommend – machte in Gransee eine Nacht lang halt. Die Bürger gaben Geld zur Nachbildung des Sarkophags, und Schinkel errichtete ein eindrucksvolles Denkmal auf dem Marktplatz.

Der nördliche Teil des Biosphärenreservates »Schorfheide-Chorin« liegt in der Uckermark zwischen Templin und Angermünde und besteht aus wertvollen Wäldern, vielen Seen sowie reichhaltiger Flora und Fauna. Die »eigentliche« Schorfheide ist seit Jahrhunderten außerdem begehrtes Jagdrevier. Zig Generationen der verschiedensten Wildarten wurden hier zum Abschuss freigegeben und endeten ihr kurzes Leben, um auf den Tafeln der Potentaten ganz unterschiedlicher Couleur sich im gesottenen und gebratenen Zustand wiederzufinden. Es waren hochwohlgeborene und emporgekommene Herrschaften, die sich hier austobten. Bei den Askaniern fing es an und setzte sich über die brandenburgischen Kurfürsten, preußischen Könige, deutschen Kaiser bis zu Emporkömmlingen, wie »Reichsjägermeister« Hermann Göring und Erich Honecker, fort. Göring ließ sich in der Schorfheide sein «Karinhall« bauen, und Honecker bewirtete seine Gäste opulent im Jagdschloss Hubertusstock am Werbellinsee, wo auch manche innerdeutsche Konferenz stattfand. Die Schorfheide ist fast 1 300 qkm groß und damit eines der größten zusammenhängenden Waldgebiete Europas. Und ist außerdem als Biosphärenreservat ausgewiesen. Das mag erklären, dass auch heute einige Gebiete nicht zugänglich sind. Jetzt sind es aber keine unsinnigen politischen Gründe, sondern dienen dem Schutz von Sumpfschildkröte, Libelle, wilden Orchideenarten und weiteren seltenen Tieren und Pflanzen.
Vielen Fremden ist nicht unbedingt geläufig, was diese Landschaft nordöstlich der Hauptstadt, der Barnim, eigentlich bedeutet. Das ist auch gar nicht so einfach: Einerseits ist es die Bezeichnung für einen in der Eiszeit entstandenen Höhenzug zwischen Schorfheide und Oder (»Barnimplatte«); zweitens erhielt der neuentstandene Landkreis (der 1994 aus den Kreisen Eberswalde und Bernau gebildet wurde) diesen Namen. Das Gebiet reicht von Joachimsthal über Bernau, Eberswalde bis Wandlitz und Werneuchen. Dass sich dieses Gebiet in den letzten knapp zwei Jahrzehnten wieder zu einem begehrten Reise- und Urlaubsziel gemausert hat, muss angesichts der abwechslungsreichen Landschaft nicht besonders hervorgehoben werden. Und außerdem gehörte das Gebiet schon bei unseren altvorderen Berlinern und Gästen zum begehrten »Frischluftreservoir« für die gestresste Hauptstadtseele. Angesichts der zahlreichen Seen mit entsprechenden Bademöglichkeiten (u.a. Wandlitz-, Werbellin-, Liepnitzsee) keineswegs verwunderlich. Die Folge waren entsprechend gute Verkehrsanbindungen, wovon man noch heute profitiert. Auch per Drahtesel kann man innerhalb einer Stunde den Großstadtlärm mit einer Parkbank in der schattigen Schorfheide eintauschen … wahrlich ein erstrebenswerter Anreiz.
Nicht nur der stille Naturbetrachter, sondern auch der Taucher, Motorbootfreak, Surfer oder Schwimmer darf in vollen Zügen genießen. Der Taucher, indem er sich »Wasseretagen tiefer« auf die Suche nach der sagenhaften Stadt Werbellow begeben kann; der Surfer, indem er auf den Ruhlsdorfer Kiesseen seinem Hobby frönt; die »Bootsleute«, die auf dem »Langen Trödel« auf die Laute der Natur intensiv hören können oder auf dem Finowkanal paddelnderweise »Kilometer schrubben« und die Schwimmer, die hier allüberall ein weites Betätigungsfeld vorfinden. Man kann auch noch was ganz anderes genießen, denn diese Landschaft ist – wie bereits erwähnt – äußerst abwechslungsreich: Dieses »andere« wäre z.B., dass man sich die »deutsche Wertarbeit« von Niederfinow anschaut; dann bekommt man zweifellos einen Heidenrespekt vor der Leistung der Ingenieure und Techniker, die ca. 17 000 t Stahl zusammenschraubten bzw. -nieteten und einen der größten und zuverlässigsten »Schifffahrstühle« der Welt schufen – das Schiffshebewerk Niederfinow (zur Zeit wird ein noch moderneres gebaut, was künftigen Anforderungen noch besser genügt).
Das *Amt Gerswalde* umfasst die Gemeinden Flieth-Stegelitz, Gerswalde, Milmersdorf, Mittenwalde und Temmen-Ringenwalde; hier leben rd. 5 600 Menschen. Das Amt liegt, umgeben von vielen Seen, eingebettet in einer hügeligen Landschaft, Die Region ist landwirtschaftlich geprägt, aber es gibt auch Handwerks- und mittelständische Betriebe. Der Tourismus spielt eine immer bedeutsamer werdende Rolle. An Sehenswürdigkeiten ragen heraus: der Gerswalder Marktplatz mit der Wehrkirche, die Ruine der Wasserburg Gerswalde sowie historische Gutshäuser und Kirchen in fast allen Orten des Amtes.
Prenzlau hat 21 000 Einwohner, liegt etwa 120 km nordöstlich von Berlin und erhielt bereits 1234 Stadtrecht. 1959 wurde die Stadt Kreis- und 1993 Landkreisstadt. Außerdem befindet sich hier der Bundeswehrstandort des ABC-Abwehrbataillons. *Angermünde* (ca. 16 000 Einwohner) war seit Gründung (um 1230) immer ein wichtiges regionales wirtschaftliches und kulturelles Zentrum; von 1817–1993 übernahm die Stadt darüber hinaus als Kreisstadt wichtige Funktionen für das ländlich geprägte Umland. 65% des Stadtgebietes liegen im Biosphärenreservat »Schorfheide-Chorin« bzw. im Nationalpark »Unteres Odertal«. 1992 wurde das Amt

Der Lange Trödel war Teil des Finowkanals und wurde nach dem Bau des Oder-Havel-Kanals zur 10 km langen Sackgasse, ein Eldorado für Wasserwanderer.

Von außergewöhnlichem kunsthistorischen Interesse ist der Figurenschmuck an den Portalen der Maria-Magdalenen-Kirche in Eberswalde.

Oder-Welse aus ursprünglich 19 Gemeinden gebildet. Heute gehören dazu: Berkholz-Meyenburg, Mark Landin (mit Grünow, Landin, Schönermark), Pinnow, Schöneberg (mit Felchow, Flemsdorf, Schöneberg) und Passow (mit Briest, Jamikow,Passow/Wendemark, Schönow). Rund 5 630 Einwohner leben auf 169 qkm zwischen dem Nationalpark «Unteres Odertal« und dem Biosphärenreservat «Schorfheide-Chorin«.
Es kommt den Initiatoren dieser Landschaft vor allem darauf an, einen »sanften und naturnahen Tourismus« zu haben.1999 wurde der »Naturpark Barnim« ins Leben gerufen und ergänzt seither somit das Biosphärenreservat »Schorfheide-Chorin« und den Regiopark »Barnimer Feldmark«. Der Naturpark tangiert die Gemeinde Wandlitz mit ihren neun Ortsteilen. Er ist ca. 750 qkm groß und ein gemeinsames Großschutzgebiet der Länder Brandenburg und Berlin. Egal, ob man sich dem »geologischen« Barnim von Süden durch das Berliner Urstromtal, von Osten durch den Oderbruch, von Norden durch das Eberswalder Urstromtal oder westlich von der Havelniederung her nähert: Er ist als herausragende Hochfläche sichtbar (mal mehr, mal etwas weniger). Charakteristisch für den Naturpark sind Seen, Sölle und Fließe, deren Entstehungsgeschichte sehr unterschiedlich ist. Eines aber ist gemeinsam: Ihre Existenz verdanken sie der Weichsel-Kaltzeit von vor etwa 18 000 Jahren.

Landkreis Barnim

Der Barnim – ein Name, eine Landschaft, ein Landkreis. Eigentlich ist der Barnim ein Höhenrücken zwischen dem Eberswalder und dem Berliner Urstromtal. Der Name geht auf den Slawenfürsten Barnim zurück, der 1232 zum ersten Mal in einer Urkunde als »nova terra nostra Barnem« erwähnt wurde. Die kontrastreiche Landschaft ist von der Eiszeit geprägt.

Viele klare Seen, weite Wälder und Felder und eine bemerkenswerte Artenvielfalt von Flora und Fauna sorgen für unvergessliche Naturerlebnisse. Große Gebiete stehen unter Naturschutz, allen voran das UNESCO-Biosphärenreservat Schorfheide-Chorin.

Die letzten Jahre hat der junge Landkreis gut genutzt. Heute leben hier etwas mehr als 177 000 Einwohner (Stand: 31.12.2006). Nordöstlich von Berlin gelegen, umfasst er eine Fläche von ca. 1 494 Quadratkilometern. Zum Landkreis gehören die Städte Eberswalde (Kreisstadt), Bernau, Werneuchen, die Gemeinden Ahrensfelde, Panketal, Schorfheide, Wandlitz und die Ämter Biesenthal-Barnim, Britz-Chorin, Joachimsthal und Oderberg.

Die Barnimer – egal, ob alteingesessen oder neu hinzugezogen – haben sich auf hiesige Traditionen besonnen bzw. gestützt und gleichzeitig in die Zukunft geblickt.

In den letzten Jahren ist viel entstanden: Historische Bauten wurden restauriert, es entstanden neue Wohnungen, moderne Schulen und innovative Gewerbebetriebe. Kliniken und Forschungsinstitute genießen anerkannten internationalen Ruf. In Wirtschaft und Wissenschaften erreichen zahlreiche Barnimer Einrichtungen Spitzenreiterpositionen.

Für die Zukunft jedenfalls ist der Landkreis bestens gerüstet: Die Infrastruktur stimmt und leben, lernen und arbeiten kann man hier hervorragend. Investoren finden großzügige Gewerbeparks und Ansiedlungsflächen. Zukunftsweisend sind die Kompetenz-Schwerpunkte Tourismus, Gesundheit, Energie und Metall.

Traditionell ist der Barnim eine Einwanderregion. Die Neuansiedlung wurde nach Kräften gefördert, in Glaubensfragen wurde Toleranz garantiert, das neu erworbene Land vererbbarer Besitz, Steuern und Abgaben bewusst niedrig angesetzt.

Die Wirtschaftsförderung von heute knüpft an alte Traditionen an. Die EU-Erweiterung rückt den Barnim ins Rampenlicht. Mit seinen ausgezeichneten Verkehrsanbindungen ergreift der Landkreis an der Grenze zum EU-Land Polen jetzt seine Chance, Brücke zwischen Berlin und Nord-, Nordost- und Osteuropa zu sein. Natürlich spielt hier die Berlinnähe eine wichtige Rolle. Viele wirtschaftliche Funktionen der Hauptstadt liegen im Barnim, der im Nordosten unmittelbar an das Stadtgebiet Berlins grenzt. Die Oder-Havel-Wasserstraße verbindet hier Berlin mit der Oder und der Ostsee. Der Ausbau der Wasserstraße und der Bau des modernsten Schiffshebewerkes in Europa laufen seit 2006 auf vollen Touren.

Der Barnim hat auch als Erholungsgebiet Tradition. Eberswalde war einmal eine Kur- und Bäderstadt, die Schorfheide diente als Jagdrevier der Herrschenden in vielen Zeiten. Die Seen und Wälder wurden Berlins bevorzugtes Ausflugs- und Naherholungsgebiet.

Das ist bis heute so geblieben. Mehr als 1 Million Besucher jährlich verzeichnet allein das Biosphärenreservat Schorfheide-Chorin.

Im Barnim lebt es sich gut. So behutsam die Leute hier mit der Natur umgehen, so besonnen haben sie die Schönheiten ihrer Orte wieder gefunden. In idyllischen Dörfern gibt es noch Feldsteinkirchen und Dorfanger. Die Häuser ringsum bieten jetzt hinter renovierten Fassaden modernen Wohnkomfort. Auf Neuansiedler warten aufgeschlossene Nachbarn und eine moderne Infrastruktur: Kinderspielplätze und Parkanlagen, Geschäfte und Einkaufszentren, Bäder, Kindergärten und Schulen, Arztpraxen und Kliniken, Seniorenheime und ein funktionierender Nahverkehr. Eine Fachhoschule, mehrere Institute, Gymnasien, Schulen, Bibliotheken und das Wald-Solar-Heim beweisen, dass Bildung im Barnim hoch im Kurs steht. Auch die Kultur gedeiht hier. Viele Künstler haben sich niedergelassen.

Das Nonnenfließ im Barnim

Kirche in Birkholz

Zahlreiche kulturelle Höhepunkte, wie z.B. der Choriner Musiksommer, die Bernauer Hussitenfestspiele, das Eberswalder Finowkanalfest, das Wandlitzer Museumsfest, der Internationale Tag der Artisten, das Finowfurter Flößerfest, das Festival Alte Musik in Bernau und viele mehr laden in den Landkreis ein und bieten hochkarätigen Kunstgenuss.
Mit dem Engagement auf vier verschiedenen Kompetenzfeldern – Metall- und Anlagenbau/Automobilzulieferungsindustrie, Gesundheitswirtschaft, erneuerbare Energien und Tourismus – sind die Weichen für die Zukunft gestellt. Naturnähe und Aktivität in herrlicher Landschaft sind Trumpfkarten im Tourismus. Daneben profiliert sich der Landkreis als Gesundheitsregion. Netzwerkarbeit stärkt die Kernkompetenz im Bereich erneuerbare Energien und mit dem Netzwerk Metall, das an alte Wirtschaftstraditionen anknüpft, liegt die Metall verarbeitende Industrie der Region im Aufwind.
»barum-energie« ist beispielsweise eine Initiative des Landkreises Barnim und seines Nachbarkreises Uckermark, die sich mit den verschiedenen Aspekten des Energieverbrauchs und der Energiebereitstellung mit den Prämissen befasst, einen innovativen, umweltfreundlichen und wirtschaftlich tragfähigen Umgang mit Energie in beiden Landkreisen fortzuschreiben. Schwerpunkte sind die Beteiligung aller Akteure, Energieerzeuger und Energieverbraucher, um einen überzeugenden und für alle tragfähigen und damit nachhaltigen Umgang mit Energie zu unterstützen.
Ausgangspunkt für diese Initiative ist die herausragende Position beider Landkreise bei der Energiebereitstellung im Kraftstoffbereich, der Nutzung von Biomasse als Energieträger, dem weit vorangeschrittenen Ausbau von Windkraftanlagen, der beispielhaften Solarnutzung, der Zahl erfolgreicher Technikunternehmen und

Innenhof des Paul-Wunderlich-Hauses in Eberswalde

zahlreicher weiterer Akteure, die schon jetzt die Region in eine führende Position im Bereich der Energieerzeugung gebracht haben und damit auch zahlreiche Arbeitsplätze schaffen.

Weit über die Landkreisgrenzen hinaus ist inzwischen das Paul-Wunderlich-Haus bekannt, Deutschlands derzeit modernstes Dienstleistungs- und Verwaltungszentrum, das am 1. Juli 2007 durch die Bundeskanzlerin Angela Merkel eröffnet wurde. Nach zweijähriger Bauzeit ist ein hochmodernes Gebäude entstanden, das Maßstäbe in Nachhaltigkeit, Ästhetik und umweltbewusster Planung setzt. Eine außergewöhnliche Energieeffizienz und die Einbeziehung der Kunstwerke des internationalen Künstlers Paul Wunderlich zeichnen den einzigartigen Bau aus, in dem die transparente Verwaltung eine neue Dimension von Bürgernähe praktiziert.

Die hier konzipierte Verbindung von Verwaltungsdienstleistungen und Kunstpräsentation – eine Dauerausstellung auf 3 Etagen – ist in dieser Form bisher einmalig in Deutschland und wird nicht nur die Barnimer begeistern, sondern zum kulturellen und touristischen Anziehungspunkt weit über die Landkreisgrenzen hinaus werden.

Und mit der Entscheidung des Landkreises, den Bau ins Zentrum der Stadt Eberswalde zu platzieren, wird hier eine neue lebendige Mitte erreicht, mit kurzen Wegen für die Bürger und einem Dienstleistungs- und Verwaltungsgebäude, in dem auch genügend Platz für Geschäfte und Läden bleibt.

Der Gebäudekomplex hat deutschlandweit auch Aufmerksamkeit erregt, vor allem wegen seines wegweisenden gebäudetechnischen Konzeptes, das mit einem Drittel des bisherigen Energieaufwandes langfristig viel Geld und Ressourcen sparen wird. Herzlich willkommen im Barnim.

Stadt Bernau

Bernau verfügt heute über 36 100 Einwohner, liegt im Landkreis Barnim und nennt die Ortsteile Birkholz, Birkholzaue, Börnicke, Ladeburg, Lobetal, Schönow und Waldsiedlung sein eigen. Verkehrsmäßig liegt die Stadt günstig: A 10 (Berliner Ring), A 11 (Prenzlau) mit den Abfahrten Bernau-Süd und Bernau-Nord, B 2 (Berlin–Stettin); Fernbahnstrecke Berlin–Stralsund, S-Bahn (Linie 2: Berlin–Lichtenrade–Blankenfelde), Regionalbahn RB 60 (Berlin–Lichtenberg–Frankfurt/O.) und Regionalexpress RE 3 (Dessau–Berlin–Stralsund). Die Stadt liegt auf der Ostbrandenburgischen Platte, einer durch Inlandsvereisungen während der Eiszeit geprägten Großlandschaft mit kuppigen Grundmoränenplatten, Gletscherzungenbecken mit flachen Seen, hügeligen Endmoränenzügen, Kies- und Sandflächen sowie mit breiten Urstromtälern. Die Stadt ist aufgrund ihrer verkehrsgünstigen Lage ein idealer Ausgangspunkt für Wanderungen.

Anfang des 13. Jahrhunderts wurde inmitten des Barnims, nordöstlich der heutigen Hauptstadt, am Ufer der Panke und am Rande eines Sumpfes diese Stadt gegründet. Die genauen Umstände dazu liegen zwar im Dunkeln, da die betreffenden Urkunden bei großen Stadtbränden (1406, 1484) vernichtet wurden, aber gerne glaubt man der Sage, dass sich der Askanier Albrecht »der Bär« um 1140 bei der Jagd verirrt habe und in einem Gasthaus, dem Hungertod nahe, eine opulente Mahlzeit erhielt und dazu noch einen Krug einheimischen Bieres, was ihn wieder vollends »auf die Beine« brachte. Aus Dankbarkeit soll er hier Bernau gegründet haben. Wer's glaubt?

Auf alle Fälle glaubhafter ist die Tatsache, dass hier bereits vor ca. 8000 Jahren Menschen gesiedelt haben; das haben archäologische Funde längst bestätigt, Im Mittelalter jedenfalls war die Stadt ihres Bieres und der Tuche wegen über die Grenzen der Mark bekannt und erlangte Größe, Bedeutung und Reichtum. Über 30 000 Tonnen Bier wurden noch im 17. Jahrhundert p.a. ausgeführt. Das hiesige Bier galt als das beste weit und breit und wurde wegen seines Wohlgeschmacks und seiner langen Haltbarkeit weithin exportiert. Als Qualitätssiegel für das dunkelbraune Bier galt das verwendete Quellwasser der Panke. Da es in dieser Zeit noch keinerlei Kanalisation gab, zog von Zeit zu Zeit der Stadtdiener mit Glocke durch den Ort und verkündete allen Einwohnern lautstark: »Es wird hiermit bekannt gemacht, dass niemand in die Panke macht, denn morgen wird gebraut!« Offensichtlich hat sich jeder daran gehalten – wenigstens damals. Noch Mitte des 18. Jahrhunderts lobte Stadtchronist Tobias Seiler: »So ist es doch ein guter, wohl geschmackter und gesunder Trunck, der den Leib erwärmet, den Blasenstein vertreibt und der Gesundheit zum Besten, nicht so leichtlich eine Verstopfung des Leibes einreißen läßt« (nach Thomas Fülling).

Auch die starken Stadtmauern, die so manchem Angreifer trotzten, das Steintor, der Pulverturm und die Marienkirche zeugen von einer großen Blütezeit der Stadt vor dem 30-jährigen Krieg. Hatte man mit den Raubrittern derer von Quitzow wenig Federlesen gemacht, so war die Angelegenheit mit den Hussiten schon weitaus gefährlicher. Vom 23.–27. April 1432 lagerte eine Horde böhmischer Krieger vor den Toren Bernaus und wollte sie einnehmen. Diese Soldateska nannte sich nach dem Feuertod des böhmischen Reformators und Papstkritikers Jan Hus »Hussiten«. Die wollten in Bernau ihre Nahrungsbestände tüchtig auffüllen und sollen einiges Ungemach angerichtet haben; so brannte die Kapelle des Sankt-Georgen-Hospitals und anderes nieder. Natürlich haben sich im Laufe der Zeit Legenden auch um dieses Ereignis gerankt. So sollen die Hussiten bei ihrem Versuch, die Stadt einzunehmen, auf erbitterte Gegenwehr der Bürger gestoßen sein: Nach dem Genuss etlicher Fässer des süffigen Bernauer Gebräus und von der Stadtmauer herabgegossenen heißen Maischebreis sollen sie die Eindringlinge mannhaft abgewehrt haben – ob's stimmt? Jedenfalls hält sich noch heute jeder traditionsbewusste Bernauer einiges an Mut und Tapferkeit zugute, und schon Erstklässler sollen den markigen Spruch fließend beherrschen, der da heißt: »Bernauisch Bier und heißer Brei macht die Mark hussitenfrei!« (Quelle: Thomas Fülling). Seit 1992 wird wieder am 2. Juniwochenende das Hussitenfest durchgeführt, was jedesmal eine Menge Leute anlockt, Spaß macht und beliebt bei Alt und Jung ist. Hier wäre noch zu erwähnen, dass auch zu DDR-Zeiten ein Fest stattfand; allerdings trug es den unverfänglichen Namen »Parkfest« – dem sozialistischen Bruderstaat CSSR gegenüber wagte man es nicht, heißen Maischebrei auf die Köpfe ihrer einstigen böhmischen Landsleute zu kippen.

Seit 2002/03 hat die Stadt durch die Gebietsreform 4 neue Ortsteile dazugewonnen: *Börnicke* (ehemaliges Rittergut), *Ladeburg* (Hochburg des Pferdesports), *Lobetal* (Heimstätte eines Teils der Hoffnungstaler Anstalten) und *Schönow* bieten mit ihren Dorfkernen und den geschichtsträchtigen Kirchen viel Sehenswertes.

Neu und Alt: Hinter einem modernen Museumsbau überragt der alte Pulverturm (erbaut im 14. Jh.) den Festplatz des Hussitenfestes in Bernau bei Berlin.

Hussitenfest
Wolf Kahlen Museum

Stadt Eberswalde

Anziehungskraft übt Eberswalde, gelegen in der abwechslungsreichen Landschaft zwischen Oder und Havel, schon seit sehr langer Zeit aus. Die Bedeutung als Industriestadt reicht bis 1532 zurück, als die beiden ersten Kupferhämmer ihren Betrieb aufnahmen. Als Wiege der brandenburgisch-preußischen Industrie und als Stadt der über 175-jährigen forstlichen Lehre und Forschung steht heute die nachhaltige Stadt- und Regionalentwicklung im Mittelpunkt.
Im Landkreis Barnim ist Eberswalde ein starker Standort der Metall-, Verwaltungs- und Gesundheitsbranche. Eine Wirtschafts- und Tourismusentwicklungsgesellschaft ist Koordinatorin und Ansprechpartnerin für Investoren aus dem In- und Ausland. Die »Eckpfeiler« sind Wirtschaft, Wissenschaft, Wohnen, Kultur, Tourismus und viel bürgerliches Engagement, was die Stadt prägt. Auch Spektakuläres gibt es zu berichten: Gustav Louis Zietemann erwirkte 1832, sich als Konditor niederzulassen. Mit einem neuen Gebäck überraschte er die Bürger: Der berühmte »Eberswalder Spritzkuchen« eroberte von hier aus die Welt der Kuchenesser.
Umrahmt von einmaliger Landschaft hat sich Eberswalde, das 2004 sein 750. Jubiläum beging, zu einem bedeutenden Standort für Verwaltungen, Dienstleistungen, Technologie und Innovation entwickelt. Das Zentrum, neue Wohn- und Geschäftshäuser sowie -straßen und die Fachhochschule mit ihrer überregional anerkannten Bibliothek, geplant durch das weltbekannte Baseler Architektenbüro Herzog & de Meuron, prägen das Stadtbild unnachahmlich. Wichtige Denkmale wurden fachkundig und liebevoll restauriert. Es ist eine Einheit von moderner Architektur, behutsam restaurierten Altbauten oder historisch angepassten Neubauten erreicht worden; Parkanlagen, Grünflächen und verkehrsberuhigte Zonen tun ein Übriges in positiver und umweltfreundlicher Hinsicht und erhöhen den Wohnwert gleichermaßen.
Die Adler-Apotheke ist ein Schmuckstück sondergleichen. Es ist das älteste Fachwerkgebäude Eberswaldes und eines der ältesten in Brandenburg überhaupt (nach einem Brand 1663 auf Grundmauern des mittelalterlichen Vorgängerbaus errichtet). In diesem Ambiente präsentiert das als Museum gestaltete Gemäuer in wertvollen Sammlungen die Geschichte des Hauses und seiner ehemaligen Apothekennutzung. Zudem wird in wechselnden Ausstellungen Wichtiges aus der Stadt- und Regionalgeschichte gezeigt. Absoluter Clou ist die Präsentation einer Nachbildung des bedeutenden »Eberswalder Goldfundes«, dessen Original sich im Moskauer Puschkinmuseum befindet: Er wurde 1913 bei Ausschachtungsarbeiten in der Messingwerksiedlung gefunden und gilt als der bedeutendste Goldschatz der jüngeren Bronzezeit (ca. 9. Jh. v.Chr.).
Wenn schon vorher die Rede von Spektakulärem war, so gehört unbedingt die Geschichte des O-Bus-Verkehrs (Oberleitungsbus) dazu. Schon 1901 wurde eine solche »gleislose Bahn« installiert, die aber an etlichen technisch noch nicht ausgereiften Details scheiterte. Deshalb verkehrte – wie in den meisten deutschen Städten – die Straßenbahn. Die aber wurde hier 1940, genau nach drei Jahrzehnten, außer Dienst gestellt und durch einen der Zeit entsprechenden O-Bus-Betrieb ersetzt. Und dieser besteht bis heute; umfängliche Modernisierungsarbeiten der Barnimer Busgesellschaft sicherten die Zukunft des ältesten deutschen O-Bus-Betriebes. Die liebevolle Pflege des Erbes schlägt sich auch hier nieder: Historisch wertvolle O-Busse werden restauriert und technisch »auf Vordermann« gebracht, damit sie zu besonders festlichen Anlässen stadtbildlich sichtbar werden. Eine lange Geschichte hat die Stadt. Als erstes fallen beim Stadtrundgang Kirchen und Rathaus ins Auge: Das »Neue Rathaus«, 1905 nach Plänen der Berliner Architekten Köhler und Kranz erbaut, weist mit seiner aufwendigen Gestaltung, seinem eindrucksvollen Foyer und seinen Wandmalereien auf einen renaissanceartigen Stil hin. Sehr schön sind auch die Natursteinsäulen mit ihren figürlich dekorierten Kapitellen und der sich im Souterrain befindliche Ratskeller mit den Kreuzgratgewölben. Das »Alte Rathaus«, 1775 als Wohnhaus des Tuchfabrikanten Heller im Barockstil erbaut, wird seit 1825 als Rathaus genutzt: Über dem Haupteingang befindet sich das Stadtwappen (1866 vom Potsdamer Künstler Koch angefertigt).
Auch die Eberswalder Kirchen wirken eindrucksvoll: Die Katholische Pfarrkirche »St. Peter und Paul« (nach Entwurf des Kölner Dombaumeisters Vincenz Statz im neugotischen Stil aus märkisch-rotem Backstein errichtet) wurde in den 60/70er Jahren des 20. Jh. grundlegend renoviert. Bemerkenswert sind außerdem Eingangstür, Altar, Leuchter und Taufbecken des Biesenthaler Künstlers Friedrich Schötschel. Die Maria-Magdalenen-Kirche (13. Jahrhundert) mit der Barbaraglocke gehört zu den bedeutendsten hochgotischen Stadtpfarrkirchen Brandenburgs. Außergewöhnlich kunsthistorisch interessant – die Portale, West-, Nord- und Südseite mit Figurenschmuck aus der Entstehungszeit der Kirche. Erwähnenswert ist auch das Bronzetaufbecken (13. Jahrhundert), der Spätrenaissancealtar sowie der mittelalterliche Glockenstuhl. Bei einem Turmaufstieg ermöglichen vier Aussichtsbalkone in über 20 m Höhe einen herrlichen Rundblick auf die Waldstadt.
Die St. Georgs-Kapelle (Ersterwähnung 1359) ist das einzige Zeugnis zweier mittelalterlicher Hospitäler, weit von der einstigen Stadtmauer entfernt.

Blick von der Maria-Magdalenen-Kirche

Seit 1973 dient dieser gotische Backsteinbau als Konzerthalle für Kammermusik und Liederabende. In einem wunderschönen Trauzimmer in der rekonstruierten Märchenvilla gibt es dementsprechende »Traumhochzeiten«. Die Goethetreppe in Verlängerung der Goethestraße ist eine direkte Verbindung zwischen der Anhöhe »Drachenkopf« und dem Stadtwald mit der historischen Altstadt und dem Campus der Fachhochschule. Die Anhöhe ermöglicht einen lohnenden Blick auf die Stadt und das Urstromtal. Die schön gestaltete Parkanlage »Am Weidendamm« am Flüsschen Schwärze lädt mit der Bronzeplastik »Der Löwe und die Maus« von Peter Fritzsche, der »Amazone« von Franz von Stuck und der Plastik »Raubvogel« von Paul Wunderlich zu jeder Jahreszeit zum Flanieren und Verweilen ein.
Der Forstbotanische Garten wurde 1830 von F.W.L. Pfeil angelegt und gehört zu den ältesten Anlagen unseres Kontinents: Dieser Garten wird als Arboretum geführt und beherbergt mit über 1 200 Gehölz- und 600 Krautpflanzarten eine bemerkenswert vielfältige Sammlung einheimischer und fremdländischer Gehölze und Pflanzen. Sonderanlagen, wie der Kräutergarten, das Afrikanum oder das Alpinum lassen jeden Besuch zu einem bleibenden Naturerlebnis werden.
Eines der besonderen Orte der Stadt ist die »Messingwerksiedlung«: Sie zeigt anschaulich die Entwicklung eines Metall verarbeitenden Betriebes und seiner Menschen in ihrer Wohn- und Arbeitswelt vom 18. Jahrhundert bis in die Gegenwart. Das Wahrzeichen der Messingwerksiedlung und des gesamten Finowtales ist der gerade sanierte Wasserturm, der zum Hauptwerk Paul Mebes gehört und bald zu einem Turmaufstieg einlädt. 1931 entstanden in der Siedlung unter dem Einfluss von Walter Gropius zahlreiche Musterhäuser aus Kupferplatten. Der Finowkanal, die älteste noch befahrbare künstliche Wasserstraße Europas, durchzieht still das Finowtal. Vor über 400 Jahren wurde der Kanal gebaut, und mehr als anderthalb Jahrhunderte war er eine der wichtigsten deutschen Wasserstraßen und trug dadurch wesentlich zur industriellen Entwicklung in und um Eberswalde bei. Mittels Staken, Segeln, Treideln mit Menschen- und Pferdekraft, später mit Dampfkraft, wurden die

Die Eberswalder Stadtschleuse

Schiffe bewegt. Mit der Inbetriebnahme der Oder-Havel-Wasserstraße 1914 verlor der Kanal an Bedeutung; der Schiffsverkehr kam zum Erliegen – eine Ära ging zu Ende. An den Ufern indes entwickelte sich eine zauberhafte Landschaft: Seltene Pflanzen und Tiere (Rohrweihe, Eisvogel, Biber, Fischotter) kann man häufig beobachten. Wer sich für Technik interessiert, achte auf für die Zeit ihrer Entstehung imposante wasserbauliche Anlagen (12 Schleusen und Wehre, darunter die Eberswalder Stadtschleuse von 1831). Als der »Hohenzollernkanal« (Oder-Havel-Wasserstraße) 1914 seinen Betrieb aufnahm, entstanden verschiedene wasserbauliche Anlagen, die zu den internationalen Spitzenleistungen zählten. Dazu gehörte die Überführung des Kanals über die Eisenbahnlinie Berlin–Stettin und der Ragöser Damm (lange das größte Bauwerk dieser Art auf der Welt). Ganz in der Nähe von Eberswalde erfreuen das Kloster Chorin, das Schiffshebewerk Niederfinow und das Biospährenreservat Schorfheide-Chorin ihre vielen Besucher.
Abenteuer und Natur für Jung und Alt ist der »beste kleine Zoo Deutschlands«, der Zoologische Garten Eberswalde. Er liegt inmitten einer herrlichen Mischwaldlandschaft, bietet ideale Erholungs- und Bildungsmöglichkeiten und beherbergt auf 13 ha etwa 1400 Tiere aus fünf Kontinenten. Auch der »Familiengarten« entlang des Finowkanals erfreut sich größten Zuspruchs und erweist sich dank vieler Attraktionen als echter Besuchermagnet. Das Freizeitbad »baff« verfügt sowohl über Sportbecken wie auch Gegenstrombecken. Whirlpools, Spaßbecken sowie Riesenrutsche bieten Badespaß für die gesamte Familie und eine luftfahrthistorische Sammlung auf dem Flugplatz Eberswalde-Finow beinhaltet eine umfassende Darstellung der traditionsreichen Brandenburger Luftfahrtgeschichte und ist die größte Ausstellung ihrer Art im Land Brandenburg.
Eberswalde ist geprägt von einer langen industriellen Tradition. Schon im ausgehenden Mittelalter waren die Kupferhämmer am Finowkanal tätig. In jüngerer Zeit standen die Ardeltwerke (Kranbau Eberswalde), das Walzwerk und vieles andere für die industrielle Bedeutung der Stadt. Aus dieser reichen Tradition kann man

Der Eberswalder Marktplatz

noch heute schöpfen; begünstigt durch die hervorragende Verkehrslage (A 11, B 2 und B 167, Eisenbahn Berlin–Stettin und Stralsund, Oder-Havel-Kanal, Regionalflughafen Eberswalde–Finow). Dadurch haben sich sowohl alte Standorte wie Kranbau, Walzwerk, Rohrleitungs- und Apparatebau erhalten und weiterentwickelt oder es konnten neue Standorte geschaffen werden (z.B. Binnenhafen, Technologie- und Gewerbepark). Hinzu kommt ein neues Wohnbewusstsein, viele Einkaufsmöglichkeiten, Spielplätze, Restaurants, Sport- und Freizeiteinrichtungen – sie alle sorgen für Wohn- und Lebensqualität. Jedes Stadtviertel ist mit der Innenstadt und untereinander im 10-Minuten-Takt mit dem O-Bus erreichbar.
Alle Stadtteile haben ein unverwechselbares Gesicht; einerseits städtisches Flair und historischer Charme der Altstadt, andererseits beinahe dörflichen Charakter oder naturnahes Ambiente in den Siedlungen. Hierfür wird alles getan und findet z.B. seinen Niederschlag im Herzen der Stadt, dem Pavillonplatz. Die realisierte Neubebauung des Areals mit einem repräsentativen Gebäudekomplex ist ein wichtiger Beitrag zur Vervollständigung des historischen Altstadtgrundrisses und zur Revitalisierung des Zentrums um Marktplatz und Rathaus. Zu diesem ehrgeizigen Vorhaben gehörte es auch, in dem neuen Ensemble den Kreishausneubau nicht nur als nüchternes Verwaltungs- und Sitzungsgebäude zu gestalten, sondern ihm vielmehr im Inneren und vom Äußeren her eher einen beschwingten, heiteren Rahmen zu verleihen. Es erhielt nicht nur den Namen des hier geborenen Künstlers Paul Wunderlich, sondern beherbergt auch eine umfangreiche Sammlung seiner Werke, des 80-Jährigen, der zu den prägendsten deutschsprachigen Künstlern des 20. Jahrhunderts und zu den herausragendsten Vertretern des phantastischen Realismus zu zählen ist. Erholung und Entspannung inmitten einer malerischen Landschaft – dazu gehört neben entsprechenden Übernachtungsmöglichkeiten auch ein abwechslungsreiches Angebot an kulinarischen Leckereien. Gepflegte Gastlichkeit wird hierzulande ganz groß geschrieben. Und wie heißt es doch so schön: »Nicht an ihren Worten, an ihren Taten sollt ihr sie erkennen!« – Für die Eberswalder jedenfalls trifft das voll zu.

Der Werbellinsee zählt zu den schönsten und mit seiner Fläche von 7,65 qkm auch zu den größten Gewässern in der Schorfheide. Er kann in Ufernähe umwandert werden.

Gemeinde Schorfheide

Am 26.10.2003 entstand die neue Gemeinde Schorfheide, bestehend aus den Ortsteilen Altenhof, Böhmerheide, Eichhorst, Finowfurt, Groß Schönebeck, Klandorf, Lichterfelde, Schluft und Werbellin. So unterschiedlich wie das Alter der Orte, so unterschiedlich erscheint auch die Geschichte. Bei näherer Betrachtung stellt man fest, wie viele Gemeinsamkeiten es doch zwischen den einzelnen Orten gibt. So wurden z.B. Werbellin, Rosenbeck und Schluft auf Befehl Friedrich II. gegründet. Auf dem 237 qkm großen Territorium der Gemeinde leben in neun Ortsteilen insgesamt 10 401 Einwohner.
Größter Ortsteil und Amtssitz ist *Finowfurt.* Durch die direkte Anbindung an die A 11 und die Lage an den Bundesstraßen 167 und 198 sind sehr günstige Verkehrs- und Transportbedingungen vorhanden. Ein attraktives Gewerbegebiet sowie ein Fachmarktzentrum, mehrere neu entstandene Wohnsiedlungsgebiete, schöne Eigenheime und ein neu gestalteter Ortskern prägen das Bild dieses Ortsteiles. Der Weiße See, im Ortsteil *Böhmerheide* gelegen, mit seiner reizvollen Umgebung ist bei Touristen sehr beliebt und dient vielen Großstädtern als Naherholungsgebiet. *Groß Schönebeck* wird auch als Tor zur Schorfheide bezeichnet. Im Jagdschloss können Besucher der Ausstellung »Zwischen Boxring und Hochsitz« mehr über das Leben des Profiboxers und Naturburschen Max Schmeling erfahren. Ein Besuchermagnet ist der Wildpark Schorfheide; er beherbergt Großwildtiere und ursprüngliche Haustiere. Die »Heidekrautbahn« verbindet den Ortsteil *Klandorf* mit Berlin. Im direkt angrenzenden Wald sind ausgedehnte Spaziergänge und Fahrradtouren bei jedermann beliebt. *Altenhof* liegt unmittelbar am Werbellinsee. Zahlreiche Gaststätten, Anlegestellen, Boots- und Fahrradverleihe sowie die Uferpromenade und die Badewiese stehen allen Gästen zur Verfügung. *Werbellin* ist direkt an der A 11 gelegen; eine kleine Autobahnkirche lädt zum Verweilen ein. Dieser Ortsteil bietet neben Waldreichtum auch weite Felder und Wiesen. *Schluft* ist inmitten der Schorfheide ein ruhiger Ort, der zu jeder Jahreszeit Natur pur bietet.

Das Jagdschloss Groß Schönebeck ließ der Kurfürst Wilhelm um 1680 errichten. Es diente als Residenz der königlichen Herrschaften und deren Jagdgäste.

Der Kleine Glasow See zieht viele Badegäste und Petrijünger an. Durch die Nähe zur Kreisstadt, landschaftlich reizvolle Lage und die Entstehung einer ansprechenden Wohnsiedlung hat sich *Lichterfelde* zu einem begehrten Wohnort gemausert. Auch ein Teil des Technologie- und Gewerbeparks Eberswalde, welcher zur Gemeinde Schorfheide gehört, befindet sich in diesem Ortsteil. *Eichhorst* am Rande der Schorfheide und des Werbellinsees bietet besonders naturverbundenen Besuchern zu jeder Jahreszeit viele Möglichkeiten der Erholung. Zuspruch finden auch die alljährlichen Veranstaltungen der Kanuten und Segler am und auf dem Werbellinsee. Das Einzugsgebiet von Schorfheide erfasst einen Radius von ca. 40 Kilometern mit 160 000 Einwohnern. Die Region beheimatet zahlreiche Unternehmen und mittelständische Betriebe. Neben der traditionellen Land- und Forstwirtschaft, Fischerei und Stahlbau existieren Verarbeitungsbetriebe der Lebensmittelindustrie und viele kleinere Unternehmen der verschiedenen Branchen. Die weitere Gestaltung wird geprägt sein vom Ausbau des Oder-Havel- und des Finowkanals. Bedeutend ist auch der Bau der neuen B 167 und die weitere Entwicklung des Flugplatzes. Die Gemeinde hat viel getan, um die Neubürgerfamilien erfolgreich zu integrieren. Dazu ist unabdingbar, dass entsprechende Kinder- und Schuleinrichtungen existieren, neu geschaffen und weiter ausgebaut werden. In der Gemeinde gibt es sechs Kindertagesstätten, in Finowfurt seit dem Schuljahr 2005/2006 eine Oberschule mit Grundschulteil, die den Titel »Schule ohne Rassismus-Schule mit Courage« trägt. Aufgabe und Zweck der Bildungseinrichtung Buckow e.V. ist die berufliche Ausbildung sowie sozialpädagogische und wirtschaftliche Betreuung Jugendlicher, insbesondere die Förderung der Aus-, Fort- und Weiterbildung junger Menschen, die auf dem Arbeitsmarkt im Besonderen benachteiligt sind. In Lichterfelde und Groß Schönebeck existieren Grundschulen. Ebenfalls sind entsprechende Jugend- bzw. Senioreneinrichtungen vorhanden; zwei evangelische Kirchen übernehmen die geistliche Betreuung der Menschen hier vor Ort.

Amt Britz-Chorin

Das Amt Britz-Chorin wurde 1992 aus den damals zehn selbständigen Gemeinden gebildet, von denen sich 1998 fünf Orte zur größeren Gemeinde Chorin innerhalb des Amtes Britz-Chorin zusammengeschlossen haben. Zum 31.12.01 kamen die Gemeinden Brodowin und Serwest hinzu. Diese nunmehr vier amtsangehörigen Gemeinden (Britz, Chorin, Niederfinow, Hohenfinow) mit ca. 6 300 Einwohnern sind eingebettet in das landschaftlich reizvolle Biosphärenreservat »Schorfheide-Chorin« nordöstlich Berlins und eine knappe Autostunde entfernt von der Hauptstadt. Durchquert von der A 11, den B 2 und 167 sowie den Bundeswasserstraßen Oder-Havel- und Finowkanal ist das Amtsgebiet hervorragend eingebunden in das Verkehrsnetz des erweiterten Verflechtungsraumes von Berlin und in das überörtliche Straßennetz der benachbarten Zentren. Vier Bahnhöfe, davon zwei an der Hauptstrecke Berlin–Stralsund, sichern die Anbindung an das regionale und überregionale Netz der Deutschen Bahn. Vom Amtssitz in der Gemeinde Britz sind es auf allen Wegen etwa 70 km bis ins Berliner Zentrum und etwa 80 km nach Stettin. Die beiden außergewöhnlichen Sehenswürdigkeiten des Amtes sind das Schiffshebewerk Niederfinow und das Kloster Chorin.
Der Name *Britz* ist slawischen Ursprungs und bedeutet »Platz oder Ort, wo Birken stehen«. Die erste urkundliche Erwähnung findet sich in einer Grenzbeschreibungsurkunde des Klosters Mariensee anno 1258. 1277 schenkten die Markgrafen Johannes II., Otto IV. und Konrad das Dorf dem Kloster Chorin. 1876 siedelten sich Neubürger an der Eberswalder Straße am Bahnübergang an – die Keimzelle der späteren »Kolonie Britz«. Seit 1875 hatte der Ort eine offizielle Haltestelle der Berlin–Stettiner Eisenbahn; vordem war der Haltepunkt für den Kaiser ausschließlich da, wenn er zur Jagd in die Schorfheide reiste. 1977 entstand das »Volkseigene Schlacht- und Verarbeitungskombinat Eberswalde« mit Sitz in Britz. Nach der Privatisierung 1991 ist dieser Fleisch verarbeitende Betrieb mit 350 Arbeitsplätzen einer der größten im Landkreis Barnim. Bis 1952 gehörte Britz zum Kreis Angermünde, danach zum Kreis Eberswalde und seit 1993 zum Landkreis Barnim. Die Gemeinde Britz verfügt über ein beachtliches Potenzial an Handwerk, Gewerbe, Industrie und ist Sitz der Amtsverwaltung. Die Gemeinde *Chorin* besteht aus insgesamt sieben Ortsteilen. Der Ortsteil *Chorin* liegt in reizvoller Lage am Endmoränenbogen, umgeben von Wäldern und Seen. Von 1677 bis 1934 hieß es Chorinchen. Urkundlich wird das Dorf zum ersten Mal 1258 erwähnt, als es dem Zisterzienserkloster Mariensee geschenkt wurde. Dieses Kloster wurde 1273 an den Großen Chorinsee (heutiger Amtssee) verlegt und heißt seitdem Kloster Chorin. Hier finden viele Konzertveranstaltungen statt. Im Kloster Chorin befindet sich auch ein Trauzimmer des Standesamtes Britz. *Brodowin* liegt in einer vorgeschichtlichen Siedlungskammer, einem hügeligen, eiszeitlichen Grundmoränenbecken, das vom Choriner und Lieper Endmoränenbogen eingerahmt wird. Auf dem Gotteswerder, einer Insel im Brodowinsee, wurden bronzezeitliche und slawische Siedlungsreste nachgewiesen. Sie gilt als Keimzelle des heutigen Dorfes, das etwa um 1260 von deutschen Siedlern gegründet wurde. Brandenburgische Markgrafen schenkten damals Brodowin und Pehlitz dem Zisterzienserkloster Mariensee. Der Große Kurfürst ließ Bauern und Hugenottenfamilien ansiedeln. Anfang des 20. Jahrhunderts brachten Landwirtschaft und Handwerk reichlichen Wohlstand; hinzu kamen die ersten Feriengäste: Der Tourismus boomte in den Folgejahrzehnten. Nach 1990 entwickelte sich bei den etwa 400 Einwohnern die Idee eines Öko-Dorf-Objekts im Herzen des Biosphärenreservates Schorfheide-Chorin. Seit Mitte 1991 befindet sich der aus der ehemaligen Landwirtschaftlichen Produktionsgenossenschaft (LPG) hervorgegangene und umfirmierte Nachfolgebetrieb in der Umstellung auf die biologisch-dynamische Wirtschaftsweise nach Demeter-Richtlinien. *Golzow* liegt nördlich des Eberswalder Urstromtales, am Südrand der Pommerschen Endmoränen; es wurde 1258 erstmals erwähnt; ab 1277 besaß »villa Goltzitz« bereits eine Pfarre. 1319 wird das Dorf dem Kloster Chorin geschenkt und 11 Jahre danach obendrein die Windmühle. Wie für alle anderen Orte hatte auch hier der 30-jährige Krieg verheerende Auswirkungen, und es dauerte etliche Jahrzehnte, bis Normalisierung eintrat. 1869 entstand eine Ziegelei, die aber 30 Jahre später wieder aufgegeben wurde, weil die Eisenbahntrasse Britz-Fürstenberg direkt durch das Tonabbaugebiet geführt wurde. Der Ort ist über einen Eisenbahnhaltepunkt (Strecke Eberswalde-Fürstenberg) und die A 11 direkt erreichbar und bietet gute Voraussetzungen zur Gewerbe- und Wohnansiedlung. Der kleine Ortsteil *Neuehütte* (157 Einwohner) liegt wie eine Perle an der Grenze zwischen Eberswalde und der Gemeinde Chorin, nahe der B 2. Vor ca. 500 Jahren wurde die erste Ansiedlung im Tal der Ragöse erwähnt; der »Alte Fritz« siedelte Ruhlaer Schmiede und Schwertfeger an; diese fanden an der Mühle zu Weitlage (wie das Örtchen damals hieß) einen geeigneten Platz für ihr Handwerk. 1798 wurde durch das Kloster ein neuer Standort zur Ansiedlung von Glasbläsern gefunden: Die Stadt

Das Kloster Chorin mit seinem berühmten Westgiebel

Eberswalde und die Klosteroberen gründeten den Ort »Neuehütte«. Über Jahre hinweg hat sich das Dorf noch immer den Charme eines kleinen märkischen Wohndorfes erhalten können. Eine große technische Meisterleistung schlummert fast vergessen in der Nähe im Wald und wartet auf Neuentdeckung: die Scheitelhaltung des Oder-Havel-Kanals über dem Durchstich des kleinen Flüsschens Ragöse – in ihren Maßen in der Welt unübertroffen. Der Choriner Ortsteil *Sandkrug* befindet sich an der B 2, ca. 8 km nordöstlich von Eberswalde. Schon in der Grenzbeschreibung des Klosters Chorin von 1258 wird die »Sandvort« (Furt zwischen dem Heiligen See und den heute verlandeten Gewässern östlich der B 2) erwähnt. Die Geschichte des Ortes ist in vielem identisch jener des Klosters. Seine eigentliche Entstehung verdankt der kleine Ort einem Feuer, dem 1753 der zu Chorin gehörende Amtskrug zum Opfer fiel. 1777 wurden gegenüber dem Gasthaus »Sandkrug« an der Handelsstraße Berlin–Stettin einige Familien angesiedelt; 1917 wurde der Ort eigenständig und aus dem Forstgutsbezirk Chorin herausgelöst. Straßen und Radwege sind gut ausgebaut. Als »Tor« zum Kloster Chorin, mit Wäldern und Seen, Naturschutzgebiet und Sehenswertem ausgestattet, hat Sandkrug eine bedeutende Aufgabe in der Betreuung und Versorgung der Touristen zu erfüllen.
Die Gründung des Dorfes *Senftenhütte* lässt sich bis 1705 zurückverfolgen, als der Berliner Geschäftsmann Christian Puhlmann auf eigene Kosten in der Choriner Heide eine Glashütte bauen ließ; den Standort nimmt man bei der Dorfkirche an. Puhlmanns Nachfolger, Johann Georg Senf, verdankt der Ort seinen Namen: Unter ihm entwickelte sich der Handel mit dem grünen Flaschenglas ausgezeichnet, und er machte ordentlich Profit. 1772 endete die Glasherstellung; viele Familien blieben, und hinzu kamen Hugenottenfamilien aus Hessen. Auch invalide Soldaten mit ihren Familien siedelten sich als Bauern oder Handwerker an. Die Steingruben in der Nähe brachten in der Folgezeit vielen Menschen Lohn und Brot. Heute ist kennzeichnend für den Ort, neben seiner ruhigen Lage, der noch relativ unverbaute Dorfkern. Interessante Wanderziele sind die Sassenberge als höchste Erhebungen der Schorfheide mit ihren kleinen Waldseen. Äußerst verkehrsgünstig gele-

Blick auf die mittelalterliche Kirche und das Doppelstubenhaus im historischen Dorfkern von Hohenfinow

gen, zieht sich *Serwest* am Südostufer des gleichnamigen Sees hin. Wie fast alle Amtsorte wurde auch Serwest bereits in der Grenzbeschreibung des Klosters Mariensee 1258 erwähnt als »villa Seruetitz« bzw. »stagnum Seruetitz«. Auf der nördlichen Halbinsel des Parsteiner Sees, dem Parsteinwerder, lag einst das Dorf Seehausen; als Wüstung wurde es 1346 dem Kloster Chorin übereignet. Später betrieb man hier eine Fischerei; 27 m ist der See tief. Die ehemalige Fischereigenossenschaft ist heute abgelöst durch private Fischer und wird ergänzt durch einen Pensionsbetrieb auf dem Fischerhof.
Die Gemeinde *Hohenfinow* ist Gründungsmitglied in der brandenburgischen Arbeitsgemeinschaft »Historische Ortskerne« und aus einem kleinen spätslawischen Siedlungsgebiet entstanden. Der slawische Stamm der Ukranen lebte in dieser dünnbesiedelten Gegend, die Anfang des 13. Jahrhunderts von den Askaniern mit Burgen befestigt wurde; allerdings hatten diese Burgen nur eine Verteidigungsfunktion von knapp zwei Jahrzehnten. An der Nordspitze des Schlossberges bei Amalienhof findet man ein kleines rechteckiges Plateau, abgegrenzt durch einen Graben: Obwohl nicht bewiesen, ist anzunehmen, dass es sich möglicherweise um einen slawischen Burgwall handelt. 1408 erwarb die Familie von Sparr das kleine Städtchen, das dann mehrfach an andere Eigentümer überging. General von Boerstel begann um 1668 mit dem Schlossbau und ließ einen barocken Park anlegen; Tabak- und Obstanbau wurden eingeführt, die Landwirtschaft intensiviert, die Dorfaue mit Walnussbäumen bepflanzt. Die Folge: Der Taxwert stieg enorm. Mitte des 19. Jahrhunderts gelangte das Gut an die Familie Bethmann-Hollweg: Jetzt entstand ein landwirtschaftlicher Großbetrieb mit kapitalistischen Formen, und die Errungenschaften der Industriellen Revolution hielten Einzug. 1909 wurde Theobald von Bethmann-Hollweg Reichskanzler und preußischer Premier. Oft führte er die Regierungsgeschäfte von Hohenfinow aus. Auch nach 1945 blieb die Landwirtschaft wichtigster Arbeitgeber. Ferner befand sich hier eine Versuchsstation des Institutes für Pflanzenschutzforschung Kleinmachnow. Nach 1990 ist es der einstigen LPG gelungen, sich zur Agrar- und Handelsgenossenschaft umzustrukturieren. Die Anlage des Ortes

Blick vom Odertal zum Schiffshebewerk Niederfinow

ist eindrucksvoll: Ein von vier Baumreihen bestandener Anger führt vom Schloss bis zur Kirche. Dieser Bereich wird von einer Bachgabelung umschlossen. Die offene Südseite findet ihren Abschluss in der Kirche und dem anschließenden Gebäudekomplex. Das Gotteshaus, in Feldsteinmauerwerk als dreischiffige Pfeilerbasilika mit Westturm, Chor und halbkreisförmiger Apsis (vor 1250), hat vor allem im 30-jährigen Krieg großen Schaden genommen und wurde danach mehrmals umgebaut. Hohenfinow ist sehr bemüht, das »Schäferhaus«, auch Querhaus oder Doppelstubenhaus genannt, auf dem Anger zu rekonstruieren und die Ortsteile Karlswerk, Struwenberg und den Aussichtspunkt am Liebenstein auch touristisch zu erschließen.

Die Gemeinde *Niederfinow*, am Lauf des gleichnamigen Flusses gelegen, ging aus einer Zollstätte für Land- und Wasserzoll hervor, die die Askanier installierten; 1421 kam der Ort an das Kloster Chorin. Im Erbregister des Klosters (1704) ist der Ort mit einer städtischen Verfassung ausgewiesen. Nach dem absoluten Niedergang im 30-jährigen Krieg und anschließendem Wiederaufbau wurde der Ort 1729 Opfer einer gewaltigen Feuersbrunst. Durch die Oderbewallung gingen die Einnahmen aus dem bis dato ergiebigen Fischfang verloren. Es dauerte bis Anfang des 20. Jahrhunderts, als der Ausbau des Großschifffahrtsweges Berlin–Stettin (1908–14) mit seinem Abstieg durch die vier aufeinanderfolgenden Schleusen bewerkstelligt war. Dies wurde noch bedeutender durch die Inbetriebnahme des inzwischen weltbekannten Schiffshebewerkes 1934. Dieses Technische Denkmal bleibt auch weiterhin touristischer Anziehungspunkt. Bis 2010 entsteht ein zweites größeres Schiffshebewerk. Das alte Krafthaus des Schiffshebewerks mit seinen denkmalgeschützten Dieselaggregaten wurde zum Kultur- und Informationszentrum umgestaltet. Ergänzt wird das Ensemble durch ein Informationszentrum mit einer Ausstellung zu den Schiffshebewerken, Binnenschifffahrt und Binnenwasserstraßen. Um diese Anziehungskraft zu erhalten, ist man bemüht, in die Infrastruktur zu investieren: Neue Rad- und Wanderwege sind entstanden (auch der historische Treidelweg gehört dazu), Gaststätten, Übernachtungsmöglichkeiten, Fahrgastschifffahrten – das sind Investitionen für die Zukunft.

Amt Biesenthal-Barnim

Die Bildung des Amtes Biesenthal-Barnim erfolgte 1992: 7 Gemeinden der damaligen Verwaltungsgemeinschaft »Nonnenfließ« und die Stadt Biesenthal schlossen sich zum Amt zusammen. Die Besonderheit bestand darin, dass sich fünf Gemeinden des Altkreises Eberswalde mit drei Gemeinden des Altkreises Bernau zusammenfanden und die Verwaltung in der Stadt Biesenthal etablierten. Dem heutigen Amt als drittgrößtes im Land Brandenburg gehören die Stadt Biesenthal (mit dem Ortsteil Danewitz), die Gemeinde Melchow (mit dem OT Schönholz), die Gemeinde Sydower Fließ (mit den OT Grüntal, Tempelfelde), die Gemeinde Breydin (mit den OT Trampe, Tuchen-Klobicke), die Gemeinde Rüdnitz und die Gemeinde Marienwerder (mit den OT Ruhlsdorf, Sophienstädt) an. Der Amtsbereich dehnt sich über eine Fläche von ca. 19 765 ha aus; hier wohnen 12 000 Menschen. Dazu kommen die vielen Gäste aus dem Umland und Berlin, die eine Zweitwohnung auf Erholungsgrundstücken in den einzelnen Gemeinden besitzen.
Das Amt gehört zum Landkreis Barnim und liegt im Nordosten von Berlin zwischen den Mittelzentren Eberswalde und Bernau. Die amtsangehörigen Gemeinden sind über die B 2, die A 11, die Fernbahnlinie Berlin–Stralsund sowie die RB Berlin–Eberswalde gut erreichbar; Haltepunkte der Bahn sind in Biesenthal, Rüdnitz und durch den Naturparkbahnhof in Melchow gegeben. Vom Bahnhof Ruhlsdorf-Zerpenschleuse erreicht man den Norden Berlins und die Schorfheide mit der »Heidekrautbahn«. Überdies sind alle Gemeinden über den ÖPNV aus der Kreisstadt Eberswalde und aus Bernau erreichbar.
Am 9.5.1999 wurde der Naturpark Barnim eröffnet, in dessen Herzen das Amt liegt. Eine Besonderheit ist das Biesenthaler Becken: Die Finow, die von einem weitverzweigten Netz von Bachläufen gespeist wird, durchzieht dieses Gletscherbecken, das früher meist mit Wasser gefüllt war und sich heute als großes Niedermoor mit fast allen Moortypen zeigt. Die reizvolle und abwechslungsreiche Landschaft mit ihrer Gewässervielfalt und seltenen Flora und Fauna begeistert jeden Naturfreund. In nordöstlicher Richtung befindet sich das Naturschutzgebiet »Nonnenfließ«; es ist ebenfalls durch die Eiszeit entstanden und bietet ein einzigartiges Naturschauspiel: Mit den einem Mittelgebirge ähnlichen Reliefverhältnissen eignet sich dieses Gebiet hervorragend zum Wandern. Aber auch Wasserwanderer kommen zu ihrem Recht – so ist die Gemeinde Marienwerder über den Oder-Havel-, Finow- oder Werbellin-Kanal erreichbar. Neben diesen drei Kanälen gibt es außerdem natürliche und künstliche Seen, in denen man auch baden und angeln kann. Die Ferien- und Erlebnisstraße »Märkische Eiszeitstraße« verbindet den Barnim mit der Uckermark sowie Teilen von Märkisch Oderland und bindet Biesenthal und Melchow direkt mit an. Das Naturschutzgebiet »Biesenthaler Becken« (mit Prachtnelke, Wollgras, Schlüsselblume, verschiedenen Orchideen, Kranich, Eisvogel, Ringelnatter, Zauneidechse) ist einzigartig.
Die *Naturparkstadt Biesenthal,* eine Stadt der Seen und Wälder, beherbergt ca. 5 490 Menschen und zählt zu den ältesten märkischen Städten. Ursprung war eine slawische Burg, die unter den askanischen Markgrafen entsprechend erweitert wurde und in deren Schutz sich entlang der Heer- und Handelsstraße Berlin–Chorin–Oderberg eine Kietzsiedlung entwickelte. Im Jahre 1258 wurde »Bisdal« erstmals urkundlich erwähnt; 1315 erhielt man das Stadtrecht. Mehrere Großbrände (16.–18. Jahrhundert) zeigten verheerende Folgen. Ein Wohnhaus überstand alle Flammen und kündet noch heute von einstigem Selbstbewusstsein der Altvorderen. Markant für das Städtchen sind die drei Türme: jener der evangelischen Pfarrkirche (13. Jahrhundert), die 1756 den Flammen zum Opfer fiel, 1764–67 neu aufgebaut wurde (1891 riss ein Sturm Turm- und Kirchdach ab); der der katholischen, neubarocken Kirche (1908/09). Der dritte Turm gehört zum Alten Rathaus, einem kulturhistorischen Bauwerk von 1760 im Fachwerkstil. Daneben befindet sich das Neue Rathaus von 1874. Beide wurden in den letzten Jahren liebevoll saniert.
Ende des 17. Jahrhunderts entwickelten sich in Biesenthal Handwerk und landwirtschaftliche Betriebe; im 19. Jahrhundert war es ein Ackerbürgerstädtchen und die Wehr-, Hell- und Stadtmühle bekamen große Bedeutung. Anfang des 20. Jahrhunderts entwickelte sich die Stadt zum Kur- und Erholungsort: 1934 erhielt man die Berechtigung »Luftkurort«. Das dereinst so beliebte Strandbad am Wulkensee wurde 1999 originalgetreu rekonstruiert und präsentiert sich seither als Perle für jeden Bade- und Naturfreund. Die Altstadtsanierung (Beginn 1996) trägt heute reiche Früchte; neu gestaltete Straßen, Häuser, Fuß- und Radwege, Baumbepflanzung, Beleuchtung machen dadurch Biesenthal außerordentlich sympathisch. Viele neue Wohnhäuser sowie die Seniorenresidenz »Pro Seniore« spiegeln die Entwicklung der Stadt in jüngster Zeit wieder.

Fachwerkrathaus in Biesenthal

Biesenthals Ortsteil *Danewitz* mit seinen 257 Einwohnern ist zu erreichen über die B 2 von Bernau und ab Rüdnitz über die K 6005. Es ist ein typisches Straßenangerdorf. Angezogen werden Besucher durch den Duft des Brot- und Kuchenbackens im Feldsteinofen – der alte Brauch lebte 1995 wieder auf. Sehenswert ist die 1595 erbaute Dorfschmiede, die bis 1960 arbeitete (Rekonstruktion 2003). Die im 13. Jahrhundert erbaute Feldsteinkirche wurde 1826 durch einen Großbrand vernichtet und danach wieder aufgebaut.
Die Gemeinde *Melchow* liegt landschaftlich sehr schön am Eberswalder Urstromtal, unweit des Schwärze- und Samithsees und des Nonnenfließes.
Ausgedehnte Wanderungen und Radtouren in die wald- und wasserreiche Umgebung auf gut beschildertem Wegenetz bieten sich an. Seit 2003 existiert der 7,5 km lange »Reitpark Melchow« mit 20 Reithindernissen – reittouristisches Pilotprojekt der Landesforstverwaltung.
Auch hier kann man eine historische Dorfschmiede in Augenschein nehmen. Sehenswert ist ebenfalls das kleine Bahnhofsgebäude (»Naturparkbahnhof Melchow«).
Die urkundliche Ersterwähnung stammt aus dem Jahre 1324. Beim Hussitensturm 1432 wurde alles zerstört, später wieder aufgebaut, allerdings ohne Kirche. Erst 1932 wurde ein Stallgebäude zu einem Bethaus umgebaut. In Melchow arbeiten mit einem landwirtschaftlichen Betrieb und einer Gärtnerei zwei Bio-Betriebe, die ihre regionalen Produkte erfolgreich vermarkten. Am Ortsrand befindet sich die Wildtierpflegestation, in der verletzte Waldtiere gepflegt und auf ihr weiteres Leben in freier Wildbahn vorbereitet werden.
Angrenzend an den etwas beschaulicheren Ortsteil *Schönholz* beginnt das Naturschutzgebiet »Nonnenfließ-Schwärzetal«, das man über die »Alte Bernauer Heerstraße« erreicht. Hier erinnert ein Gedenkstein an die Opfer des I. Weltkrieges.

Mittelalterliche Feldsteinkirche im Ortsteil Tempelfelde

In der Gemeinde *Sydower Fließ* leben 919 Einwohner. Im Ortsteil *Grüntal* befanden sich früher zwei Güter, das von Sydow, das andere von Grüntal. Die Ersterwähnung erfolgte 1375 im Landbuch Karls IV.; 1826 wurde eine Brauerei nach bayerischer Art angelegt: Hier wurde das beliebte »Grüntal Unterhoeler« produziert. Seit 1894 besaß Bernhard Graf von der Schulenburg das Gut; er erwarb sich große Verdienste als Präsident der Brandenburgischen Landwirtschaftskammer. Unmittelbar neben der Kirche ist eine tausendjährige Eiche zu bewundern, unter der Napoleon Rast gemacht haben soll. Ein Feuchtbiotop am Weinberg beherbergt Kraniche und auch die im Kellerberg zu findenden Fledermäuse genießen den strengsten Schutz.
Der Ortsteil *Tempelfelde* trägt eher ländlichen Charakter. Auch dieses Dorf wurde 1375 erstmals erwähnt. Bemerkenswert ist ein 1925 entdecktes Urnenfeld auf den Rotpfuhlbergen, das auf einen heidnischen Tempel schließen lässt, von dem offensichtlich auch der Ortsname abgeleitet wurde. Sängerverein und Schützengilde pflegen das kulturelle Erbe der Gegend; die wiederaufgefundene Traditionsfahne ist ein Beispiel hierfür. Hier wurde vor einigen Jahren einer der größten Windparks in Brandenburg errichtet.
Die Gemeinde *Breydin* liegt am Rande des Naturparks Barnim, in dem auch das Landschaftsschutzgebiet »Nonnenfließ« mit seiner einzigartigen Flora und Fauna einbezogen ist. Die Orte *Trampe* und *Tuchen-Klobbicke* waren vor dem Zusammenschluss 1998 selbständige Gemeinden. Der ehemalige Schlosspark Trampe ist eine Besonderheit des Ortes: Er war im 17. Jahrhundert als Lustgarten entstanden, der später zu einem Landschaftsgarten im englischen Stil umgestaltet wurde. Im hinteren Teil des Parks sind noch Feldsteinmauerreste der Burg Breydin zu finden. Bei Wanderungen im Gebiet des Nonnenfließes kommt man am sagenumwobenen Luisenkreuz vorbei. Tuchen wurde 1232, Klobbicke 1375 ersterwähnt. In Klobbicke befindet sich eine Feld-

Finowkanal im Ortsteil Marienwerder

steinkirche aus dem 13. Jahrhundert; in Tuchen wurde sie im 30-jährigen Krieg zerstört, Anfang des 18. Jahrhunderts wurde sie als für diese Region untypische Fachwerkkirche neu errichtet. 1990 stürzte das Kirchenschiff in sich zusammen; heute ist sie als gemeindliche »Hochzeitskirche« weithin bekannt.

Die Gemeinde *Marienwerder* (1 730 Einwohner) mit den drei Ortsteilen *Marienwerder, Ruhlsdorf, Sophienstädt* liegt in der Nähe des Oder-Havel-Kanals; sie sind durch Wasserreichtum gekennzeichnet und von Wäldern umgeben. *Marienwerder* entstand 1755 nach dem Neubau des Finowkanals durch den Erlass Friedrich II. Zunächst waren es Spinner- und Weberfamilien, die sich ansiedelten; später dominierten Fischfang und Schifffahrt (der »Treidelweg« existiert noch heute). *Ruhlsdorf* ist ein gewachsenes, märkisches Dorf mit einem prächtigen Dorfanger und einer Kirche aus dem 18. Jahrhundert sowie Seen mit glasklarem Wasser und Sandstrand. Von Biesenthal führt eine Straße, gesäumt von Birken und Heidekraut, direkt nach *Sophienstädt,* einem sehr schönen Dorf mit eigenwilligem Ortsbild.

Rüdnitz liegt an einer alten Handelsstraße, die in Fortsetzung der Pankelinie die Finow und die Oder berührte. Frühzeitig kam der Ort (heute 2 024 Einwohner) zu den Ausstattungsdörfern des Schlosses Biesenthal. Dies wird bestätigt durch das Carolinische Landbuch, das Rüdnitz 1367 erstmals erwähnte. Sehenswert ist die frühgotische Feldsteinkirche aus dem 13. Jahrhundert. Das Dorfgemeindezentrum bildet heute das Zentrum des dörflichen Miteinander und der Jugendfreizeitarbeit. Eine besondere landwirtschaftliche Arbeitersiedlung entstand 1908 in Rüdnitz-Albertshof. Rüdnitz besitzt mehrere Reiterhöfe.

Mit dem Fahrrad gelangt man auf dem Fernradwanderweg »Berlin–Usedom« durch das Biesenthaler Becken bis in die Finowkanalzone.

Evangelische Stadtkirche im Stadtzentrum von Werneuchen. Neu errichtet in den Jahren 1873 bis 1874.

Stadt Werneuchen

»Inmitten des Barnim, halben Wegs zwischen Berlin und Eberswalde, liegt das Städtchen Werneuchen. Ich sage Städtchen, um dem Lokalpatriotismus einzelner seiner Bewohner nicht zu nahe zu treten, die das Beiwort ›Stadt‹ für ironische Übertreibung und die Bezeichnung ›Flecken‹ als Mangel an Respekt ansehen möchten.« Soweit Theodor Fontane; treffender ließe es sich auch heute nicht formulieren.

Nach der Umsetzung des brandenburgischen Gemeindegebietsreformgesetzes hat sich die Stadt zwar territorial vergrößert, und die Einwohnerzahl erhöhte sich auf etwa 7 800; jedoch ist das im Landesdurchschnitt eher eine kleine Verwaltungseinheit. Den besonderen Reiz dieses Landstrichs machen die zahlreichen Gewässer und Seen, die Wälder, aber auch der freie Blick in die Tiefen der Landschaft aus. Wer gerne naturverbunden lebt, findet hier ein reiches Betätigungsfeld; darüberhinaus lädt ein vielseitiges gastronomisches Angebot auf hohem Niveau zum Verweilen ein.

Die Gegend hier ist uraltes Siedlungsland; Flüsschen und Seen – mit der Zeit an Ausmaßen zusammengeschrumpft – bieten immer noch erstaunlich viel. Mitten durch den Ort fließt die Stienitz, die auf der Wesower Feldmark entspringt, durch den von Willmersdorf kommenden »Hohen Graben« gespeist wird und in dem 33 km langen Laufe in die Spree ergießt – so ähnlich hat das ein Ortschronist vor etwa 80 Jahren beschrieben. Nach den Slawen kamen dann die Askanier; die erste urkundliche Erwähnung des Ortes stammt von 1247. Im Mittelalter war es zeitweise eine »grünende Oase«, doch bereits Ende des 14. Jahrhunderts fiel es in den Dornröschenschlaf und geriet zur Bedeutungslosigkeit. Kriege, Brände und anderes haben die Menschen hier nicht unterkriegen können, ob Franzosen, preußischer Drill oder Russen.

Die 760-jährige Geschichte der Stadt und ihrer teilweise noch älteren Ortsteile wird u.a. durch die alten Backsteinkirchen und -mauern, Parkanlagen, ein reges und traditionsbewusstes Vereinsleben lebendig erhalten.

Badestelle am Löhmer Haussee. Der Löhmer Haussee im Ortsteil Seefeld-Löhme ist mit öffentlichen Verkehrsmitteln und dem Auto zu erreichen.

Eine kleine Heimatstube informiert über die wechselhafte Stadtgeschichte. In einer solch langen Ortsgeschichte gibt es auch einige Kuriositäten und Merkwürdiges festzuhalten. Es mutet schon recht kurios an, dass der Ort sich bis weit über das 16. Jahrhundert hinaus mit nur einem Dorfkrug zufriedengegeben hat. Der Grund: Das Werneucher Gebräu hieß im Volksmund »Matschsuppe«, was wohl bemerkenswerte Rückschlüsse auf seine Qualität zuließ. Deshalb gab es wohl sehr wenige »Kneipengänger«.
Auch dem Lehrer ging es nicht besonders gut: Er erhielt von jedem Hüfner jährlich zwei Brote (von den Kossäten drei, von den »wüsten Gärtnerhöfen« sogar vier). An Quartalsgeld gab es von den Einwohnern jeweils 40 Groschen; drei Scheffel Roggen steuerte die Kirche bei; außerdem gab es zu Ostern einige Eier, etwas Holz für den Winter und von jedem Bürger jährlich einen sogenannten »Badegroschen«.
Gewerbetreibende finden auf den insgesamt vier Gewerbegebieten gute Bedingungen für eine Ansiedlung. Die Nähe zur Hauptstadt Berlin, deren Zentrum über eine stündliche Zugverbindung innerhalb von 45 Minuten zu erreichen ist, die Anbindung an die Autobahn sowie die direkte Lage an der B 158 machen Werneuchen zu einem interessanten Standort. Gleiches gilt ebenfalls für die in den vergangenen Jahren verstärkten Zugänge nach hier: Neben der »Rosenparksiedlung« und dem »Seepark« bieten weitere attraktive Flächen die Möglichkeit, sein eigenes Heim zu bauen. Ein umfangreiches Angebot von Verkaufseinrichtungen, Sportstätten und zahlreiche rührige Vereine bieten sehr gute Voraussetzungen dafür, sich hier schnell heimisch zu fühlen.
Seit einem Jahrzehnt verbindet Werneuchen eine enge Partnerschaft mit der polnischen Stadt Dziwnow und über den Ortsteil Hirschfelde mit der polnischen Gemeinde Ustronie Morski. Das ist eine wichtige Bereicherung für die Menschen beider Länder.

Gemeinde Ahrensfelde

Im Jahre 2000 wurde *Ahrensfelde* 625 Jahre alt; 1375 wurde es als »Arnsfelt« erstmals erwähnt. Weit vordem wurde die Gegend aber bereits besiedelt; die Kelten waren hier, später die Semnonen, dann Slawen oder Wenden – etwa um 1300 begann eine planmäßige Besiedelung: Der Ortsname taucht im »Karolingischen Landbuch der Mark« Kaiser Karls IV. 1375 auf. Das Dorf mit der Feldmark von 72 Hufen gehörte lange Zeit den Brüdern Henning und Hans von Oderberg, die hier zwei Höfe besaßen. Neben der Kirche existierte von Anbeginn auch ein Dorfkrug.

76 Jahre später gehörte das Dorf dem Berliner Henning Stobandt und dessen Sohn, Nachkommen eines damals bekannten Berliner Bürgermeisters. 1590 wird urkundlich eine Dorfschule erwähnt. Zwei Jahrzehnte später gehörte das Dorf der Gräfin von Zoller und dem Kanzler Johann von Löben zu gleichen Teilen. Das war aber nur von kurzer Dauer, denn es kam an den Kurfürsten zurück und gehörte nun zum Amt Mühlenhorf (bis 1856).

Nach dem 30-jährigen Krieg erholte sich das Dorf nur langsam; es heißt jetzt »Areszfelde«. 1760 wurde nun »Ahrensfelde« im Siebenjährigen Krieg von russischen Truppen schwer in Mitleidenschaft gezogen; 1806 plünderten die Franzosen – es dauerte fast sieben Jahrzehnte, bis der Schaden beseitigt war. 1868 war noch einmal ein »sauschlechtes Jahr« (wie es in der Ortschronik drastisch formuliert ist): Es brannten etliche Strohscheunen, und der Kirchturm musste wegen der Brandschäden abgetragen werden (er wurde 1874–76 wieder aufgebaut).

1882 verkaufte man an Berlin über 600 Morgen Land; damit wurden Rieselfelder angelegt. 1895–98 wurde die Bahnlinie Lichtenberg–Tiefensee gebaut; vordem fuhr ein Pferdeomnibus von Werneuchen bis Königstor über Ahrensfelde. 1927 setzte – wie in den meisten Randgebieten Berlins – eine starke Siedlungstätigkeit ein. Vor allem längs der Eisenbahnstrecke Ahrensfelde–Blumberg wurden zahlreiche Flächen bebaut. Am 22. April 1945 wurde das Dorf durch die Rote Armee eingenommen. Um 1970 erfolgte der schrittweise Aufbau einer zentralen Wasserversorgung, und im Dezember 1982 wurde die S-Bahn-Linie Warschauer Straße-Ahrensfelde in Betrieb genommen. Im Jahre 1987 hatte Ahrensfelde 1 435 Einwohner, im Jahre 2000 waren es bereits 3 605. 1992 bildete Ahrensfelde mit den Nachbargemeinden Blumberg, Eiche, Lindenberg und Mehrow das Amt »Ahrensfelde-Blumberg«, aus dem 2003 die Großgemeinde »Ahrensfelde« hervorging, deren fünf Ortsteile den Gemeinden des bisherigen Amtes entsprechen.

Im Mai 2002 feierte man in *Mehrow* die 675. Wiederkehr der ersten urkundlichen Erwähnung (21.5.1327): als »villa mere« verleiht Markgraf Ludwig einem Reinecke von Zehlendorf Hebungen (Einnahmen) in Mehrow, das vorher Burglehn der Burg Hönow war und einem Alverich von Schneitlingen gehörte; Anfang des 14. Jahrhunderts endete mit dem Tod des letzten Askanierfürsten Waldemar (1319) deren Herrschaft nach 200 Jahren. In der Folgezeit wurde nun die Mark Spielball benachbarter Fürsten. Erst dem böhmischen Kaiser Karl IV. aus dem Hause Luxemburg gelang es mittels geschickter Diplomatie, reichlich Geld und militärischem Druck, den Wittelsbachern, die sich hier inzwischen breitgemacht hatten, nach und nach die Mark abzuluchsen.

Der Ort wird ab dieser Zeit »mere« genannt, woraus später »Mhere« (1527), »Merow« (1624) und seit 1775 »Mehrow« wird: Die altpolabische Grundform »mery« bedeutet »Leute eines Mer« (»Friede« bzw. »Welt«). Eine andere Deutung ist »Besitzdorf des Mero« (= Friedrich) oder »Rasenplatz, Wiese, Aue«. Die heutigen Bewohner tendieren zur ersten Lösung, weil sich daraus auch ein gutes Programm ableiten lässt: »friedlich und weltoffen«.

Der 30-jährige Krieg brachte im 17. Jahrhundert Not, Verwüstung, Seuchen. 1652 führte man in Mehrow nur noch einen Bauern und drei Kossäten. Dann befand sich der Ort im Besitz Alexander von Britzkes, der auch einen Weinberg besaß. Der Geschmack des Weines war sicher gewöhnungsbedürftig, wie ein Spruch aus dieser Zeit besagt: »Wenn man davon een eenzijes Achtel über de Fahne jießt, so zieht sich det janze Rejiment zusammen«. Um 1690 war es mit dem Weinbau schon vorbei.

Zu Beginn des 19. Jahrhunderts mussten die Kinder nach Ahrensfelde in die Schule gehen, was winters mit Sicherheit kein Vergnügen war; die Mehrower Schule wurde geschlossen. Das änderte sich erst 1815 wieder; allerdings unterrichtete keine qualifizierte Fachkraft, sondern in Herrn Wilde jemand, der, laut Schulbehörde, »wenigstens lesen und schreiben konnte«. Immerhin blieb das die nächsten 37 Jahre so.

Blick auf die sanierte Kirche, die aus dem 14. Jahrhundert stammt, im Ortsteil Ahrensfelde

Um die Mitte des 19. Jahrhunderts wurde das Dorf baulich umgestaltet und modernisiert. Es entstanden Landarbeiterhäuser, die den Gutsarbeitern ein Leben in Bescheidenheit boten. 1859 wurde eine neue Schule gebaut, in der bis 1971 Unterricht stattfand.
Das Vorwerk erhielt den Namen »Trappenfelde« (1888), weil in dieser Gegend ursprünglich Großtrappen in großer Zahl heimisch waren; die letzte soll in den 30er Jahren hier gesehen worden sein.
Am 20.4.1945 besetzte die Rote Armee das Dorf und stieß auf keinen Widerstand. Nach der Bodenreform kam 1954 die Gründung der LPG »Morgenrot«. 1960 war das Dorf vollgenossenschaftlich. Ende der 70er Jahre geschah der Anschluss an das zentrale Wassernetz. Eine wichtige Rolle spielte in den 80er Jahren der Frischeierbetrieb, der quasi »auf der grünen Wiese« gebaut wurde. In den 90er Jahren entstanden zwei Siedlungen, in denen nunmehr etwa 1/3 der Bevölkerung lebt. Inzwischen entstanden auch einige Reiterhöfe, die Einwohnerzahl hat die 500 überschritten.
Eiche befindet sich im Südwesten des Landkreises Barnim und wird von der Wuhle, einem kleinen Bach, sowie der Landsberger Allee und der Mehrower Chaussee eingegrenzt. 1375 wurde das Dorf »Bredereke« erwähnt; der Ortsnamen wandelte sich über »Breydereyke« (1450) bis »Eiche« (1541). Warum das so war, darüber existieren nur Vermutungen. 1375 hatte der Ort 10 Bauern und 7 Kossäten; die Zahl nimmt während der Kriegszeiten und danach ab. 1626 und 1627 überwintern Wallensteinsche Truppen, im 7-jährigen Krieg plündern 1760 Kosaken unter General Tottleben, 1806 marschieren marodierende Franzosen durch den Ort.
1914 erhält der Ort Stromanschluss, 1927 und 1930 kam es durch die Siedlungen Eiche Süd A und B sowie Hoheneiche zu einer wesentlichen Ortserweiterung. Noch einmal boomte es nach 1990: Nun entstanden der »Birkenring«, die »Wörden und »Am Graben« – fast 1 800 Menschen wohnen heute im Ort.

Blick auf den Dorfteich und die Kirche, die 1237 erbaut wurde, im Ortsteil Blumberg

Lindenberg wurde 1327 ersterwähnt und um 1450 Eigentum des Jungfrauennonnenklosters Zehdenick. Nach dem 30-jährigen Krieg lebten noch 13 Bauern und 6 Kossäten hier. Eine Kuriosität aus dem 17. Jahrhundert: Der Grundherr von Röbel lässt seine Schafe auf Gemeindeland weiden. Die Lindenberger Bauern ziehen vor Gericht … und bekommen Recht (die gepfändeten Hammel dürfen sie als »Zugabe« behalten). Ein weiteres Kuriosum anno 1913: Der Barbier Grünewald ist Vater von 18 Kindern und übt 13 Berufe aus (u.a. Uhrmacher, Glaser, Sattler, Stuhlflechter).

1927 entstehen die Ortsteile Neu-Lindenberg und Klarahöh. 1949 wird Straßenbeleuchtung installiert, im Folgejahr der Schulneubau begonnen. Der Ort hatte schon immer eine wichtige Verkehrsfunktion zwischen Berlin und dem Barnim. Bereits in den 30er Jahren wurde eine Ortsumgehung gebaut. Leider geschah dann fast 70 Jahre wenig; erst in letzter Zeit erfolgte ein umfassender Ausbau der gesamten Ortsverbindungsstraßen.

Der barocke Taufengel in der Dorfkirche besitzt ein interessantes Mienenspiel: Wenn man ihn von der Seite betrachtet, hat er einen ernsten Blick, aber je mehr man um ihn herumgeht, umso freundlicher schaut er drein. Aber auch anderes ist sehenswert: ein Altarbild von 1694 oder die Kanzel vom Anfang des 18 Jahrhunderts.

Blumberg wurde 2003 750 Jahre alt; die eigentliche Gründung ist nicht genau feststellbar, es könnte sehr wahrscheinlich 1253 gewesen sein: Am 12. Juli jenes Jahres erschien als Zeuge in der Neugründungsurkunde von Frankfurt/Oder ein gewisser »Dietrich von Blumenberch«.

Bis Ende des 30-jährigen Krieges wird Blumberg als »oppidum« (Städtchen, Flecken) bezeichnet, und bis ins 18. Jahrhundert wird noch Bier gebraut; allerdings führt der Ort schon zeitig ein Mauerblümchendasein – Bernau gewinnt wirtschaftlich ständig an Bedeutung, und Blumberg wird quasi vom Fernhandel abgeschnitten.

 Der höchste Punkt im Ort liegt nahe dem Kirchturm (78 m), der niedrigste liegt bei 66,1 m. In der Nähe über-

Blick auf den Dorfteich und das Gemeindezentrum im Ortsteil Lindenberg

ragt der Spitze Berg (83,8 m) noch etwas, und die Kavelberge liegen zwischen 82,2 und 88,6 m – soviel Ordnung muss schon sein.

Der Ort liegt auf dem Barnim, einer eiszeitlichen Grundmoräne: Das abschmelzende Eis ließ hier hauptsächlich Geschiebelehm bzw. -mergel sowie Sande, Kiese, Ton zurück; dadurch entstanden kleinere und größere Schmelzwasserrinnen quer zum Urstromtal der Spree. In den Senken blieb Wasser zurück und bildete ein fast geschlossenes Seenband vom Rehhahn über den Schleusensee bis zum Schlosspark. In der Folgezeit lagerte sich an einigen Stellen Flugsand ab (Christinenheide, Rehhahn, Mehrower Heide); später verlandeten flache Seen.

Nicht nur das Gemeindeleben der Großgemeinde Ahrensfelde ist mit Schwung neu aufgeblüht, auch die baulichen und andere Veränderungen fallen ins Auge und geben Zeugnis davon ab, dass man sich hier wohlfühlt. Im Gemeindegebiet entfalten sich viele interessante Vereine, die Kirchengemeinden und die Schule. Ihre Veranstaltungen und Feste führen die Bürger zusammen. Es ist ein reger Zuzug zu verzeichnen, der auch internationale Stars angezogen hat. Einer von ihnen ist Henry Arland (dessen Vater Rolf Roy Black entdeckte), selbst ein vorzüglicher Musiker, Arrangeur und Komponist, den es aus dem oberbayerischen Chiemgau nach Ahrensfelde zog, er fühlt sich in Randberlin pudelwohl.

Ein weiterer »Knaller« ist Gert Kießling, der dem Kabarett »Die Distel« am Berliner S-Bahnhof Friedrichstraße zu weltweiter Anerkennung verhalf und der seit über vier Jahrzehnten erfolgreich auf den Brettern, »die die Welt bedeuten«, steht.

Ehrgeizige Ziele hat man sich in der Großgemeinde gesetzt, die man mit Selbstbewusstsein, Energie und Umsicht angeht: Hier kann man was erleben und hier lässt es sich gut leben!

Großgemeinde Wandlitz

Inmitten dunkler Laub- und Kiefernwälder, etwa 30 km nördlich von Berlin, liegt Wandlitz, von etlichen Seen umgeben in einer Nebenrinne des Eberswalder Urstromtales. Die in der Weichseleiszeit entstandene reizvolle Endmoränenlandschaft war schon in vorgeschichtlicher Zeit ein Anziehungspunkt für menschliche Siedlungen. Zahlreiche Funde aus der Stein-, Bronze- und Eisenzeit weisen auf Wohnplätze und Grabstätten hin. Nach der Völkerwanderung besiedelten von 600 bis 1200 Slawen die am weitesten vorgeschobene Seehalbinsel. Sie lebten hier als Fischer, Ackerbauern, Vieh- und Wildbienenzüchter und gaben ihrer Siedlung den Namen »vandelice« (Menschen, die am Wasser leben). Im Verlaufe der Ostexpansion kamen im 13. Jh. westelbische Bauern hierher und errichteten abseits der Uckermärkischen Landstraße ein Runddorf. Die erste urkundliche Erwähnung stammt von 1242; sie belegt den Verkauf des Dorfes von den Markgrafen Johann I. und Otto III. an das Kloster Lehnin. Von einem Klostergutshof leiteten die Mönche den Aufbau und die Verwaltung der umliegenden Besitzungen. Die wahrscheinliche Zerstörung des Hofes geschah während des Durchzugs der Hussiten 1432.
Ein Bauwerk aus der Entstehungszeit des Dorfes ist die Kirche, deren Grundmauern vom Anfang des 13. Jhs. stammen. Auf dem spätromanischen Mauerwerk wurde im 13.–15. Jh. eine frühgotische Kirche errichtet; im 18. Jh. umgebaut und erweitert, überragt sie seither das Dorf und ist Wahrzeichen dieses. Ein weiteres ist der »Seekrug«, eine der geschichtsträchtigen Lokalitäten von Wandlitz: Direkt an der ehemaligen Handelsstraße Ulm–Berlin–Stettin am Ufer des Wandlitzsees gelegen, war das Lokal bereits im 15. Jh. eine willkommene Einkehr für Kauf- und Fuhrleute, Händler und Handwerksburschen. Auch Dietrich von Quitzow, einer der prominentesten Raufbolde seiner Zeit, soll sich 1402 im »Seekrug« aufgehalten haben. Später war hier eine Poststation bis 1901, nach Eröffnung des Eisenbahnverkehrs. Bis 1542 blieb Wandlitz in Besitz und Verwaltung des Klosters Lehnin. Im Ergebnis der Reformation und Säkularisierung wurde Wandlitz sodann Domäne, die vom kurfürstlichen Amt Mühlenbeck und später Liebenwalde verwaltet wurde. Zu Beginn der Separation erfolgte 1819 die Verlegung des Lehnschulzengutes vom Wandlitzer Dorfkern nach der neu zugeteilten Feldmark bei Basdorf. Kriegswirren, Besatzungen, Plünderungen und Kontributionen belasteten das Leben der Menschen zeitweilig bis zur Unerträglichkeit. 1880–1910 wurde das seit über 300 Jahren stagnierende Dorf durch Neuansiedlungen erweitert.
Mit der verkehrsmäßigen Erschließung des Gebietes durch die Eisenbahn wurde die Grundlage für den bisher größten Aufschwung in Wandlitz geschaffen. Die Eröffnung der Linie Berlin–Groß Schönebeck (»Heidekrautbahn«) läutete ein neues Kapitel ein. Jetzt entdeckten die Berliner die Vorzüge der Landschaft: Am Nordufer des Wandlitzsees wurde die Landhauskolonie an den »Drei heiligen Pfühlen« erbaut. Auch eine Seepromenade und moderne Straßen entstanden. Aus Berlin fuhren bereits 1908 Kraftomnibusse an den Wandlitz- und den Liepnitzsee. Die Straßen erhielten Kopfsteinpflaster, mit Linden bepflanzte Bürgersteige sowie Gas- oder elektrische Beleuchtung. In einer am Rahmersee entstehenden Kolonie ließen sich Künstler nieder, die dem Ort ein gewisses Flair verliehen, u.a. wohnten hier die Schauspieler Eugen Klöpfer und Fritz Kampers. Bis 1930 war Wandlitz zu einem modernen märkischen Kur- und Erholungsort erblüht. Das Bahnhofsgebäude in Wandlitzsee (1927/28) zählt zu den Denkmalen der Neuen Sachlichkeit. Vieles des noch Geplanten fiel den Verhältnissen nach 1933 zum Opfer. Das war gleichzeitig das Ende des Aufschwungs im Ort. Am 4.9.1941 fielen hier die ersten Bomben. Die Nacht vom 12./13.9.1944 ging als Schreckensnacht in die Geschichte ein: 6 Häuser wurden zerstört, 11 Menschen getötet.
Heute versucht Wandlitz an die Traditionen des einstmals blühenden märkischen Kur- und Erholungsortes anzuknüpfen. Ein Besuchermagnet ist zweifellos das Agrarmuseum mit der größten agrarhistorischen Sammlung des Landes Brandenburg. Freundschaftliche Kontakte pflegt man mit La Ferrière/Frankreich, Trzebiatów/Polen und Gladbeck. In den vergangenen Jahrzehnten erweckte der Name Wandlitz zumeist ganz andere Assoziationen. Für viele war Wandlitz gleich »Waldsiedlung«, das ehemalige »Luxusghetto« vergangener DDR-Politprominenz. Ca. 2 km außerhalb der Ortsgrenzen gelegen, war die Waldsiedlung den Wandlitzern jedoch so fern wie jedem anderen Normalsterblichen. Heute findet sich auf dem weitläufigen Gelände das Rehabilitationszentrum »Brandenburg Klinik«. Im Ortsteil Wandlitz leben derzeit rund 5 250 Einwohner.
Die Gemeinde Wandlitz besteht seit der Gemeindegebietsreform 2003 aus den Ortsteilen Basdorf, Klosterfelde, Lanke, Prenden, Schönerlinde, Schönwalde Stolzenhagen, Wandlitz und Zerpenschleuse; Sitz der Verwaltung ist Wandlitz. Die Gemeinde ist von Berlin aus über die A 11 (Abfahrt Wandlitz und Lanke), die B 109 und die B 273 gut und schnell erreichbar. Die Entfernung zum Berliner »Alex« beträgt 35 km. Zudem verfügen sechs Ortsteile über einen Bahnanschluss und sind im Halbstundentakt/Stundentakt über die Regionalbahn mit Berlin-Karow verbunden.

Der »Lange Trödel« im nördlichsten Ortsteil der Gemeinde, Zerpenschleuse, schlummert derzeit noch im Dornröschenschlaf. Es ist jedoch geplant, den Kanal zu reaktivieren und für den Wassertourismus zu öffnen.

Das Strandbad Wandlitzsee ist insbesondere in den Sommermonaten ein Magnet für natur- und erholungsuchende Besucher aus dem Großraum Berlin.

An einer der verkehrsreichsten Straßen, der B 109, nur etwa 20 Autominuten entfernt von Berlin, liegt *Basdorf* – es ist seiner Form nach ein Angerdorf und wurde 1302 erstmals urkundlich erwähnt. 1901 wird der Ort Bahnknotenpunkt der damaligen Reinickendorf-Liebenwalder-Groß Schönebecker Eisenbahn. Neben einer Anzahl von land- und forstwirtschaftlichen Betrieben bestimmten vor und während des Zweiten Weltkrieges die BMW Flugmotorenwerke (Bramo) die Geschicke des Ortes. Von hier aus wurden fast alle bekannten Hersteller von Kriegsflugzeugen mit Motoren beliefert. In den 90er Jahren wurden neue Wohn- und Geschäftszentren und ein Gewerbegebiet entwickelt, vorhandene Häuser und Wohnungen grundlegend saniert. Außerdem hatten bis August 2006 die Fachhochschule der Polizei und das Landeskriminalamt ihren Sitz in Basdorf. Daraus ergab sich ein regelrechter Zuzugsboom: Von knapp 3 000 Einwohnern 1990 schnellte die Zahl bis heute auf über 5 000. Partnerschaftliche Verbindungen bestehen zu Mouchard/Frankreich und Vöhl/Hessen.

Durch *Klosterfelde,* einem breiten märkischen Straßendorf, verläuft heute die verkehrsreiche B 109. Rund 3 200 Einwohner leben hier. 1242 wurde der Name »Closterfeld« erstmals urkundlich erwähnt. Die Bevölkerung wuchs beständig und erreichte um 1800 etwa 500 Menschen. Die bäuerliche Struktur bestimmte das hiesige Leben. Mit der Bahnlinie Reinickendorf-Groß Schönebeck (1901) wurde Klosterfelde auch für die Industrie interessant. Bereits 1878 hatte sich Küchenmöbelfabrikant Louis Bergemann niedergelassen und entwickelte einen hier über Jahrzehnte dominierenden Großbetrieb. Bis Ende der 90er Jahre des 20. Jhs. wurden Küchenmöbel produziert. Ein besonderes Kleinod stellt die im 13. Jh. erbaute Kirche dar. Der Granitbau hat einen reichverzierten Altar (1719) und eine schön gestaltete Kanzel, von einer Mosaikfigur getragen. Der Ort verfügt seit 1997 über Europas einziges Artistenmuseum, das ein stark frequentierter Anziehungspunkt ist.

Lanke kommt von dem slawischen »Lako« und bedeutet »Wiese, Bucht oder Krümmung«. Während des 30-jährigen Krieges erlitt der Ort ein besonders schweres Schicksal; alle Bewohner fanden den Tod. Erst 100 Jahre später lebten hier wieder soviele Menschen, wie davor: 126. Heute sind es etwa 580 Einwohner. Die Lanker

Prenden ist der kleinste der neun Wandlitzer Ortsteile. Auf einem der höchsten Punkte im Ort liegt die wunderschöne Fachwerkkirche mit einem aus der Frührennaissance stammenden Altar.

Gegend ist ein beliebtes Ausflugsziel, vor allem für die Hauptstädter. Die Seenlandschaft trägt hierzu wesentlich bei – im Sommer zum Bade, im Winter zum Eislaufen. Was wunder, wenn berühmte Gäste sich wie zu Hause fühlten. Max Schmeling beispielsweise, der sich 1938 auf den Kampf mit Joe Louis vorbereitete. Zum Ort gehört auch ein Schloss, das 1856/59 erbaut wurde.

Prenden (ca. 500 Einwohner) ist der bevölkerungsmäßig kleinste Ortsteil, aber mit einer wunderschönen Umgebung, zu der auch Bauern, Strehle und Mittelprender See gehören. Das Dorf mit seinen schlichten Häusern macht einen ruhigen und gepflegten Eindruck. Auf den Spuren von Otto Christoph von Sparr, einem Generalfeldmarschall zu Zeiten des 30-jährigen Krieges, dem auch Wundergeschichten nachgesagt wurden, besuchte Theodor Fontane auf seinen Wanderungen durch Mark Brandenburg 1861 Prenden. Einen attraktiven Anziehungspunkt bildet der Prendener Golfplatz, eine 27-Loch-Anlage. Auf einem der höchsten Punkte steht die Kirche mit dem aus der Frührenaissance stammenden Altar. Weniger schön, aber leider Tatsache: In den 70er und 80er Jahren entstand hier eine unterirdische Kommandozentrale der DDR-Führung »für den Kriegsfall«. Sie hat damals dringend benötigtes Material und noch mehr Geld verschlungen und verrottet jetzt.

In *Schönerlinde* leben ca. 960 Menschen. 1242 erstmals urkundlich erwähnt, durchlebte das Dorf eine wechselvolle Geschichte: Kriege, Feuersbrünste, Missernten – das alles hatte erhebliche Auswirkungen auf die Entwicklung und dezimierte die Bevölkerung. Als besonders tragisch erwies sich der Großbrand von 1810, der alle Gehöfte westlich der Kirche vernichtete. Der Brandstifter wurde gefasst und in Berlin zur Abschreckung auf dem Scheiterhaufen verbrannt! Erst zu Beginn des 20. Jahrhunderts verzeichnete der Ort einen gewissen Aufschwung: Besonders der Verkauf von Land an den Berliner Magistrat für die Verrieselung von Abwässern führte zu einem bescheidenen Wohlstand für die Besitzer; allein, der Gestank besonders in den Sommermonaten wog das auf die Dauer nicht auf. Ein modernes Klärwerk ist heute mit seiner Silhouette von weitem sichtbar; etliches Gewerbe samt Kleinindustrie hat sich inzwischen an der Bahnlinie Karow-Groß Schönebeck angesiedelt.

Das Rathaus im Ortsteil Wandlitz ist heute Sitz der Gemeindeverwaltung und des Tourismusvereins. 1906 wurde das Gebäude als Hotel Albert Rünger errichtet und war bis in die 30er Jahre ein beliebtes Ausflugslokal.

Schönwalde (2 300 Einwohner) gehört zu den Spinnerdörfern in der Mark, die Friedrich der Große zur Steigerung der Wollfabrikation im Rahmen seiner Kolonisationstätigkeit errichten ließ. 1753 siedelten sich mehrere Kolonistenfamilien aus Württemberg und der Pfalz hier an und schufen das charakteristische Straßendorf mit breiten Fußwegen und Alleen; inmitten des Ortes steht die 1843 errichtete kleine Kirche. Nach dem Versiegen der Leineweberei entwickelte sich zu Beginn des 19. Jhs. eine umfangreiche Holzwarenfabrikation. Mit der Eisenbahn kamen dann verschiedene Industrie- und Siedlungsbauten. Das im neobarocken Stil errichtete Schloss Dammsmühle etwas außerhalb von Schönwalde dämmert heute leider im Dornröschenschlaf vor sich hin. Aber die traditionellen Volksbräuche finden längst wieder statt, und im »Antiquarium« gibt es regelmäßige Konzerte.
Stolzenhagen ist ein typisches Brandenburger Angerdorf und gehört mit Wandlitz und Klosterfelde zu einem Brennpunkt der mittelalterlichen Kolonisation im Barnim; heute leben hier 1 600 Menschen. Urkundlich erwähnt wurde der Ort erstmals 1242. In den 20er und 30er Jahren des 20. Jhs. entdeckten vor allem die Berliner den Ort für sich und bauten Häuser und Villen. In den 60er und 70er Jahren wurde Stolzenhagen sozusagen erneut parzelliert. Besonders die Seen und die waldreiche Umgebung lockten viele Großstädter hierher. Berühmt war dereinst das hiesige Weißbier, das Gastwirt Rücker mit Wasser aus dem Stolzenhagener See gebraut haben soll.
Seit der Gemeindegebietsreform 2003 gehört *Zerpenschleuse* als nördlichster Ortsteil zur Gemeinde Wandlitz. Das Dorf zieht sich entlang dem »Langen Trödel«, eines ehemaligen Teils des Finow-Kanals, der ältesten künstlichen Wasserstraße Deutschlands (1605/20). Es waren vor allem Schiffer, Handwerker und Tagelöhner, die sich in Zerpenschleuse ansiedelten. Heute ist Zerpenschleuse ein beschaulicher Ort, dessen Schifferhäuser entlang des Kanals für holländisches Flair sorgen. Ein neuer Radweg entlang des Finow-Kanals und touristische Wassersport-Angebote machen den Ort zunehmend attraktiv.

Der Barnim – ideale Landschaft für Reiterferien. In vielen Gemeinden finden sich Reiterhöfe mit Angeboten für Jung und Alt.

Landkreis Uckermark

»Willkommen in Deutschlands größtem Landkreis!«, könnte man hier ungestraft ausrufen, denn es stimmt wirklich: Dieser Landkreis zwischen Berlin und Stettin ist tatsächlich der größte (3 058,13 qkm) und lässt damit sogar das Bundesland Saarland noch hinter sich. In bevölkerungsmäßiger Hinsicht indes steht er keineswegs auf einem Spitzenplatz: Ganze 142 620 Einwohner gibt es, also 46,64 pro qkm). Damit ist er einer der besiedlungsärmsten. Was wiederum bedeutet, dass Weite, Wald und Wasser dominieren; deshalb eignet sich die Region auch bestens als Tourismusmagnet. Kreisstadt ist *Prenzlau* (rd. 21 200 Einwohner); größte Stadt allerdings *Schwedt/Oder* (rd. 38 400 Einwohner) – die kleinste ist *Lychen* (rd. 4 000).
Der Landkreis Uckermark grenzt im Osten an Polen, im Norden und Nordwesten an die Landkreise Uecker-Randow bzw. Mecklenburg-Strelitz (beide Mecklenburg-Vorpommern), im Westen an den Landkreis Oberhavel und im Süden an den Landkreis Barnim. Entstanden ist er 1993 aus den Kreisen Angermünde, Prenzlau und Templin sowie der vorher kreisfreien Stadt Schwedt/Oder. Es gibt 8 amtsfreie Gemeinden und 5 Ämter mit 26 amtsangehörigen Gemeinden; Städte sind: Angermünde, Prenzlau, Schwedt/Oder), Templin, und Lychen. Amtsfreie Gemeinden sind: Boitzenburger Land, Nordwestuckermark und Uckerland. Die Ämter mit ihren Gemeinden heißen: Brüssow/Uckermark mit Stadt Brüssow, Carmzow-Wallmow, Göritz, Schenkenberg, Schönefeld, Gartz/Oder mit Stadt Gartz/O., Casekow, Hohenselchow-Groß Pinnow, Mescherin, Tantow, Gerswalde mit Flieth-Stegelitz, Gerswalde, Milmersdorf, Mittenwalde, Temmen-Ringenwalde, Gramzow mit Gramzow, Grünow, Oberuckersee, Randowtal, Uckerfelde, Zichow und Oder-Welse mit Berkholz-Meyenburg, Mark Landin, Pinnow, Schöneberg, Passow. Der Landkreis Uckermark stellt sich dem Wettbewerb der Regionen mit dem Ziel, die Uckermark zu einer wettbewerbsfähigen und lebenswerten Region zu entwickeln. Dabei ist die Kernaufgabe der Kreisentwicklung die Stärkung des Wirtschaftsstandorts Uckermark durch Ausbau der Infrastruktur, Intensivierung der Bestandspflege, Profilierung einzelner Teilräume, Intensivierung von Standortmarketing und Ansiedlungsakquisition und Förderung der Tourismusentwicklung. Die Sicherung und weitere Entwicklung der wirtschaftlichen Basis im ländlichen Raum ist von herausragender Bedeutung; dazu zählen unbedingt: Wohnen und Versorgung im ländlichen Raum, zukunftsorientierte Energiewirtschaft, zukunftsfähiger Standort für regenerative Energieerzeugung, Verarbeitung und Vermarktung regionaler Produkte, ländlicher Tourismus, grenzüberschreitende touristische und kulturelle Kooperation u.a.m.
Die Historie der Region ist umfangreich: Nach den slawischen Ukranen eroberten die Pommernfürsten die Uckermark, und 39 Jahre später drangen die brandenburgischen Markgrafen ein und errichteten starke Befestigungen; die ersten Städte (u.a.Brüssow, Lychen, Prenzlau, Angermünde) entstanden. Im 30-jährigen Krieg gehört die Uckermark zu den am stärksten in Mitleidenschaft gezogenen Territorien. 1842 erreicht der Eisenbahnbau (Berlin–Stettin) Angermünde und 20 Jahre später (Berlin–Stralsund) Prenzlau. In den letzten Tagen des II. Weltkrieges wird die Uckermark durch Kampfhandlungen stark in Mitleidenschaft gezogen; Schwedt, Prenzlau und Gartz werden zu über 80% zerstört. Das ist unter anderem der Grund, warum es hier relativ wenig historische Bauten gibt. Beispiel *Schwedt:* Diese größte uckermärkische Stadt unterscheidet sich grundsätzlich von anderen Städten der Region; es ist keine »anmutige Mittelalterstadt«, darüberhinaus ist sie Chemiemetropole, und da ging es vor allem darum, schnellen und auch kostengünstigen Wohnraum in Größenordnungen und binnen kurzer Zeit zu schaffen. Einige Ruinen, Kirchen sind noch vorhanden, auch der Berlischky-Pavillon (der im 18. Jahrhundert für die eingewanderten Hugenotten bestimmt war). Die brachten u.a. den Tabakanbau nach hier; die Uckermark ist noch heute drittgrößtes Tabakanbaugebiet Deutschlands.
Gramzow (1168) ist der älteste Ort der Uckermark; besondere Attraktionen sind hier die Ruine eines Prämonstratenserklosters (1180) und das einmalige Museum für Klein- und Privatbahnen. Auch das *Boitzenburger Land* ist reich an historischen Schätzen; z.B. das Renaissance-Wasserschloss (von 1528–1945 im Besitz der von Arnims), das im 19. Jahrhundert durch Friedrich August Stüler im neogotischen Stil umgebaut wurde (auch Carl Gotthard Langhans, Martin Gropius und Carl Dorflein haben ihre architektonischen Spuren hinterlassen); den Landschaftspark erschuf Peter Josef Lenné; des Weiteren sind die Pfarrkirche auf einer Anhöhe, von zahlreichen Fachwerkhäusern umgeben, und die Klosterruine mit Mühle ebenso ansehenswert.
Der Landkreis Uckermark liegt verkehrsgünstig: Bis nach Berlin und zur Ostsee sind es nur ca. 100, bis Stettin 50 Kilometer.

Das alles überragende Bauwerk der Uckermark – die Marienkirche in Prenzlau (begonnen 1235, vollendet 1340, norddeutsche Backsteingotik, errichtet im Auftrag der Prenzlauer Bürgerschaft)

Templin – Die romantische Perle der Uckermark

Templin liegt in der West-Uckermark, ca. 80 km nordöstlich von Berlin entfernt, ein beliebtes Ziel für Gäste und Urlauber aus der Hauptstadt, die mit der Bahn (RB 12) lediglich eine Stunde bis hierher benötigen, mit dem Auto über die Autobahn Berlin–Stettin und mit Schiff oder Boot über die Havel erreichbar.
1270 erstmals erwähnt, spätestens 1314 mit Stadtrecht versehen, präsentiert sich die Perle der Uckermark heute als sympathischer abwechslungsreicher Erholungsort. Blickfang auf dem Marktplatz ist die restaurierte Fassade des Rathauses, etwas weiter erstrahlt das alte Akzisehaus (Akzise: Zoll, Torabgabe) in neuem Glanz, Hier ist übrigens die Touristeninformation untergebracht. Außer den vielen interessanten Sehenswürdigkeiten – die fast vollständig erhaltene Stadtmauer mit Mauertürmchen und Wiekhäusern sowie Berliner, Mühlen- und Prenzlauer Tor, die restaurierte Maria-Magdalenen-Kirche (1749 entstanden als barocke Hallenkirche unter Verwendung der Fundamente und Reste eines spätgotischen Vorgängerbaus) oder die Fachwerkhäuser der Altstadt – gibt es auch so manches Unspektakuläre, Sehens- und Liebenswertes zu entdecken.
Radfahren – auf dem Uckermärkischen Radrundweg – und Wandern sind nicht nur in der Umgebung Templins attraktiv, sondern auch in der Stadt selbst. Im Sommer locken die Seen zu Bootstouren und Badefreuden. Entlang der gut erhaltenen, 1 735 m langen Stadtmauer aus Feldsteinen verläuft ein Rundweg um die Altstadt. Alljährlich finden in Templin einige Höhepunktveranstaltungen, die oft schon traditionellen Charakter haben, statt. Mit viel Engagement werden diese von den Vereinen vorbereitet und zur Freude der Bürger und Gäste organisiert. Als Anregungen für die Freizeit- und Urlaubsgestaltung dienen u.a. das Templiner Stadtfest, das Stadtmauerfest, die Wasserspiele mit OpenAir am Eichwerder, der Lübbenseelauf am Postheim, das Rheinhessische Weinfest auf dem Marktplatz, Orgelkonzerte in der Maria-Magdalenen-Kirche und nicht zu vergessen die Uckermärkische Nudelwoche.
Der Berliner Tor genannte, 600 Jahre alte Turm der Templiner Stadtmauer, dessen Fassade als eine der schönsten der norddeutschen Backsteingotik gilt, enthält heute auf drei Etagen die gemeinsame Ausstellung »Lebensräume« der uckermärkischen Großschutzgebiete Naturpark Uckermärkische Seen und Biosphärenreservat Schorfheide-Chorin. Die künstlerisch aufwendig gestaltete Ausstellung vermittelt umfassende Informationen über die Geschichte, die naturräumlichen Besonderheiten, die Schönheit, aber auch den neuzeitlichen Wandel der Region und zur Entwicklung der beiden Großschutzgebiete. Von dem denkmalgeschützten Turm bietet sich außerdem ein wunderbarer Blick auf die Altstadt Templins.
Ein Wohlfühlerlebnis ganz anderer Art bietet die »NaturThermeTemplin«. Das sich mit geschwungenem Gründach harmonisch in die umgebende Hügellandschaft einfügende Gebäude hält neben einem Therapiezentrum mit Thermalsolebad und Gastronomiebereich eine Badelandschaft mit Wellen- und Sprudelbecken, Wasserfällen, Grottengang, Lichtwasserorgel, Strömungskanal und anderen Raffinessen bereit.
Ein Landschaftspark mit Rad- und Fußwegen, Skaterparcours, Naturspielplätzen, Sportanlagen, einem Aussichtshügel und Sitzgruppen stellt eine reizvolle Verbindung zwischen Therme, Templiner Innenstadt und Kurzentrum dar und schafft einen harmonischen Übergang vom Park zur freien Landschaft der Umgebung.
Und nicht zu vergessen: Das Mittelzentrum Templin als Fremdenverkehrsort mit erfolgreicher Entwicklung zur Bäderstadt bietet Handwerk und Gewerbe sowie mittelständischer Industrie große Chancen im neu erschlossenen, 30 ha großen Gewerbegebiet Süd. Für Gewerbeansiedlung sprechen solche Argumente wie hervorragende Stadtstruktur (Mittelzentrum, Gewerbestandort, Fremdenverkehrsort, Wohnfunktion) sowie beste Verkehrsanbindung nach Berlin, Hamburg, Stettin und zur Ostsee (Bahn und Straße).

Die St.-Georgen-Kapelle in der ehemaligen Kreisstadt Templin; außer ihr haben nur die Stadtmauer und die drei Stadttore den verheerenden Brand 1735 überstanden.

St. Georgen-
Kapelle

Stadtansicht über den Stadtsee

Lychen – Stadt der Seen und Wälder

Natur in vollen Zügen genießen, das ist in Lychen bei jedem Wetter möglich. Der Seenreichtum am Rande der mecklenburgischen Seenplatte, Feuchtgebiete und Moore sowie ausgedehnte Wälder bieten Erholungsuchenden und Naturliebhabern ausreichend Möglichkeiten, Natur zu erleben. Interessierte finden einen einzigartigen Artenreichtum – aus gutem Grund ist der Eisvogel Sympathieträger der Stadt. Das klimatische Zusammenspiel von Seen und Wäldern fördert nicht nur den Naturhaushalt, sondern auch die Gesundheit der Menschen und brachte der Stadt bereits im ersten Drittel des 20. Jhs. den Titel »Luftkurort« und den Beinamen »märkisches Interlaken« ein. Lychen liegt im Naturpark Uckermärkische Seen und tangiert den Naturpark Feldberger Seenlandschaft. Einzigartige optische Genüsse erfährt, wer sich die Landschaft aktiv auf befestigten und unbefestigten Rad- und Fußwanderwegen, per Kanu, Kajak, Paddel-, Ruder-, solarbetriebenen, Segel- oder Motorbooten, einem Touristenfloß oder auch einer Draisine erobert. Fisch frisch vom Fischer ist ein besonderes Angebot der Region und Selbstversorgung aus dem Wasser ist per Angel (aber nur mit Schein) eine Herausforderung. Seit 1995 ist Lychen ein »Staatlich anerkannter Erholungsort«. Die natürlichen Voraussetzungen dazu wurden durch die letzte Eiszeit – der Weichseleiszeit – in Form besonders klarer Rinnenseen und sanft geformter Hügel geschaffen. Die Geschichte der Stadt wird seit mehr als 750 Jahren geschrieben. Die Gründung geht zurück auf die »Städtegründer« der Mark Brandenburg Johann und Otto. Sie wird in der unmittelbaren Umgebung ergänzt durch die Kulturgeschichte Brandenburgs in Form von Schlössern, Burgen, Kirchen, Klöstern und kleinen märkischen Städten mit Stadtmauern und ihren Wehranlagen sowie aktuellen Angeboten in Kunstkaten, Keramikhöfen, Musikscheunen, Theatern in und an historischen Gemäuern usw. Wasser und Wald klingt sehr verheißungsvoll für einen Sommerurlaub. Insider fragen auch im Winter kurzfristig nach den Wetterverhältnissen vor Ort, um Wanderungen auf fast meterdick gefrorenen Seen in Wintersonne und absoluter Stille zu genießen.

Schloss Boitzenburg hat sich zum Besuchermagnet entwickelt. Auf der Terrasse lässt es sich auch von den Ausflügen in die Umgebung gut erholen.

Gemeinde Boitzenburger Land

Eingebettet in eine eiszeitlich geprägte, sanft hügelige, wald- und seenreiche Landschaft gehört die Gemeinde Boitzenburger Land mit ihren zehn Ortsteilen im Nordwesten der Uckermark zu den am dünnsten besiedelten Gebieten der Bundesrepublik. Auf 216 Quadratkilometern leben hier knapp 4 000 Einwohner.
Gut ein Viertel von ihnen wohnt in Boitzenburg, dem wirtschaftlichen Zentrum und Verwaltungssitz der Gemeinde. Der Ort konnte sich bereits im frühen Mittelalter zwischen der Burg und dem Zisterzienser-Nonnenkloster aus zwei Siedlungskernen entwickeln und gelangte als »Flecken« mit Marktrecht unter den Arnims zu einigem Ansehen. Die bald zum Renaissanceschloss erweiterte Burg wurde seit der Reformation und Übernahme der Klostergüter durch die Schlossherren noch mehrfach um- und ausgebaut und zählt bis heute zu den größten märkischen Adelssitzen. Erstmals 1429, doch von 1528 bis zur Flucht und Enteignung 1945 durchgängig, war das heute als Kinder- und Familienhotel betriebene Schloss Boitzenburg im Besitz der 1786 in den erblichen Grafenstand erhobenen Familie von Arnim. Sie hat maßgeblich Leben und Entwicklung auch der umliegenden, bis heute von der Land- und Forstwirtschaft geprägten Orte bestimmt, die zur Grafschaft Boitzenburg gehörten. Bedeutende preußische Architekten, Künstler und Landschaftsgestalter wie Carl Gotthard Langhans, Gottfried Schadow und Peter Joseph Lenné hinterließen sichtbare Spuren.
Neben Schloss und Klosterruinen gehören die ehemalige Patronatskirche »St. Marien auf dem Berge« und das noch voll funktionstüchtige Klostermühlenmuseum zu den besonderen touristischen Attraktionen, die jährlich nicht nur zu Konzerten und traditionellen Veranstaltungen von tausenden Gästen besucht werden. Ein reges Vereinsleben und viel persönliches Engagement sorgen in den Ortsteilen Boitzenburg, Klaushagen, Jakobshagen, Warthe, Hardenbeck, Funkenhagen, Buchenhain, Wichmannsdorf, Haßleben und Berkholz für urtümlich-bodenständiges Miteinander und ein ausgeprägtes Heimatgefühl.

Schloss Kröchlendorff in Kröchlendorff

Gemeinde Nordwestuckermark

Diese Gemeinde (www.gemeinde-nordwestuckermark.de) im Landkreis Uckermark setzt sich aus den Ortsteilen Ferdinandshorst, Fürstenwerder, Gollmitz, Holzendorf, Kraatz, Naugarten, Röpersdorf/Sternhagen, Schapow, Schönermark und Weggun zusammen. Hier leben gegenwärtig rd. 5 300 Menschen; Gemeindesitz ist Schönermark. Naturräumlich ist das Gebiet eine typische Endmoränenlandschaft; charakteristisch auch weitläufige Ackerflächen und meist kleinteilige Grünlandflächen in den Niederungsgebieten im Bereich von Seen und Wasserläufen. Mehrere Seen und Waldgebiete, kleine Wasserläufe und die hügelige Landschaft bieten vielfältige Bade- und Wandermöglichkeiten. An Sehenswürdigkeiten herrscht kein Mangel: Die mittelalterliche Stadtmauer mit zwei Stadttoren und Feldsteinkirche in Fürstenwerder, die Wehrkirche Gollmitz, die ebenfalls restaurierte Wassermühle Gollmitz, die Kirchen in Schapow, Schönermark, Kraatz, Naugarten, Röpersdorf, Beenz, Lindenhagen, Zernikow und Parmen sind ebenso sehenswert wie der Park in Warbende im Lenné-Stil.
Auch wenn *Ferdinandshorst* erst 1825 als Vorwerk gegründet wurde, darf darüber nicht vergessen werden, dass der Gemeindeteil Christianshof bereits 1775 als Vorwerk auf der Feldmark Schwanenpfuhl entstanden ist (das ehemalige »Suanepul« wird schon 1375 im Landbuch erwähnt). 1928 wurden die Gutsbezirke zusammengelegt. Nach 1945 dominierte die Tierproduktion, was auch noch heute Vorrang genießt.
Fürstenwerder liegt malerisch eingebettet zwischen Wahrensee und Dammsee; die ehemaligen Vorwerke Wilhelmshagen, Bülowsiege, Fiebigershof und Schulzenhof entstanden im 19. Jahrhundert. 1311 wurde der Ort erstmals erwähnt (Fürstenwerder = Vorderstes Werder). Das Woldegker und das Berliner Tor stehen noch von der alten Stadtbefestigung.
Gollmitz beging 1996 sein 700-jähriges Bestehen. Jahrhundertealte Gebäude wie Wehrkirche, Laubenhaus und Wassermühle prägen neben schmucken Eigenheimen unserer Tage dieses Dorf. Schloss, Marstall, Kirche,

Großer Wahrensee in Fürstenwerder

Backsteingebäude, Gut und Park bilden ein harmonisches Ensemble; Oskar von Arnim ließ es 1844 erbauen. *Holzendorf* (mit Zernikow und Fürstenhagen) liegt eingebettet in eiszeitlich geprägter Hügellandschaft. Die Kirche aus der 2. Hälfte des 13. Jahrhunderts steht unter Denkmalschutz. *Kraatz* (mit Damerow) gehört mit ca. 140 Einwohnern zu den kleinsten Ortsteilen, der etwa 1250 durch Siedler aus der Altmark gegründet wurde. Im Naturpark »Uckermärkische Seen« am Rande der Zerweliner Heide liegt das kleine Dorf *Naugarten*; es wurde 1239 erstmals erwähnt. Der ursprüngliche Name »novo grad« weist auf eine alte slawische Siedlung hin. Der 33 ha große See erfreut sich eines reichen Besuches. *Röpersdorf-Sternhagen* (mit Zollchow, Lindenhagen, Schmachtenhagen) liegt an den Ufern des Unteruckersees (7 km lang, 2,5 km breit), einem Relikt der letzten Eiszeit. Reizvolle Wanderungen führen durch das Naturschutzgebiet »Charlottenhöh« über sanfte Hügel und eine opulente Wiesenlandschaft. *Schapow* (mit Wittstock, Rittgarten, Augustfelde, Bollmannsdorf, Fischershof, Dochower Mühle) liegt im Endmoränengebiet Feldberg/Fürstenwerder und wurde um 1300 gegründet. Besuchermagnet in Wittstock ist das Bauernmuseum in der alten Dorfschule.

Schönermark (mit Wilhelmshof) wurde 1321 ersterwähnt und spielte schon immer eine hervorgehobene Rolle; in jüngster Vergangenheit stand hier das modernste Futterpelletwerk der DDR. *Weggun* (mit Parmen, Warbende, Arendsee, Raakow) wurde 1331 gegründet als Besitz des Nonnenklosters zu Boitzenburg. Erwähnenswert ist zweifellos der Petznicksee, der im Zerweliner Forst liegt und kristallklares Wasser führt. Mit der Bildung der Großgemeinde konnte die wirtschaftliche Leistungsfähigkeit des kommunalen Haushaltes stark verbessert werden und damit auch die Entwicklung der Infrastruktur im ländlichen Raum abgesichert werden. Dienstleistung, Handwerk und Gewerbe, Hotel- und Gaststättenwesen sowie Freizeit- und Erholungsmöglichkeiten haben sich positiv entwickelt Viele Ausflugsziele und Wanderwege laden ein in die schöne wald- und seenreiche Landschaft.

Heimatmuseum Brüssow

Amt Brüssow

Das Amt Brüssow/Uckermark befindet sich im nordöstlichen Teil des Landes Brandenburg an der Grenze zu Mecklenburg-Vorpommern. Umrahmt durch das Randowtal im Osten und das Ueckertal im Westen bietet eine abwechslungsreiche Landschaft mit Wäldern, kleinen sauberen Seen und fruchtbaren Feldern zahlreiche Erholungsmöglichkeiten fernab von Stress und Hektik. Das Amt Brüssow besteht seit seiner Strukturreform im Jahre 2001 aus den Gemeinden Carmzow-Wallmow, Stadt Brüssow, Göritz, Schenkenberg und Schönfeld. Sitz der Verwaltung ist in der Kleinstadt Brüssow, die bereits 1259 erstmals urkundlich erwähnt wurde. Im Amtsgebiet weisen viele historische Zeitzeugen, wie steinzeitliche Grabanlagen, slawische Burgwälle und liebevoll restaurierte alte Dorfkirchen auf eine sehr lange Siedlungsgeschichte hin. Heute wohnen in 32 Orts- und Gemeindeteilen rund 5 300 Einwohner auf einer Fläche von 21 701 ha. In dieser abwechslungsreichen Gegend gibt es für Besucher einiges zu entdecken, Gasthäuser, Hotel, Pensionen, Ferienwohnungen und der Campingplatz mit Ferienhäusern am Brüssower See laden zum Verweilen ein. Ein Frei- und ein Seebad, Sportplätze, Reiterhöfe am Kutsch- und Reitweg Berlin–Stettin, Radwanderwege und der Wasserwanderweg Uckerseen–Stettiner Haff bieten Freizeitvergnügen.
Brüssow liegt am Ostrand des »Brüssower Schildes«, zwischen Uecker- und Randowtal. Im kleinen Städtchen hat sich das Handwerk vorrangig etabliert sowie Klein- und Kleinstunternehmen mit ihren Dienstleistungs-, Handels- und Landwirtschaftsbereichen. In einem Buch von 1828 wird berichtet, dass Brüssow bereits 1190 erbaut worden sein soll. Damals war auch eine Befestigung angelegt worden, in der Mitte zwischen Prenzlau und Stettin gelegen, von der Lage her äußerst günstig und strategisch wichtig.
Das Gebiet von Brüssow war nicht erst seit der Stadtgründung besiedelt; davon zeugen Funde aus der Jüngeren Steinzeit (ca. 6 000 v. Chr.), die eine solch frühe Besiedlung rechtfertigen. Warum die deutschen Siedler aber so

Kirche in Grünberg

in diese Gegend hineindrängten, lässt sich vielleicht dadurch erklären, dass im Hochmittelalter eine »via regia« von Stettin nach Prenzlau verlief, die auch Brüssow berührte – daher war die Region zum Siedeln äußerst attraktiv. Zu Brüssow gehören die Ortsteile Grimme, Hammelstall, Stramehl, Mohr, Butterholz, Petersruh und Frauenhagen.

Der Ortsteil *Woddow* wurde 1416 erwähnt und wechselte im Laufe seiner Geschichte oftmals den Besitzer; auch die Brüder von Bruch, von der Schulenburg, von Arnim, von Birkenstedt waren daran beteiligt. Auch dieser Ort war durch die Kampfhandlungen Ende April 1945 stark zerstört. Die Gutsanlage wurde von 1760 bis 1801 errichtet: Neben dem Gutshaus gehörten die Wirtschaftsgebäude, Kavaliershäuschen und der Park mit Teepavillon sowie ein Taubenhäuschen dazu, Es ist alles im Barockstil erbaut. Bis 1945 war die Familie Birkenstedt Besitzer dieses Anwesens; später entstanden Wohnraum, Verkaufstelle, Gaststätte und Büroräume. Dann verfiel die Anlage. Heute ist alles wieder in Privatbesitz.

Die beiden Orte der *Gemeinde Carmzow-Wallmow* liegen nur einige Kilometer von der Kreisstadt entfernt an der Straße Prenzlau-Löcknitz, auf der Ostseite des Kreises. Das Gelände ist wellig-hügelig und wird von einer Reihe Seen, Tümpeln und Brüchen durchsetzt. *Carmzow* (1354) erschien erstmals unter dem Namen »Karmssow«; aber bereits weit vorher war das Land besiedelt und erfreute sich eines regen Zuspruchs. Die Voraussetzungen waren denkbar günstig: Wasser, Wald, fruchtbarer Boden. Eines der ältesten Funde ist wohl das 1956 geöffnete Großsteingrab (ca. 4 000 v. Chr.); auch Steinäxte mit eingebohrten Löchern, eine Feuersteinlanzenspitze und Scherben fand man hier.

Wallmow, das alte Bauerndorf, geht auf die deutsche Kolonisation Anfang des 13. Jahrhunderts zurück; Bischof Herrmann von Kamin war der erste Besitzer. Später (1375) kam ein Ritter Bruch; 1481 geht ein Teil an

Blick auf Gut Klockow mit idyllischem Teich

Werner von der Schulenburg auf Burg Löcknitz. Noch später wurden Hugenotten angesiedelt. Ähnlich wie in Brüssow wanderten 1843 von hier 143 Bürger nach Amerika aus und gründeten dort die Gemeinde Newwallmoow. Die landwirtschaftliche Entwicklung wurde durch die Eisenbahnanbindung 1902 und die Elektrifizierung 1912 gefördert. Zur Gemeinde gehören die Gemeindeteile *Wendtshof, Cremzow* und *Hedwigshof.*

Zur *Gemeinde Göritz* gehören *Tornow* und *Malchow.* Die erste urkundliche Erwähnung ist datiert von 1346, aber bereits früher wurde die Kirche gebaut (um 1250). Auch Funde von Steinäxten, Spinnwirteln und Feuersteinwerkzeugen belegen eine noch frühere Besiedlung. Als die deutschen Siedler hierher kamen, wurden die Uckerer in die entstehenden Dorfgemeinschaften einbezogen. Das Straßen- und Angerdorf entstand an der Heerstraße in Richtung Prenzlau und Pasewalk. Nach dem 30-jährigen Krieg war der Ort wüst; erst später kamen neue Siedler. Heute gehören Landwirtschaftsbetriebe (u.a. eine 2000er Milchviehanlage) zu den größten Arbeitgebern.

Die *Gemeinde Schenkenberg* besteht aus den Ortsteilen *Schenkenberg* und *Ludwigsburg* sowie den Gemeindeteilen *Wittenhof* und *Kleptow.* Schenkenberg liegt 9 km nordöstlich von Prenzlau; durch eine Schenkung von zwei Höfen à sechs Hufen Land an das Maria-Magdalena-Kloster Prenzlau entstand der Name. Seit 2001 haben sich beide Gemeinden zusammengeschlossen und sind dem Amt beigetreten.

Die *Gemeinde Schönfeld,* 4 km weiter gelegen, erhielt von deutschen Kolonisten um 1200 eine ausgiebige Gemarkung von über 70 Hufen. Auch hier waren die Besitzverhältnisse ähnlich denen der anderen Gemeinden. 1803 wurde hier als Sohn des Pfarrers Carl Büchsel geboren. Zur Gemeinde gehören noch die Orte *Klockow* und *Karlshof.* – Brüssow kam 1952 zum vorpommerschen Kreis Pasewalk und gehört seit dem 1.8.1992 wieder zum Land Brandenburg.

Unter den vielen Baudenkmälern im Ortsteil Wolfshagen hebt sich die Fliesenbrücke hervor (1995–97 renoviert).

Gemeinde Uckerland

Die Gemeinde Uckerland ist die nördlichste Gemeinde des Landes Brandenburg und eine sehr junge, sie ist seit dem 31.12.2001 existent, umfasst eine Fläche von 165 qkm und hat elf Ortsteile mit insgesamt 29 Orten. Der Verwaltungssitz befindet sich im Ortsteil Lübbenow.

Die Landschaft ist geprägt durch die Landwirtschaft, durch Landschaftsschutzgebiete, durch Seen und unberührte Natur, die unbedingt zum Verweilen einladen. Das herrliche Landschaftsbild wird gekennzeichnet durch große Agrarflächen, die durch kleine Waldstücke durchbrochen sind. Das darin eingebettete Köhntoptal ist eine aus Erlen, Weiden, Pappeln und Eschen bestehende Sumpf- und Flussniederung. Zwischen den Bachläufen des gleichnamigen Flusses Köhntop und der Beeke finden sich noch einzelne Kopfweiden. Für Besucher gibt es einiges zu entdecken und zu erkunden: 3 Seen mit hervorragender Badequalität, ein Radfernweg von Berlin nach Usedom, Hünengrab in Trebenow, das Windfeld in Nechlin. Wir haben Orte mit großen Guts- und Schlossanlagen und auch Orte wie Wolfshagen, wo 29 Baudenkmale im Ort ein einzigartiges Flair umgibt. Zu einem Drittel liegt die Gemeinde an der Grenze zu Mecklenburg-Vorpommern.

Es ist zu verzeichnen, dass die Bürger der Gemeinde Uckerland noch eine große Verbindung zu Mecklenburg-Vorpommern haben. Bürger aus der Gemeinde arbeiten ebenfalls im Nachbarland, und in den gemeindeeigenen Kindereinrichtungen sind Kinder aus Mecklenburg-Vorpommern untergebracht.

Kulturelle Höhepunkte in der von den Aktivitäten der Vereine geprägten Gemeinde Uckerland sind u.a. das Rosenfest Anfang Juli in Wolfshagen, das Gemeindeherbstfest immer am letzten Wochenende im September sowie der Weihnachtsmarkt im Dezember im Ortsteil Wilsickow. Verkehrstechnisch ist Uckerland gut erschlossen. Durch die Gemeinde führen die Bundesstraßen B 198 und B 104; die Autobahn A 20 tangiert die Gemeinde, und in Nechlin befindet sich der Bahnhof an der Eisenbahnstrecke Berlin–Stralsund.

Amt Gartz (Oder)

Das Amt Gartz (Oder) befindet sich im Landkreis Uckermark, im Nordosten des Landes Brandenburg. Es grenzt im Norden an Mecklenburg-Vorpommern und im Osten an Polen; dazugehörig sind neben der Stadt Gartz (Oder) die Gemeinden Casekow, Hohenselchow-Groß Pinnow, Mescherin und Tantow. Zu diesen fünf Kommunen gehören 18 Ortsteile; hier leben auf 263 qkm insgesamt 7 185 Einwohner. Der Amtsbereich liegt im und am Nationalpark Unteres Odertal; es ist eine der großräumigsten Flussniederungen Mitteleuropas und verfügt über eine einmalige Auenlandschaft, urwüchsige Röhrichte, Moore sowie eine vielfältige Flora und Fauna. Erreichbar ist das Amt über die A 11, die B 2 (»Märkische Eiszeitstraße«) und B 113 sowie wasserseitig über die Bundeswasserstraße »Westoder«; diese ist durch die Schiffs- und Bootsanlegestellen an den sanierten Bollwerksanlagen in Gartz (Oder) und Mescherin für die touristische Entwicklung außerordentlich bedeutsam. Man kann auch von Hohensaaten bis Mescherin am Oderufer auf den Deichanlagen entlang wandern, mit dem Fahrrad fahren oder auf dem Wasser mit dem eigenen Boot nach Gartz (Oder) und Mescherin gelangen. Durch die Bahnstrecke Berlin–Stettin werden die Bahnhöfe Tantow, Petershagen und Casekow im Amt erreicht. Es ist eine hügelige Landschaft mit Feldern, sattem Grün und leuchtend gelben Rapsfeldern im Frühling; die reizvolle Gegend bietet interessante Naturbeobachtung. Kraniche, Wildgänse und andere seltene Vogelarten geben sich hier ein ständiges Stelldichein. Die Nationalparkverwaltung bietet ganzjährig interessante Führungen zu den verschiedensten Themen an (Polderwanderung, Kranichzug, Biberburgen). Eingebettet in eine reizvolle Endmoränenlandschaft liegt die Stadt Gartz (Oder), der 1249 das Stadtrecht verliehen wurde. Auf Grund der strategischen Lage an der Oder war sie im Laufe der Zeit immer wieder Kriegen, Not und Zerstörung ausgesetzt. Die aus Findlingen und ochsenbluthaltigem Mörtel gebaute Stadtmauer, das Stettiner Tor, der Storchenturm, das »Spittel« (Heilig-Geist-Hospital) und die alles überragende, durch den Stettiner Baumeister des Mittelalters, Heinrich Brunsberg, errichtete St.-Stephanskirche künden von der früheren Bedeutung der Stadt.

Zu Gartz (Oder) gehört der Ortsteil *Friedrichsthal,* ein historisches Straßendorf, direkt am Waldrand der Gartzer Bürgerheide und am Oder-Neiße-Radweg, mit Blick auf die Oderpolder. Interessant sind in der Nachbarschaft noch das Technische Mühlenmuseum Salveymühle 3, mit einem Horizontalsägegatter, ein großes Solarfeld (beides im Ortsteil *Geesow*), eine um 1890 renovierte Kirche mit schönem Altar und interessanten architektonischen Details als mittelalterliches Zeugnis (im Ortsteil *Hohenreinkendorf*) und das Ackerbürgermuseum in Gartz (Oder).

Hinweise auf die landwirtschaftliche Historie geben in *Casekow* die Gutshäuser und ihre Anlagen: Der Ortsteil *Biesendahlshof* ist ein Gutsort, und in *Woltersdorf* gibt es neben der Gutshofanlage noch einige Hofställe. Der älteste Flügel des Gutshauses in *Blumberg* wurde 1804 errichtet. Das Schloss in *Wartin* wurde als Gutshaus gebaut und heute von der Europäischen Akademie und Stiftung Collegium Wartinum als Begegnungsstätte für Künstler und Wissenschaftler genutzt.

Luckow-Petershagen besteht aus zwei Angerdörfern. In Luckow gibt es noch einige traditionelle Hofanlagen und eine alte Bockwindmühle; das Schloss Petershagen bietet einen herrlichen Ausblick; der Park ist als Märchenpark gestaltet. Eine eindrucksvolle Dorfkirche aus dem 13. Jahrhundert steht in Luckow; auch jene in Wartin mit dem Kanzelaltar vor 1715 ist sehenswert. Ebenfalls jene in Blumberg mit ihrem 45 m hohen Turm, der als ein Wahrzeichen des Randowtals weithin sichtbar ist. Die Kirche in Petershagen besitzt eine wertvolle Renaissance-Kanzel.

In der Gemeinde *Hohenselchow-Groß Pinnow* befindet sich im Ortsteil Groß Pinnow die europäische Begegnungsstätte Landhof »Arche« mit Angeboten für alle Generationen. Der Ortsteil liegt auf dem Pommerschen Höhenrücken eiszeitlicher Prägung. Die Dorfkirche Hohenselchow wurde 1250 erbaut; die Glocken von 1671 und 1734 läuten heute noch. Im Nordosten des Amtes befindet sich die Gemeinde *Mescherin,* von deren Bollwerk aus Schiffsreisen auf der Oder durch den Nationalpark und auch nach Stettin möglich sind, mit ihren vier Ortsteilen. So gibt es u.a. im Ortsteil Rosow die Gedächtniskirche als Ort der polnisch-deutschen Versöhnung und Zusammenarbeit. Die Gemeinde Tantow grenzt mit dem Ortsteil *Schönfeld* im Nordwesten des Amtes direkt an das Nachbaramt Penkun in Mecklenburg-Vorpommern. Es ist ein noch gut erkennbares Angerdorf mit einem großen Anteil an historischen Gebäuden. Beide Ortsteile liegen direkt am Oder–Neiße-Radweg. Vom Amtsbereich Gartz (Oder) aus kann man Städte wie Schwedt/Oder, Angermünde, Eberswalde, Prenzlau, die Hafenstadt Stettin und Gryfino unkompliziert erreichen.

Rathaus und Stettiner Tor in Gartz (Oder)

BRANDENBURG
AMT
GARTZ /Oder

Präsentation der Wassersportler am Bollwerk während des 3. Schwedter Stadtfestes

Stadt Schwedt/Oder

Im Nordosten Deutschlands, unmittelbar an der Grenze zum polnischen Nachbarland, liegt Schwedt/Oder. Der Ort ist mit 37 000 Einwohnern größte Stadt und industrielles Zentrum der Uckermark. Zur Stadt gehören zehn Ortsteile – Blumenhagen, Criewen, Gatow, Heinersdorf, Hohenfelde, Kummerow, Kunow, Stendell, Vierraden und Zützen. Die erste urkundliche Erwähnung Schwedts als Stadt stammt aus dem Jahr 1265. An die über 740-jährige, bewegte Geschichte des Ortes erinnern heute nur noch wenige bedeutende Denkmale. Die einstige Residenzstadt der Markgrafen von Brandenburg-Schwedt fiel Ende des Zweiten Weltkrieges im Artilleriehagel der Roten Armee in Schutt und Asche.
Mit dem Aufbau einer Papierfabrik und eines Erdölverarbeitungswerkes Ende der 50er Jahre begann die rasante Entwicklung Schwedts zu einem industriellen Zentrum. Beide Industriezweige bestimmen bis heute die Wirtschaft. Das älteste Bauwerk Schwedts ist die evangelische Stadtkirche St. Katharinen, ein Feldsteinbau des 13. Jahrhunderts, der später aus- und umgebaut wurde. Der Berlischky-Pavillon wurde im 18. Jahrhundert als Kirche der französisch-reformierten Gemeinde errichtet. Heute finden dort Konzerte und Trauungen statt. Ende des 19. Jahrhunderts entstand das neogotische Ensemble um den Vierradener Platz – die katholische Kirche St. Mariä Himmelfahrt, das Amtsgericht und die ehemalige Seifenfabrik. Das moderne Schwedt/Oder hat sich in den letzten Jahren mit einem Pilotprojekt zum Rückbau und zur Neuordnung von Wohnquartieren einen Namen gemacht. Die Stadt erhielt für ihr integriertes Stadtentwicklungskonzept im Bundeswettbewerb »Stadtumbau Ost« einen 1. Preis.
Eine Vielzahl von Freizeitangeboten bietet den Schwedtern und den Gästen der Stadt Abwechslung und Entspannung. Sehr beliebt in der gesamten Region und darüber hinaus sind die Uckermärkischen Bühnen Schwedt. Die breite Veranstaltungspalette aus Schauspiel, Konzert, Musical, Ballett, Film, Klubabenden und

»Faust auf Faust« – Alljährlich zu Ostern präsentieren die Uckermärkischen Bühnen Schwedt beide Teile des Goethe-Klassikers. Die Inszenierung lockt Zuschauer aus ganz Deutschland in die Stadt.

aufwendigen Shows zieht jährlich Hunderte Gäste in die Stadt. Seit 2003 gehört zum Haus ein Tagungszentrum, in dem Kongresse, Konferenzen und Messen stattfinden. Der künstlerische Nachwuchs der Stadt wird liebevoll und mit viel Engagement an der Schwedter Musik- und Kunstschule »Johann Abraham Peter Schulz« und im Kinder- und Jugendtheater »Stolperdraht« gefördert. Mit interessanten Ausstellungen hält die Galerie am Kietz stets einen Kunstgenuss bereit.

Im Mittelpunkt der Sammlung des Stadtmuseums steht die Dokumentation der Stadtgeschichte mit den Schwerpunkten Ur- und Frühgeschichte, mittelalterliche Stadtentwicklung, Markgrafenzeit, Entwicklung des Tabak- und Fischereigewerbes. Das Tabakmuseum im Ortsteil Vierraden zeigt Wissenswertes aus Geschichte und Gegenwart des Anbaus, Handels und der Verarbeitung dieser Pflanze. Weitere Möglichkeiten der Freizeitgestaltung bieten ein Kino mit vier Sälen, ein Freibad, ein Erlebnisbad, eine Reitstation, ein Fahrrad- und Bootsverleih, einige Fitness-Studios und Saunen, mehrere Jugendklubs und Kinderfreizeittreffs sowie zahlreiche Sportanlagen. Einen festen Platz im Veranstaltungsprogramm Schwedts haben Stadt- und Dorffeste, Sängerwettstreite und große Sportveranstaltungen. Von besonderem Reiz ist die Lage Schwedts direkt am Wasser. Am neu gestalteten Bollwerk machen Flusskreuzfahrtschiffe Station. Mit den ortsansässigen Fahrgastschiffen kann man Touren bis nach Szczecin (Stettin) unternehmen. Einen regen Zuspruch haben auch die Wassersportzentren direkt an der Hohensaaten-Friedrichsthaler-Wasserstraße. Vor den Toren der Stadt erstreckt sich die reizvolle Flussniederung des unteren Odertals. Sie wird von waldreichen Grund- und Endmoränen sowie Talsandterassen gesäumt und ist als Nationalpark unter Schutz gestellt. Das Gebiet ist zu jeder Jahreszeit vor allem für Radtouristen und Wanderer interessant. Das Nationalparkhaus im Ortsteil Criewen hat sich in den vergangenen Jahren zu einem beliebten Ausflugsziel entwickelt.

Das Ruppiner Land

Es ist eine kleine Region zwar, dafür aber überreich an kulturellen Schätzen, berühmten Persönlichkeiten und reichgesegneter Natur. Selbstredend ist Neuruppin der zentrale Punkt mit Persönlichkeiten wie Karl Friedrich Schinkel oder Theodor Fontane; dazugehörig auch der nach der Stadt benannte Bilderbogen. Das sind aber auch die nicht minder reizvoll gelegenen Storchendörfer (Linum an E 26 und E 55 ist nur eines davon, wenn das auch weithin berühmteste) und Rheinsberg oder der für das einstige Preußen außerordentlich wichtige Schlachtenort Fehrbellin; das sind auch die schönen Fachwerkstädtchen (u.a. Friesack und Wittstock) oder das mit prächtigem Schloss versehene Bötzow, das seit dem Großen Kurfürsten Oranienburg heißt oder aber Gransee, wo die tote Strelitzer Prinzessin und preußische Königin Luise dreißigjährig (1810) auf ihrer letzten Reise nach Berlin anlangte und die Bürger der Stadt ein imposantes Denkmal initiierten (Schinkel erbaute es 1811), das alle Zeiten – vor allem jene der sogenannten sozialistischen DDR – überdauerte.
Das Ruppiner Land ist allerdings auch die Nähe zu Sachsenhausen und Ravensbrück, zwei in der NS-Zeit grausame Konzentrationslager einschließlich der schrecklichen Todesmärsche 1945, die durch dieses Territorium führten.
Das ist aber auch die reiche Wasserlandschaft, die weit ins Mecklenburgische hineinreicht: Jäglitz, Havel, Ruppiner See, Seen bei Lindow, Löwenberg und anderswo, bei Rheinsberg, Flecken Zechlin, Neuglobsow, Fürstenberg. Das Kulturland nördlich Berlins hält Opulentes in jeglicher Beziehung bereit. Wirklich zauberhaft ist es hier allemal, und man könnte in unserer nüchternen Zeit doch glattweg ins romantische Schwärmen geraten. Was angesichts dieser Natur allzu legitim ist. Hier gibt es das noch, was Industrie- oder andere Städter vermissen: Flachwellige Heidelandschaft, verschlungene Fließe, naturbelassene Seen, von Bäumen bestandene, prächtige Alleen. Dabei muss eines allerdings klar sein: Alpines Gebiet wird man vergeblich suchen, es ist einfach nicht vorhanden; die sogenannten »Berge« beschränken sich auf eine mittlere Höhe von unter hundert Metern. Der Hohe Timpberg kommt mit seinen 93 m dem schon mächtig nahe; weit darüber allerdings ist der Krähenberg (116 m).
Reich ist diese Landschaft an Sehenswürdigkeiten, einiges wurde bereits erwähnt. Wer aber kennt das »Lügenmuseum«? In Gantikow steht es, ganz in der Nähe von Kyritz »an der Knatter«: Die Enkelin des legendären Lügenbarons Münchhausen hat es gegründet (aber allzu ernst darf man hier nicht alles nehmen). Wem nach Gruseln allerdings gelüstet, der fahre weiter nach Neustadt (Dosse) in die Feldsteinkirche des Ortsteiles Kampehl, wo die sterblichen Überreste des ehemals rauflustigen Ritters Kahlbutz, der 1702 starb, unverwest zu bestaunen sind.
Wer sich auf Fontanes Spuren begeben will, der sollte per pedes oder Drahtesel die »märkische Streusandbüchse« erkunden. Kundiger Reiseführer wäre hierbei immer noch des Dichters literarisches Meisterwerk »Wanderungen durch die Mark Brandenburg«, die der Verfasser dieser Zeilen als »Wegeplan« vor etwa drei Jahrzehnten nutzte und ohne Umwege an sein Ziel gelangte. 1819 wurde der Apothekerssohn in Neuruppin geboren, der auch bedeutende Romane schrieb wie »Frau Jenny Treibel« und »Effi Briest«.
Das kleine Städtchen Lindow ist gleich von drei Seen umgeben; Pferdefreunde kommen in Neustadt (Dosse) seit Ende des 18. Jahrhunderts auf ihre Kosten; von den Störchen aus Linum wurde bereits berichtet, vom Schiffermuseum in Zehdenick noch nicht: Hier ist eine sehr interessante Ausstellung zu sehen, die umfänglich in die Geheimnisse und Geschichte der Schifffahrt auf den Havelkanälen einführt.
Das Ruppiner Land gehört zu den wasserreichsten Regionen Brandenburgs mit seinen über 170 Seen. Es ist schon abenteuerlich, sich in diesem Wasserdschungel auf Entdeckungsreise zu begeben. Aber, das sei ausdrücklich an dieser Stelle vermerkt, auch Pedaleure, Wanderer und Reiter finden in dieser Region neben Schwimmern, Paddlern und Surfern ein reiches Betätigungsfeld. Verträumte Pfade finden sich auch in der Ruppiner Schweiz; anmutig ist dieses Fleckchen Erde nicht nur bei Fontane oder Tucholsky, sondern heute immer noch. Es herrscht nördlich der Fontane-Schinkel-Stadt hauptsächlich ein Kiefern-Buchen-Traubeneichenwald vor. Die Wanderung gen Altruppin führt vom Stadtpark über die Seepromenade (wunderschöner

Flusslandschaft der Dosse vor Wittstock mit seiner Marienkirche

Charakteristische Ruppiner Landschaft im Rhinluch

Blick auf die Insel Poggenwerder). Die Badeanstalt befindet sich auf einer altslawischen Siedlungsstelle. In der Freilandsiedlung Gildenhall hatten sich im vorigen Jahrhundert Kunsthandwerker niedergelassen, die dem Weimarer Bauhaus nahestanden.

Hier kann man mal so richtig die Seele baumeln lassen … im wahrsten Wortsinne. Man sollte es ausgiebig genießen; dieses Erholungsgebiet atmet lange Geschichte. Sehenswürdigkeiten, historische Ereignisse, das Wirken der ehemaligen Klöster, Künstler, Baumeister, Literaten, Schlösser, Parks – ein stimmiges Ensemble ergibt das. »Weitab von den großen Straßen, zwischen Mecklenburgischer Seenplatte und Ruppiner Schweiz, inmitten dichter Mischwälder und stiller Seen, da liegt die Gegend, wo die Seele baumeln kann und nicht nur Amselbullen glücklich sind«, schrieb Tucholsky 1912. Inzwischen ist ein Jahrhundert vergangen, die Orte liegen keineswegs mehr fernab, aber »die Seele baumeln lassen«, das kann man immer noch.

Westlich von Rheinsberg liegt die Kyritz-Ruppiner Heide, ziemlich trockensandig ist sie. Ganz im Gegenteil zum Landschaftsschutzgebiet »Neuruppin-Rheinsberg-Fürstenberger Wald- und Seengebiet« mit dem Großen Stechlinsee, den Fontane so trefflich schilderte. Fürstenberg/Havel und Lychen bilden den Übergang in die Uckermark, wobei das 760-jährige Dorf Lychen dereinst einen ganz wichtigen Handelsplatz zwischen Mecklenburg und Pommern darstellte. Bei Lindow indes gibt es noch Reste eines Prämonstratensernonnenklosters (etwa 1250) und vom Rhin durchflossen, ein opulentes Niedermoorgebiet, das im 18. Jahrhundert in wesentlichen Teilen trockengelegt worden ist. In den verbliebenen Feuchtbiotopen sind Kraniche, Störche und andere Vogelarten häufig anzutreffen: Schöner kann es im Paradies auch nicht sein.

Der Große Stechlinsee inspirierte Theodor Fontane zu einem seiner wichtigsten Romane.

Landkreis Oberhavel – Zwischen Metropole und Naturidyll

Oberhavel liegt nah am Puls der Metropole Berlin, doch haben Trubel und Hektik der Großstadt hier keine Chance. Dämpfen zunächst von Wasser und Wald durchwebte Kleinstädte den Rhythmus der Hauptstadt, so verebbt er mit jedem weiteren Kilometer gegen Norden endgültig im Wogen der Roggenfelder und Rauschen der Buchenhaine. Die Spannung zwischen Großstadt und grünem Umland bestimmt den Charme unserer Region. Seit fast 100 Jahren ist im Süden des Landkreises die Industrie zu Hause. Oranienburg, Hennigsdorf, Velten und Birkenwerder sind Sitz renommierter Unternehmen wie Bombardier Transportation, Riva Stahl, der Wall AG, der B.R.A.H.M.S. AG, des Pharmawerkes Oranienburg und der Orafol GmbH. Zugleich sind es heute attraktive Wohnstädte mit Lebensqualität.
Schon in den 20er und 30er Jahren des vorigen Jahrhunderts empfanden Viele das wachsende Berlin als Moloch, und wer es sich leisten konnte, zog in die Vororte. Noble Villen, teils ganze Viertel, künden in Hohen Neuendorf, Birkenwerder, Borgsdorf, Schildow und Glienicke bis heute vom Glanz dieser Zeit. Unterbrochen wurde diese Entwicklung durch den Bau der Mauer am 13. August 1961. Die Grenzanlagen durchschnitten S-Bahn-Verbindungen und Straßen. Heute erinnert z.B. der Grenzturm in Nieder Neuendorf an 40 Jahre Leben im Schatten der Mauer. Mit der deutschen Wiedervereinigung erlebten diese Orte einen regelrechten Boom und haben zum Teil ihre Einwohnerzahlen verdoppelt. Dennoch haben sie ihren Charakter als Gartenstädte bewahrt. Vor allem junge Familien zieht es hierher, um im Grünen zu wohnen und doch alle Vorzüge Berlins genießen zu können. Denn Oberhavel liegt »direkt drüber«. Dieser Slogan beschreibt unseren wichtigsten Standortvorteil – unsere Lage nördlich Berlins. Ob Theater, Einkaufszentrum oder Arbeitsstelle – alles ist in maximal einer Stunde Fahrzeit per S-Bahn oder Auto zu erreichen. Wie der Verweis auf unsere Namenspatronin, die Obere Havel, vermuten lässt, zählt Oberhavel zu den wasserreichsten Gegenden Deutschlands. Die Havel mit ihren Kanälen und rund 100 Seen bildet ein wahres Dorado nicht nur für Wassersportler. Parallel lädt der Radfernweg Berlin–Kopenhagen dazu ein, vom Sattel aus Natur und bauliche Kleinode zu erkunden. Dabei ist eine Tour durch Oberhavel stets eine Reise durch berlin-brandenburgische Geschichte. Historische Stadtkerne, Angerdörfer, Schlösser, Parks und Industriedenkmale zeugen davon. Ein Kuriosum ist Schloss Sommerswalde in Schwante. Rittergutsbesitzer Friedrich August Richard Sommer (1849–1916) ließ sich hier ein Schloss errichten, das dem Berliner Reichstag nachempfunden ist. Daneben diente das »Rote Rathaus« als Pferdestall und links eine »Orientalische Moschee« als Orangerie. Die Dorfbewohner vermuten, dass der Leutnant a.D. auf diese Vorbilder zurückgriff, um Kaiser Wilhelm II. zu provozieren.
Indes halten in Oberhavel heute wieder gekrönte Häupter und Staatsmänner Rast – im neuen Gästehaus der Bundesregierung in Meseberg. Das Barockschloss am kleinen Huwenowsee, in dem einst ein Günstling Friedrich II. seinen kapriziösen Lebensstil pflegte, wurde mit viel Liebe zum Detail restauriert. Es bietet heute Komfort und Abgeschiedenheit für Gespräche und Tischrunden fernab des Kanzleramtes. Manchmal sind die Schlösser aber auch Kulisse von Festen und Spektakeln. Highlights im Jahreslauf sind das Schlossfest und das Drachenbootrennen in Oranienburg, die Ziegeleiparknacht in Mildenberg, das Kreiserntedankfest mit seinen Umzügen und das Brandenburger Wasserfest in Fürstenberg. Schon die Fahrt dorthin durch unsere märkischen Alleen vorbei an Feldern, Koppeln, Seen und Wäldern ist Augenweide und Erholung. Viele neue oder liebevoll sanierte Hotels, Landgasthäuser und Pensionen bieten eine gepflegte Gastlichkeit. Und wer es rustikaler liebt, der wählt auf einem der zahlreichen Bauern- und Reiterhöfe Urlaub auf dem Lande. Eher zünftig und dennoch etwas für Feinschmecker ist die Brandenburger Küche, die von den Restaurants in unserer Region gepflegt wird.
Ein Besuch des Landkreises Oberhavel – das ist Natur pur. Für die überwältigende Schönheit einer ganzen Region steht der Stechlinsee, der sauberste und tiefste See im Kreis, Inspiration für Theodor Fontane und von ihm in seinem berühmtesten Roman gepriesen. Er befindet sich im Norden Brandenburgs, 60 km von Berlin entfernt. Das Gebiet um den Stechlinsee besitzt bereits seit 1938 den Status eines Naturschutzgebietes.

Das Barockschloss Meseberg erzählt preußische Geschichte. Im Gästehaus der Bundesregierung unweit Berlins logieren heute wieder gekrönte und ungekrönte Staatsoberhäupter.

Neben der Tradition in der Stahl- und Fahrzeugindustrie verkörpert Hennigsdorf den Strukturwandel. Im Biotechnologiezentrum entwickeln Unternehmen medizinische Diagnostika.

Eine Reise durch die Berlin-Brandenburger Industriegeschichte bietet der Ziegeleipark Mildenberg. Denn Berlin wurde »aus dem Kahn« gebaut, vielfach mit Ziegeln aus eben diesen Mildenberger Tonstichen. Heute kann man hier seine persönlichen Ziegel brennen und eine Fahrt mit der Tonlorenbahn unternehmen. Als »grüne Lunge nördlich Berlins« ist Oberhavel mit seinen ausgedehnten Wasserläufen der rechte Ort für Freizeit, Erholung und Urlaub.

Ob Reiten, Wandern, Wassersport, Golf oder Rad fahren – in dieser Region wird alles für den Tourismus bereit gehalten.

In Zechlinerhütte erinnert eine Gedenkstätte an den Geophysiker Alfred Wegener (1880–1930), der die Theorie von den Kontinentalverschiebungen entwickelte. Wiederum einen Steinwurf entfernt – im Dörfchen Dollgow bei Gransee – lebte und schuf Erwin Strittmatter, Autor der Romane »Ole Bienkopp« und »Der Laden«. Louise Henriette von Oranien, Friedrich Wilhelms tatkräftige Gemahlin, verhalf ab 1650 nicht nur dem Schloss Oranienburg, sondern auch dem einst öden Flecken Bötzow zu Glanz und wirtschaftlicher Blüte im Sinne des Wortes, denn selbst im Schlossgarten gediehen Blumen und Gemüse.

Eine Reise durch Oberhavel ist stets auch eine Reise durch preußische Geschichte. So auch in Gransee mit der gut erhaltenen Stadtmauer und der spätgotischen Backsteinkirche Sankt Marien, deren unterschiedliche Türme durch einen Streit der Gewerke entstanden. Auf dem Granseer Marktplatz ist ein von Schinkel geschaffenes Denkmal für die preußische Königin Luise zu besichtigen. Diese beliebteste aller preußischen Königinnen starb mit nur 34 Jahren im mecklenburgischen Hohenzieritz. Während der Überführung nach Berlin wurde der Leichnam der Königin in der Nacht vom 25. zum 26. Juli 1810 genau auf jenem Platz aufgebahrt, auf dem das Denkmal an den Trauerzug erinnert.

Fürstenberg/Havel – die einzige Wasserstadt Deutschlands

Stadt Fürstenberg/Havel

Der malerisch auf drei Inseln zwischen Röblin-, Baalen- und Schwedtsee gelegene Ort bildet das Herz eines ausgedehnten Wald- und Seengebietes in Nordbrandenburg. Die einzige Wasserstadt Deutschlands gehört zu der Region mit den besten Umweltwerten und den schönsten sauberen Badeseen der Bundesrepublik. Durch die direkte Anbindung an die B 96, die gute Zugverbindung (im Einstundentakt von und nach Berlin) ist das Fürstenberger Seenland als Tor zur Mecklenburgischen Seenplatte einfach, schnell und unkompliziert erreichbar. *Fürstenberg* mit seinen acht Ortsteilen hat rd. 6 700 Einwohner, liegt 59 m ü.NN und im Landkreis Oberhavel. Erstmals 1287 urkundlich erwähnt, blickt Fürstenberg/Havel auf eine interessante Historie zurück. Mitte des 12. Jahrhunderts errichteten die Markgrafen von Brandenburg auf der Hauptinsel eine Burg als vorgeschobenen Stützpunkt auf slawischem Gebiet. In deren Schutz entstand bald eine deutsche Ansiedlung, ein Ort an der Grenzburg. Durch ihre Lage an den Grenzen von Mecklenburg und Brandenburg war die Stadt nicht nur Schifferstadt, sondern auch Handelsstützpunkt. Bis zum Bau der Schleuse 1836 war Fürstenberg Umschlagplatz für die Waren vom Schiff aufs Fuhrwerk und umgekehrt. Mit dem Bau der »Berliner Nordbahn« 1877 verlor die Stadt ihre Bedeutung als Handels- und Umschlagplatz, jedoch entdeckten die Berliner Sommerfrischler die vielen Seen und die reizvolle Landschaft; Fürstenberg outete sich zunehmend als beliebter Luftkurort und Urlaubsziel.

Zahlreiche Hotels, Pensionen, private Zimmervermieter, Kaffees und Restaurants laden zu jeder Jahreszeit ein, erholsame Stunden hier zu verbringen. Nur 80 km sind es bis Berlin. Ob als Wassersportler oder Neugieriger – jeder kann seiner Art von Urlaubs- oder Freizeitaktivität nachgehen. Ob Segeln, Rudern, Baden, Wandern, mit Floß oder historischem Kaffeekahn oder auf der Draisine (Fürstenberg–Templin = 30 km) – hier liegt man immer richtig.

Stadt Oranienburg

Oranienburg zu beschreiben, ist leicht und schwer zugleich; vielleicht kommt man dieser Stadt mit wechselvoller Geschichte und heutigem Flair näher, wenn man formuliert: »Stadt mit barockem Glanz und modernem Freizeitvergnügen«. Am besten, man beginnt mit der märkischen Landschaft, die die Stadt reizvoll umgibt. Kanäle, Seen und nicht zuletzt die Havel machen Oranienburg zu einem beliebten Ziel für Wassersportler. Auch der Radweg Berlin – Kopenhagen führt durch dichte Wälder, weite Heidelandschaften und beschauliche Ortsteile.
Seinen Namen verdankt Oranienburg der Niederländischen Prinzessin Louise Henriette von Oranien-Nassau. Friedrich Wilhelm von Brandenburg, der Große Kurfürst, schenkte seiner jungen Frau die damalige Domäne Bötzow einschließlich der umliegenden Dörfer auf Lebenszeit. Das ehemalige Jagdschloss in Bötzow wurde zu Ehren der jungen Monarchin in Oranienburg umbenannt. Ein Jahr später übernahm der Magistrat den Namen für die Stadt. Umbau und Erweiterung erhielt der respektable Schlosskomplex bis 1655, und die Herrin erwies sich im Wirken für »ihre« Stadt im weiteren Verlauf als äußerst segensreich agierende Landesmutter. Sie setzte kurz nach dem verheerenden 30-jährigen Krieg ein Zeichen der Hoffnung für die wenigen Menschen, die, völlig verarmt, das Inferno überlebt hatten. Die Kurfürstin holte Siedler und Fachleute aus den Niederlanden und Westfalen nach Oranienburg, um Musterwirtschaften, Molkereien und soziale Einrichtungen, wie das erste Waisenhaus in der Mark Brandenburg, mit dessen Bau 1663 begonnen wurde, zu schaffen. Sie verstand es, der Stadt zu neuer Blüte zu verhelfen, führte den Anbau der Kartoffel ein, gebar sechs Kinder, von denen fünf in jungen Jahren starben. Leid und Kummer zehrten an ihrer labilen Gesundheit; sie starb im Alter von 39 Jahren am 18. Juni 1667. Ihr zu Ehren errichteten die Oranienburger 1858 vor dem Schloss ein Denkmal.
Natürlich reicht die Geschichte Oranienburg-Bötzows viel weiter zurück, als hier bisher beschrieben: Mindestens bis zu einem der ersten deutschen Markgrafen, der die Mark Brandenburg gegen die Slawen »beschützen« sollte und sich als äußerst rigoros erwies. Genannt wurde er Albrecht der Bär. Dem Hause der Askanier entstammend, übernahm er nach langem Kriegsverlauf 1157 endgültig die Herrschaft über das weite brandenburgische Havelland. Er ließ die Wasserburg »Bochzowe« an der Havel anlegen; südlich der Burg entstanden Siedlungen und mittelalterliche Stadtwirtschaften. Erstmals urkundliche Erwähnung fand Bötzow 1298.
Zurück zum Schloss: Louise Henriettes Sohn, der verschwenderische Kurfürst Friedrich III., nachmaliger König Friedrich I. in Preußen, ließ das Schloss seiner Mutter erweitern und prunkvoll ausstatten. Das erste Barockschloss der Mark Brandenburg entstand also in Oranienburg, und es war um 1700 das prächtigste Schloss in Brandenburg. 1742 machte Friedrich der Große seinem jüngeren Bruder, dem Prinzen von Preußen August Wilhelm, anlässlich dessen Hochzeit Schloss Oranienburg zum Geschenk. Dieser ließ Schloss und Park erweitern und beauftragte den Bau der noch heute erhaltenen Orangerie.
Zur Zeit der Königin Luise wurde das Schloss an den Apotheker und Fabrikanten Gottfried Hempel verkauft, der hier eine Baumwollfabrik errichtete und später die »Chemische Produkten-Fabrik zu Oranienburg« gründete, in der der Chemiker Friedlieb Ferdinand Runge als technischer Direktor seine bedeutendsten Entdeckungen machte: das Anilin und die Karbolsäure im Steinkohleteer. Die weit über Deutschland hinaus bekannte Fabrik wechselte Mitte des 19. Jahrhunderts ihren Standort, das fortan leer stehende Schloss wurde quasi dem Verfall anheim gegeben. Erst 1858 unter der Regentschaft des Königs Friedrich Wilhelm IV. wurde das Gebäude saniert und zum Lehrerbildungsseminar umgebaut.
Mit dem Bau der Bahnstrecke von Berlin nach Stralsund, der sogenannten Nordbahn (1877 lief der erste Zug in Oranienburg ein!) erlebten Handel, Industrialisierung und Verkehr einen enormen Aufschwung. Die Bevölkerungszahl stieg gegen die Jahrhundertwende auf etwa 8 000. Neue Ortsteile entstehen, wie zum Beispiel Eden. Berliner Vegetarier gründeten hier 1893 die erste vegetarische gemeinnützige Obstbausiedlung in Deutschland. Sie wird unter dem Namen »Vegetarische Obstbaukolonie Eden GmbH« sehr schnell überregional bekannt.
Anfang des 20. Jahrhunderts hatte sich Oranienburg zu einer attraktiven Industrie- und Villenstadt gemausert. 1905 wohnten hier bereits 10 872 Menschen, bis 1933 steigt die Zahl auf 16 523.
Mit der Machtergreifung der Nationalsozialisten begann das düsterste Kapitel der Stadtgeschichte: Das erste Konzentrationslager entstand in einer ehemaligen Brauerei in der Berliner Straße zur Internierung politischer Gefangener, unter ihnen der Schriftsteller Erich Mühsam, der 1934 hier ermordet wurde. Ab 1936 begann der Bau des berüchtigten KZ Sachsenhausen, wo bis Kriegsende über 200 000 Menschen aus 35 Ländern inhaftiert waren und Tausende ihr Leben ließen. Gleichzeitig war in Sachsenhausen die Zentrale aller deutschen Konzentrationslager. Viele der Häftlinge schufteten in der Oranienburger Rüstungsindustrie, wie in den Auer-Werken, den Heinkel-Flugzeugwerken u.a. Die vielen Fabriken mit kriegswichtiger Produktion machten Oranienburg

Der Lehnitzsee

auch zum Ziel alliierter Luftangriffe, deren verheerendste unzählige Opfer, auch unter der Zivilbevölkerung, forderten. Nahezu 60% aller Gebäude wurden zerstört, fast die Hälfte der Bevölkerung obdachlos. Das Konzentrationslager Sachsenhausen wurde am 22. April 1945 von der Roten Armee befreit. Auf dem Gelände errichtete der NKWD später ein Internierungslager, zu dessen bekanntesten Gefangenen der Schauspieler Heinrich George gehörte. Seit 1961 befindet sich auf dem Gelände eine »Nationale Mahn- und Gedenkstätte«.

1952 wurde Oranienburg Kreisstadt des gleichnamigen Kreises und 1994 Kreisstadt des aus den Altkreisen Gransee und Oranienburg hervor gegangenen Landkreises Oberhavel.

Das Schloss mit seiner wechselvollen Geschichte wurde bis 1999 aufwändig restauriert. In der nur zweijährigen Bauphase wurden neben der Außenfassade auch der gesamte Westflügel und die Räume im Corps de Logis rekonstruiert. Mit der Ausstellung »Onder den Oranje Boom« begann die museale Nutzung. Die weit über die Grenzen Deutschlands hinaus beachtete Schau wurde von der Niederländischen Königin Beatrix und dem Deutschen Bundespräsidenten Johannes Rau eröffnet.

Heute sind zwei Museen im Schloss Oranienburg zu besichtigen. Die Stiftung Preußische Schlösser und Gärten Berlin-Brandenburg zeigt in den ehemaligen Fest- und Paraderäumen sowie in der Königswohnung hochrangige Kunstwerke, welche die engen künstlerischen Beziehungen zu den Niederlanden in der zweiten Hälfte des 17. Jahrhunderts und die höfische Kultur bis in die zweite Hälfte des 18. Jahrhunderts darstellen. Zu den herausragenden Schätzen gehören Gemälde von Anton van Dyck, Jan Lievens, Govert Flinck u.a. sowie Elfenbeinmöbel, Fayencen, asiatisches Porzellan und zahlreiche Tapisserien, darunter eine Serie, die die Ruhmestaten des Großen Kurfürsten darstellt, entstanden in der Berliner Manufaktur von Pierre Mersier um 1685. Zu den Höhepunkten des Schlossrundgangs gehört ohne Frage der Besuch der Silberkammer mit Spitzenstücken der

Die Orangerie im Schlosspark

Silberschmiede- und Glasbläserkunst aus dem 17. und 18. Jahrhundert. Das Kreismuseum Oranienburg bietet umfangreiche Zeugnisse der Regional- und Kulturgeschichte, beginnend mit der slawischen Siedlung »Bochzowe« bis zur heutigen Kreisstadt. Zu den Ausstellungsschwerpunkten gehören neben der Binnenschifffahrt, Kunst und Kunsthandwerk, vertreten insbesondere durch den Bildhauer Wilhelm Groß und die Keramikerin Hedwig Bollhagen. Auch dem Wirken des Chemikers Friedlieb Ferdinand Runge widmet sich ein Ausstellungsteil. Zu den architektonischen Schätzen Oranienburgs zählt die Orangerie im Schlosspark, für die der Landbaumeister Georg Christoph Berger 1754 dem Schlossherrn August Wilhelm erste Entwürfe vorlegte. Die Geschichte der Orangerie ist eng mit der Geschichte des Schlosses verknüpft. Nach dessen Verkauf wurde sie als Lagerraum, Turnhalle, Pferdestall und Notkirche zweckentfremdet. Umfangreich saniert dient die Orangerie heute als attraktives Kulturzentrum, Theater-, Konzert- und Festsaal.
Nachdem Sachsenhausen bereit 1974 eingemeindet wurde, erfolgte im Rahmen der Gemeindegebietsreform am 26. Oktober 2003 auch die Eingliederung der Gemeinden Friedrichsthal, Germendorf, Lehnitz, Schmachtenhagen, Wensickendorf und Zehlendorf. Die Einwohnerzahl stieg hierdurch auf über 41 000.
Als »Perle des Nordens« gilt der Villenvorort Lehnitz. Er erstreckt sich entlang dem östlichen Ufer des Lehnitzsees. Hier lebte bis zu seinem Tode im Jahre 1953 der Arzt und Schriftsteller Friedrich Wolf.
Das nördlich des Berliner Autobahnrings in einem ausgedehnten Waldgebiet gelegene Germendorf hat sich sprunghaft entwickelt. Ein Tier- und Freizeitpark mit zahlreichen einheimischen und exotischen Wild- und Haustieren ist zu einem der beliebtesten Ausflugsziele geworden.
Der Oberhavel Bauernmarkt in Schmachtenhagen empfängt an jedem Wochenende viele tausend Besucher aus dem Umland und Berlin. Der Ort ist für seine Reiterhöfe und Pferdepensionen berühmt. Herrliche Wälder und der Grabowsee laden zum Reiten, Wandern und Baden ein. Auch die Niederbarnimer Eisenbahn hält in Schmachtenhagen!

Schloss Oranienburg

Mit der Personenfähre über den Oder-Havel-Kanal erreicht man die Ortsteile Malz und Friedrichsthal, die »grünen Vororte«.

Wensickendorf mit seinen ausgedehnten Wäldern, Seen und Mooren liegt im Landesnaturschutzgebiet »Briesetal und Lubowsee«. Naturfreunden werden Radtouren oder Wanderungen durch das Briesetal mit seiner überaus reizvollen Landschaft empfohlen.

Oranienburg als Mittelzentrum entwickelt sich kontinuierlich, Gewerbegebiete entstehen neu, Bausünden werden beseitigt und Baulücken geschlossen. Viele neu entstandene Projekte, wie die TURM ErlebnisCity, das Einkaufszentrum Oranienpark, die Havelpassage und die Orangerie sind längst von der Bevölkerung angenommen und gewinnen mehr und mehr auch überregional an Bedeutung.

Wussten Sie eigentlich, dass die Wiege der Gartenkultur Brandenburg-Preußens in Oranienburg stand? Im Jahr 2009, von April bis Oktober, soll es deshalb heißen: »Kommen Sie nach Oranienburg und Sie können in der Lieblingsstadt der niederländischen Mutter des ersten Preußenkönigs Friedrich I. ein großes Gartenwunder erleben«.

Schlosspark und Neuer Park sind der Kernbereich der Landesgartenschau 2009. Auch hier wird die holländische Tradition gepflegt und mit heutigen Mitteln der Landschaftsarchitektur umgesetzt. Der Schlosspark erhält eine denkmalgerechte Erneuerung in den noch heute erkennbaren Schichten aus den Gestaltungsepochen des Barocks und als Landschaftspark. Die Stadt Oranienburg verspricht sich mit der Landesgartenschau 2009 wichtige Impulse für die Stadtentwicklung geben zu können. Durch eine neue attraktive historische Mitte, die durch eine verantwortungsvolle Verknüpfung von barockem Stadtgrundriss und modernem Lebensgefühl entstehen soll, will sie nicht nur bisherige städtebauliche Defizite beseitigen, sondern gleichzeitig Stadtentwicklungsprojekten zur Umsetzung verhelfen, die Oranienburg zu einem attraktiven und gefragten Zentrum der Region machen werden.

Gemeinde Löwenberger Land

Sehr zu Recht formuliert ein einheimischer Fremdenführer: »Die Gemeinde Löwenberger Land ist jederzeit eine Reise wert!« Wie wahr. Nördlich vor den Toren Berlins, ca. 50 km davon entfernt und bequem über die Bundesstraßen 96 und 167 erreichbar, liegt diese Gemeinde. Sie besteht seit 2003 aus den Ortsteilen Löwenberg, Falkenthal, Glambeck, Grieben, Großmutz, Grüneberg, Gutengermendorf, Hösen, Hoppenrade, Liebenberg, Linde, Nassenheide, Neuendorf, Neulöwenberg und Teschendorf. 8 500 Einwohner leben hier, die jede Menge Landschaft und Natur anzubieten haben: Erholung pur an einem der vorhandenen Seen, Erlebnisurlaub auf dem Bauernhof, kulturhistorische Führungen durch die schönen Schlösser in Löwenberg, Liebenberg und Hoppenrade sowie Einblick in das vielfältige Gemeindeleben, das die über 40 Vereine wesentlich beeinflussen. Die Gemeinde mit ihren 231 qkm liegt inmitten einer von eiszeitlichen Grundmoränen geprägten Landschaft. Besonders ausgeprägt ist sie im Liebenberger Forst: In den eiszeitlichen Restlöchern haben sich kleine Seen gebildet; in einigen, wie z.B. der Kleinen und Großen Lanke, lässt es sich hervorragend baden. Auch die Angler finden hier gute Bedingungen vor, ihrem Hobby entsprechend zu frönen. Eingebettet in dieser abwechslungsreichen Landschaft liegen die Ortsteile der Gemeinde, von denen einige – Löwenberg, Teschendorf, Liebenberg, Großmutz – schon einmal vor etlichen Jahrhunderten zum damaligen »Ländchen Löwenberg« gehörten. Das war freilich viel größer als die heutige Gemeinde: Bereits um 1200 errichteten die Askanier im Rahmen der Ortsexpansion die »Löwenburg«. Hier war das Zentrum eines besonderen Ländchens, das eben als »Löwenberger Land« in die Geschichte einging und heute weiterlebt. Als letzter Ortsteil kam 2003 Nassenheide hinzu.
Man findet hier fast alle Dorftypen vor, wie die klassischen Straßendörfer Neulöwenberg und Grieben mit den kleinen Siedlungsstellen. Es gibt auch Straßenangerdörfer, wie Großmutz und Grüneberg oder Falkenthal mit alten Bauernhöfen und z.T. schön restaurierten Fassaden. Die Dorfkirchen stehen auf dem Anger in der Mitte der alten Dorfkerne. Feldsteine sind das am häufigsten verwendete Baumaterial, aus denen die Kirchenschiffe und teilweise auch die Türme sind. Selbst eine in den Grundzügen aus dem 13. Jahrhundert erhaltene Stadtkirche befindet sich in Löwenberg – großes Dorf und kleine Stadt zugleich. Man kann bequem per Fahrrad Fontanes Spuren folgen. Die Schlösser Liebenberg und Hoppenrade sind Bauten, die bereits der Dichter in seiner Abhandlung »Fünf Schlösser« beschrieben hat und die heute in ihrem alten Glanz erstrahlen. Zwischen Liebenberg und Hoppenrade liegt das Löwenberger Schloss: Auf dem Areal haben sich die Landfrauen im rekonstruierten Fachwerkhaus eingerichtet, und im ebenfalls restauriertem Schloss tummeln sich die Kinder in der Kita »Rosenschloss«. Die Landfrauen geben einen umfassenden Einblick über die ländlichen Traditionen seit alters her. Man bekommt auch einen Einblick in die Schloss- und Ortsgeschichte sowie die Kellergewölbe aus dem 16. Jahrhundert.
Neben Wander- und Radrouten gibt es viele weitere Angebote, die beispielsweise die hiesige Gastronomie bereithält. Von der Unterkunft auf Bauernhöfen, Ferienwohnungen und Hotels hat der Gast eine breite Palette der vielfältigen Möglichkeiten zur Auswahl und wird in jedem Fall fündig werden. Speziell im Sommer haben die Dorffeste der einzelnen Ortsteile einen festen Platz in der Region eingenommen; die bekanntesten sind das Löwenberger Schlossfest, das Erntefest in Großmutz und Teschendorf, die Weihnachtsmärkte in Teschendorf und Löwenberg. Überhaupt spielt die Brauchtumspflege in Löwenberg eine besondere Rolle: Der Kreislandfrauenverein Oberhavel hat hier seinen Sitz; mit großem Engagement werden die ländlichen Bräuche und Traditionen gepflegt und auch die Geselligkeit entsprechend gefördert. Im Fachwerkhaus, nahe des Schlosses, wurde u.a. ein »Landfrauenstübchen« installiert, das wertvolle Informationen über das in der Vergangenheit beschwerliche Leben liefert – Kurse und Gesprächsrunden vertiefen dies entsprechend. Überdies wird die Bauernmalerei, Binden von Erntekronen, Stricken, Weben, Backen vertieft und an die Jüngeren weitergegeben. Erzeugtes kann in einem kleinen Laden auch sofort gekauft werden.
Betrachtet man die einzelnen Gemeindeteile, so wird man Vielfältiges, Überliefertes und auch durchaus Neues festhalten können. *Falkenthal,* unweit von Zehdenick liegend, ist ein Kolonisten- und Angerdorf aus der askanischen Frühzeit. Die Kirche ist mit einem Dachreiter mit offener Laterne bekrönt, sie wurde um 1588 erbaut, wie eine im Turm gefundene Urkunde bezeugt. Im Mittelalter war der Ort ein wichtiger Knotenpunkt im Sys-

Schloss Hoppenrade – Eingangsbereich; eine barocke Dreiflügelanlage, um 1724 errichtet von Johann Heinrich von Bredow; heute Privatbesitz.

Schloss und Gut Liebenberg (Blick von Süd-Ost), Privatbesitz der Deutschen Kredit Bank, Hotelbetrieb, Gastronomie, Seminare.

tem der Handelsstraßen. 1677 wurde die hier entlang führende Poststraße Berlin–Stettin eröffnet; die Streckenführung ist noch erhalten und als Radweg ausgeschildert.

Der Ortsname *Glambeck* deutet auf eine slawische Gründung hin; »glamb« bedeutet »tief«, und tief ist auch der See. 1348 war die erste urkundliche Erwähnung, als der Ort zum Kloster Lindow gehörte. Nach dem 30-jährigen Krieg wurde 1690/91 das »wüste Dorf« von zehn Schweizer Familien neu aufgebaut. Eine schlichte Fachwerkkirche entstand, die 1901 durch einen Backsteinbau ersetzt wurde. Die Nähe zur Ruppiner Schweiz, der Glambecker See und die Baumgartener Heide machen den Ort zur idyllischen Oase. Aus dem Ort kommt auch die Quadrathlon-Langstrecken-Weltmeisterin in der Altersklasse Senioren 2 und Landesmeisterin Brandenburgs AK W 45 im Triathlon, Marina Hillebrand.

Grieben liegt an der B 167 in Richtgung Neuruppin. Das Straßendorf wird 1256 mit dem Namen »Eggehardus Griebene« erwähnt. Zeitweise gehörte der Ort zum Kloster Lindow. Lange prägten mehrere Wind- und Wassermühlen das Ortsbild; heute besteht nur noch die 1923 erbaute Getreidemühle. Ideale Ausflugsbedingungen bietet die nahe Griebener Heide oder das Naturschutzgebiet »Harenzacken«. *Großmutz* ist mit seinem Dorfanger und seiner Gesamtanlage ein typisch märkisches Dorf nahe der B 96; 1323 wurde es ersterwähnt. Nach dem 30-jährigen Krieg war der Ort fast entvölkert. Später vernichtete ein Großbrand Schule und Kirche. Für den Kirchenneubau entwarf Karl Friedrich Schinkel den Turm mit eisernen Maßwerkfenstern und die Spitze. Das deutsche Angerdorf *Grüneberg* (1356) hat eine markante Feldsteinkirche aus dem 13. Jahrhundert. Die Orgel stammt aus Groß-Lübbenau, einem Ort in der Lausitz, der dem Kohleabbau weichen musste. Von 1943–45 war in Grüneberg eines der über 70 Außenlager des Frauen-KZ Ravensbrück: Hunderte von Häftlingen aus vielen Ländern mussten im Zweigwerk der Magdeburger Rüstungsfirma Polte Zwangsarbeit für die deutsche Rüstung leisten. 1989 wurde von Bürgern eine Gedenktafel installiert.

Gemeindehaus Großmutz – ehemalige Dorfschule, heutige Nutzung als Dorfgemeinschaftshaus und Schulungsraum der FFW.

Das Straßendorf *Gutengermendorf* wurde um 1200 angelegt; von 1420 stammt die erste Urkunde. Mittelpunkt ist der gepflegte Dorfanger mit der Feldsteinkirche aus dem 13. Jahrhundert, die mehrfache Umbauten erlebte. Sie zählt zu den ältesten Gotteshäusern der weiteren Umgebung. Im Triumphbogen zum Chor steht eine schlichte barocke Kanzel (1697). Das Patronatsgestühl stammt ebenfalls aus dem 17. Jahrhundert. Interessant ist der Schnitzaltar, der noch früher gefertigt wurde. Zu den Herren dieses Dorfes haben Freiherr von Hertefeld und Fürst zu Eulenburg gehört.
Häsen (mit Neuhäsen und den Kleveschen Häusern) ist ursprünglich eine Schenkung von Graf Albrecht von Ruppin an die Pfarrgemeinde Gransee; der brandenburgische Kurfürst tauschte 1651 Häsen gegen das Gut Rahnsdorf bei Berlin an den Oberjägermeister Freiherr von Hertefeld. 1846 wurde das Vorwerk Neuhäsen gegründet. 1688 entstand durch Ansiedlung von Bauern aus Kleve der Ortsteil Klevesche Häuser. Der kleine Ort *Hoppenrade* (1269) gehörte bis in das 15. Jahrhundert zum Bistum Brandenburg; 1460 erhielt ihn Hans von Bredow als Lehen. Das 1724 erbaute Schloss wurde in Fontanes »Wanderungen« ausführlich gewürdigt. Im Park steht der schlichte Grabstein der Clara von Wülknitz (1826–50), der Enkelin der Charlotte von Kraut. Die Schlosskapelle wird heute als Dorfkirche genutzt.
Inmitten einer Wald- und Seenlandschaft zwischen Löwenberg und Liebenwalde liegen Dorf und Schloss *Liebenberg* (1267). Hier herrschten die von Bredow, von Hertefeld und von Eulenburg. Die Enkelin Graf Philipps zu Hertefeld und Eulenburg, Libertas, heiratete in der Schlosskapelle Harro Schulze-Boysen; beide wirkten in der Widerstandsgruppe »Rote Kapelle« und wurden 1942 hingerichtet. Das Schloss aus dem 18. Jahrhundert wurde liebevoll restauriert; der Park wurde nach einem Plan von Peter Josef Lenné in einen Landschaftspark umgestaltet. Auch das Linden- und Teehaus erstrahlen in altem Glanz. Der idyllische Ort *Linde* liegt etwas abseits der B 167; auch heute noch sind es Linden, die den Ort prägen. Markantes Bauwerk ist die Fachwerkkirche

Idylle im Park des Schlosses Hoppenrade

(1847). Ursprünglich zum Brandenburger Bischofsbesitz gehörig, nahmen das Dorf um 1540 die von Redern zu Beetz in Besitz.

Der Ort *Nassenheide* wird erstmals 1350 erwähnt, als die beiden Wittelsbacher, Ludwig der Ältere und Ludwig der Römer, den Ort an den Grafen Ulrich von Lindow verpfändeten. Zur Gründungszeit lag der Ort in einer äußerst »Natenheyde« (nassen Heide). Karl IV. hat ihn auch schon 1376 wieder aufgelöst; erst als das Land dem Kloster Zehdenick überlassen wurde (1428), begann die Neubesiedelung. 1589 wurde eine Kirche erbaut, die 1749 neu errichtet wurde, aber bereits 1772 mit dem halben Dorf abbrannte. Von 1776 datiert der dritte Kirchenbau, der heute noch steht. Der Ort liegt direkt an der B 96 und ist von Berlin aus gut erreichbar. Der Ort *Neuendorf* wurde gleich zweimal gegründet: 1271 wurde das erstmals in Verbindung mit dem Dorf Schleuen getan und als »Niendorf« erwähnt. Am 24.7.1402 brannte es vollständig nieder, weil sich die Herren von Pommern und der Graf von Lindow stritten. Die zweite und eigentliche Gründung war 1577, als die von Bredow wieder ein Haus erbauen ließen. 1927 entstand die Siedlung Neuhof. Ein Höhepunkt in der Ortsgeschichte war die Elektrifizierung anno 1934: Sie wurde mit der Beisetzung aller Petroleumlampen gefeiert.

Als 1887 die Bahnlinie Berlin–Neubrandenburg gebaut und ein Jahr danach jene von *Neulöwenberg* nach Templin in Betrieb genommen wurde, entstanden beim Vorwerk Beamtenwohnungen. Zentrum und Ursache für die Ortsentwicklung war der Bahnhof. Ab 1923 wurde mit dem Bau einer neuen Siedlung begonnen, die 1928 durch die Preußische Verwaltungsreform den Status einer selbständigen Gemeinde erhielt. Auch heute noch ist der Bahnhof interessant, kann man doch u.a. von hier aus mit einer alten Traditionslok nach Rheinsberg fahren. Auch *Teschendorf* gibt es schon seit dem Mittelalter; 1271 wird »Teskendorp« erwähnt. Mehrere Brände haben oftmals viele Häuser zerstört. Der ursprüngliche Ortskern, der Hagen, beginnt hinter dem Kriegerdenkmal. Im Ort selbst findet man Ruhe und die Idylle eines märkischen Dorfes mit langer Geschichte.

Das Ruppiner Tor in Gransee – eine der Hauptsehenswürdigkeiten der Stadt

Stadt Zehdenick

Die kleine Stadt (14 471 Einwohner, Stand: 28.02.2007) hat eine mittlere Höhenlage von ca. 50 m ü. NN und verfügt über 13 Ortsteile: Badingen, Bergsdorf, Burgwall, Kappe, Klein Mutz, Krewelin, Kurtschlag, Marienthal, Mildenberg, Ribbeck, Vogelsang, Wesendorf und Zabelsdorf plus die Kernstadt Zehdenick. Vom 28.12.1216 datiert die erste urkundliche Erwähnung; jedoch war das Gebiet schon lange vorher besiedelt. In vorgeschichtlicher Zeit wird das Havelufer von Menschen des Neolithikums und der Bronzezeit besiedelt. Dann kamen Germanen, später die Slawen – und von diesen stammt auch der Ortsname.

Die Slawen kamen im 6./7. Jahrhundert nach dem Abzug germanischer Stämme in diese Gegend, um den leergewordenen Raum zu besiedeln. Das waren hier vor allem die Liutizen, zu denen die Ukrer (Ukrane) und Riezanen (Recane) gehörten; letztere siedelten an der oberen und mittleren Havel. Bei Zehdenick herrschten zu der Zeit ideale Lebensbedingungen: Fischfang, Ackerbau, Viehzucht, Jagd, natürlicher Schutz vor Feinden! Typisch sind die Wallburgen und andere ringförmige Schutzanlagen. Noch vor ca. 50 Jahren fand man auf dem Gelände des ehemaligen Schlösschens eine kreisförmig angeordnete eichene Pfahlwand, die wohl die einstige Insel gegen das Land hin schützte.

Diese Insel kann als Keimzelle des Städtchens angesehen werden. Auch eine Handelsstraße (Magdeburg–Brandenburg–Prenzlau–Stettin) kreuzte Zehdenick. Der Ortsname ist mehreren Deutungen unterworfen worden; 1541 wurde die heutige Schreibweise erstmals benutzt. Manchmal wird in der Literatur behauptet, dass der Name vom slawischen »zwetnick« (Blumenbeet, Garten, angesichts der vielen bunten Wiesen durchaus nicht abwegig) herstamme; andere Versionen beziehen sich auf »Szednik« – was soviel wie »Gerichtsstätte« bedeutet. 1926 tauchte im Buch »Die Uckermark« eine weitere interessante Deutung in Form des slawischen »zbdenb« auf, was soviel wie »Töpferton« heißen mag, aufgrund der hier vorkommenden opulenten Tonvorkommen. Das allerletzte Wort über die Namensherkunft ist allerdings noch nicht gesprochen.

Jedenfalls wird die Siedlung bereits 1281 als »civitas« bezeichnet. Am Ausgang des Mittelalters und zu Beginn der Neuzeit hatte Zehdenick eine gewisse wirtschaftliche Bedeutung; der Handelsweg von der Elbe zur Oder kreuzte hier die Havel. Es entstanden Getreide-, Walk- und Papiermühlen, später ein Eisenschmelzwerk; noch später (18. Jahrhundert) Schleusen, was die Schifffahrt entsprechend beförderte. 1438 erhalten die von Arnims Schloss und Stadt als Lehen; das Kloster wird 1541 Stift für adlige Jungfrauen. 1638 wird es zerstört; insgesamt beklagt man über 1 000 Pestopfer.

Im 17. Jahrhundert wird Zehdenick Sitz eines kurfürstlichen – später königlichen – Amtmannes, also Verwaltungszentrum für ein umfangreiches Territorium. Hier, wie auch anderswo, wüteten Stadtbrände; der verheerendste war der von 1801, wo 3 123 Menschen obdachlos wurden und welcher die Stadt fast völlig zerstörte. Enormen wirtschaftlichen Aufschwung nahm die Gegend im 19. Jahrhundert infolge der Entdeckung riesiger Tonlager im Haveltal: Es entstand hier das größte europäische Ziegeleigebiet, was die Schifffahrt deutlich belebte ... erst 1991 erkaltete der letzte Ofen. Die Fa. Hebel produzierte bis 2002 in einem modernen Werk Porenbeton.

Der Schleusenbau war schon 1813 begonnen worden; 70 Jahre später wurde der Vorkanal zur Begradigung der Havel vollendet. 1888 fuhr die Eisenbahn in Richtung Löwenberg–Templin, wobei ergiebige Tonvorkommen entdeckt wurden. 1900 kamen die Vororte Dammhast, Camp und Amtsfreiheit zur Stadt hinzu; 1907–09 entstand eine moderne Schleuse; die Einwohnerzahl übersteigt 1928 die »10 000-Grenze«. Seit 1952 gehörte Zehdenick zum neugegründeten Kreis Gransee und vier Jahrzehnte danach begeht man – mit der Einweihung der neuen Zugbrücke – die 775-Jahr-Feier. 1993, mit Gründung des Großkreises Oberhavel, kommt das Amt Zehdenick hinzu.

Solch eine – im Verhältnis zu anderen dieser Gegend – alte Stadt hat natürlich auch viel Erzählenswertes hervorgebracht. Eine immer wieder zu beobachtende Sache scheint auch in Zehdenick von gewisser Gewichtigkeit gewesen zu sein, warum die Scharfrichterfamilie einigermaßen wohlhabend war: Wurde hier »munter« drauflos geköpft? Gab es »dunkle« Abmachungen? Oder noch Geheimnisumwitterndes? – Die Forschung der letzten Jahrzehnte ist zwar noch nicht abgeschlossen, aber soviel darf wohl schon behauptet werden, dass in Zehdenick selten »ent«hauptet wurde und ergo in dieser Hinsicht nicht viel zu holen war an Pekuniärem. Bis auf ganz wenige Ausnahmen stößt man bei diesem »Handwerk« auf den Namen Gebhardt. In der Tat: Die Angehörigen dieser Familie hatten fast ununterbrochen von 1654 bis 1859 dieses Amt inne. Grund, ihre scharfen Schwerter zu schwenken oder anderweitig todbringend zu wirken, hatten sie eher selten. Die letzte Hinrichtung war am 20.1.1822: Ein Schiffsknecht hatte einen Mord begangen und das wurde vom kgl. Kammergericht so beurteilt, dass der Delinquent vom Scharfrichter und seinen Gesellen, an Armen und Beinen gefesselt,

Ziegelpark Mildenberg – Industriekultur durch faszinierende Lichterspiele in Szene gesetzt

zum Richtplatz zu schleifen sei und dann ein schweres Wagenrad »von oben« auf den ohnehin entkräfteten Körper fallengelassen werden solle. So ist es geschehen. Der Reichtum der Familie Gebhardt indes kam aus der von ihnen betriebenen Abdeckerei – und jene brachte reichlichen Profit.
Andere Gewerke sind wesentlich angenehmer und auch sie haben eine lange und stolze Tradition in der Stadt: Die Tischlerei Ernst beispielsweise, die seit über 80 Jahren besteht oder die über 300-jährige Fischereitradition, die heute von der Familie Utecht besonders auf Aalfang spezialisiert ist; die Schuhmachertradition, die auch schon seit 200 Jahren besteht und durch die Familie Kluge seither repräsentiert wird. Das Gasthaus »Zur Fähre« besteht seit über 65 Jahren, das Schuhhaus Mehl hat 165 Jahre an den Sohlen … kein Ende in Sicht. In Zehdenick hat das Handwerk wahrlich »goldenen Boden«.
Das Straßendorf *Vogelsang* ist mit seinen 82 Einwohnern der kleinste Ortsteil. Es wurde 1736 ersterwähnt, als eine Zaunsetzerstelle hier eingerichtet wurde. 1882 wurde die »Kolonie Vogelsang« dem Staatsgut »Forst Zehdenick« einverleibt. Wald bildete stets die Lebensgrundlage für die Bewohner: Mit der Waldbahn wurde Holz aus der Schorfheide zum Sägewerk Vogelsang transportiert; heute befindet sich hier eine Parkettfabrik. 1888 erhielt der Ort eine Bahnstation und 1929 seine Selbständigkeit. *Mildenberg* (809 Einwohner; Ersterwähnung 1267) war bis Mitte des 16. Jahrhunderts unter der Lehnsherrschaft des Bischofs von Brandenburg. Dann herrschten die von Bredows und Löwenberg über den Ort; später waren es die Trotts. 1662 wurde von einem der Ihren die Schule gegründet. Bis 1815 gehörte der Ort zum Amt Badingen, danach bis 1872 zum Amte Zehdenick. 1895 entstanden die ersten Ziegeleien. Die Entwicklung nahm sprunghaft zu und viele Arbeiter wurden benötigt; 1933 lebten hier 1 800 Menschen. Durch die Schließung der Ziegeleien und die landwirtschaftliche Umstrukturierung verließen viele Menschen den Ort. *Badingen* (685 Einwohner; erste Erwähnung 1270) gehörte zunächst zum Bistum Brandenburg und bis ins 15. Jahrhundert zur Familie von Badingen auf Schloss Badingen.

Rathaus – in den Jahren 1996–1999 denkmalgerecht saniert

Weitere Besitzer waren dann Hans von Bredow und die von Trott. 1727 wurde es Domänenamt, das im 19. Jahrhundert mit Zehdenick zusammengelegt wurde. Zu Badingen gehören die Ortsteile Osterne und Hellberge.
Marienthal (459 Einwohner) wurde 1755/56 zum ersten Male erwähnt; es war zunächst eine Kolonistensiedlung: Hauptsächlich Leineweber fanden hier eine neue Heimat; später wurden auch Hugenotten angesiedelt. 1732 wurde der Wentowkanal gebaut, der den gleichnamigen See mit der Havel verbindet. Seither spielte die Schifffahrt eine große Rolle; der Schifferverein besteht ununterbrochen seit 1842. Noch größeren wirtschaftlichen Aufschwung aber bedeutete die Ziegelindustrie. Aus *Zabelsdorf* (271 Einwohner; 1270) ist überliefert, dass einst auch wendische Bauern gern gesehen waren. Der Ort gehörte zu Badingen, dann zu den von Bredows. Auch hier war der wirtschaftliche Aufschwung durch Schifffahrt und Ziegeleien unverkennbar spürbar. Im 15. Jahrhundert befand sich *Ribbeck* (154 Einwohner; 1293) im Besitz derer von Barsdorf und ging dann an die Trotts über. Später gehörte das Örtchen zum Domänenamt Badingen. *Klein Mutz* (478 Einwohner) wurde 1288 als »Mostiz« erwähnt; 1640 entstand der heutige Name. 1525 gehörte es dem Zisterzienserkloster Zehdenick. Zu den historischen Sehenswürdigkeiten gehört der etwas außerhalb gelegene Bismarckturm. *Bergsdorf* (460 Einwohner) wurde 1267 als »Bergwaldesdorpp« gegründet und wechselte häufig die Eigentümer. Die Kirche (1900 erneuert) ist ein Feldsteinbau aus der Gründungszeit; das 1730 erbaute Sommerdomizil der Grafen zu Eulenburg ist vom Künstlerehepaar Mühlenhaupt umgebaut worden und dient als Galerie; das Wohnhaus ist gleichzeitig Museum.
Burgwall (250 Einwohner) war ursprünglich eine um 1789 von Christian Ludwig Rathmann gegründete Glashütte, die aber bald wieder dicht machte. Die Lage direkt an der Havel war prädestiniert für ein Schifferdorf. Ende des 19. Jahrhunderts arbeiteten die meisten Menschen aber in den Ziegeleien. Bis zum Bau einer Brücke (1968) gab es Fährbetrieb. *Wesendorf* (261 Einwohner) ist ein altes Wendendorf (Ersterwähnung: 1375). Dann

Die Havel, die durch die Altstadt mit der Hastbrücke fließt, prägt die Region.

kam es zu den von Arnims. Im 30-jährigen Krieg stark zerstört, gab es 1680 nur noch zwei Höfe. Nach einem Brand wurde der total zerstörte Ort nach 1848 wieder aufgebaut. *Kurtschlag* (292 Einwohner) wurde 1750 erbaut. Zunächst befand sich hier eine Pottaschesiederei. Das Kolonistendorf hat Friedrich II. gegründet mit Siedlern aus der Pfalz. »Das kleine Dorf zur Schorfheide« wurde 1766 als Kolonistendorf mit Webern, Waldarbeitern, Holzflößern und Schiffern erbaut und heißt *Kappe* (heute: 173 Einwohner). Ein Großfeuer 1873 ließ nur vier Gebäude unversehrt. Die Kirche ist ein Ziegelsteinbau und wurde 1882 eingeweiht. *Krewelin* (315 Einwohner) wurde 1318 mit Kirche von Markgraf Waldemar an Otto Gans zu Putlitz verliehen. Wirtschaftlichen Aufschwung brachte der Ausbau der Verkehrswege – zu Land und zu Wasser.
Durch die Austonung der Havelniederung (Ende des 18. Jahrhunderts) ist in und um Zehdenick eine nachhaltige Veränderung der Landschaft eingetreten. Aus den ca. 60 Tongruben sind teilweise Bade- und Angelgewässer geworden, und für viele, inzwischen seltene Tier- und Pflanzenarten, ist hier ein intakter Lebensraum entstanden. Die alten Tonlöcher verbinden sich zu einer einzigartigen Tonstichlandschaft, die einen besonderen Reiz ausübt. Die etwa 215 km lange Tonstraße berührt u.a. den Ziegelpark Mildenberg – das Technikmuseum in der Natur – und die Orte Krewelin, Zehdenick, Mildenberg, Ribbeck, Marienthal und Zabelsdorf. Die Weite genießt man am besten per pedes, mit dem Rad oder im Kremser: Vom Reiz der märkischen Dörfer mit ihren typischen Feldsteinkirchen, Herrenhäusern und idyllischen Alleen lässt man sich gern verzaubern. Mit dem Auto erreicht man Zehdenick auf der A 10/Abfahrt Mühlenbeck über Liebenwalde oder der B 96 von Gransee aus; von Hamburg auf der A 24/Abfahrt Neuruppin, B 167 über Löwenberg. Im Ein-Stunden-Takt fährt die Bahn (RB 12) von Berlin-Lichtenberg über Templin nach hier; mit dem Bus erreicht man die Stadt von Löwenberg, Gransee und Fürstenberg aus und per Boot auf der Oberen-Havel-Wasserstraße oder der Müritz-Havel-Wasserstraße sowie per Drahtesel über den Internationalen Radweg Berlin–Kopenhagen.

Das 1879 fertiggestellte Rathaus prägt den Marktplatz im Ortsteil Liebenwalde. Im angrenzenden ehemaligen Gefängnis befindet sich das Heimatmuseum.

Stadt Liebenwalde

Die heutige Stadt Liebenwalde mit ihren Ortsteilen Freienhagen, Kreuzbruch, Hammer, Liebenthal, Liebenwalde und Neuholland entstand im Zuge der Gemeindegebietsreform am 26. Oktober 2003 und umfasst ein Gebiet von 144,27 Quadratkilometern.

Der Ort Liebenwalde wurde nahe einer um 1200 in den Niederungen der Havel angelegten gleichnamigen Burg gegründet und erhielt wohl 1254 städtische Rechte vom Markgrafen Johann. Das Mittelalter war geprägt von Kämpfen zwischen Brandenburg, Pommern und Mecklenburg sowie von der Versorgungsfunktion für den auf der Burg residierenden Vogt und dem Propst der Propstei Liebenwalde. Später fiel die einst unabhängige Stadt in die Bedeutungslosigkeit und geriet in Abhängigkeit zum Verwalter der Burg. Wirtschaftlichen Aufschwung brachte der Bau des 2. Finowkanals 1743–46 (der erste zwischen 1605 und 1620 errichtete Kanal war während des Dreißigjährigen Krieges verfallen). Geprägt blieb das Stadtbild jedoch von der Landwirtschaft, und so findet der Besucher auch heute noch eine typisch märkische Ackerbürgerstadt vor.

Im Schutze der Burg entstanden weitere Siedlungen, so die Dörfer Liebenthal und Schrapsdorf, das heutige Hammer. Aber beide Orte wurden am Ausgang des Mittelalters zur Wüstung. Auf der Dorfstelle Schrapsdorf wurde um 1440 ein Eisenhammer angelegt, der bis in das 17. Jahrhundert hinein existierte und dem Ort seinen Namen gab. Bemerkenswert ist die 1854 von August Stüler errichtete Kirche. Der Neuaufbau Liebenthals erfolgte durch die Anlage einer Schäferei im 15. und eines Vorwerkes im 16. Jahrhundert, die heutige Kirche wurde 1897 in Anwesenheit des Kaisers Wilhelm II. geweiht. Die Dörfer Neuholland und Kreuzbruch stellen Streuhofsiedlungen dar. Ersteres entstand durch die Entwässerung des Havelbruches durch Jobst Gerhard von Hertefeld ab 1650, Kreuzbruch folgte durch königliche Melioration ab 1717. Beide Dörfer sind durch die Landwirtschaft geprägt, die Neuholländer Kirche wurde in Anwesenheit des König Friedrich I. 1710 geweiht.

Im Ortsteil Liebenthal leben, weitgehend unberührt von Menschen, seit 1996 die »Liebenthaler Pferde«, eine Rückzucht zum europäischen Wildpferd.

Der Ortsteil Freienhagen schließt mit seiner Gemarkung an Neuholland an und entstand ab 1753 als Kolonistendorf. Zu erwähnen sei schließlich noch Bischofswerder, welches als 2. Märkisches Landgestüt ab 1789 aufgebaut wurde und vielfältige Nutzung erfuhr, so als Traindepot, um 1900 größte Champignonzucht Deutschlands, Reichsfachschule des Schuhmacherhandwerks und Parteischule. Heute befindet sich hier ein komfortabler Hotelkomplex.

Liebenwalde lädt seine Gäste zum Verweilen ein. Hier findet jeder Naturverbundene und kulturell Interessierte ein breites Spektrum an Betätigung. Durch die Lage an der Oberen Havel-Wasserstraße kann die Region mit dem Boot oder Kanu erkundet werden, ein moderner Wasserwanderliegeplatz direkt in Liebenwalde lädt zum Aufenthalt ein.

Auch mit dem Fahrrad kann die Schönheit der Region entdeckt werden, denn zahlreiche Radwege führen bis nach Kopenhagen (Radfernwanderweg Berlin–Kopenhagen), in die Schorfheide und auch bis zur Oder (Oder-Havel-Radweg). Die weiten Wiesen der Gemarkungen bieten Raum für zahlreiche Pferdehöfe, und die Stadt Liebenwalde selbst ist Eigentümerin einer eigenen Pferdeherde, der »Liebenthaler Wildpferde«. Sie ist damit in der für das Land Brandenburg einzigartigen Situation, einen in nahezu Freiheit lebenden Tierbestand der Öffentlichkeit zu präsentieren. Wer Freude an der Natur, weiten Wäldern, herrlichen Wiesen und Seen hat, findet seine Wünsche erfüllt.

Kulturell kann Liebenwalde mit seiner historischen Altstadt, dem klassizistischen Rathaus (1879 erbaut), der nach Plänen Karl Friedrich Schinkels errichteten Kirche (1833–35) und dem Heimatmuseum im ehemaligen Stadtgefängnis aufwarten, die alten Bürgerhäuser aus Fachwerk bieten idyllische Ansichten. Zahlreiche Veranstaltungen der Vereine sorgen für kulturelle Vielfalt im kleinstädtischen Leben.

Stadt Kremmen

Die Hauptstadt vor den Füßen und die Natur im Rücken – die geographische Lage von Kremmen ist ideal zu nennen; nicht nur für Reisende und Ausflugsgäste, sondern auch für Unternehmen jeder Art wird hier ein idealer Standort offeriert. Sehr gute Anschlüsse bieten die Ausfahrten Kremmen (A 24) und Oberkrämer (A 10) sowie die Bundes- und Landstraßen aus den Richtungen Oranienburg, Nauen und Neuruppin. Auch per Schiene mit Regionalbahn und Prignitz-Express sowie per Busnetz ist die Anbindung effektiv abgesichert. Attraktive Gewerbeflächen am Stadtrand wie auch im Zentrum machen den Ort für Investoren vor allem im Dienstleistungsbereich interessant.
Mit Wirkung vom 31.12.2001 entstand die neue Struktur der Stadt Kremmen unter Einbeziehung der neuen Ortsteile Beetz, Flatow, Groß-Ziethen, Hohenbruch, Sommerfeld und Staffelde; hier leben heute etwa 7500 Menschen. Kremmen liegt im Südwesten des Landkreises Oberhavel, etwa 18 km westlich von Oranienburg. Bezeichnend für die dörflich geprägte Region ist die außergewöhnlich reizvolle Naturlandschaft des Oberen Rhinluchs: Entstanden aus einem Niedermoor, ist die flache, wiesen- und wasserreiche Landschaft alljährlich wertvolles Rastgebiet für zehntausende von Kranichen. Wegen der außergewöhnlichen Flora und Fauna im Gebiet um den Kremmener See ist die Region weit über die Landesgrenzen hinaus bekannt. Die Aufenthaltsqualität hinsichtlich der Freiflächen, des naturnahen Erholungs- und Freizeitraumes, der Lärmbelastung, der Siedlungsdichte sowie hinsichtlich der Verkehrsanbindung und Mobilität ist als durchweg hoch einzuschätzen. Kremmen ist darüberhinaus bereits seit Mai 1992 Mitglied in der Arbeitsgemeinschaft »Städte mit historischen Stadtkernen« des Landes Brandenburg.
Harmonisch, repräsentativ, idyllisch – so könnte man die Stadt in ihrer Gesamtheit beschreiben und träfe damit umfassend den berühmten Nagel auf den Kopf: Der Marktplatz, angerartig und dreieckig nach dem letzten großen Stadtbrand (1840) großzügig angelegt, wirkt mit seinen Häusern äußerst harmonisch; das an seiner Stirnseite gelegene klassizistische Rathaus wirkt ebenso repräsentativ wie die in unmittelbarer Nachbarschaft stehenden Häuser mit den großen Toren – frühere Bauernhöfe inmitten der Stadt. Idyllisch dagegen wirkt der Kirchplatz mit der mittelalterlichen Kirche St. Nikolai. Ferner erwähnenswert sind die schöngestalteten Haustüren, kunstvollen Balkongitter und Eckrundungen an den nahegelegenen Häusern. Besonders sehenswert ist das Scheunenviertel: Mit etwa 50 Gebäuden dieser Art gehört es zu den größten in Deutschland. Die schlichten, akkurat gegliederten einstigen Zweckbauten dienen heute Künstlern aller Couleur (u.a. Bildhauern, Malern, Grafikern, Goldschmieden, Antiquitätshändlern) als Atelier, Verkaufsraum, Wohnsitz sowie zu gastronomischen Zwecken. Sogar ein kleines Theater hat sich hier angesiedelt.
An der Museumsscheune sollte man einen Stadtrundgang beginnen. Sie wurde kurz vor der Jahrtausendwende grundlegend saniert und dient heute als Anlaufstelle für Informationen rund um Kremmen und seine kulturellen Veranstaltungen. Außerdem ist im kleinen Agrar- und Landwirtschaftsmuseum die Geschichte der ehemaligen Ackerbürgerstadt dokumentiert. In der Nähe befindet sich der Märtenpfuhl, einst Richtstätte für Kindesmörderinnen: Die Delinquentinnen wurden in einen Sack gesteckt und kurzerhand ertränkt. Das Ganze spielte sich vor den Augen der Einwohnerschaft ab – eine damals nicht unübliche Methode der Abschreckung. In der Dammstraße bietet das Anwesen Nr. 16 etwas Besonderes: Es wurde etwa 1680 erbaut, nach einem großen Brand, und überstand auch jenen verheerenden von 1840, bei dem fast die gesamte Stadt abbrannte. Zuletzt (1917) »erwischte« es auch den hölzernen Turm von St. Nikolai; Blitzschlag war die Ursache. 1928 entstand der jetzige Turm – nun natürlich aus Stein. Sehenswert im Gotteshaus sind vor allem der barocke Altar von 1693 und der Taufstein. Die heutige Orgel wurde 1961 von der weltbekannten Potsdamer Firma Schuke eingebaut. Die Kirche ist das älteste Gebäude in Kremmen.
Die Umgebung des Ortes, dem bereits 1298 die Stadtrechte verliehen wurden, verdient ebenfalls, entsprechend hervorgehoben zu werden: Kremmener und Beetzer See, Kremmener Rhin und Ruppiner Kanal ... ein Land am Wasser, das viele lohnende Ausflugsziele bereithält; auch seltene Flora und Fauna (u.a. Kraniche und Störche) sind reichlich vertreten.

Das Rathaus an der Stirnseite des Marktplatzes bildet sozusagen das Herzstück der historischen Altstadt und spiegelt den Charme der kleinen Ackerbürgerstadt wider.

Als »Cremmene« wird Kremmen 1216 erstmalig urkundlich erwähnt; der Ortsname kommt aus dem Slawischen und heißt »Kieselstein«. Im 12. Jahrhundert eroberten die Askanier das märkische Land unter Heinrich dem Löwen. Als Albrecht der Bär das Havelland und den Glien in Besitz nahm, baute er Burgen mit Wall und Gräben, um das Land vor den Wenden zu schützen. 200 Jahre war die Burg Kremmen im Besitz der Herren von Bredow. Seit 1894 ist die heutige Schreibweise amtlich. Als Stadt der Ackerbürger, Händler, Handwerker und Gewerbetreibenden war Kremmen stets prosperierender Mittelpunkt und ist es bis heute geblieben. Die hauptsächlich aus Backsteinen errichteten Gemäuer dokumentieren die bis in die jüngste Vergangenheit reichende vorherrschende Rolle der Landwirtschaft.
Das Dorf *Beetz* (ca. 800 Einwohner) entwickelte sich aus einer Ansiedlung der Wenden, die vorwiegend Fischerei in den Gewässern des Rhinluchs betrieben. Die deutsche Besiedlung erfolgte erst nach 1250: Es wird angenommen, dass der Beetzer See dem Ort den deutschen Namen gab. Seit dem 13. Jahrhundert herrschte hier das Geschlecht der Familie von Redern; erst 1612 übergaben sie drei Viertel des Besitzes an die Kurfürsten von Brandenburg; 1835 ging das letzte Viertel an die Herren von Quast über. Bis etwa 1900 gab es hier noch 50 Schifferfamilien. Die opulenten Waldgebiete und der See laden heute zu ausgedehnten Spaziergängen und -fahrten ein. Hier lassen sich neben Kranich und Storch auch Reiher, Milane und Wildgänse gerne nieder. Ein »Aushängeschild« ist zweifellos die märkische Dorfkirche; ein Fachwerkbau von 1730. Der Gutshof verfügt noch über einige alte Maulbeerbäume aus der Zeit Friedrichs II.
Die Ersterwähnung von *Flatow* stammt von 1355. Dieser heutige Ortsteil war ebenfalls slawischen Ursprungs und sein Boden reichlich morastig und sumpfig: So wurde aus dem slawischen »blatow« (Sumpf) im Laufe der Zeit »Flatow«, in dem die Familie von Bredow viele Jahrzehnte das Sagen hatte. Das reizvolle, stille Dorf mit vielen noch erhaltenen, typisch märkischen Wohnhäusern und seinen heute ca. 730 Einwohnern ist landwirtschaftlich geprägt. Anziehungspunkte sind zweifellos die Dorfkirche sowie die Ziegenkäserei Karolinenhof.

Der alte Park, der an das Schloss – heute ein Hotel und Restaurant – angrenzt, lädt Gäste und Bewohner zu ausgiebigen Spaziergängen ein.

Das Straßendorf *Groß-Ziethen* liegt in der Auenlandschaft des Gliens (Ersterwähnung 1313); auch hier hatten viele Jahre die Bredows etliche Ländereien. Der Ortsname kommt vom slawischen »zita« (Getreide). Gegenüber vom Schloss liegt die neogotische Kirche; hier fand man nach einem Brand 1881 das Grabgewölbe der Bredowschen Familie. Der mit ca. 240 Einwohnern kleinste Ortsteil weist doch drei gewichtige Attraktionen vor: Schloss, Kirche, Pferde! Das Schloss gehörte u.a. Generalfeldmarschall Leberecht von Blücher und seinen Nachkommen und bis 1945 der Familie von Bülow. Dann war es russisches Lazarett, Flüchtlingslager, Schule, Kindergarten. Die Familie von Thüngen, geb. von Bülow, ließ 1994 Schloss und Park von Grund auf restaurieren und errichtete Hotel und Restaurant.

Der 1710 durch Friedrich II. gegründete Ort *Hohenbruch* zählt heute etwa 710 Einwohner und ist umgeben von Wäldern, Feldern, Wiesen und der Hohenbrucher Schleuse. Im Westen grenzt der Ort an das Obere Rhinluch, eine weite, ebene Landschaft; im Norden und Süden weite Waldflächen, idealer Ausgangspunkt zum Wandern, Reiten und Radfahren. In der Dorfkirche wurde 1817 eine neue Orgel installiert, und zwar vom Bäckermeister Tobias Thurley aus Treuenbrietzen, Schüler des bedeutenden Orgelbauers Wagner. Als Bäcker musste er natürlich auch etwas Außergewöhnliches kreieren: Die großen Tasten des Manuals sind nicht weiß, sondern aus schwarzem Ebenholz!

Vermutlich ist auch *Sommerfeld* slawischen Ursprungs; 1249 jedenfalls erfolgte die erste urkundliche Erwähnung. Der Kremmener Damm in der unmittelbaren Nähe als kürzeste und strategisch bedeutsame Verbindung zwischen Süd und Nord war auch die Ursache für so manche militärische Auseinandersetzung: 1412 kämpfte Friedrich I. von Hohenzollern gegen die aufmüpfigen Pommernherzöge. Nach dem Dreißigjährigen Krieg lebte hier kaum noch ein Mensch. 1912/14 errichtete die Stadt Charlottenburg am Ortsrand ein Tbc-Krankenhaus am Ufer des Beetzer Sees. Heute leben in Sommerfeld ca. 1 500 Einwohner; nicht zuletzt aufgrund des weitläufigen Neubaugebietes konnte ab den 90er Jahren ein bedeutender Zuzug von Neubürgern verzeichnet werden.

Das historische Scheunenviertel lädt insbesondere an Wochenenden zum Flanieren und Stöbern ein und eignet sich hervorragend als Schauplatz von Märkten und Festen.

Staffelde fand 1450 seine Ersterwähnung; Dorf und Rittergut gehörten bereits den Bredows, die es 1742 an die von Redern veräußerten. Vermutlich wurde ein Teil des Anwesens in den 1930er Jahren zersiedelt; das Restgut jedenfalls wurde 1936 von Trabrennfahrer Charlie Mills gekauft: Er brachte seine Rennpferde hierher, baute eine Reithalle und legte eine Rennbahn an, die seit dieser Zeit das Ortsbild entscheidend mitprägt. Heute leben hier ca. 420 Menschen.

Das wachsende Radwegenetz, die Wander- und Reitmöglichkeiten und nicht zuletzt die ausgewogene Gastronomie sind Anziehungspunkte für den zahlreichen Urlauber- und Tagesgästestrom. Kremmen ist eines der 31 Mitglieder im Arbeitskreis »Städte mit historischen Stadtkernen« des Landes Brandenburg – ein besonderes Prädikat, aber auch eine bedeutende Herausforderung. Denn es gilt, das Alte zu bewahren und zu pflegen, mit Heutigem zu verknüpfen und schließlich mit neuen Inhalten zu erfüllen.

Ein literarisches »Denkmal« hat Theodor Fontane (wer sonst) der Stadt gesetzt; im »Stechlin« schreibt er: »Unter diesem Gespräch waren sie (die Reiter Rex und Czako – d. Verf.) bis an den Cremmener Damm herangekommen. Es dunkelte schon stark und ein Gewölk, das am Himmel hinzog, verbarg die Mondsichel. Und so setzten sie sich in einen munteren Trab und hielten erst wieder in Cremmen vor dem Gasthaus zum ›Markgrafen Otto‹: Es schlug eben neun von der Nikolaikirche«.

Und vollends wird Kremmen ins literarische Weltgeschehen hineingezogen, wenn wir uns in Lyrik ergehen: »Klar ruh'n die Lüfte auf der weiten Flur; fern dampft der See, das hohe Röhricht flimmert...« – Gedanken an einen Sommerabend in Kremmen von Richard Dehmel. Die Landschaft der Stadt am Luch, in der seines Vaters Haus auch heute noch steht, war immer wieder ein Thema für ihn: »Es steht ein goldnes Garbenfeld«, »...und schwer durchs Dunkel schnitt der Kahn«, »Es fegt der Sturm die Felder rein« – wer die Stadt besucht, erlebt auch dies. Der Sohn des Stadtförsters von Kremmen wurde 1863 in Wendisch-Hermsdorf geboren, besuchte in Kremmen die Schule und wuchs hier auf; seit 1901 lebte er mit seiner Familie in Blankenese, wo er 1920 verstarb.

Kirche im Ortsteil Eichstädt

Gemeinde Oberkrämer

Der Grundstein für die heutige Gemeinde wurde bereits 1992 mit der Bildung des Amtes Oberkrämer gelegt; der Name auch der jetzigen Gemeinde (seit 1.1.2002) stammt vom nahen Waldgebiet gleichen Namens mitten im Ländchen Glien. Zur Gemeinde gehören die Ortschaften Bärenklau, Bötzow, Eichstädt, Marwitz, Neu-Vehlefanz, Schwante und Vehlefanz, in der heute fast 11 000 Menschen leben. Durch die verkehrsgünstige Lage und Nähe zu Berlin ist das Gemeindegebiet ein interessanter Wohnstandort in ländlicher Idylle für viele Einheimische, Berliner und Bauwillige aus anderen Bundesländern geworden. Die ländlich geprägte Gemeinde hat ihren Amtssitz im Ortsteil Eichstädt. Mit großen Anstrengungen und hohem Sachverstand wurde hier ein ausgewogenes Verhältnis zwischen Wohnstandorten, Gewerbegebieten und touristischer Infrastruktur geschaffen. Die Gemeinde bietet somit ein Lebensumfeld, das die Vorzüge der Nachbarschaft zur Hauptstadt mit den Schönheiten intakter Natur verbindet. Das einstmals von Garten- und Ackerbau geprägte Siedlungsdorf *Bärenklau* eignet sich durch seine reizvolle Umgebung – die »Schwantener Heide« als großes geschlossenes Waldgebiet – hervorragend als Startpunkt für Ausflüge. Die erste urkundliche Erwähnung erfolgte als »Bärenklawe« anno 1350. Im Jahre 1666 wird von einer Kirche berichtet, der ersten übrigens in Brandenburg nach niederländischem Vorbild. Das äußere Bild hat sich vom verschlafenen Dorf zu einem attraktiven Ort mit modernen Wohn-, Handwerks- und Gewerbeansiedlungen gewandelt.
Bötzow ist das größte Dorf am Rande des Glien an der alten Handelsstraße von Berlin nach Mecklenburg. 1355 als »Cotzeband« erwähnt, erhielt der Ort 1694 den heutigen Namen, weil das ehemalige Bötzow in Oranienburg umbenannt wurde. Zahlreiche Reiterhöfe und Wanderwege laden zum Reiten, Wandern und Radeln ein. Besonders erwähnenswert ist die Kirche: Zum einen gibt es Fragmente von Wandmalereien (um 1430), zum anderen besticht der schöne Klang der 1743 von Joachim Wagner geschaffenen Orgel.

Bockwindmühle Vehlefanz, erbaut im Jahre 1815

Die Ersterwähnung des heutigen Verwaltungssitzes *Eichstädt* geht in das Jahr 1273 zurück. Heute fasziniert neben dem sauberen Ortsbild auch der nahegelegene Gewerbepark; damit bietet man neben landwirtschaftlichen Nutzflächen vielfältige Möglichkeiten für Unternehmen verschiedener Größe. Der ursprüngliche Charakter als märkisches Angerdorf ist geblieben.
1345 wurde das Angerdorf *Marwitz* erstmalig erwähnt; der Ortsname ist slawischen Ursprungs und bedeutet, das es hier viele Ameisen gab. In der Vergangenheit war die Tonverarbeitung dominant. Weit über Brandenburg hinaus sind die kunstvoll gestalteten Keramiken der 2001 verstorbenen Hedwig Bollhagen begehrt. Neu entstandene Wohngebiete tragen zur Attraktivität des Ortes bei.
Das heutige *Neu-Vehlefanz* bestand einst aus den Gemeindeteilen *Neu-Vehlefanz, Klein-Ziethen, Wolfslake* und *Krämerpfuhl.* Ein Gedenkstein erinnert an Gustav Büchsenschütz, der die Brandenburg-Hymne »Märkische Heide« komponierte und 2007 seinen 105. Geburtstag begangen hätte. Einzigartig ist auch die Speedway-Bahn in Wolfslake. Prägend für *Schwante* ist der traditionsreiche Obst- und Gemüseanbau; auf dem Dorfanger kann man ferner am Holzbackofen beim Brot backen oder in der hundert Jahre alten Schmiede beim Schauschmieden zusehen. *Vehlefanz* wurde 2006 755 Jahre alt. Zu den Sehenswürdigkeiten zählt zweifellos die einzig erhaltene Bockwindmühle weit und breit, heute ein Museum. Wer's beschaulicher mag: Der Mühlensee liegt »um die Ecke«.
Mit dem Krämer Forst im Nordwesten schließt sich die Kette des Parkrings rund um Berlin; viel Wissenswertes kann man auf Wanderungen und Radtouren erleben, zum Beispiel das »Grüne Klassenzimmer« in Neu-Vehlefanz, das sich regen Zuspruchs erfreut. Durch den Ausbau und die Verbesserung der touristischen Infrastruktur nimmt das Interesse an dieser Gemeinde stetig zu.

Stadt Hennigsdorf

Hennigsdorf ist eine moderne und aufstrebende Stadt direkt vor den Toren Berlins. Im Landkreis Oberhavel in grüner Umgebung gelegen, präsentiert sich der Ort als eine Stadt der Zukunft, die zugleich eine abwechslungsreiche und interessante Geschichte bietet.
Hennigsdorf wurde vor allem im 20. Jahrhundert durch seine ortsansässige Industrie geprägt. In den letzten eineinhalb Jahrzehnten wandelte sich diese Stadt immer mehr zu einem modernen Technologiestandort, in dessen Mittelpunkt die Verkehrstechnik steht, deren Entwicklung aber auch von Innovationen wie der Biotechnologie und dem traditionellen Bereich der Stahlproduktion bestimmt wird. Im Gleichklang mit der wirtschaftlichen Entwicklung verändert sich das Bild der Stadt: Modernes Wohnen, verschiedenste Einkaufs- und Freizeitmöglichkeiten, zahlreiche Sport- und Kulturvereine bereichern das Leben der Bürger. Ein Besuch im neugestalteten Stadtzentrum, ein Einkaufsbummel durch die Havelpassage, ein Spaziergang durch den Stadtpark oder den Ortsteil Nieder Neuendorf mit seiner Marina lohnen sich immer.
In Hennigsdorf gibt es viel zu entdecken; auf einer Stadtrundfahrt etwa, auf einem Stadtrundgang oder auf einer Fahrt mit dem Ausflugsdampfer – man wird feststellen, dass moderner Wirtschafts- und sympathischer Wohnstandort eine gelungene Symbiose bilden. Die Stadt liegt nordwestlich von Berlin und grenzt unmittelbar an die hauptstädtischen Bezirke Spandau und Reinickendorf. Die natürlichen Grenzen der Stadt werden durch einen vielfältigen Landschaftsraum gebildet, der sich aus Waldgebieten, Wiesen, Haveluferbereichen und Kanälen zusammensetzt. Mit seiner verkehrstechnisch guten Anbindung bietet Hennigsdorf damit den Ausgangspunkt für die touristische Erschließung des grünen Nordwestens Brandenburgs. Aber auch die Stadt selbst bietet sich mit ihrer reizvollen Lage am Wasser, ihren Sehenswürdigkeiten und ihrer neu entstandenen Innenstadt als Ausflugsziel oder Wohnort geradezu an.
Die Verkehrsanbindung ist, wie bereits erwähnt, als sehr gut zu klassifizieren: Von der A 10 aus ist die Stadt über die Abfahrt Oberkrämer und von der A 111 über die Abfahrten Hennigsdorf/Velten und Stolpe erreichbar. Die S 25 verläuft von Teltow über Berlin nach Hennigsdorf, der »Prignitz-Express« (RE 6), Berlin Spandau–Wittenberge, verläuft ebenso durch die Stadt wie die Regionalbahnen RB 20 (Oranienburg–Potsdam) und RB 55 (Hennigsdorf–Velten–Kremmen). Auch die Flughäfen Schönefeld und Tegel sind schnell erreichbar. An Wasserwegen besteht die Havel-Oder-Wasserstraße und der Havelkanal als Bundeswasserstraßen. Größte Arbeitgeber sind Bombardier Transportation, weltweiter Marktführer in der Schienenfahrzeugtechnik, und die Hennigsdorfer Elektrostahlwerke GmbH (H.E.S.), die zur Firmengruppe Riva gehört. Der Bio-Tech Bogen Hennigsdorf mit dem Unternehmen B.R.A.H.M.S als größte Firma steht für die Zukunftsbranche Biotechnologie. Im Technologiezentrum Hennigsdorf hat die Wirtschafts-, Innovations- und Tourismusförderung Oberhavel (WINTO) ihren Sitz.
Gewachsen als traditioneller Industriestandort stellt sich die Stadt heute dank ihrer Berlinnähe als wichtiger Wirtschafts- und Technologiestandort dar. Es gibt insgesamt zehn Gewerbegebiete mit einer Gesamtgröße von ca. 300 ha. Drei Hotels und verschiedene Pensionen und Gästezimmer laden zum Übernachten ein; insgesamt beträgt die Bettenkapazität ca. 450 Betten. Mit drei Grundschulen, zwei Oberschulen sowie einem Gymnasium sind alle Schulformen vertreten. Darüber hinaus ergänzen zwei Förderschulen, Berufsschulen und Einrichtungen der Erwachsenenbildung die Bildungseinrichtungen. Es gibt sechs städtische und eine katholische Kita(s), ein Jugendzentrum und mehrere Seniorenwohnanlagen. Das Stadtklubhaus, die Stadtbibliothek, die städtische Musikschule sowie zwei Ausstellungszentren bieten ein reichhaltiges kulturelles Angebot. Dazu trägt auch das blühende Vereinsleben bei mit ca. 4 000 Mitgliedern.
Hennigsdorf verfügt über eine Vielzahl an historischen Stätten, der Postplatz ist eine solche; er wurde vor etwa 90 Jahren konzipiert und 1929 durch Ludwig Lesser landschaftsgärtnerisch gestaltet. Der alte Bahnhof (1893) beherbergt seit 1999 die Stadtbibliothek. Der historische Dorfanger in der Hauptstraße wird heute noch in seiner baulich-räumlichen Fassung durch z.T. denkmalgeschützte Solitärbauten, wie Martin-Luther-Kirche, das Denkmalensemble Altes Rathaus und Feuerwache und die alte Schmiede (1819) bestimmt. Die Martin-Luther-Kirche, ursprünglich mit Spitzturm, wurde 1945 teilweise zerstört und hat heute eine offenen Glockenturm im

ALTES RATHAUS

Havelplatz

Campanile-Stil. Erwähnenswert ist auch die Gedenkstätte Kapp-Putsch, die den standrechtlich Erschossenen vom 22. März 1920 gewidmet ist.
Bedingt durch die Ansiedlung der AEG und den Aufbau des Stahlwerkes zwischen 1910 und 1920 hat Hennigsdorf architektonisch, städtebaulich und sozialgeschichtlich bedeutsame Werksiedlungen. Im heutigen Rathenauviertel haben besonders Peter Behrens und Jean Krämer ihre Spuren hinterlassen. Gleichzeitig mit dem Bau der ersten Fabrikgebäude 1910 wurde auch mit dem Bau der Siedlung begonnen. Durch den I. Weltkrieg unterbrochen, wurde das Vorhaben erst 1929 beendet. Die Verbindung ästhetischer und sozialer Inhalte bei der Baugestaltung von Fabrikbauten und Arbeitersiedlung zum »Gesamtkunstwerk« war die Intention der Architekten. Weitere bedeutsame Werksiedlungen aus der Zeit sind die Heimstättensiedlung und die Häuserzeilen an der Marwitzer Straße. Die sogenannte »Aktivistensiedlung« stammt aus den ersten Jahren der DDR und ist heute architektonisch interessant saniert und modernisiert. Im idyllisch am Wasser gelegenen Ortsteil Nieder Neuendorf befindet sich die Dorfkirche Nieder Neuendorf, eines der ältesten Gebäude der Stadt (13. Jahrhundert). Sehenswert ist in Nieder Neuendorf auch der Grenzturm, wichtiger Bestandteil der ehemaligen Grenz- und Sperranlagen um die Berliner Mauer, heute ein Ausstellungs- und Dokumentationszentrum. Größtes Neubaugebiet ist die Havelpromenade Nieder Neuendorf mit ca. 1 300 Wohneinheiten (1994–98). Mit seiner Lage am Wasser, seinem Yachthafen, dem alten Dorfkern und attraktiven Wohnlagen ist Nieder Neuendorf bei Besuchern und Anwohnern gleichermaßen beliebt.
Die Geschichte der späteren Stadt Hennigsdorf beginnt im Jahre 1375, als die erstmalige Erwähnung eines Dorfes mit dem Namen »Heynekendorp« im »Landbuch der Churmark Brandenburg« auftaucht. 1506 wird eine Brücke über die Havel gebaut, das Zollhaus Neubrück eröffnet und der erste Dorfkrug nimmt seine

Neues Rathaus

Arbeit auf. Von 1541–52 baut man eine Holzkirche auf dem Boden der heutigen Martin-Luther Kirche; in Neuendorf bestand sie schon etwa zwei Jahrzehnte zuvor. Eine große Feuersbrunst vernichtete 1681 große Teile des Ortes. 1704 wird der erste Teerofen erwähnt, und der erste Schulunterricht findet statt. Um die Mitte des 18. Jahrhunderts wird der heutige alte Nieder Neuendorfer Kanal als Verbindung zwischen Havel und Hauptkanal in Betrieb genommen. 1773 endlich wird eine »massive, steinerne« Kirche erbaut. Die Schmiede hat inzwischen ihren Betrieb aufgenommen, und Postamt samt Posthalterei sind installiert. 1852 äschert ein heftiger Blitzschlag die Kirche ein – schöner als zuvor erstrahlt sie bereits 1855 wieder in neuem Glanz. Eine Ziegelei und eine dazugehörige Pferdebahn werden gebaut; später wird der flüssige Ton durch unterirdische Rohrleitungen nach Hennigsdorf gepresst. Ende des Jahrhunderts entsteht ein Sägewerk, und Hennigsdorf wird Bahnstation. 1907 wird das Rathaus gebaut und zwei Jahre danach die hölzerne Zugbrücke durch eine hochliegende Eisenbrücke ersetzt. Die AEG gründet 1910 die Gesellschaft »Industriegebiet Hennigsdorf am Großschiffahrtsweg Berlin–Stettin« – erste Produktionshallen und Wohnanlagen für die Werksangehörigen entstehen. Es werden die ersten Porzellanisolatoren und Mikanit (Isoliermaterial aus Glimmer) hergestellt. 1916 erwirbt die AEG weitere Ländereien; hier entstehen jetzt Munitionsfabriken. 1917 entsteht auf diesem Gelände das Stahl- und Walzwerk: 1 500 Arbeitnehmer sind in drei Betrieben beschäftigt; monatlich werden bis zu 12 000 t Stahl erzeugt. 1924 wird man ans Stromnetz angeschlossen, die neue Havelbrücke für den Schienenverkehr in Betrieb genommen. 1928 fährt dann auch die S-Bahn bis hierher; Hennigsdorf hat inzwischen 10 000 Einwohner. Im II. Weltkrieg relativ zerstörungsarm, wird 1948 der Stahlwerksbetrieb wieder aufgenommen. Mit dem Mauerbau 1961 wird Hennigsdorf von Berlin für 28 Jahre regelrecht abgeschnitten. 1962 erhält man das Stadtrecht, und sechs Jahre danach beginnt die Städtepartnerschaft mit Choisy-le-Roi (Frank-

Yachthafen Nieder Neuendorf

reich). Nach der 600-Jahr-Feier (1975) nimmt in der Folgezeit das Feinwalzwerk die Arbeit auf und beginnt die Städtepartnerschaft mit der tschechischen Stadt Kralupy.

Am 12. Januar 1990 wird der Grenzübergang Stolpe-Süd nach Berlin-Reinickendorf geöffnet – eine neue Ära hat begonnen. 1994 hat Hennigsdorf nahezu 25 000 Einwohner, und eine neue Städtepartnerschaft beginnt mit dem westfälischen Alsdorf. Die Elektrostahlwerke werden durch die italienische Firmengruppe RIVA übernommen, der AEG-Schienenfahrzeugbau wird reorganisiert und von der Daimler Chrysler-Tochter »ADtranz« weitergeführt – Hennigsdorf wird Sitz der Hauptverwaltung Deutschland der ADtranz. 1997 wird das Technologiezentrum Verkehrstechnik eingeweiht und die Straßenverbindung nach Spandau wiederhergestellt; Stolpe-Süd wird eingemeindet (1998) und die S-Bahn-Verbindung nach Berlin wiederaufgenommen. 2001 wird die ehemalige Daimler-Chrysler-Tochter »ADtranz« durch den kanadischen Konzern »Bombardier« übernommen und die Solartechnikzentrale »Cohnsches Viertel« eingeweiht. 2002 wird der Grundstein für das neue Rathaus gelegt.

Mit ihren rund 26 000 Einwohnern ist Hennigsdorf die zweitgrößte Stadt im Landkreis Oberhavel. Die günstige Lage, die gute verkehrstechnische Anbindung und die rasante Entwicklung der Stadt machen sie interessant und attraktiv; nicht nur in wirtschaftlicher Hinsicht, sondern auch touristisch: Die Stadt am Wasser verfügt über zahlreiche Sport- und Freizeitangebote. Havel, Seen und Kanäle oder Wald und Feld bieten optimale Möglichkeiten für die Erholung vor der Haustür. Mit der aufwendigen Sanierung und Modernisierung der historischen, teilweise unter Denkmalschutz stehenden Werkssiedlungen und dem Bau neuer Stadtviertel in reizvoller Lage ist eine Wohnkultur entstanden, die keine Wünsche offen lässt. Neben dem alten Stadtkern hat Hennigsdorf ein neues Zentrum mit Wohnungen, Einkaufsmöglichkeiten und Flaniermeile: In der »Stadt der kurzen Wege« ist alles gut zu Fuß erreichbar. Der Sprung vom verträumten Fischerdorf zum modernen Technologiestandort ist gelungen.

Einer der Germendorfer Waldseen (ehem. Kiesgruben), die zum Tier- und Freizeitpark gehören; im Hintergrund das Strandhotel Germendorf.

Länderinstitut für Bienenkunde e.V. im Stadtteil Hohen Neuendorf. Das Institut wird von den Bundesländern Berlin, Brandenburg, Sachsen, Sachsen-Anhalt und Thüringen projektbezogen gefördert.

Stadt Hohen Neuendorf – »Der Grüne i-Punkt von Berlin«

Die Stadt Hohen Neuendorf mit ihren Stadtteilen Bergfelde, Borgsdorf, Stolpe und Hohen Neuendorf liegt im Süden des Landkreises Oberhavel und grenzt an den Bezirk Reinickendorf von Berlin.

Hier entstanden im Laufe von Jahrhunderten aus kleinen Dörfern freundliche Wohnorte mit Park- und Gartencharakter. Eine Urkunde, datiert vom 23. Juni 1349, ist wahrscheinlich die erste urkundliche Erwähnung. Im Landbuch der Mark Brandenburg aus dem Jahre 1375 wird Hohen Neuendorf als zugehörig zum Rittergut Birkenwerder bezeichnet. Besitzerin der Dörfer ist die Witwe des Johann von Buch. Nach mehreren Wechseln kauft die Berliner Ratsfamilie Wins die Dörfer. Die Wappenschilde beider Familien zieren noch heute das Wappen von Hohen Neuendorf.

Die Berliner Straße wird 1838 gepflastert, zu diesem Zeitpunkt führt sie vom Glienicker Sandkrug bis zum Hohen Neuendorfer Alten Krug durch ein geschlossenes Waldgebiet. Erst mit der Inbetriebnahme der Nordbahn entstehen am Haltepunkt Stolpe die ersten Häuser einer Kolonie. Zwischen 1890 und 1904 steigt die Bevölkerungszahl von 323 auf 1 600. Am 1. Oktober 1904 wird Hohen Neuendorf eine eigene Kirchengemeinde. Die evangelische Kirche an der Berliner Straße entsteht 1909. Als zweite Höhendominante wird nach den Entwürfen des Architekten Albert Gottheiner 1912/14 der 45 Meter hohe Wasserturm – das heutige Wahrzeichen – errichtet. Im August 1936 erhält die Gemeinde Wappen und Flagge. Radikal ändert sich das Aussehen des historischen Ortskerns 1953/54 durch den Bahnbau des Berliner Außenringes. Am 13. August 1961 beginnt der Mauerbau, Hohen Neuendorf wird Grenzgebiet und bleibt es bis zum 9. November 1989.

In all den Jahrhunderten geblieben ist die schöne Landschaft, in die sich Hohen Neuendorf einbettet. Egal ob man sich per Bahn, Auto oder dem Fahrrad der Stadt nähert, überall begrüßt das Grün der Wiesen, Wälder und Parkanlagen den Besucher. 60 Prozent der Fläche sind Wald. Hier bleibt für Erholung und sportliche

Auf dem Luftbild sind die Brücken – links die Borgsdorfer Brücke über den Oder-Havel-Kanal und rechts die Pinnower Brücke über den Oranienburger Kanal – sehr schön als Ensemble zu sehen.

Aktivitäten kaum ein Wunsch offen: mit dem Boot die Märkischen Gewässer erkunden, Golf spielen, Reiten, Angeln gehen, Tennis spielen, einfach zu Fuß herrliche Wanderungen machen oder per Rad auf dem neuen Radfernweg Berlin–Kopenhagen etwas für Gesundheit und Bildung tun.
Die guten verkehrstechnischen Anbindungen aller Stadtteile – unweit der Autobahn A 10, der Stadtautobahn Berlin A 111 sowie direkte Anbindung an die B 96 und S-Bahn – ermöglicht schnelle Wege in die Bundeshauptstadt Berlin und in die Landeshauptstadt Potsdam mit ihren öffentlichen Einrichtungen, Einkaufsmöglichkeiten und Kultureinrichtungen, ihren Flughäfen und Bahnfernverbindungen in alle Welt.
In den letzten Jahren verwandelte sich die Stadt für viele Menschen zum Dreh- und Angelpunkt ihres Lebens. Sie haben sich bewusst für diese moderne, junge Stadt entschieden. Dabei war die sich ständig weiterentwickelnde Infrastruktur – neue Kindereinrichtungen und moderne Schulen, gute Einkaufsmöglichkeiten sowie ein vielschichtiges Vereins- und kulturelles Leben – ein ausschlaggebender Faktor.
Doch Hohen Neuendorf bietet nicht nur naturverbundenen Menschen eine Heimstatt, es ist Sitz erfolgreicher Handwerks- und mittelständischer Unternehmen, die innovativ ausgetretene Pfade verlassen.
Die ehemaligen Gemeinden Bergfelde, Borgsdorf und Hohen Neuendorf schlossen sich 1993 zu einer neuen Gemeinde Hohen Neuendorf zusammen. Die Bemühungen der Bürgerschaft und ihrer Repräsentanten, die Entwicklung zu einer modernen Gartenstadt immer weiter voran zu bringen, fanden ihre Würdigung mit der Erhebung zur Stadt am 23. Juni 1999. Dem Votum der Bürger folgend, wurde die Gemeinde Stolpe mit den Kommunalwahlen am 26. Oktober 2003 in die Stadt Hohen Neuendorf eingegliedert. Heute ist Hohen Neuendorf mit über 23 500 Einwohnern die drittgrößte Stadt des Landkreises. Mehr Informationen erhalten Interessierte auf der Homepage unter www.hohen-neuendorf.de.

Gemeinde Birkenwerder

»Am märkischen Walde im Barnimer Land, wo Kiefern, Wacholder und Birken gedeih'n, da bin ich daheim; du Heimatort an der Briese dort; zu dir zieht's mich hin, wo immer ich bin«. – Nein, es ist nicht immer Fontane gewesen, der so begeistert über seine Heimat geschrieben hat ... hier war es eine gewisse Emmy Thelen, der das Herz überging und die zu diesen Versen auch noch eine eingängige Melodei überdies beisteuerte.
Jedenfalls wurde Birkenwerder 2005 erstaunliche 650 Jahre alt. Allerdings muss, um historisch exakt zu bleiben, auch gesagt werden, dass eine Gründungsurkunde bislang nicht gefunden wurde. Zum ersten Male wurde der Ort als »Bergkenwerder« in einer am 24.2.1355 in Kyritz ausgefertigten Urkunde des Markgrafen Ludwig des Römers erwähnt. Darin überträgt der Landesherr die Güter des verstorbenen Ritters Ywan von Nybede dem Hofrichter und späteren Landeshauptmann der Mark Brandenburg, Jan von Buch, und sagt ihm Hilfe bei der Errichtung eines befestigten Burgfrieds an dem Ort zu.
1355 bestand Birkenwerder also bereits; wie lange und wie groß es war, ist leider nicht bekannt. Die Existenz einer Burg konnte bislang ebenfalls nicht stichhaltig nachgewiesen werden: Fundamentsreste erwiesen sich letztlich als Grundmauern eines Wohnhauses aus dem 16. Jahrhundert. Es steht jedoch mit Sicherheit fest, dass die Siedlung bereits lange vor dieser Nennung bestand. Die ersten Bewohner dürften jene aus dem Altpaläolithikum gewesen sein, deren Pfeilspitzen, Angelhaken, Beil, Fischhacke, Axt und Reitersporn entdeckt wurden und die der Zeit vor 11 000 v. Chr. zuzuordnen sind. Auch Reste slawischer Besiedlung und deren Werkzeuge wurden gefunden. Es ist also sehr wahrscheinlich, dass im heutigen Birkenwerder eine solche bestanden hat. Möglicherweise haben sich in deren Nähe unter den Askaniern auch deutsche Siedler niedergelassen.
Spüren wir kurz der Frage nach, warum Birkenwerder so heißt, welche Landschaftsformen hier vorzufinden sind und wie die Wassersituation hierzulande ist. Der Name jedenfalls ist erwiesenermaßen deutschen Ursprungs und setzt sich zusammen aus den Wörtern »berke« (für Birke) und »werder« (für Insel oder Anhöhe zwischen einem fließenden und einem stehenden Gewässer bzw. einem Sumpfgebiet). Die Name »Briese« hingegen kommt aus dem slawischen »breza« (Birke). Also bedeutet das Ganze: Eine Ansiedlung auf einer mit Birken bestandenen Anhöhe (wiederzufinden im Werder, dem alten Ortskern, der vom Flüsschen Briese, dem Mönch- und dem Sandsee sowie sumpfigem Gebiet umgeben ist). Zwischen der heutigen Briese und einem weiteren Arm des Fließes, der unterhalb des jetzigen Rathauses verlief und auf diese Art den Mönch- mit dem Sandsee verband, lag also dieser Werder. Interessant, dass auf einer Karte von 1732 der Mönchsee fehlt; damals aber kann das Gebiet noch so sumpfig gewesen sein, dass der Kartograph den See als solchen gar nicht bemerkt hat.
Die Landschaft ist hier äußerst wald- und seenreich im Niederen Barnim; einem Gebiet, dass wohl vor 130 000 Jahren durch die Saaleeiszeit und viel später (etwa vor 15 000 Jahren) durch die letzte Eiszeit geprägt wurde. Und auf die Frage nach dem Wasser in dieser Gegend kann man relativ schnelle und sichere Auskunft geben: Im Westen wird Birkenwerder durch den Hauptfluss der Mark, die Havel, begrenzt. Sie entspringt bei Neustrelitz im Mecklenburgischen und mündet südwestlich von Bad Wilsnack in die Elbe. Der Flussverlauf ist bei Birkenwerder begradigt worden: In einer herrlichen Auenlandschaft findet man auch noch den Verlauf der Alten Havel. Mit ihr verbunden sind drei im 19. Jahrhundert sowohl für die Gewinnung von Ton für die Ziegeleien als auch für die Schifffahrt angelegte Stichkanäle. Die Briese hingegen kommt aus dem Wandlitzsee: Sie durchfließt den Rahmersee weiter in den Lubowsee, hier Possenfließ genannt. Den Lubowsee verlässt sie als Mühlenfließ und gelangt dann als Briese in den Briessee; in Birkenwerder endlich mündet sie in die Alte Havel.
Birkenwerder ist eine in einmaliger Landschaft aus Wiesen, Seen und Teichen, an Havel und Briese gelegene Gemeinde mit derzeit ca. 7 450 Einwohnern im Süden des Kreises Oberhavel mit seiner Kreisstadt Oranienburg, in Nähe der nördlichen Stadtgrenze Berlins, nur etwa 25 km vom Zentrum der Hauptstadt entfernt.
Um beim begehrten Wasser noch ein wenig zu verweilen, sei festgehalten, dass es hier natürlich auch Quellen gibt, die zu erwandern sich lohnen. An beiden Seiten der Briese gibt es schöne Wanderwege durch Buchenmischwald, Erlenbruch sowie Hainbuchen. Die Helenenquelle, auf alten Karten auch als St. Hubertusquelle ausgewiesen, lädt mit Rastplätzen zum Ausruhen ein. Nahe der Siedlung Briese befinden sich Naturlehrpfad und Waldschule. Das »Birkenfließ«, die Briese also, hält so manche Attraktion bereit. Auf ungefähr 380 km führt der »66-Seen-Weg« rund um die Hauptstadt Berlin durch die abwechslungsreiche brandenburgische Landschaft; er berührt dabei auch Birkenwerder. Dort trifft er auf drei Seen, die alle mit der Briese verbunden sind: Der Boddensee ist der größte; sein Name kommt aus dem Niederdeutschen und bedeutet »morastiger See«. Der Mönchsee soll erst im 19. Jahrhundert durch eine Regulierung der Briese entstanden sein; Mönche jedenfalls sind hier nie gewesen. Der einst größte dieser Drei ist längst verlandet (Sandsee).

Bootshafen an der Alten Havel

Widmen wir uns wieder der Historie: 1355 war also die bis heute einzig nachgewiesene Erwähnung des Ortes. Zwei Jahrzehnte später erscheint er im Landbuch Kaiser Karls IV. mit genaueren Angaben. Über lange Zeit bleibt die kleine Siedlung Rittersitz. Genannt werden in entsprechenden Dokumenten lediglich eine Mühle, ein Krug und Kossäten. Grund für die Übertragung an Ritter Jan von Buch war sehr wahrscheinlich das Interesse des damaligen Markgrafen, die alte Handelsstraße von Berlin nach Norden in die Uckermark, die bei Birkenwerder das sumpfige Tal der Briese durchquerte, zu sichern. Als der Ritter 1369 starb, erbte dessen Witwe die Dörfer Birkenwerder, Hohen Neuendorf, Hermsdorf und Borgsdorf. Ihr folgte der Sohn Syfrid nach und nach diesem andere Vertreter des märkischen Landadels. Und dann beginnt eine Welle von Gerichtsentscheiden: 1504 erwarb die wohlhabende Berliner Familie Wins den Besitz; sie lebten gewiss nicht schlecht vom Waren- und Geldhandel sowie Einkünften aus dem Umland (zwischen 1458 und 1499 waren mehrere Vertreter dieses Clans Berliner Bürgermeister). Weil aber der Kurfürst Joachim I. den Erwerb der Güter der beiden Brüder Wins nicht anerkennen wollte, erklärte er kurzerhand den Birkenwerder Bürgern, dass sie die Steuern zukünftig an ihn zu bezahlen hätten. Markus und Egidius Wins zogen vor die Gerichte und bekamen ein ums andere Mal Recht. 1531 verfügte schließlich der Kaiser höchstpersönlich, dass der Kurfürst alles zurückgeben müsse, auch die Mühle, die dieser inzwischen schon weiterverkauft hatte. Der Kurfürst rächte sich, indem er die Brüder kurzerhand gefangennehmen ließ. Sie kamen nur deshalb frei, weil er starb. Aber irgendwann waren auch die Wins am Ende, und der 30-jährige Krieg tat ein Übriges: 1628 kamen die Güter unter Zwangsverwaltung; der Große Kurfürst kaufte schließlich alles und schenkte Birkenwerder, Borgsdorf, Hohen Neuendorf und Bergfelde seiner Gattin Henriette Luise. Damit wurde das Rittergut Birkenwerder ein Vorwerk der Kurfürstlichen Domäne Oranienburg.

Rathaus, erbaut 1912

Mit der beginnenden Industrialisierung war die Vorherrschaft der Landwirtschaft in Birkenwerder bald vorbei; der letzte Bauernhof existierte bis 1894. Ein Grund für das verlorengegangene Terrain der Landwirtschaft mag auch gewesen sein, dass die Böden der Feldmark Birkenwerder nicht sonderlich ertragreich waren. Buchweizen und Hirse indes waren anspruchslos, und so mögen sie auch Hauptnahrungsmittel hier gewesen sein. Wichtig für die Entwicklung der Industrie war einmal die Nähe der schiffbaren Havel und zum anderen die ergiebigen Tonvorkommen mit Sand- und Kalksteinbestandteilen in Flussnähe. 1840 entstand die erste Ziegelei: So manches Haus und die Kirche (1849) sind aus birkenwerdschen Klinker erbaut. Diese waren hart und widerstandsfähig und fanden daher vor allem auch bei Wasserbauten in Berlin Verwendung. Um einen aufwendigen Landtransport der Steine zu vermeiden, wurden die drei Stichkanäle angelegt. 1910 war allerdings auch damit Schluss – Eisenbeton hatte die Ziegel verdrängt. Das betraf auch den Torfabbau, die Kahnschifffahrt ging stark zurück. Durch Begradigung und Vertiefung der Havel (1876–81) konnte der Fluss nun auch von Dampfschiffen befahren werden.
1925 wurde der S-Bahn-Betrieb aufgenommen, im Zusammenhang damit entstanden die Bahnhofs- und die Fußgängerbrücke (»Rote Brücke«). Von Jahr zu Jahr wurde Birkenwerder mit seinen Wäldern, dem reizvollen Briesetal und manch anderem lukrativer für die Hauptstädter, die hier ein willkommenes Naherholungsgebiet vorfanden; schon 1911 wurden an der Bahnsteigsperre um die 11 000 Fahrkarten »geknipst«. Zwanzig Jahre danach gab es 18 Gaststätten und Cafés – viele mit Gartenbetrieb und Tanz. Birkenwerder outete sich schnell zur Wohngemeinde; viele Berliner zogen in diese Gegend. Straßen wurden asphaltiert, Gehwege befestigt, Grünflächen angelegt und Versorgungseinrichtungen geschaffen. Auch ein Sanatorium entstand, das zeitweilig im II. Weltkrieg als Lazarett dienen musste und heute eine moderne Klinik der Asklepios-Gruppe ist.

Der Boddensee

Clara Zetkin, die als Alterspräsidentin den Reichstag 1933 eröffnete, wollte hier ihren Lebensabend verbringen, musste aber vor den Nazis fliehen und starb in der Emigration. Auch der an TbC leidende Lyriker Christian Morgenstern verbrachte mehrere Monate hier. Rosa Luxemburg soll 1918 im Hause der Lehrerin und Politikerin Frida Winkelmann in der Bergallee Zuflucht gefunden haben; der Mitbegründer der LDPD und erste Volkskammerpräsident der DDR, Prof. Dr. Johannes Dieckmann (1893–1969), wohnte ebenfalls in Birkenwerder. Bei Kriegsende 1945 hielten sich in der Gemeinde, die von der Zerstörung weitgehend verschont geblieben war, ungefähr 10 000 Menschen auf. In der Zeit nach dem Mauerbau zog es wieder viele Berliner hierher, ihre Wochenenden im Grünen oder in Kleingartenlauben zu verbringen. Viele ältere Häuser (Ratsapotheke) fielen in diesen Jahren dem Verfall anheim. Ein Glücksfall war der Bau der Autobahn nach Norden mit der Anschlussstelle direkt am Ortseingang – eine wesentliche Voraussetzung für die Neuansiedlung von Handwerk, Gewerbe und mittelständischer Industrie. Im Ortszentrum hat es sichtbare Veränderungen gegeben. Neben Handel und Dienstleistungen hat die Gemeinde im Wohnungsbau ihre ursprüngliche Bedeutung zurückgewonnen. Schwierig gestaltete sich nach 1990 die Ansiedlung von Handwerk und Gewerbe, aber findige und kluge Leute nahmen die Vorhaben mutig in ihre Hände: Die einstmals »bunte« Gebietsstruktur, z.B. am Triftweg, hat sich längst überholt und ist ein pulsierendes Gewerbezentrum geworden. Firmen wie Francotyp Postalia, Gegenbauer Bosse und Heidelberger Druckmaschinen haben längst Ergänzung gefunden durch weitere Unternehmen: Messebauer, Tischler, Werkzeugmacher, Metallbauer, Baufirmen ... Auch das Wanderwegenetz ist deutlich erweitert und attraktiver gemacht worden: Vom zentral gelegenen Bahnhof sind die naturnahen Gebiete entlang der Seen, Havelwiesen und Alten Havel problemlos und schnell erreichbar. Die Partnerstadt von Birkenwerder ist das französische Villetaneuse.

Das moderne Wohn- und Geschäftsviertel »Glienicker Spitze«, errichtet im Zeitraum 1998/1999

Glienicke/Nordbahn

In Glienicke konnte im März 2007 der 10 000. Einwohner begrüßt werden. Der Ort erstreckt sich auf einer Fläche von 4,6 Quadratkilometern und liegt mit seiner Süd- und Westflanke unmittelbar am nördlichen Stadtrand von Berlin. An seiner nördlichen und nordöstlichen Grenze geht Glienicke unmittelbar in den Schönfließer Wald, die Bieselheide und den Kindelwald über. Der Kindelwald, ein Misch- und Nadelwald mit eingestreuten Auen- und Wiesenbereichen und dem Kindelfließ sowie dem Kindelsee ist als Landschaftsschutzgebiet ausgewiesen. Es lädt zu erholsamen Wanderungen und Naturbeobachtungen ein.
Archäologische Funde in Form von Stein- und Bronzewerkzeugen, Gefäßscherben, Urnen sowie Feuerstellen auf dem heutigen Ortsgelände und seiner Umgebung belegen, dass diese Gemarkung schon vor Jahrtausenden besiedelt war. Den Funden ist erhebliche archäologisch-historische Bedeutung beizumessen – sie werden im Märkischen Museum Berlin und im Kreismuseum Oranienburg aufbewahrt. Erstmalig findet 1412 der Ort Glyneck in brandenburgischen Lehnsregistraturen des Markgrafen Friedrich I. urkundliche Erwähnung: Viereinhalb Bauernhöfe mit 600 Morgen Land werden erwähnt. Im Dreißigjährigen Krieg wurde das kleine Bauerndorf fast wüst; unter dem Großen Kurfürsten kehrte dann wieder einige Normalität zurück. Der Hauptmann von Oranienburg erhielt die Order, einen Krug in Verbindung mit einer Bauernwirtschaft zu errichten. So entstand um 1670 der »Sandkrug«, der auch in Fontanes »Wanderungen durch die Mark Brandenburg« Erwähnung findet. Der napoleonische Einfall ab 1806 und der Rückzug der »Grande Armee« 1813 brachten dem Ort nochmals viel Beschwernis; Kaiser Napoleon hielt sich damals im benachbarten Stolpe und in Dammsmühle bei Mühlenbeck auf.
Die zunehmende Einwohnerzahl verlangte entsprechende kommunale Einrichtungen; 1847 entstand das erste Schulgebäude, 1865 eine neue Kirche, 1894 eröffnete man eine »Posthülfsstelle«, 1899 wurde die Freiwillige

Das alte Grundschul-Gebäude, eröffnet im Jahre 1904

Feuerwehr gegründet, der erste Fernsprechanschluss ging 1904 in Betrieb, seit 1905 gibt es eine Gemeindebibliothek, seit 1926 eine Sparkassenfiliale, 1932 wurde das Rathaus eingeweiht und 1939 das Filmtheater Olympia eröffnet. Entscheidende Prägung erhielt der Ort durch seine Lage am nördlichen Berliner Stadtrand mit der Eröffnung der Eisenbahnlinie Berlin–Oranienburg–Strelitz im Jahre 1877, die sogenannte Nordbahn. Auch dadurch wuchs die Einwohnerzahl sehr schnell an. Trotz Berlinnähe entstanden im Ort relativ wenige Schäden während des II. Weltkrieges. In der Nacht vom 21. zum 22.4.1945 marschierte die Rote Armee ohne Kampfhandlungen in Glienicke ein.
Durch die direkte Grenzlage zu Westberlin wurden Ortsbild und -geschehen ab 1961 durch den Mauerbau stark beeinflusst. Nach dem Mauerfall veränderte sich das Ortsbild zusehends: Dazu trug zunächst die vollständige Wiederherstellung der durch die Trennung unterbrochenen Straßenanschlüsse nach Berlin bei. Entscheidende infrastrukturelle Veränderungen entstanden dann durch den Bau einer zentralen Abwasserkanalisation, die Verlegung des Erdgas- und Erneuerung des Elektrokabelnetzes sowie der Straßenbeleuchtung. Neue Wohngebiete erwuchsen, so dass die Einwohnerzahl sich von etwa 4 500 im Jahre 1990 auf 10 000 Anfang 2007 verdoppelt hat. Zwei durch Glienicke führende Autobuslinien verbinden den Ort mit dem Berliner S-Bahnnetz, dem Berliner Bezirk Pankow und Hennigsdorf ins Brandenburgische Land (Kreis Oberhavel). Der nächste Autobahnanschluss ist die ca. 8 km entfernte Anschlussstelle Mühlenbeck. Etwa 10 km entfernt liegt jene von Birkenwerder (A 10); weiterhin besteht Anschluss an die Berliner Stadtautobahn A 111. Damit ist auch der Flughafen in Berlin-Tegel schnell erreichbar. Die Bundesstraße B 96 bildet die westliche Ortsgrenze Glienickes. Alle Verkehrsmöglichkeiten gestatten es, innerhalb von 20 bis 30 Minuten in die Zentren Berlins zu gelangen und begründen damit u.a. die Attraktivität der Ortslage Glienickes.

Gemeinde Mühlenbecker Land

Die im Landkreis Oberhavel gelegene Gemeinde Mühlenbecker Land besteht aus vier Ortsteilen – Mühlenbeck, Schildow, Schönfließ und Zühlsdorf –, die bis zum freiwilligen Zusammenschluss im Oktober 2003 selbstständige Gemeinden waren. Die rund 13 000 Einwohner zählende Gemeinde gilt als Schnittstelle zwischen Berlin und den Landkreisen Oberhavel und Barnim und ist – insbesondere für die Hauptstädter – das Tor nach Brandenburg.

Die Geschichte der einzelnen Orte vollzog sich recht unterschiedlich, obwohl drei – Mühlenbeck, Schildow und Zühlsdorf – erstmals urkundlich im Jahr 1375 im Landbuch Kaiser Karl IV. erwähnt wurden.

Mühlenbeck ging kurze Zeit nach seiner Erwähnung von 1375 in den Besitz des Klosters Lehnin über. In dieser Zeit wurde die heute noch existierende Mönchmühle gegründet. Viel Erde und Steine mussten bewegt werden, um die notwendige Wasserreserve für den konstanten Mahlbetrieb der Wassermühle zu sichern. Bis heute haben die Felssteinfundamente unverändert standgehalten, wobei das Mühlengebäude im Laufe der wechselvollen, fast 800-jährigen Geschichte vielschichtige Veränderungen erfahren hat. Allein schon die Geschichten über die verschiedenen Besitzer sind unvergleichliche Zeitdokumente und heute u.a. in der Broschüre über die Historische Mönchmühle von Mühlenbeck nachzulesen. Heute bemüht sich der Förderverein Historische Mönchmühle e.V. mit viel Engagement um den weiteren Erhalt des historischen Mittelpunktes. Nachdem sich im Jahre 1542 das Kloster auflöste, wurde Mühlenbeck zu einem Kurfürstlichen Domainenamt. Unter dem Alten Fritz wurden in Mühlenbeck und Summt (heute benannte Wohnsiedlung im Ortsteil Mühlenbeck) Felder für seine landwirtschaftlichen Reformen angelegt. Eine Tradition, die sich in Mühlenbeck und den Nachbargemeinden teilweise bis heute erhalten hat.

Im 20. Jahrhundert entstanden Ziegeleien, die auch ein äußeres Zeichen des wachsenden Wohlstandes und der damit verbundenen wirtschaftlichen Entwicklung waren. Das zeigt sich auch an der um 1901 eröffneten Eisenbahnlinie. Sie belebte zusätzlich die Wirtschaft und neben dem Transport von Wirtschaftsgütern, Baumaterial (Ziegel) brachte die Bahn Gäste aus dem nahegelegenen Berlin »ins Grüne«.

In den weiteren Jahren wurden die Verkehrsanbindungen weiter ausgebaut. Heute ist Mühlenbeck über die S-Bahn Linie S8 in nur wenigen Minuten von Berlin aus zu erreichen. Auch die Autobahn-Anschlussstelle Mühlenbeck an der BAB 10 ermöglicht eine schnelle und bequeme Anreise aus dem Umland. Der Ortsteil Mühlenbeck liegt heute im Zentrum der Großgemeinde und ist (wieder) Verwaltungssitz.

Schildow entwickelte sich ähnlich wie Mühlenbeck. 1475 wurde Schildow als erster märkischer Ort erwähnt, in dem Mohn und Senf angebaut wurden. Nach dem 30-jährigen Krieg mit den vielen Plünderungen und Brandschatzungen begann wieder eine allmähliche Entwicklung, vorrangig im landwirtschaftlichen Bereich. Im Ort wurden um 1765 die ersten Kartoffeln und, eine Lieblingsidee des reformerischen Königs, erste Maulbeerbäume für die Seidenraupenzucht angebaut. Auch in den Folgejahren blieb der Ort der Landwirtschaft treu, und 1838/39 erfolgte, nach langen Auseinandersetzungen die Vermessung der Flur und die Neueinteilung in zusammenhängende Wirtschaftskomplexe. Um 1900 bestand das Dorf aus einer Vielzahl von Bauernwirtschaften, einem Sägewerk und einer Holz-Imprägnier-Firma. In den 30er Jahren wird Schildow auch für die Erholung entdeckt. Die zurecht benannte »grüne Oase« vor den Toren Berlins lässt sich durch die Verbesserung der Infrastruktur günstig erreichen (Buslinie von Berlin–Pankow) und gewinnt somit an »Ausflüglern«. Den grünen Charakter, das Fließtal und die kleinen Seen kann der Ortsteil über die Jahre bis heute bewahren. Schildow ist inzwischen auch bekannt für die hier ansässigen Künstler. Einige Ateliers laden zum Besuch ein und man kann sich über Töpfer- und Keramikarbeiten, textile Kunst sowie Grafik informieren oder es gleich selbst ausprobieren. Auch in Sachen Bildung ist Schildow ein fortschrittlicher Ortsteil geworden. Die in den letzten Jahren entstandene »Europaschule Am Fließ« steht als Synonym für ein lernoffenes, kreatives Bildungskonzept und arbeitet u.a. mit europäischen Schulen in Dänemark, Irland und Spanien zusammen.

Die älteste urkundliche Erwähnung von *Schönfließ* stammt schon aus dem Jahr 1270. Das Zentrum des Dorfangers in Schönfließ prägt die aus Feldsteinen gebaute Dorfkirche. Ihr Baubeginn reicht bis ins Jahr 1375 zurück. Hier finden seit einigen Jahren in den Sommermonaten die bekannten »Schönfließer Sommermusiken« statt, die großen Anklang finden. Die weitere Geschichte berichtet von oft wechselnden Besitzern und mehrmaligen Verwüstungen des Dorfes. Heute noch bekannte Namen sind die der Familien von Veltheim und von Pannewitz. Sie waren es, die das Land vermaßen und im 17. Jahrhundert die moderne Landwirtschaft ein-

Kirche im Ortsteil Schönfließ

Badestelle am Rahmersee im Ortsteil Zühlsdorf

führten. Zur damaligen Zeit war das Schloss der von Veltheims weit über die Grenzen des Ortes bekannt und bestand bis 1945, umgeben von einem herrschaftlich angelegten Park, von dem heute nur noch alte Baumbestände zeugen. Noch zu DDR-Zeiten war die Landwirtschaft der größte Arbeitgeber. Auch heute werden große Flächen rund um den Ort landwirtschaftlich genutzt, wobei der Reitsport und der Anbau von sog. »Beerengärten« einen neuen Markt erobert hat. Schönfließ ist bis heute das typische Angerdorf geblieben. Die Anfang der 90er Jahre beginnende Besiedlungsentwicklung hat diesem Landschaftsbild keinen Abbruch getan. Die entstandenen Wohngebiete »Bieselheide« und »Am Feldweg«, angrenzend an Landschafts- und Naturschutzgebiete, bieten angenehme Wohnqualität mit z.T. dörflichem Charakter.
Zühlsdorf galt viele Jahrhunderte hinweg als »armes Nest«. Das schmale Straßendorf hatte nichts weiter zu bieten als eine ausgedehnte Wald- und Heidelandschaft. Die wenigen Bauern, die hier siedelten, blieben immer arme Leute.
1652 kaufte Luise Henriette von Oranien den Flecken Zylstorf, wodurch der Ort zu einem gewissen Aufschwung kam und dem Oranienburger Amt unterstellt wurde. Historisches gibt es heute wieder liebevoll restauriert am oberen Briesetal zu sehen. Die seit 1861 dort im Familienbesitz befindliche Sägemühle ist heute noch zu besichtigen und blickt auf eine lange und lebhafte Geschichte zurück. Am Standort der Sägemühle wurde schon 1375 eine Mehlmahlmühle betrieben, die um 1900 aufgegeben wurde. Bis zum Beginn des 20. Jahrhunderts schwelten in Zühlsdorf Teeröfen, klapperten Wassermühlen und die Familien lebten von Körbeflechten und von karger Landarbeit. Den ersten größeren Zuwachs erlebte der Ort in den zwanziger und dreißiger Jahren des letzten Jahrhunderts mit Beginn des Eisenbahnverkehrs in Zühlsdorf. Der Begriff Sommerfrische, der Aufenthalt im Sommer auf dem Lande, wurde populär. In Zühlsdorf hielt nun die »Heide-

Lassen Sie sich packen von der Vielfalt der Ortsteile.

krautbahn«, und es entwickelte sich das Landleben auch in Zühlsdorf, vorrangig am Rahmersee. Dieser Trend hielt an, und ab 1960 kauften und pachteten viele Berliner Parzellen, um sich dort für ihre Wochenenderholung Lauben und Bungalows zu errichten. Heute sind viele damalige Wochenendgrundstücke erschlossen und Wohnhäuser auf diesen Parzellen errichtet worden. Dennoch hat sich Zühlsdorf bis heute seine Idylle bewahrt und wartet mit Badeseen, Wander- und Radwanderstrecken mitten in der märkischen Heide auf.
Die heutigen Ortsteile der Gemeinde Mühlenbecker Land sind typisch für das Land Brandenburg und heben sich dennoch hervor. Die Verbindung von Hauptstadtnähe und dörflichem Grün weist auf einen neuen Standortfaktor, den Tagestourismus, hin. Die Gemeinde Mühlenbecker Land ist ein attraktiver Wohnstandort mit hohen landschaftlichen Qualitäten. Hervorzuheben ist die Tegeler Fließlandschaft und die verschiedenen Landschaftsräume mit Landschafts- und Naturschutzstatus. So wirbt der Naturpark Barnim, zu dem die Gemeinde mit großen Teilen gehört, mit der schönen Landschaftsstruktur. In ihr liegen die kleinen und großen Kulturschätze der Region eingebettet. Die dörfliche Grundstruktur ist noch gut erkennbar. Bereits ab 1994 wurde mit dem Aufbau und der Ausweisung des touristischen Wegeleitsystems begonnen und damit für eine infrastrukturelle Grundausstattung gesorgt. Vor allem die Ortsteile Zühlsdorf und Mühlenbeck/Summt haben sich in den letzten Jahren zu einer wichtigen Destination entwickelt und bieten sich als Ausgangs- und Endpunkte für Rad- und Wandertouren geradezu an.
Auch die Verbindung von landwirtschaftlicher Tradition und touristischen Angeboten schafft neuen Raum für Freizeitaktivitäten, wie z.B. den Reitsport. Sportlich geht es auch weiter auf den rund 50 Kilometer langen und gut ausgeschilderten Nordic-Walking-Touren in Mühlenbeck und Zühlsdorf. Und wer noch mehr für seine Gesundheit tun möchte, kann die neuen Radwege im Gemeindegebiet ausprobieren oder weiter zum nahege-

Für Aktive und Ruhesuchende bieten sich reizvolle Einblicke.

legenenen Fern-Radweg Berlin–Kopenhagen radeln. Durch die in den letzten Jahren stattgefundene kontinuierliche Ansiedlung von Gewerbe- und Dienstleistungsunternehmen wurde eine funktionsgerechte wirtschaftliche Entwicklung der Gemeinde geschaffen. Allein die Einwohnerentwicklung der Gemeinde ist bemerkenswert; das relative Wachstum zwischen 1993 und 2005 liegt bei 113%. Prognosen sagen dahingehend im Jahr 2010 eine Bevölkerung von ca. 15 000 Einwohnern voraus. Einhergehend mit dem stetigen Bevölkerungszuwachs rücken Pflichtaufgaben der Gemeinde wie die Kindertagesbetreuung mehr und mehr in den Focus. Insgesamt unterhält die Gemeinde 6 Kindertageseinrichtungen. Mit der Eröffnung der neugebauten Kindertagesstätte im Ortsteil Mühlenbeck im Juli 2006 werden neue inhaltliche Aspekte der pädagogischen Arbeit verwirklicht. Diese beinhaltet die Anwendung der Kneipp'schen Lehre und dient der Gesundheitsförderung der Kinder.

Neben einer Grund- und einer Oberschule im Ortsteil Mühlenbeck gibt es die Europaschule am Fließ im Ortsteil Schildow, die nach didaktischen und methodischen Konzepten arbeitet, um Kinder auf eine Lebensumwelt vorzubereiten, die ständig komplexer wird und steigende Qualifikationsansprüche an sie stellt. Weitere Einrichtungen wie das Berufsförderungswerk Brandenburg im Ortsteil Mühlenbeck und die Werkstatt für Behinderte Menschen im Ortsteil Schönfließ haben sich hier mit ihren Leistungsangeboten und beruflichen Qualifizierungsprogrammen etabliert und sind ein Bestanteil der Ortsentwicklung, der auch für das menschliche Füreinander wichtig geworden ist.

Die Gemeinde Mühlenbecker Land legt ihr weiteres Augenmerk auf eine Entwicklung, die Wohnqualität und Natur verbindet und weitere Möglichkeiten des Tages- und Gesundheitstourismus nachhaltig entwickeln und fördern möchte.

Das ehemalige Alte Gymnasium auf dem Neuruppiner Schulplatz ist heute Sitz des »Campus Neuruppin«.

Landkreis Ostprignitz-Ruppin

Nur eine Autostunde von der Bundeshauptstadt Berlin entfernt, auf dem Weg nach Rostock oder Hamburg, zeigt sich die sandige flachwellige Landschaft des Landkreises, dessen märkische Dörfer und Kleinstädte ländliche Idylle aufleben lassen. Aufgrund seiner zahlreichen Laub- und Nadelwälder, Wiesen, Weiden, Feuchtniederungen und Seen, zeichnet sich der Kreis als begehrtes Wohnziel in ruhiger Umgebung aus. Aber nicht nur Naturliebhabern bietet die Region ein breit gefächertes Angebot, sondern auch Kultur- und Geschichtsinteressierte kommen auf ihre Kosten: Sagenumwobene Stätten, bedeutende Persönlichkeiten und historische Städte können besucht und erkundet werden.

Der Landkreis Ostprignitz-Ruppin (OPR) liegt im Nordwesten des Landes Brandenburg und grenzt an Mecklenburg-Vorpommern. Die verkehrsgünstige Anbindung, besonders durch die A 24 (Berlin–Hamburg), A 19 (Berlin–Rostock) und Bahnverkehr, ermöglicht eine gute und schnelle Erreichbarkeit. Die natürliche Beschaffenheit des Landkreises ist gekennzeichnet durch den Wechsel von Laub- und Nadelwäldern, Wiesen, Weiden und Feldern, prächtigen Alleen, Feuchtniederungen, Bächen und großen Seengebieten. Theodor Fontane hat das bereits vor über 120 Jahren trefflich und genauestens beschrieben. Der Landkreis wurde 1993 aus den vorherigen Kreisen Kyritz, Neuruppin und Wittstock gebildet. Der Name beruht auf der Zugehörigkeit großer Teile zu den historischen Kreisen Ostprignitz und Ruppin; er ist flächenmäßig der drittgrößte Kreis des Landes Brandenburg. Insgesamt leben hier heute ca. 106 000 Einwohner. Kreisstadt und Verwaltungszentrum ist die Fontanestadt Neuruppin.

Seit 1995 hat der Landkreis Ostprignitz-Ruppin ein vom Ministerium des Innern genehmigtes Wappen. Gespalten durch eine silberne Deichsel; oben in Rot ein gold bewehrter silberner Adler; unten eine rot gebundene goldene Lilie; hinten eine rot belegte goldene Mitra. Wappentier der Gafen von Arnsberg als Herren von Ruppin war ein weißer Adler. Dieser wurde nach dem Anfall der Herrschaft an Brandenburg in das kurfürstliche, später königliche Wappen in einen Teilschild des Staatswappens übernommen und schmückte mindestens seit dem 19. Jahrhundert in rotem Feld das offizielle Kreiswappen von Ruppin. Dieses Wappen wurde vom preußischen Staatsministerium am 10. September 1930 bestätigt, ab 1946 wegen des missverstandenen Adlers aber verleugnet, am 21. Februar 1992 vom Minister des Innern des Landes Brandenburg für den damaligen Kreis Neuruppin jedoch wieder genehmigt.

Der alte Kreis Ostprignitz beantragte erst kurz vor dem 2. Weltkrieg ein eigenes Wappen, das am 31. Mai 1938 vom preußischen Staatsministerium genehmigt wurde. Der ursprüngliche Entwurf des Grafikers Ottfried Neubecker sah neben dem roten brandenburgischen Adler vor, die Symbolik der drei größeren Städte Pritzwalk, Wittstock und Kyritz unterzubringen. Für Kyritz stand die Lilie der mittelalterlichen Stadtherren von Plotho, für Wittstock die Mitra des hier bis zur Reformation residierenden Bischofs von Havelberg. Die Verwendung der Mitra wurde als kirchliches Symbol von der damaligen nationalsozialistischen Regierung untersagt, so dass sie durch eine zweite Lilie ersetzt wurde. Das neue Wappen des Landkreises Ostprignitz-Ruppin greift die Thematik der historischen Kreiswappen zum Teil auf und vereint sie zu einer neuen Symbolik und Form, die die Ansprüche der Einmaligkeit erfüllt.

Die durchschnittliche Höhenlage beträgt 35–50 m über NN. Die gut ausgebauten Autobahnen, die Bundesstraßen 102, 103, 5, 167, die Landstraßen und die Linien der Deutschen Bahn garantieren eine schnelle Erreichung der jeweiligen Ziele von Nord nach Süd bzw. Ost nach West.

Die Landschaft ist typisch eiszeitlicher Prägung. Die Rheinsberger Seenkette, die Ruppiner Schweiz, die Kyritzer Seenkette, die Waldgebiete der Kyritz-Ruppiner-Heide sowie das Rhin- und Havelländische Luch sind in ihrer Vielfalt weit mehr als nur »brandenburgische Streusandbüchse«. Ferner findet man ergiebige Kunst- und Baudenkmale aus über acht Jahrhunderten. Museen in Neuruppin, Rheinsberg, Wittstock und anderswo dokumentieren die enge Verbindung der Ostprignitz und Ruppins mit der brandenburgischen, deutschen und europäischen Geschichte. Zahlreiche Vereine pflegen intensiv Heimatgeschichte und Brauchtum: Jährlich können viele Besucher beim Bassewitzfest in Kyritz, bei den Hengstparaden in Neustadt/Dosse, beim Schwedenspektakel in Wittstock und dem Mai- und Hafenfest in Neuruppin begrüßt werden. Karl Friedrich Schinkel und

Am Eingang der Innenstadt begrüßt Theodor Fontane die Besucher der Stadt. Mit diesem Denkmal ehrten die Bürger den am 30. Dezember 1819 in Neuruppin geborenen Dichter und Romancier.

THEODOR

Theodor Fontane stehen stellvertretend für eine Vielzahl von Persönlichkeiten, die aus der Gegend kamen. Einen hervorragenden internationalen Ruf haben die Aufführungen der Kammeroper Schloss Rheinsberg und der Musikakademie Rheinsberg. Kultur- und Kunstunternehmungen haben viele reizvolle Schauplätze als Kulisse entdeckt, wie im Theatersommer im Gutspark von Netzeband, einem Ortsteil der Gemeinde Märkisch Linden im Amt Temnitz. In deren prächtigen Anlagen finden abwechslungsreiche und hochkarätige Musikfestivals sowie Tanz und Theater statt. Zeugen aus unterschiedlichen Epochen sind reich vorhanden und in fast allen Städten und Dörfern anzutreffen.

Stadt- und Wehranlagen, Kirchen, Kunst- und Baudenkmale sowie Schauplätze historischer Ereignisse geben in ihrer Gesamtheit ein anschauliches Bild von vergangenen Zeiten. Neuruppin besitzt nicht nur das älteste regionalgeschichtliche Museum Brandenburgs, sondern auch die größte und bedeutendste Bilderbogensammlung Deutschlands. Schloss Rheinsberg und das Museum des Dreißigjährigen Krieges in Wittstock haben mit ihren Präsentationen eine Bedeutung, die weit reicht. Zahlreiche kleinere Museen und Heimatstuben widmen sich verdienstvoll vor allem regionale Themen; außerdem gibt es eine Reihe von Vereinen, die sich der Pflege der Historie verschrieben haben. Der Landkreis quillt fast über von Museen, Gedenkstätten, Historie; hier noch einige weitere Beispiele: Mühlenmuseum Zechlin, Kloster Stift zum Heiligengrabe, Museumshof Neuruppin, Kutschenmuseum Neustadt/Dosse, Tucholsky-Literaturmuseum Schloss Rheinsberg, Waldmuseum Stendenitz, Heimatmuseum Wusterhausen/Dosse, Alfred-Wegener-Gedenkstätte Zechlinerhütte.

In Kampehl, einem Ortsteil von Neustadt/Dosse, liegt in einer Gruft neben der dortigen Kirche der sagenumwobene mumifizierte Leichnam des Ritters Kalebuz – hier wird auch ausführlich über das Treiben des Herrn informiert.

Wittstock erhielt 1248 Stendaler Stadtrecht; hier lebten in der zur Residenz ausgebauten Burg bis 1548 die Bischöfe zu Havelberg. Unweit der sehr gut erhaltenen Stadtmauer befindet sich das Kloster Stift zum Heiligengrabe, ein ehemaliges Zisterzienserinnen-Kloster.

Bei Fehrbellin in Hakenberg imponiert die Siegessäule, die an die 1675er Schlacht, in welcher der Große Kurfürst die zahlenmäßig weit überlegenen Schweden schlug, erinnert. Unweit davon liegt das »Storchendorf« Linum. Wieder historisch interessant ist Wustrau, bekannt durch den Wohnsitz derer von Zieten und das Brandenburg-Preußen Museum.

Ein dichtes Netz von Grund- und Oberschulen sowie Gymnasien sorgen für einen hohen Bildungsstandard im Landkreis. Die Möglichkeiten der beruflichen Bildung bieten den Jugendlichen einen guten Start ins Berufsleben. In vielen Gewerbegebieten kann wirtschaftliches Wachstum ebenso wie im Handels- und Dienstleistungsbereich dokumentiert werden. Über 200 Ärzte haben sich im Kreisgebiet niedergelassen; in Kyritz und Wittstock gibt es moderne Krankenhäuser der Grundversorgung. Die »Ruppiner Kliniken« in Neuruppin sind eine der modernsten Einrichtungen ihrer Art in Brandenburg. Schloss Rheinsberg und der »Kalebuz« ziehen die meisten Besucher an. Es gibt noch viele weitere Gründe, um den Reiseregionen »Ruppiner Land« und »Prignitz« einen Besuch abzustatten – Fremdenverkehrsvereine von Lindow bis Wittstock informieren gerne.

Über 14 000 Sportler sind in fast 200 Vereinen organisiert: Fußball, Angeln und Reiten sind am beliebtesten, Eishockey weniger, dafür aber Badminton und Wandern umso mehr.

Der Landkreis entwickelt kontinuierlich die Potenziale in den Bereichen Tourismus und Sport zu einem attraktiven Gesamtangebot. Das neue Tagungs- und Kongresszentrum in Neuruppin ergänzt dieses Spektrum. Die Pfarrkirche als Veranstaltungsort und das neue, direkt am Ruppiner See gelegene Seehotel »Fontane« mit 140 Zimmern und Suiten sind eine optimale Symbiose. Die Hotels »Am Alten Rhin«, »Altes Kasino« und das »Up-Hus« mit der Siechenhauskapelle ergänzen dieses Angebot für Tagungen und Kongresse. Ein gelungenes Beispiel für ein barrierefreies Hotel und Veranstaltungszentrum bietet das HausRheinsberg Hotel am See der Fürst-Donnersmarck-Stiftung.

Die gewerbliche Wirtschaft konzentriert sich in der Region auf neun Standorte. Zusätzlich befinden sich im Landkreis zwei Verkehrslandeplätze, in Fehrbellin an der Bundesautobahn 24 und in Kyritz-Heinrichsfelde. Der letztgenannte ist auch alle zwei Jahre Standort für die regionale Handwerker- und Gründermesse PRIMA. Weiterhin verfügt die Stadt Wittstock auf einem ehemaligen Flugplatz über ein ideales Areal für Großveranstaltungen. Die Stadt Neuruppin ist Standort des regionalen Technologie- und Gründerzentrums. Die Wirtschaftsstruktur hat sich seit 1990 erheblich verändert: Einerseits mussten einige größere Industriebe-

Pfarrkirche St. Marien, dreischiffige, kreuzgewölbte Hallenkirche in Kyritz

Abendstimmung am Neuruppiner See mit Blick auf die Klosterkirche

triebe schließen, andererseits entstanden in vorhandenen und neu erschlossenen Gewerbegebieten neue Unternehmen in verschiedenen Branchen. Gut entwickelt hat sich hierbei die Kunststoffbranche. In Neuruppin stellt die OTTO Kunststoffverarbeitung Großspritzteile her. Kunststoff-Fenster werden bei Wintop in Werder und Newtex in Fehrbellin produziert.

Darüber hinaus haben sich in Neuruppin wichtige Elektro-/Elektronikzulieferer besonders für die Haushaltsgeräte- und Automobilindustrie etabliert. Die Fa. Kronotex GmbH & Co.KG in Heiligengrabe ist Hersteller von Laminatfußböden. Dem Metall- und Fahrzeugbau widmen sich viele kleinständische Betriebe.

Die Fontanestadt Neuruppin (32 717 Einwohner) wurde 1237 erstmals erwähnt und besitzt 13 Ortsteile. Fast vollständig erhalten ist die Stadtmauer; ferner sind eindrucksvolle Bauten das Fontanehaus, die Löwenapotheke, das Heimatmuseum (u.a. mit dem Neuruppiner Bilderbogen), das Handwerksmuseum (mit dem Minimax-Feuerlöscher), Schinkel- und Fontanedenkmal und die »Stolpersteine« für die ermordeten jüdischen Mitbürger. Weitere herausragende Persönlichkeiten: Ferdinand Möhring (1816–87) – königlicher Musikdirektor, Paul Carl Beiersdorf (1836–93) – Apotheker und Gründer der Beiersdorf AG, Klaus Schwarzkopf (1922–91) – bedeutender Schauspieler, Eva Strittmacher (geboren 1930) – bedeutende Schriftstellerin … und als unrühmliche Ausnahme: Karl Grossmann (1863–1922), seines Zeichens Serienmörder.

Lindow liegt auf einer Landbrücke, die umgeben ist von drei Seen, etwa 60 km nördlich von Berlin. Hier befindet man sich im Naturpark Stechlin-Ruppiner Land. Die Ruine des Zisterzienserklosters aus dem 13. Jahrhundert steht am Ufer des Wutzsees. Herausragende Persönlichkeit war der Heimatforscher Theodor Zechlin (1818–45).

Die Stadt Kyritz liegt im Nordwesten Brandenburgs an der gleichnamigen Seenkette. Früher knatterten hier viele Wassermühlen, so dass der Beiname » an der Knatter« seine Berechtigung hatte. 1216 erhielt sie das Stendaler Stadtrecht (Ersterwähnung 947). Ein Ritter Bassewitz soll hier dereinst enthauptet worden sein; das seit 1488 gebraute Bier trägt den Beinamen »Mord und Todschlag«.

Fontanestadt Neuruppin

Zur Stadt Neuruppin gehören seit 1993 folgende 13 Ortsteile: Alt Ruppin, Buskow, Gnewnikow, Gühlen-Glienicke, Karwe, Krangen, Lichtenberg, Molchow, Nietwerder, Radensleben, Stöffin, Wulkow und Wuthenow. Man erreicht die Stadt über die A 24 (Berlin–Hamburg), Ausfahrt Neuruppin, auf der B 167 ca. 5 km und mit dem Prignitz-Express (RE 6) sowie der Regionalbahn (RB 56).
Man hat die Stadt die »preußischste aller Städte« genannt: Die Stadtanlage ist exakt, geradlinig und übersichtlich; die beiden großen Söhne haben Preußen genauso vertreten – der eine (Theodor Fontane) mit dem Griffel, der andere (Karl Friedrich Schinkel) mit Bauplänen, Mörtel und Kelle. Fontane beschrieb die weitere Umgebung seiner Heimatstadt, die Ruppiner Schweiz, in seinen »Wanderungen durch die Mark Brandenburg – Die Ruppiner Schweiz«, wie folgt: »Ausgestreckt am Hügelabhang, den Wald zu Häupten, den See zu Füßen, so träumst du hier, bis die wachsende Stille dich erschreckt. Mit angespannten Sinnen lauschest du, ob nicht doch vielleicht ein Laut zu dir herüberklinge, und endlich hörst du die Rätselmusik der Einsamkeit«.
So malerisch, wie der Dichter die Landschaft vor ca. 150 Jahren beschrieb, begrüßt sie noch heute ihre Besucher: Glitzernde Seen, herrliche Wälder und schier endlose Felder; ob per pedes, mit dem Rad, hoch zu Ross oder auf dem Wasser – in der Ruppiner Schweiz ist das alles möglich. Natur und Kultur verbinden sich auf einmalige Art und Weise. Hier kann man preußische Geschichte erleben, zum Beispiel die Dörfer des preußischen Landadels derer von Zieten, von Knesebeck oder von. Quast.
Das Gebiet um die heutige Stadt war vom 6.–12. Jahrhundert slawisch besiedelt. Um 1214 existierte der Marktflecken »Rapin«, 1236 wurde er erstmals schriftlich erwähnt. Die Grafen von Arnstein übten von Alt Ruppin die politische Macht aus. Neuruppin war das wirtschaftliche Zentrum der Grafschaft; hier gründeten 1246 Gebhard und Wichmann von Arnstein das erste Dominikanerkloster der Mark. Die dazugehörige Kirche ist das einzige Bauwerk, das aus dieser Zeit erhalten ist (Klosterkirche St. Trinitatis an der Uferpromenade). Bereits 1365 wird die Existenz einer Lateinschule erwähnt. Im 14. Jahrhundert war die Stadt von einer Stadtmauer umschlossen. Ein großer Teil davon (mit den Wallanlagen) existiert, teilweise rekonstruiert, heute noch. 1524 starb der letzte Arnsteiner; Neuruppin gehörte von dieser Zeit an den Kurfürsten von Brandenburg.
Um 1688 wurde Neuruppin Garnisonsstadt; Friedrich der Große bezog hier von 1732–36 Quartier; 1787 brannten mehr als zwei Drittel der Stadt ab, auch Rathaus und zwei Kirchen fielen den Flammen zum Opfer. Friedrich Wilhelm II., inzwischen preußischer Monarch, veranlasste, Neuruppin nach einem einheitlichen Plan wiederaufzubauen. Dadurch erhielt die Stadt eine klar gegliederte Struktur, die bis heute, wenig verändert, erhalten ist. Trotz der Existenz eines Militärflugplatzes hat die Stadt den II. Weltkrieg beinahe unzerstört überstanden. Am 1. Mai 1945 wurde sie kampflos der Roten Armee übergeben. 1998 erhielt man anlässlich des 100. Todestages des Dichters den Ehrennamen »Fontanestadt« verliehen.
Neuruppin besitzt eine Vielzahl von Museen mit den verschiedensten Inhalten. Besonders vielfältige Themen sind im Museum der Stadt ausgestellt. Aber auch das Fontane-Zentrum und die Bilderbogen-Ausstellung im Alten Gymnasium bieten viel Interessantes. Kleinere Museen, wie das Waldmuseum in Stendenitz, das Forstmuseum Alt Ruppin, das Handwerksmuseum und verschiedene Heimatstuben runden die Museumslandschaft ab. Im malerischen Kunstertal gelegen, bietet der Tierpark in einer vielseitigen Landschaft vor allem häufiger vorkommende heimische Wildtiere, aber auch seltene Arten wie Wolf, Luchs und Wildkatzen. Den Urlaub aktiv in der freien Natur zu verbringen, ist für viele das Maß der Dinge. All diejenigen, die die freien Tage mit aktiver Bewegung verbringen möchten, finden hier zahlreiche Angebote.
Die »Perle der Ruppiner Schweiz« hat sich auch als attraktiver Wirtschaftsstandort einen Namen gemacht. Hier gibt es stadtnahe Gewerbegebiete und voll erschlossene Gewerbeflächen, die genügend Raum für produzierendes und verarbeitendes Gewerbe, Handel, Handwerk und Dienstleistungen bieten. Ferner günstige Verkehrsverhältnisse, kurze Wege zu Ämtern und Behörden, qualifiziertes und motiviertes Arbeitskräftepotenzial, optimale Unterstützung von Investoren durch die Wirtschaftsförderung der Stadt, unmittelbare Nähe zu Ballungszentren (Berlin, Potsdam, Rostock, Hamburg, Schwerin), hohe Lebens- und Wohnqualität, ein breitgefächertes Kulturangebot und mehr.
Neuruppin ist regionaler Wachstumskern und Branchenschwerpunkt: Mit dieser für Stadt und Region positiven Entscheidung wird es auch zukünftig möglich sein, Entwicklungspotenziale zu fördern und eine integrierte Standortentwicklung zu betreiben.

Gemeinde Fehrbellin

Es war am 18. Juni 1675 (und wurde am gleichen Tag des Jahres 2005 am Hakenberger Denkmal nachgestellt): Die legendäre Schlacht des preußischen Kurfürsten gegen die fast übermächtigen Schweden, die mit dem Sieg der Preußen endete und ihren damaligen Kurfürsten Friedrich Wilhelm als Geschichtsfigur für spätere Zeiten »groß« machten. Seither ist eine lange Zeit von nunmehr über 330 Jahren vergangen, seit der Große Kurfürst hier agierte, und viel hat sich verändert: Nach der Wiedervereinigung 1990 wurde das »Amt Fehrbellin« installiert, und seit 2003 ist es die »Gemeinde Fehrbellin«; dazu gehören seitdem die Ortsteile Betzin, Brunne, Dechtow, Deutschhof, Hakenberg, Karwese, Königshorst, Langen, Lentzke, Linum, Manker, Protzen, Tarmow, Walchow, Wall, Wustrau/Altfriesack und die Stadt Fehrbellin (mit etwas über 2 800 Einwohnern). Insgesamt leben in der Gemeinde heute auf 268,1 qkm knapp 9 400 Menschen. Größter Ortsteil ist gegenwärtig Wustrau (748 Einwohner), kleinster Betzin (128).

Die kleine *Stadt Fehrbellin* liegt auf einer Insel zwischen dem Rhin- und dem Havelluch; diese heißt »Ländchen Bellin«. Einst gab es hier feuchte moorige Wiesen – und das wiederum war für das Militär interessant: So wurde schon frühzeitig daraus ein strategisch wichtiger Punkt des Übergangs vom Havelland zur Herrschaft Ruppin (1294 erwähnte man erstmalig einen Damm über das Rhinluch): Die war der Bau einer Burg an dieser sensiblen Stelle; man gab sie aber bereits 1305 wieder auf. Immerhin hatte sich bislang im Schutze des gewaltigen Burggemäuers eine kleine Siedlung entwickelt; man nannte sie 1216 »Bellin« und knapp acht Jahrzehnte später schon »civitas«. 1571 tauchte dann die deutsche Bezeichnung »Städtlein« auf. Dann wurde über den Rhin eine Fähre installiert, und prompt hatte das »Städtlein« den Namen »Fehrbellin« weg. Man begann nun, den Damm durch das Rhinluch mit Feldsteinen zu befestigen. 1616 war die erste Brücke gebaut und die Fährzeit beendet. Schlimme Verwüstungen gab es während des Dreißigjährigen Krieges, so dass man um 1700 nur noch 670 Einwohner zählte. Einhundert Jahre später überstieg die Zahl erstmals die 1 000er Grenze.

Aber die Stadt gewann an Attraktivität: Bereits die 1654 neueingerichtete Postlinie Berlin–Hamburg führte durch Fehrbellin; Ackerbau, Handwerk und Bierbrauen boomten, in bescheidenem Umfange freilich. Im 18. Jahrhundert wurde das Luch trockengelegt, und der Torfabbau konnte beginnen. 1809 wurde die erste Stadtverwaltung eingeführt, 43 Jahre später die Chaussee nach Neuruppin ausgebaut und 1880 ist der Bahnanschluss an die Strecke Neuruppin–Paulinenaue hergestellt; auch der Fehrbelliner Kanal wird ausgebaut. Deshalb stieg auch die Einwohnerzahl innerhalb des 19. Jahrhunderts um 1 000 Menschen an.

Da die Gertraudenkapelle bereits 1751 eingestürzt war, entstand 1867 nach Entwürfen von Friedrich August Stüler auf dem Dorfanger in Feldberg eine neue Kirche, deren schlanker Turm sich markant zum Himmel reckt. Davor befindet sich das von Max Wiese entworfene Denkmal an die Befreiungskriege. 1964 hatte Fehrbellin etwas mehr als 3 000 Einwohner.

Betzin liegt am Südrand des Ländchens Bellin, sieben Kilometer von Fehrbellin entfernt (Ersterwähnung 1294): Der Name leitet sich vom slawischen »bucina« (Buchenwald) ab. Ortsprägend ist der Dorfanger mit der Kirche (1888, neoromanisch); auch eine imposante Eiche und Kastanie prägen das Ortsbild eindrucksvoll. 1997 wurde das Gemeindehaus saniert und 2000 der Dorferneuerungsplan in Angriff genommen, der bislang schon etliche Erfolge zeitigte. In der Nähe liegt *Brunne* (1294). Wie Betzin war es bis 1553 havelländisch, dann kam es zum Amt Fehrbellin. Die einstmals prägenden Gestalten dieses und anderer Orte waren die Gutsherren von Bellin, jene von Zieten und die von Bredow zu Karwese. Im Zentrum steht die Dorfkirche (1756/57); sie ist eine der wenigen barocken Zentralbauten im Land Brandenburg. Neben vielen Verschönerungsmaßnahmen wurde auch das Gemeindehaus grundlegend saniert und ist heute zum vielbesuchten Zentrum des Ortes geworden. »Degete«, das heutige *Dechtow,* wurde ebenfalls 1294 ersterwähnt. Als »Ort, an dem es Teer gibt«, wird der Name gedeutet. 1490 trat hier bereits die Familie von Zieten in Erscheinung, die 1735 den gesamten Ort in ihren Besitz brachte. Vom Reichtum künden noch heute das eindrucksvolle Gutshaus und die Tagelöhnerkaten. Das älteste Bauwerk ist die spätmittelalterliche Kirche und deren Turm, die 1828/29 neu errichtet wurde. Innen wurde sie 2001 vollkommen renoviert. Mit der Trockenlegung des Havelländischen Luchs beginnt auch die Geschichte von *Deutschhof* mit seinen Ortsteilen *Dreibrück* (seit 1954), *Kuhhorst* (seit 1964)

Großes Denkmal in Hakenberg anlässlich der Schlacht bei Fehrbellin vom 18.6.1675 mit Aussichtsplattform (34,75 m). Die Viktoria von Daniel Rausch ist 4,15 m groß.

KURFÜRST FRIEDRICH WILHELM DES GROSSEN
VON BRANDENBURG

Größter Binnenkranichrastplatz in Europa. Jährlich rasten hier im Herbst zwischen Linum und Deutschhof bis zu 50 000 Kraniche!

und *Ribbeckshorst* (seit 1928). Ursprünglich gehörte alles zum Amt Königshorst im Osthavelland, 1952 kam es zu Neuruppin. In Deutschhof wurden 1750 acht Pfälzer Familien angesiedelt; die Entwicklung von Dreibrück wurde vor allem durch den Verein »Hoffnungstal« geprägt, der bereits 1914 im Ort ein Heim für Obdachlose aus Berlin angelegt hat. In Ribbeckshorst wurde anfänglich eine Maulbeerplantage betrieben; 1840 erwarb Ribbeck zu Ribbeck im Havelland das nunmehrige Ribbeckshorst. 1720/21 wurde Kuhhorst auf einer »relativ trockenen Stelle« für eine Stuterei und Ochsenweide gegründet.

Südöstlich von Fehrbellin, zum Rhinluch hin, liegt *Hakenberg* (1294): Das Angerdorf liegt an der Poststraße Berlin–Hamburg; unweit vom Ort (277 Einwohner) findet man am Alten Rhin auch die Hakenberger Schleuse, die in der Zeit des Torfabbaus eine gewichtiger Rolle spielte. Bekannt jedoch wurde der Ort durch die legendäre Schlacht vom 18.6.1675; 1800 entstand ein kleines, 1879 das pompöse große Denkmal zur Erinnerung an diesen Sieg über die Schweden. 1875, zum 200. Jubiläum, wurde die Kirche eingeweiht. Zum Havelländischen Luch hin liegt Karwese (1294); später herrschte hier die Familie von Bellin. Hierzu gehörten auch eine Ziegelei und die Getreidemühle. Beides und das Gutshaus gibt es seit Ende des II. Weltkrieges nicht mehr (es wurde zur Gewinnung von Baumaterial benutzt). Auch die Kirche wäre beinahe davon ebenfalls betroffen gewesen; 1995 wurde sie endgültig saniert.

Königshorst (mit den Ortsteilen *Fredenhorst, Lobeofsund, Nordhof, Sandhorst, Seelenhorst* und *Mangelshorst*) entstand erst relativ spät, 1719. Einstmals war das Havelländische Luch eine Sumpf- und Seenlandschaft, aus der sich sandige Inseln erhoben, die Horste. Am Beginn des 18. Jahrhunderts begann unter dem »Soldatenkönig« Friedrich Wilhelm I., nach Plänen des Oberjägermeisters von Hertefeld, die Trockenlegung des Luchgebietes. Zuerst wurde ein Damm von Dechtow nach Königshorst und weiter bis Nauen angelegt. Gleichzeitig entstand ein Grabensystem zur Ableitung des Wassers. Der Überlieferung nach haben Majestät die Arendshorste 1719 besucht, was Anlass genug gewesen sein soll, sie in »Königshorst« umzubenennen. Dort wurde

Blick auf Hakenberg; auf diesen Feldern tobte die legendäre Schlacht von Fehrbellin.

sodann eifrig Milchwirtschaft nach holländischem Vorbild betrieben. Königshorst wurde ein Mustergut, in Nordhof etablierte sich unter König Friedrich II. die »Kgl. Butterakademie«. Gebäude aus dieser Zeit stehen noch: Dorfkirche, Fachwerkbau des Pfarrhauses, Dorfkrug.
Vier Kilometer nordöstlich von Fehrbellin liegt das langgezogene Straßendorf *Langen* (mit dem Ortsteil *Dammkrug*); 1291 erstmals als »villa Langen« erwähnt. Landwirtschaft dominierte stets. Bis 1945 residierten hier die Adelsgeschlechter derer von Zieten zu Wildberg, von Barnewitz, von Reedern, von Hagen, von Brockusen und von Quast. Zeitweise gab es im Ort vier Torfgräbereien, weswegen der Torfspaten auch heute noch im Ortswappen vertreten ist. Der Bahnanschluss wurde 1970 stillgelegt. Verkehrsgünstig liegt man aber mit der Nähe zu Neuruppin sowie zur A 24.
Lenzke ist ebenfalls ein langgestrecktes Straßendorf, das 1294 als »Lentezik« Erwähnung fand und im 16. Jahrhundert fünf Ritterhöfe und ein kurfürstliches Vorwerk umfasste. Die heutige Kirche wurde 1870/71 im neugotischen Stil errichtet, die alte war 1756 ein Opfer der Flammen geworden. *Linum* (1294) liegt im Nordosten des Ländchens Bellin, gehörte ursprünglich zum Bistum Havelberg, liegt an der ehemaligen Poststraße Berlin–Hamburg und ist das größte Dorf der Gegend. An der Kirche befindet sich eine Erinnerungstafel der hier geborenen Luise Hensel (1798–1876), deren Gedicht »Müde bin ich, geh' zur Ruh« Felix Mendelssohn-Bartholdy vertonte. Heute ist der Ort vor allem als »Storchendorf« bekannt: Jährlich wohnen hier etwa 20 Paare. Im Herbst sammeln sich auf ihrem Flug in den Süden stets bis zu 50 000 Kraniche und Gänse.
Manker, am Nordrand des Rhinluchs, liegt auf der sogenannten »Ruppiner Platte«, was gute Erträge bedeutet. 1365 wurde es erstmals erwähnt. 1730 erhielt man eigene Marktgerechtigkeit, und ab 1790 gewann der Torfabbau an Bedeutung. Etwas größer ist Protzen und wurde 1324 als Pfarrdorf angeführt. Die Bedeutung des Ortsnamens soll »Ort, wo Hirse wächst« sein. Zu den einstigen Besitzern des Gutes gehörten die Familien von Quast, von Drieberg, Legde sowie der General von Kleist. Die spätromanische Feldsteinkirche ist möglicher-

Herrenhaus derer von Zieten in Wustrau. Das »Schloss« wurde 1750 errichtet und beherbergt heute die Deutsche Richterakademie, gelegen direkt am Ruppiner See.

weise im 13. Jahrhundert errichtet worden; der schiefergedeckte Turm 1682. Ein »Torf-, Dorf- und Schulmuseum« entstand 1999. Auch *Tarmow* war lange Zeit im Besitz der Bischöfe zu Havelberg, ehe es zum Amt Fehrbellin kam. Markantes Bauwerk ist die 1835 im Schinkel-Stil errichtete Dorfkirche; sie zählt zu den qualitätsvollsten klassizistischen Dorfkirchen des ganzen Landes. Das kleine Straßendörfchen Walchow entstand 1445. Die Truppen des Generals Gallas brannten im Dreißigjährigen Krieg alles nieder; es wurde unter dem Großen Kurfürsten mit holländischen und Pfälzer Familien wiederaufgebaut.

Ganz im Osten des Ländchens befindet sich *Wall*, zwischen dem Kärwer und dem Beetzer Luch. Einst war es Meierei, Vorwerk und Schäferei des Gutes Beetz. Ausgezeichnet im Bundeswettbewerb »Unser Dorf soll schöner werden« präsentiert es sich im schmucken Gewande um das einstige Herrenhaus. *Wustrau-Altfriesack* (mit *Zietenhorst*) stellt einen Zusammenschluss zweier ehemalig selbstständiger Gemeinden dar (1994). 1421 wurde Altfriesack erwähnt als »eine mit Heidekraut bewachsene Stelle«. Der Ort ist vor allem durch die Schleuse und die Klappbrücke bekannt, die um 1790 entstanden. Wustrau ist bekannt durch den dort geborenen und begrabenen Husarengeneral Hans-Joachim von Zieten (1699–1786). Kern des Ortes ist das Gebiet um das Schloss (1750 als Herrenhaus); den Park schuf Peter Josef Lenné. Das Schloss ist heute Tagungsstätte der Deutschen Richterakademie; das »Brandenburg-Preußen-Museum« informiert über wichtige historische Begebenheiten.

Das Gewerbegebiet »Ländchen Bellin« liegt in der Gemarkung Tarmow, zwischen der A 24 und Fehrbellin. Insgesamt stehen etwa 231 000 qm Industrie- und 84 000 qm Gewerbefläche zur Verfügung, die bis auf wenige Stellen vergeben sind. Branchenvielfalt ist hier gefragt; so siedelten sich bereits viele Unternehmen an.

Ausgedehnte Wanderungen und Radtouren sind ebenfalls angesagt: Da gibt es die Geschichtstour durch die Gemeinde, Wanderungen um den Bützsee, per Rad auf den Spuren von Störchen und Kranichen und vieles mehr. Der Möglichkeiten gibt es zuhauf.

Die Pfarrkirche (1801-1806) ist heute das repräsentative Veranstaltungszentrum der Fontanestadt Neuruppin.

Das Neustädter Landstallmeisterhaus mit goldener Wetterfahne in Form eines springenden Pferdes.

Amt Neustadt (Dosse)

Heute bilden die Gemeinden Breddin, Dreetz, Sieversdorf-Hohenofen, Stüdenitz-Schönermark, Zernitz-Lohm und die Stadt Neustadt (Dosse) das Amt Neustadt (Dosse). Mit der Bahn stündlich von Berlin zu erreichen, lädt das Amt Neustadt (Dosse) zu interessanten Tagesausflügen ein. Einladend sind auch die flachen Luchpartien mit Dosse, Rhin, Jäglitz, Schwenze oder der Dreetzer See als charakteristische Landschaftsmerkmale. Sie bieten weitläufige und gut ausgeschilderte Wander-, Radwander- und Reitwege. Bereits Theodor Fontane machte in seinen »Wanderungen durch die Mark Brandenburg« in Neustadt (Dosse) und Umgebung Station. *Stadt Neustadt (Dosse):* 1662 erwarb Prinz Friedrich von Hessen-Homburg den Flecken Neustadt. Am 24. August 1664 unterzeichnete der große Kurfürst Friedrich Wilhelm ein Privileg, mit dem das Dorf zur Stadt erhoben wurde. Der Prinz siedelte Hugenotten, Holländer und Franken an. Er gründete ein Eisenhüttenwerk, eine Spiegelmanufaktur und eine Ziegelei. Im Jahre 1673 legte er den Grundstein für die heutige Kirche, einen Zentralbau in Form eines griechischen Kreuzes. Neustadt (Dosse) wird auch die Stadt der Pferde genannt. Seit über 200 Jahren ist der Name Neustadt eng mit den Gestüten verbunden. Ab dem Jahr 2001 werden besondere Unterrichtsfächer in der Gesamtschule mit gymnasialer Oberstufe angeboten. Das Wahlpflichtfach »Reiten« für die Klassen 7–10 und die Leistungskurse für die Klassen 11–13 locken Schüler aus ganz Deutschland nach Neustadt (Dosse). Das Museumsdorf Kampehl ist ein Anziehungspunkt für Besucher. Im Gruftanbau der Kirche liegt die Mumie des »Ritter Kalebuz«. *Plänitz-Leddin* ist sehenswert mit seinen Bauernhäusern, dem so genannten Vorlaubenhaus mit Reetdeckung, mit der Kirche und der Friedhofsmauer. Diese bilden ein selten gewordenes Fachwerkensemble in der Dorfmitte. *Roddahn* gehört zu den Straßendörfern und wurde bereits 1240 urkundlich erwähnt. Mit der Freien Schule Roddahn hat sich ein besonderes Bildungsangebot hier etabliert. In westlicher Ausrichtung des Landkreises liegt die Gemeinde *Dreetz*. Die Gemeinde mit ihren Ortsteilen liegt am Rande

Der ganze Stolz von Neustadt (Dosse): Die Pferde im Innenhof des Hauptgestütes.

des Naturschutzgebietes. Viele Handwerker und Gewerbetreibende siedelten sich im Laufe der Zeit hier an. Sehenswürdigkeiten in der Gemeinde Dreetz sind die Dreetzer Kirche von 1778, die Heimatstube, das zur Oberförsterei Neustadt (Dosse) gehörende Arboretum, die Japanischen Gärten in Michaelisbruch und die Motocrossbahn des Vereins MC Dreetz. Im östlichen Teil des Landkreises Ostprignitz-Ruppin liegt *Breddin*. Es ist ein lang gestrecktes Straßendorf, das von Bauern und Handwerkern geprägt wird. Die Gemeinde bietet gute Voraussetzungen zur Ansiedlung von Handwerk und Gewerbe. Schule, Kindertagesstätte, Jugendclub und viele Vereine bieten Spiel und Spaß. Eine weitere Besonderheit ist das geteilte Dorf Kümmernitz/Vehlgast. Mitten durch den Ort verläuft die Landesgrenze von Brandenburg und Sachsen-Anhalt. *Damelack* ist eines der wenigen Runddörfer in der näheren Umgebung. Schon von weither ist der Kirchturm, der sich in der Mitte des Dorfes befindet, zu erblicken. Der erhalten gebliebene Taufaltar sowie der Taufstein wurden aus der Fachwerkkirche übernommen. Die Gemeinde *Sieversdorf-Hohenofen* befindet sich am nördlichen Rand des Naturparks Westhavelland, der hier durch den Lauf der Dosse geprägt ist. Prächtige Bauernhäuser, so genannte Ernhäuser, prägen das Ortsbild von Sieversdorf. Während Sieversdorf auch heute noch stark von Land- und Viehwirtschaft geprägt ist, ist Hohenofen durch seine interessante Industriegeschichte bekannt. Das Dorfbild *Stüdenitz-Schönermark* wird von großen Bauhäusern und einer imposanten neugotischen Dorfkirche geziert. In Schönermark finden wir Bauernhäuser aus dem 19. und 20. Jahrhundert und eine spätgotische Feldsteinkirche. Stüdenitz und Schönermark sind liebevoll hergerichtete Orte mit besonders aktivem Vereinsleben. Die Gemeinde *Zernitz-Lohm* kann den Besuchern viele interessante Geschichten erzählen. Eine Besonderheit ist die Kirche in Lohm mit den Wappen der Familie von Kröcher und der Glasmalerei von 1609. Die Grabstätte der von Kröcher und die 1000-jährigen Eichen auf dem Friedhof sollte jedermann gesehen haben.

Gemeinde Wusterhausen/Dosse

Da, wo die Dosse seit ewigen Zeiten fließt, wo das Wasser der Kyritzer Seenkette zum Bade lädt, wo die Wälder rauschen und dem Wanderer Kühlung entgegenfächeln, dort, genau dort, liegt diese Gemeinde mit ihren 22 Orten, deren »Hauptstadt« 2008 stolze 775 Jahre alt wird – dabei ist sie ewig junggeblieben, wie das pulsierende Leben in Wusterhausen deutlich zeigt: Es ist eine alte Ackerbürgerstadt und stellt einen geschmackvoll gemixten Stadtcocktail aus altehrwürdigen, denkmalgeschützten Fachwerkhäusern und Kirchen, modernen Wohnanlagen, weitläufigen Reit- und Wanderwegen durch Wald und Flur sowie einer von Land und Wasser geprägten, eindrucksvollen Landschaft dar. Die Orte der Gemeinde sind: Bantikow, Barsikow, Blankenberg, Bückwitz, Brunn, Dessow, Emilienhof, Ganzer, Gartow, Kantow, Läsikow, Lögow, Metzelthin, Nackel, Schönberg, Sechzehneichen, Segeletz, Tornow, Tramnitz, Trieplatz und Wulkow sowie die Stadt Wusterhausen. Auf dem Gemeindegebiet von 201 qkm leben etwa 7 000 Menschen, in Wusterhausen davon allein etwa 3 100. Hier befindet sich auch der Sitz der Gemeindeverwaltung.
Die Landschaft um das Städtchen wurde durch die letzte Eiszeit – die Weichseleiszeit – geprägt; sie zeichnet sich aus durch abwechslungsreiche Umgebung (Wälder, Luch, Moore, Flussläufe, kleine Seen, landwirtschaftliche Flächen). Wusterhausen wurde 1233 urkundlich erstmalig erwähnt. In seinem Zentrum befindet sich die Kirche St. Peter und Paul, deren Bau als einschiffige Basilika im spätromanischen Stil um 1230 errichtet wurde. Später wurde sie zu einer dreischiffigen, kreuzrippigen Hallenkirche umgebaut.
Bei der Besiedelung dieser Region spielte stets Wasser die dominierende Rolle, denn hier wurde gejagt, gefischt, gerastet, gewohnt; Siedlungen wurden als Folge errichtet – schließlich Städte gebaut. Außerdem war das Wasser oft der einzigste und allemal billigste Transportweg ... vielleicht auch der dereinst schnellste. Außerdem erfüllte es in Wehrgräben eine wichtige Schutzfunktion. In jedem Falle war es als Nahrungs- und Versorgungsquelle schließlich unentbehrlich, wenn man an den einstigen Fischreichtum und die vielen Mühlen erinnert. Nach steinzeitlichen Bewohnern, Menschen der Bronzezeit, Germanen während der römischen Kaiserzeit siedelten hier vom 7. bis zum 12. Jahrhundert die Slawen vom Stamme der Dossanen: 1993 lokalisierte man ihre vermutlich bedeutendste Burg der Region. Zwei der diese Burg umlaufenden Wehrgräben waren mit Dossewasser gefüllt und vervollständigten mit einer Mauer in Holz-Erde-Konstruktion die Wehrfunktion. 2006 konnten neben slawischen Siedlungs- und Gräberfunden sogar zwei Bestattungen von fürstlichen Persönlichkeiten (u.a. Schwert bzw. Goldbefund) sichergestellt werden, welche die Burg von einst entsprechend aufwerteten.
Im Zuge der Christianisierung kam es vermutlich schon vor 1157 zum Bau einer deutschen Burg auf dem großen Dünenhügel im Dosseluch: Diese stand im heutigen Kirchbereich, durch zwei je zehn Meter breite und über zwei Meter tiefe Abschnittswälle nach Süden geschützt. Jüngste Ausgrabungen belegen einen den Burghügel umlaufenden Wehrwassergraben von ca. acht Meter Breite. Für eine frühe deutsche Burg spricht auch die Anlage eines Hafens in Wusterhausen bereits um 1116: Dieser war 83 m lang, bis 13 m breit und wurde wahrscheinlich durch Deutsche angelegt. Dossewasser ermöglichte also eine frühe Schifffahrt sowie den Salzhandel nach und mit Lüneburg und zumindest Hansekontakte nach Lübeck und anderen Städten. Mit Wasser des Flüsschens wurden ebenfalls die städtischen Wassermühlen betrieben und die Wehrgräben um die Stadt gefüllt.
»Kleine Stadt am Klempowsee, du bist schön«; so kann man es hierzulande hören in der ersten Zeile des Wusterhausener Heimatliedes. Stadtrechte besitzt man seit 1233; die hervorragende Lage an der Salzstraße und die Errichtung einer Salzniederlage brachten frühen Wohlstand. Allerdings haben etliche Brände die Stadt in ihrer Entwicklung immer wieder zurückgeworfen; der letzte verheerende war anno 1758. Im Heimatmuseum, dem achtachsigen, etwa 200 Jahre alten Fachwerkbau am Markt, erfährt man Wissenswertes über Stadt- und Regionalgeschichte; auch über die Flachsherstellung, die Entwicklung des Bügeleisens sowie eine umfangreiche Fahrradsammlung. Kurios darüberhinaus, dass die im 19. Jahrhundert hier in Vielzahl arbeitenden Schuhmacher dazu beitrugen, dass das Städtchen den Beinamen »Schusterhausen« erhielt.
Die Kirche St. Peter und Paul ist weithin sichtbar und gewissermaßen das Wahrzeichen der Stadt. Beeindruckend ist auch der Klang der wertvollen Wagner-Orgel, die in den Sommermonaten auch als Konzertinstrument genutzt wird. Ein weiteres »Filetstück« Wusterhausens ist zweifellos der Klempowsee. Die rekonstruierte Badeanstalt sowie das Ensemble der reetgedeckten Bootshäuser mit der Seemühle und gastronomische Einrichtungen laden den Besucher herzlich ein. Von hier aus lässt sich die Region sowohl wassertouristisch als auch per Fahrrad erkunden. Ausgangspunkt für die 34 km lange Radfahrt, »Seentour« genannt, ist die Gaststätte »Volksgarten« an der Ostseite des Klempowsees. Von hier aus geht es in mehreren Kursen am Wasser entlang über Schiffsanlegestelle, Campingplatz, durchs Siep, Schloss, Fähre (Kyritz) nach Bantikow, Stolpe, Kyritz, Wusterhausen, Stolpe, Bork, Lellichow. Karnzow. Der »Fontane-Wanderweg« führt indes von Neurup-

Blick vom Markt auf das 1854 gebaute Rathaus und die Kirche Sankt Peter und Paul, das Wahrzeichen der Stadt Wusterhausen/Dosse.

pin über Walsleben, Blankenberg, Trieplatz, Tramnitz, Tornow, Bantikow, Brunn (mit Drake-Denkmal) nach Wusterhausen. Interessant sind auch die »Kirchentouren«, die »Hostbergtour« und vieles mehr. Überall finden sich Denkmäler, Gutshäuser, steinzeitliche Wohnstätten etc. (besonders bei der aktiven Binnendüne, dem Horstberg aus der letzten Eiszeit). In unmittelbarer Nähe der Kirche, im Zentrum der Stadt, wurde auch das alte Rathaus beim letzten verheerenden Stadtbrand anno 1758 ein Opfer der Flammen. An dessen Stelle entstand 1854 der zweigeschossige spätklassizistische Putzbau des heutigen Rathauses. Diesen und anderen Wirren zum Trotz blieb der Stadtkern in seiner historischen Form weitgehend erhalten, so dass man noch heute die Ackerbürgerhäuser im Fachwerkstil bestaunen kann. Seit 1990 sind unwahrscheinliche Anstrengungen unternommen worden, um die Gesamtanlage der Stadt mit ihrem historischen Kern zu verschönern. Da aber Wusterhausen auf Moor- und Schwemmsand des Luchgebietes der Dosse erbaut ist, war es unabdingbar, die vorhandene Bausubstanz vor Schwingungsübertragungen durch den Straßenverkehr zu schützen. Deshalb wurde das Hauptaugenmerk auf die Erneuerung des öffentlichen Raumes gelegt. In der Folge sind wichtige Eckgebäude wieder instandgesetzt worden.

Wusterhausen ist auch heute noch maßgeblich durch die Landwirtschaft geprägt; daneben gibt es aber vielschichtig ausgeübtes Gewerbe (nicht nur Schuhmacher!). Hinzu kommt, dass seit Beginn des vorigen Jahrhunderts die abwechslungsreiche Landschaft für zunehmenden Ausflugs- und Fremdenverkehr gesorgt hat, besonders in Bezug auf die Berliner. Das ist bis zum heutigen Tage so geblieben; deshalb geht man hier auch bei der Sanierung historischer Bauten besonders akribisch zu Werke.

»Wer in die Mark reisen will«, so schrieb einst der märkische »Lokalmatador« Theodor Fontane, »der muß zunächst Liebe zu Land und Leuten mitbringen, mindestens aber keine Voreingenommenheit. Er muß den guten Willen haben, das Gute gut zu finden, anstatt es durch krittliche Vergleiche tot zu machen. Der Reisende in der Mark muß sich ferner mit einer feineren Art von Natur- und Landschaftssinn ausgerüstet fühlen. Es gibt

Der Klempowsee mit den reetgedeckten Bootshäusern und gastronomischen Einrichtungen lädt zahlreiche Besucher ein.

gröbliche Augen, die gleich einem Gletscher oder Meeressturm verlangen, um befriedigt zu sein. Diese mögen zu Hause bleiben«. Und er schreibt weiter, dass jede Landschaft zwischen Elbe und Oder »mindestens sieben Schönheiten« besitze; »man muß sie nur finden«. Soweit Fontane.
Spricht man von unserem Wusterhausen, so liegt beim Studium früherer Jahrhunderte eine Verwechslung mit dem erst spät zum Unterschied so umbenannten Königs Wusterhausen nahe. Aber im Unterschied zu jenem liegt es in einer ehemaligen Sumpflandschaft, ist auf Sand gebaut und wird immer noch von der Dosse umflossen; außerdem weist es kein repräsentatives Jagdschloss auf und keinerlei preußisch höfische Vergangenheit im engeren Sinn – außer gelegentlichen Besuchen von Hoheiten im 17. und 18. Jahrhundert. Dann waren sie aber auf der Durchfahrt zur Verlobung oder zum »Beylager« und übernachteten unterwegs in Wusterhausen, so wie König Friedrich I. und seine Braut, Prinzessin Sophie Luise von Mecklenburg, im November 1708, die auf der Grenze zwischen Wusterhausen und Kyritz »sehr pompos empfangen« wurden vom Landeshauptmann und »vornehmen Adels dieses Creyses«, der alsdann »vor der Kutsche hergehend, dieselben bis an dero Logiment, so bey dem Senatori und Ziesemeister Herrn Augusto Garnen bestellet war, führeten«.
Weit gefehlt, sich aber nun nur ein braves Ackerbürgerstädtchen mit langweiliger Vergangenheit vorzustellen. Wahr ist zwar, dass Fontane auch nur dreimal hier nächtigte: Wusterhausen bedachte er allerdings aus frostig-ängstlich-bornierter Distanz; hier also erhebt sich spätestens die Bemerkung: Wo sind denn nun die angesprochenen »sieben Schönheiten«? Fontanes »Effi Briest« ist es jedenfalls allemal – viele Details in seinem Werk lassen sich literarisch in Wusterhausen »festmachen«. Interessant, aber etwas unheimlich war ihm zunächst die weit zurückreichende Geschichte, die durch Urnenfunde belegte Slawensiedlung des 7. Jahrhunderts. Die gewaltige Kirche St. Peter und Paul hat ihn aber als Zeugin des deutschen Hochmittelalters durchaus fasziniert. Auch zahlreiche Orte der Gemeinde haben Sehens- und Erlebenswertes zu bieten; einige sollen hier Erwähnung finden. Da ist *Bantikow* mit seinem neobarocken Schloss, das sich heute in privaten Besitz befindet und

Das Weiße Tor im Ensemble mit der Kirche sind die letzten Zeitzeugen vom 1989 gesprengten Dessower Schloss. Zu finden sind diese direkt vor der Dessower Brauerei.

seitdem als Kur- und Wellnesshotel sowie Thalassoinstitut genutzt wird, dem vielbesuchten Campingplatz und der Fähre zur Unterseeinsel. *Bückwitz,* am gleichnamigen See, verfügt über eine neugotische Backsteinkirche von 1878; in der Brauerei *Dessow* kann man als technisches Denkmal eine Dampfmaschine von 1906 bestaunen; *Gartow* hat eine neugotische Feldsteinkirche mit Turm (1868) zu bieten, *Kantow* eine Fachwerkkirche mit westlichem Dachturm (1696), *Metzelthin* neben dem Gutshaus samt Park und alten Bauernhäusern noch die frühgotische Feldsteinkirche, *Wulkow* sein klassizistisches Gutshaus von 1850 und die ovale Fachwerkkapelle von 1692/95 (2003/04 umfangreich saniert). In *Tornow* lädt ein klassizistisches Gutshaus mit Lenné-Park und Kirche ein; hier kann man sommers verschiedene Kulturprogramme und -angebote genießen. Das einstige Gutshaus von *Nackel* stammt vom Beginn des letzten Jahrhunderts und wurde lange Zeit als Schule genutzt; nach Abschluss umfangreicher Sanierungsarbeiten im Jahr 2007 soll es einen wichtigen Platz in der hiesigen Kulturszene einnehmen. *Ganzer* lockt mit seinem Ensemble aus Gutshaus, Kirchenruine und Monument im »Ganzer-Kapitel« der »Wanderungen«, von Fontane liebevoll beschrieben, und in *Lögow* stammt die Feldsteinkirche aus dem 14. Jahrhundert; Karl Friedrich Schinkel erbaute das ehemalige Gutshaus.
Wer Wusterhausen besucht, kann sich vorrangig an den Baudenkmälern erfreuen; absolut älteste sind die große Kirche, die St. Stephanuskapelle auf dem Friedhof und Teile der Stadtmauer; auch der gotische Torbogen zwischen beiden Pfarrhäusern stammt vermutlich aus dem 14. Jahrhundert. Aber nicht nur »Altertümer« dominieren: Am 3. Oktober 1997 wurde die Dossehalle eingeweiht. Mit einer Kapazität von 1200 Plätzen ist die Einrichtung eine tolle Gemeinschaftsleistung der gesamten Gemeinde; Kultur- und Sportveranstaltungen lösen sich hier regelmäßig und harmonisch ab. Durch staatliche Fördermittel und viel Privatinitiative wurde die Altstadtkernsanierung enorm vorangetrieben. Bis zur 775-Jahr-Feier 2008 soll die umfangreiche Sanierung aller Straßen in der Altstadt sowie die Restaurierung zum größten Teil abgeschlossen sein. So kann Wusterhausen zu Recht als schmucke Perle an der Eingangspforte zur Kyritzer Seenkette bezeichnet werden.

Frankendorf, Ortsteil der Gemeinde Storbeck-Frankendorf, erhielt 1894 die erste Kirche nach einer Bauzeit von nur einem Jahr.

Amt Temnitz

Das Amt Temnitz wurde 1992 von den Gemeinden Dabergotz, Darritz-Wahlendorf, Frankendorf, Garz, Gottberg, Katerbow, Kerzlin, Kränzlin, Küdow-Lüchfeld, Netzeband, Rägelin, Rohrlack, Storbeck, Vichel, Walsleben, Werder und Wildberg gegründet. Die Gesamtfläche beträgt 247,9 qkm; Sitz der Verwaltung ist Walsleben. Derzeit besteht das Amt aus sechs Gemeinden; seit 1997 schlossen sich Gemeinden des Amtes zusammen. So bildete sich aus den Gemeinden Darritz-Wahlendorf, Gottberg, Kränzlin und Werder die Gemeinde Märkisch Linden. Die Gemeinde Temnitzquell umfasst die Orte Katerbow, Netzeband und Rägelin. Die Gemeinde Temnitztal besteht aus den ehemaligen Gemeinden Garz, Kerzlin, Küdow-Lüchfeld, Rohrlack, Vichel und Wildberg. 2001 realisierten die Gemeinden Storbeck und Frankendorf ihren Zusammenschluss.
Im Amt Temnitz leben zur Zeit 5 778 Einwohner. Das Wappen des Amtes bezieht sich mit dem halben weißen Adler im roten Feld auf die historische Zugehörigkeit zur Grafschaft Ruppin, deren Besitzer, die Grafen von Arnstein, den weißen Adler als ihr Wappentier führten. In der rechten Hälfte des Wappens kennzeichnet die grüne Grundfarbe die Lage des Rhinluchs. Das senkrechte silberne Wellenband versinnbildlicht die das Amtsgebiet durchfließende Temnitz. Es gibt in der Gegend einige bemerkenswerte Reste einstiger Kulturvölker, die hier siedelten. Dazu gehören u.a. Ring- und Burgwälle, die von den Zeiten berichten, als Germanen und Slawen in Konkurrenz hier siedelten. Wegen ihrer unnatürlichen Form und der exponierten Lage in fast ebenem Gebiet, heben sie sich umso mehr von der übrigen Landschaft deutlich ab. Der bekannteste ist wohl der Wildberger Burgwall, den man von der B 167 gut sehen kann.
Das Temnitztal wurde in seiner jetzigen Gestalt von der letzten großen Kälteperiode, der Weichseleiszeit, gebildet. Deren gewaltige Endmoränen, von Schmelzwasserströmen durchbrochen, bewirkten die Ausformung der jetzt sichtbaren Landschaftsstrukturen, die südlich in das flache Luchgebiet übergehen. Das Amt Temnitz

Der Katerbower See – größtes stehendes Gewässer im Amt Temnitz. Ost- und Westufer sind als Naturschutzgebiet ausgewiesen.

liegt zentral im Landkreis Ostprignitz-Ruppin und grenzt nördlich an das Amt Wittstock-Land, westlich an das Amt Kyritz und die Gemeinde Wusterhausen/Dosse, südöstlich an das Amt Fehrbellin und östlich an die amtsfreie Stadt Neuruppin. Landschaftlich wird der Nordteil durch die Kyritz-Ruppiner Heide, der Südteil durch die Grundmoränengebiete der Kyritzer Platte geprägt. Im Norden, nahe Pfalzheim, entspringt die Temnitz; sie berührt, nach Süden fließend, Rägelin, Walsleben, Paalzow, Wildberg und Garz; nach etwa 45 km mündet sie an der südlichen Kreisgrenze in den Rhinkanal. Von 1952–93 gehörten die Gemeinden des Amtes zum Bezirk Potsdam, Kreis Neuruppin. Der Wechsel der Waldlandschaft im Norden des Amtsbereiches und des offenen Landes bis hin zum Luchgebiet geben der Gegend ihren besonderen Reiz. Es ist eine schöne, unberührte Natur, die sich links- und rechtsseitig am Temnitzquell erstreckt; ein üppiges Bach- und Feuchtwiesengebiet, ausgestattet mit seltenen und geschützten Pflanzenbeständen und großem Tierreichtum. Entlang des Flüsschens finden wir Moor- und Bruchwälder mit hohem Erlenanteil, ansonsten dominiert auf den Sandflächen die Kiefer. Auch Fontane kam bei seiner Wanderung durch die Mark Brandenburg hierher und berichtete von der Schönheit dieser Landschaft. Nordöstlich des Amtsgebietes erstreckt sich die Rheinsberger Seenkette mit ihren vielen großen und kleinen Gewässern. Dem Reisenden stehen viele Möglichkeiten offen, z.B. der Pferdesport (Reiten bzw. Kremserfahrten), Wanderungen auf den Spuren von Theodor Fontane, Radwanderungen, Jagd, Wassersport (einschl. Angeln); erwähnenswert sind auch einige Reiterhöfe und die schönen gastronomischen Einrichtungen mit viel Regionaltypischem. An Sehenswürdigkeiten mangelt es ebenso keineswegs: Wohnturm in Garz (Gutsanlage von 1364 mit Wohnturm), schöne Dorfkirchen in allen Gemeinden, Mühle und Mühlenteich in Walsleben, Landwehrgraben, Schloss in Vichel, Gutspark in Netzeband, Gottberger Kirchenbücher, gemauerte Taubenschläge in Dabergotz, das Rittergut derer von Zieten zu Wildberg und noch vieles mehr.

St. Marienkirche mit Superintendentur in der St. Marienstraße

Stadt Wittstock/Dosse

An der nordwestlichen Grenze Brandenburgs gelegen, war die alte Bischofsstadt beizeiten ein wehrhafter Ort, wurde noch im 13. Jh. ummauert und zum Bischofssitz. Zum Schutz wurde eine imposante Burg errichtet. Von der ursprünglichen Burganlage steht heute noch der liebevoll sanierte Amtsturm, indem sich die Museen Alte Bischofsburg mit dem Museum des 30-jährigen Krieges und dem Ostpignitzmuseum befinden. Der Amtsturm im Zentrum gibt sich trotzig und ist ein Wahrzeichen der Stadt. Aber nicht nur die schöne Altstadt lädt zum Verweilen, auch die 18 Ortsteile sind ein lohnendes Ziel. In der flächenmäßig drittgrößten Stadt Deutschlands leben auf 417,5 qkm heute etwa 16 400 Menschen inmitten der abwechslungsreichen Prignitzer Landschaft. In diesem dünnbesiedelten Flecken findet man eine artenreiche Tier- und Pflanzenwelt; besonders im nördlichen Stadtgebiet, der Wittstocker Heide, kann man diesbezüglich interessante Beobachtungen machen.
Dereinst waren die Wittstocker Ackerbürger oder Handwerker; besonders das Tuchmachergewerbe stand in hoher Blüte. Eindrucksvolle Bauten vermitteln früheres Selbstbewusstsein der Städter. Die mächtige St. Marienkirche, ein dreischiffiger gotischer Backsteinbau aus dem 13./14. Jh., ist ein Beispiel dafür. Der bedeutende Lübecker Altarschnitzer Claus Berg hat den geschnitzten Doppelaltar seinerzeit größtenteils angefertigt. Weiterhin bemerkenswert sind die Wittstocker Madonna aus Sandstein und die großartige Schuke-Orgel. Von Interesse ist auch das Gebiet um den Marktplatz mit buntem Markttreiben und dem neugotischen Rathaus. Das »Dubesche Haus« am Dosseteich ist das letzte Relikt früherer Bauweise. Die Altstadt wird mit einer 2,5 km langen von einer für Deutschland einzigartig erhaltenen Backsteinmauer mit etwa 40 Wiekhäusern umschlossen. Als letztes der ehemals drei Stadttore ist das Gröper Tor heute noch vorhanden (14./15. Jh.).
Im Ortsteil Freyenstein entsteht auf der »Alten Stadt« eine der am besten erhaltenen mittelalterlichen Stadtwüstungen – ein Archäologischer Park. Mit der Stadthalle sind hervorragende Möglichkeiten vorhanden,

Blick über die Altstadt

nicht nur Konzerte und Theateraufführungen zu veranstalten, sondern auch ausgelassen Karneval zu feiern, denn Wittstock ist eine Hochburg des närrischen Trubels. Ein Highlight sind ferner die wunderschönen Alleen, die vielen Feldsteinkirchen und Herrenhäuser, das Spring-, Reit- und Fahrturnier in Freyenstein, Bowlingbahn, Schwimmhalle, Sauna, Campen an den Seen sowie stilvolle Gaststätten und Hotels. Neben vielen historischen Einblicken findet der Gast leicht weitere Möglichkeiten, hier erholsame Zeiten zu genießen. Weite Felder lassen den Blick schweifen; die für die Prignitz typischen grünen Alleen ziehen mit ihrer Ursprünglichkeit jeden in ihren Bann.
Ob Wellnessangebote oder Urlaub in ländlicher Idylle, ob Einkauf direkt beim Bauern oder ein umfangreiches Veranstaltungsprogramm, von Museen über Historienspektakel bis Karneval – Wittstock lockt mit vielen Angeboten. Auch sind es nur wenige Kilometer bis zur Mecklenburger Seenplatte.
Die Unternehmen und Kommunen am Autobahndreieck Wittstock – dem Zusammentreffen der A 24 und der A 19 – haben sich zu einer Interessengemeinschaft verbunden, um die Produkte und Leistungen sowie die Region besser zu vermarkten und auf das enorme wirtschaftliche Potenzial aufmerksam zu machen. Für Wittstock sind, durch gut am Markt agierende Firmen, die Branchenschwerpunkte Automotive und Holz verarbeitende Wirtschaft ausgewiesen. Doch auch durch die verkehrstechnische Lagegunst bedingt, sind Logistik und medizinische Dienstleistungen Aushängeschilder einer leistungsfähigen Wirtschaft. Weitere breitgefächerte Dienstleistungen liegen in sozialen, touristischen und landwirtschaftlichen Bereichen. Verkehrsgünstig direkt am Autobahndreieck Wittstock/Dosse gelegen, erreicht man die Stadt Wittstock/Dosse, egal ob aus Richtung Rostock, Hamburg oder Berlin, in weniger als zwei Stunden. Aus Richtung Berlin kommt der Bahnreisende mit dem Prignitz-Express ebenso schnell an sein Ziel.

Aussichtsturm bei Blumenthal

Gemeinde Heiligengrabe

Das Dorf *Techow,* zwischen den Städten Pritzwalk und Wittstock an einer alten Handels- und Heerstraße gelegen, bestand schon lange und besaß eine aus Granitquadern errichtete Kirche, als sich dort etwas ereignete, was zukunftsbestimmend für den Ort war: Die Legende berichtet, dass im Mai 1287 ein Jude aus der Kirche ein Sakrament entwendet hätte. Da die Hostie einiges Gewicht hatte, soll er es vergraben haben, just an der Stelle, wo sonst Mörder und Diebe aufgehängt wurden. Dann soll er nach Pritzwalk geflohen sein. Er wurde zwar gefasst, gestand aber erst einem Pfarrer seine Tat; dies war aber ein als solcher verkleideter Bürger aus Techow. Der hat ihn verraten, und der Übeltäter wurde gerädert. Die blutende Hostie wurde nach Pritzwalk überführt, und man wartete auf ein Wunder. Erst als Bischof Heinrich von Havelberg (1270–1290) schwer erkrankte und am »Grabe« der Hostie betete, gesundete er und befahl, an dieser heiligen Stelle eine Kapelle zu bauen. Als Markgraf Otto »mit dem Pfeile« (1267–1308) kurz danach bei Techow ein Jagdschloss bauen wollte, am »Hostiengrab« rastete und alle Speisen zu Blut gerannen, befahl ihm eine Stimme im Traum, just an dieser Stelle ein Nonnenkloster vom Orden der Zisterzienserinnen zu stiften.

Was dann auch geschah: Im gleichen Jahr kamen die ersten elf Nonnen aus dem Kloster Neuendorf in der Altmark in Heiligengrabe – wie Kloster und Ort nun hießen – an. Auffällig, dass die Grenze der Mark zu Mecklenburg mit Frauenklöstern ausgestattet war, die den örtlichen Adel zu Stiftern hatten, westlich der Stepenitz war es das Putlitzsche Kloster Marienfließ und östlich das Ruppinsche Kloster Lindow; da waren mit Sicherheit auch strategische Gründe im Spiel. Sie dienten dem Aufbau und der Festigung der Territorialherrschaft; der Markgraf durfte da nicht fehlen. Erst das Wunderblut von Wilsnack tat im 15. Jahrhundert Ruf und Ruhm von Heiligengrabe Abbruch. Aber das Kloster erholte sich schnell und gab mit dem Bau einer prächtigen Kapelle neuen Ausdruck seiner Macht und langen Tradition. 1548 wurde das Kloster im Zuge der Reformation zu

Kloster Stift zum Heiligengrabe – Blick auf Klostergarten mit Heiliggrabkapelle von Westen

einem evangelischen Damenstift umgewandelt, was es bis heute geblieben ist. Prägend in der Vergangenheit war immer die große Wirtschaftskraft der Klosterländereien. Im 19. Jahrhundert etablierte sich eine Klosterschule, an der jährlich 120 Kinder lernten und ihr Abitur ablegten.

Auch im bewegten 20. Jahrhundert hat sich Heiligengrabe stets behauptet. Bis Anfang der 90er Jahre bewohnte das Diakonissenhaus Friedenshort die meisten Teile des Klosters; die Diakonissen mussten aus Schlesien fliehen und fanden hier ein neues Zuhause.

Der Ort Heiligengrabe ist eine der größten dörflichen Ansiedlungen in der Prignitz. Nach 1990 wurde auch hier erfolgreich versucht, neue Wege zu beschreiten. Es wurde ein Gewerbegebiet erschlossen, das unmittelbar an der Autobahnabfahrt (A 24) liegt. Durch das Autobahnkreuz Hamburg–Berlin–Rostock hat dieses Gewerbegebiet überregionale wirtschaftliche Bedeutung, wo inzwischen ca. 1 500 Menschen einen neuen Arbeitsplatz gefunden haben. Es wurden in der jüngsten Vergangenheit schnell erhebliche Investitionen durchgeführt.

Das kulturelle Leben wird stark vom Kloster geprägt. Seit den 80er Jahren finden von Mai bis September Sommerkonzerte statt, die bei vielen Freunden klassischer Musik fest eingeplant sind. Der gemischte Chor Heiligengrabe, der 2008 sein 30-jähriges Bestehen feiern kann, ist über die Gemeindegrenzen wohlbekannt und sorgt bei vielen Anlässen für einen würdigen Rahmen. Die Seniorenbetreuung trägt Sorge dafür, dass auch die älteren Jahrgänge aktiv Anteil nehmen am gesellschaftlichen Leben. Am 9. Mai 1992 wurde in Fahrenbach (Baden-Württemberg) die Urkunde über den Partnerschaftsvertrag zwischen beiden Gemeinden feierlich unterzeichnet. In den 15 Jahren ist diese Partnerschaft zu einem festen Bestandteil ihres gesellschaftlichen Lebens geworden. Regelmäßige Besuche haben dazu beigetragen, Verständnis für die Situation der Menschen zu entwickeln, und auch zahlreiche persönliche Freundschaften sind geknüpft worden.

Schloss Rheinsberg ist heute das markanteste Wahrzeichen einer wunderschönen Urlaubs- und äußerst vielfältigen Kulturregion.

Stadt Rheinsberg

Einfach traumhaft: Weiße Statuen aus Carrara-Marmor stehen da auf dem satten Grün des gepflegten Rasens – dahinter der malerische See, ein heiter-pompöses Schloss und »gleich daneben« das kleine Städtchen. Alles atmet hier zutiefst preußische Tradition: Der »Alte Fritz« wohnte hier bis zu seiner Krönung; er schenkte das virtuose Anwesen seinem Bruder, Prinz Heinrich. Später schilderte Theodor Fontane das Ambiente mit beredten Dichterworten – und dies nach einer opulenten Schottlandreise: »So schön das Bild war, das der Levensee mit seiner Insel und dem Douglas-Schloss vor dir entrollte, war jener Tag minder schön, als du im Flachboot über den Rheinsberg See fuhrst, die Schöpfungen und Erinnerungen einer großen Zeit um dich her? Und ich antwortete: nein.« Später weilte Kurt Tucholsky, der große satirische Zeitkritiker der ersten Hälfte des 20. Jahrhunderts, hier und schrieb seine bezaubernde Geschichte »Rheinsberg« – zu Recht heute ein gutes Stück Weltliteratur. Das Städtchen Rheinsberg ist aufgrund seines Kontinentalklimas mit maritimen Einfluss als Erholungsort staatlich anerkannt. In der Stadt Rheinsberg und ihren Ortsteilen leben 9 000 Einwohner auf 325 qkm Fläche. Die vielen Kriege der Vergangenheit und Feuersbrünste haben vieles vernichtet; die letzte Katastrophe war 1740. Danach ließ Wenzelslaus von Knobelsdorff auf Erlass des »Alten Fritz« die Stadt nach modernsten Gesichtspunkten wieder aufbauen. Der Grundriss weist heute noch ein durchgehendes Straßennetz mit sich rechtwinklig kreuzenden Straßen auf, so dass der Kern aus elf Karrees besteht. Das idyllische kleine Städtchen liegt im besonders reizvollen Ruppiner Land, umgeben von fast 80 Seen, von Wäldern, Hügeln, weiten Sandflächen, Flüssen, Luchen und Mooren. Es grenzt im Süden an die Mecklenburger Seenplatte und im Norden an die Ruppiner Schweiz. Aus Richtung Berlin gelangt man über die A 24, Abfahrt Neuruppin in die Stadt, aus Richtung Hamburg über die A 10, Abfahrt Wittstock/Dosse; die Bahn fährt von Berlin über Oranienburg und Löwenberg nach Rheinsberg, der Flughafen Berlin ist etwa 100 km entfernt.

Der historische Stadtkern von Freyenstein mit der Plattenburg wird durchzogen von einer typischen brandenburgischen Pflasterstraße.

Die Prignitz

Es ist von hier ungefähr gleich weit nach Berlin bzw. Hamburg; das ist schon mal eine ganz wichtige Erkenntnis, wenn man wissen will, wo man die Landschaft der Prignitz in aller Ruhe und romantischen Beschaulichkeit genießen kann. Nicht, dass diese Region damit gewissermaßen abqualifiziert wird mit dem Begriff »hinterwäldlerisch« oder: »Das liegt da, wo sich Fuchs und Hase ›Gute Nacht‹ sagen« – keineswegs. Aber die stille Schönheit dieser Landschaft kann einen denn doch ein bißchen romantischer stimmen, als manch andere Gegend des Landes Brandenburg das vermag. Sie ist flachwellig, von Sandhügeln und Kiefernwäldern bedeckt. Es geht weiter mit Sagenhaftem: Etwa den Stein- und Hügelgräbern aus grauer Vorzeit, und das hört noch lange nicht auf bei den vielen Fachwerkbauten, Herrenhäusern, Schlössern und bemerkenswerten backsteinernen Sakralbauten.

Prignitz wird die Landschaft genannt, die von der Havelmündung in die Elbe bis zu den südlichen Ausläufern der Mecklenburgischen Seenplatte reicht. Zwischen Elbe und Dosse ist viel Platz für seltener gewordene Pflanzen und Tiere. Die meisten Städte wurden auf slawischen Siedlungen gegründet. Unter König Heinrich I. (um 875–936) setzten Raubzüge der Deutschen ein. In der Schlacht bei Lenzen (929) erlitten die Slawen eine erste große Niederlage. Doch erst 1147 gelang es dem Askanier Albrecht von Ballenstedt (Albrecht der Bär), die Prignitz endgültig zu erobern. Mit den Rittern kamen Bauern und Siedler aus Niedersachsen, der Altmark und den Niederlanden. Wälder wurden gerodet und zu Ackerflächen, Ansiedlungen wuchsen zu ansehnlichen Städtchen. Zuerst von Havelberg aus, später von Wittstock, leiteten die Bischöfe des Bistums die Christianisierung des Gebietes. Handwerk und Handel wuchsen in beachtlichem Maße, die Städte Kyritz, Pritzwalk und Perleberg schlossen sich sogar der Hanse an. Doch der Dreißigjährige Krieg mit seinen furchtbaren Folgen und das verheerende Pestjahr 1638 brachen diese Entwicklung abrupt ab. Brände, die oft große Teile der Städte in Schutt und Asche legten, vollendeten das grausame Werk. Erst nach den preußischen Reformen begann in der ersten Hälfte des 19. Jahrhunderts ein spürbarer Aufschwung. Gegen Ende dieses setzte auch in der Prignitz, zunächst noch zaghaft, die Industrialisierung ein und brachte einen bescheidenen Wohlstand.

In den Bauwerken widerspiegelt sich diese wechselvolle Geschichte. Die gut erhaltenen historischen Stadtkerne der Prignitzstädte zeugen auch von liebevoller Pflege des Erbes. Die norddeutsche Backsteingotik ist allerorten vertreten. Auch auf schlichte Fachwerkhäuser trifft man häufig. Prachtvolle Patrizierhäuser sucht man allerdings vergeblich, und die Bürgerhäuser wirken eher bescheiden. Historisch wertvolle Bausubstanz ging leider oftmals durch die verheerenden Stadtbrände verloren. So sind nur noch wenige Giebelhäuser erhalten. Der Wiederaufbau erfolgte dann aus Gründen des Brandschutzes meist mit traufseitig stehenden Häusern.

Kirchen, Burgen, Schlösser und Herrenhäuser aus den verschiedenen Jahrhunderten findet man in der ganzen Region. Beeindruckend ist der romanisch begonnene und gotisch vollendete Havelberger Dom. Die älteste Wasserburg Norddeutschlands, die Plattenburg, ist unweit von Bad Wilsnack gelegen. Auch Schloss Demerthin, ein Renaissancebau, oder das spätgotische Schloss zu Meyenburg sind einen Besuch mit Sicherheit wert. Eine vollständige Klosteranlage, die heute als evangelisches Stift genutzt wird, ist das Kloster Stift zum Heiligengrabe zwischen Pritzwalk und Wittstock. Der erhaltene Westflügel des Renaissanceschlosses in Freyenstein ist mit sehenswerten Terrakotten verziert. Die kleinen Dorfkirchen sind mitunter Meisterwerke der Harmonie und haben teilweise eine sehr beachtliche Innenausstattung.

Die dünnbesiedelte Landschaft ist geprägt durch die Eiszeit (vor ca. 25 000 Jahren), die hier eine Endmoränenlandschaft hinterlassen hat. An der Westgrenze werden die Urstromtäler von Elbe und Havel durchflossen. Im Nordosten greifen die Ausläufer der Mecklenburgischen Seenplatte bis in die Prignitz hinein. Weite Felder und Wälder, idyllisch gelegene Seen, satte Wiesen und nebeldurchzogene Auen bieten nicht nur Störchen und Kranichen Ruhe und ungestörte Natur, sondern auch Fisch- und Seeadler, Graureiher und Eisvogel. Seltene Pflanzen- und Tierarten konnten hier überleben und werden inzwischen in Natur- und Landschaftsschutzgebieten besonders geschützt.

Kastanien-, Eichen- und Birkenalleen oder alte feldsteingepflasterte Landwege verbinden häufig die Orte miteinander, die abseits der belebten Verkehrswege liegen. Die ausgedehnten Wälder auf märkischem Sandboden sind nicht nur ein Paradies für Rot- und Schwarzwild. Pilzsammler finden hier reiche Ernte; für Angler

Elbe bei Wittenberge

ist der artenreiche Fischbestand in den unzähligen Gewässern interessant. Naturfreunde kommen hier voll auf ihre Kosten. Ob per pedes oder mit dem Fahrrad, in der Stille der Natur ist Erholung zu finden. Wanderungen, z.B. auf dem Elbdeich bei Wittenberge oder um die Kyritzer Seen, sind äußerst reizvoll.
Pferdefreunden ist die Region in jedem Falle geläufig: Hier liegt eine der zahlreichen deutschen Städte mit dem Namen »Neustadt«; aber eine ganz besondere, denn das »Haupt- und Landgestüt« (gegründet von Landgraf Friedrich von Hessen-Homburg Ende des 17. Jahrhunderts und weitergeführt unter dem Preußenkönig Friedrich Wilhelm II.) übt ungebrochene Anziehungskraft aus, insbesondere anlässlich der im Herbst stattfindenden Hengstparaden. Zum traditionellen Pferdemarkt fährt man gern auch schon mal bis Havelberg. Reiterhöfe sind über die gesamte Prignitz verteilt. Ganz gleich, ob man sich auf dem Rücken der Pferde oder im Kremser wohler fühlt, mit einem oder zwei PS kommt man im Urlaub schnell genug voran. Vielleicht verlässt man sich aber auch auf die Luft: Von einem Segelflugzeug aus, das lautlos über die Landschaft dahingleitet, kann die Natur aus einer völlig anderen Perspektive neue Eindrücke vermitteln. Möglichkeiten hierzu bieten Flugplätze bei Kyritz, Perleberg, Pritzwalk und Wittstock.
Erholung besonderer Art bietet die Kurstadt Bad Wilsnack. Und für die Besucher, denen Natur pur eine Spur zu ruhig ist, bieten die Feste in historischem Rahmen interessante Abwechslungen. Genannt seien hier stellvertretend das mittelalterliche Spektakel auf der Plattenburg, das Bassewitzfest in Kyritz und das alle zwei Jahre stattfindende Schwedenspektakel in Wittstock.
Ein Naturereignis sondergleichen ist das Biosphärenreservat »Flusslandschaft Elbe«; diese Feststellung sei erlaubt: Es gibt kaum eine Landschaft in Deutschland – und sei sie noch so klein – wo solche Ruhe und Unberührtheit herrschen wie hier hinter dem Elbdeich. Das sind gewissermaßen paradiesische Verhältnisse: Keine Begradigung des Stromes oder gar kanalmäßiges Eingezwängtsein. Und wenn es denn im Frühjahr tatsächlich Hochwasser gibt, dann ist genügend Deichvorland vorhanden, wo das Wasser aufgefangen werden kann. Aber auch im Sommer kann die Elbe schon mal außerdem über die Ufer treten, aber das Wasser – sauber und nährstoffarm – füllt auch dann Mulden und Senken, die nun zeitweiliges Domizil von Unken und kleinen Krebsarten werden. Bisweilen fallen knorrige Baumrelikte ins Auge, die sich wacker behaupten und dem Wasser trutzig Widerstand entgegensetzen … erinnernd an den einstigen Auenwald, den es hier gab. Das ist seit Jahrtausenden ein jährliches Wechselspiel: Hochwasser und Trockenheit, Ablagerung und Ausspülung. Bei *Quitzöbel* und *Klein Schmölen* sind einzigartige Binnendünen aufgeworfen.
Durch die ehemalige deutsch-deutsche Grenze, die hier verlief, ist ein geschützter Lebensraum für Tiere und Pflanzen entstanden, der seinesgleichen sucht. Über 700 Schmetterlingsarten gibt es, ferner Rotbauchunke, Laubfrosch, Schwarzstorch, Kranich, Fischotter, Biber u.v.a.m. 1990 wurde das Gebiet unter Schutz gestellt; 560 qkm groß ist es hier am Ostufer der Elbe, die in großzügigen Mäandern die Norddeutsche Tiefebene durchfließt, von den Havelmündungen bis kurz vor Dömitz. Der Strom und seine Seitengewässer, verlandete Altarme, Reste uralter Auwaldbestände, weite Überschwemmungsflächen, aber auch trockene Dünenzüge bieten Rückzugsräume für Tiere und Pflanzen.
Inmitten der Elbtalaue, der fruchtbaren Ebene von Elbe und Löcknitz, liegt *Lenzen* im Zentrum der Flusslandschaft; östlich davon befindet sich das Dörfchen Lanz, wo »Turnvater« Friedrich Ludwig Jahn am 11.8.1788 als Pfarrerssohn geboren wurde; hier befindet sich auch eine Gedenkstätte. Im nahen *Mellen* befindet sich ein imposantes Hügelgrab in den Ausmaßen 9 x 22 m; niedersächsischen Bauernhäusern in Marschhufenform kann man in den Elbdeichdörfern *Müggendorf* und *Lüthenwisch* begegnen.
Immer im März blicken die Einheimischen von *Rühstädt* in den Himmel; dann warten sie auf die Weißstörche, die jedes Jahr in so großer Zahl in ihr Brutgebiet zurückkehren, dass das Dorf sich rühmen kann, die größte Storchenkolonie Mitteleuropas zu sein. Der von einem Horst gekrönte Alte Wasserturm ist Wahrzeichen des Ortes. Über 50 Nester zählen die vielen Neugierigen, die zur »Storchensaison« (April–September) hierher kommen. Am letzten Juliwochenende wird das dreitägige Storchenfest begangen, bei dem die Natur und ihr Schutz im Mittelpunkt stehen. Etwa 100 Weißstorchpaare brüten heute im Biosphärenreservat »Flusslandschaft Elbe«, außerdem bis zu 4 000 Kraniche und zwischen 50 000 und 100 000 Saat- und Blässgänse, Zwerg- und Singschwäne.
Spielerisch unter Einbeziehung aller Sinne vermittelt die Ausstellung »Mensch und Strom« Informationen über das Biosphärenreservat, die Auenökologie, Hochwasserschutz und über die Jahrhundertflut 2002. Dies alles ist in der Burg Lenzen zu erleben. Vom dortigen Burgturm öffnet sich der Blick in die vier Bundesländer

Abseits, versteckt an einem Feldweg in der Nähe von Seddin an der Stepenitz, die bewaldete Hügelanlage des sog. Königsgrabes Seddin. Der Hinweisstein informiert über die Aufbewahrungsorte der bronzezeitlichen Fundstücke.

Königsgrab
Seddin
Bronzezeit
(um 800 v.d.Z.)

Brandenburg, Mecklenburg-Vorpommern, Niedersachsen und Sachsen-Anhalt. Im Osten reicht als natürliche Verbindung zur Mecklenburgischen Seenplatte ein Zipfel des neuen Naturparks »Stechlin-Ruppiner Land« in die Prignitz hinein.

Stets würzt ein Hauch von Idylle Wanderungen und Radtouren diese Gegend; erst recht ist das am Flüsschen Stepenitz spürbar: Es ist außerdem der sauberste brandenburgische Fluss, in dem sich sogar Lachse wohlfühlen. Der Wasserwanderung steht der große Boom erst noch bevor; hier herrschen dafür ideale Bedingungen, besonders auf Stepenitz und Löcknitz. Auf dieser gelangt man bei *Dömitz* auf die Müritz-Elde-Wasserstraße; damit hat man auch ohne Weiteres Anschluss an Europas größtes Binnenwassersystem.

Es ist genau so, wie es ein genauer Beobachter unserer Tage formuliert hat: »Wie rote Tupfen in einem grünen Teppich wirken die Backsteindörfer im ›Wittstocker Land‹«. Die 1000-jährige ehemalige Bischofsstadt liegt da mittendrin. Hier endet das ländliche Plattenland und geht in die Waldgebiete der »Wittstocker Heide« und der »Kyritz-Ruppiner-Heide« über. Unmittelbar bei Wittstock beginnt auch schon die »Mecklenburgische Seenplattte« mit dem Dranser-, Glambecker- und Lanhagener See. *Alt Daber,* vier Kilometer nördlich von Wittstock gelegen, ist das Tor zur »Wittstocker Heide«: Hier steht auch der Wächter der kleinen Landschaft, die Burg Daber mit ihrem Wehrturm. Das war einst die Grenze zwischen Mecklenburg und Brandenburg, also auch Ort wichtiger Verhandlungen zwischen den Streithähnen zu verschiedenen Zeiten. Erst 1847 wurden nach über 400-jährigem Zwist die Kriegsbeile begraben; seither gehört auch die 3 200 ha große Heide zu Wittstock. Hier beeindruckt der Kontrast von flachen, sumpfigen Süd- und Westabschnitten und dem welligen, von Eichen und Buchen dominierten Bereich im Norden. Zwischen dem Kalksee und dem Riesenfindling im Norden, der Märchenwiese an der Dabermündung im Westen und dem Museum des Todesmarsches im Belower Wald gibt es viele Reit- und Wanderwege sowie Rastplätze.

Neben der Kyritzer Seenkette kann auch in anderen Regionen auf des Dichters Spuren gewandelt werden: Der »Fontane-Wanderweg« führt von *Blankenberg* bis Neustadt/Dosse. Zwischen *Breddin* und *Havelberg* kann eine Wanderung vom Forsthaus *Kümmernitz* in den herrlichen Buchenwald in der Breddiner Schweiz vom Kümmernitzer Wasserfall aus gestartet werden. Weitere landschaftliche Schönheiten kann man genießen auf den vielen Wanderwegen bei *Dietz, Kampehl, Neustadt, Wusterhausen* und *Bantikow* – die Prignitz ist reich an landschaftlichen Schönheiten und versteckt sie nicht.

Man darf natürlich eines nicht vergessen: eine gebührende Information bezüglich des kulinarischen Sektors! Wie in vielen Regionen haben sich auch in der Prignitz eine Reihe von besonderen Spezialitäten etabliert und sind fest in den Speisekarten verankert. Bemerkenswert, dass nicht wenige Landwirte des Landkreises sich dem ökologischen Anbau verschrieben haben und etliches auch gleich bei sich anbieten.

Besonders beliebt ist hierzulande der traditionelle Knieperkohl aus Groß Pankow, der im Herbst auf dem Speiseplan steht: Nach altbäuerlichem Rezept werden Weiß-, Blau- und Grünkohl eingelegt, um mit Bauchfleisch oder Eisbein, Kohlwurst oder Knacker serviert zu werden. Urtypisch gebackenes Brot und frischer Kuchen ist aus dem Buschbackofen zu haben, und zu diesen Mahlzeiten sind sowohl das Preußen-Pils als auch der Perleberger Senf sehr bekömmlich (den Kuchen allerdings sparen wir an dieser Stelle mal aus).

Reiche Tierbestände sorgen dafür, dass es auch bei Wild- und Fischgerichten eine Reihe gastronomischer Angebote gibt. So kann man Wild aus dem Gadower Forst empfehlen, beispielsweise ein Wildschweinrückensteak mit Preiselbeerrahm oder den gedünsteten bzw. gebratenen Havelzander. Ebenso sind Aal, Forelle und Karpfen heimisch und können daher besonders frisch und schmackhaft zubereitet werden. Wer die rustikale Hausschlachtung liebt, sollte unbedingt die »Schwedenplatte« in Angriff nehmen. Saisonale Besonderheiten sind der aromatische Prignitzer Spargel in Butter mit Salzkartoffeln und Schinken. Auch das Lammkotelett ist mehr als nur Kostprobe. Übrigens weiden auf den Prignitzer Wiesen neben zahlreichen Schaf- und Kuhherden auch mitunter Ziegen, so dass auch Lamm- und Ziegensalami zu haben ist. Und wer von der Prignitz nicht lassen kann, aber lassen muss, weil der Urlaub zu Ende ist, kann sie auch auszugsweise mit nach Hause nehmen. Zumindest in Form des »Prignitzer Präsentkorbes«, der fast alle hiesigen Köstlichkeiten in sich birgt. Kulturelle Highlights gibt's auch in dieser Region: Die »Plattenburger Tafelrunde« bietet im stilvollen Ambiente ein Erlebnis der besonderen Art. Minnesänger, Diener und Mägde sorgen für allerbeste Unterhaltung, Speise und Trank. Warum sollte man auch nicht einmal den Suren Hansen Markt in Perleberg besuchen oder den Putlitzer Erntemarkt im August? Empfehlenswert ist auch der Sommer – eine exklusive Reihe kultureller Veranstaltungen lockt allüberall … auch davor, danach oder dabei soll es ganz vorzüglich schmecken.

Im Windschatten des Deiches führt der Elberadweg durch das Biosphärenreservat Flusslandschaft Elbe-Brandenburg.

Landkreis Prignitz

Es ist ein wahrhaft schön zu nennender Landkreis: ein Landstrich mit besonderen Reizen, die sich einem nicht immer gleich auf den ersten Blick erschließen. Wer die Prignitz erst kennen gelernt hat, ist zumeist von ihr angetan. Ein natürliches Gefüge aus Flüssen und Bächen, einzelnen Seen sowie weiten Wiesen, Wäldern und Feldern kennzeichnet die Prignitzer Landschaft. Ein knappes Viertel der Gesamtfläche ist bewaldet. Besonders erhaltenswerte Landschaftsteile wie die Elbtalaue oder das Stepenitztal sind unter Schutz gestellt. Das größte zusammenhängende Schutzgebiet ist mit 53 000 ha der Brandenburgische Teil des länderübergreifenden Biosphärenreservates »Flusslandschaft Elbe«. Hier hat sich eine einzigartige Flusslandschaft erhalten, in der Ökosysteme weitgehend noch selbstregulierend funktionieren. Die Feuchtgrünländer, Auwaldreste, Altarme, Qualmwasserbiotope und Überschwemmungsflächen der unteren Mittelelbe-Niederung haben internationale Bedeutung für den Naturschutz.

Auf einer Fläche von 2 123 Quadratkilometern leben heute im Landkreis Prignitz knapp 87 000 Menschen. Sie sind als sehr bodenständig bekannt. Kreisstadt ist Perleberg.

Im Landkreis findet man ein ausgedehntes Straßennetz: 34 Autobahnkilometer, 236 km Bundes-, 401 km Landes- und 326 km Kreisstraßen; daneben existieren 170 km Radwege. Die Wasserstraßen Elbe (71 km), Löcknitz (224,9 km) und Stepenitz (46,5 km) durchfließen den Kreis; der Rudower See umfasst 176 ha, der Rambower See 73 ha. Mit einer Hafenanlage in Wittenberge ist man in die Binnenschifffahrt eingebunden.

Der gesamte Landkreis liegt im Nordwesten des Bundeslandes im »Vierländereck« Mecklenburg-Vorpommern–Niedersachsen–Sachsen-Anhalt–Brandenburg und in unmittelbarer Nachbarschaft zu den Ballungsgebieten Berlin und Hamburg, Hannover und Braunschweig sowie Potsdam, Magdeburg, Schwerin und Rostock.

Der Kreis in seiner jetzigen Form ist das Ergebnis der Kreisgebietsreform von 1993: Seinerzeit schlossen sich die ehemaligen Kreise Pritzwalk (ohne Blumenthal, Grabow, Rosenwinkel) und Perleberg (ohne Dambeck und Brunow) sowie das Amt Gumtow aus dem damaligen Kreis Kyritz zum Landkreis Prignitz zusammen. Verwaltungsmäßig gliedert sich der Landkreis nach der Gemeindegebietsreform 2003 in drei Städte, vier amtsfreie Gemeinden und vier Ämter.

Das Kreiswappen von 1993 spiegelt die wechselhafte Geschichte in wesentlichen Zügen wider: Die Schildteilung Rot über Silber zeigt die Farben des Bundeslandes, der Wellenschnitt weist auf die Elbe hin. Die flugbereite Gans im Rot erinnert an das Geschlecht der Edlen Herren Gans zu Putlitz, die im 12. Jahrhundert gemeinsam mit dem Havelberger Bischof das Gebiet einnahmen und besiedelten. Der Perlenkranz im Rot steht für die Kreisstadt Perleberg. Der Wolf im unteren Silber symbolisiert die ehemalige Kreisstadt Pritzwalk. Von deren stolzer Geschichte zeugen heute noch Reste der mittelalterlichen Stadtmauer, die Stadtkirche und ein neoklassizistisches Rathaus.

Von der Prignitz aus nahmen Christianisierung und Kolonisierung zwischen Elbe und Oder vom 10. bis 12. Jahrhundert ihren Ausgang. Bereits viel früher bot sich hier ein idealer Siedlungsraum für die Menschen der Steinzeit und für die nachrückenden germanischen bzw. slawischen Völkerschaften, was zahlreiche Funde belegen. Die ältesten archäologischen Funde bei Hinzdorf gehen auf die ältere Steinzeit zurück (etwa 9000–8000 v.Chr.). Aus der jüngeren Steinzeit ist das Hünengrab bei Mellen erhalten – eine Variante der nordischen Ganggräber. Am Ende der Bronzezeit entstand die gewaltige Anlage des Seddiner Königsgrabes. Ein Burgwall bei Wolfshagen deutet darauf hin, dass zu dieser Zeit scheinbar erste befestigte Siedlungen entstanden.

Der Wendenkreuzzug von 1147 führte zur endgültigen Christianisierung und Kolonisierung der Mark Brandenburg. Mit der Eroberung Prignitzer Gebiete durch einen Ritter Johannes von der altmärkischen Gänseburg Pollitz begann die Geschichte des altehrwürdigen Adelsgeschlechts der Edlen Herren Gans zu Putlitz in der Prignitz. Sie gründeten die Städte Wittenberge, Perleberg und Putlitz sowie das Zisterzienserinnen-Nonnenkloster Marienfließ und ließen zahlreiche Kirchen erbauen. Im Verlauf des 13. Jahrhunderts wurde die Machtstellung der Familie Gans durch die sich festigende markgräfliche Zentralgewalt mehr und mehr beschnitten. Ihr Herrschaftsgebiet konzentrierte sich an der Stepenitz. Einige Besitzungen der Edlen Herren

Kreisstadt Perleberg mit Rathaus, Roland und St.-Jacobi-Kirche

Gans gingen im Laufe der Zeit verloren, bis 1945 konnten jedoch sieben Güter in der Region bewahrt werden. Die heutige »Gänsetour« folgt den Spuren der Familie per Fahrrad entlang der Stepenitz, vorbei an ritterlichen Burgen, Fachwerkkirchen, ländlichen Schlössern und Gutshäusern.
Stationen der abwechslungsreichen, etwa 80 km langen Route sind *Wittenberge* mit dem Stadtmuseum Alte Burg, dem Jugendstilviertel und dem Singer Uhrenturm, der übrigens die größte freistehende Turmuhr Deutschlands und zweitgrößte freistehende Turmuhr in Europa – nach Big Ben in London – ist. Auf dem weiteren Weg liegen *Weisen* (Fachwerkkirche), die ehemalige Hanse- und jetzige Kreisstadt *Perleberg* (Historischer Stadtkern, Wallgebäude »Gänseburg«, Roland, Oldtimermuseum), *Kreuzburg* (Fachwerk-Saalkirche von 1688), *Seddin* (bronzezeitliches Königsgrab), *Wolfshagen* (Barockschloss der Familie Gans), *Helle* (Kirche von 1913), *Mansfeld* (Fachwerk-Saalkirche, erbaut von der Familie Gans und Geburtsort Gottfried Benns, dem deutschen Arzt, Dichter und Essayisten), *Putlitz* (»Hauptstadt« der Edlen Herren), *Nettelbeck* (Amalienkapelle, ehemalige Brennerei), *Porep* (Fachwerkkirche mit spätgotischem Flügelaltar), *Stepenitz* (Klosterstift Marienfließ von 1231) und *Meyenburg* (Schloss mit Park, Rohrsche Stube und Modemuseum).
Lohnende Abstecher etwas abseits des Tourpfades: *Groß Pankow* (Friedhof der Familie Gans, ehemaliges Herrenhaus) und *Laaske* (ehemaliges Gutshaus derer von Gans). Guten Anschluss findet man an den »Mecklenburger Seenradweg« Bad Stuer – Luftkurort Plau am See, die »Bischofstour« (Havelberg–Wittstock), den »Elberadweg«, die »Naturerlebnisroute« oder den »Altmarkrundkurs«.
Eine besondere Attraktion im Landkreis Prignitz ist der 160 km lange Reit- und Fahrweg zwischen Neustadt (Dosse) und Redefin. Er entstand in enger Kooperation mit dem benachbarten Mecklenburg-Vorpommern und ermöglicht ein »grenzenloses« Reiten und Fahren zwischen den Bundesländern. Der Weg verläuft durch idyllische Dörfer und eine wunderschöne, abwechslungsreiche Landschaft. 120 km führen durch die brandenburgischen Landkreise Ostprignitz-Ruppin und Prignitz, 40 km reichen in den mecklenburgischen Landkreis Ludwigslust hinein. Der Gestütsweg ist so hergerichtet, dass ein Jeglicher (hoch zu Ross oder im bequemen Kremser) die empfohlenen acht Tagesetappen von 20 bis 30 km selbstständig bewältigen kann. Eine informative Reitwanderkarte ist dabei behilflich. Auf der Strecke erwarten den Gast Töpferhöfe, urige Gasthöfe, Festungen, Museen und Schlösser und natürlich Rastplätze samt Pferdetränken sowie mehr als 30 Wanderreitstationen.
Auch laden verschiedene Orte den ganzen Sommer über zu Veranstaltungen und Spektakeln aller Art ein (z.B. Plattenburg, Bad Wilsnack, Meyenburg). Genaueres findet man im aktuellen Veranstaltungsplan des »Prignitz-Sommers«. Konzerte in Kirchen, Schlössern und anderen geschichtsträchtigen Bauwerken haben im »Prignitz-Sommer« einen festen Platz und eine langjährige Tradition. Von Klassik bis Rock ist alles vertreten, auch Ausstellungen, Theater, Vorträge.
Der Landkreis hat aber noch weit mehr zu bieten, so z.B. das Storchendorf *Rühstädt,* welches weit über die Grenzen Brandenburgs hinaus bekannt ist, denn jährlich vollzieht sich hier ein kleines Wunder. Pünktlich im Frühjahr kommen ca. 70 Störche von ihrem Flug nach Afrika hierher zurück und nehmen die zahlreichen Horste ein. Rühstädt ist damit storchenreichstes Dorf Deutschlands und erhielt im Jahre 1996 den Titel »Europäisches Storchendorf«. Ein Pilgerweg führt von Berlin nach *Bad Wilsnack.* Der Ort war im Mittelalter ein europaweit bekannter Wallfahrtsort. Die mächtige Wunderblutkirche war Ziel zahlreicher Pilger, die das Wunder der blutenden Hostien bestaunten und Heilung und Vergebung ihrer Sünden suchten. In der Kirche zeugt heute noch der Wunderblutschrein aus dem 15. Jahrhundert von dieser Zeit. Auch ist Bad Wilsnack ein staatlich anerkanntes Thermalsole- und Moorheilbad.
Die malerisch im wald- und wasserreichen Gebiet gelegene *Plattenburg* ist die älteste erhaltene Wasserburg Norddeutschlands, die im Jahre 1319 das erste Mal urkundlich erwähnt wurde. Ebenso über die Landkreisgrenzen hinaus berühmt ist das *Lindenberger* Kleinbahnmuseum. Die hier gezeigten Fahrzeuge fuhren einst auf dem Streckennetz des »Pollos«. Weiterhin wurde ein Teilstück der Schmalspurbahn wieder aufgebaut. Zwischen *Mesendorf* und *Lindenberg* kann man eine Fahrt mit der Museumsbahn durch die typische Prignitzer Landschaft erleben.
Zwischen Elbe und Rudower See erstreckt sich eine der ältesten Städte der Mark Brandenburg: *Lenzen* (13. Jahrhundert) liegt am nordwestlichen Rand des Naturparks »Brandenburgische Elbtalaue« und ist ein sehr begehrtes Urlaubsgebiet. Mit der Burg (Ausbau zum »Europäischen Zentrum für Auenökologie, Umweltbildung und Besucherinformation«), der Sankt-Katharinen-Kirche und dem Stumpfen Turm hat die ca. 2 000

Renaissanceschloss Demerthin

Einwohner zählende kleine Stadt einiges zu bieten. Im Jahre 929 fand hier die berühmte »Schlacht von Lenzen« statt: Während der vielfältigen Grenzkämpfe zwischen Deutschen und Slawen gelang es Heinrich I., vom 1. bis zum 5. September vorübergehend die Burg einzunehmen. Eines der größten Dioramen Deutschlands mit 8 500 Zinnfiguren stellt heute dieses Ereignis nach.
Weitere Sehenswürdigkeiten sind die Kirchen in *Seedorf* (Barock, in Saalform aus Backstein, mit Turm von 1754), *Mödlich* (1659, Begräbnisstätte des holländischen Admirals Gijels van Lier, 1593–1676), *Kietz* (1892, neugotischer Stil), *Ferbitz* (1905, neugotisch), *Lanz* (1424, Feldsteinbau), *Cumlosen* (1858, neugotisch, fünfjochiger Ziegelbau).
Die Gemeinde *Gumtow* besteht aus 16 Ortsteilen und ist rein landwirtschaftlich geprägt. Das Schloss *Demerthin* mit seinem 36 m hohen Turm ist eines der bedeutendsten Renaissanceschlösser der Mark.
Die Stadt *Perleberg* wurde unter Obhut der Adelsfamilie von Gans 1239 gegründet und trat 119 Jahre später der Hanse bei: Die Stepenitz verband damals die Stadt über die Elbe mit allen bedeutenden Handelsplätzen.
Als größte Stadt im Landkreis Prignitz liegt *Wittenberge* (ca. 19 500 Einwohner) am nördlichen Ufer der Elbe an der Einmündung von Stepenitz und Karthane in diese und ist nur 11 km von der Kreisstadt Perleberg entfernt. Um 1226 erstmalig erwähnt, erlebten die Einwohner verheerende Brände und mehrfache Dammbrüche. Die Prignitzstadt am Elbstrom grüßt Ankommende schon von fern mit ihren Türmen: Der Steintorturm mit seinen Zinnen, der Bleistiftturm der evangelischen Kirche, die helmförmige Kuppel des Rathausturmes, der Singer Uhrenturm und auch der wuchtige Wasserturm – sie alle gehören zum unverwechselbaren Panorama der Stadt und laden zum Verweilen zwischen Turm und Strom ein.
Als historischer Landschafts- und auch Sprachraum blieb die Prignitz von den administrativen Teilungen zwischen 1952 und 2002 unberührt. Bei den Einwohnern hat sich eine Prignitzer Identität erhalten.

Die Quitzows waren eine der bedeutendsten Familien Brandenburgs im Mittelalter. In der sehenswerten Kirche von Kletzke befinden sich innen wie außen je zwei Epitaphe

Groß Pankow – Ein schönes Fleckchen Erde

In der Mitte zwischen den Metropolen Hamburg und Berlin liegt die Prignitz. Und in deren Mitte wiederum findet sich ein schönes Fleckchen Erde. Auf 248 Quadratkilometern erstreckt sich die Gemeinde Groß Pankow (Prignitz). Doch nur 4 500 Einwohner leben hier. Und so findet der Besucher zwischen den 39 Dörfern, die oft nur kleinen Ansiedlungen gleichen, sehr viel Natur, genießt Ruhe in ausgedehnten Wäldern, hört die Rufe der Feldlerche, kann mit viel Glück Biber am Ufer des kleinen Flusses Stepenitz beobachten, zumindest aber fein angespitzte Hölzer finden, die ganz eindeutig auf diese possierlichen Tiere deuten. Und in der Luft schwebt plötzlich ein Fischadler.
Das zumeist flache Land, das nur hin und wieder von kleinen, sanften Hügeln durchzogen wird, wovon der höchste keine 200 Meter misst, eignet sich hervorragend für das Wandern, ob nun per Pedes oder mit dem Rad. Gleich zwei gut ausgebaute überregionale Radwanderwege schlängeln sich durch die Gemeinde.
Das ist zum einen die Gänsetour, die mit ihrem Namen auf das Adelsgeschlecht der Edlen Gänse zu Putlitz verweist, das seit dem 10. Jahrhundert die Geschichte der Prignitz ganz wesentlich mitschrieb. Die zu Putlitz lebten bis 1945 auch auf Schloss Wolfshagen. Dieses Herrenhaus ist eines der bedeutendsten spätbarocken Bauten in der Prignitz und erhebt sich majestätisch am Stepenitzufer, einem der wenigen natur belassenen Flüsse Norddeutschlands. Albrecht-Gottlieb Gans Edler Herr zu Putlitz ließ das zweiflügelige Schloss von 1786 bis 1787 errichten. Seine Vorgängerbauten gehen im Kern auf mittelalterliche Reste einer von den Gans Edlen Herren zu Putlitz um 1200 errichteten Wasserburg zurück.
Heute beherbergt das umfassend rekonstruierte und sanierte Schloss ein Museum mit einer bedeutsamen Porzellansammlung sowie weitgehend originalgetreu eingerichteten historischen Wohnräumen. Der bekannte Augenspezialist Professor Bernhard von Barsewisch – seine Mutter war eine geborene Gans Edle zu Putlitz – hat sich nach der Wende darum verdient gemacht, das Schloss, das zu DDR-Zeiten als Schulhaus genutzt wurde, wieder in alter Herrlichkeit erstrahlen zu lassen. Unterstützt wird er dabei von einem rührigen Förderverein, dem der mittlerweile pensionierte Mediziner vorsteht. Viele Kleinode finden sich in dem einstigen Landadel-Sitz. Dazu gehört der Gartensaal. Mit seinem besonderen Flair ist er ein idealer Ort für Paare, die sich das Ja-Wort geben möchten. Ebenso aber auch für Konzerte und Aufführungen, zu denen regelmäßig geladen wird.
Ebenfalls im Schlossmuseum findet der Besucher neben wechselnden Ausstellungen eine Ausstellung zum Königsgrab Seddin, einem weiteren Höhepunkt der Gemeinde. Nur wenige Kilometer von Wolfshagen entfernt befindet sich nämlich eines der bedeutendsten bronzezeitlichen Hügelgräber im nördlichen Mitteleuropa, der so genannte Hinzer Berg, der seinen Namen einer mündlich überlieferten Sage vom König Hinz verdankt. Um 980 vor unserer Zeit soll hier ein Fürst mit zwei jungen Frauen bestattet worden sein. Der Grabhügel hat mit zehn Meter Höhe und einem Durchmesser von 64 Metern eine enorme Größe. Die eigentliche Grabkammer besteht aus neun polygonal angeordneten Findlingen mit einem darüber errichteten Gewölbe. Erst 1899 wurde die Grabkammer freigelegt. Auch dieses Königsgrab befindet sich an der Gänsetour, deren Mittelpunkt Wolfshagen bildet, wo auch das Hotelrestaurant am Schloss einen Ausgangspunkt zur Erkundung der Prignitz bietet.
Einen ganz anderen Verlauf durch die Gemeinde nimmt die Bischofstour, von Havelberg kommend und nach Wittstock führend. Auch sie hat einen historischen Hintergrund, geht auf die Geschichte des 946 gegründeten Bistums Havelberg zurück, dessen Grenzen bis nach Mecklenburg reichten. Havelberg, die Wiege der Prignitz, gehört heute zum Bundesland Sachsen-Anhalt. Doch die Stadt – nur wenige Kilometer von Brandenburgs Grenzen entfernt – pflegt auch heute enge Kontakte mit der Prignitz.
Auch die Bischofsroute bietet dem Besucher neben der herrlichen Natur im Wechsel von Misch- und Nadelwäldern mit Wiesen und Feldern einen Ausflug in Gegenwart und Geschichte der Gemeinde. So kann der Radfahrer in Lindenberg eine Rast einlegen und in den Pollo steigen, die beliebte Kleinbahn, die früher viele Prignitzer Orte miteinander verband, bis sie modernen Verkehrsmitteln weichen musste. Doch gestandene Eisenbahnfreunde machten sich in den 1990er Jahren daran, der Kleinbahn zu neuem Leben zu verhelfen. Erinnerte erst nur ein Museum und eine kleine Feldbahn an die Pollo-Geschichte, so fährt der Pollo heute wieder von Lindenberg bis Mesendorf und das vom Frühjahr bis in den Herbst hinein regelmäßig. Wer einmal

Kirche in Helle, erbaut 1913

Zwei Züge der Pollo-Museumseisenbahn begegnen sich in Brünkendorf.

mit dem Pollo-Dampfzug 994644 (Baujahr 1911) durch die reizvolle Prignitzer Landschaft reiste, wird das Erlebnis ganz sicher nicht vergessen. Und die passenden Geschichten über Land und Leute erfährt zudem, wer bei Lindenbergs Gastwirt Lamprecht in dessen gleichnamiger Wirtschaft einkehrt. Versteht sich von selbst, dass der Gast hier auch Hunger und Durst stillen kann.

Erlebnisse pur bietet auch Groß Woltersdorf. Denn hier, am Rand der Wahrberge, ist der Wahrberge Verein zu Hause und wartet mit so mancher Überraschung auf. Zum Beispiel dem idyllisch angelegten Badesee. Gespeist vom Cedernbach, lädt er an warmen Tagen zum erfrischenden Bad ein. Wer hier ein paar Tage rasten möchte, kann auf dem Campingplatz sein Zelt aufschlagen oder findet Platz im Jugendgästehaus. Mitglieder des Wahrberge Vereins unterrichten Interessenten gleich noch im Töpfern oder Betreiben des Buschbackofens. Radfreunden ohne Drahtesel wird im ortsansässigen Verleih geholfen. Und wer auf dem Pferderücken die nähere Umgebung erkunden möchte, findet auch dazu Gelegenheit. Im nahen Klein Woltersdorf können Besucher in die landwirtschaftliche Vergangenheit eintauchen, denn Jubilar Erhard Meyer hat in seinem Agrarmuseum vieles zusammengetragen, womit die Prignitzer Bauern früher ihre Felder bestellten, Tiere versorgten, Butter und Wurst machten.

Wer sich weiter auf die Reise durch die Gemeinde macht, findet noch viel mehr. Allein die zumeist Feldsteinkirchen in den Dörfern fallen sprichwörtlich ins Auge, wie das kleine Gotteshaus im malerischen Runddorf Kreuzburg, das nach dem 30-jährigen Krieg im Fachwerkstil als Notkirche errichtet worden war.

Weit über Kreis- und Landesgrenzen hinaus bekannt gemacht hat den Namen Groß Pankow aber eine ganz moderne Einrichtung. Und das ist die Augentagesklinik im Ort des Verwaltungssitzes der Gemeinde, beheimatet im ehemaligen Herrenhaus der Gans Edlen Herren zu Putlitz. Nach modernsten Operationsmethoden können sich Patienten hier längst nicht nur am Grauen Star behandeln lassen. Ein Gästehaus bietet Platz für Ruhe nach dem Eingriff, und der gepflegte Park rings um das Gutshaus lädt zu einem erholsamen Spaziergang

Im Schlossmuseum Wolfshagen ist die größte Spezialsammlung mitteleuropäischer Blaumalerei zu sehen: Gebrauchsgeschirr aus drei Jahrhunderten.

ein. Und wer sich eine kulinarische Erinnerung an die Region mit nach Hause nehmen möchte, wird ganz sicher im Hofladen fündig.

Die Augentagesklinik ist neben dem Wolfshagener Draht- und Verarbeitungswerk sowie der Gemeindeverwaltung der größte Arbeitgeber in der Region, in der die Menschen ansonsten zumeist von der Landwirtschaft leben oder aber in den Städten ihren Unterhalt verdienen. Nicht wenige legen auch weite Strecken zu ihrem Arbeitsplatz zurück, behalten ihren Lebensmittelpunkt aber in der Prignitz.

Denn hier kann man auftanken, die Seele baumeln lassen, die innere Ruhe finden. Und das gilt sogar für Unternehmungen, die vom ersten Anschein her eher recht spektakulär erscheinen wie eine Kanufahrt auf der kleinen Stepenitz, die mit ihren 71 Kilometern zu den saubersten Flüssen Brandenburgs gezählt wird. Nur wenige Wochen im Sommer, wenn die Brut der Vögel nicht gestört wird, kann man sich dieses Vergnügen gönnen, das mitunter ein ungewolltes Bad in recht erfrischendem Wasser mit sich bringt. Denn die Stepenitz bietet nicht nur eine herrliche, mitunter ursprüngliche, weil geschützte Uferlandschaft, sondern mit ihren Kurven und Engen auch so manche Klippe, die geschickt umschifft sein will. Da werden schon wenige Flusskilometer wie beispielsweise von Wolfshagen bis Klein Linde zum stundenlangen Abenteuer. Doch wer sich darauf einlässt, wird garantiert nicht enttäuscht.

Wem es nach so viel Natur wieder nach den schönen Künsten gelüstet, der sollte, so er im Sommer in die Gemeinde kommt, unbedingt einen Abstecher in den kleinen Ort Retzin machen. Denn hier öffnet das Dorfgemeinschaftshaus nun schon seit Jahren seine Pforten für Künstler der Region. Kunst im Dorf nennt sich die kleine Galerie denn auch, deren Ausstellungen die schöne Prignitz in Aquarell und Öl erfahren lassen, aber auch andere Sichten auf die großen und kleine Welten bieten.

Ein ganz besonderer Eindruck also von dem schönen Fleckchen Erde mitten in der Prignitz, auf halber Strecke zwischen Hamburg und Berlin.

Das Prignitzer Dorfmuseum in Blüthen

Gemeinde Karstädt

Die Gemeinde liegt im nordwestlichen Teil Brandenburgs, an der B 5 und der Bahnlinie Berlin–Hamburg. Ausgedehnte Wälder laden zum Verweilen und Erholen ein. Insgesamt 13 Gemeinde- und Ortsteile gehören dazu: Blüthen (mit Waterloo, Klockow, Strehlen), Boberow (mit Gosedahl), Dallmin, Garlin (mit Sargleben, Seetz, Bootz, Dargardt), Groß Warnow (mit Klein Warnow), Karstädt (mit Stavenow, Postlin), Kribbe (mit Karwe, Neuhof, Wittmoor), Laaslich (mit Lenzersilge), Mankmuß (mit Masekow, Birkholz), Nebelin, Premslin (mit Glövzin, Neu Premslin, Kaltenhof), Pröttlin (mit Pinnow, Zapel) und Reckenzin (mit Streesow). Insgesamt leben hier etwa 7 300 Einwohner.
Die nacheiszeitlichen Urstromtäler prägten die Landschaft in der Prignitz und hinterließen flache Hügelketten, weite Sandflächen, Wald und Wiesen und schufen somit ein abwechslungsreiches Ensemble; das Flüsschen Löcknitz begleitet durch das gesamte Gemeindegebiet. Das Konzert zwischen Natur und Geschichte, das sich in zahlreichen Feld- und Backsteinkirchen, Guts- und Herrenhäusern widerspiegelt, bietet gute Voraussetzungen für Wanderungen.
Der älteste Ortsteil von Karstädt, *Stavenow,* hat eine historisch interessante Vergangenheit; er gehört zu den ältesten Grenzfesten der Prignitz. Die Lehnshoheit ging im 15. Jh. an die Adelsfamilie von Quitzow über, denen die von Blumenthals folgten. Um 1700 folgte ein Umbau der mittelalterlichen Burg. Nach den von Kleist's folgte als Besitzer bis 1819 Staatsminister Otto Karl Friedrich Voß. *Karstädt* wurde 1271 erwähnt; archäologische Funde weisen auf eine Besiedlung seit der Mittleren Steinzeit hin. Der Ortsname geht auf das anhaltinische Adelsgeschlecht von Karstede zurück. 1885 fand man beim Umbau der Kirche eine Kasula (Gewand) mit aufgelegtem Kreuz (Datierung auf das 14. Jh.). Im Ort gibt es außer Handwerks- und Dienstleistungsbetrieben auch größere Unternehmen wie »Colartek« und »Brandenburger Dachkeramik«, die zu den modernsten in Europa gehören.

Sportplatz Karstädt mit Tartanbahn und Mehrzweckhalle

Zwischen ausgedehnten Waldgebieten liegt im Löcknitztal das Straßendorf *Mankmuß* (1321); es gehört zum LSG »Brandenburgische Elbtalaue« und bietet für Naturfreunde eine Vielzahl heimischer geschützter Pflanzen und Tiere. *Birkholz* liegt an der alten Poststraße Lenzen–Perleberg; 1904 erwarb der Rittmeister Karl August von Maltzahn das hiesige Schloss im neobarocken Stil; *Mesekow* (1356) ist ein ursprüngliches Runddorf.
Im Südwesten der Gemeinde liegt das 1749 gegründete Runddorf *Laaslich,* das 2009 sein 230. Jubiläum begehen kann. Über 200 Jahre alte Fachwerkhäuser sind zu bewundern. *Lenzersilge* an der Löcknitz wurde 1782 als Kolonie von Friedrich II. gegründet. Bei Ausgrabungen fand man Reste eines ca. 3 000 Jahre alten Dorfes aus der Bronzezeit. *Nebelin* (1315) ist ein Straßendorf, das 2005 710 Jahre alt wurde. Auch hier hat man Werkzeuge und Gebrauchsgegenstände aus der Zeit vor ca. 600 v. Chr. gefunden. Die denkmalgeschützte Saalkirche und das Denkmal des Freiherren vom Stein sind sehenswert. *Glövzin* (1252) ist ein Angerdorf, *Premslin* entstand Anfang des 14. Jahrhunderts. Der Ortschronist Franz Giese (1894–1981) schrieb eine 10-bändige Dorfgeschichte, die in der DDR nicht veröffentlicht werden durfte. *Waterloo,* 1817 als Vorwerk gegründet, hat einen geschichtsträchtigen Namen: Staatsminister von Voss, der 1815 im historischen Waterloo gegen Napoleon kämpfte, erbat sich diesen Namen von seinem König. Das prächtige und eigenwillige Landhaus nimmt baulich eine Sonderstellung in Brandenburg ein. Im ehemaligen Sackgassendorf *Blüthen* ist das Dorfmuseum, in *Strehlen* die Kirche ein absoluter Blickfang. *Karwe* besitzt ein zweigeschossiges Gutshaus im Fachwerkstil (1738/40). Nahe beim Ort kann man noch einen altslawischen Burgwall erkennen. *Dallmin* hat ein Schloss, das zu den bedeutenden Barockbauten der Prignitzer Landbaukunst gehört. Die Feldsteinkirche in *Garlin* steht unter Denkmalschutz und ist ein Saalbau mit Spitzbogenfenstern aus Backstein (spätes 15. Jh.). Jedes Dorf in der Gemeinde hält ein besonderes Highlight bereit; allein schon deshalb lohnt ein längerer Aufenthalt.

Amt Putlitz-Berge

Das Amt Purtlitz-Berge ist nach der Gemeindegebietsreform 2001 für die Verwaltung der Gemeinden Berge, Gülitz-Reetz, Pirow, Triglitz und der Stadt Putlitz, wo sich auch der Amtssitz befindet, zuständig. Insgesamt leben auf 257,9 qkm ca. 5 500 Menschen. Die Stadt Putlitz liegt in der Mitte zwischen Berlin und Hamburg und ist äußerst verkehrsgünstig über die Anschlussstellen Putlitz und Suckow der A 24 erreichbar. Das Amt besteht seit dem 26.06.1992. Auf einer sehr frühen Besiedlung der Region lassen zahlreiche aufgefundene Hügelgräber schließen.

Berge wurde 1422 erstmals urkundlich erwähnt (in einer Platschower Gutsakte ist sogar 1419 datiert); es ist ein Runddorf und hat insgesamt ca. 850 Einwohner. Die Gemeindeteile sind Kleeste (1542), Grenzheim (1503), Neuhausen (1309) und Muggerkuhl (1542): In der Gutssiedlung Muggerkuhl wurden in der Ziegelei rote Backsteinziegel nach dem Herstellungsverfahren von 1901 produziert (Hoffmannscher Ringofen), die Anlage ist seit mehreren Jahren stillgelegt. Östlich der Straße von *Grenzheim* findet man ein bronzezeitliches Hügelgrab; das Schloss in *Neuhausen* verfügt noch über umfangreiche Fundamentmauern der ursprünglichen Burg, das barocke Hauptgebäude mit seinem gotischen Keller stammt von 1738; außerdem gibt es noch ein kleines, turmartiges Wohnhaus vom Ende des 16. Jahrhunderts. In der Kirche befinden sich ein Renaissancekanzelaltar sowie eine Glocke von 1535.

Durch den Zusammenschluss von Gülitz und Reetz 2001 wurde die Gemeinde *Gülitz-Reetz* gebildet. In den Gemeindeteilen *Reetz* und *Gülitz* mit den Gemeindegebieten *Schönholz* und *Wüsten-Vahrnow* leben ca. 500 Einwohner: Gülitz selbst fand als »Groten Gülitz« 1539 Eingang in die Akten; es ist ein Rundling neben einer Gutssiedlung. Die Kirche (2. Hälfte 19. Jahrhundert) und eine über 1000-jährige Ulme sind sehenswert. In Wüsten-Vahrnow gibt es die »Kuhburg« im »Wüstenfeld« – eine etwa 6 m hohe Ruine eines schlichten geviertförmigen Feldsteinbaus. *Reetz* (1323) ist ein Straßendorf; auch hier lohnt ein Besuch der Kirche.

Der Ort *Pirow* ist ein typischer Rundling. An der Straße um die ehemalige Schule (heute Kindertagesstätte), die Kirche und den Großen Garten sind die Wohnhäuser aufgereiht. Zur Gemeinde gehört der Ortsteil *Hülsebeck.* Dieser taucht erstmals 1492 als »Hulsebeke« auf: In diesem kleinen Ort stehen eine Fachwerkkirche von 1717 und im kleinen Park am Freudenbach ein beachtlicher Findling; die Sage berichtet, dass der Riese vom Ruhner Berg bei schlechter Laune diesen Brocken hierher geworfen haben soll. Weiterhin gehören zur Gemeinde Pirow (gesamt ca. 500 Einwohner) die Gemeindeteile *Bresch, Burow, Mollnitz* und *Waldhof.*

In der Gemeinde *Triglitz* leben ca. 580 Einwohner, zur Gemeinde gehören die Ortsteile: *Mertensdorf* (1492), ein Runddorf mit Dorfkirche – ein bescheidener Fachwerkbau mit dreiseitigem Glockenstuhl aus dem 18. Jahrhundert – mit dem Gemeindeteil *Schmarsow.* Silmersdorf, ein Straßendorf (mit Gemeindeteil *Neu Silmersdorf*), das etwa seit 1750 existiert. Im Dreißigjährigen Krieg wurde der Ort total verwüstet. *Triglitz,* ebenfalls ein Straßendorf (mit dem Gemeindeteil *Klein Triglitz*) taucht in den Annalen erstmals 1407 auf: Die Kirche gehört zu den ältesten Gotteshäusern der Prignitz. Wehrhaft gibt sie sich; der Turm allerdings ist seit 1844 abgetragen. Die Glocke befindet sich heute in einem Glockenstuhl am Gebäude.

Die *Stadt Putlitz* (ca. 3 000 Einwohner) ist über ein Jahrtausend alt und gehört somit zu den ältesten Städten des Landes Brandenburg. Der Ort wurde 946 als »Pochlustim« in einer Stiftungsurkunde des Bistums Havelberg erstmals urkundlich erwähnt. Ursprung der Stadt ist die Burg, die nach dem Sieg Heinrichs I. über die Wenden in der blutigen Schlacht bei Lenzen zum Schutz der territorialen Ansprüche an der Stepenitz gebaut wurde. Der auf einer künstlichen Anhöhe errichtete Turm ermöglicht den Gästen des Ortes bei klarer Witterung einen herrlichen Ausblick in die Umgebung. Der historische Stadtkern im Bereich von Rathaus und Nikolai-Kirche weist eine für das Mittelalter typische Bebauung aus.

Im Jahr 2001 schlossen sich die folgenden Orte mit der Stadt Putlitz zusammen und sind heute Ortsteile der Stadt: Der Ortsteil *Laaske* (1492) ist ein typisches Straßendorf; zusammen mit dem Gemeindeteil *Jakobsdorf* hat es etwa 150 Einwohner. Das Schloss erstrahlt in alter Schönheit; hierzu gehört ein großzügig gestalteter Vorgarten, der Park mit seltenen Gehölzen sowie der Teich mit dem Landschaftspark (hier befindet sich auch der Friedhof der Familie zu Putlitz). Das Schloss befindet sich heute in Privatbesitz.

Im Runddorf *Lockstädt* (1492) leben etwa 120 Menschen. Die neugotische Dorfkirche (1878) verfügt über eine polygonale Apsis und Westturm, besteht aus Feld- bzw. Backstein; zur Ausstattung gehörten eine Kanzel von 1708 und eine Messingtaufschale von 1682.

Fachwerkkirche in Pirow

Blick über die Stepenitz auf die Nikolai Kirche in Putlitz

Lütkendorf (1424 »Lutkendorp«) ist ein Runddorf mit ca. 100 Einwohnern. Bis in die 90er Jahre gab es im Ort eine Holländermühle. Das Straßendorf *Mansfeld* (1424) verfügt gleich über drei Sehenswürdigkeiten: Das Pfarrhaus ist das Geburtshaus des Arztes und Dichters Gottfried Benn (1886–1956); die Dorfkirche (2. Hälfte 17. Jahrhundert) ist ein Fachwerkbau mit einem freistehenden Glockenstuhl, das Ältestengestühl ist aus dem 17. und das Messingleuchtpaar vom Anfang des 16. Jahrhunderts; die Distanzsäule ist ebenfalls bemerkenswert. *Nettelbeck* (1492 Nettelbeke) mit Ortsteil *Krumbeck* ist ein Straßendorf und hat etwas mehr als 200 Einwohner; an seinem Nordrand fällt der Blick auf die nahe A 24, die über den abgetragenen »Wackelberg« verläuft; 1979 geschah eine für die Prignitz bedeutende Ausgrabung: Sieben Grabhügel aus vorgeschichtlicher Zeit wurden untersucht. Die Dorfkirche, das Gutshaus, Wasserburg und die Friedhofsanlage Kapellenberg mit den Gräbern der Familie von Jena sind der Erwähnung wert. *Porep* (1295 Poripe) hat etwa 140 Einwohner, ist ein Rundling und besitzt eine Dorfkirche aus der 1. Hälfte des 18. Jahrhunderts. Ein Ziegelfachwerkbau mit einem Schnitzaltar (um 1520) und eine Taufe aus der ersten Hälfte des 17. Jahrhunderts. Bis auf den Ortsteil Porep sind alle anderen Orte des Amtes im 14. und 15. Jahrhundert entstanden; die Besiedlung durch slawische Stämme liegt jedoch wesentlich weiter zurück. *Sagast* mit Gemeindeteil *Neu Sagast* (ca. 180 Einwohner) wurde 1492 erstmals erwähnt. Hier wurden die Höfe in Form eines Vierecks gebaut, begrenzt werden sie durch nach Vieharten getrennte Ställe. In der Mitte des Hofes stand das Domizil fürs Federvieh, das sogenannte »Taubenhaus« – hier kann man es noch in Augenschein nehmen. Das 1324 als »Teltzkowe« erwähnte Dörfchen ist das heutige Telschow, erwähnenswert die Dorfkirche aus der 2. Hälfte des 19. Jahrhunderts, ein neugotischer Backsteinbau mit Westturm und eine Reihe sanierter Fachwerkhäuser an der Kirche. Gemeinsam mit *Weitgendorf* bilden die beiden Orte den Ortsteil *Telschow/Weitgendorf* (ca.280 Einwohner). Gelegen in einer landschaftlich reizvollen Region im Nordwesten des Landes Brandenburg, werden den Besuchern unzählige Schönheiten der Natur geboten. Flachwellige Grundmoränen durchziehen das Gebiet; aus den Niederungen ragen meist

Fachwerkkirche in Reetz

mit Kiefern bestandene Endmoränenklippen. Wie in einer überdimensionalen Parklandschaft wechseln Felder mit Wiesen und Weiden, durch Hecken voneinander getrennt. Besonderes Merkmal sind hier Kopfweiden, die die Bäche und Niederungen säumen. An der Stepenitz, einem der größten fließenden Gewässer, brüten viele Wasservogelarten. Mit Glück begegnet man Weißstörchen, Seeadlern, Kranichen und Reihern. In dieser Region prägten einst bedeutendste Adelsgeschlechter, wie die Gans Edle Herren zu Putlitz, von Rohr, von Winterfeldt und von Jena, die Geschichte. Bauten, wie die Putlitzer Burganlage, von der nur noch der gewaltige Turm, einige Kellergewölbe und Burgmauerreste erhalten sind, wurden im 14./15. Jahrhundert durch die Edlen von Gans erbaut und dienten als Wehrburg. Das Schloss in Laaske war nach der Enteignung der Familie zu Putlitz 1945 nacheinander Krankenhaus, Seuchenhaus, Kinderklinik, 1966 Altersheim, heute privates Wohngrundstück. Die Schlossanlage Neuhausen war lange im Besitz der Familie von Rohr, die im 16. Jahrhundert einen Renaissancebau errichten ließ. Im Dreißigjährigen Krieg zerstört, ließ es die Familie von Winterfeldt im 18. Jahrhundert barock neu errichten. Heute ist es wieder in Privatbesitz. Der Waldfriedhof im Ort Putlitz, um 1900 angelegt, beherbergt in der Friedhofskapelle die Grabplatte des ersten Bürgermeisters nach dem Dreißigjährigen Krieg, Joachim Haker, der 1705 starb. Dieser Friedhof war in jüngster Zeit Treffpunkt der Teilnehmer der internationalen Radtour »Wider das Vergessen«: Jugendliche aus 15 Ländern folgten dabei den Spuren des Todesmarsches der KZ-Häftlinge aus Sachsenhausen und Ravensbrück, der 1945 auch durch Putlitz führte. Auf dem Friedhof stehen Grabmäler für die erschossenen britischen, indischen und polnischen Menschen und erinnern an jene schicksalsschweren Stunden. Hingewiesen werden soll unbedingt auf die neuentstandenen und traditionellen ortsansässigen Betriebe und Firmen, an die neuen Straßen, Häuser, an Renoviertes und Neuentstandenes; an die lange Tradition der Feuerwehr, an die »Schmiede Eisermann«, Bäckereien, Gartenbauunternhemen, Autohäuser und vieles andere mehr. Das Freibad ist der Stolz vieler Putlitzer und deren Gäste: 1926 erbaut, 1953 renoviert und 1977 modernisiert, stellt es heute ein Schmuckkästchen dar.

Amt Meyenburg

Der Geschäftsbereich des Amtes umfasst die Gemeinden Gerdshagen, Halenbeck-Rohlsdorf, Kümmernitztal, Marienfließ und Meyenburg, im Norden des Landkreises Prignitz liegend an der Grenze zu Mecklenburg-Vorpommern. Hier wohnen ca. 5 300 Einwohner. Die überregionalen Verkehrsanbindungen ermöglichen es, alle Gemeinden des Amtes über die A 19, A 24 und B 103 in kürzester Zeit zu erreichen. Im Amtsbereich gibt es eine Schule und mehrere Kitas. Viele Vereine beleben aktiv das Sport- und Kulturleben, die meisten sind über die Kreisgrenzen hinaus bekannt. Kulturhistorische Sehenswürdigkeiten, reizvolle Ausflugsziele und vielfältige Veranstaltungen laden übers Jahr zum Verweilen und Mittun ein. Außerdem sind die Gemeinden ideale Ausgangspunkte für Ausflüge in die Prignitz oder zur nahen Mecklenburgischen Seenplatte.
1285 wurde die *Stadt Meyenburg* erstmals urkundlich erwähnt und erhielt 1317 Stadtrecht. Die Familie von Rohr errichtete eine eindrucksvolle Schlossanlage im Stil der Neorenaissance, u.a. mit dreiviertel-runden Ecktürmen, Stern-/Kreuzgewölbe. Heute entwickelt sich das unter Denkmalschutz stehende Schloss zu einem kulturellen und architektonischen Anziehungspunkt. Nach seiner Sanierung wurden 2006 »Modemuseum«, »Heimatmuseum« und »Rohrsche Stube« eröffnet. Auch die Bibliothek ist im Schloss beheimatet, und im Festsaal werden Trauungen durchgeführt. Das Modemuseum zeigt historische Moden (1900–1970) aus der Sammlung von J. Edle von Krepl. Im Heimatmuseum geht es auf Zeitreise: Geschichte der Stadt, Schloss & Park, derer von Rohr, Stadtmauer, Hungerturm. Die Kirche wurde bereits im Mittelalter erbaut. Der neugotische Backsteinturm ist freistehend; seine Fundamente stehen auf eingerammten Baumstämmen. Es gibt einige Anziehungspunkte, u.a. das jährliche Stadtfest, das im alten Stil neu erbaute »Germania«-Hotel am Schlosspark, der Naturerlebnispfad »Schmolder Tannen«, das Heidegebiet im Naturschutzgebiet »Marienfließ«, Demeter & Brunnen auf dem Wilhelmsplatz. Partnerschaftliche Beziehungen bestehen zum gleichnamigen Meyenburg in der Gemeinde Schwanewede/Niedersachsen. Per 31.12.2001 wurde das Dorf *Schmolde* ein Ortsteil der Stadt Meyenburg; 1325 wurde es erstmals erwähnt. In der restaurierten Fachwerkkirche aus dem 17. Jh. ist ein herunterlassbarer Taufengel aus dem 15. Jh. zu bewundern.
In der Gemeinde *Gerdshagen* sind der alte Speicher, das Gutsverwaltungsgebäude, die alte Schule und die Fachwerkkirche in *Rapshagen* Zeitzeugen aus schon lang vergangener Zeit. Regelmäßig werden kulturelle Veranstaltungen organisiert. Der Sportverein und der Reiterhof bieten vielfältige Sportangebote. In der Nähe liegt der »Preddöhler Stausee«, ein Paradies für Wasservögel und Petrijünger. Anlässlich der 675-Jahr-Feier im Jahr 2000 übergab man der Partnergemeinde Schieren (Schleswig-Holstein) einen Gedenkstein.
Halenbeck-Rohlsdorf ist eine Doppelgemeinde (je 1325 ersterwähnt). *Halenbeck* (»Lage in einer Schlucht«) ist ein Angerdorf. *Warnsdorf* war eine Gutssiedlung auf wüster Feldmark. *Rohlsdorf* ist ein Runddorf. In *Ellershagen* steht ein stattliches Gutshaus mit kleinem Park und Teich. Es gibt Fachwerk- und Feldsteinkirchen, in *Brügge* mit großer Glocke. Anziehungspunkte sind der Arche-Hof, der Bauernmarkt und Veranstaltungen des (Reit-)Sport- und Kulturvereins. Zur Gemeinde *Kümmernitztal* gehören die Ortsteile Buckow, Grabow und Preddöhl. In Buckow und Grabow gibt es schöne Kirchen. In *Buckow* ist der Sportverein sehr aktiv. Grabow ist ein Runddorf slawischen Ursprungs. Die sagenumwobene Wehrkirche aus gespaltenen Feldsteinen in *Preddöhl* hat einen Feldsteinturm und einen spätgotischen Altarschrein. Im Westen ist ein dreifach abgestuftes Spitzbogenportal aus behauenem Granit feststellbar. *Felsenhagen* ist als Einzelsiedlung auf der Feldmark Preddöhl aus dem Grundbesitz mehrerer Bauerngüter entstanden.
Zur Gemeinde *Marienfließ* gehören die Ortsteile Frehne, Jännersdorf, Krempendorf und Stepenitz. Bereits zur Zeit des alten Preußenkönigs gab es ein Amt Marienfließ. In der Gemarkung befinden sich die Naturschutzgebiete »Marienfließ«, »Quaßliner Moor« und »Stepenitz«. In der weitflächigen Wald-/Heidelandschaft gedeiht Heidekraut, das im Mai freundlich grünt, im August violett blüht und im Winter durch seine dunklen Farben fasziniert. *Frehne* ist ein ehemaliges Gutsbauerndorf, *Krempendorf* ein Angerdorf, *Jännersdorf* ein Rundling. Gepflegte Häuser und Gärten prägen in allen Ortsteilen und in Neu-Redlin das Erscheinungsbild. Das Gehöft *Kuwalk* ist ein Künstlerhof, bekannt durch die »Kuwalkade« und das »Otto-Nagel-Archiv«. Stepenitz ist auch ein Angerdorf. Es wurde 1246 erstmalig im Zusammenhang mit dem Zisterziensernonnenkloster Marienfließ in Urkunden benannt. Die wunderschöne Klosterkirche, der gepflegte Park und die Stepenitz ziehen zahlreiche Besucher an. Der Förderkreis des Ev. Stiftes Marienfließ e.V. wurde auf Initiative von Prof. Dr. Gisbert Freiherr zu Putlitz (z.B. zum Erhalt der Stiftskirche) gegründet.

Der angrenzende herrliche Landschaftspark sowie das Rasenrondell vor dem Mittelrisalit des Schlosses Meyenburg wurden nach historischem Vorbild angelegt.

BONIS IUNCTIS
DOMUS IUNCTÆ SUNT
MDCCCLXVI

Wahrzeichen der Stadt Pritzwalk – St. Nicolai Kirche – mittelalterlicher Backstein-Hallenbau mit neugotischem Turm von 1882

Stadt Pritzwalk

Pritzwalk im Landkreis Prignitz umfasst mit seinen Ortsteilen eine Fläche von 165,5 qkm und hat ca. 13 000 Einwohner. Freundes- und Partnerstädte sind Winsen/Luhe sowie Pont de Claix (Frankreich). Nach Schwerin sind es 80, Rostock 120, Berlin 130 und Hamburg 160 km Entfernung; die A 24 (Berlin–Hamburg) führt hier direkt vorbei – außerdem kann man auch bequem die A 19 (nach Rostock) erreichen. Die Bundesstraßen 103 (nach Rostock), 189 (Perleberg, Magdeburg), 321 (Schwerin) und 107 (Havelberg, Brandenburg) bilden die wichtigsten Straßenverbindungen; Eisenbahnverbindungen führen nach Rostock, Neustrelitz, Neustadt/Dosse und Wittenberge; der Elbhafen Wittenberge ist 40 km entfernt. Soweit ein kurzer Verkehrs»steckbrief«.
Zahlreiche Funde belegen eine Besiedlung des heutigen Stadtgebietes bereits in vorgeschichtlicher Zeit. Wie in vielen Städten Brandenburgs hat auch hier die Historie bleibende Spuren hinterlassen. Gebäude und Urkunden sowie Sagen und Legenden geben Zeugnis von einem Ort, der um 1220 erstmals urkundlich erwähnt wurde. Die Askanier christianisierten die Prignitz endgültig; mit den Rittern kamen Bauern und Siedler aus Niedersachsen, Franken, der Altmark und aus den Niederlanden. Prisvalc, Prizwalk, terra Prezwalck … unter diesen Namen gedieh bald ein ständiger Marktort, der 1256 die Stadtrechte erhielt. Zu Pritzwalks bedeutenden Gilden zählten die Kaufmannschaft und die Tuchmacher. Zeitweise war man auch Mitglied der Hanse, befand sich an wichtigen Handelsstraßen, die sich kreuzten und kam im Laufe der Zeiten zu beachtlichem Wohlstand.
Der erste Niedergang Pritzwalks im 16. Jahrhundert wurde vor allem hervorgerufen durch den Zerfall der Hanse, die Pest und später den 30-jährigen Krieg. Die Stadt benötigte mehr als ein Jahrhundert, um sich zu erholen; vor allem die Tuchmacherindustrie zur Zeit des »Großen Friedrich« trug im 18. Jahrhundert zum erneuten wirtschaftlichen Aufschwung bei. Dann aber war erneut Schluss mit dem bescheidenen Wohlstand:

Bismarckturm der Stadt Pritzwalk – Der Turm auf dem Trappenberg wurde 1905 eingeweiht und ist mit Glasmosaik-Wappen Prignitzer Adelsfamilien und Städten verziert.

Siebenjähriger Krieg, napoleonische Besatzung und der verheerende Stadtbrand von 1821 beendeten abrupt den Aufwärtstrend. Heute ist in Pritzwalk sehr wenig von Bauten und Anlagen vor 1821 zu sehen: Relikte sind u.a. das Schiff der Nikolaikirche, Reste der Stadtmauer, ein erhalten gebliebener Wehrturm, Verlauf alter Straßenzüge (Burg-, Schützen-, Roßstraße), mehr ist es nicht. Die Stadt hat aber auch herausragende Persönlichkeiten hervorgebracht: Zacharias Garceus, Autor der ersten Geschichte der Mark Brandenburg; Großvater und Vater des niederdeutschen Dichters Fritz Reuter kamen hier ebenfalls zur Welt und Heinrich Gätke, Verwandter Fontanes und Begründer der Vogelwarte auf Helgoland.
Die schweren Kriegsschäden des Zweiten Weltkrieges wurden nach und nach eleminiert; heute zeigt sich das Städtchen wieder von seiner schönsten Seite. Drei Gewerbegebiete bieten vielen Unternehmern Heimstatt. Und auch an Sehenswürdigkeiten ist kein Mangel: Der Bismarckturm (1904) auf dem Trappenberg beeindruckt durch die Wappenbildnisse in Mosaikarbeit; die Stadtbibliothek Prignitz erfreut sich eines regen Zuspruchs und umfasst 80 000 Medien in unterschiedlicher Art; der Waldpark »Hainholz« mit Naturlehrpfaden und -garten, Wanderwegen und einer ständigen Naturkundeausstellung liegt verkehrsgünstig an der B 103; im Kulturhaus waren und sind bedeutende Künstler zu Gast, werden Ausstellungen angeboten und finden Konferenzen statt; besondere Aufmerksamkeit findet das Stadt- und Brauereimuseum: Faszinierende Ausstellungsstücke und räumliche Inszenierungen entführen den Besucher in die verschiedenen Menschheitsepochen und zeigen einen beachtlichen Querschnitt aus den Zeiten der industriellen Entwicklung der Stadt. Wem das noch nicht genügt, der »erobere« neben Jugendfreizeitzentrum, Stadion und Tennisplatz auch die Reit- und Segelfluganlagen, das Waldschwimmbad sowie das Mühlen- und Druckereimuseum. Er wird feststellen, dass Pritzwalk eine äußerst lebendige und aufstrebende Stadt ist.

Die Plattenburg – Norddeutschlands größte noch erhaltene Wasserburg

Gemeinde Plattenburg

»Aus dunklem Laubwald ragt ein stolzer Bau mit Turm und Zinnen in des Himmels Blau. Und auf den Wassern, die ihn rings umgeben, die Mummeln und die weißen Rosen stille leben.« – Es sind insgesamt sechs Vierzeiler, die das Gebiet um die Plattenburg beleuchten, deren letzter Gedanke sich folgendermaßen anhört: »Hochragend stehst du ewig jugendlich, Gott schirme deine Zukunft allezeit!« – Nein, lieber Leser, diesmal ist's nicht Fontane, der diese heroischen Zeilen verfertigte, sondern ein wackerer Landpfarrer, der in Kletzke bei der Plattenburg sein Amt mit Umsicht versah, R. Rudloff hat er geheißen. Durch ihn erfährt man vielerlei Fakten. Albrecht der Bär (1135–70), der Askanier, eroberte Zug um Zug slawisches Terrain und ließ Burgen anlegen, die das Land befestigen sollten. In Kletzke, so Rudloff, seien »nur noch einige Mauerreste im Gutspark« erhalten geblieben.

1319 verkaufte der letzte Askanier, Markgraf Waldemar, kurz vor seinem Tode das Anwesen der Plattenburg für einen ansehnlichen Preis an den Havelberger Bischof Reiner. Mit Sicherheit hatte das Bollwerk strategische Bedeutung. Die weitverzweigte Adelsfamilie von Saldern herrschte hier ab 1560. Der letzte Spross dieser Reihe, Sieghard von Saldern, herrschte von 1925 bis 1945 auf der Plattenburg. Die Plattenburg, am Rande des Naturparks »Brandenburgische Elbtalaue«, ist Norddeutschlands größte noch erhaltene Wasserburg. Das Innere wurde Anfang des 17. Jahrhunderts modernisiert, 1878 die Raumstruktur nochmals verändert; 1714 war die Kapelle hinzugekommen; Rittersaal und Halle gehören zu den Raritäten der Spätrenaissance in der Prignitz. Alles passt sich malerisch in die leicht bewegte Landschaft ein, die sich ausgezeichnet zum Wandern und Radfahren eignet. Rund um die »Burg« (auf der im Juni jeden Jahres ein mittelalterliches Ritterspektakel stattfindet) findet man viel Besinnliches und vor allem Ruhe – ob im Landschaftspark Hoppenrade oder in den anderen Gemeindedörfern.

Die Quitzowkirche in Kletzke

Das Gemeindeareal umfasst ca. 200 qkm, der Sitz der Gemeindeverwaltung Plattenburg befindet sich in Kletzke. Die Burg Kletzke kam 1375 an die Familie von Quitzow, die 1390 eine Schlacht mit ihren wenigen Mannen gegen eine Übermacht von 1 100 Feindlichen durch Übersicht und List gewann. 2000 pachtete ein Nachkomme der Quitzows das 1860 umgebaute Schlösschen. Führungen werden angeboten und historische Räumlichkeiten gerne gezeigt. Die Mühle in Viesecke war altes Besitztum der märkischen Adelsfamilie von Quitzow; seit 1721 gehörte sie der Müllerfamilie Markurth. Anfang des 20. Jahrhunderts stellte der Besitzer die Mühle auf Fremden- und Ausflugsverkehr um. Noch heute »klappert die Mühle am rauschenden Bach« – zu Schauzwecken. Drinnen findet man Ferienwohnungen, einen frisch renovierten Saal für Feiern aller Art, und Reitfreunde können ihre vierbeinigen Lieblinge in bequemen Boxen unterbringen. Der alte Postweg Berlin–Hamburg führt direkt am Ortsrand vorbei.
Der Landschaftspark in Hoppenrade ist ein Zeugnis der Gartenkunst des 19. Jahrhunderts und als einer der wertvollsten Gartendenkmale der Prignitz anzusehen; 1847 erfolgte die Gestaltung nach Plänen von E. Neide, einem Schüler Lennés. Alles wirkt durch Großzügigkeit und Weite. Des Weiteren sehenswert: der Riesenstein bei Ponitz, ein gewaltiger Findling, umgeben von Wasser und Sumpfpflanzen, welcher an der Oberfläche eine hufeisenähnliche Vertiefung aufweist, was wiederum zu Spekulationen führte. Die einen meinten, es sei der Abdruck des Leibrosses vom Großen Kurfürsten; andere behaupteten, Friedrich II. oder Napoleon seien hier darüber hinweggeritten.
Der Lehrpfad bei Klein Leppin am Bächlein Karthane gehört ebenfalls zum Attraktivsten der Gegend mit der Vielfalt der Pflanzenwelt (Stieleiche, Rotbuche, Spitzahorn, japanische Lärche, Weymouthskiefer) und selten gewordenen Tieren (Kranich, Graureiher, Eisvogel).

Noch heute zeugt die »Wunderblutkirche« St. Nikolai in Bad Wilsnack mit dem erhaltenen Wunderblutschrein (15. Jh.) von den Tagen als mittelalterlicher Wallfahrtsort.

Amt Bad Wilsnack/Weisen

Das Amt Bad Wilsnack/Weisen, Landkreis Prignitz, wurde 1992 gebildet und liegt größtenteils langgestreckt an der Elbe. Gegenwärtig gehören 5 Gemeinden (Bad Wilsnack, Breese, Legde/Quitzöbel, Rühstädt und Weisen) mit einer Fläche von 188,69 qkm und insgesamt ca. 6 800 Einwohnern zum Amt. Ausgedehnte Wälder, Wiesen und Heide, Ackerflächen, Hochmoore und Bruchwald prägen die reizvolle Landschaft. Hinzu kommen die romantischen Flussläufe von Karthane und Stepenitz sowie der Zusammenfluss von Havel und Elbe. In der Elbniederung finden sich seltene Tiere und Pflanzenarten.

Der Sitz der Amtsverwaltung befindet sich in Bad Wilsnack (2 844 Einwohner). Zur Stadt gehören der Ortsteil Grube und die Gemeindeteile Groß Lüben, Haaren, Jackel, Karthan, Klein Lüben, Scharleuk und Sigrön.

Nähert man sich Bad Wilsnack, sieht man zunächst nur die beeindruckende »Wunderblutkirche«. Der Legende nach fand 1383 nach einer Brandschatzung der Pfarrer Cahlbuez in der Asche der Dorfkirche drei unversehrte, blutgetränkte Hostien. Nach zahlreichen Wunderheilungen wurden diese als »Wunderblut« heilig gesprochen. Das war der Beginn einer Wallfahrtsbewegung, die den kleinen Ort zu europaweiter Bedeutung gelangen ließ. Mit der Verbrennung der Hostien 1552 durch den evangelischen Prädikanten Ellefeld verlor Wilsnack seinen Ruhm. Erst durch den Bau der Eisenbahn Berlin–Hamburg 1846 und die Entdeckung heilender Moorerde 1906 erlebte Wilsnack wieder einen wirtschaftlichen Aufschwung und erlangte zum zweiten Male den Ruf, Heilung zu bringen. Es entstand ein Moorheilbad, dass sich ständig weiterentwickelte. 1929 erhielt Wilsnack den Titel Bad. Heute verfügt die orthopädische und rheumatologische Fachklinik über modernste Einrichtungen für Diagnostik und Therapie. Neben dem Heilmittel Moor können die Gäste auch das Heilmittel Thermalsole nutzen. Eine großzügige Thermalbade- und Saunalandschaft sowie das einzige Gradierwerk Brandenburgs garantieren optimale Möglichkeiten für Gesundheit und Erholung.

Alljährlich im Sommer zieht Rühstädt, storchenreichstes Dorf Deutschlands, die Besucher in seinen Bann.

Breese (1 614 Einwohner) hat eine wechselvolle Geschichte. Die Herrschaften lösten einander ab. Überschwemmungen der Elbe und Karthane suchten die Gegend heim, Brände verwüsteten einzelne Ortsteile, so dass diese an anderer Stelle neu aufgebaut wurden. Erst Anfang des 20. Jahrhunderts mit Beginn der Industrialisierung wuchsen die einzelnen Teile zusammen. Heute gehören zur Gemeinde Breese auch der Ortsteil Groß Breese und der Gemeindeteil Kuhblank. *Legde/Quitzöbel* (700 Einwohner) hat sich erst 2002 durch den Verbund der Gemeinden Quitzöbel und Legde mit ihren Gemeindeteilen Lennewitz und Roddan gebildet. Jeder Ort hat seine eigene Geschichte und Prägung. *Rühstädt* ist weit über seine Grenzen als storchenreichstes Dorf Deutschlands bekannt. Von April bis August können sich die Besucher mit den Lebensgewohnheiten der Störche vertraut machen und erhalten sachkundige Informationen im Storchenhaus des Storchenklubs und in der Naturschutzstation. Die Gemeinde Rühstädt (527 Einwohner) besteht aus den Gemeindeteilen Rühstädt, Bälow, Gnevsdorf und Abbendorf. *Weisen* (1 078 Einwohner) – namengebende Gemeinde, da sie die nördliche Grenze des Amtsgebietes bildet – verfügt über ein besonderes Kleinod: eine Holländer Windmühle, in der noch bis 1984 Schrot gemahlen wurde. Zur Gemeinde Weisen gehört der Gemeindeteil Schilde.
In diesen Dörfern öffnen sich dem Besucher reizvolle Blickwinkel. Schöne alte Dorfstraßen und Alleen (Groß Breese, Weisen, Quitzöbel, Lennewitz, Bälow und Kuhblank) sind umsäumt von Häusern aus Backstein oder Fachwerk, die teils liebevoll restauriert und erhalten sind. Von den Dorfkirchen besitzt jede ihr eigenes Flair: Sehenswert sind die Dorfkirche in Rühstädt mit den darin enthaltenen Epitaphien und plastischen Bildwerken, die Fachwerkkirchen in Roddan und Grube, die kleine Nottaufkapelle in Gnevsdorf, die Jugendstilkirche in Lennewitz sowie die Weisener Kirche, die sich auf einem kleinen Hügel erhebt. Zwei technisch interessante Bauwerke sind die Wehrgruppen in Quitzöbel und bei Gnevsdorf in der Nähe des Havel-Elbe-Zusammenflusses.

Die Burg Lenzen beherbergt das Besucherzentrum im UNESCO-Biosphärenreservat Flusslandschaft Elbe

Amt Lenzen-Elbtalaue

Die Bestandteile des Amtes sind die Stadt Lenzen, die Gemeinden *Cumlosen, Lanz* und *Lenzerwische*. Zwischen Elbe und Rudower See erstreckt sich eine der ältesten Städte der Mark Brandenburg. Der Ortskern des Fachwerkstädtchens ist nahezu erhalten und wurde liebevoll restauriert. Mit der Burg Lenzen, die zu einem »Europäischen Zentrum für Auenökologie, Umweltbildung und Besucherinformation« ausgebaut wird, der St. Katharinenkirche und dem Stumpfen Turm hat die etwa 2 000 Einwohner-Stadt einiges an Sehenswürdigkeiten aufzuweisen. Zu Beginn des 13. Jahrhunderts ist Lenzen entstanden; Stadtmauer und zwei Stadttore sollten die Einwohner vor Überfällen bewahren. Die Effizienz erwies sich als zu schlicht. Begonnen aber hat alles früher; vom 15.9.929 tobte hier die »Schlacht bei Lenzen«. 1946 wird die Eisenbahnstrecke Wittenberge–Dömitz abgebaut; 1952 kommt das Städtchen zu Mecklenburg (Kreis Ludwigslust); ab 1961 geschieht der stetige Ausbau der Grenzanlagen durch die Nationale Volksarmee, und »unliebsame« Einwohner werden zwangsausgesiedelt – reicht das? Nie jedoch ist der Ort im Dornröschenschlaf versunken. Und so begannen gleich nach der deutschen Wiedervereinigung zielstrebige Maßnahmen zu greifen: 1990 wurde die Fährverbindung mit Pevers-dorf wiederhergestellt, 1991 kommt die Stadt zurück nach Brandenburg, die Altstadt wird stetig saniert und rekonstruiert – man hat die Vergangenheit bewältigt und strebt eifrigst nach neuen Herausforderungen und Zielen!

Ausschnitt aus einem Tafelgemälde aus dem 1. Viertel des 16. Jahrhunderts in der Klosterkirche Lehnin. Das gesamte Gemälde ist eine Darstellung der legendarischen Überlieferung der Ermordung des ersten Abtes des Klosters. Der Ausschnitt zeigt Markgraf Otto I. von Brandenburg als Stifter des Zisterzienserklosters Lehnin. Die Inschrift lautet: »Otto, der erste Markgraf von Brandenburg, ein Verehrer Mariens, stiftete hier dieses fromme Werk.«

primus otto
religionis opus

Maßstab 1 : 1 250 000

0 20 40 60 80 100 km

Verzeichnis der Kreisfreien Städte, Landkreise, Ämter, Städte und Gemeinden

Bildnachweis

Titelfoto: Thomas Kläber, Kolkwitz; 35 (Landeshauptstadt Potsdam), 43 (Bundesarchiv Koblenz), 47 (Staatsbibliothek Berlin), 61 (Rochow-Museum, Reckahn), 79 (Staatskanzlei Brandenburg), 87 (ZukunftsAgentur Brandenburg GmbH), 167 (Matthias Kleinke), 266 (Foto-Dienst-Zossen), 346 und 347 (Wolfgang Purann), 419 (Ursula Berger), 462 (E. Englert), 463 (U. Krause), 487 (Sylke Stehle);

Bildarchiv Preußischer Kulturbesitz, Berlin: 6, 9, 11, 13, 15, 17, 19, 21, 23, 27, 29, 31, 37, 39, 41, 45, 49, 51, 53, 55, 57, 59, 63, 65, 67, 69, 71, 73, 75, 77, 89, 91, 93, 95;

Harald Hirsch, Potsdam: 241, 337, 384;

Bruno L. Klamm, Mannheim: 25, 33, 107, 131, 133, 135, 137, 139, 141, 145, 147, 157, 159, 161, 163, 164, 168, 169, 170, 171, 172, 173, 174, 175, 177, 178, 179, 181, 182, 183, 185, 186, 187, 189, 190, 191, 192, 193, 194, 195, 196, 197, 212, 213, 215, 216, 217, 218, 219, 220, 221, 222, 223, 224, 225, 227, 228, 229, 231, 232, 233, 236, 237, 239, 243, 245, 247, 248, 249, 250, 251, 253, 254, 255, 258, 259, 263, 264, 265, 267, 269, 271, 272, 273, 274, 275, 278, 279, 280, 281, 283, 284, 285, 286, 287, 288, 289, 291, 293, 294, 295, 297, 299, 301, 303, 307, 308, 309, 311, 312, 313, 315, 316, 317, 319, 320, 321, 323, 324, 325, 327, 328, 329, 331, 333, 335, 339, 340, 341, 343, 344, 345, 348, 349, 350, 351, 352, 353, 354, 355, 357, 358, 359, 360, 361, 362, 363, 365, 367, 369, 370, 371, 373, 375, 376, 377, 379, 380, 381, 382, 383, 387, 389, 390, 391, 393, 394, 395, 396, 397, 398, 399, 401, 403, 404, 405, 406, 407, 409, 411, 414, 421, 423, 424, 425, 426, 427, 429, 430, 431, 433, 434, 435, 436, 437, 439, 440, 441, 444, 445, 447, 449, 451, 452, 453, 454, 455, 456, 457, 458, 459, 461, 465, 466, 469, 470, 473, 477, 478, 479, 481, 484, 485, 486, 489, 490, 491, 492, 503, 504, 505, 506, 507, 509, 510, 511, 512, 513, 517, 521, 524, 525, 526, 527, 529, 530, 531, 532, 533, 534, 535, 536, 537, 539, 541, 543, 545, 547, 549, 550, 551, 553, 556, 557, 559, 560, 561, 563, 564, 565, 566, 567, 568, 569, 570, 571;

Kulturland Brandenburg e.V., Potsdam: 97, 99, 101, 103, 385;

Frank Liebke, Oranienburg: 83, 85, 105, 111, 123, 125, 127, 129, 143, 149, 151, 165, 199, 200, 201, 202, 203, 413, 415, 417, 467, 471, 474, 475, 480, 483, 493, 495, 496, 497, 498, 499, 500, 501, 515, 518, 523;

Andrea Metzler, Belzig: 205, 207, 209, 211, 234;

Stiftung Preußische Schlösser und Gärten Berlin-Brandenburg, Potsdam: 109 (Hagen Immel), 113 (SPSG), 115 (Handrick), 117, 119 (Michael Lüder), 121 (Wolfgang Pfauder);

Günter Wicker, Berlin: 81, 356

Die nicht aufgeführten Bilder wurden uns von den Landkreisen, Ämtern, Städten und Gemeinden zur Verfügung gestellt.